泰州文獻

第四輯

李映碧公餘録
鸞嘯堂詩集 文集
敦好堂集
西齋集
木本堂詩

鳳凰出版社

ISBN 978-7-5506-2274-6

圖書在版編目（CIP）數據

李映碧公餘録、鷟嘯堂詩集文集、敦好堂集等 / （清）李清，（清）李沂，（清）李瀅等撰. -- 南京 : 鳳凰出版社，2015.10
（泰州文獻）
ISBN 978-7-5506-2274-6

Ⅰ. ①李… Ⅱ. ①李… ②李… ③李… Ⅲ. ①古典文學－作品綜合集－中國－清代 Ⅳ. ①I214.91

中國版本圖書館CIP數據核字(2015)第292891號

責任編輯	王　劍
裝幀設計	姜　嵩
出版發行	鳳凰出版傳媒股份有限公司 鳳凰出版社(原江蘇古籍出版社) 發行部電話025－83223462
出版社地址	南京市中央路165號　郵編:210009
出版社網址	http://www.fhcbs.com
印　刷	揚州文津閣古籍印務有限公司 揚州市開發區鴻揚路22-2號(6幢)　郵編:225009
開　本	889毫米×1194毫米　1/16
印　張	37.75
版　次	2015年10月第1版　2015年10月第1次印刷
標準書號	ISBN 978-7-5506-2274-6
定　價	560.00圓

（本書凡印裝錯誤可向承印廠調换,電話:0514－87969255）

《泰州文獻》工作委員會

主　任

藍紹敏　陸志鵬

常務副主任

盧佩民

副 主 任

戴勝利　王學鋒　張培成　佘江涛

委　員（按姓氏筆畫为序）

丁少華　方標軍　成愛君　季春芳　周興安
查學斌　姜小青　奚愛國　陳士宏　黄林華
曹茂良　曹學賦　許大才　張國祥　萬永良
程榮穩　鄒祥龍　費振鐘　劉　玲　劉仁前
劉宏鳴　潘時常　薛金林　顧維中

#《泰州文獻》編纂委員會

主　編

盧佩民

副主編

黄林華　姜小青

執行主編

成愛君　費振鐘

編　委（按姓氏筆畫为序）

王　飛　王　劍　王正奎　卞惠興　朱長順　全　勤
李文華　李明官　吴　迪　吴小晴　吴雙林　汪　政
沈　俊　林世田　莫其康　倪培翔　徐一清　徐同華
高　峰　陳　立　黄　靖　曹學林　常　康　張　定
張永龍　劉仁前　劉春龍　潘浩泉　薛　飛　謝冬榮
竇立成　顧寄南

《泰州文獻》學術指導委員會

（按姓氏筆畫为序）

江慶柏　金良年　茅家琦　華學誠　徐　雁　畢飛宇

程章燦　楊九俊　魯國堯　劉玉才　顧　農

總序

泰州古稱海陵，漢初（公元前一一七年）置縣，晋末（公元四一一年）設郡，南唐（公元九三七年）建州，始稱泰州。

泰州濱江近海，物阜民豐。漢唐以來，糧鹽並舉，商貿繁榮，爲溝通南北的重要港口城市。

泰州素爲文教昌明之邦。唐初立州學，北宋建貢院，明清開學政試院，産出大批科舉優秀人才。

泰州自古人文薈萃。走進泰州的，從范仲淹、富弼、陸佃，到孔尚任、吴讓之、蔣春霖，都留下深遠影響。走出泰州的，從張懷瓘、胡瑗、施耐庵、王艮，到李清、吴嘉紀、柳敬亭、黄龍士、李鱓、鄭燮、劉熙載、李詳、梅蘭芳、高二適，都在各自領域爲中國文化作出巨大貢獻。

泰州遺存的文獻也很豐富。僅據《江蘇藝文志》所載，便有二千七百餘種，涵蓋經、史、子、集的方方面面。其中，尤以明清時期爲夥，占到百分之九十九以上。這當中不排除由於種種原因，致使元以前的一些著述湮没無聞，但明清兩代，確是泰州文化的繁盛期。在這些文獻中，如《書斷》（張懷瓘）、《水滸傳》（施耐庵）、《王心齋先生遺集》（王艮）、《宗子相集》（宗臣）、《陋軒詩集》（吴嘉紀）、《板橋全集》（鄭燮）、《藝概》（劉熙載）、《李審言文集》（李詳）、《黄龍士先生棋譜》等，在中國文化史上都有重要地位和深遠影響。

與此同時，對鄉邦文獻進行整理的也代不乏人。自宋至清，周氏（周麟之等）、宫氏（宫偉鏐等）、陳氏（陳應芳等）、徐氏（徐鳴柯等）等都曾致力其事，爲泰州留下了許多寶貴的文化財富。清嘉道間，鄉人夏荃編輯《海陵文徵》二十卷、附録十二卷，《海陵詩徵》十卷。民國初年，曾任江蘇省省長的鄉人韓國鈞歷經十餘年編成《海陵叢刻》計二十三種六十六册。

二〇一一年九月召開的中共泰州市第四次代表大會，提出了建設文化名城的任務。爲此，中共泰州市委、泰州市人民政府决定編纂《泰州文獻》。這是泰州有史以來對本土文獻最大規模的整理和彙編。它對於保存、利用、研究和開發泰州的歷史文化，尋繹泰州獨特的地方文化價值，爲泰州文化建設提供歷史人文資源，意義重大。

爲了保證編纂工作的順利進行，市委、市政府專門成立了工作委員會、編纂委員會和學術指導委員會。工作委員會由市委、市政府領導和相關部門負責同志組成，負責對編纂工作的領導和協調。編纂委員會由相關專家、學者組成，具體負責《泰州文獻》的編纂出版工作。學術指導委員會由江慶柏、魯國堯、程章燦、茅家琦、華學誠、徐雁、金良年等國内知名文史專家組成，負責對編纂工作的指導和把關。

編纂工作按如下幾個步驟進行：（一）進行文獻調查，建立文獻檔案；（二）精選有代表性、有學術價值的作品影印出版，選目由編纂委員會和學術指導委員會共同審議確定；（三）編輯出版《泰州文獻總目》。

《泰州文獻》分爲四輯：

第一輯『官修舊志』，收録泰州地區現存所有官修地方志。

第二輯『地方史料文獻』，收録泰州地區歷代重要的筆記和史料。按内容又可分爲史地類：收録有關泰州歷史地理方面的著作，包括小志、專志、雜志等；政情類：收録有關泰州政治、經濟等方面的著作；文教類：收録有關文化、教育、圖書館等方面的著作。

第三輯『家族文獻』，收録泰州地區重要的家譜、家傳、家集與名人年譜。按内容又可分爲家乘傳記類：擇要收録泰州家族譜牒中的譜序、家規、家訓、箴言、族約、族記、祠田記、塋田記、雜記、著述等資料；家族總集類：以家族姓氏筆畫爲序。

第四輯『泰州文存』，收録泰州地區作者的詩文著作及其他代表性著作。按内容又可分爲學術論著類：收録泰州作者的經史雜著；文集類：收録泰州作者的詩文集；地方總集類：收録泰州作者的詩文合集。

考慮到《水滸傳》、《封神演義》（《辭海》云『一説陸西星作』）、《檮杌閑評》（學界多謂李清所作）等小説流傳甚廣，版本豐富，故不再收録。其他如堪輿、術數類著作，泰州人撰泰州地區以外的地方志、地理志類著作，一般性的彙編、摘鈔類著作，亦不予收録。

《泰州文獻》原則上收録現轄區内的作家作品。但從尊重歷史出發，泰州學派創派人物、明代思想家、哲學家王艮，平民詩人吴嘉紀等人，歷史上均屬於泰州地區，對泰州地區具有深遠的文化影響，他們的作品亦予收録。

前人給我們留下了豐厚的文化遺産，我們既要加以珍視和傳承，更要在前人的基礎上，創造出無愧於今天這個偉大時代的新篇章。這是我們更重要的使命，讓我們爲之努力。

《泰州文獻》編纂委員會

二〇一三年十月十八日

凡例

一、《泰州文獻》（以下簡稱《文獻》）分爲《官修舊志》、《地方史料文獻》、《家族文獻》和《泰州文存》四輯。

二、《文獻》收録範圍原則上爲現行政轄區内作者的著述和與泰州有關的重要著述，但考慮到歷史上曾屬於泰州地區的人物，如泰州學派的代表人物王艮、平民詩人吴嘉紀等對泰州文化深具影響，對他們的作品亦予收録。

三、所收著作成書年代限於一九四九年以前。

四、《文獻》所收著作，以學術價值、使用價值較高爲原則，適當兼顧版本價值。

五、《文獻》以影印方式出版。如有蠹損、殘缺、漫漶不清處，原則上以相同版本予以補配，以保證完整、清晰。

六、《文獻》對所收每種著作均撰寫提要，置於該著作前面，以方便讀者瞭解作者生平、主要内容、學術價值等。

七、《文獻》除保留所收著作原有頁碼外，均新編頁碼，每册頁碼自爲起訖。

八、《文獻》最後一册編有書名索引和作者索引，以方便讀者使用。

目録

李映碧公餘録……〇〇一
鸞嘯堂詩集　文集……〇五九
敦好堂集……一二九
西齋集……一六三
木本堂詩……三七五

李映碧公餘録

（清）李清 撰

《李映碧公餘録》二卷，清李清撰，據國家圖書館藏明崇禎刻本影印。

李清有《明史雜著》，已著録。

本書爲李清文集，崇禎十年（一六三七）李清門人陸雲龍編訂。卷一讀史隨筆，爲史學論文，有論、辨、書後，上自伍子胥，下至秦檜，其中以論及魏晋南北朝史事最多。卷二理署偶筆，爲各體文，有序、辨、傳、紀等。李清爲著名史學家，本書所載史學論文頗見其見解，如《遼金興亡對》，言宋之割地請和，害己亦害人，爲遼金之亡主要原因，遼金『無敵自雄者未免倦生於驕，於是疏射獵而親歌舞』，『初爲財狼之善攫，繼爲籠梟之不搏，而究且以魚忘鷗狎者，忽召螳螂之襲後，此金乘遼，元又乘金』，『宋實以自誤者兼誤遼金也』。最後主張弱國『以宋爲覆車而鑒之，則當慨然於一成一旅之可興而一枕無偷』，强國『惕然於納土納幣之難恃而千觴不飛』。此處總結歷史經驗，聯繫現實，頗有針對性。

（周　忠）

李映碧師公餘録敘

龍鹿〻無似濫竽李師之門每侍函丈得挹教言蓋具長庚之才而去其狂放胸長源之畧而無其詭託胆知齋文饒不以花石自累沈毅如文靖要以文采自娛蚤領賢書負骨方動即我明文正之以神童舉未必少過文達之浮沈曹石間應有愧矣所著制藝業經貴一時梨棗再泐及出其近日所作古文詞見示曰此余公餘所成也丹黃塗乙不靳再肆

龍皆焚香盥手讀之雷電之章風雲之色爛然錦集飄矣飈流斷擊無地可容閃爍有芒欲觸左馬輸其藻麗徐庾讓其奇杰竊擬為商周之鼎樸雅抉丹碧而流芙蓉之劍煥爛帶崢嶸之氣於近代緯真思白伯敬遂東諸先生應分一席嘗一再刻之

明文歸彥艷才頗吉光片羽固自足珍全豹未窺世有共惜爰次論史者若干首曰讀史隨筆酬應紀述者若干首曰理署偶筆通名之曰公餘録李

師命也三都賦出應有皇甫爲之
揄揚何假小子之言乃晁采盈裹
挹之最久敢惜贅一詞亂因借爲
序曰餘々一字蓋難言之矣瑯環
名室白首難研一部十七史從何
處說起剏用程與義賈董偉之窮

三

探邃深纏傳適固易言餘孰至一
損逢賢罰編簡句作弄餘乃求餘
於此日變難矣總一曙目案牘與
鵝繞之因奪之總一激耳究號與
插撻之聲溷之總一舉足手板與
批揹之勞間之總一措足望塵與

折腰々事苦之至靈的一點亦隨
耳目之官外騖忡々擾々安見餘
如且高者借山水詩酒消依吏之
名卑者溺聲色貨利牧作吏々責
遠視筆墨々緣蓋如隔々不善用
所餘也不知無餘與餘環相爲用

四

心靈手敏蔣東陽一目十行便可
稱餘復用之以尚論古簪孜其藏
否得失此智所爲日沉胆所爲日
壯復所爲日拓斷所爲日果讀山
海之經觀禹鼎之文河山不能遁
於目魑魅不獲逃其形酌古准今

閑其叢刑獄殺以決一時固更游
刃有餘耳是仕餘不忘學更得餘
於為學也矣
歸軟世家無裘馬之習急遽紛之
功筮仕四明才不害於簿書志不
役於利祿心不盡於聲色重恣泰

五

鏡手利并刀盈庭之蜮奸而鬼狡
無能艱其推勘於是乘其餘繩刺
古人評駁史氏之所不及以用其
不足且更出其小小筆墨貽之記
序間蓄不欲委其自公之餘為無
餘也而孰非公之餘乎是錄出可

令人安知案牘之外不立餘閒閒
鞠之餘可別尋經濟豈云宿業未
忘好與法文士闡於化雷月露
哉至支管蠡之測多有所不及是
有諸名公大人之敘在余特賓此
盈千言以至作關門紫氣云爾

六

歲丁丑
春王正月上元夕錢塘門人陸雲
龍拜手撰

李映碧公餘錄卷一

讀史隨筆

伍子胥論
呂氏殺趙王戚姬論
瀨女論
漢昭烈伐吳論
曹操高歡論
論秦世祖苻堅齊顯祖高洋
兩魏論

兩後梁論
司馬懿宇文泰論
宇文泰伐齊論
五忠女論
六妖姊妹論
秦毛后論
梁京溧陽公主論
秦檜再造于宋辨
遼金興亡對

書虞姬戚姬傳後
書梁沈約傳後
書王昭君傳後
書突厥傳後
書唐四夷傳後
書北齊后妃傳後

李映碧公餘錄　讀史隨筆

昭昜李　清著　門人陸雲龍訂

○○○○伍子胥論

昔樂毅之貽燕惠王書也曰子胥不早見臣主之不同量是以入江而不化近卓吾子亦云子胥知夫差之亡而不知已之先亡皆非知胥者也胥之諫意葢在必死也而說者又謂吳之先君遇胥甚厚諫而死報闔閭耳夫楚之覆也吳以興焉不共之仇雪知已之恩亦酬矣至其以事闔閭者事差

也于行成之允有諫于石室之縱有諫于進美人有諫于獻木有諫于請粟有諫于破齊以釋越又有諫以此六諫者錄一通以焚先王之墓而欲獻拜辭則臨風皆淚而沾草盡丹也遠避公孫之椎先發少伯之舟其何負于吳焉胥葢有隱悔有深恨而誓以亡身者謝亡吳之痛也夫吳何以亡差昏耳嚭奸耳將以立昏者非耶則差之立誰立之胥立之也愚而不仁恐不能奉統于吳國闔閭之識差也有如洞垣矣自信以愛人端于守節之語一出胥口而差之立始定差不立而吳亦亡或曰此天意乎非胥過差立而吳始亡胥曰是吾過也吾慚地下有先王將以進奸者非耶則嚭之進誰進之胥進之也鷹視虎步貪擅之性不可親被離之識嚭也有若燃犀矣自同病相憐同憂相救之語一出胥口而嚭之寵始固嚭不進而吳亦亡或曰此天數乎非胥咎嚭進而吳始亡胥曰是吾咎也吾慚同朝有大夫噫胥之死志于此決矣夫丈夫所自矢者忠孝烈士所難忘者恩怨楚昭有父

（眉批：屬鏤之下差負胥胥不負差）

（眉批：此可望知士不可期忠臣）

（眉批：劚水之鋒快心之論）

（眉批：敲劍幾于鑿山骨矣）

（眉批：推求至此諫不容不）

（眉批：極身不容不死）

其尸鞭矣瀨女有母其金贈矣漁父有子則聞撓而返轡用以報德矣忠孝炳于皎日恩怨分若列眉其視徒步昭關而足絓于網身烹于鼎幾與兄尚作駢首之沒沒者榮晦豈啻霄淵哉胥至此可以死矣況當胥死時吳之亡形已成乎氣不屈請成之膝首難俟敵國之鋸惟願早死差劍耳夫非不見臣主之不同量也亦非知差之亡而不知已之先亡也今觀屬鏤既賜一則曰讒臣嚭爲亂矣再則曰前王不欲立汝我以死爭之心之所恨不

（眉批：不死反于闔閭未報）

（眉批：忠臣無可奈何之心事）

（眉批：覘深心于問詞之中）

評鍾伯敬存之　痛心語　引証絶得　斷案

形諸辭乎則平日之撫床嘆憤而彈指出血者不知如何介介于此二事也痛故國之已墟則洪流如咽嘆知人之不早則怒濤時吼死猶弗忘肯不死乎蓋嘗合而論之名揚伯越身全泛湖少伯可以去者也可以去而去故不死功高謀吳害遠辭相子禽亦可以去者也可以去而不去故卒死報德難忘于前主隱恨時結于嗣君胥不可以去者也不可以去而不去故卒亦死三子者不同道然子胥忠少伯智子禽則識短于才矣

知夫差之闇而立之恃有巳以輔之可以不亡也知伯嚭之佞而用之恃有巳制之可以不亡人國迨會稽戰勝驕諂成習而不可救有一死以報先王不然先王援瀨女漁父之報以責我我其何辭至頸血不以濺越庭而以濺吳主更得英雄壯志

着眼在讒臣嚭爲亂前之不欲立女我以死爭二語便得他不得不死情事樂毅卓老烏足以知之不具此手眼不可以論人不可以讀史

愛之適以害之　愛于婦人之情高帝而爲煦煦老亭長牽于愛而短于斷更甚耳　一爲引証南帝亦悔其纂術

○○○○○呂氏殺趙王戚姬論

予嘗讀史記至趙王遭酷于飲酖戚姬摧殃于人彘而竊恨乎呂后之煽虐也夫兩人之死非盡呂后過殺王者姬而殺姬者高帝耳何以言之蓋姬之不容于呂后也則自日夜啼泣欲立其子趙王如意始也若以爲可將高而幽獻戚而褒驪且舉孝惠趙王輩而宜臼申生之又伯服奚齊之乎若以爲不可當卷舌于牀笫之陰謀耳高帝何以形之口吻周昌等何以爭之齒頰而以側耳東廂者

來呂后之竊聽也戚氏之禍胎矣夫上天有乘龍之子則入廁無號彘之母惟可解免于廢立耳顧行之逆何言之易也此高帝始事之失也迨秘策畫于留侯而易儲罷于趙王呂氏眞而主帝之爲姬謀者僅如是止乎予嘗讀南唐書而深嘆高帝之處戚夫人不及烈祖之處种夫人者爲得也夫种氏之寵不亞戚姬而有子景遢其愛亦與如意等耳胡謀嫡之言甫出而遽脫其簪珥幽之别宅愛割衽席而怒解宮闈所以卒免子母于虎口也

爲姬計更得

奇快至此

何高帝不識而趙堯輩之代謀者亦不及也此計再失姬猶几上肉分爲后烹耳且以呂后之深怨積毒又非螻屈鼠伏以面掩地而謝者所可解其梟覡虺嚙之眈眈也爲戚姬計惟有帝存與存帝亡與亡耳夫越姬不嘗殉楚昭于先而王賢妃不嘗殉唐武于後乎感于情激于義非必慮有後患而爲之也心實迫后而名曰殉帝何姬之不從死而偷生

而或謂姬死矣奈趙王何夫廢立事上少不與聞戚姬死呂氏之氣平矣且以帝兄之慈

如意之死實在相杵之歌故知戚死趙王可以不亡

姬眞短于計

屢屢出証極其確

仁陰護于內而以國相之木彊力持于外母死而子存如淮南厲王長少依呂氏而卒全黃口于燕啄未可知也乃說者又曰如意故非長比覆巢之下有完卵乎終亦母子同盡耳夫怒雖遷于趙王而毒本種乎戚姬當姬之囚于巷舂于宮如意猶晏然南面耳向非母虜子王之歌復挑其怒何不旋踵而相隨獸吻哉姬若早死一抔可伴六尺或全矣此魏之郭后所以死甄而養叡也夫帝既失于前姬又失于後吾故曰殺王者姬而殺姬者高

傳

嚴于斷獄不是過矣

帝耳雖然寵幾匹嫡而愛欲搖本姬妖矣媚如狐而報以彘姬何以不應死迨武猫踵呂雉之風而投甕之王蕭又爲厠彘續矣噫蕭妃之死究也誰爲計撓蕭妃寵而引武于宮者非王后之挽弩自射乎厥後如意之爲祟也戚姬獨不見形想猶知服罪焉彼王后者何其人汗顏其鬼亦蒙面而猶借蕭妃爲厲也故立論者必先正戚姬王后之過而獨以如意之酖蕭妃之斷爲呂武罪則投呂于厠而沉武于甕可也出爾反爾甚快舉乎兩牝且

俛首而受法矣

姬殺王而帝殺姬千秋鈇案薄繩其彘戚而重法其酖趙千秋定獄折獄之良著一班矣

一証之以种氏高帝誠爲失策再証之以淮南曹叡戚氏良云寡謀非具千古之事于胸固未能定今古之案也

○○○瀨女論

予讀吳越春秋至瀨女投水一事不能無疑夫女之逢胥則陌上人耳出非採桑挑無贈金何邑邑投水者竟與秋胡婦同歸也情耶義耶抑氣所使耶予同邑宗友求其故而不得則爲之説曰瀨女之死胥所爲也夫初饋之食繼潰之言胥之首領僅繫一縷于女吻耳史稱其剛戾忍詬能成大事何弗忍于一女事急而投之水功成而報之金聊以謝懸德耳于女何與焉予初聞其説幾無以難

既而曰不然夫所謂投女于水者即寧我負人無人負我之購毒也嗟乎性命在天今在丈人胥尚不行之于蘆中人而忍行之于擊綿女哉若女則亦可以死可以無死者也而卒以死者何也夫以養母不嫁之女低徊瀨水雖擊綿浣紗事若雙韻而光艷武滅清芬偏勝矣謝舞鸞于哺烏雖才遇長卿不作窺窓之姣奸祇化石于臨流縱賢逢伯鸞豈學擇對之醜黑顧何惓惓于乞食之君子而始饋之飯繼勸之飡也夫蕩女之牽情男子也以色韻女之濡情男子也以才而貞女之濡情男子也則獨以飄流坎坷稜稜欲露之風骨胥雖枵腹乎風骨不常殆人傑也忠孝成性産于國而上不能用冤憤形色逃于野而下不能識合楚之君臣士民其不盡化爲瞎目者幾人哉止瀨女兩眸子尚炯炯耳夫被髮佯狂跣足塗面惟吳市吏之善相者異日能物色之未知瀨女操何相法而物色更在市吏先發苕進飯長跪者非炯炯也噫彼識英雄于捉刀者不以慧眼而遭螫手乎胥之投女

文能傳胥　胥自不凡

于水也其言近似而非然也夫法章灌園敫女贈衣賀六渾執役婁妃致財一生知己百年好合將懸雙眸以訂雙翼耳若夫貞明自守三十不嫁雖相士之眼猶熟而擇夫之腸已冷乃所惓惓留意者則胸藏名姓氣溢鬚眉而餓夫即壯夫者是也戛羨何疏不效巨嫂之窄腸進飯如親先揭漂母之俊眼女有心自謂子胥一知己矣掩夫人之壺漿無令其露胥言若有懼焉夫知人而使人疑此所以撫心難明指水欲絕而以毅然投瀨者釋君

子之疑于遠逝也噫臨流又自惜有若絲牽腸是女獨不念母乎去不作草木腐來當作瑤雀報忠臣意氣烈士肝腸女巳心識之矣再過瀨水以百金投且終以其母食漂母之報耳吾當有以重報母淮陰之言不必出自子胥而女之托母于胥者巳不以口而以心矣是可以死矣彼所云饋飯丈夫越嵛禮義者其猶未盡女心乎雖然使女不遇胥則母女相依終身不嫁當以生節聞耳我雖不殺是女是女緣我而死則謂投女者胥也胥受之

約深入奇非意所及

筆尖有轂

矣

知人令人疑便足了自湛公案覺他說之爲支

〇怜人之窮而貪絕人之疑而死是一節俠女流唯此足傳其神

漢昭烈伐吳論

嘗慨史鑑中有以一字之誤而幾掩千古英雄之淚者則所謂漢主恥關羽之没將擊孫權者是也夫高歡恥竇泰之没而愎諫以伐宇文識者巳策其必敗矣彼誠恥之也若玄德之于雲長則痛也非恥也何以言之葢玄德雖帝胄乎然身夷販履猶乃祖之以一亭長起事而關張則猶蕭曹故人也且蕭曹僅貧賤交耳若夫寢則同牀侍必終日所追隨于風雨劍戟之間而親若兄弟者其大義

明斷

自是不同

深恩過蕭曹遠甚孫仲謀之襲荊州而弁殺雲長何毒也以言雲長之功則于禁之七軍盡没而孟德幾欲徙都以避者功何赫赫也以表雲長之心則極知曹公待我厚而拜書告辭卒犇玄德于袁軍者心何依依也功大而不食其報心親而忽斷其羣想玄德之感舊道故而潸然出涕者當不啻光武之涕泣枕席間而心痛兄縯也伐吳之師是烏可已而說者又曰蜀蕞爾國所恃爲爪牙者關張耳雲長甫亡翼德旋殞爪牙幾盡矣是亦不可

探及功與心心自不容恝

以已乎吾謂雲長亡而伐吳之師不可已也乃翼德殞而伐吳之師愈不可已也其愈不可已者何也夫以范疆張達之手害翼德而携首犇吳吳實爲逋藪矣雙翼並折于蜀庭兩首同懸于吳闕宄憤孰甚焉殺雲長者仲謀而容其殺翼德者則非仲謀而亦仲謀吾故曰伐吳之師愈不可已也然則諸葛子瑜之言非乎曰關羽之親何如先帝然則趙子龍之言又非乎曰國賊是曹操非孫權也若先滅魏則吳自服噫子瑜自爲仲謀計耳若子

公餘錄　隨筆　十一

龍所言則未審于當日之情勢而大言之也夫當草廬初訪時已有曹操擁衆百萬不可爭鋒之說矣是時關張猶無恙而玄德之龍潛虎步顧盼中原者猶未嘗入一隅耳今二將死矣玄德之據蜀自帝者規模已粗就矣子龍所謂當因衆心早圖關中者不過勸玄德以高祖故事耳夫先入咸陽者王之高祖自繇關中起非緣蜀起也蓋繇關中以寓蜀故廻身而取之易若拾遺而緣蜀以瞰關中則進步而圖之難若窮高蜀之未易滅魏也其

宣寬深隱

勢彰甚而顧令義則君臣恩同兄弟者先損首吳庭無論田橫有客將起笑人而仰視天俯視地可令怨慘雲日痛入重泉者竟坐聽之並剪而爲有靦面目之負心主哉且關張外馬超魏延輩皆寄寓也彼見親若兩人而生相依死相櫛吾儕萍水耳異日者雖頭顱可捐安望加以帷蓋之報將解體生心者且接踵起而匪直滅魏不能即守蜀亦不能也匪直復四百年之漢基而不能即保四十餘年之蜀疆而亦不能也夫劉曄魏臣耳其

公餘錄　隨筆　十二

料玄德之報吳者且謂不報吳則始終之分不足而玄德顧可默默已乎其伐吳也報兄弟耳君臣者後世增加之言而玄德則猶然同牀並侍之故吾也是師也稱義舉焉卒至伐吳師敗而鬱鬱白帝者不轉瞬而繼關張沒昔人有謂生友不如死友者而此以語于死兄弟也其庶幾乎吾是以憐其心重其氣謂必如是方可見兩故人于地下觀者愼弗以成敗論而指玄德之伐吳爲誤舉也

大義所激唯仇是求成敗利鈍初非所計此

儻有所不能止也。足破羣囂。

恥之一字。原抹殺先主一片心。得此而白。

雄之[illegible]

人但知其[illegible]兒女其孰能知其狠心

○○○○曹操高歡論

昔魏元暉業之諷高澄也。其言曰。不讀曹馬之書。夫馬書無論。若曹書則澄之父書也。見且聞之。何言乎讀。今取歡之行事與操之行事相比而論。胡合若符節。而以言乎箕裘之紹。則不啻操祖而歡孫也。以言乎衣鉢之傳。則不啻歡弟子而操先師也。試言之。夫操奉一孝獻。而歡奉一孝靜。其寄坐畀而傳舍移者兩人同一耽耽耳。則有女而耳目之有子而心腹之。有天位而狠顧鷹視。欲取姑與

之種種皆同也。操進女孝獻。則歡亦進女孝靜。謂將以韈闥伺而異心者不起于屬毛也。操有耳目其女。計歡如之。操以子丕爲丞相副。則歡亦以子澄入鄴輔政。謂將以晝匙授而問鼎者不減于屬垣也。操有心腹其兒。計歡如之。有勸操應命者。爾曰吾爲周文王。有勸歡受禪者。而亟以袖掩口曰勿妄言。謂將以深機取而弭耳者不遽爲奮爪也。操有狠顧鷹視。欲取姑與。計歡如之。若夫赤壁敗而孫劉之分鼎已成。若夫渭曲敗而西魏之樹基

百密一疏是爲天道

歡平甚實將挾甚至

殺其身際其身其無君而肆惡與一類

難枝其失算同若夫張魯降而平賊之銳氣可前者胡擊蜀不因其驚若夫邛山勝而摧寇之餘勇可賈若胡追泰不乘其敝其自阻同若夫三馬之共食一槽也則司馬之篡魏已孽胡明知家事之必敗而終乳豺狼于戶內若夫亍高之爲黑衣也則黑獺之滅齊已芽胡明知眼目之異常而忽解虎兕于柙外其愚人而忽自愚同噫若賀六渾者殆欲爲阿瞞之亦步亦趨矣然則兩人竟無異乎亦有異夫操既弒伏后又殺二皇子而歡則無屠

公餘錄　隨筆　十五

戮事也操既拒劉虞之推帝又討袁術之稱帝而歡則勸爾朱榮稱帝者也然亦不大異予嘗讀高齊后妃傳則歡曾納大爾朱氏又納小爾朱氏其一魏孝莊后其一廢主元曄后也嗟乎國奉新君室有冢婦而故主之元儷忽降爲權相之次偶前此未聞歡實作俑弒后之惡顯納后之惡陰不類而類矣若既廢節閔又逐孝武則與二皇子之殺罪亦相當而獨其勸榮稱帝一事則仍是拒劉討袁之肺腸而迄今未有能識其奸者也夫以歡之

祖虞伐術惡先已也勸榮將乘宗也于右幾爲瞞殺

歡心更險毒

睥睨魏鼎豈不欲稱帝者然于已則徐爲三傳之攫而于人則欲爲一躍之上有是理乎歡蓋明知篡者之必敗敗者之可乘故以魏爲蟬以榮爲螳與雀且以已爲彈雀者之巧心妙手耳則他日之起信都入洛陽盡夷世隆天光輩而代其大權者皆歡之後着而實則伏機于勸榮稱帝者之先着也吾故曰歡之勸爾朱與操之拒劉而討袁者同一肺腸也若而人者眞可云善讀曹書矣至歡爲操子澄未爲丕其摯而授之弟洋則師昭故事耳

公餘錄　隨筆　十六

謂澄爲善讀馬書亦可

禪讓起于脅之襲迹抑知九男事二女女更有巧于學者乎又恐欲取姑予更藉禹之征苗振旅也則謂操歡之善讀典謨而其子承之可若新莽之大誥是不善讀書

不用植而用丕老瞞知子歡之用澄不用洋者似闇矣至奪璽之詬嘗食護帝兩人用女而女又不爲用矣

口鉄舌鉞不可已于今日

○○○論秦世祖苻堅齊顯祖高洋

蓋自弒君篡國輩不下帝霆之擊而王之鉞忠臣
義士之椎皆廻翔而不敢下于是朝野之怨毒無
從發舒而天乃授靈鬼物以一現豕立犬據之形
則其一爲苻堅之祟姚萇又其一爲高洋之祟高
演曰將以還寃也夫所謂還寃者必人寃我我無
寃人故不怩怩而痛忿者能請上帝以遊人間而
伺旺則隱遇衰則報如王凌之于司馬懿而蕭嶷
之于文惠太子其爲祟比比也若堅則弒其主苻

生矣洋則弒其故主靜帝并帝之三子矣如云有
寃必報渠當身受耳何云報人今觀堅之報萇則
以天官使者鬼兵數百突入營中而萇卒死是堅
之巧于報萇也而何生之拙于報堅也今觀洋之
報演則出殿梁騎棟上羣噪宫内而演亦卒死是
洋之忍于報演也而何靜帝之慈于報洋也殆有
說焉夫生一殘虐之獨夫耳不道而誅咎繇自取
未可曰牧野之陳亦天之所以報南巢而驪山之
弒又天之所以報太白也堅報萇生不報堅職是

將無然

奇想

故乎若篤好文學從容沉雅如靜帝者而洋何奪
其國又殺其身與子夫洋之授位子殷而面語弟
演也曰奪任汝愼弗殺今既自奪而自殺焉則尤
而效之于演胡恨彼洋死矣何猶借數怨鬼西行
而云相與報仇若洋不忍于一子而欲以是報演
則靜帝豈忍于三子而不以是報洋予嘗讀洋本
紀云常見諸鬼物又云聞異音聲毋亦寃寃相尋
而帝以此厲洋者洋亦以此厲演乎設當洋爲厲
時而有人焉瞋目抗聲反語相詰曰魏靜帝安在

靜帝之三子又安在則不必煑油四酒亦不必持
炬燒逐而騎棟歌呼者恐無懼容而有愧色且掩
面下走矣惜乎演之見不及此也乃後世操史筆
者不遡洋罪狀止數演罪狀而曰百年之酷乃殺
殷之濫觴夫百年則演子而湛又演弟也彼演之
心憐百年而手書與湛者有云莫效前人其鳴也
哀矣然亦卒死湛手故人知百年之酷乃殷之濫
觴不知殷之酷乃靜帝與其三子之濫觴也人又
知百年之死乃演爲前人而湛實爲後人之學步

復相尋矣哉

評得其平

不知殷之死乃演爲後人而洋實爲前人之作偪也洋既報演演何不報湛演不報湛洋何獨報演其理殊不可解若夫龍驤之授則堅之遇萇厚而新平之縊則萇之處堅酷其得報宜耳雖有天官使者鬼兵數百安肯羽翼暴主之寃而以堅之報萇者爲生之報堅乎吾是以釋然于堅而獨忿然于洋也且洋之罪更不止此不常屠魏宗室二十五家乎又不嘗殺二弟浚渙乎若以釋氏果報論則寃結重泉而毒償九幽者不知作如何桎梏狀

安得脫地獄而梁上又安能釋痛楚而歌呼吾未敢以此爲洋信也蓋至齊滅于周而洋之子若孫皆死非命祟演之鬼安在爾弗能救與然後快然曰是足以報

人刑所不能借鬼誅以警之至鬼誅之混淆更以筆舌別白而警之人庶知自竪矣

舌劍筆花更妙在心衡之不黨

謂之穢史非謬

紫陽于此亦少斟酌

○○○○兩魏論

夫古今一書共懸諸日月而凜然與風霆並寒者惟紫陽氏之通鑑綱目乎削奸表忠義何嚴也獨其書東西二魏事則不能無辨夫魏孝武之内逼高歡而西奔長安也君在矣其又立一君于東者歡何名也天有二日乎胡綱目之並呼帝並紀年而統分正僞者幾紛然莫辨也嘗考魏有二史先成于魏收而繼翻于魏澹澹隋臣也故黜東魏而進西魏者名義炳然魏收齊臣也齊承東魏後故

以黜西進東者幾令首足倒懸而冠履易置耳綱目中分之義例安在也且高氏本魏臣耳西魏之不絕如綫而顧令先篡東魏之高洋儼然以帝制冊立焉可乎則何不踵涑水氏之故編而黜曹魏進蜀漢者乃若是扶義而秉筆也故其于西魏也宜進之其于東魏也宜黜之其于篡東魏之高齊亦宜嚮抑之蓋西魏一日猶存則猶以君道臨齊而書姓書名當如晉之劉石苻姚比其以兩國分尊也直俟周篡西魏可耳乃子所以爲西魏表者

更不止此蓋自孝武西遷後宇文泰之簒形又成矣元烈之謀殺泰也其于漢則耿紀韋晃類也何以同事而異書魏廢帝之被酖于泰而帝后宇文氏亦以忠魏罹禍也其於漢則伏后比也何以同事而遺書乃所尤難者無如魏太史柳虯當泰之初黜廢帝也其目無天子者猶提孺子于座下而諸臣皆婀娿也靡然雌伏耳惟虯獨執簡以告于朝而詞意甚正其言有曰廢帝文皇帝之嗣子年七歲以托安定公又納公女爲配公不能訓誨致

遭廢黜此咎所集非安定公而誰夫安定公者泰封而所謂公女即宇文后也以雄覬魏鼎之老奸而負君懟女兩無遁穴此所以唯唯認咎而忽咋舌于色莊詞直者之一紙也嗟乎難矣其與元烈宇文后並稱三忠者可聽千百年後沉于雲烟而綱目中竟泯然不爲日星之揭耶故予倣春秋遺意而竊爲綱目補其未備其于元烈謂當易而書之如耿紀韋晃例曰魏尚書元烈謀討宇文泰不克烈死之其于宇文后謂當補而書之如伏后例

曰魏宇文泰弒其故主欽并及故后宇文氏若夫柳虯者則直揭于編以附乎書盾書杼之兩太史可也綱目一書始無遺恨矣雖然賢如東魏孝靜而國亡身弒酷甚赧獻讀史者愴然悲焉此予黜其統而又不忍没其事也

作史者上下千古安能無逗漏哉起紫陽而詷書法吾亦不能爲之解也

直筆偉識可參石渠金馬之選

○○○○兩後梁論

夫何言乎兩後梁也則其一爲蕭詧之後梁而附魏以稱帝又其一爲朱温之後梁而簒唐以稱帝者是乃予則予其退者而進之謂詧之帝而抑之陳後者非又予其進者而退之謂温之帝而推之後唐先者亦非夫退而進之進而退之何也則且置温而先言詧㳄詧固始與叔繹爭統而繼又與陳伯先爭統者也以繹而黜詧可以伯先而黜詧豈有說乎曰詧事夷耳殺叔耳又不用尹德毅言

而殲魏師以踐梁極耳夫詧臣魏則繹亦臣齊若魏師之平繹也其將于謹智楊忠韋孝寬勇安得入詧之圈籠而俛首就戮故德毅之策詧不用則追思其長而詧用之則立見其敗也至殺叔一事詧更有說問兄譽何以死繹戕之也問兄歡故而三子何以不良死又繹戕之也夫叔任尋戈猶曰譽之誅死于抗耳乃以托命豺狼寄坐九五之孤雛而甫脫虎口又葬魚腹繹之沉棟何名且沉棟而并及二弟又何名也嗟乎襄陽短狐直比之淮海長鯨而不以詧爲譽棟輩之續者幾何大義絕矣詧之借魏以覆叔亦猶胥之借吳以覆君而所報者皆父兄之怨也亦觀過知仁者所必原也若梁祀一日未絕則陳統一日未正簒國之罪比臣魏孰大弑主之惡比殺叔孰多自帝小江南而不敢越江北數武以與周齊爭勝比蕞爾之江陵亦孰雄而孰雌進繹而黜詧可進繹子方智而黜詧亦可顧進陳伯先而黜詧則蜀漢曹魏之書法安在也若朱温之後梁其行事甚于曹魏而反進之

爲五代首于義何居今讀司馬温公總論特取梁號以紀事而歐陽公之進梁也則舉魯鄭之簒弑者爲比而倣春秋以不没其爲君耳是不然夫温之簒也晉岐吳蜀猶稱唐天祐不絕則何不以同光之元徑接天祐而必取開平之僞號以冠披忠義之幟而樹簒逆之標可乎哉至所謂爲君者必魯鄭自君其國而梁亦自帝其國此可云不没其實耳彼吳蜀諸主雖非純臣猶殊逆賊顧忽奉一簒弑之臣盜于上而臨之以紀元將

審勢之言

何尤

史識

盡如吳越荊南輩交臂事逆而甘爲大盜之或妾或婢乎歐陽史之進梁也不啻擬梁于周天王而何云擬梁于魯鄭也故蕭智之後梁宜進而朱温之後梁宜退非臆説已若夫後周之不得先北漢而據統也金之不得先西遼而紀元也雖小國外夷無足置喙然統有先承義無後越惜乎四國之均多倒置也則請得取兩後梁論而廣之

方正學正統論絶可觀身爲弑逆之人斷在所必黜其統既定于其子孫則薄之實與此論相

表裡

膽濟識行筆匠舌出

讀人類于宜獄

〇〇〇〇司馬懿宇文泰論

予讀曹瞞傳至過故人呂伯奢家輒以疑殺其五子其言曰寧我負人無人負我斯言也正千古奸逆所爲剪黔黎于砲吻塗忠良于蝟腸而赤水丹山者皆一念之胎禍也夫操猶用以負友而司馬懿宇文泰竟用以負君兩人之惡堪厲行矣設令日者陳斧鉞熾膏鑊而盡縶諸篡賊于庭且命鉏鉏之董狐輩執簡握管按次而定其罪狀則當以懿泰爲上莽操等次之何也以其負君也夫明帝

手詔追懿則以嗣子芳托曰吾忍死待君而孝武之東迫高歡傾心以依泰也曰朕方以社稷委公竊意此兩奸者宜砥松竹矢冰霜各竭其忠貞而豈意視以腹心報以仇讐幾爲荀息孔明之家犬不食其餘者哉夫有君忍負之則有天將報之吾且置泰而言懿蓋司馬氏之篡也雖橫于師昭成于炎而實發端于懿是故南闕一戰亦出于背令人悲憤塡胸然追思被髮徒跣泣訣漢帝者誰也則塡胸者立散噫操之惡固有以自取而父狠子

乃鑒天心

天道勿僭　人宜如何

虎摯逆圖以授凶嗣者誰耶天惡其役黥爲腸幾
貌天子爲癡人則報以愍駿塗炭之子若孫故有
孝惠又有懷愍爲公爲私聞聲不辨于蝦蟆而洗
爵忍辱執蓋含羞何一劍自裁者絕無丈夫氣也
若疑三君何以至是則請問芳廢髦弑狀天惡其
陰賊爲性幾迫毋后若家婢則報以淫穢悍媢之
后若妃故有賈后又有羊后與夏侯妃洛陽尉吏
好服忽來自天上而强胡面諛小吏潛通何百年
可延者半屬螟蛉彘也若疑三婦何以至是則請

問廢張脅郭狀天惡其凶殘無親幾芟宗支若草
芥則報以鬩墻操戈之宗與族故有齊王攸又有
八王兄弟不相容尺布斗粟之謠已足愧心乃弁
八王而自相魚肉者何無遺種也若疑諸王相殘
事則請問楚王彪死狀天惡其跋扈不臣幾剪同
儕若與類則報以鳴鏑接刃之胡與羯故有聰曜
又有勒虎兩京再覆青衣行酒之辱已足醜顏乃
合四十八王而盡行葅醢者何無噍類也若疑諸
胡恣戮事則請問誅爽屠晏弁姊姊妹女子俱死

滑驚

前摘言之驚其才雄　此簡言之服其局幻　正文法之妙處

狀天惡其鬼蜮莫測幾移國寶爲家器則報以雜
菞奪朱之支與泒夫五馬浮渡江一牛化爲龍童
謠何言乎化馬且衍以十一世續以百餘年而綿
延不絕者何盡歸僭冑也若疑牛繼馬後事則請
問曹婦夏侯女闔門塗醢而僅乞子字養狀噫懿
之前車泰之後車也何尤而效之罪又浮焉是故
懿殺曹爽泰亦殺元烈師廢芳泰亦廢欽昭弑髦
泰亦弑脩舉司馬氏父子兄弟合三世而分行其
毒者總萃于泰之一身故曰罪浮于懿也乃天固

有以報之矣夫孝武托國于逆泰而泰亦托子于
奸護乃弑二君殺二子何若合符節也蓋酖脩者
若爲刃覺之先聲而賊欽者又爲害毓之前導泰
不愛君獨不愛子耶殆楊堅一出而戕靜帝族宇
文泰無孑遺矣夫元族之塗于高洋也支猶繫于
西魏而楊爵之勦于化及也嗣猶延于突厥是故
元羅元謙繼爲韓公而齊王暕遺腹其來自虜庭
者猶歷衣冠數世則未有酷甚于泰者也惡視懿
而浮之故報亦視懿而甚之若夫莽操裕溫輩于

讀至此天何人者家而篡夫當爲賊胃矣

國有竊于君無耗故按律定罪各正刑章宜在懿泰後而或謂此數賊者誅之職我貪斧耳覆以虎穴數日一發兇其相枕藉而死也快心哉雖然陳橋之變欺孤凌寡獨不宜置喙乎爾國昔得天下于小兒亦失于小兒天之報宋彰彰矣乃所可恨者則朱后虜歌一唱令人慘然淚下忠厚立國安得此報而試問南唐小周后亦國母耳其入宮必數日不出且每出必泣詈其主者何也安知天之辱朱后者非以報小周后之辱而爲宋祖之自貽伊戚乎今日之事理數固然吾于趙宋亦不能無感何懿泰之足云

篡賊不羞貽臭即百董狐何能巳其蛇虺之心獨是虎狼亦不能忘情于父子免于其身者必不免于子孫天道報施之巧絲毫不爽或亦有悔心乎竊謂聖人備天之警奸奸賊猶有不寒之膽斯論神道以設教奸賊有必浣之腸其慫篡者至矣

廿一史從何處說起竟能如索子貫散錢無不聯合論成當有嗷嗷泣丙夜者

○○○宇文泰伐齊論

予嘗讀北史至宇文黑獺伐齊事未嘗不啞然失笑也曰盜亦攻盜乎夫齊之謀篡東魏也有疑關西爲勁敵而懼其挾天子以來伐者葢猶剌剌于泰焉獨齊臣徐之才有言曰彼亦欲爲我所爲耳縱其崛强不過隨我稱帝耳噫黑獺之心敵國知之矣夫泰自酖武立文後身總百揆手握二十四軍其視西魏一鼎猶掌中物耳而忽聞有首篡東魏者則必目動口涎欣然折屐齒于戶內而今顧

司馬懿之心路人所知

反戈以伐之者何其入而辭于西魏帝必曰高洋篡臣討之而帝必惴惴然曰我亦不知命在何時其出而告于諸大夫必曰高洋篡孤討之而諸大夫必竊竊然曰今以燕伐燕何爲勸之哉其往而誓于羣將士必曰高洋篡寡人將奉主上命恊公卿謀以討之而其將士亦必附耳躡足相與紛紛然曰尤而效之又何誅焉竊謂泰之陳師對壘與齊爲難也葛巾毛扇未可指揮三軍而惟當以巾覆目以扇障面何也以其顏厚而口硬自粉有慙

屠齒之懼

題

而詈人多詐也當其時或托乎高之伐羽而謂吾誅其弑義帝者或假乎光武之伐莽而謂吾誅其篡孺子嬰者又或高自標置附乎諸葛武侯之伐魏而謂漢賊不兩立吾將鞠恭盡瘁同夫祁山之數出者乃心之所啚實違其口葢欲讓齊以勝安已于詘而以此標乎西魏之中外臣民曰凡篡者必無敗也何以知其然也夫泰與高歡真奕中兩敵手然渭曲之戰邙山之戰雖勝負畧相當而問其垂頭弭耳甘爲望風之解阻者泰有是乎洋雖

想

强其智畧去歡遠甚而與泰爲對猶所謂姚興小兒吾將折杖笞之耳何一望軍容輒有高歡不死之嘆而未戰先退者且舉洛陽平陽以東皆拱手獻也嗟乎公畏蜀如虎奈天下笑何非泰之不畏歡而反畏洋也葢爲篡國廢主者立一榜樣謂非徒無敗又將能勝異日踵轍而行將西魏之君臣上下無隙一旅仗一詞以尾其後者而吾之大事成矣不然此數塊土者非元氏國寶乃宇文家器而何師還疆蹙竟晏然不爲捲土之重來也其意

誠有所不解

已可知也夫將欲取之必姑與之此伐國狡謀若以與之他國者取之已國又泰一轉手世上于今半是君兩篡相逢想泰與洋已不言而喻矣則平日之哭其同黨蘇綽而曰子知我心我知子意者此舉亦猶是也泰亦譎矣哉予按紫陽氏之正泰罪也曰自爲大丞相又曰自爲太師大冢宰今者之師何以名之若如泰之假其詞而曰討則亦當曰自討若如齊之甚其詞而曰冦則亦當曰自冦若如綱目之酌其詞而曰伐則亦當曰自伐總之

于齊無與也爲其象人而用之也一泰之伐齊以掩己之將篡也其不欲勝齊不欲人之伐己之篡也其無志于伐急欲成其篡也與劉裕不守關中同顧何以禁明眼者之刺其隱哉

師出有名而事無濟將之氣先餒也以責泰要非苟求

倚意後來更必甚者

富貴之爽人品一至此

猶如

○○○○五忠女論

予嘗讀班史至誦王莽功德事輒扼腕不已繼以撫掌夫若輩皆鬚眉耳自諂牘一貢而忽舉四十八萬五千七百餘人化作舌圓唇媚之婦女笄之價踴貴于冠亦千百年來之新奇也嗣後魏之操周之泰隋之堅南唐之昪皆莽之我輩耳而一時弁衿比肩羣作趨炎之牛後者大抵入朝如入宮而盡積爲踽步巧笑陰陰婦女之氣則吾反于婦女中得五忠焉曰莽女而爲漢平帝后操女而爲

漢獻帝后泰女而爲魏廢帝后堅女而爲周宣帝后昪女而爲吳太子楊璉妃者是也夫是五女者雖志存帝室而體有權門自父一而已人盡夫也之說一出而剸刄所天者衾席温而戈矛已寒矣棄斜所爲隕身于祭仲女也彼五女者胡獨異焉夫莽女之托病不朝也操女之怒丕索璽而有天不祚爾之詈也堅女之忿形言色也昪女之聞呼公主則嗚咽流涕而辭也人皆能知而道之獨未有言及泰女者史稱其志操明秀好陳列女圖則

二語已令人可思

艷麗如黛眉桃頰

下字妙有輕重文若心服矣

當帝之被廢也必有停輿悲哭哀感路人之義舉
而當帝之遇酖也亦必有引卮同盡誓不獨生之
高節乃史胡畧不書而僅云以忠于魏室懼禍也
吾以爲是皆有男子風嗟乎當莽等竊柄時其不
令舉朝之士盡爲婦人而心其心態其態者幾人
哉以言乎莽世親如豐秀忠若邑丹皆持帚僞庭
之婦女也雖寂寞投閣之揚子雲亦疑去疑就厠
婦女之席而薄施粉黛者也女而男當推莽女以
言乎操世智如嘉睬勇若淵遼皆擁篲權室之婦

公餘錄　隨筆　三十二

女也雖終阻九錫之荀文若亦乍合乍離臙婦女
之穽而難浣塗澤者也女而男當推操女以言乎
泰世畧如信綽壯若豪祐皆進櫛覇朝之婦女也
雖抗節不拜之賀彧勝亦始伸終屈入婦女之幕
而重加點抹者也女而男當推泰女以言乎堅世
謀若頍林武如擒彌皆奉匜私室之婦女也雖遲
疑附逆之李崇亦矜背終合連婦女之袂而甘親
脂粉者也女而男當推堅女以言乎昇世籌高子
嵩恩密君太皆執巾篡朝之婦女也雖扼腕勸進

五人直是媼主

銕案

之周本亦心忿貌順逐婦女之隊而同演歌舞者
也女而男當推昇女夫莽不嘗以男臨爲太子安
爲新嘉辟乎操不嘗以子丕爲五官中郎將乎泰
不嘗托國于猶子護乎堅不嘗以子勇爲洛州總
管而昇不嘗以男景通景遷迭轄吳政乎凡所爲
狠其嗜蜮其態甘蹠若翁之故武者以順爲正有
婦風矣且莽等之欺人寡孤狐媚以取天下者亦
婦女之班首也故吾謂此五奸者當女其子而子
其女而此五女者亦當不以父道事父而以母道

公餘錄　隨筆　三十三

事父何也此爲不冠之真男子而彼爲不笄之真
婦人也若外父内夫則爲楊保宗妻夫保宗妻實
魏公主其勸保宗反也曰事成當爲國母夫大義
未足滅親而顧爲拔本塞源之逆計是首亂也若
内父外夫則爲西秦王熾磐后其勸虎臺反也曰
先王之薨本非天命夫父仇自是不共而顧爲抱
虎枕蛟之不報是忘本也故以飄公主偶五女則
必慓而出諸大門外而以秦后配五女則必引而
進之同席間曰是式一道也他若孝莊后而爲榮

女孝靜后而爲歡女則始作君儷終夷臣室殆逐水桃花耳夫嘗食護帝歡女猶有人心焉我父本郎自作讀其對爾朱世隆言竊謂棠女之舌可斷則亦婦女之真面目而已倘以此五女者執簡天朝則必書杅以弒書盾以逆而爲錚錚之女太史者也不則持杖大罵其壽卜亦雌禰衡矣故吾表而出之爲女中男子而以其巾幗婦人服轉贈覬覦黃袍之乃父可也

花蕊夫人曰四十萬人齊解甲並無一箇是男

兒胡澹庵曰舉朝皆婦人猶不似此數朝人沾脂粉具巾幗也痛快絶倫不謂文字亦有如文長漁陽撾赤水之曇花勘案令人欲憤欲笑欲痛哭而長太息也

六妖姊妹論

蓋聞天地秀美之氣萃則必洩其鍾于男而爲腹錦吻藻與鍾于女而爲顏朱脾綠皆鮮色也然才子不出世而佳人難再得有同感焉晉之二陸宋之二蘇風雲珠玉繞寸管矣乃才誕兄弟者或豔孳姊妹其貌固輝珠而映玉也其舌亦唾雲而噴風也然而瑞類則異夫姊妹中有不妖而賢者其匈奴之顓渠閼氏與大閼氏乎當兩女之稱呼韓邪也皆各有子而一則以國亂子少爲慮曰妹子

長請立長一則以捨貴立賤爲非曰姊子貴請立貴然單于卒從立長議而同家共子一言終莫異域于如髮夷狄之有婦不如諸夏之無也信哉而吾竊有慨于漢之飛燕合德南燕之娀娀訓英并王蜀之兩徐氏夫是六姊妹者其豔冶亦人中花鳥也比于名卉則芬檀蘭棠比于佳禽則鵲鷃鴻燕不覩蘭棠之榮也異時而並榮則爲妖花乎不見鴻燕之見也殊候而雙見則爲怪鳥乎物誠有之人亦宜然乃以有美一人驚希覯于天帝者而

倩

所謂妖而不妖者

姊誇嘒碧妹羨吹蘭此非僅一雄一雌同入紫宮而猶爲半隱半躍之妖者也少小偎倚則鏡仰雙蛾覽圖不妬于閼氏長大供奉則結贈同心廣澤允憐于梁姬若是者妖乃愈甚則有袖擅翻風梟標淩玉如飛燕姊妹者而不以傾漢乎則有索乘魚于盛夏思生地黄于仲冬如娥娀姊妹者而不以敗燕乎則有前車之賦遊方後後乘之咏景復麗如王氏姊妹者而不以亂蜀乎夫粉黛薄耳固于堵壁山河堅耳穴于狐鼠迹其行事未有甚于

公餘錄　隨筆　三十六

六姊妹者然不僅若輩也二劉分寵于聰御則才而賢當推其妹鵷儀堂一諫錚錚者頗饒忠烈乃昏主之心益蕩矣曰才多則惑二周競麗于煜宮則慧而韻當推其姊霓裳曲一翻翩翩者自藴風流乃弱國之氣益荒矣曰慧過必迷他如漢之二梁晉之二楊蜀漢之二張柴周之二符此數女者半祿祿耳非必燕啄雛連畫禍水也乃不以身殉則旋以國滅意姊妹之不祥人國固數使然與然終不能爲飛燕輩解公子戕王孫啄矣誰刈漢嗣

諸葛之娶醜女晉文伯符之儷取叔隗大喬武者英雄各具深意

于中絕也土箄怨辛含淚矣誰削燕祚于縣零也土嗟入草之辱族悲嘗亦之慘矣誰各挾倖臣而坐視昏童之失德也此六人妖矣吾乃知晉文分李隗于趙衰而伯符轂小喬于公瑾者非僅解衣推食寵絡英雄之故智也美生並蒂而寵挾鷹行懼有不善焉夫兩隗狄女耳繪月點花或非其長或不爲晉之主臣累彼伯符公瑾之不延其齡者未必非二喬之顏紅命薄而累及兩雄也吁分而蠱身不合而蠱國乎則謂漢不傾于飛燕合德燕

公餘錄　隨筆　三十七

不敗于娀娀訓英而王蜀不亂于兩徐氏者此非窮源之論也故吾揭而示之爲六姊妹云雖然毒犬之虐斬袂之搆人皆罪驪姬而不及其娣則爲妖爲瑞一反掌間耳若姊弟並進相與勵脫簪而廣貫魚乎即以當宮中之左娥右英可也其人妖而不妖矣

夫密公以三女亡則二女者亦險矣哉分而蠱身合而蠱國應屬確論

煜亦亡國不以咎二周則妖不以色也重耳伯

符一論得未曾有

起語錚錚能爲毛后生色

秦毛后論

夫天下不少數奇男子而千秋難覓一完婦人則麗于色者未必勇于氣而勇于氣者未必烈于腸也乃吾上下數千年間而僅得秦毛后夫后夷產耳史稱其美而勇善騎射當姚萇之襲陷大界營也猶彎弓跨馬帥壯士力戰壯哉后也鏡粉場裡恥作佳人笳鼓叢中願爲烈士惜同道諸婦不並時耳若以被甲乘馬之洗氏親執桴鼓之蘄王夫人與馳鋒突鬭之繡旗女將羣權麾下則望中軍

而受束者當人人共推一大將爲彼平陽主之娘子軍安得自成一隊而三十年梨花鎗如楊氏者安肯委身逆全而不向毛后帳中一作攀鱗附翼之女傑哉惜特皆無之而大界一陷卒難以七百人之殺解一身之擒也擒而哭哭而罵罵而被殺誓不以皎然之軀爲逆羌辱夫毛后者豈不能噤口搵息媫之淚而斷腸感小憐之絃哉彼固曰吾婦人而行男子事者也當秉男子節今讀其罵萇數語猶覺凜凜如生焉紅顏不關赤心堪標雖汚

血有無頻之可卹而吞賊者有齒之欲嚼綱目揭而書之爲千百年來一人也快哉乃予猶有恨假不起晉之羊獻容蒲服毛后前而剣面爲快也夫獻容本晉惠帝后洛陽之沒劉曜妻之其媚曜也曰陛下開基之聖主彼亡國之暗夫曜甚寵之頗預國事毛氏本苻秦高帝后大界之陷姚萇執之其詈萇也曰汝已弑天子又欲辱皇后萇怒卒被殺是兩后者孰流芳孰遺臭安得塑毛后于座而跽羊后于地俾其人爲覥顏而像爲流汗也雖然

（甫入與不晉同年語）

（正名定分語殊凛凛）

吾更願世之善畫者無繪明君琵琶出塞圖而繪毛后彎弓跨馬圖夫佳人辟闕玉容漂胡此妻惋事耳若毛后者惋而烈無論婦人也卽男子乎而相與羣披斯圖則聞其勇當人願執鞭而聞其節當人思砥血銳士忠臣接踵而起或曰無不及一婦人云耳若徒以美言則繡馬雕弓掩映自佳何必紅粉簫鼓彼錦衣驄乘身立陳前之韓相公想亦對此減色耳其視手親奮黛而股栗旌旗者猶奘士也維勇與烈并色兼焉一人而三美完庶幾

（事原足媿人激人）

後之慧士才人相與悲歌而哀弔之以發幽光乎乃千百年後竟寂寂無聞則慧士才人反不及道學之韻而非朱子之表于綱目乎毛后之奄奄者其人眞死矣抑予更有感焉金烏林答后之以守節死也世宗終身不立后義夫節婦佳話可雙毛后死矣彼隴西李后之繼立果何爲者卒至君亡身虜賜姚晃而不死無以風勵之也若毛后者其可及哉

（又出奇峰）

表貞烈于人所忽華不如夷男不如女激發人

世深矣

嘗見落花飛絮粘惹于遊絲隨風遠颺或上或下或遠或近妍情麗態莫可方之今方以此文

○○○論梁京溧陽公主
予嘗讀梁典至京溧陽公主事輒憯然心傷曰是舉無乃太甚夫主之失身侯景也蓋緣臺城之不守而其罪仍在公卿將相者也無泣齊女彼耦吳太子耳紛侯而逆虜也憯矣無憐晉主彼淪民間婦耳瓊枝而虎餌也痛矣招彼蜂豺碎我香玉紅顏薄命如溧陽公主者亦千古深悲也夫爲主計惟有一死耳身不辱亦死事不成亦死身辱而事成亦死何言乎身不辱亦死當以魏壽陽公主

一死圖主所欠

力拒爾朱世隆而誓不受汚者爲法其言有曰胡狗敢辱天王女乎然死于氣烈矣請溧陽主視此故曰身不辱亦死何言乎事不成亦死當以凉王傉檀女身耦乞伏熾磐而潛謀刺刃者爲法其言有曰爲人子女可臣妾父仇而不思報復乎然死于機洩矣請溧陽主視此故曰事不成亦死何言乎身辱而事成亦死當以寶女桂娘身親李希烈而合計密剪俾無遺種者爲法其言有曰愼無戚戚我能滅賊然死于孽發矣請溧陽主視此故曰

陵之得當以報漢也

身辱而事成亦死夫無惜身玷期于除賊無憂事敗期于碎首者此溧陽所宜爲浴淚之矢也鷹之搏物也必伏顧主之委蛇牀第者無遽驚孫婢執刃之心魚之入罟也以餌顧主之婉孌枕席者還徐試楊后引劍之手不濟則以死繼之濟則君之靈也然後脱簪去珥長號以告于帝后曰曩所以隱忍未死者爲圖賊計耳今功成而軀辱矣請以死謝斯時也赴趙女之水而投李娥之焰誰謂身嗟泥點者不必羨雪皎乎溧陽無一焉夫因王偉

[illegible]勇而[illegible]者何[illegible]于此

之間而口出惡言者淺也乘帝之還宮而爲景逼坐御牀者懦也智節兩喪就烹當矣甚之者何嗟乎彼梁臺城之被圍也若繹紀譽詧輩皆親子弟也乃女旣奉巾櫛于仇讐而男反操戈矛于骨肉若以大義論固宜沸此巨鑊膏之同鼎耳然皆幸免于烹而獨烹一隨風若弱向日無丹之離流此所以憯然心傷而以不平者疑其已甚乎乃予又讀南史則云侯景之被烹也公主實與士民同食非同烹也若食者眞與吾謂主之食猶齊上黨王

男兒如是宜為次流篤其[illegible]矣

渙妃之杖耳夫文宣不嘗無辜殺渙而以渙妃李氏轉配加亦之馮文洛耶廼奉敕還第于是為文洛者猶以故情請妃而妃乃杖之至百流血灑地噫一死乃芬百杖已黠其聞溧陽之食而以杖代羹者歟且非獨婦人為然也固有骯髒男子而初則委蛇以求全繼則翩翩以自雪如劉秀之呈身王莽而卒以謀莽死荀彧之委身曹操而卒以諫操死是亦晚分溧陽之肉遲操李妃之鞭而難以返戈掩抱衾之羞者也夫委質事人談何容易無

公餘錄　隨筆　四十四

為溧陽之食肉則思嚼齧無為李妃之加鞭則願擊豫劍烈婦貞臣其道一也

溧陽亦何足惜第以男子則有公卿之蒙面以子姓則有繹紀之操戈乃以責一女子哉且非湘東一目之語佐逆之王偉且倖脫矣何獨于溧陽不少逭焉故足痛耳

為溧陽設身處地真無遺策然能為孫丹陽者幾人唯一死為正耳

虜無厭戰之心亦未遽許和也

此皆勝勢在虜故不得

○○○○秦檜再造于宋辨

予嘗讀丘文深論至秦檜再造于宋一語而不覺忿然氣咽也夫不深究其制和者何術而徒以割地罷兵為奸檜罪則梓宮之返鑾輿之復檜且侈然而居之不疑文深之言得無近似不知和議之成亦成于岳成于劉成于吳楊諸將輩而檜特借戰之勝局以定和之成局者也何以知其然也夫自靖康搆難以來宋之行人日以和請而車如流水兵若燎火卒至金人一再入而二帝北轅和之

公餘錄　隨筆　四十五

成敗大略可覩已即康王嗣業後其啣命以往者有同魚貫而中原一塊土已不亡于馬上而亡于舌底矣此無他總緣南朝無人之謂有以啓其朶頤而立馬尚阻于吳山揮戈不極于海島則其目覬齒擊而思為逐麋之顧兎者尚未有已也乃說者又曰此皆非檜時事自檜以穿鼻於金者鼓舌于宋而和乃有成然按詔諭江南一使曾來于紹興之九年而檜實主謀顧何瞽墨與盟血猶鮮而雲騎風馳出我不意者忽已展梟翅而張鯨牙也

金人叛盟我之去就未卜檜之鼠技至此窮矣而九年之盟甫寒十一年之誓旋固豈一轉瞬間遂能制豺狼于鬼蜮之手蓋宋之舉朝俱未能解而惟金臣張行信之策元者言之甚核曰奉使者自專議和將兵者惟當主戰若我軍時肯進戰稍挫其鋒則和事成也久矣予細味斯言而知宋金和議之成果不成於檜之議和而成於諸將之主戰也嘗考紹興之十年以至紹興之十一載劉錡楊沂中等則有順昌柘皋之捷岳飛牛皋等則有鄖

城朱仙鎮之捷吳璘楊政等則有劉家灣之捷蓋向之藐無人于南朝者至此始嘖嘖于有人而彼撻如兀朮梟悍如撒离喝亦悚然于入掌之收而盡足之擲檜所爲巧乘其機而迎之也夫識時務者在乎俊傑外此則奸宄亦識之此檜以和請金亦以和應而特借戰之勝局以定和之成局者乎若云再造于宋者果以和也亦諸將功耳檜何與焉而况和議一倡檜實王倫之于喁耳苟負一人以收一國金何惜以戕倫者戕檜而豈肯以愛檜者并愛宋哉雖然檜不獨無造于宋也且弊延于金而釁流于元夫蒙古興于斡難則金不競乃金以和乞蒙古以戰决而卒召禍於幽蘭之一炬嗣後元踵其轍不戒前車而幺麽之方國珍倔强之張士誠皆以招安爲言招安者和之別名也知盜之無害而趍之則元困于盜矣夫其弊金而釁元者若彼則誤宋可知而顧謂其再造于宋也可乎噫文溪如可作也當然吾言乎哉

唯紹興時虜肯和唯紹興時不當和舉可恢復

之機而喪之奄奄不振以亡何以云再造也此和之一字渡江來漸入人骨髓而不意直漸之文深也和之與撫易言哉

予謂宋之不振不振于秦檜之議和喪將士之氣再不振于張德遠符離之役竟喪恢復之基兩人均南宋之罪人有不得獨罪檜者若曰再造真足一哂

劇論奇甚

立國之法

句入于五行之中

○○○○遼金與亡對

客有問于予曰遼金之立國也視宋爲雄焉然雄者卒先雌而亡何也予應之曰夫遼金之亡皆宋人割地請和之議爲之胎毒也噫彼割地請和者將以肥敵耳謂是傾宋之螟蝨可而謂是覆遼覆金之妖孽可乎是殆有說蓋聞兩國之相競也雄與雌而已其國之雌者必飲冰茹雪凜然于强齊策薛之恐而後志不靡于燕雀之怡其國之雄者亦必抹馬厲戈悚然于弱越沼吳之懼而後氣不

公餘錄　隨筆　四十八

昏于蛇龍之睡是故爭城爭地無輕言割議戰議守弗遽主和蓋憂則能寧而預乃無侮兩國之相持而不敗用此道也自割地請和之說起彼遼金二虜始狃孱宋爲易與而無敵自雄者未免倦生于驕于是踈射獵而親歌舞不獨南朝天子偏愛風流而其臣若民且相與酖溺被鮮而毒耽餌腴則化獷猂爲脆弱竟與華等耳故初爲野豺之善攫繼爲籠梟之不搏而寇且以魚忘鷗狎者忽化螳螂之襲後此金乘遼元又乘金而要皆宋人割

玩爲亡徵

若能如勾踐之服吳行沼吳則非誤矣

地請和之說爲之胎毒也何以言之夫遼之與宋爲難也其勝無論已遂城西之戰代州城之戰唐州徐河之戰遼負三大創而强如故即至兄弟之好堅于增幣而蕭禧疆事一議志猶眈眈迨七百里之割倡自邪說而遼始慘然于消烽息燧之爲安宋憚遼遼反玩宋而金乃伺遼以徐承其嬉則不得謂亡遼者盡金也若金之與宋爲搆也其勝又無論已金山之戰郾城之戰順昌之戰和尚原仙人關之戰金經五大創而强亦如故即至君臣

公餘錄　隨筆　四十九

之稱屈于迎鑾而宗弼歸地之爭氣猶桀驁迨商州二原之割決自奸謀而金始泰然于解甲韜弩之爲逸宋怯金金愈忽宋而元乃乘間以徐收其懈則不得謂亡金者盡元也嘗考遼末政鷹市海外魚宴江濱其臣蕭陶蘇幹曾以我兵不練爲憂而南北久和人不知兵金章宗亦言之矣是宋實以自誤者兼誤遼金也伊誰使之哉夫將欲取之必姑與之七百里之棄特荊公一言之不怍耳及主和之奸檜襲其浮說而半壁去矣將無蠹于宋

者猶功于遼金乎吾謂遼金宋三國皆掮舌抉心之爲快何也謂宋以和靡遼金亦以和怠而臨安之蹙處應州之囚首幽蘭之烈炬總緣和之泄泄者嬉一日而誤三朝也吾願雌國者誡以宋爲覆車而鑒之則當慨然于一成一旅之可興而一桄無偷吾又願雄國者誡以遼金爲僨轅而鑒之則當惕然于納土納幣之難恃而千觴不飛信如斯也宋不終奄遼金不先燼矣則非宋以自誤者兼誤遼金而實遼金之受誤者共醉于宋之狂藥而不能解也故終以割地請和者爲三國之罪魁云

治國全以精神精神有所恃則息一息不可復振矣斯論直悲遼金已哉悲夫九邊之以欵弛插之安于欵而不振竟爲奴驅也師已事者尚鑒之

○○○書虞姬戚姬傳後

予嘗讀班史至虞歌含愴于上馬戚舞卹淒于罷酒而竊爲劉項兩主傷也夫以敵學萬人功成一劍之英雄主而悲泣流連者幾碎剛腸于蛾眉豈非虞戚之溫柔鄉乎雖然二姬死矣吾謂戚姬不如虞姬遠甚夫虞姬之先項王死也美而烈若戚姬之于漢高則生旣相愛死不相隨而卒死呂后之毒手夫呂后悍兼以孝惠柔而趙王弱高帝晏駕後戚姬何計能不死且四人之召也卒全太子

呂后旣謀之子房而高帝何不謀之他知士也吾私憂之不知所出想七出奇計者至此亦苦于全姬之無奇而又何計能不死夫等死耳顧不以刎踵虞劍者自附長陵之樹鴛而乃爲居厠之人彘耶迄今過虞塚者骨艷覓香猶堪生色于重瞳而戚姬已矣無論厠而穢不如塚而芳而歷覩千百年後樓墮綠珠井浸碧玉蕙掩蘭埋有餘芬焉故以韻士吊佳人者每愴然于墜嬌沉紅之所而徙倚悲歌至于厠而韻盡矣嗟乎玉腕朱顏行就穢

寫謂項王苛以不恨

歎誰憐厠有遺蛻而欲以漢宫之剩粉零膏一洗芳香于垢膩者哉想當日之掩面入䘮而悲恨俱下者當不止與化蘢之合德化蛇之郗后同悵惜乎再世之失艶也吾是以深尤戚姬之不早死而以完形殉帝以芳名留世也噫楚失天下姬以烈標漢得天下姬以慘埋想兩主有知其各以此爲千古之長恨哉

爲戚姬計直是以死殉高爲上乃其戀戀應侍子爲王耳孰知併王俱斃哉總之痴于奪嫡痴

公餘錄　隨筆　五十二

于惜死其識自遜虞姬一籌不堪並論也

翩翩原草生英色赧赧厠寃抱愧顔

虎倀環鬼劍盡賊子之顔

凜凜

鬼刑更奇

收老

〇〇〇書梁沈約傳後

予嘗覽史傳至弑主篡國事輒勃然心忿然必有一二宵小爲之羽翼其導前則如虎之隨倀而簇後則又如判之環鬼也噫若此輩者安得震以沈約之一夢而斷以齊和帝之一劍哉夫梁武之篡齊也則約實導篡梁武之既篡齊而又弑和帝也則約復導弑壽哉斯舌乎彼和帝斷舌之劍忽來夢中者宋書所載炳如也予心快斯事竊謂此一劍者當與魏莊刺桀之刀周武擊護之斑並懸殿

公餘錄　隨筆　五十三

陛間以落奸首而寒賊膽惜乎其爲夢中物也夢而痛覺而驚視吾舌尚在否其比王偉之嗾侯景弑簡文而卒遭梁元釘舌之戮者則一以人刑用而一以鬼刑用也快哉雖然彼牽后之華歆歐帝之崔季舒其羽㨾而翼澄者皆約輩也乃歆既保首領以沒而季舒之死于昏虐也猶冒忠諫名若天道有知恐二帝之懸劍以待者當罪坐牽毆而斷手之刑酷于斷舌矣信斯言也彼阸千里之無思論安可復存而顔之推之還寃記安可不作

氣憤成雲。筆銳如鐵。
不平之聲。氣如雷吼而電發。

世延壽未必有是心耳

大參湣寃

想亦不相上下

○○○書王昭君傳後

慨自遠嫁難爲情一語酸感千古。而竊悵然于昭君出塞事。噫。誠醜圖之毛延壽罪也。蓋歷千百年後而筆矛舌戟攢叢其軀者。覺肉已久寒而骨猶新痛。乃又有爲延壽辯者。則曰不然。夫醜圖之。且嫁禍異域。而豔圖之。恐留蠹漢宮耳。嗟乎。楊花無力。已悵隨風。葵藿有心。終思向日。紅顏而青塚者。死而貞。乃云生而妖乎。恐玉關之訣淚潸潸再下而嘆爲延壽之于今復生也。夫醜圖誠延壽罪矣。

使不醜圖而好圖也。昭君遂以延壽傳乎。蓋以畫工之巧手傳者貌。不若以才人之慧心傳者韻也。予嘗憑吊往媛。見紅粉佳人。半泣命薄。竊疑造物之嫉色也。甚于忌才。不知千百世之上而有佳人焉。千百世之後而有才人焉。正天之寶惜朱顏。不欲付如花于逐水之零。隨風之謝。而以授管才人者爲佳人身後之丹青也。氷河牽馬。渡雪路抱鞍行一圖。于庾開府矣。昭君拂玉鞍上馬啼紅淚再圖于李供奉矣。夫有兩才人以爲之圖。而安用一

嫣然蘭韡梅魂

麗若霞蒸

可想

畫工以爲之圖且也舞善明君忽發新歌于艷珠者金谷而辭玉關之聲此以入胡傳耶以留漢傳耶若其留漢也是居里則谷閉幽蘭而入宮則苑鎖零梅也誰爲之泣冷傷幽又誰爲之摹憔寫悴而歌吊之玉骨至今霏霏身去而名留昭君其無恨于斯行乎予嘗讀漢史見呼韓單于之死也昭君曾上書求歸而漢不之許則又悽愴傷懷而憐其永訣然未爲深憐也夫紅顏化爲白髮尤爲可憐人知西子之遊湖直是不見末後醜境不知昭

君之留胡亦是不見末後醜境此騷人韻士所爲想其豐容繪其靚飾而覺當年之光明漢宮者今猶豔豔也其堪以紅裙風捲翠落沙飛者再作掩袖歸來而悵然于異域之花鳥非故乎昭君不歸矣雖然厥後須卜居次之入侍也實係昭君女母不生還女若代歸想一靈貞魂猶當以追隨輪蹄者再作漢宮之夢遊而不復以胡鬼終也噫青塚人若聞斯言乎其不垂涕而收泣矣夫唐咸安公主之嫁回紇也曾先繪容以賜虜又豈醜圖之毛延壽罪也

春宮仝草閉秋苑共花殘埋沒麗人何限延壽作明妃功臣非延壽何以得文人之爲圖繪耶

〇輕吁淺恨琵琶馬上之態宛然在目更一幅絕妙繪事也

言之可欽

何可無辯

〇〇〇書隋突厥傳後

予嘗讀隋突厥傳至所書後周千金公主事未嘗不憐其義而傷其寃也夫公主本趙王招女當隋之簒周也自招以下皆屠滅無噍類獨公主者慨然有借吳報楚志今讀其所題屏風詩雖寓言于陳亡實愴懷于周滅嗟乎周冷若灰矣隋熾若火矣其一二故臣盡從風靡矣斯時也文皆白面武非赤心而悲歌忿惋思借犬羊以雪黍離之痛者僅一漂流虜地之紅顔所當率賣國諸臣羅拜屏

風下而以巾幗發鬚眉之氣者也乃不下之拜反加之誣而云私于胡人安遂迦玆按所謂遂迦者止因隋人楊欽亡入突厥故主以遂迦往而合策圖隋耳若果私者眞也猶當錄義舉掩隱過顧可以長孫晟之陰謀突利之簧口而既隕其身又汚其名乎彼以十三鐶金帶媚者獨非私于權逆而甘以其身作淫犇之醜婦者哉隋臣之千金婢之矣史臣不罪李穆之私而獨罪公主之私何也今試取所爲屏風詩一再咏之其敘盛衰感成敗悽

血筆自在

當需之千古耳

悽于杯酒絃歌之無樂者隱然有咽膽臥薪之焦思焉而卒乃結之曰惟有明君曲偏傷遠嫁情想其題屏風時當以淚和墨矣千載下有讀是詩者尚覺屏風之愴句與琵琶之哀音慘然流酸于千古胡當日爲史臣者竟以莫須有坐而彼則留青有遺塚此獨浣墨無直筆也千金之寃不更苦于明君哉雖然其時有竇氏女者周襄陽公主出也乃一聞隋簒周事輒撫膺投堂下曰恨我不爲男子救舅氏之患斯言也亦千金題屏風意哉彼襄

陽非周女乎何亟以袖掩口而兢兢懼禍也吾謂竇氏女者當毋千金耳襄陽不得而女之矣何也不同道

繇來巾幗有奇人非奇人不能知之惜之耳于史臣何尤

心平眼冷才識踞遷固之上昔耆頡作字而鬼哭如此品隲又能令寃鬼絕號矣

漢初之勢可無和親而敬爲辱國之倡誅敬宜先于延壽

書唐四夷傳後

予嘗讀唐四夷傳至嫁主和戎一事輒愴然有感夫一漢宮人耳生訣玉關死標青塚猶啓騷人韻士之長恨而歌弔于今不絕胡延至唐世其飄玉蘂于淒風而拋金枝于黃沙者且連袂往也吾謂漢婁敬之罪浮于毛延壽蓋自長主結和之說首倡于敬于是易金繒爲姝麗而帝女魯元幾先憐琵琶之抱迨魯元罷行卒以家人子代而漢之遠嫁昭君也則倣家人子故事唐之遠嫁諸主也則

公餘錄　隨筆　六十一

胡越一家之盛乃有此辱吾更爲太宗恨

倣魯元主遺意也嗟乎醜圖之延壽止誤一昭君耳然已身嬰顯戮而傷胡塵之慘淡痛玉容之漂流者尚云寸磔爲快敬之一言實誤唐諸主矣夫女子有行遠父母兄弟猶戀切擊掌而愴深離膝況以生誕珠施者長漂氈幕乎已作賓鴻之望斷難效鸚鵡之丐還是故金城灑泣于始平矣寧國沾涕于咸陽矣而太和又悲啼眷慕于虜庭矣依風咽水何辛酸也豈止見月思家之淒淒已乎乃其尤甚者則靜樂之嫁契丹宜芳之嫁奚皆委身

冒頓殺父又知有岳翁說盡可笑也聽者自誤耳

豺狼卒以非命殞想當年血漬衰草而冤淒悲箭者尤爲斷紅碎綠之永痛而孰非婁敬和親之說爲之流禍耶且敬之言曰公主爲閼氏則所生外孫當爲單于安有外孫敢與大父抗禮者哉夫戎狄豺狼耳冒頓弃父屠割之安識大父而顧曲從其說以誤後人也傷哉千載而下止罪繪圖之延壽而不罪作俑之婁敬也則唐諸主之怨深于昭君矣雖然其時有金山永安兩主者一許降突厥一允適回鶻而忽以他故罷婚吾不知足遠風沙

公餘錄　隨筆　六十二

而身親香粉者亦曾遙憶諸主于胡地而時作掩袂之愴然否也

委骨肉于禽獸直不知其何解一念及此令人欲憐欲痛快蔡琰之得歸則安恐無親漢唐人士反出曹阿瞞下矣追原首禍惜不令諸紅顏手刃之

説者曰紅粉利于青萍足以柔虜志而耗其雄鷔乃今全遼之佳麗不足繼之以灤永之妖妍虜竟何如一笑

○○○書北齊后妃傳後

蓋自嫭施沼吳之說一起而千古之明眸善睞形
姱骨佳者遂辭艷于花鳥而等虐于鴆毒乃袁中
識 郎之言則曰庫有湛盧之藏漸無鴟夷之恨雖百
西施何益及予讀高澄寵玉儀故事而知亡國者
之不盡美色也夫以無齒之玉儀妓所爲見放于
孫騰者胡逢于道而悅置于宅而變嗑齒如瓠犀
猶嘆終風之辭煖則無齒者應變耳迨寵愛過甚
往來無間而蒼奴之刃卒乘間而起于牖下過美

者必有不善豈過陋者亦有不善乎今而後始知
明眸善睞形姱骨佳者之未足沼吳而鍾情耿娟
者之果非寓言也美不在色情戒乎溺夫溺于酒
至論 溺于貨溺于小人皆非美物也有家國者所宜書
紳

詩云但願君王誅宰嚭不愁宮裡有西施蓋不
溺則苧蘿之女適爲吳娛越謀亦不巧矣以玉
儀之變更足爲鑒矣

李映碧公餘錄卷二

理署偶筆
鐃燕集序
武闈墨卷序
閩闈詩一房硃卷序
浙闈詩一房硃卷序
刻拔貢卷序
哀矜錄序
林如虹制義序

王芳洲公餘草序
善戰者服上刑辨
吳三娘傳
李舜傳
閩關紀異
浙闈紀異
瘟神紀異
跋袁生丹六合刻乙卷
補劉無雙與王仙客書

目終

如是便得眞文字

快事

李映碧公餘錄 璧署偶筆

昭昜李　清著　門人陸雲龍訂

〇〇〇、鏟蕪集序

夫選文者之别文于闈也，猶簡詩者之鏟詩于亭也。夫以飛泉亭之詩板百餘，而所剷既多，僅留巫山亭一首耳。乃欲以是爲選文者律，無乃曲高而和寡乎？是不然。葢世儘有偉文嘩製，調矜陽春，而忽雜以下里之俚篇，則作者雖貴紙于洛陽，而選者半供覆于酒甕。故言選者須得乎鏟之意耳。予

兩入浙闈，謬竽舉貢衡文之役，而皆與黄元公先生共事。元公慧眼既高，婆心更熱，然其意總以鏟蕪搜奇爲主，故其萃之秋籠者芟艾寶蘭，所留盡香草也。予與同事諸君子約，將羅兩浙之殊英，而搜諸房之逸雋，于是盡出落卷，聽元公簡拔。其爲糠粃之颺而瓦礫之汰者，每房數百卷，瞬忽便盡，如疾風捲籜，掃不踰時。其摘而置之案頭，則皆桂林之數枝，而崑山之片玉矣。昔上官昭容之評詩于樓也，拋若蝶翻，墜擬花落，存者得二

文固不可一律求

耳。予顧元公而笑曰：昔日樓上之韻，其卽今日闈中之韻乎？今高朱兩生之共爲丙墨選也，亦韻事也。高生字錫馨，予初拔之闈中，擬作經魁，止因卷面割截，字號參差，爲彌封所誤，遂還卞璞。適朱生全古亦自金陵策蹇歸。全古博物君子，予拔貢所取士也。其既得而旋失，亦與高生所苦同。于是合辭以請曰：夫鑒乎鏡可以别形，而師夫馬可以得路。遊于羿之彀中而不中者，敢云命也，當以彀外之同負，而覯彀中之全勝耳。時卽袖出一冊，分爲

二帙。其一帙爲英聲篇，葢取司馬長卿傳中蜚英聲騰茂實之義；其一帙爲進䟦篇，葢取張博望傳内進䟦于天子之義。夫淄澠之水合，易牙嘗而知之難矣，猶曰雜味而殊體耳。相馬如寧王，而决千里于纖塵，則價之高下逈焉。兩生者其亦精同嘗水，而晰若相馬乎？將有曹劉之諧，不必同局；潘陸之麗，不必共情；陶謝之工，不必合體。而諸卷之紛紛呈色者，且爛踰五隊矣。想覽者遇此，雖不必如小宋之陳笙鼓，列紅粉，伸紙吮墨以續唐書，而但

脉者

取是以怏漢書之讀則光發偉文典酣烨製當有如子美之一斗非多而共推韻事者乎礿兩生欲名之曰公餘集然而見獵猶喜踰時不鮮奇花藻羽入目而眩恐無實者難居其名矣因放薛能鏟詩之意更其名曰鏟蕪集以不没兩生之苦心云夫蕪鏟則英者集矣是可進孰于天子矣

局度委蛇神悟氣靜宛可挹其休容

蕪者平舊之所詭託也蕪剗則新色見矣宜乎閫中所取者皆佳士也

士賤者士自賤

學步失故武

文士不可無此期許

○○○○刻武闈墨卷序

夫文武之互用也猶左右手相爲倚也自夫以馬上得者不能以馬上治而匡坐論道之儒遂欲陵介胄而上之矣然則武之畸輕也果時爲之乎蓋緣今之習爲韜鈐家者終纓弗請氣旣不雄于尺劍而江花弗燦藝又不工于寸管則止取文人吐果之核棄藥之滓以爲巧拾青紫之具耳及一遇赤白交馳時而蓄縮怖急者忽作病婦弱子狀于是握麈操觚輩咸起而訕笑之鄙薄之噫孰非武

人之自取乎而吾更有以責文人者則請以宋之虞彬父爲法當采石一戰竟不難摧勁敵于梟張之際而大功反出儒生手茲之功成克敵者誰也顧不自爲訕笑自爲鄙薄而徒持苛論以繩人乎夫倥偬之塲固非一肉食者能坐了耳此

明天子所以切廉李之思而拔勇一途且與弓矢並列也今之以論策取士者不又依然文家氣習耶而予曰不然夫孫仲謀之于呂蒙也則勸其涉獵書傳而始不以吳下之阿蒙老卽才如岳武穆

而宗汝霖猶評之曰將不知書一夫敵耳今諸士論策具在業筩不竭邊而囊可發陸矣今而後將以春華是競者徒博一西班學士之虛名乎夫畧暗風雲而管藍月露終是文人之牛後耳恐向之訕笑鄙薄者又不旋踵而胡盧其側也噫投筆橫戈豈異人任夫用之則爲虎者正欲其不用而人思爲虎也乃不用則爲鼠者尤恐其用之而人仍爲鼠也諸士而中立鼠虎間乎宜傑然有以自命矣進而求之更有人焉邇者奴寇躭躭需人亟矣安得衡文棘闈而有如郭汾陽者出而應之與則熊羆之選亦桃李之榮也夫諸士起家既與汾陽同壽亦思所以媲美前人乎予且日切分榮之想矣。

天下固未有鼠而能虎者。

武士自有武士本色當濟之以文明理達勢以壯其膽識不在襲士人之趨步呫嗶以自衰其氣也文人牛後良足痛心哉今日者又將馳文士而弓矢虞允文之破金亮于忠肅之却也先果躬一矢之遺乎驅萬人敵爲一人敵武士失其爲武士恐文人又失其爲文人漢祖以狗功先發縱耶

虎鼠之說足以激厲武臣成功克敵者更足以激厲文臣而自期應不小矣

善舞者不必歉于奇驚人者則竟以奇見矣

多忌自愛必黃縮而不能收奇

陳大士曰取奇而去其弊取正而去其腐則奇正皆進矣

八闘詩二房殊卷序

夫文猶兵然奇正相生而已而以語于今日之闈中則難何也士子以有盡之精神而多其藝以困之復嚴其期以促之莫患才多畢竟長袖善舞耳弗云倖售終須一鳴驚人耳自夫牛鬼蛇神者每詭之以爲奇而于是有進其梟烹蛙炙以爲可厠餐羹酌玄之席者曰吾將求正焉可乎余入闈後卽與二三同志共矢謂多才毋擯于多忌而愛士不如其自愛者此今日通情也夫角端能言人爭

駭之其固然耳彼牛之誕麟以志瑞也而余之惘惘者將無與少見多怪之里人共爲咋舌之驚乎嗟乎幾何不使狄籠之英咸抱泣于沉淵也葢文之變化固非一道矣比之木則蘭菊殊候何妨並妍比之物則鴻燕異質愈見雙美今將令汗漫者黜而詰倔者屛則曰是苗之莠而鶴之鶩也而或收其枯嗇淺俚者以備入彀之選將無不玉樹而蔓草乎不靈禽而斥鷃乎然則眞才果若是寥寥耶非無才也徒知儉歲之禁鸞巳盡人間之至味而俾進江鱷而剣荔枝者反不得列珍錯于綺筵是淺之乎言文者也則擧以槩闈焉可矣闈中詩義爲虗余所閱者幾五百餘卷而葩經則拔其六乙卷亦如之又兩孤經各以引嫌爲辭于是書義聽採于各房而戴經則拔其一麟經亦如之又主司以眞才難遺恐其爲玉之泣而珠之遺也于是又有搜落卷之役而葩經則拔其一戴麟兩經亦如之槀之共得正卷十一而擇其乙卷之佳者付之剞劂氏余盲雷煥也安識斗牛間異氣聊記其

梗槩俾夫舍奇而趨正者無錯而入之乎庸焉耳

今遵　功令者類修成弘不知成弘意醇格正而色巳陳矣不善學之必入于庸不令趨正而入于庸正程士第一義

國家借文字以收士將需其用也其文庸腐其人可知誦孝經以祈賊退不擒二毛以坐敗其師如是寧濟于國唯就聲光氣焰之中以拔奇則自網出珊瑚羅盡麟鳳出其藥籠可以濟世

共六大矣

憐才心苦

○○○兩浙詩一房硃卷序

予癸酉分典閩試，得閩士七人。今歲復典浙試，得浙士亦七人。兩國皆鄒林林藪士之挾奇思獻者。其才畧亦各相當。憶余在閩時，得一卷，則遙集閩卷而較之，以爲此卷似某，某卷似此。有其淹博相似而醇雅不相似者；有其典古不相似，而沉渾復相似者。要以貴經術而賤時鄙，遡淵流而棄支末，其智識亦各相當。然而閩之文博麗而秀美者多。故余所拔者正之數過于奇。浙之文秘譎而宏深

者多，故余所拔者奇之數又過于正。閩之文如朝華初秀，而有蒼松古栢挺植其間；浙之文如秘洞丹崖，而有日光月華旦耀其上。以浙之奇，合閩之正，其所得奇正之數，又各相當。然則余之于是役也，亦可以不憾矣。雖然，正不能不憾。入寶山者，擷袏以載，然俯而循其袖，則兩袖復盈盈矣。採不勝採，故終置之。夫取才于浙，猶之枹水于河而取火于燧也。予是以弁列而懸之，以俟後之市寶者採焉，亦向者閩志也。

高凝簡貴，筆不輕下。

松奏笙簧，竹搖環珮，致甚幽異。

此論新異而實確

足以興矣

○○○○○刻拔貢卷序

蓋功名者士之新色也而惟上以新典招則合闘明沉鬱之彥莫不鼓新色以應之而靡然就從其所貴進士之首貴于唐也蓋繇唐大中天子始也夫自長安之微行有駕而舉子之笑語親于龍顏且以愛主之貴而非曲江之雋終莫近禁臠尤新典也故一時科名之盛人爭艷焉今者掄貢之役蓋將矯其輕者以歸于重而即唐宣崇尚進士之意也夫明經一途往亦踵故典以行然厠名諸士

上重其事下亦因其重而紛自鼓

無所芬華黯靄而已處爲借光之貧女嫁亦儉粧之寠婦則無明璫翠羽以耀其鮮色而自憐者人亦不珍惟上無以優異焉故也獨是役也其典新而隆既萃多士于棘闈兩試之矣且衣冠濟楚羣列分闈之席于是別嫱于嫫剖玉于碔聽督學使者總裁焉設今日者有魚女冠之才而鬱鬱巾幗乎未必不覩榜上名而知羨也何也以其新而隆者貴也蓋人主之待士薄則士之自視輕而他年之圖報也不重今之共膺是選者既彬彬乎渥矣

書則薄矣

破書生之陋而收奇士之效問誰爲請纓之終童乎問誰爲進策之雒陽年少乎問誰爲言端行潔誤置末第而爲親拔第一之公孫長者乎異日臨軒策之今　天子有厚望焉願諸士之無自薄也然尤願諸士無自畫蓋進士一途其以錮天下之楚璞燕蹄而埋于豐城困于鹽車者不知幾嘆唾壺之缺然何以欲破而不盡破也沿于俗也是故賢如李衛公功名盛矣終以未列清流爲介介而我明三楊其勳位雁行耳然兩相標題者猶視他

然得一士奇亦足以作貢士之氣矣

此論發人未及

途起家之士奇而微有矜色諸生之徐展未竟也將騰驍自命挺七尺于天壤間而顧可留李相之恨抱楊公之慙乎從此响賡鹿鳴而複折杏苑皆分內事也雖然此兩闈中壘兵攢列矣人人自以爲得大將談何容易惟志氣遠大者能成吾事耳夫大樹將軍口不言動卒能收奮翮于垂翅而肥水捷聞胡不禁屐齒之欲折此沾沾者蓋有以窺其器量之隘而江左跼步知不能過而中原也諸生若有味于斯解乎幸無沾沾自隘哉夫一日未

又破其自薄自畫

賦蓴鱸則功名無有是處而一日未釋蔬蹻則文章亦無有是處予之以諸生卷刊而張綱收之又不盡災木付之也猶未槧以爲是也今而後願舉予所謂是者勿遽言是而于予所未是者必求其至是思之思之神明告之將有入董子之帷而授以江郎之筆者矣他日者相與貢家學而答主恩其涓涘自慚而抑抑然未敢遽以爲是者猶今日也實其腹虛其心斯語也願諸生刻心焉無但書紳。

公餘錄　偶筆　十一

拔貢盛典也限以每學一人此不能無嘆留良而嗟貂續耳然擴紘以收之吉光亦有片羽藥一言以策之鉛刀亦思一割況榜又非止片羽一割之才膺盛典而典固知有必然耳

鼓舞鞭策諸士其議論之亹亹如長風驅浪波瀾百出。

是謂矜哀折獄哲人之刑

錯莫甚焉

作聰明者多有之

○○○○哀矜錄序

予嘗讀史傳至歐陽母之述父言以告子者而不覺惻然心動也曰求其生而不得則我與死者俱無恨夫讀獄而求情猶讀書而窮理也要從無疑覓有疑又從有疑返無疑而後生者不死死者復生則于下爲情卽于上爲不忍人之心者是此予叔小有所爲以哀矜錄刊而援事也亦以醒心也夫哀矜何以云其以囹圄爲福堂一語而人視爲死穴者我認爲生門乎天有雷霆氣本黷黷而反

公餘錄　偶筆　十二

蓋以星雲之瑞色物有齒角象實森森而轉覆以羽毛之鮮賁此下輕于入者上亦重于出上重于出者下愈輕于入而囹空之化幾曠世而不一覯也噫哀矜之種子從此絕矣而于是有以刻核殺人者曲直盡碎于周甕勝負止決于董骰不得情而刑民所爲有斷而無續也則哀矜者惻然一慟曰無恣殺恣殺者不祥而于是有以疑似誤人者三斗未析乎康姓兩日誰辨乎昌名不得情而決民所爲多枉而鮮直也則哀矜者又惻然一慟曰

此哀矜之正旨

沉淪生于忽易焦灼生于躁浮心之水火其淺溺毒也

無懸斷懸斷者不實而于是又有以煦濡媚人者
祝網盡解夫湯面續命止憑夫李燈不得情而釋
民所爲易犯而難避也則哀矜者又惻然一慟曰
無故縱故縱者數人生而衆人死夫所謂哀矜者
非無泣罪豈盡開籠苟可原情無留向隅要不沒
吾心焉而已此心或昧是置其民于穽穴之沉淪
也則爲水獄此心不存是置其民于暴室之焦灼
也則爲火獄夫水流于圖可決而障耳火延于圖
可撲而滅耳湯湯者其在吾心乎如水益深不魚

司刑者不可有責報之心而惧司刑者不得不以報[illegible]

驚而沉淪之何也炎炎者其在吾意乎如火益熱
不鳥獸而焦灼之何也而因有臨穴謳歌者矣而
因有伏屍流血然後爲樂者矣而因有斬戮盈前
言笑自若者矣不哀矜而民無生不哀矜而喜噱
而民且無生而有死吾將何以欣之而使躍然就
吾將何以懼之而使惕然避則爲進一說曰若思
高于公之門而植王氏之槐乎愼簡者應得此報
則爲又進一說曰若知殺降者身絕侯封而洗城
者子罹巧伍乎嚴酷者應得此報乘其欣懼而入

人主之哀矜固有異賴不能爭偏以兒子片言得之者

爲亦化酷爲良之一術也子叔哀矜錄一刋意在
斯乎則天下之女子宜讀問肉刑何以除也蓋始
于緹縈之數言而先得哀矜者也爲巾幗者應明
是義則天下之童子亦宜讀問外黃何以免坑也
蓋本于舍人兒之數言而暗合哀矜者也爲髫亂
者應明是義則以彼夷語譯我華言而係中國以
及蠻貊者皆宜讀問汴城之百四十萬何以免屠
也則緣于耶律楚材之數言而廣演哀矜者也椎
結而侏儷者應明是義而或有爲之說者曰彼坑

万無漏義

降之白起何戮止其身彼屠城之耿弇何福延其
後哀矜之說固有心違而應爽者乎夫有施不求
其皆報而倖免止道其處常則試以子叔經史果
報合之斯錄而猶殘民以逞是巾幗之不若髫亂
之不若而椎結侏儷之不若也無認福堂而錯遊
寧望神門而不入竊謂此一錄也當與律並行人
置座右若予小子李曹也既服膺叔氏之訓矣敢
不書紳

一念慈和遂造羣生之命不以言語提之則有

錮之者矣。不極于立言之意。則又有訣之者矣。合女子小兒夷狄。盡作其哀矜之念。其造福宏矣。

偶筆　十五

新警清露　縞枝帶風

病在持剿瀉不尋之理

○○○○林如虹制義序

夫文至今日難言之矣。以滉瀁潰決之百川。而束之兩崖三峽間。故曰難也。然則衡文者將何道之從。惟以其潛中發外者。取乎新芽之簇。與靈根之苗而已。何言乎新。夫剪綵爲花。浮之水上。然于其陳者則易之。正新之解也。而學步則宿。以是爲新。恐初粧無耻于再試。而逸調尚待于更翻也。何言乎靈。夫削木爲樞罝之戶。內然于其膠者則撥之。正靈之解也。而效顰則滯。以是爲靈。恐翻風忽隳

公餘錄　偶筆　十六

沾泥之穽。而跨鶴轉滋借鵬之誚也。夫求新而愈以宿。求靈而反以滯。人亦知其解乎。總緣潛于中者無沉精流采之思。而謂風雲珠玉可集掖成也。噫。此故譜耳。膠柱以鼓者。安得調艷清平而新機與靈心互映乎。則竊有賞乎如虹之文矣。予初于闈中得如虹卷。見其靜不削華。綺不傷靡。正如朝霞和雪。艷射不能正視。然光浮字裡。而神遊筆先者。又何廻風猗水。而飄然引人以凌虛之想也。豈非所謂標新而吐靈者乎。夫嘗嚌一味。可識全典

所謂冶二中

想睥先態

則因闖牘而窺窻課予信如虹矣如虹胡不自信
而今且以疑疑題其稿者則何説也將無疑新者
不新而疑靈者不靈乎是不然夫孫知微之畫壁
也營度經年終不下筆而及其吮毫揮墨則氣神
湧出者有洶洶崩屋勢故欲識崩屋之妙正在經
年閣筆時此畫意之通乎文思而可悠然于疑疑
之解者也余記構葹時于新靈二字終作望洋返
耳然性最善疑故展卷竟日恒裂幅而起毎嘆古
人有才成七步者何緣夢到卽在朋從喧譁閒而

心存之餘不覺凝然形諸言色也今如虹之以疑
疑題稿深哉其言文乎不疑則不新畫眉以擬西
子之豔竟無可似不美而信其爲美也疑則滌西
而别構新粧矣不疑則不靈縷石以象遠山之秀
終成不肖非工而信其爲工也疑則窮源而别繪
靈圖矣昔宋儒有云善讀書者須從有疑識無疑
又從無疑覔有疑是亦疑疑之義也虛其心實其
腹如虹異日之所就其殆有未可量者乎若夫春
風匹馬領袖寰區則已付諸不疑之何卜矣

何遜齋頭梅似雪隋煬堤上柳如烟清芬不帶
人間色旖旎還成絕様妍
新出于靈非借妍于剪綵桃花流水幽曲出其
聲光

○○○○王芳洲公餘草序

恰合

弖俗吏也頗知吏煩彼文章一途其于躬親簿領者猶庭草之綠自隨意而去人日遠也夫終日淸談而縣務亦理僅一啓頰而流芬耳若文爛雲霞而思窮雕繪談何容易恐五臟俱俗于一官而隹句原非我輩語也求其不俗而韻者則無如王芳翁弖以同籍樗材與芳翁共事明州見其胸無滯事而案鮮沉牘昔謝安石之推轂彪之也曰人所不能决者以杏王公無不立决弖之推芳翁亦然

公餘錄　偶筆　十九

山林之口角多寒能如是可以無弊

矯枉者恰得其平

其治鄞也優于政矣乃今讀公餘稿又何琴調宓署而筆燦江葩也葢文章之爲病也有二半中于貧士亦半中于俗吏貧士之聞見隘沉思所積正患軒發少耳譬如西子之居村也其點野鬟而移局步者終慚大家舉止故欲益以高華整秀奕奕冠裳之度俗吏之意想紛游思所注正患舖張泛耳譬如楊氏諸姨之闘隊也其耀星日而燦雲錦者終慚靜女風味故欲益以瀟疎澹遠冷冷泉澗之致夫度優冠裳而致帶泉澗芳翁之文兩擅勝

美不在多

焉而今僅以廿餘首行何簡也吾聞古人之食雞蹠也數千而足閱芳翁文非才擬士衡而讀之惟恐其盡者乎快一嚼于禁臠而謂飽目飫心者于是乎在也恐食蹠者之餘涎猶溢矣乃芳翁正無取乎多也夫靈芝不盈畝而明珠不列肆其盈者蔓草耳其列者魚目耳故讀芳翁廿餘首而蘭馨珠耀犁然雙美則簡而裕多之味者也長袖之舞靡然退舍矣有文若是吏豈云俗哉若弖眞俗吏也生平慨想天台諸勝而勾稽所至終付夢遊惟

山水可以發人性靈

公餘錄　偶筆　二十

芳翁之宰鄞也資其風景佐我文章而所嘖嘖爲弖言者則每及東湖之勝云東湖去郡城三十里聞其空明若鏡森鬱成行說者謂粧點畧減耳葢之當不減蘇公堤畔而芳翁問俗之暇歲必一再過且聞宋故相史彌遠實傍湖居而有女麗甚終其身擇對不姝當年之浣粧而滌粉者至今香浮一水焉芳翁目擊之餘因成心注而忽溢爲文章則豈取東湖之烟波水月萃于筆端而映發乃爾耶又豈隹人之剩粉零膏忽染文人之襟袖而令

毫運墨時自覺香飄而韻遠耶胡文之懸河不竭而秀色可飡也夫芳翁故前爲暨令暨有夷光浣紗處芳翁曾標石其傍以記豔事則又豈流藻于鄞者實貢芬于暨乃夷光之感其意而授之筆而撮兩地之菁華以繪一日之文章者哉昔予之以葩經理寧錄刋也芳翁實爲之序才非左賦而借皇甫之文以自珍予愧矣今之敘芳翁文也不類鴉點玉林耶夫海魚龍錯嘗其一臠當有起而爲司空之賞者予何足以知芳翁文乎簫韶之响一

振而鳳獸皆居儀舞之列予顧附于儀舞之知音可也

文心屈曲尺瀾中廻無限紋縠又似有落花流藻蕩漾其中東湖之靈秀想平分之故文能爾爾

嘗讀士人每恨其卑瑣有諂氣而仕宦不免粗疎如中之詩論二者皆可並馳中原矣

嬪宮齒像可厨鄒淳

泠然以解

霞綃輕秀日光出烟帶纖連樹影來點染欲拙天工倚琢直堪見斧

○○○善戰者服上刑辨

夫君子之聞鼓鼙而思將帥也詎敢一日忘戰功哉自孟子有善戰者服上刑之論而後世之韎韋自負者猶慄然心驚曰善戰者罪至此乎夫孫吳伏尸豈壇上之趙括反爲寶臣而廉李懸首寧麾下之騎刦轉推俊物噫此一軍盡雌者將無李營莫辨女子氣而韓席不耻婦人粧乎幾何不驅健兒爲妾婦也不知服上刑之說乃尤伊强戰罪彼殺人而以是語律無名之師耳外此則上賞宜膺

而上刑弗及焉一曰善戰以定新國如韓彭之競鞭于漢而尉李之齊鑣于唐者是也倘盡置上刑則人主安能以十指定天下而曜分瞻烏者將以其民爲傷弓之鳥不能已而用戰所謂以殺止殺也若新國已固而有倡匈奴之可擊陳高麗之宜伐者乎則請以殺人論一曰善戰以復故宇如雲臺諸將之策勳東漢而李郭之揚名中唐者是也倘盡置上刑則人主安能以再造靖五服而區裂逐兎者將以其民爲懸廚之鹿不得已而議戰所

段段莫不詳整

五段如五花之陣頭仙掌之擎雲際春丹秋紫雨赤日金奇奇絕目

謂以殺止殺也若故宇已歸而有言玉門之師宜渡藩鎮之兵可連者乎則請以殺人論一曰善戰以延末運如陳和尚之扶金于將傾而察罕之翊元于垂覆者是也倘盡置上刑則人主安能以尺組繫九冑而基據蛇噬者將以其民爲膏釜之魚不得已而主戰所謂以殺止殺也若末運方顚而有畏拓拔之逼輒議擊北京懼蒙古之凌反謀侵南宋者乎則請以殺人論一曰善戰以禦外虜如李牧之獨抗匈奴而張韓劉岳之共拒女直者是

公餘錄　偶筆　二十四

也倘盡置上刑則不稽顙而牧馬者將搏黔黎如羊豕而供其生啖不得已而謀戰所謂以殺止殺也若外虜已遠而有越太原之界敢嗤吉甫動微勒燕然之石輒誇竇憲功高者乎則請以殺人論一曰善戰以靖內寇如朱儁皇甫等之共勦黃巾而克用全忠輩之羣芟黃巢者是也倘盡置上刑則不佩犢而帶刀者將獮薙蒼生若雞犬而恣其熟食不得已而亟戰所謂以殺止殺也若內寇已掃而有蘘樂鄉之降賊幾血丹寵洲掠石頭之遺氓

奇快

且啼徹京邑者乎則請以殺人論其各服上刑也一如孟氏刑書行此可奪分而皓判者也他若郅支之矯伐頡利之遠襲黷矣他若屠城有三百之慘洗郡僅三人之餘酷矣勞若甘陳功若李靖望若耿弇伯顏等將抹大勳而列上刑乎則君子又爲之酌順逆準功過而謂此數子者均當末減夫刑服上而法稱平者其惟長平之坑降乎乃吾以長平之行坑與汴京之止屠相提以論而又不能無疑于天道夫行坑者白起也死者以四十五萬

公餘錄　偶筆　二十五

而止屠者耶律楚材也生者亦以百四十萬乃當年杜郵之賜僅以一軀償而起死肉骨如楚材者若數蟻而較雀必纍珠以壘環何人不如物乎抑天道夢夢果不可問乎故善戰者服上刑一語正以人刑補天刑之不及而爲千百年後著一殺人之明律者也夫殺人者有刑則生人者有賞刑首白起而賞先楚材君子以爲得刑賞之平矣若不合强戰以律善戰而謂善戰者槩不別行刑則是終緩可罷請班筆可擲投而解其兜鍪者當相與

俛首而承諸葛之巾幗也嗟乎彼金匱六韜諸篇得無教後世以善戰而階之大厲乎若問首禍當罪太公

論戰于戰國宜碎擊猛者以留黔首之生機論戰于今日宜登武勇者以出蒼生于死地所謂刑法世輕世重也若能以血戰消絕塞之烽息潢池之兲方將裂土可以鈇鉞加之哉一辨破武夫之巽儒即以脫士庶于刀砧大有造于今日也

公餘錄　偶筆　二十六

河陽壁壘意氣與旌甲皆新不似封常清之卒伍祗堪悅目

薄命根芽產此矣

定評

疑亦是

疑賓

婦無撓辭一辨刑得

○○○○吳三娘傳

予所聞吳貞婦事蓋得之同寅廖而翁而翁福之晉江人婦亦晉江人故言其事甚悉婦姓吳氏三娘其名也三娘爲女時以穠豔稱見而嘖嘖者皆有娶妻當得麗華之羨其所謂表兄則因伊父母無子而撫母舅之子爲子者也齒稍長故三娘以兄呼云及三娘既笄母亡矣父以適同里人同里人不記姓名蓋無賴子也甫半月無賴子忽語三娘云吾將去汝父家三娘唯唯踰數日去者杳然

公餘錄　偶筆　二十七

其舅姑疑焉問之三娘則曰彼過吾父耳及往問其父則曰吾未見壻忽一日得無賴子所遺一屨于荒丘間舅姑始而慟曰人殺吾子矣既而疑曰殺吾子者必婦也婦雖不殺吾子吾子緣婦而死蓋疑三娘爲處子時與表兄私通故害無賴子者表兄耳于是執鞋與人俱鳴之官時左方伯賓公亟召三娘詰之則佳麗人也公心念有婦如是不半月而棄之此非人情三娘之夫定死矣時三娘日受榜箠終無撓辭而父與表兄不勝其痛則自

于疑中得無疑者又當于無疑中求其疑方可不寃

誣服于是索尸不得則一榜不已而再再榜不已三不數月父與表兄皆病瘐死三娘仰天大慟曰吾安歸乎惟有一死耳然亦不遽死其繫獄也薪水不給則爲人縫紉以糊口有哀之者曰若何不死三娘曰死易耳與其啣寃而白之上帝不如忍恥而雪之人間吾心明則身死耳越三載無賴子忽自外歸里人驚詢所之曰道遇一變童心好焉故隨之粵東耳至問其留鞋何意則曰吾以絕家人望時三娘聞之愴然憮心曰有是乎出獄後姑

語痛甚若事不白幾與須鈍同歸矣

公餘錄　偶筆　二十八

停步空舍中召無賴子詰之曰吾與若大義絕矣一言而死耳若死吾父兄若玷吾名僅以一龍陽耶且半月衾裯三載囹圄若之損予苦予也負心哉無賴子赧不能對惟牽衣謝過于是三娘絕裾而去曰訣矣訣矣手持一牒嗚嗚訴堂下堂上人忿無賴子重撻之慰諭三娘使歸歸之夕即自縊死無賴子復踉蹌遁去不知所之

一字一痛心一字一髮豎

死似過情然亦無託

外史氏曰余過台州台守傅公爲予言有一盜入人家淫其美婦復斷婦之兩足去及問以斷足何意則云愛其纖纖不忍釋手耳公命脫盜足杖之百甫出門盜兩足俱折而死噫安得以傅公之報盜者而報無賴子哉雖然胎之禍者無賴子實其事者方伯公也一意稍偏三命隨之嗟乎折獄之不可不慎也如此

快事

甚矣聰明之不可作

嗟乎貞婦具是麗容更有是表兄値是遺鞋之無賴子羣寃集矣其不死也幾希倘死于刑而有誣服之父兄無復歸之無賴則終有白之上帝耳何以明其心此所以致警于司刑也

公餘錄　偶筆　二十九

寫貞婦之貞勇大有生氣

亦無以異

寫態宛然

固亦題汲黯也

又不可以騃目之矣

○○○○李舜傳

李舜金壇人。予乳母之夫也。予祖母金壇人。故舜亦同乳母至。初事予祖宗伯公。以其鯁直也。故命侍予。時予以髫剪之年。新從童子師。而表兄趙繩武、弁兄洵、弟沖。皆同學。每塾師出。則率三兩稺童輩。爲柴槍紙旆之戲。角則嬉。傷則號。一堂內或泣或笑。喧聲四徹。彼劉項之戰于垓下。而漢歌楚哭者。其亦兒戲耶。然一聞舜至。則肅然趨坐。如嚴師到。予弟沖幼好飲食。每趙氏諸奴。先持壺飧至。則

見其餔餟甚甘而涎。汨汨流。泣亦嗚嗚下。師顧予弟笑曰。嬌兒耶。舜每爲予弟拭淚。予兄弟又幼喜蟋蟀。或循聲窺聽。遇其跳躍狀。則與表兄輩攘臂而攫。如遺金道旅。而兩客子爭攫態。舜每碎其籠。掣其手。終不敢有忤言。其亦不冠不見之直臣。而爲童子者亦憚耶。及予年長。頗知嗜學。益課予于家者。則云伯諱長敷。而課予于館者。則云師趙諱貽典也。每讀書至午夜。兩目矇然下蔽。則置醋于盂而吸之。目遂豁然明。而舜則益火烹茗。時其寒

人心難死

涓。間或撫予臂曰。郎君倦矣。可少寢。時諸僕同闥者。皆睡聲雷動。舜獨有呼必應。有應必起。蓋不啻慈母之視弱嬰。而恩斯勤斯也。辛酉之役。予兄洵入太學。而予與弟沖俱赴秋闈。小戰不勝。以錄遺倖售。時予有室矣。諸僕成行。舜語人曰。是吾息肩時也。郎君築予。親畚鍤勞。郎君耕予。分穫穡苦。今及見其成也。幸甚。自此後。遂足跡不入予館。每逢朔望。則過從相勞。他無所及。惟孩歌嬰啼。縷縷爲撫掌之資而已。乃所尤難者。則舜一子一壻。俱隨

予祖宗伯公。同寓燕邸。時予祖與逆璫崔呈秀。以他事不協。下石者日耽耽焉。適呈秀同年丘志充。以銀三千饋。而陰爲傳送之郵者。其私人王家棟也。未幾爲邏卒獲。呈秀亟召家棟至。曰。吾能生死人。若供予則死。若供李宗伯則生。家棟一如所言。于是予祖以削奪歸。而執舜一子一壻。俱下鎮撫司。時兩僕顧志充曰。子爲誰。而志充亦顧兩僕曰。子爲誰。既又嘆曰。予與若主未識一面。未通一刺。而今竟以此相累耶。獄成。竟爲誣詞以上。于是亟

善割情又非不及情

死家棟以滅口。而枷兩僕于禮部門。不半月。其子死矣。時舜惟一子。傍觀者皆爲哀慟。舜獨飲食言笑如平常。而夜則嗚嗚有聲。每語予曰。年老思鄉耳。而實則潛語諸僕曰。吾惟一子。寧不酸心。但其死也。以主。而今以予哀。故俾主有不安于心者。予何以自安。斯言也。雖讀書知禮義者。何以加焉。辛未之歲。予赴南宮試。幸以捷聞。時舜喜動顏色。每趨蹌宴會間。猶矍鑠甚。而暇則拉諸善飲者。日醉沽肆。雖倒囊不顧也。舜素有鑽核癖。見者頗訝其

豪。舜笑不答。及予之以赴選行也。得明州司李缺。舜笑語觴友曰。郎君行矣。吾安能以螻蟻餘齒而埋骨他鄉。且成功者退。何必食報。請以一觴訣。同輩疑爲謔語。不之信。歸即闔戶痛飲。以被掩面而逝。

又善息

外史氏曰。予自長安歸問舜安在。曰死矣。爲愴然泣下。夫舜一朴忠人耳。然有三難。見可而退。知機也。闔衷不哀。愛主也。視死如歸。達觀也。有此三德是可與阿寄並傳。

朴忠二字。已爲舜之定評。至所以傳其朴忠處。不惟畫肉。且畫骨矣。

不直貌舜酷至。即其寫兒戲處。亦居然畫圖。

〇〇〇〇闈闈紀異

予生平不信鬼神事。聞人言。輒疑爲囈語耳。乃于文章一途。尤持議甚力。謂江花爛于天巧。而蘇錐殫于人工。合天人而爲製。文成泣鬼神耳。豈乞靈神鬼者哉。及應聘八闈。得朱生亞茲于落卷中。而疑者不能不轉而信也。予記初入闈日。即與郭夢吉年丈爲隣。夢吉與予叔少文連鑣杏苑。而爲是科之戴經房。其以聘偕行者。則予同年楊維節。文章鉅公也。坐次間有疑孤經易起萋菲。而欲以書義去取。先授權于各房者。其議創自麟經房。時正考勝千馬公。與副考澹餘劉公。皆力主其說。迨延至本月之廿四。則入兩孤經房。如過楊氏諸姨宅。一色分而五色合矣。是夕也。纖月娟娟。烱如明鏡之在几。與文光相映。予與夢吉步𨇤移時。方闔戶歸寢。而忽于夢覺將半之際。微聞有嗚咽戶外者。則漏下四鼓矣。予驚悟後。猶作楚楚四五聲。有餘音無轉喉。同寢者皆噤不敢言。而夢吉亦驚呼從役。聲達予耳。予兩人各披衣起。相視而咤曰。此鬼

輪奇切

聲耶。旋又笑曰。我輩盲雷煥耳。將無認璞爲石者耶。時卞氏泣玉之遺哀。而今特不以人。以鬼者耶。時同號六七人。俱寂不聞聲。予兩人因心存其事。迨日之方中。則兩主考呼予輩前。而持孤經諸落卷相授。謂前者所板。猶嫫嫱並御耳。其分番更閱。而俾媸若蹇脩者。無不嫁之娉婷可乎。予手持十一卷以行。即首得亞茲卷。見其爛若花明。而純如錦簇。此真未適之處姊也。時即携示夢吉。轉呈副考劉公。謂當魁其經無疑。于是亟搜二三場以進。而拔置冢頭者。先已爲夢吉之掌果家珍矣。予一見喜甚。相與共閱一過。而見有火焚誠有罪。鬼泣非無因一聯。予兩人不覺同聲叫采。嘆息絕倒。夫華剖綉囊。藻分彩筆。昔人皆艷爲鬼授。而孰有以聲傳以句會。如今之咄咄怪事者哉。兩主考聞之。欣然曰。此殆奇士乎。天人恊賛矣。遂以魁戴經云。而同時有余生颺者。卷入維節房。偶襲老泉數語。偏其素嫉。縱筆而揮卷面者。入紙深于入木矣。予焚香肅祝。巫以水滌而新之。閱兩晝夜。紙完好如故。

清言領晉人

亦是鬼神所使

果爲奇事

陰陵失道豈曰非天

不可無此策勵

收處亦老亦倩

竟得儁去又有侯生世淮者卷入余房維節决爲掄元手止因一語疊見兩破故猶豫不决拆卷之際維節約以口舌爭而各房皆閑置室内遂終落焉維節顧予嘆曰是兩生亦有鬼耶予曰夫余生有鬼則効靈于紙上而侯生有鬼則作祟于腕下天也非人也信如斯言將令習舉子業者月無眣螢無囊止以干澤神巫者乞數聲于啼鬼而已巍然椵桂林之高座與然則亞茲終以鬼售者與夫亞茲之以聯飛旋也予曾迎而笑曰彼嗚嗚者豈

如書生之寄鵝籠以行而遊于帝都入于棘闈復爲見影之作聲者耶亞茲亦笑不荅亞茲名大紱閩之仙遊人予詢其同里先達則偃室不干而董帷日下者蓋閱三十餘年于茲矣

文泣鬼神無乞靈鬼神直是正論更讀後數語文人不恃鬼以售則緣之奇者可偶寧可倖耶蓋不欲以神道設教也

至誠感神理固有之

走筆如走馬

○○○痘神紀異

予所聞痘神事蓋得之東甌司李賀公云公諱久邵楚之湘潭人其以查盤至明州也爲予言神事甚悉先因楚有一民家曾生數兒皆以痘亡于是夫婦忽發一願誓點竈燈其三年之勤勤心香者如初朝也偶一日有三人晝寓伊家而夜則示之以夢曰吾非人也神也爲爾誠所感耳若簡吾臥闥上有衣存焉其亟衣女兒弁爲予廣衣他兒則效嘗立見時民家夫婦驚覺啓戶視之人杳然也

惟衣存耳衣之而效果立見賀公爲予言其奉神也必潔若卮盂等物或雜以穢則神不至賀公又爲予言其事神也必誠或主人積日而懈不則童僕等微加以謔則其神至而復去去則不驗若其至也則有求立應然皆以夢傳如家人父子之接語可操券而取也蓋其神先至民家以一衣授而民家復傳之他家以其衣廣授凡諸兒之服此衣者每逢七日則熱發而痘見每逢十二日則痂落而體復或見痘微少則禱于神曰兒壽未溲恐他

日復出。奈何。明旦。視之。果益數顆。或見痘稍多。則又禱于神曰。兒年幼。恐不勝。奈何。明旦。視之。果減數粒。其出痘後。或遇心煩腹痛諸症。則以清水一甌。捧置神座。跽禱移時。色如墨然。若持以飲兒。則立止。噫。是何神也。予驟聞是說。心猶疑焉。謂神所賜者一衣耳。兒以及兒。其衣被幾何。賀公曰。不然。夫兒以及兒。亦衣以傳衣。取其貼膚接氣者。皆是。不必盡神賜也。尤可異者。凡傳衣之兒。必如傳燈。相續中滅。則不燃。故一二行術家。每遇春秋

玄宛發明

二季。則求者有如歸市。或博金錢以自肥。而時逢冬夏。則避熱畏冷。間同空谷之足音矣。于是行術諸人。反多出金錢。覓兒于家。以接衣而傳痘。異哉。時同席聞是說者。皆爲愕然。于是賀公又指一兩事以實之。謂其神甚靈。曾有一貧家止畜一豚。將殺以迓神。神至而豚逸矣。迨兒痘已愈。神即以夢告云。吾憐若貧。特爲若藏之耳。容即還汝。明日。而豚果歸。且謂其神又甚信。先是賀公之太翁曾力排其術。尋亦迓之于家。將爲兩女祈痘焉。爾夜即

風花水月
蕩漾成姿

夢神語云。若昔曾謗我。于是太翁稽首謝過。越宿而神方至。其兩女之應時而見如期。以落。仍與諸家等。一時窮究。揣摩者皆莫知爲何神。適有一番僧至。顧而嘆曰。若今亦至中國耶。諸人簇而詢之。則堅不肯言。謂吾一言。則神將去汝。曷若留神以濟兒。便諸人唯唯而退。竟莫知爲何神也。時予適有兒三歲。亦以痘亡。于是慨然想斯神之靈妙。而仰天長嘆者。恨不能爲縮地之迓賀公分袂之際。因執手相慰。謂予不日返東甌矣。若多覓數兒往

衣其衣。神將繇楚而浙矣。予曰。幸甚。此神之德。亦公之德也。謹延頸跂足以待。

六合之内。何所不有。但齊諧怪異諸記。少此筆想耳。

鷰籠書生。吞吐奇幻。層出層收。妍態俱極。

○○○題袁生丹六合刻乙卷跋

予矜于詩四房落卷中搜得袁生丹六卷見其高文典貴瓌麗無雙輙躍然起舞夫商胡之得珠也剖腹而藏之予有藏心矣時有起而相嘲者曰今有喻于此夫入秦宫以盜裘而自私其裘無乃不可乎予聞斯言啞然失笑因挈而歸之詩四房而中額已定欲更不能置夜光于中道拾取無人惜哉兹袁生不遠數百里至明州相晤始出其新刋丙子乙卷繼又出其未刋癸酉落卷予取而閱之

則予叔少文先生曾以江石李署來應浙聘而準準焉先得予心之同嗜者也因思予今歲所取秦生玹經亦叔氏乙卷耳往因一二疵語爲主司所駁其所苦正與袁生等夫秦生與袁生葢同門而再矣而予之知兩生與予叔氏之知兩生葢一家而合矣秦生一不勝而再勝袁生再不勝而三勝直不棨而卜耳何以卜之曰卜諸其文世有石函中物精徹斗牛而不終貫于望氣之雷令者哉因屬袁生合而梓之以爲左券

盧駱可以暗中摸索則具玄賞者自同兩主司兩生皆可云奇矣

鸞嘯堂詩集　文集

（清）李沂撰

《鸞嘯堂詩集》八卷《文集》一卷，清李沂撰，據南京圖書館藏清康熙四十一年張印宣刻本影印。

李沂，字子化，别字艾山，晚號壺庵。清江蘇興化人。幼孤，事母孝。明亡後謝舉業，以詩歌自娱，深入盛唐之室。江淮南北數十年，言詩派者以陽山爲正，而陽山之詩醇雅典則，以沂爲依歸。晚好神仙。康熙元年（一六六二）作《陽山賦》，記興化邑古今情事。二十六年會孔尚任。三十六年，年已七十餘，作《諸老燕會記》。

集前分别有宗元豫、陸廷掄、王熹儒、兄清爲其作序四篇，又李沂作自序一篇，共五篇。究其爲人品性，宗序中評價曰：『好仙好酒，如古陶潛、李白』，明亡後，崇尚氣節，誓不仕清。然究其作品，王序中云：『余喜曰，此固精益求精之義』。後人評價：『興化詩壇「詩醇典雅」，首推李沂。』是集爲李沂晚年於河千草堂完成，以詩歌體裁分『樂府』、『五言古』、『七言古』、『五言律』、『七言律』、『五言排律』、『五言絶』、『七言絶』八部分，其中以『五言古』與『七言古』居多。作品多以明清之際家族遭遇和個人遭際爲背景，如七言古《短歌贈王平格》中寫道：『李生抱病多坎坷，一月廣陵城裏卧。』讀之仿若見其凄凉哀歎於草屋之中，紀實之感頗爲濃烈。是集之陸序云：『（李沂）帶索行吟，日浮沈閭巷間，與流俗人無異，識者悲焉。』可見不幸。常言道，以詩抒情，於李沂而言，『詩心』便是氣節，是集中雖以悲凉遭遇爲背景，紀録生活窘迫之内容，却又不乏忠貞質樸之氣節。

（朱穎倩）

序

往予從李子平菴遊平菴負才氣意不可一世時時稱其從弟艾山不置予固已心識之久之始獲交艾山二子是時年甫壯已絶意進取日切劘以不朽之業平菴磊落慷慨杯酒淋漓臧否人物評論世事不休往往爲人目攝間發狂言客輒掩耳避去其嚴峻孤特有陳仲舉李元禮風發爲詩歌傷時憫俗得小雅楚騷之旨艾山蟬脫塵埃與物無忤未嘗見其厲言疾色遇酒即酣暢醉後益温克偶有感觸一寓之

於詩詩不能盡往往逃於仙籍長生冲舉之說以慰窮途消磊塊予時雖未盡見艾山詩然識其人冲雅澹遠好仙好酒如古陶潛李白其人意其詩必如飲酒古風等作蓋因其人以想見其著作也然二子大節雖同其性情風度不盡同流俗疾平菴甚於艾山差無異議平菴好客好吟每過予必與艾山偕隹辰暨同志讌集必賦詩詩成人人自得艾山片語出又人人自失也性不樂浮名每有吟咏輒爲人傳寫以故詩名藉甚四方無何平菴竟悲憤不得志以殁艾山益寡偶間求友四方落落尠同調聞茲錫山有道術士裹糧千里從之遊竟無所得歸益困嗟乎士抑鬱不得志以至寓於酒逃於方外其亦可悲也已今年夏艾山以全稿見示命加評訂予謂艾山之詩四方傳誦已久予烏能爲重溯述其爲人崖畧及交誼始末如此嗟乎予昔因艾山爲人想見其詩千秋而下將無讀艾山詩復想見其爲人如予輩今日感淵明之遭際悲太白之不遇者乎有是編在以俟夫異代之知言論世者矣同學弟宗元豫拜題

序

吾邑數十年來盛以詩名者舉推壺公李子而先是學憲方城宗公亦以詩歌古文辭著名於正嘉之世云嘗試論之宗公之詩俊邁不羈間入卓詭李子之詩清麗有則尤多深造雖生不同時其卓然無愧古人則一也論者每以宗公似太白而以李子擬摩詰襄陽庶幾得之噫吾郡自有明以來幾百年而後有宗公又幾百年而後得李子後先以詩文名世者何少也是豈非難哉顧宗公未三十輙致通顯文章事業赫赫照千古而李子年踰服政猶落度無所合帶索行吟日浮沉閭巷間與流俗人無異識者悲焉此非其才之有優劣蓋所値之幸不幸使然也嗟乎世之才士一也乃幸則爲宗公而不幸則爲李子然士之處世値其幸者常少而不幸者常多則夫懷奇蓄異汨沒里巷與流俗無異如李子者何可一二數也雖然不有得於今必得于古不有得于身必得于後昌黎言之矣然則予之亟推李子亦願其業之必傳與否耳一時之幸不幸豈足間耶李子雖工詩而亦

間爲古文有法度晚節尤慕道嘗不遠千里策蹇訪羽人於山中歸語余曰不爲乖白毋某不返矣其慕道如此及偶爲是非理亂所觸發則又往往欷歔感歎不能自已以是觀之李子雖尋山訪岳時時有割妻子之志而要其人亦非果無意於人間者也百代之後讀其詩者當自得之嗟乎李子何不生正嘉之世哉同學弟陸廷掄拜題

序

艾山吾弟也自髫髯即喜爲詩及壯遭世變益棄制藝不事而肆力于詩歌宗漢魏盛唐之學故其業大就十力上人取而梓之而艾山詩名徧宇內矣其一時共爲詩者如息客弁山之屬皆名宿而相國吳公柴菴于詩學尤深然苟有作必質平子艾山稿有去存非平子艾山不定其爲先正推後如此予生平不解覓句而喜論說史事然定吾文者艾山也艾山非獨以詩傳其人益可貴自申酉以還伏處蓬室以名

節自期待於今四十年凡水旱饑饉險阻患難憂悲窘窮嘗靡不備而艾山不悔四方士夫以詩文取大位者踵接或以風艾山而艾山弗顧艾山達人也平居遇事無所凝滯而獨于名義斤斤不少恕歷久而彌堅垂老而愈確讀其詩於興廢之際頻致志焉噫可貴也今予年八十而艾山亦六十有奇老矣予生多索處遯野復益自閉戶相與還往稱同志者自友朋及兄弟皆可屈指盡然始終無間者艾山也即今予病苦中一切兄弟故人皆謝絶獨艾山曳屨策杖猶時時叩予槖關門從闍人及兒輩問予起居飲食狀問一相見則必爲予揀擇方書增損藥餌務期有當于予病而後去此雖一事亦足徵艾山于予終始友愛如此也今平子稀史既不幸後先逝朋好如宗陸年來皆散去獨與艾山望衡對宇因依如形影而又以老病顛連不克數相見其室邇其人遠追思疇昔稱詩較文之樂亦邈然如隔世矣况于開元天寶白頭宮監所說之遺事尚可問乎偶因論詩而縱言及之吾與艾山兩人者其能無一喟矣夫兄清題於澹寧齋

自序

予幼喜吟哦與友人朱天乳從兄籀史暨西寺僧懂子十力相唱和積詩數百首梓之河南張皛客見之謂予曰子詩具日當進何亟亟爲予悔之焚其板會懂子天乳繼歿十力𢫲學遠遊籀史亦遷居蕪城予不爲詩者近十年而從兄平菴好爲詩復引予相唱和然予性懶又善病雖爲之不能多也未幾平菴歿惟與宗子發陸縣圃時一爲之而十力適自黃山歸索予稿曰吾將梓之山中予稿既無多且重違故人意命兒子書而與之嗟乎人生如寄往昔交遊零落屈指無幾將焚筆硯攜瓢笠爲物外之遊豈暇與揮毫之士較量工拙哉兹題數語于簡端欲人知山中老衲其篤友誼如此也壺菴李沂書

重刊鸞嘯堂詩集序

此序宜置之先生自序後

余與壺公先生中表雁行也而於其詩則私心師事者蓋五十年矣憶爲兒時出入書舍見先君邀諸隱君子爲詩梅花盛放修竹蔽軒往往吟聲不絕其時座上客爲平菴壺公子發縣圃諸公及十力禪師相與探索源流攷正聲律頡頏風雅吾邑之詩以是樹之的而開其宗嗣是余稍長即學爲詩過庭時恒從先兄後刻苦吟咏奉教父兄之暇出而質諸師友則壺公先生其首也蓋平菴先歿十力住山而宗陸多出游他縣故或經歲錄一編或數月書一冊袖而過壺公壺公即爲評隲無嫌無疑共進退不稍假借也未幾十力禪師刻鸞嘯堂集于黃山山中剞劂不工讀先生詩者未嘗不惜其鏤板之陋也先生日吾詩尚不止此俟之數十年合前後而刪定之自有爲余重刊者鸞嘯堂舊刻遂巳流傳人間咸秉繩尺焉辛巳春先生年八十六矣平時最矍鑠常友教郡城相從爲詩者甚衆至是則病不能臥起晝夜憑一几余二月將出門問疾臥内先生謂余曰君至郡余無所

托惟望審定余詩多刪之爲善余曰先生詩今之魯靈光也焉敢刪先生曰不然詩之傳也不取多而取精君爲我刪定授張子印宣重刊之張子印宣者郎相從爲詩卓卓儔輩者也余遂辭而出如先生言授張子繼復以尺素相訂尚粘余屏間嗚呼豈意遂成永訣哉余刪後聞大郁更刪之余未見也虬峰曰先生所刪大郁亦刪所存猶或刪也余喜曰此固精益求精之義正合作者之旨耳夫吾邑之詩獨于漢魏三唐得其宗實賴壺公諸君子今讀鸞嘯堂集如聞太師奏黃鍾之宮如覩鍾王輩作書筆筆正鋒此匪獨爲詩也亦可端風教淑人心轉近今駁雜之習一歸於和平中正行當與余父兄之集並流傳焉余雖衰暮猶樂觀其盛已康熙四十一年歲次壬午六月既望同學表弟王熹儒拜譔

傳

從子　驎　撰

壺菴先生諱沂字子化號艾山晚年又號壺菴幼孤而事母孝年十九從世父吾斯公就試句容補諸生吾斯公以明經任廣東和平令全家殉國難者也別有傳先生性不喜帖括而操筆爲之甚敏速有逸氣同輩皆推後雖試輒高等而先生於仕進澹如也崇禎壬午科試母病命之應堅不往及錄遺母愈促之往拔第一會疾作未入棘而先生於仕進益澹如矣鼎革後遂謝去而隱於野幼即喜詩與江西朱遠天乳從兄籀史先生及僧憺子靈雨日吟哦於西寺每至夜分始罷靈雨即後住撫州玄黃縣黃山號十力禪師爲先生刻鸞嘯堂詩者也是時詩家多步趨竟陵中州有張匏客皂客兩先生者避寇亂渡淮而南僑寓興化先生與之交出詩質之嗟其姸妙而謂泒不軌於正於是與先生縱論古今詩謂當上宗漢魏下訖盛唐而止先生欣然從之而吾邑詩泒獨得其正甲於海內者蓋自先生從二張言始也未幾憺子

死靈雨從其師之越天乳又以賣藥去先生與籀史
先生遂偕魏別駕弁山及從兄平子先生訂詩社相
倡和未幾弁山又死籀史先生旋亦遷邗上先生惟
日與平子先生遊平子爲人傲岸睥睨一世稍不可
其意輒怒詈之人皆畏而避焉先生則和易近人未
嘗與流俗忤時有一狂一狷之目而相得顧甚涇陽
雷伯籲先生嘗稱之曰平子豪雄艾山閒遠而人謂
之確評云然先生固和而介者也阮亭王公司理揚
州聞先生名願一見而不可得會行縣至興化遂命

駕訪先生而先生辭不見王公益重先生而不強其
見人兩賢之時平子先生與朱天乳先後相繼歿矣
先生遂有志於訪道聞山東李老人得仙術不遠千
里跨一驢往尋之至則老人迎於門曰子興化李艾
山也延之入居數日忽曰子鄰有火警然無害先生
平日不輕去母左右聞其言大驚即日辭行老人以
諸幻術授先生謝曰某蓋爲道來而非爲術來也不
受而歸至家果有火警而母無恙先生喜甚自是不
遠遊矣及母以壽終水鄉艱於得地未葬而服不除

禮也然其亡也久矣先生獨謹於禮既葬乃除有識
者稱之朱天乳死有幼子先生誨之學而資以館穀
其敦古道也如此二三老友既歿而朝夕與先生遊
者惟宗陸二子宗元豫子發陸廷掄縣圃也陸家郭
外不入城先生每往必招驎偕而宗子必先在焉相
與飲小樓上分韻賦詩竟日不倦甚樂也厥後河溢
隄潰秋水灌城先生遂入郡以詩授學者前後垂三
十年宛平鄭雨江都張師孔師孟好學深思尤得其
傳先生往來於揚多主張氏而張氏兄弟甚篤師弟

子之誼謂安黃版刊於山中點畫潦草遵遺言將有
事於重鋟從子國宋適至自興化遂以刪定屬之而
傳則屬諸驎以驎亦從子且知先生詳也子駼騏孫
蒸皆邑諸生有文名李氏世系詳諸家譜茲不具載
從子驎曰憶丁酉冬從先生飲陸子樓上酒酣笑曰
諸君子今日馳驅中道履無錯也吾蓋不知幾迂折
矣微二張何周行能遵哉噫先生不忘二張而吾輩
敢忘先生邪驎不但學詩於先生且幼從先生講學
驎作二氏辨先生亦作神仙解謂鳥獸老而不死則

謂之妖人老不死是亦妖耳誠至論也何其後遂慕而求之乎夫亦年衰憂生不得已而寄託乎此也雖然神仙可慕謂不死耳先生之詩傳而先生不死矣即謂先生於仙有得何不可也

鸞嘯堂詩集

廣陵李沂著

樂府

灣頭虎

揚州灣頭有虎夫江淮之間故無虎虎胡爲乎來虎胡爲乎來作灣頭虎

南山有獸眈其目白其額咆哮憑陵驚我都邑一解　麌不至鳳不翔雙目眈眈來遊我疆二解　偪處我里伺我行旅饕餮我婦子誰假女羽翼女欲則安極三解　張我弓挾我矢願言逐虎哀我羣醜掌跡如盎林薄風吼四解　朝逐虎暮逐虎不得官長怒窮民孔棘匪惟伊虎之故五解

和平令

世父吾斯公宦和平或攻和平城陷世父死之

和平令兮魴鱮獺兮羔支虎兮匪我之勿度兮我守我土兮

和平令兮將帥用猨狖兮兵用荆棘兮匪我之好勞兮我恪我職兮

原埜兀兮烏翩翩求食兮令兮令兮孰瘞爾之骨兮

采樵曲

風急霜緊葉落滿山樵子入山持斧妻子顧謂樵子上山莫斲連理枝人生不見分離苦

黃雀行

黃雀跳踉啄稻粱忽然鼓翅凌摩蒼蒼嗟嗟微豸志薄意輕氣驅候使乃干青冥我行田野見此鳥自今不敢慢鶺鴒乎時入廚調鹽佐鼎食一但得志勞勞利利欺鸞凰日東野寒春風大顛莫厚匪地莫高匪

天馮夷啟帝縱霆雨鳩婦被逐無歸年爰居知海變不如鵖鴔賢一開接輿歌使我心怵然

東家兒行

濁水不流泥滑滑東家小兒來養鴨老鴨知人聲小鴨亂雜行奔入田中唼唼食禾穗低頭忍罵驅鴨去去年種桑長河濵桑樹雖小桑葉肥里中騎馬官人歸出門探頭望乃是東家兒烹羊豕走親戚東家老嫗笑啞啞

插秧歌

辛卯水大至李子愍農人之苦作插秧歌

朝插秧暮插秧往視我田中乃有鰍與魴

朝耘田暮耘田往視我田中乃有蒲與蓮

誰者造屋吾爲爾操版築誰者有牛羊吾願爲爾牧

茱萸灣頭歌

茱萸灣頭風雨來漁船泊岸客船開

玉壺吟

予夜夢一男子持扇見示題曰玉壺澄徹冷貯本色覺而爲此吟也

堯之聖兮舜爲弼皇紀張兮定八極八極定兮二曜光端予軌兮由周行由周行兮靈之綏遵無爲兮樂安居道之喪兮繩墨既多紛總總兮王化訛流之濁兮源弗清法令章兮亂日生亂日生兮巨盜起攘神器兮劫天子海水洶兮山之崩天闕其日兮民爲妖民爲妖兮心爲鬼絕陽光兮毒生理淬予劍兮張予弓貫魍魎兮磔三彭三彭磔兮六合清驂兩龍兮遊赤城斡元化兮紐虛無返予初兮歸玉壺

池中有鴛鴦

池中有鴛鴦。十十五五。羅列成行。何彼漁人。張罾刺船。來傍池濱。鴛鴦舉翅四散。遠遠飛過江之岸。孤雄隻雌鳴夜半。飲美酒。被羅裳。駕車策馬。升彼高岡。塚墓纍纍。黙念逝者。愴然使我心悲。

築堤謡

持畚來。築河堤。藉用槀。土覆之。一畚上。三人抬。

持畚來。築河堤。饑死老父凍死妻。誰者堤。我築之。

持畚來。築河堤。我築之水決之。

北山

北山有檀。南山有棗。食棗噉檀。三年弗飽。美惡何常。所好是寶。竽聲何大。瑟聲何小。蛣蜣蛛螋。可用享天。盜泉之水。可用養廉。有美一人。婉而清揚。盛年不字。孑寢虛房。薄酒類清。濁水類深。展矣君子。實勞我心。銜枝塞海。勞鉅功微。考鐘代鼓。海鳥驚飛。誰云仲尼。弗如穰且。穰且之道。仲尼弗如。欲竟此曲。此曲孔長。今日相樂。異日相忘。

江之水

江之水。流湯湯。我今欲渡須舟航。招招舟子。舟子停舟江上。欲渡不渡且徜徉。風飄落日心皇皇。江之水。東斯注。揚帆鼓枻入烟霧。

鹿馬山人歌

鹿馬山　烈皇帝葬處也。關中王弘撰于三月十九日匍匐山下泣奠。遂自稱鹿馬山人。陽山李沂再拜作歌。

鹿馬山頭妖鳥啼。鹿馬山下草離離。鹿馬山人空潺湲。

鸞嘯堂詩集

廣陵李沂著

五言古

遊仙

驅車欲何適，迺至天台山。空青流石髓，瑶草亦何繁。
靈棲閟清幽，雲鶴杳飛翻。蒼靄翳遠岫，羽客時往還。
擾擾闤闠子，何時得安閒。明膏日夜煎，青鬢欻已殘。
願采員嶠黍，爲君返紅顏。

其二

羨門下雲間，手中持一帙。捧讀無多字，上叙延命術。
再拜問名字，已載玉壺集。自媿微薄軀，何由蒙采汲。
臨風思輕舉，肅肅有羽翼。塵世自此疎，奮身橫八極。

其三

湍彼龍門水，東下疾於箭。人生能幾時，暫若雲中電。
達者得其情，壺觴取荒宴。羲輪卽虞淵，秉燭遊華殿。
寧知赤霄客，戲閱滄桑變。君看丁令威，化鶴還鄉縣。

其四

翠岩聳丹梯，古洞歛真氣。丁丁樵斧聲，誰爲赤松子。
絶嶂哀猿嘯，落日松風起。雲飄丹竈閒，花吐仙壇峙。
遺形合太虛，秉德齊元始。玉符有遺文，好事徒虛擬。
玄珠在罔象，誰能測其理。

其五

浮雲有時會，洞靈集虛閒。霞裾曳廣漢，雲珮風珊珊。
天女行瓊槳，玉芝羅盤餐。洪崖叫鳳簫，八公調神絃。
仙樂動九天，音響落空山。聚散烟霧馳，高舉超人寰。
下視蜉蝣輩，倏忽良可歎。

其六

東海多神山，蓬壺特嶙峋。自古無俗士，但貯不死人。
烟霞結棟宇，日月爲比隣。陽崖秀琅玕，激水叶韶鈞。
鸞鶴四縱横，麒麟駕飈輪。青鳥下雲端，列仙朝一真。
何當脫塵羈，永與斯人親。

其七

長夜何漫漫，烈風蕩坤軸。圓景曜中天，合光無不燭。
至人鍊金骨，逍遙翔玉局。渴飲澗中流，饑餐山上栢。
朝過縣圃遊，暮返崆峒宿。汲汲狂馳子，各自求其欲。
所欲苦不弘，畢世不得足。朝菌笑寒松，豈悟身局促。

其八

勾漏綰銅人。金華牧羊子。遯跡依山林。投軀入朝市。叱石考素役。烹砂明吏治。初平既龍飛。稚川亦鳳舉。當其混塵埃。誰能測識女。

送陸蕙晦

挺彼梧桐樹。托根泰山岑。良工一朝遇。斲爲堂上琴。我友之海上。三載賞高深。今當旋舊墟。發聲爲我吟。初歌淥水曲。再鼓清商音。四座忽惆悵。俛仰內傷心。

遷居述懷

東髮冒世網。機務動相牽。矧乃居闤闠。市井日喧闐。今來葺舊宅。始與靜者便。架棟倚城阿。啓宇瞰清漣。是時春夏交。風日麗通川。芰荷發遠浦。楊柳垂門前。我心無好惡。鄰曲共欣然。幽棲幸可托。願謝區中緣。

其二

人生若旦暮。貴與願相俱。茅屋非廣廈。置身頗有餘。兒女粗慰意。勠力事新畬。腹果情便足。塵遠意可舒。振襟獨長謠。詠彼古人書。逍遙衡門外。時盼川中魚。物我亦云樂。千載在斯須。區區營令名。終當歸丘墟。

讀清遠道士同沈恭子游虎丘詩作

二儀鬱灝氣。萬化序流形。浮華流衆庶。樸真結仙靈。解骨委崇巖。茹玉理玄扃。身將鴻鵠舉。年與江山青。咄嗟移造化。談笑役風霆。洪川恣吟矚。洞壑屢雲停。生代浩寥廓。化跡杳迷冥。弢光玩塵境。傑搆留蒼屏。

和平庵桐根產芝

傾運厭泰紀。碩隱協商岫。枯株表精符。上卉挺陽候。葳蕤寶蓋呈。㲎毿靈雲覆。玄根豈外曜。仙飾匪俗究。幽館閟冲夷。寒木駐葱茂。耽奇嘯海客。欽嫩酌松酎。

暫迹易崩奔。頹景空宿留。願言追入公。頤性擷三秀。

歲暮

玄運無淹晷。四序聿云暮。俯仰能幾時。冰霜遂凝沍。出郭眺平原。悲風遶枯樹。饑禽下寒雲。孤獸號中路。盛年不可追。夙心矢能固。狐裘與短褐。新知不間故。對此盈觴酒。永夜聊可度。

其二

野雀噪寒簷。衾冷起常早。擁褐曝前庭。漸覺懷抱好。剝啄誰扣門。扶杖過鄰老。同心兩三人。壺觴共傾倒。

一語及世事舉目看飛鳥翕茲金石心歲晚共相保

雜詩

橫流丁否運達者貴權衡爲邪旣速戾慕義豈逃刑
氛祲蔽二曜奮劍思廓淸白水未龍躍赤舄何由平
否泰若循環天道不可爭好勇不待時强作必無成
捐軀事不立志士爲撫膺賢哉鹿門叟躬耕揚令名

其二

嚶嚶園中鳥飛集枯桑枝戚戚空閨婦獨處有餘悲
翩翩遊冶郞姣姣美容姿薄言往相從零露沾我衣

不惜露沾衣但願永不離誰知中情薄反覆在斯須
落葉不上枝覆水不入池失身還見棄慙恨當語誰
歧路白日晚躑躅欲何之新故兩決絕擗摽淚漣洏

責躬

聖人統乾御海寓日康仰我祖起韋衣作弼賛皇猷
遠人懷誠信邊徼戢戈矛流慶惠中外後嗣蒙厥庥

其二

憶予年十二世故鮮所經嚴親早見棄辛苦獨伶仃
堂上侍慈顏誦讀掩柴荆迨年十五六好古多遠情

黽勉追前修庶幾揚令名

其三

室家願已遂衆累迫我身屢値饑饉歲始知憂賤貧
家無斗粟儲難禁租吏嗔鳴琴當開夜素月鑒幽人
愧無干時略養拙懷先民

其四

承平三百載寇馬起西陲小醜犯宮闕神器忽傾移
蛟龍戰原野白骨亂參差偷生草莽間世風日以頹
豺狼擇人肉愴然使我悲

其五

天運有否泰消長道之常闇識處未流比匪來厥傷
紛擾豈人爲弗慈自貽殃慾蠹劇衰疾撫景惜流光
勝物非名計德植乃日彊

答徐山甫兼示從弟楞公

魚性願深淵鹿性願空谷物情各有適那得長蹐跼
嗟哉山林士羈紲在流俗衆笑非我歡衆求非我欲
奮然思遠邁多累縶我足幸有塵外交貽言慰心曲
俯慙良友規仰愧昔賢躅十年學造車不識輪與輻

贈丹陽賀公輔

客從何方來一見開胸臆掌中麈尾柄白玉亂手色
借問客所居江山羅戶闥念茲風土美聞言長歎息
荒城海氣寒日暮窮巷黑笑指棘叢中安足投高翼
危樓置尊酒送子情何極引領江上峰可望不可即

廣陵雨中走筆贈宗七鶴問

浮雲本無心風吹任飄泊乘興復茲遊江春遠蕭索
旭曜隱層空密雨灑飛閣撫時意於邑念舊情緬邈
宗子南土秀詞賦久璀錯昔年同攜手共訂文酒約

中道伯兄殂佳期還寂寞到今古渡月空來照城郭
頻年臥滄浪衰疾紛倚薄便當策短筇行采南山藥
暫與故人遊揮手凌寥廓

曼園送客

今日猶同堂明日倏千里聊持酒一觴花底勸行子
開園灌木繁綠陰匝清沚魚跳密藻間鳥歌修竹裏
人生若浮雲風吹無定止向來憂患多暫聚亦可喜
圍碁陶永晝揮杯競餘晷林隙吐微光素月東方起
忽念當乖別悲歎誰能已

般若庵納涼分得淨字

小飲各微醺緩步遵沙徑古剎望中高泯跡乘餘興
入門覩莊嚴頓使塵襟淨巍哉紺殿開焜燿華幢映
老僧四五人洗鉢飯初竟階墀何清曠庭除轉苔磴
解衣當涼颸坐久益沈靜暫憩烟水蹤頗愜魚鳥性
歸路殘陽外杳杳聞清磬

苦寒

連朝俱苦寒茲晨寒更劇僵臥盼朝曦日凍不得出
忍寒披衣起四肢苦皸瘃驚飈正喧豗門巷何蕭瑟

澤堅船道絕束薪青錢百舊几缺一足歲久無丹漆
聊佐主人烹敢辭斧斤劈乞得鄰家火鏗鏗鑿冰急
凍水不易溫盥沐午未畢衰年臥病餘支離氣不實
下牀須斗酒凜冽差可敵屢賒當鑪拒何由致涓滴
此際懷抱惡歎息復歎息

冬日同縣圃過子發齋中酒闌登拱極臺眺望

歲暮百感集孤居增鬱悒我友久離析茲晨遠相招
杯酒與未終白日隱層霄送子越烟浦潮洄乘小舠
遙望城北隅高臺正嶕嶢登臨忽慷慨感此故業凋

興廢在一瞬。得失誰能操。流淚四顧望。衰草遍寒郊。極目無人跡。曠野何蕭條。

朔風

朔風連晝夜。呼號不得止。四野蔽同雲。飛雪遍千里。居人生計絕。安坐任凍餒。村中老及幼。次第溝壑委。中宵剝啄響。擁衾臥復起。遠屋波濤聲。洶洶怒不已。常懷魚鼈憂。不但愁生理。危邦焉可居。逝將別桑梓。問君胡不行。囊橐空如洗。出門無腰纏。不敢束行李。他鄉異故土。挈家何所抵。室廬在何處。安得薪與米。

昨聞安東縣。夜涌數丈水。男女無衣裳。狼狽水中死。皇天未悔禍。濁流日南徙。紛紛議築堤。蟻封徒自壘。

補籬

衰年學爲圃。鋤地宅之傍。抱甕自灌溉。嘉蔬已成行。仲夏洪水漲。氾濫如陂塘。辛苦種瓜瓠。一蒂不得嘗。水退蔬寒菜。日喜細甲長。土濕生氣寡。凍葉色欲黃。中夜北風怒。籬落任飄颺。長喙隣家犬。卒來登我堂。叮嚀囑僮僕。補葺務周詳。貿蘆兼索綯。又費數日糧。蹇劣生不辰。老眼歷興亡。孰知喪亂中。焉敢闕隄防。貧家偷兒脈。薄立中外疆。庭陰積冰雪。歲暮增悽愴。

松岡詩贈姜鐵夫

山從西南來。莽蕩逞奇秀。蜿蜒到禹穴。岡陵相輻輳。禹廟山之麓。巍棟倚蒼岫。廟傍有古壇。荒涼走猿狖。相傳山川奠。玉帛會羣后。壇前松樹六。蟠屈勢如鬭。蛟龍攫青冥。雷雨陰白晝。松間數畝地。自昔荊棘茂。幽人見之喜。云是天所授。惡木兒輩斫。細草老夫耨。負畚與揮鉏。墾闢無遺漏。胼胝歷寒暄。治平績始奏。松壇厥其前。梅岡峙其後。竹坪列其左。梨塍位其右。

種菜愛畦寬。栽茶選坡瘦。田沃芋子繁。壠煖薑芽透。短架乍垂瓜。高棚亂纏豆。此翁時曳杖。瞠目望宇宙。讀史三十春。萬卷在懷袖。紀載滌穢雜。統系正訛謬。冠履有定分。義例接西狩。鄙人亦何幸。邪關獲邂逅。愛我數招呼。促膝勸芳酎。筆墨無定端。隨意成結構。商賈求一字。百金不肯售。會稽山下扉。知無俗人扣。願鼓山陰櫂。松龕倘相候。

蝗

乾坤久蘊隆。毒氣塞大塊。飛蝗忽而生。接翅來天外。

是時夏秋交禾苗日就壞餘稼能幾何復遭此物害
農夫號且驅敵多力漸懈沽酒宰雞豚壠上羣跪拜
蝗兮如有神禱祀輒云邁甍甍來去頻養子田疇內
稱者不能飛坐食更無賴除之須尺雨眼穿望滂沛
天豈虐下民世運有否泰饑民化盜賊關係亦孔大
哀年丁奇荒生理尤蕭牀呼兒問朝夕何計足粗糲

驢

水邑資舟航利涉自疇昔居民至皓首未覩車馬跡
頃遭旱魃虐洪波化原隰魚鼈悉播遷蛟龍渺蕭瑟

起視四境內長耳忽充斥健者爭馳驟跛者亦努力
日有數百頭清曉城南集駔儈立門戶漁利司出入
稱子競揚鞭長年坐歎息秋深連日雨河流添一尺
羣驢無所施岸草閒共齕驅之適他方散去何倉卒
念此孤蘆中素非爾所歷時事雖有然恒理不可易

曉吟

酣寐達清曉了不聞鶯風蘧然忽有覺劃若開鴻濛
萬象自興敬元化何時窮

其二

靜者物之性靈府本悠悠念此頃刻身膠擾不得休
聖愚一冥漠汲汲將何求

其三

羣動若烟霧天體寂然安自非智慮絕寧識造化端
日日曉光裏傀儡施衣冠

其四

有身為大患憂惱日相尋二曜迭上下一瞬成古今
顏子雖屢空至樂在中心

出郊　寓揚州作

隆冬天地閉萬類色枯槁春風從東來又見物熊好
出郭聊極目疎烟斂晴昊溪流渺瀠洄岡阜鬱繚繞
時節逼清明邑人紛拜掃曠野豈華堂陳肴薦清醥
念彼冢中人那復能醉飽當其生存日躍馬城西道
來此丘壠間鞠躬拜翁媼先後同一轍地上俱難保
世外有神山居者不知老笑此塵埃中生涯何草草

倫公遷野菴冬日同朱鶴山房山唐若淵宗楚人徐槐江過訪值旃公至

數間舊茅屋門外卽大壑道人攜蒲團來此就寂寞

仲冬草木枯小艇向墟落村荒墻半頹室乾水作涸
入門忘主賓竹榻任盤礴蕭然塵壒外頓覺寂滅樂
忽逢禪友至山林氣真朴營役浮空雲偶聚不用約
留客茗旋烹風爐爇殘籜沙彌滌食器炊飯煮山藥
種蔬一兩畦喜得微雨濯青青已在眼盤餐無外索
放箸腹俱果縱目眺叢薄棲鳥黑滿樹白鷺拳一脚
念彼世網牽顛倒失正覺願學黄面翁一生無住著

贈吳祥甫

先生人中豪高臥古茅屋侵晨留客坐壅內酒方熟

可惜經世才閉門種秋蓿

送宗子發之東郡

丈夫處世間行止焉可必朝來逢故人告我當遠適
問子將何之輕裝指鳧繹閉門陳圖史詎樂遠行役
所嗟生不辰皓首急衣食揚州二三月花發柳垂碧
分袂在須臾臨岐手再執杳杳天邊雲一去何時覿

其二

啓明一丈高鷄啼天欲曙遊子束行裝忼慨出門去
君有賢主人遠道不足慮疇昔昭陽城是其彈琴處

菰蘆百里間至今想慈父丈夫遇知己家室豈遑顧
貧交有李生悃愊望岐路遲暮故人稀獨歸掩蓬戶

冒辟疆招集同人出蔡少君女羅圖畫云臘月
八日女羅三十初度賦此壽女羅兼贈辟疆

金仙證果日天樂鳴雲霄無數散花女飛集靈山椒
女羅是日生遂為粉黛豪清齋禮繡佛風致自飄飄
冒侯愛逸趣永結林下交豈徒嗜禪寂頗怪才藝超
烟雲出纖指綠窗揮彩毫十圖蒼松古幾朶秋花嬌
凡禽不足寫五色繪九苞或用墨潑抹一一丹穴毛

人間得片幅寶惜如瓊瑤夫君才俊拔筆陣驚風飈
家有麻姑爪背癢時一搔

贈汪二左嚴

古人不可見見君如古人相識無新故皆云汪二真
片言露肝膽洞若開重闉時賢盡若斯風俗久已淳
廣陵豪貴窟氣燄横高旻惟君抱冲素不染炙手塵
鄙夫麋鹿性畏與時流親獨喜晤之子握手不厭頻
君家多好友酤酒聚芳晨慙愧馬齒長每坐首衆賓
念君分袂速吏隱走征輪予亦謝諸子歸釣河之濱

懷王欽州表弟

新秋晚始凉下堦吟且眺竹間生片月穿雲時一照
把酒默㥯悵之子縈懷抱美才不逢時蹉跎失年少
絳帳亦偶設端坐非其好道里匪云遙無由見君貌
兩次辱華牋疎懶久不報昨寄短札去未知果曾到
席上無狂生座客減歡笑何時來樽前痛飲復大叫

捉菊虎

性喜植佳花護持尤急急有蟲名菊虎芳蕤供啖食
貪殘比寇盜蹤跡等鬼蜮潛伺速擒討兇渠乃可得

他日短籬下山杯醉秋色因念城郭中向來多此物
蠹去民始安良牧務搜剔

秋夜吟

絺衣猶在桁不謂秋已深衆芳日憔悴那得不傷心
陰蟲話長夜屋角江月沈

其二

南國氣蕭索壯心當凜秋一夕塞鴻來砧杵滿城愁
奈何青女霜偏落季子裘

責猫

鼠性狡而貪橫行恣饕餮所賴家有猫搏擊忿一洩
憶猫初到家驀鼠匿窟穴梁間蹔窺伺思猫奮饞舌
奈何猫懶惰牙爪似虛設鼠遂無忌憚一出類行刦
主人畜猫時望爾意頗切華氈藉爾眠鮮鱗供爾啜
惟求家室靜婦子得寧帖爾亦能撲雀爾亦能逐蝶
捕鼠是爾職坐視反如怯盆盎任鼠翻衣裳任鼠嚙
甕粒任鼠飽盤餐任鼠竊非關鼠強橫爾猫實庸劣
猫忽前致辭主人胡不達自古稱神羊亦同仗馬立
觸邪豈無能皇天惡肅殺且用市恩私跳梁何足詰

稱心吟

崢嶸歲云暮夙心未肯休空手無寸刃有志思屠牛
低頭向衆人孰辨薰與蕕一旦果所願俟至不待求
枯荄吐柔荑雷雨賁潛虬塵鞅一以謝荒園閉清幽
歡樂殊未已白日春悠悠

史孺人

史孺人張師孔祖母也乙酉城將陷積薪自焚死
猛士數百羣旦夕入城郭卓哉史孺人决計赴冥漠
積薪坐其上一死意乃樂祝融光熊熊是我清凉藥

事迹良人歸殘骨灰中索身盡心獨留似告無愧怍
維時鄰家婦共死來相約火起亟奔竄不忍肌膚灼
慊慨獨捐軀貞風滿寥廓

荒園即事

荒園積雨收旭日上林杪放眼望乾坤未覺茅屋小
大兒疾幸痊手足起枯槁萬事棄不問惟有野興好
清晨具饘粥飽食即薙草雜卉隨意種青青出地早
藝菊十數畦問名俱能曉抱甕自灌溉時分送鄰老
豫想秋色佳座客皆傾倒爭向黃花前脫帽勸清醥

其二

隙地在東偏其廣僅二畝衆木俱畏水惟宜種楊柳
欹側無行列但取綠陰厚炎天赤日流藉此庇衰朽
二鵲了不猜時傍主人走銜枝當我庭結巢大如斗
黃蝶遶衣飛獨立堦前久

其三

野蔬遍地生一望青鬱鬱何來鄰家婦漫向園中摘
采采將盈筐見人頗羞澁造化至廣大生物不言德
惡者任人鋤美者任人食萬物齊生成俱荷大均力
我心多不平恃酒盪胸臆稚川未相授愧無點金術
何時丹竈就黃白恣揮擲歲月徒崢嶸千載猶旦夕

其四

同里二三子說酒口流涎日日聚飲酒惟望日落天
典衣供一醉不顧家無錢麤糲饒罷餐聊就竹榻眠
睡起信足行園內草芊芊乳雀喧叢薄新柳含輕烟
舉頭空外望豎子弄風鳶物理依時節我亦情歡然

其五

春光九十日竟無十日晴日日風兼雨春將別東園

每遇風雨夕攤書掩蓬門所幸洪水退婦子依短垣
側聞治上流永息狂濤翻遑問誰天下聖明憂黎元
鄙人無遠畧時事安敢論但冀禾黍豐啼饑免兒孫
浮生但一瞬借問誰久存相逢盡土偶暫時能語言
自攜一壺酒曝背就朝暾迷津不必問榮落隨乾坤

歲暮留別張印宣象巖

昭陽納衆流堤潰水及肘狂濤三年奔郭內黿鼉走
避水來揚州自恃故人厚君家兄弟賢相見歡握手
清晨具盤餐薄暮必呼酒絺衣換絮袍始覺時日久

管鮑今已無似君誠罕有不遇患難時焉知好朋友
園晚存餘花樹梢朔風吼物態凄冬序河千歸一叟
回望廣陵城頻頻翹白首

鸞嘯堂詩集

廣陵李沂著

七言古

和張辭奇天寧寺放生馬歌

燕城城北梵王宮中有汗血千里驄久聞此馬大宛種啾啾行閃黃金瞳太僕圉人在何處空牽老衲行廊東山僧豈用歷峻坂枉殺古殿藏飛龍驚沙暗天吹朔風千羣絡鐵度居庸中原駑馬受驅使銀鞍錦韉春花紅報主未遂萬里志戰鼓化作霜林鐘馬乎

馬乎爾胡委身垂首荒寺中將軍待爾陷陣收奇功

滄浪漁父歌贈平菴

屈原廟前春草新碧波蕩漾滄浪津東望扶桑若咫尺足領鷄犬逃狂秦往往遂有幽人跡素舸出沒浮青春吾兄夙昔江海客飛揚跋扈無人敵讀書萬卷意不平白眼向天長歎息聊將奇字授諸生時因縱酒吐胸臆舉世爭厭禰正平一談一笑折公卿匹夫憂時鬢早白到今歲月空崢嶸自號古漁父掘泥揚波非本情口歌滄浪曲不見滄浪清任公之竿一旦

落吾手便當跨海追長鯨鐵如意金屈巵同心撩醉
桃李時千篇快讀古人詩海鷗勸酒飲莫遲赤松將
訪意有待杖策徒歌招隱辭

聽楊懷玉彈琴歌

楊君善彈思皇操自言崇禎末年作彈之再三始肯
鼓拂絃沉吟意不樂引商振角時叩宫八荒蕭摵廻
悲風天地愁慘白日凍啾啾鬼哭空庭中絃鳴指咽
絕復生曲終激烈多壯聲四座慷慨不能平楊君彈
罷淚縱横楊君早年西蜀豪素精馬槊兼弓刀三巴

健兒誇好手一生好着團花袍是年天子開明堂臨
軒三歎古樂亡或薦楊君通律呂徑來天上調宫商
鼉翻蛟躍乾坤攺垂老飄飄適東海千金囊槖散無
餘惟有内府琴猶在陽山客舍長莓苔重門小院碧
桃開靜檢道書春寂歷細爇柏子雲徘徊滄浪之水
何清清波底墜雪白鷺明布帽青鞵又西去日暮相
思空復情

對鏡歌四首贈朱天乳

林凋露冷秋氣侵撫時慘愴追風心盛顏難駐時易
沈對鏡不語抽短簪我友生平稱莫逆朝不相呼暮
相郎丰標意氣疇昔同鬢毛畏見秋霜逼

其二

芰荷裁衣桂製屋朝詠暮吟恒不足水田十年一年
熟催租無租捉童僕夏雨不休米驟貴爾我共爲妻
子累流光一去不可回念此寧能不顛頓

其三

于業青囊自糊口朝朝行藥城中走至人懷玉躬被
褐榮辱於吾亦何有雷電風飈天晝陰饑鷹餓虎皐

空林城東沽酒城西飲與爾避人論素心

其四

吞腥啄腐日沈錮收拾芒鞵躋烟霧與君同是有心
人肯向嚴冬悲歲暮城中富貴遞零落夕勢薰天朝
寂寞婦哭兒啼死别難令人苦憶遼東鶴

荒村行

荒村年荒氣悽楚屋破土牆留半堵水底穫禾淚打
頭連陰不得登場圃欲炊無粒爨無薪鷄豚闃寂空
四鄰君不見雨注注兮風颯颯灌木蕭蕭愁殺人

捕魚行

村孤亂水白浩浩田中潑刺衆魚跳農夫十家九家閒修我網罟編我罩辛勤日捕數十頭人雖暫飽牛無料小者入腹大者懸饑烏野鵲遶簷噪三冬凍餒命尚全君不見老農褁耒耕荒田

莫生爲余畫白仙像詩以贈之

莫生寫眞稱獨步欵門清曉來相顧爲我染翰畫仙靈白雲片片生毫素野服翩蹮何處來飄然欲去且徘徊短髮鬖髿跣雙足慣超弱水凌蓬萊瑣山仙翁

好詩句走遍天下人難遇請君畫我於其傍便好追隨上天去

揚州叅將李鐵臉歌

天下兵官誰最壯眼中惟見李叅將叅將名將功不成至今揚人爲惆悵初至維揚號令明旌旗壁壘雄風生連宵火砲敎夜戰自奮刀槊來奪營私帑椎牛饗壯士金錢射中誰敢爭朝食潢池誓翦滅五千紫塞堪橫行承平既久武備弛海內澒洞兵戈起朝貴由來賤武臣羣兇坐視憂天子已聞關内縱長鯨更傳劍外奔封豕棘門灞上皆兒童蕭娘吕姥尤龍鍾日驅市人潤鋒鏑飛書奏捷乾清宮神州大勢漸崩蕩誰把赤心報君上但呼鐵臉人盡知淮海之間稱保障城東夜落星光紫叅將未死馬先死叅將既死人歎嗟明年廣陵城上吹邊笳

飛來峰歌送十力禪師

西域有山名鷲嶺狀如飛鳥翔高岡山根日日海潮湧岩頭片片天花香傍有小嶺更靈異芙蓉遠秀天蒼茫不知何年運神力飛來却立西湖旁浙江潮頭

十丈强迴波噴雪搖山光理公行脚幾萬里咸和初載遊錢塘諦視此峰嗟歎久居人競問來何方始知山從西域至理公一一言其詳從此誅茅開紺殿金輪照海生光芒石泉流碧洗香積萬松合翠圍禪房道人偶從靈隱至揮毫遂及靈隱事浮雲還山留不住我知道人有遠志他年訪汝湖邊寺

紫藤歌　兄映碧自江南移來花開命賦

纍纍紫藤花風吹何翩翩吾兄愛此花移根來種西齋前紫藤初移僅盈尺園卉衆多加護惜種之不覺

巳三年一片綠陰淸几席廷尉門前鳥雀多來啄藤花花上歌鳥歌歌不息藤花好顏色聽鳥復看花聊用舒胸臆鳴珂早上黃金臺如今澤畔空徘徊楊柳芙蓉手自栽小園著書多暇日一日堤頭定幾回

短歌贈王平格

李生抱病多坎軻一月廣陵城裏臥胸中壘塊不得平欲歌古調無子和八寶佳士王平格每同窗大來相過樽中無酒囊無錢竟日空留好客坐雷子窮居運最屯自言未若王子貧聚徒敎授豈得已家有倚

門望米之老親秋風颯颯吹葛巾相對不覺情酸辛橫經頗遭流俗笑鬢邊霜雪苦見侵作詩與平格兼致雷伯子丈夫相憐在知己濁河滔滔日夜東二賢困阨何時已

河上草堂歌贈蕭照千

蕭君愛客世罕有相逢邀我飲春酒淸晨河上草堂開沿溪小徑穿花柳入門翠竹挺寒梢梅吐疎花照窓牖已擽裹足謝時人惟貪洗盞呼鄰叟蕪城介子翁姓張瓜步蔣生字子久移家共作村中友村酒一傾盡百斗醉吟月下草堂幽遠念人間戰塵厚我問蕭君來幾時十年河上結茅茨飲君之酒賞君趣揮毫爲賦草堂詩

春雪行

連朝東風何太惡吹沙蔽天昏寥廓到處尋春不見春頭上紛紛雪花落去冬有雪雪不積瓦上從飄但沾濕豈知入春雪不化一夜堂前高一尺我聞陽和布令陰漸消胡爲當春陰更驕時人盡怪天道變不悟人事能相招人事乖戾憂方大請舉一端言其槩

昨宵杖下斃四人止爲催科殺凋瘵窮民兒女鬻已盡徵命塡溝亦所快困窮無力蚤輸公敢怨官吏爲民害雪兮雪兮何足怪

陸縣圃新構草堂歌

陸生營草堂宗生來作歌我見宗生歌使我淚滂沱千金駿馬黃金絡鄉里小兒氣揮霍幽人窮巷日高眠滿腹詩書徒錯莫宅邊隙地苦無多量材鳩工費揣摩編荻爲垣茅作瓦日日東鄰聞咏歌陸生所交裁數子我與宗生兩人是兩人困頓同陸生陸生自

謂逢知巳碁枰酒盞兼詩筒時時同過草堂中桃花李花開春風笑指海日飛晴空歸鴉紛紛噪城郭分手更訂來朝約

豫且行 時苦旱

神龍變化本無常偶然魚服遊江湘一身誤入漁人網縱有雲霧難騰驤我聞龍自滄溟出水族至尊無匹敵豫且豫且何人斯敢爾唐突神靈物心疑斯事恐不經書史傳述甚分明得龍可弔不可賀妄獲大物譴匪輕久旱禾萎農夫苦烈日火雲蒸下土誰當

斬取豫且頭放龍九天作霖雨

夸父行

夸父神力世莫及踴躍上天追白日追日直至虞淵邊渴死道傍何足惜愚哉夸父追日行太陽萬國仰光明今宵雖向西方沒來晨復向東方生徒步周天勞亦重惜哉有力不善用胡不隨大禹平水土盡殲魍魎與支祈赫赫功名垂萬古至今白日空中高嗟爾夸父亦徒勞雖有微功在林木彌天之罪安能逃

冬夜過閻分月飲酒咏杜詩

十月冰霜漸凝冱天寒景短日沈霧偶尋閻子過東園座中復與陳生遇主人相對正歡笑忽爾咨嗟頻四顧應爲囊空無酒錢君雖不言我巳喻丈夫有志在四海整齊六合康天步而君不能欵故人始知貧賤非細故幸有西鄰酒可賒喜見蒼頭持甕去須臾綠酒盈觴煖懷抱頓開吐情愫把酒說劍悲風急三更烏鵲翻庭樹問我詩家誰最雄無如子美驚人句醉中高咏咏不休魍魎竄匿山靈姤碧霄萬里浮雲捲北斗錯落空中布但願相逢且盡歡此生久被窮

愁惱夜闌月白河橋靜小童扶醉卽歸路

贈姪國宋歌

平生不願錦綺盈千箱但願雲烟縷縷生肺腸不願萬斛大秦明月珠但願庭中一匹千里駒所遇鹿鹿不稱意白眼廓落長嗟吁後起之秀有吾子少年逸氣青雲裏吐辭河决龍門下搖筆風搏羊角起汝父論文識最高舌底滾滾生波濤廿載詞壇執牛耳復有令子能揮毫長歌短咏人莫及鳳雛始信無凡毛宋乎宋乎丈夫處世萬事不足憂當今意氣橫九州

安能齷齪老牖下徒與蟪蛄商春秋

贈姪驊歌

昔年見爾述懷詩一千四百八十字如何落魄不逢時壯歲泥塗久垂翅李氏起家在淮陽相公勲業何煒煌今代式微固其所獨留彩筆生輝光多才好古世不貴驊騮駑馬同趨蹶長河結氷天雨霜北風獵獵登爾堂留我爲我取酒漿勸我一觴復一觴汝伯柴門不輕出逢窮歲晚情蕭瑟芒鞵竹杖志已決將訪赤松遊八極著書傳後待爾曹爾曹年少當努力

十力禪師贈端溪石硯歌

十力道人下黃山遺我端溪石一片色如紫玉温而膩蘸水試墨墨光見道人學道萬念空獨與故交情不變硯藏篋笥已多年一旦贈友不少戀憶昔少年意趣同熟視不見俗人面高風惟有玄度知俊氣獨許支公美吟詩秋月上疎桐送客晨鐘鳴古殿東西阻絕山川異乾坤反覆蛟龍戰相看鬢髩總成絲久知身世原如電一衲遠挂啼猨樹九重深透穿城箭爲言山中好風景黃山廬山蹤跡遍碧雲洞如意峰會須與師凌絕頂振衣遠望開心胸

壽宋射陵母九十歌

淮甸二月春光滿杏花歷亂黃鸝囀飛飛燕子入華堂銜泥恰值珠簾捲側聞君家有老親登堂獻壽及茲晨廣庭襍沓羅上賓吹笙擊鼓烹銀鱗九十慈顔世罕覩况乃子姓皆鳳麟傳家詞翰妙入神長箋片牘海内珍母也笑顔斑衣人麻姑仙液頻入脣我亦有母近八旬晨昏菽水天樂眞願同君母歌大椿老耳復聽玄鬢新終身事母心意足不羨徹侯萬鍾祿

甘住南村牧黃犢

壽鄭君翔七十兼索宋射陵書

鄭君今年政七十體氣常佳眞罕匹我齒少君十有四自慙鬢髩皆蕭瑟問君別後向何方賣卜東西無定跡人生窮達苦關天有才無命終何益如君坎壈身則康歲歲見君好顔色梅子青青藕葉疎鄭君遊倦還舊廬淮陰佳士射陵子相逢爲乞換鵞書

東園斷藤詩爲從兄廷尉映碧賦

紫藤紫藤亦孔異上枝扶疎拂雲氣下根一本分兩

幹一幹獨存一幹斷主人咨嗟紫藤下來歲枯條應牛架誰知春風百卉生二幹抽荑還並榮一幹雖生不著地神理相資賴同氣東閣客到爭相誇有眼未見無根花對花乘興且飲酒笑向主人索一斗

刈薪歎

已酉堤決禾盡沒已實者穫諸波中十不得一焉又苦乏薪鬻以米嗟乎米幾何尚以鬻薪乎舊有荒田在郵之西往刈其薪風颼嚴寒旬有五日而後歸爰紀其事曰刈薪歎以示兒子

才疎性拙體不勤安坐矢口談先民歲寒愛曝短簷下忽棹舴艋來湖濱農家兒童鼓掌笑此老村中來刈薪三冬之薪不蚤積雨雪臨門那可得

其二

我到村中裁半日一夜惡風吹倒壁敗茅穿漏雨滴滴布衾草榻俱霑濕坐待天明望風息達曙連宵勢轉劇浪高店遠酒難沽忍凍獨吟如餓鴟

其三

今年水大蘆難取蘆花水面蘆水底尺五鐮刀丈二柄竟日一人十束止辛勤餬口豈能長尚憂妻子饑凍死黑雲滿天烏亂飛屋西望船船未歸

其四

刈薪有時不宜早去年刈早傷我草草稀上場人更偷前算雖多後算少村中舉目皆盜賊不知何計防閑奸小人貪婪苦不足乾者供爨濕蓋屋

其五

民氣凋殘生意涸村墟處處皆蕭索水荒未已疫癘作東莊西莊哭聲惡四面乾土無一寸可憐農夫委

溝壑幾家夫死婦絕糧數日皆爲新嫁娘

其六

淮揚厄運罹陽九黃河浩浩東南走歸堤已圮翟壩壞年年川決如反手智者見事愚不然跪卜神前祈大有水退農夫又力耕吁嗟水患何時平

堅氷行

天地閉塞乖沴興肅殺之氣來憑陵朔風倒翻江湖底狂濤一夜爲堅氷我疑眞宰誠苦辛中宵下令督鬼神玄冥張皇封姨走河伯鼓舞施經綸空中陶鑄

聚波浪結成白石橫通津堅氷遙望渺無垠千里一片厚薄均霹靂猛火燒不化五丁巨斧徒逡巡上帝好生主化育焉用此物毒下民城中無食競毀屋昨日棟梁今日薪不惟城市缺薪米川路斷絕阻行李遊子中途不得歸咫尺程遙如萬里維舟一月凍復饑僵仆還家能有幾淨盡田禾水不落又作堅氷重播虐野老揮淚問蒼蒼東風何日來城郭

贈魏叔子

魏生嶔崎目如電董子祠傍忽相見豫章國士天下聞生不逢時且貧賤東西奔走非無故側身海內求英彥即今居釣豈無人常恐摧頹筋力變握手數語露肺肝別我西歸壽考槃子之往矣各努力歲暮雨雪江風寒

梅花障子歌贈舅氏姚寒玉先生

外祖姚公寫墨梅世人得之如拱璧寒玉道人傳絕技千樹萬樹毫端出屈指分攜三十霜途間相遇不相識舅鬢盡白甥老醜廣陵客邸交歎息爲出屏障十二幅梅花一樹真奇特玉蕊亂點青春姿鐵榦橫

撐太古骨羅浮香光吹素練灞橋氷雪纏禿筆神明貫通新巧生動合造化匪人力規模不襲補之法幽奇時駕元章蹟江左名流競推獎憲府家聲元赫奕在昔留都歡聚年正是先朝全盛日市隱園間春爛漫鷲峯閣俯波空碧妙香石樹菴中晏好客中林堂內集牙籤萬軸老蠹穿竹葉百斛長鯨吸忽聞妖鳥嗷延秋瞥見銅駝沒荊棘王謝風流盡零落園陵王氣空蕭瑟傀儡人事反覆多石火流光遲暮逼一生楚澤獨行吟六十阮途還灑泣時危豺虎方格鬬川決黿鼉任阨突握手琳宮佛火青話舊杏園霜葉赤萍散天涯會面難江南江北遙相憶

適齋賞菊歌贈表弟黃孚菴

世事有眼不願見惟有好花看不厭世事有口不願論惟宜酒到始開唇招我飲酒復看花欣然策杖向君家君家昔日我曾來庭前幾樹梅花開我今鬢白頭更禿回首流光如電速遶庭一帶添廻廊入門滿眼秋菊黃嘉肴美醞供衰老感君意氣爲傾倒醉聽戍鼓欲三更王生堅坐不肯行也景州王生更有園基

癖明日花前與君奕

贈鄭半癡

孟冬、十月故人到兩人一見開顏笑攜手入座看儀
容嗟予老矣君還少歲歲逢人問半癡半癡能畫且
能詩試將別後狂歌處說與河干釣叟知

題喬東湖山樓讀書圖

東湖喬子今詩伯好攜卷籍遊名山偶愛虎丘風景
好占得一樓蒼翠間山樓縹緲傍虎丘誰其畫之顧
虎頭、顧生作畫工細小熟視方見犬、與牛蘩篁雜樹

色葱蒨曉窗萬鳥聲啾啾突兀浮屠插遠寺人烟斷
處開平疇夕陽欲落絃管沸遙見碧波浮綵舟喬子
還家徒四壁手中一卷未曾釋銀鞍繡轂滿春城喜
君閉門獨蕭瑟但能著作成一家槖裏金多何足誇

題山莊夜話圖、贈顧松巢

偶與顧生坐燈下取紙戲索顧生畫、顧生執筆請所
圖、命寫山莊之夜話、展紙濡筆筆不停腕底颯颯風
雨驚須臾掃成數株樹槎枒老幹縱橫生歸鴉無數
集其上顛倒向背各有情又有一羣空外至遠樹歷

亂飛且鳴樹傍忽著數間屋半用茅鋪半瓦覆熖生
榾柮擁紅爐光透柴荆然短燭三人抵掌話滄桑荒
村野老無拘束籬外小犬聲狺狺有人攜酒空林行
一人提燈二人步抱甕行者又一人石路冬深木葉
脫岡迴徑轉踏殘雪野昏早巳閉衡門山高猶未升
寒月不論披麻與斧劈墨痕到處峰巒出小亭低壓
岸沙長漁艇暝泊潭烟濕客舍牀頭酒一壺晝畢持
杯勸老夫如何歲暮不歸去又欲別我遊姑蘇

賣燈行

昭陽火毬燈最奇狀如海日初出時染用所傍官井
水此井水染更紅一毬滿室生光輝纔到新年便營搆剪紙
劈竹惟恐後朝攜市上暮攜歸堪嗟價賤無人售去
歲望雨雨不下田疇强半無禾稼窮簷饘粥尚艱難
誰復將錢買燈挂昨有人歸自廣陵大人俱集揚州
城聞有公事須勾當太守傳令張華燈燈棚連綿照
數里鰲山火樹爭光熒敎場烟火更奇絕一城老幼
騰歡聲那知僻縣饑饉苦終日賣燈無售主但求下
詔蠲版荒邑有永荒之田日版荒幸免家家賣兒女

鸞嘯堂詩集

廣陵李沂著

五言律

新秋

秋入庭隅靜，烟收曉望空。白雲迴映水，幽草細含風。
疾病聊稱隱，干戈敢怨窮。年年人事異，未改菊花叢。

睡起

睡起柴門閉，長歌晚興孤。地寬宜野竹，俗厚耐狂夫。
短髮冠難穩，羸軀杖易扶。數杯花下酒，白露滴高梧。

避亂舟中作

避地家何處，飄然更出門。艱難攜十口，風雨向孤村。
遠浦殘荷立，寒沙急浪吞。偷生任漂泊，時事不堪論。

葺屋

舊樹繁青子，春堤漲碧濤。雨晴鄰犬過，風急水禽號。
天地容羣盜，江湖老緼袍。數椽先業在，修葺敢辭勞。

使至

有使今朝至，鄉思問不休。寒暄三徑隔，南北一江愁。
海縣烽常警，湖田稻早收。老親重寄語，只道莫淹留。

壽從伯父小有

薄宦貧猶昨，歸來不自聊。浮名趨後進，老淚滴先朝。
白雪江湖滿，丹經日月遙。誰知蜚遯意，不爲學松喬。

村望

雨氣收殘霽，江天入望初。帘飄村店遠，潮落水門虛。
墅竹晴喧鳥，溪船晚賣魚。何年戎馬息，此地足幽居。

送雷伯籲移居樊汊

積水寒仍漲，荒城海氣侵。故人重避地，此別最驚心。
野竄名流盡，烟藏釣艇深。今宵尊酒意，斟酌爲知音。

挽從伯父瞻鹿公

喪亂君臣在，偏安社稷蕪。封章懸日月，旅櫬歷江湖。
報國餘孤劍，匡時屈壯圖。故園春樹綠，愁聽野禽呼。

江上

十月猶暄暖，閒吟步淺沙。居人爭穫稻，作客自看花。
遠霧封殘日，澄江帶斷霞。今宵山月好，村酒更須賒。

野老

野老狂難禁，高吟臥草廬。呼兒傾甕酒，留客煮江魚。
村僻林光靜，沙寒夕照虛。小橋垂柳外，歸步獨徐徐。

經仙女廟

原草綠萋萋輕舠轉碧溪近江流水急到岸客帆低
廟鬼鑴頑石牆花剝舊泥仙蹤不可問惆悵日沈西

投村

渺渺孤舟遠投村日已沈暝烟行倦客喬木定歸禽
茅屋沿溪小漁燈隔栁深桃源隨地有漂泊一長吟

寓崇明僧舍江子攜酒夜過

歸鳥棲初定禪扉掩復開窓前新月上門外故人來
藥美韓康隱詩憐謝朓才廻廊送客處塔影臥蒼苔

夢遊水畔曉出西郊眺望

曉霧依空捲春流出郭分斷橋斜壓水亂樹遠屯雲
絮客粘漁網舟輕入鷺羣隔溪鐘磬發疑是夢中聞

懷張皃客先生

昔日河橋別孤身入亂峰杖攜龍井月笠挂虎林松
問渡今何處登山又幾重年來消息斷無地覔行蹤

送平菴遊安東

南國秋風起高齋落井桐爲憐垂老日蹤跡似飄蓬
無限平生意蒼茫杯酒中相思一片月長挂海門東

聞雁

寂寞空庭晚聞吟送落暉回飈驚獨樹新月冷雙扉
天地兵戈滿關河音信稀嘹嘹塞上雁今夕又南飛

看鬬促織

瓦礫藏身小昂昂喜鬬爭當場頻鼓翅一敗遂吞聲
暫快兒童意私加將帥名九秋今欲盡爾輩漫橫行

集懶公水濱蘭若

禪室當流水維舟款竹扉波光搖閣影蓮氣染僧衣
平野疎鐘遠香臺反照微羣公高詠罷白鷺自飛飛

季冬二十有一日同秦臣溥平菴過陸縣圃

氷雪愁中酒支離亂後身殘冬餘九日狂客到三人
烟抱孤城暝梅開故國春江山頻悵望戎馬淚沾巾

送秦臣溥之京口兼呈潘江如

歲晚同心少君行意黯然輕裝明海日歸路指江烟
送別聊攜酒相逢欲隔年遙憐作賦客高臥五湖邊

除夕

細酌椒花滿青燈近醉顏草堂今夜聚亂世幾人閒
筋力猶堪仗雲山自可攀誰能共兒女坐待鬢毛斑

送何公龍遊秦中

西京王者宅形勝甲寰中華岳排雲峻終南壓地雄
虎狠秦孽在松栢漢陵空策馬長安道應懷歌大風

攜兒子村中穫稻

暑退衰容健年豐物態生稻粱添野色鷥鴨亂村聲
稼穡攜兒學饔飧慰母情晚來揮濁酒溪月傍人明

田家漫興

僻徑秋光滿空庭曉露團水聲欹枕聽山色捲簾看
霜瓠緣茅棟風枝礙篷冠從人笑田舍聊得夢魂安

喜平菴病起

憔悴緣兄病冬深喜漸蘇自來簷下屧不用小童扶
老被文章累貧愁藥餌無憐才惟二豎有意活窮儒

宗子發遷居賦贈

何事居頻卜依然一草亭地卑愁夜雨垣短聚春星
舊卷隨車徹遺金避管寧乾坤方鼎沸暫寄免飄零

泛舟同兄平菴弟樗公看菜花

曲岸芳菲滿扁舟載酒過牧童茵細草浣女鏡澄波
樹斷殘霞落湖空遠霧多自憐兄弟好結伴老漁簑

放鳥

尚憶故巢在投林意不迷野田雖暫飽緣樹得深啼
翅短風雲足身輕日月低回頭看燕雀猶戀畫堂棲

雷大留飲題贈

所居非僻巷車馬若雲屯此地聞吾子經年只閉門
琴書多暇日烏雀似荒村惟有故人至淹留倒綠樽

與兄籀史自揚州歸里舟中覽錢塘諸子詩

聚散何嘗定邗溝水自流烟波浮遠郭兄弟坐孤舟
日照沙禽亂霜凋錦樹秋開春訪詞伯更作虎谿遊

寄王元倬兼和南陔之咏

王謝風流在騷壇舊主盟每臨京口驛遙望石頭城
北闕孤臣淚南陔孝子情相思一遲暮幽獨掩柴荊

賀子發新遷郭外草堂

宗子新居遠同人躡屐來逶迤村路盡浩蕩水光開
海氣全吹榻湖雲半入杯誰憐垂釣客猶鬱濟川才

同縣圃過子發

徐步水泠泠幽期在遠汀簷翻江鳥白門匝渚蒲青
漁唱聞烟艇神山望杳冥蹉跎俱短鬢羞比少微星

村夜

野老茅堂外中宵倚戸看一輪明月墮萬里大江寒
魍魅青林嘯蛟龍碧海蟠愁多不成寐風露夜漫漫

東村看穫早稻

茸屋泥猶濕爲塲地乍平秋空宜遠望村釀喜徐傾
白露收殘暑朱霞弄晩晴夜來桄桔動臥聽唱歌聲

其二

綠墜墻頭蔓黄高屋角薪刺船收亂鴨量稻換鮮鱗
圖史開清晝茶瓜過比鄰餘生老耕稼端不愧先民

其三

鬪雀喧欹枕飛蟲入捲簾狂風翻豆架缺月挂茅簷
勠力三農喜嘗新百感兼猶堪了官稅租賦莫頻添

其四

輕烟昏遠影反照吐餘輝屋矮羣鷄上池空野鷺飛
鄰翁釀社酒村女補寒衣向夕舂聲急城中望米歸

立春對雪

北風吹亂雪一夜滿河干不覺青春好翻添白屋寒
舞簷平萬瓦壓竹臥千竿門外催租吏追呼卒未寛

移舟看芍藥

逸侶曉相邀行行度野橋挈缾沽綠酒攀榔上輕舠
樹密知村近溪迴指堞高忽驚傾國艶千朶在蓬蒿

同顧叔向宗子發過陸縣圃棹舟而歸兼約再集

朝訪幽人去暮乘漁艇回夕陽含睥睨川霧隱樓臺
童子操舟慣他時載酒來熏風如有意徐放藕花開

命駕

命駕千里外飄然不可留山花迎短劍浦月送孤舟

秣馬黄河上回轅渤海頭自慚霜入鬢初作采眞遊

其二

凌晨齊策蹇東下聽河聲酒到山城薄花隨驛路明
塵埃遊子面烟水故園情仰首看歸雁雙雙盡北征

其三

沙白莽無際蕭條碧草春雨醒人面酒風捲馬蹄塵
野曠看狠步岡回畏虎蹲壯心逼遲暮誰爲指迷津

其四

逆旅頻回首川原此地分荒城郯子國斷碣景公墳

山路惟愁雨鄉心屢望雲故人來入夢應是惜離羣

贈龔半千

與君傾葢遇相好若平生草閣蔬盤薦花時酒琖行
談詩移永日促膝到三更共約尋山去乾坤方甲兵

初夏

四月風光好朝朝坐水涯婢尋雷後菌僧送雨前茶
逕竹抽新筍園桃落晚花布裘閒可典載酒過鄰家

贈紫山

聞師卜築地景物最清幽洗鉢岩花落開門澗水流

猿鳴深谷曙虎嘯萬山秋興好頻題句無勞石點頭

寄吳相公　公時被盜

別墅孤村遠澄潭野水深棲遲農圃業愁絶短長吟
紫禁遺黃髮青氊謁綠林故園梅蘂放相照歲寒心

懷顧叔向

別離何足歎之子獨堪哀短褐湘江竄窮途老病催
黿鼉吹浪舞魍魎趁人來爲念飄零客柴扉不敢開

夕泛

滄池搖艇入暮色遠沈沈擊柝寒城靜懸燈水寺深
浪明川受月岩黑霧吞林未盡江湖興依稀見夙心

遊山子廟

尋春聯出郭晴色帶川光綵扇芳堤女銀箏畫舸郎
鳥藏森木囀花擁醉人香古塚荒原上萋萋碧草長

月夜理琴懷友

花下柴門閉清宵月滿樓素琴堪作伴拂拭已忘憂
彈罷銀河轉風生竹徑幽故人殊未返貪醉秣陵秋

同諸公猗園賞桂

今年花事晚九月桂初黃客至驚秋尤樽開愛酒香

梧楸高館肅雁鶩小池凉勝侶兼芳夜渾忘歸路長

西鄰

不到西鄰久聯因啜茗過人閒塵內少風好竹間多
遶砌秋花亂窺窗鳥語和坐來無一事新月上藤蘿

夜雪

冬夜寒逾甚虛堂氣寂寥忽驚三徑白始覺六花飄
雜樹狂飈吼殘燈冷燄搖詰朝乘興去詩思滿河橋

送賀公輔歸丹陽

江南春正好沿路盡芳菲妬殺扁舟客梅花滿處歸

離筵詩各就何日酒重揮爲囑河中鯉無令尺素稀

元旦大兄留飲出　肅皇郊祀賜　先文定公銀瓢感賦

元旦椒花酒先公御府瓢升中襄大典頒賜首羣僚
錦袋朱華艷金環翠縷飄自慙今五世短鬢只蕭蕭

鴻硯齋待月

向夕收微雨開軒遲月明半庭花葉動一榻晚風輕
老厭豺狼鬬秋驚絡緯鳴憑闌空悵望列宿自縱橫

賀吳夢祥園居三首

頓棄塵中宅來居水上樓溪英牽錦帶岩幹偃蒼虬
皓月平臺敞疎篁小徑幽東軒叢桂發留客醉高秋

其二

閉戶躭幽事科頭學野人山窗頻染翰苔澗偶垂綸
枕畔遊蜂過花間啅雀馴時將丘壑趣一慰白頭親

其三

畫棟高桐倚銀塘臥柳遮嬌兒貪摘果小婦笑簪花
石冷衣先授林香酒慣賒隔籬烟水暮漁唱起蒹葭

歲暮

易暮愁中歲難娛老去心雲霞丹嶠遠霜雪草廬深
浦凍號新鴈柯寒宿舊禽凶年高酒價那得數開襟

見村中頹垣作

惆悵年華暮無由見止戈山中喬木盡江上戰船多
轉粟人皆困徵租吏又過頹垣村落滿戶口近如何

哭兄籀史

卒卒餘生盡悠悠萬事空形骸俱有敝宇宙自無窮
稼穡終身隱文章早歲工傷心青草色池上又春風

郊行就村店飲

山杏紅初吐堤楊綠未齊遊人烟際小古塚路傍低
竹寄喧禽語沙平急馬蹄杖頭錢欲解酒旆板橋西

同諸公醉歸途中口占

忽發壺觴興相將向郭東三更人醉後一郡月明中
短杖沿高柳輕衫逆細風春宵良可樂歸步莫匆匆

鰣魚

舉網鰣魚出江城四月天玉鱗充遠貢珍味壓華筵
故箸惟愁盡嘗新不論錢流亡方載路鳩鵠自堪憐

苦瓜

嘗味雖云苦稱名亦是瓜豐肌攢礌砢小腹拆丹砂偶入山翁饌時栽野衲家世人貪適口爲爾一咨嗟

畜猫

馴擾從人狎貪饕仗爾除幸全餅內粟兼護案頭書囑婦留殘飯呼童釣小魚自今眠臥穩高枕入華胥

題贈從姪乾統村居

流俗不到眼自然詩興生村居終日靜佳句等閒成隙地栽桃遍春缸釀黍清誅茅予有意應得傍柴荊

獨寐

獨寐夜將半廓然秋氣清雨收花徑靜月出草堂明燕處知身貴無求覺體輕紛紛馳騖客未達接輿情

和湯孫移橙

阿咸幽興好雜卉滿庭隅自說南窗外新添樹一株涼陰書屋借佳味酒人須能解醒笑摘黃金實無忘餉老夫

孔雀

檻外驚初見奇毛此地無雲霄雙翅剪金翠一身鋪隔竹時求食穿花共引雛可憐文彩異終日困泥塗

觀陸伯瞻禮部出使朝鮮方正學諸公贈行之作

聖代車書外名臣翰墨留海邦霑玉帛祖席列諸侯覆載由來大江山幾度秋偷生餘白首掩卷涕雙流

訪宗七鶴問

索居知已絕客舍獨懷人策杖尋之子蕪城正早春日薰花氣遠風弄柳絲新攜手西南望天涯有戰塵

贈詩僧同人

卓錫非無地城隅寄一枝喜能長奉母兼可細吟詩

徑僻蟲喧草雲空月到池清秋好乘興思與贊公期

啜醨

鄰家新釀熟頓覺酒腸寬小飲何妨數深杯自可乾價廉貧士喜味薄老人安風雪柴門掩煩君伴歲寒

瓦塔 揚州中秋日兒童累瓦爲塔張燈擊鼓數日即毀之

偶因時節至突兀立堦墀瓦礫豈足貴崇高徒爾爲奔趨如恐後拋擲忽無遺靜看羣兒戲因知興廢機

王與久邀賞梅花

王郎馳短札爲報老梅開沽酒童裁去扶筇客已來

共驚氷雪候忽睹艷陽回興至何須勸先乾手內杯

香櫞

老樹何年種孤根傍短墻春枝一院綠霜實百團黃
望去垂簷重攜來滿袖香江城秋欲暮歸思正茫茫

蟬

念爾蜣螂質經營糞壤邊久汚如混俗忽蛻似登仙
腹飽清宵露聲傳碧梛烟飛騰心未遂三歎晚風前

夜

委巷人聲寂高齋夜氣清亂鴉塗暝樹列宿動寒城

漏遠聽頻斷燈殘剔乍明鬢邊霜雪滿慚愧學長生

寄題外甥解鼎基東郊草堂

數月不相見作詩盈一囊我憐詩興好人笑解生狂
燕掠時汚卷牛眠每近牀東郊何所事高臥小茅堂

懷魏叔子

魏子南州彥聲名達廟廊網羅雖客布寥廓自高翔
不羡新華省惟尋舊草堂金精山上栢歲晚獨蒼蒼

酒貴

晚年踈萬事獨與酒杯親陡值壚頭貴方當橐裏貧
懶看秋月皎羞對菊花新豫恐隆冬日寒威逼老人

野鴨

不是隨陽鳥徒然逐稻粱影翻湖水濶陣接海雲長
鼎味華筵待虞羅野岸張豈如沙上鷺烟浦自迴翔

促織

秋夜難成寐惟聞促織聲凄凉如有恨欵曲似多情
片月當虛牖清霜入五更年荒衣盡典懶婦不須驚

烏薪 炭也

十月寒風緊烏薪價漸昂不聞輝白屋祇見煖華堂

焰逼貂裘軟紅添鳳蠟光誰憐擊柝子衣滿夜來霜

三月三日徐槐江邀遊東園

祓禊向東津春光雨後新出城蛙送槳抵岸鶴迎人
野蔌充盤美風帆過梛頻誰家遊女至弄水濕紅巾

徐槐江齋中看豎子摘杏

端居門久閉荒徑草戎戎嘗杏留狂客攀枝上短童
花開曾命酒果熟已歸籠爲念韶光迅長吟憶董公

贈浮村上人

纖塵不到處獨坐掩禪關一榻爐烟細三春徑草閒

有心參白法無意駐紅顔會著芒鞵去千山與萬山

浮山石 在江都縣禹王廟

陂陀一片石突出禹祠傍岩骨此間露山根何處藏
市塵塵莽莽島嶼氣蒼蒼太息寰中事江城又夕陽

誕日雪

處世無他事滔滔送歲華黑裘方慘澹素雪忽交加
亂舞長空絮全開老樹花山妻應念我今夕醉誰家

漁火

村墟歸鳥盡倚杖望汀洲何處明微火漁人泊小舟

影穿蒹葭亂光點碧波秋忽滅空濛裏林梢月一鈎

三月初五夜禪房偶集

獨客殘春在鳴琴靜夜張欵門來數子剪燭話閒房
細雨紅桃落深杯白墮香頹顔翻自哂又入少年塲

贈喬東湖遷居

詞客今如許東湖獨起予家貧還僦屋春晚又移居
隙地徐添樹晴窻疾著書老人頻策杖巷北訪新廬

其二

羣僮隨怒馬蹀躞滿江城市井何曾遠庭堦自覺清
壯年甘屏跡斯世肯求名及爾俱蕭瑟狂歌送此生

文選樓休夏

爲覓清涼境來登帝子樓樹濃遲見日地僻早生秋
舊卷閒中展遥山望裏收昔賢遺躅在未敢墜風流

執熱風雨忽至

火雲然大塊有渰忽從東欲注翻盆雨先飄拔木風
炎威辭枕簟爽氣赴簾櫳多謝巫山女鞭龍洗太空

夏夜懷哈無技湖上

禪榻久淹留蕭然旅况幽風傳殘夜柝月照六朝樓

忽念同心友遠爲湖上遊蓮塘花放盡未返木蘭舟

謝卞宜中內兄送酒

旅人心內事足下乃能知相送一壺酒正當風雨時
凉生高閣早夢到故園遲酌罷羈愁散憑闌且賦詩

新綠

芳樹當春暮青青忽滿枝只愁搖落盡又見發生時
高閣憑闌好名園載酒宜年華正堪賞行樂不應遲

雨後鄭聖臣相邀賞荷

出城招畫舫載客向芳塘時雨今朝霽荷花滿路香

酒人擎翠蓋妖女鬬紅妝忽聽垂楊裏清歌一曲長

遠山

五嶽平生志惜哉身未閒偶登雲際閣望見江南山蒼靄豈易即丹梯應可攀會尋鸞鶴去一杖萬松間

過露筋廟

同舟人共指此是露筋祠屋老攢湖樹堦荒立薛碑野蘋溪女薦往蹟書師知已過重回首烟中飛鷺鷥

小雨

黯黮浮雲過廉纖細雨飛正啼幽鳥散乍出老僧歸著草微添翠沾梅似欲肥小窗書一卷清晝掩荆扉

元日雪

獻歲雙扉掩端居懶送迎朝暾藏海霧密霰灑春城芋看山妻煮樽呼小婢傾雪消紅日上扶杖出柴荆

送楊鱗滄北遊

閒居心不樂跨馬入燕京朋友提壺送蒼頭帶劍行征衫迎岱色歸夢逐河聲欲遂男兒志錢刀未可輕

秋丁聞以歲凶議減 文廟犧牲

乾坤開闢後洙泗統尤昌俎豆隆千葉衣冠肅萬方汪威遵古帝成憲稟時王祀典由來重何人乃愛羊

客至

戶外嘉賓至呼童取葛巾細看方識面一別幾經春骨肉蕭條久山河戰伐頻銜盃君且飲往事不須論

重九前一日集天寧寺郝氏臺

園小廻廊抱臺高密樹遮山杯分落照客帽拂歸鴉偶聚情偏愜狂歌樂更賒好留餘興在明日泛黃花

贈劉雪舫

夙昔雲霄上胡爲烟水鄉行蹤雜漁父至戚是天王萬死驚身剩全家與國亾江城時邂逅爲爾一神傷

去贅 甲子季冬右脇瘤潰數日而平時寓張允諧家

爾贅來何自依棲亦有年累深吾久厭運盡汝當遷卧簟沾多粉開襟失一拳身輕扶杖便轉眼百花天

其二

頗仗刀圭力全將垢惡驅故巢如未剗殘孽尚堪虞調護蒙賢主艱難歷老儒此生惟養拙幸不負微軀

其三

偶寄乾坤內形骸定若何旣知皆土木亦可任陂陀

眼底盈虛改人生苦樂多聊將疎放意著處且婆娑

新秋野望

野曠游氛歛天空爽籟生酒船人盪槳歌館婦調箏
烟外羣山小林端遠水平他鄉堪遣興未暇憶柴荆

七十初度蒙諸公攜酒食

犬馬何勞記鶯聞載濁醪衰顔臨鏡怯老興得杯豪
積雪皆前滿寒風戶外高乾坤真氣在端爲有吾曹

春日喜遇吳秩三

一別三年久相逢二月初庭除今日掃車馬向來疎

隔市遙沽酒中厨促鱠魚堦前梅漸放留賞意何如

臘日有懷故鄉諸友

溪上柴門閉平生頗愛閒如何逢臘日猶復滯邗關
夜雪衾裯冷河冰道路艱故園詩酒伴羣望此翁還

懷鶯

初夏隋堤柳新鶯出谷齊只今三月盡未有一聲啼
霪雨終難霽深枝何處棲老烏偏得意日暮噪城西

賦得燈花何太喜

春宵門已閉寂寞野人家白屋元無喜青燈故作花
乍看垂細蕊忽見吐奇葩洗盞呼童子偏令酒興賒

題騏兒書館

疊石爲臺小鳩工繕屋牢惟宜勤展卷切勿浪揮毫
遶戶春流遠當窗粉堞高肯師張仲蔚三徑滿蓬蒿

八日懷張印宣象巖兄弟

閉門惟獨坐貧病幾人憐誰似君兄弟遙蒙送酒錢
開懷同賞菊回首忽經年悵望林端月今宵又上弦

水退獨酌

茅屋河邊宅苡鞋世外人學仙兒子笑覓句老妻嗔

水退園存柳賓稀座有塵一觴唯獨飲貪賞歲華新

鸞嘯堂詩集

廣陵李沂著

七言律

望昭陽墓 邑即昭陽采地

孤城野水帶斜曛西望高原楚將墳采地昔年埋戰甲碧天終古送浮雲村墟晚樹迴鴉陣蘆荻秋風起雁羣回首七雄成底事到今戎馬日紛紛

幽棲

幽棲門巷日荒蕪獨立空庭短杖扶燕雀晚風低帘

幕魚龍春水動江湖半生經術漁竿老北極兵戈淚眼枯坐對寒梅花落盡青錢那禁酒頻沽

客舍遣懷

江樓畫角起高秋漸覺霜威冷石頭長夜河山羞短鬢故人風雨入新愁庭空野水蒹葭老歲晚他鄉芋栗收頗怪薄遊成汗漫朝朝天際有歸舟

出郭

縱步城西岸角巾東風又遣柳條新久隨流俗妨高興纔到郊原是野人極浦烟波通島嶼孤村鷄犬隔風塵溪翁日暮堅留客釀熟頻誇酒味醇

苦旱

天屯雷雨高空靜水竄龍蛇大澤乾衰謝屢遭陵谷變乾坤何處草堂寬稻粱難免憂妻子租稅長逋惱縣官戶外花枝簾外燕韶光還似昔年看

江行

潮平沙白蓼花秋解纜西風送客舟宿霧曉分千嶂出斷雲晴入大江流天低遠樹連京口烟帶征帆向石頭晉室東吾今不見尋源明日武陵遊

喜子發歸

百花洲畔片帆飛離緒逢君話夕暉短服路穿烽火去輕裝寒擁雪霜歸冬深江靜蛟龍蟄水落湖空雁鶩肥笑指故園梅蕊放一杯聊為解征衣

陸縣圃席上送從弟季子南遊

遊子將行舟在門主人開宴酒盈罇平蕪野色入高閣落日暝烟生暮村海內良朋難聚首天涯別緒易銷魂梅舒有約歸休晚悵望江關虎豹屯

渡黃河

平原遙望隔洪波白草連天走駱駝短褐輕裝乘小艇西風落日渡黃河九州貢賦香秔遠夾岸弓刀鐵騎多常羨祖生能擊楫壯心回首忽蹉跎

過穆陵關

穆陵近接臨淄地形勢千秋霸業開窄徑西通單轂轉危峰東擁萬山迴草枯鷹隼低飛急樹暗鵂鶹晚嘯哀疲馬高岡正愁絶驚沙吹入鬢毛來

寄十力禪師兼答暮春書札

貧交歲晚各西東十載生涯兩地同白日漁舟滄海

上清秋茅屋亂山中重巖虎嘯思元亮野浦蓮開憶遠公擬著芒鞋尋石徑與師趺坐看丹楓

登臺感興

江城秋氣日蕭森郭畔登臺俯碧潯遠戍亂雲寒對酒平皋落木晚驚心樓船東下波濤壯鐵馬南驅瘴癘深未覩洗兵身遽老凭闌搔首獨長吟

揚州晤潘江如次日訪之已還京口悵然有作

十載神交覿面稀殘春客邸暫相依廣陵明月今宵好瓜步扁舟昨夜歸離緒那堪羌笛動一觴空對暮

雲揮椰青橋畔登山路何日相携上翠微

積雨懷宗三陞四

晝永衡門掩薜蘿草深窮巷絶經過濃雲黯黯春光少短榻蕭蕭夜雨多酒盡閒愁生半醉詩成血淚迸長歌故人寂寞今何似水漲孤村浸白波

雨中子發見示近作

濃陰無處覓朝暉兀坐空齋咏采薇天外好音何日至城中酒伴近來稀花飛始覺春光晚老去徒傷世事非獨喜故人風雨裏新詩頻寄到柴扉

贈孫豹人

眄柯園內草萋萋初夏流鶯遶舍啼一曲清池當檻動數株高樹與雲齊壯心直指伊吾北歸夢頻飛太華西四十策名應未晚看君吐氣動虹霓

猗園賞桂

猗園八月桂花放乘興看花客自來水檻石闌秋氣滿金樽銀燭老懷開光穿密樹流螢度聲落寒空早鴈回山月似知狂客意偏將花影覆池臺

遊龍珠菴

兼葭深處掩禪關支遁何須更買山百頃澄波孤磬遠半林斜日老僧閒澗花說法頻開落水鳥忘機任往還片刻對君浮念盡願分席地寄頹顏

溪頭

溪頭久立欲忘歸倚杖閒吟送落暉數片野雲人獨對無邊汀草鷺雙飛鶯花又逐韶年轉日月徒催旅髩稀有意采眞割妻子北堂誰著老萊衣

從弟鏡月自廬山歸出三疊泉五老峰諸圖見示

匡廬隱遯高人去石鏡蒼屏萬古留芷屩遠尋三疊水霜縑歸畫五峰秋雲晴喜見香爐出碉響疑聞瀑布流欲向東林携短杖便從楊子放扁舟

雨中集縣圃小樓邀從弟梅隱不至

春來白日酒中消酒熟幽人數見招冒雨喜尋花外徑銜泥怯度柳邊橋擬開懷抱當芳草共托狂歌答聖朝幾度憑闌勞悵望孤鴻影隔暮天遥

送十力禪師還山

客身獨向三千里僧臘將周六十年短棹更開彭蠡浪孤帆遥帶廣陵烟猿啼疊嶂迎歸衲虎臥空林守法筵借問天涯何日會浮雲蹤跡兩茫然

贈劉兀菴

青山一入便爲家屏跡雙林老歲華結客舊曾揮羽扇逢師新解看桃花霜天寶匣還鳴劍月夜松寮自煮茶已覺身心超世界應從蠻觸鬭泥沙

竹杖

一竿何處蕭蕭竹長得幽人手自捫節勁久撑霜下幹材成遥斷嶺頭根扶來野寺憐春草拄傍河橋問

酒樽持贈老僧知我意寸心雲嶠日飛翻

冬夜獨酌懷春

宵長擁褐攤書坐俯仰乾坤意氣增老去未能疏綠酒春來早擬策紅藤柳催草閣條風入鶯喚江城暖日升檢點南枝消息近不應池畔尚堅冰

重沽

重沽夜打酒家門酒至然爐客自溫日暮殷勤尋舊侶更闌宛轉戀殘尊短籬雨過花千朵高棟雲空月一痕借問醉鄉歡樂外人間何處不銷魂

勸孫無言歸黃山

君欲歸山胡不歸黃山山下有柴扉數羣門外鹿常過萬縷床頭雲自飛澗響鳥喧春策杖嵐光松色曉披衣新安江口正東望三十六峯橫翠微

趙伯登邀集徐園賞荷

小橋窄徑湖邊墅亂竹高松野外堂暑退池臺尤颯爽興來賓客頗疎狂行杯席上擎青蓋放棹波中摘紫房最喜霞明人散後獨留孤鶴立橫塘

庚戌堤大潰予架木而居時值立秋盎粟將盡慨然賦詩

壯懷牢落對西風顧影蕭然一釣翁腸斷萬家眠積水心驚片葉墮高桐遺書誰送顏公米命駕徒傷阮籍窮但使登山雙足健會攜瓢笠上崆峒

其二

開襟遠望暫消憂蹤跡平生似野鷗豈料荐饑愁婦子久將高臥傲王侯滄波霧覆柴門晚獨樹風悲海縣秋却怪朝宗原有路滔滔衆壑苦橫流

其三

城西一帶爨烟無鄰曲流亾剩老夫麤糲倘能供旦夕琹書不厭坐江湖空庭水漲群魚跳舊郭人稀野鶴呼風物又催時節改漸令霜雪滿頭顱

其四

暑殘凉氣散東皐疇昔銜杯意興豪忽縱黿鼉遊大陸數看畎畝陷洪濤農勤稼穡耕常早堤費金錢築似牢衰疾固窮惟閉戶那堪萬姓日嗸嗸

贈王生

河干歲暮朔風哀曝背晴簷首重廻地僻小橋人不到天寒荒徑爾能來文章久並窮儒賤懷抱還逢好客開聞說清宵多逸興月明長在讀書臺

輓二十五叔父孝廉延溪

盛年詞賦鬪丹陛晚節窮愁臥舊林霄漢日沉滄海遠衣冠雲隔武陵深鶯花暗墮山河淚伏臘頻傷老病心寂寞盍棺耆舊盡壯懷空寄白頭吟

徐槐江齋中看芭蕉花

主人引客蕉軒坐手指濃陰向客誇數載小童勤抱甕一株今歲始開花樽傾永日高朋聚詩就閒堦醉

墨斜惆悵浮生如夢幻草堂歸去讀南華

徐槐江於泰郵市中購魚籃大士畫像上有

明肅皇太后璽知爲　先朝大內所供敬賦

短章時庚申十二月也

九霄圖畫市人收寶璽鸞章在上頭盛世君王勤孝養溪宮母后喜焚修錦鱗提處天花遶瑤殿懸時御氣浮瞻拜腐儒嗟歎久歲寒冰雪滿林丘

贈唐若淵

滄浪結伴喜忘機垂老看君戰勝肥一卷獨登高閣把千杯屢召故人揮日長花徑遊蜂亂風細茅堂乳燕飛相見不須論世事共將歌咏答春暉

寄呈張蔚生明府

高齋永日愛攤書小艇清溪學釣魚豈料賢侯開別館謬容野老曳長裾謳歌隣境傾心遠飄泊經年拜手疎聞道海濱訪遺逸指吳野人于旄新駐大夫車

悼張允諧

彭殤修短不須論土木形骸理則均九月盡凋霜下草百年全换世間人老羈逆旅追歎[illegible]醉憶交情灑

淚頻歸去河干小堂在碧溪鷗鷺伴閒身

丙寅元日

老屋河干漸不支年來河伯故相欺頹簷缺壁還風雪濁酒辛盤自歲時淚把一生[illegible]飯帚獨留雙眼看殘棋陽回少慰幽人意檢點梅花放幾枝

同卞宜中過宛虹橋僧舍

春風策杖宛虹橋喜遇精藍慰寂寥門對小池波泯泯庭圍灌木影蕭蕭妙香繞室瞻龍象清磬浮空聽海潮座客不須談佛法斜陽歸路恐迢遙

同涂紫崎陸縣圃登城向王景州歙州家赴飲

雨中曾約共銜觴日暖泥乾出戶忺同策短藜攀雉堞遠看高樹識槐堂紫芹黃韭春盤嫩白髮青衫老態狂最是君家兄弟好任傳新句向維揚予將之郡

鷺嘯堂詩集

廣陵李沂著

五言排律

登廣陵城臺 壬午年寓揚州時聞寇警

城闕疑春望人烟落照中山河仍禹甸草木自王風
地控江淮阻途兼南朔通菁華騰楚域國俗染隋宮
野曠羅紈合衢長錦繡克星繁開綺戶鱗次列珠櫳
郴葉歌催放池氷酒滴融促絃縈亂蝶悲管咽孤鴻
雜沓隨高蓋登臨集鉅公因依盟指日擺脫氣凌虹

石座珊瑚大秦樓翡翠濛王孫金鑿落娼女玉玲瓏
選勝朝朝聚留歡處處同晴漪浮桂楫煖榭長蘭叢
寇警遥傳北妖氛欻轉東庶司方悄悄諸務頗匆匆
競揷魚囊箭俱張虎韔弓教塲喧閱武太守勉臨戎
百雉修墉峻羣龍畫幟雄軍需供賈客兵仗執兒童
細草蕭條綠繁花寂寞紅從來隹麗地回首意無窮

孟冬村居懷雷伯顴張辭奇兼書所感凡五十韻 甲申年作

王氣銷中夏英才伏海隅晉江亡一馬洛浦納雙珠
早歲俱題柱危時並握瑜聯翩辭故國蹭蹬在窮途
志欲蹈滄海魂猶哭鼎湖周旋蕃榻下肅穆鯉庭趨雷張俱侍父
慨自前徽渺居今大雅蕪蓬蒿克藝圃瓦礫
炫文都狠狽邯鄲步喧豗卽墨竽披雲逢國士把臂
得潛夫卓犖鷄羣鶴威垂鳳穴雛聆音知激楚望氣
識鉏鋙堪建東西帝寧論小大巫巨源供把注哲匠
不支吾漢魏留標準韓歐接範模張工詩雷工文處囊錐易
脫待價玉難沽鄂杜躔妖宿臨安蹙聖圖雷陝西人張杭州人
波濤經險阻鋒鏑脫斯須市酒淹佳客常餐率腐儒

同心相晉接隨意有歡娛樸樕蒙稱引纏綿列友于
駑材煩伯樂朽木愧公輸惆悵萍蓬散低徊歲月驅
多才天寳惜失路鬼揶揄旅食思吾子商歌念彼姝
安知鴻鵠志應任馬牛呼楚澤甘被褐秦關耻棄繻
聚螢還黽勉捫虱漫嗟吁鄭重千鈞弩迂疎五石瓠
青雲東高閣黃絹涴泥塗冷眼籬花綻驚心藕葉枯
北遊鱗莫至南翥翼空徂茅屋村居靜平疇野色敷
江寒鮫室悄山邇畫屏紆返照雙歸犢清波亂浴鳧
翠鳴風盪竹黑墜水漂菰肅肅翔沙雁啞啞傍曉烏

生涯資藥餌顀頷及妻孥未正乾坤位唯憑造化爐
賢如家喪狗勇類技窮鼯兵甲方勤粤艨艟日向吳
羣懷勞悵望大運轉艱虞閉戶全雞肋衝牆避虎鬚
蛣蜣情有戀龍蔓道難誣老樹紛催錦頹顏捷換朱
蒼茫高倚劍浩蕩遠乘桴義勝忿交戰天開合冥樞
鍊精求玉局濯魄遁冰壺地好身從客神交典匪孤
晴窓援彩筆霜葉滿蘼蕪

雷

黃霧晝冥冥風颷肅廣庭挿江垂雨足撼岳走雷霆

銳力排雙闕神威却五丁聲搏天勢吼響激電光青
震疊驅妖魃張皇役火鈴九霄施號令百里颯精靈
顯挈陰陽柄全彰造化形空山燒古樹通市塌旗亭
白日蛟龍鬬朱門七箸停由來多壘塊沉醉一時醒

三月十九日　賊陷京師之日

赤舃干帝紀白面典兵符寇逼都門敞弓鳴御榻孤
班聯鵷鷺散魏闕虎狼趨殉國傳英主懷君哭腐儒
憂民天語切選將聖躬劬率土空延頸羣兇竟剝膚
翠華春慘澹紫禁血糢糊植黨諸臣在勤王一旅無
年年寒食後涕淚滿江湖

清明句城塘埽墓歸呈諸父

代際明良會時當鼎盛秋臨軒收國士解褐贊皇猷
位列三台貴心懸四海憂冲襟調玉燭偉畫奠金甌
未覩山河改徒傷日月流墓田光梓里瞻拜肅林丘
寶篆天文爛穹碑聖眷優兩朝膺渥寵奕葉荷前庥
泉閟金魚迥苔深石馬留歸途紅日墮回首望松楸

題彌菴曉樹

攬勝崇臺搆躭幽逸侶過危欄紅日近高棟碧雲多

獻翠交松竹縈青俯薜蘿崎嶇緣石磴清淺逼銀河
晚堞鴉爭噪秋空鶴自摩白榆行咫尺丹桂影婆娑
天地紛戎馬江湖一釣簑愁來惟痛哭醉後忽狂歌
海霧消城郭蟾輝散綺羅餘生待靈藥把酒問嫦娥

喜晴

水縣禾初挿愁霖日日飛晚來還密霧曉起忽清暉
倚戶蟬聲急開園菜甲肥礎乾餘潤在池漲舊痕非
鳥雀喧叢竹雞豚出板扉芰荷香冉冉桑柘影依依
庭暖圖書滿閨聽婦歎稀三農非觖望八口豈長饑

背郭尋詩友衝泥訪釣磯野樓傾綠酒歌送夕陽歸

吳相公爲先兄平菴刻詩稿成賦謝

雅望朝端重玄風海上清飛騰依日月炫赫立功名
晉亂移車定秦憂攬轡平股肱延妙譽鼎鼐佇耆英
運否乾綱替時艱逆氣成夔龍初拜舞猰貐久縱橫
悍鎮驕難馭疲兵選未精空拳寧却敵一木豈支傾
骸骨歸三楚滄桑變兩京椎埋尸帝座漁獵混台衡
遠遯無人境惟親似舅甥元龍饒逸氣叔夜本狂生

亂世鴻儒賤窮途衆恨并忤時憂悄悄失儷影煢煢
壯志重泉閉哀歌短夢驚濟川才未展福善理難明
憶昔追隨日同輩翰墨聲素蒙唐棣愛尤切渭陽情
玉盌香醪送花牋好句賡詞塲推敏捷意匠喜經營
逝水江湖杳遺珠篋笥盈百身人莫贖五字道猶亨
不使名山秘要令大雅行鄧林標杞梓荆岫簡瑤瓊
冥路心應慰艮朋感不輕淮陽傳盛事高義日崢嶸

謝十力禪師爲刻詩稿凡三十韻

南嶽傳燈地西江選佛塲廣陵生大樹彭蠡得慈航
性遠宜丘壑心空入虎狠雲深棲古洞月朗嘯崇岡
香積清泉涌祇園翠栝凉徑芬蘩杜若谷暗遠篔簹
崩岁懸烟磴虛無跨石梁野猨条講席馴鹿臥禪房
弓箭操生殺山河借闡揚日暄梅子熟風動木犀香
豎拂機微露拈椎體畫彰威儀齊古德軌則冠諸方
法座天邊遠交情世外長頗邀支遁賞不厭阮生狂
舊業元儒素幽懷每激昂年華添諷詠坎壈賴篇章
粗究風人旨寧登作者堂蕭疎吟水石嗚咽感興亾
棄擲應斯道流傳忽異鄉楚氛難免覆齊瑟豈勞張
剞劂工殊費吹噓德敢忘愧無青玉案遥想白毫光

話舊剛旬日分攜遽五霜截流看象去過隙任駒忙
小技爲身累多能與道妨彩牋貪畫虎岐路久亾羊
聽法思扶杖懷人欲裹糧嶺雲秋片片江樹晚蒼蒼
慧劍雄千劫神珠耀八荒願拋文字障從此學空王

送周方山歸邑陽

渥水驊騮足崑山琬琰光過都應儵忽照乘豈尋常
時論推元禮風期接孔璋珠璣生咳吐冰雪在肝腸
仙棹來春郭文星貢草堂快瞻鸞鳳羽飽挹蕙蘭芳
弋釣遺民老蓬蒿舊徑荒班荆情自愜贈縞誼難忘

酒社追隨慣詩壇應接忙交深容戲謔道合愛疎狂
正喜留清佩那堪促去航離筵搖落日行李帶嚴霜
身別淮南桂心馳汶北桑河聲驚旅夢岱色引歸裝
江漢排鷟鸖乾坤角虎狠弓刀殊擾攘辭賦頗張皇
唱和雖同調飛潛本異方濟川懷利涉坏戶樂深藏
關塞齊城遠蒹葭楚水長浦晴鷗共泛雲冷鶴孤翔
短札何年寄佳晨兩地傷臨岐無限意分手各蒼茫

癸亥冬哭兄映碧廷尉

宇宙荒蕪日氷霜凛冽晨九原朝故主四海哭孤臣

倚馬才元富攀龍志早伸相門貽鼎鼐皇路騁騏驎
日爛宮桃醉風柔禁柳春鳴珂翔鳳闕焚草出楓宸
尸位俱箝口虓奸獨犯鱗敢言臣職盡暫謫主恩新
宵旰天王聖艱危國步屯一隅生盜賊入表徧風塵
腸斷煤山變魂銷玉殿燐豺狠蒙衮冕刀俎索金銀
紫極聞傳箭皇華未返輪（時奉使在外）懷君心慘慘望闕
涕頻頻光復功難奏偏安業又淪神州無淨地昭代
有遺民岸草縈閒杖溪花惹釣緡雀羅廷尉冷雪窖
子卿貧勳業歸圖史衣冠賸幅巾杜鵑方再拜妖鵩

倏相親易簀猶思漢騎箕永避秦棗園兄弗處（居名棗園）
蒿里孰為鄰嵩嶽收元氣乾坤喪偉人時賢羣歎息
小弟最酸辛老送滔滔歲愁餘蹇蹇身從今春草發
休傍謝池濱

癸酉八月河水漲張印宣招同鄭雨田周子容
泛舟觀之各賦八韻紀事

發興觀新漲攜樽上小船水深沙尾沒風急浪花顛
楊柳迎舟舞芙蓉遶岸鮮平蕪昏遠照野館蕩疎烟
波面羣鳧戲岡腰老牸眠确田棲晚穗曲沼敗枯蓮

泥飲拚今日狂歌憶去年回橈新月上扶醉郡城邊

曝背看羣兒戲

氷泮陽和轉繩牀睡起時庭寒猶朔氣砌暖下晴曦
麥飯餐常早柴門啓獨遲老翁簷外曝稚子座傍嬉
屢舞歡難禁羣呼聒豈辭鬬尋蘆作劍迎用紙為旗
飣豆稱筵設提竿當馬騎官人喬折獄伍伯故催貲
鼗鼓穿還擊蒲根捲即吹瓦拋分勝負鬼跳變容儀
一蹶啼寧免重奔笑已隨蛙喧安得靜雀躍竟忘疲
兀坐帷緘口閒觀且放眉須臾兒散盡春日滿堦墀

鷺嘯堂詩集

廣陵李沂著

五言絶句

仙人遊碧落

仙人遊碧落吹笙回鶴駕劍氣白參差起舞月光下

過平菴

今晨天氣好偶過阿兄家醉别阿兄去月照梧桐花

題與牧公

孤舟一老翁釣竿長在手小魚亂吞鈎桃花流澗口

秋夜吟

好月不成眠披襟吟静夜幽人牀上吟蟋蟀吟牀下

東莊對月獨坐城中送酒方至

野月穿雲出城中酒到時先傾一大白把與刺船兒

相逢行

君是山中人應識山中路我欲到天台此間是何處

采蓮曲

采蓮忽路遠細雨入輕舟荷葉不是傘暫蓋女兒頭

其二

蓮塘三十里四面起清風鴛鴦飛不去只在藕花中

青樓曲

誰家輕薄兒林邊飛彈子不能中飛禽打入樓窗裏

擬古

銀瓶甘蔗漿玉椀葡萄酒兩般任郎嘗何者可郎口

其二

習習窗外風皎皎月中光歷歷雲間星共見儂與郎

思山中

昔我居山中日與雲相傍今我離山中白雲在天上

鄰人送酒

燕語絮不休欲眠推枕起倚門看落花送酒逢鄰里

郎來

憔悴十年久菱花今始開江邊舟一葉人道是郎來

其二

出戶迎郎去欲去更躊躕傍人報郎至十度九成虚

九日勸婦典衣

囊中金已盡籬畔菊初黄今朝無酒飲辜負好重陽

城北小亭爲諸老遊歌之所碧桃初放予飲其

下醉而歌之曰碧桃歌

歌聲何處來尋入碧桃裏一片碧桃花內有歌聲起

枕上鴛鴦

蘭膏火漸微伏枕聽更漏枕上雙鴛鴦是儂嫁時繡

猗園賞菊

何處高陽客來逢賞菊筵吟詩不肯去夜半索蠻箋

九日獨酌

獨酌東籬晚停杯忽自嗟半生頭上髮無處著黃花

庚戌夏日水中口號

田疇已沈沒流水入我居獨坐對水歎稚子來釣魚

其二

地卑受水易淋下生波濤西鄰水半壁更羨我堂高

其三

架木不可履竹杖强扶持失足水中立宛如白鷺鷥

其四

築堤堤不牢河堤那可築來歲議築堤我將薦河伯

村童饋酒

童子提壺來自說前村住有酒我能斟爾自牧牛去

架木吟

日日報水長棲身惟架木架木漸漸高舉頭將及屋

其二

洪波今四載無食復無居老夫何所寄美殺水中魚

其三

束薪那可得不獨愁無米日午望城西炊烟都未起

鸞嘯堂詩集

廣陵李沂著

七言絶句

相逢行

道上相逢白鼻騧問君何事向天涯征途片語應難盡下馬相攜入酒家

少年行

千金市得飛龍馬玉勒雕鞍錦障泥六郡徒兒騎不得鳴鞭直過渭城西

其二

風急平原小隊開雕弓白羽合圍來草中狐兎無心顧獨向山南射虎回

擬官詞

鳳管聲銷舞袖開承恩猶夢近龍顔披香侍女三千輩身在霓裳第一班

擬寧夏凱歌

塞日高懸海霧空班師大纛捲秋風誰知萬里邊塵淨只在沙場一戰中

其二

前軍乘勝若風雷殺氣連雲戰鼓催但使天威行絶塞追奔不過白龍堆

其三

轅門北斗七星高血染團花錦戰袍馬上三軍呼萬歲一時歌舞向臨洮

留别

去年携手菊初黄今日逢君又舉觴一曲離歌人已醉明朝江上水茫茫

重過金陵

秋風又到秣陵關獨客窮途尚未還武定橋頭新月上朦朧遥望紫金山

張皀客至自河南

布衲蕭蕭物外身亂歸梁苑幾經春只今誰似張夫子遠歷山川爲故人

贈劉彧水表叔

游徧名山興未窮年垂七十頰猶紅人間興廢知多少盡在劉伶醉眼中

從兄昳碧廷尉招飲紫藤花下

樓臺春暮綠陰遮竟日留賓坐水涯無數落英爭撲酒微風吹動紫藤花

史閣部墓

汴水無情只向東荒原萬木起悲風傳聞鐵騎墳前過下馬摳衣拜相公

贈陸縣圖

萬卷詩書臥一丘蓬門不出幾經秋捲簾又見春風度燕子飛飛入小樓

題畫

欲荷長鑱斸茯苓遠山春霧亂峰平歸來小憩柴門外一片松聲似雨聲

對酒

重譯來朝萬國通山河未改帝圖空東華門外三春草一望青青輦路中

荅人問近況

長夏空堦碧草深薰風解帶坐彈琴幽人耽靜門常閉不為神州有陸沉

東村

農功栽動早秧稀雨霽鳧雛趁母飛獨駕輕舟來復去一陂春水荇絲肥

種瓜

小庭無奈鬱蒸何架竹栽瓜勝薜蘿結實纍纍兒女意老夫只取綠陰多

河上維舟謁太公廟

壯心岐路易悲傷況復蕭蕭兩鬢霜尚父祠中瞻拜罷令人意氣忽飛揚

野望

風捲蓬根野日昏含悽倚杖望孤村村中昨夜逃亡盡還有催租吏打門

九日登曉樹作

幾年未放登高眼曉樹栽登便欲愁萬里薊門鴻雁陣西風吹送滿汀洲

送孫無言歸黃山

隋苑飛花亂撲窗高齋留客酒盈缸醉中忽作還山夢一片輕帆下練江

廣陵贈吳野人

把君詩句忽驚呼便欲追隨賣酒壚裁得相逢又分手北風吹雪滿江湖

題顧瑟如画棧道圖

千里巴西棧道開虎頭雄筆寫崔嵬沛公燒絕重瞳喜豈料兵從故道來

同解陽山王與久郴軒飲酒時陽山將適東陵與久將適崇川

野館疎梅映綠楊三人同醉好春光來朝解子東陵

去又送王生向白狼

賞宅中虞美人花

秋[illegible]細丁紛紛種春盡繁花艷艷[illegible]衣花畔坐隔籬兒抱酒瓶來

朱房山招飲席上作

秉燭飛觴客盡醺主人深夜尚留賓開窓笑向庭前指花外高懸月一輪

觀雁山圖作

十里平湖山頂開年年聞有雁羣來他時借得蘇耽鶴騎向雲端濯足回

閨怨

數盡庭前歷亂鴉獨歸粧閣倚牕紗空閨無喜何勞報剔却銀燈盞內花

寓揚州聞征房餉

十載蒙鬮水縣租驚聞房稅又追呼不知久浸波濤內敧側茅堂得免無

送哈無技之崇邑

猟猟寒風吹客衣君遊崇邑幾時歸沙頭望去行人

少一片孤帆冒雪飛

即事

北極遙聞遜棟梁朝廷勅旨不尋常城中一旦搜楠木折去揚州太守堂

競渡

連朝競渡滿城歡水檻鉤簾萬戶看羯鼓一聲空外響紛紛紅袖倚闌干

其二

北固龍舟往復迴遙傳江上綺筵開大人日日船中

賞爲打鰣魚奉詔來

題孫豹人采藥圖

早年鬚鬢已成絲横絶詩名海内知怪底别來音信杳却從商岫采靈芝

其二

偶奉徵書入帝京歸來頗覺世緣輕從今只覔金光草不向長安道上行

送浮村天童叅學

一肩行李向天涯萬壑千峰去路賒想到祖庭叅禮日山中正放碧桃花

篃子歸自揚州同過九畹園中賞紫藤花

水閣青樽日月開紫藤正放阿咸來主人笑與諸君約一片飛花酒一杯

暮春偕唐若淵家弟南漪飲河干即事

河干風煖燕雛飛脫帽銜杯送落暉遥望小舟垂柳外雙雙載得女郎歸

韞菴三姪女留飲賞芍藥賦贈

美爾深閨詩句新卜居門巷喜相鄰呼童沽得橋東酒芍藥花前醉老人

論

救弊論上 崇禎年作

天下者不可以無法而治也而法之大者莫過於取士用人取之而無其法用之而又無其法以求治天下猶却行而求前也今上卽位厲精圖治到今十有餘年矣盜賊充斥楚豫連陷朝廷之望人才如旱年之甘雨而卒未有上稱天心克濟時艱者何歟以愚計之蓋方今有二大弊而莫之能革之故也明興以科目取士欲觀學術故首經書藝欲觀文章政治故

次表論判欲觀通達時務故次策祖宗之立法可謂盡善矣其後天下士子急於求進因罝二三場爲末而專力於其前及其售而入主試事亦專於前而畧於後遂爲崇虛棄實之弊而流至於今而不可勝道矣蓋時藝雖本經傳推明聖賢之意實爲立身切務然世皆守章句競文藻其體帖括偶儷而已其辭剽竊附會而已然以上之所求在是故羣天下秀異英邁之才雄奇魁壘之士與夫庸凡昏惑不足指數之輩莫不窮年累紀磨厲而甘心於是父兄非此不爲教子弟非此不爲習薄古學爲無謂指談理爲迂濶曰吾爲可以博富貴者而已他何求乎如此而望人才出於其間是猶植荑稗而望其化而爲嘉穀也此科目取士之弊也若夫用人之道無他惟欲知君子小人耳而今在位者朝廷果知其孰爲君子乎孰爲小人乎不知則安保其爵不濫祿不曠也此其弊實由於資格資格者循等而進也循等而進不必有奇勳善政守位庸謹不敢得罪於人數年而至某官又數年而至某官可屈指而計也此輩以功名爲易遂

不以國家之務爲務於是競植黨援私分門戶黨援既多門戶既立因泰然無復顧忌雖爲海內共鄙之人而朝廷之上譽言日至矣及所譽者用之而不效乃棄之更取所譽者而用之又不效又取向之棄者而用之如此反覆顚倒不可勝述以與其或效而不知此輩志願才力不甚相遠也間有獨立之士挺拔之才樂於自效而以不能依傍俯仰遭其排斥爲仕宦之前車而已何才之能見此資格用人之弊也此二弊不革雖有堯舜之主恐未能以宴然而治也

救弊論中

今上亦嘗慮人才之未甚出於科目而科目之不足以盡天下之才也於是酌古準今爲三途並用之法不狃於成格不牽於衆論英睿獨斷憂勤懇至思竊慮科目之弊不除而求之於他途必無濟也蓋科目之弊不生於科目而生於上之所尚今但易其所尚而科目之弊固已除矣夫時藝表論策判皆文章也而其中有淺切世務可以觀其文而知其才之有用與否者有敷演陳說無益世務覽之而不足以知其

爲人臨官而無所用者不可不知也敷演陳說無益世務覽之而不足以知其爲人臨官而無所用者時藝是也深切世務可以觀其文而知其才之有用與否者策是也其輕重不較而自明矣今反輕其所重重其所輕何哉故爲今日之計莫若先策然而策之爲弊固已久矣蓋近日士子未嘗細覽所問一一而條對之也不過謏襲成說取盈篇幅耳故下之所對俱非上之所問上之所問下固未嘗對也夫策之者與之以疑而欲其辨之也將與之以難而欲其勝之也而今未嘗對當事不察而遽收之異日安能責其有疑而能辨之有難而能勝之也故欲得眞士必重策重策必覈實至於次策者莫如論矣然論者當舉古之某人而令之論斷其爲人之賢否也舉古之某事而令之論斷其爲事之得失也先儒有云策以觀其所以措置於今之世論以觀其所以是非於古之人今奈何有其事而無其意乎至於廷試尤宜愼重天子必臨軒設問以策之議論稱旨然後擢之夫天下士之趨功名如水之趨壑見上之所重在此莫不

殫精而畢力焉聚海內之人而朝夕講求天下兵農錢穀之故九邊形勢制敵禦寇戰守之法以及禮樂刑政修舉廢墜之數而且洞悉先朝之事孰知賢奸之辨不爲影響粉飾之說舉向來訓詁揣度字櫛句比棄於無用之歲月而一攻之於天下之急務行之不十年而吾見宇內之風氣必大變矣蓋嘗譬之於工時藝者猶之業土木偶者也策論者猶之業錢鎛輪輿釜甑者也今乃令之專習土木偶而不令之專習錢鎛輪輿釜甑是待用者甚殷而求用者甚疎也

嗚呼今何時也而猶困天下之人以事不急之務愚實懼天下之盡化而爲庸流也

救弊論下

嘗怪天下以海內之大上自宰相以及庶司百執事不可指數如此之衆而人主有事常嬛嬛然若無與共其計議而分其憂患以致一隅之盜養爲大敵而莫之能制百姓愁苦顛連流離於道路死亾於鋒鏑而莫之或卹海內之勢日蹙而禍日結豈今日濟難之才果少歟春秋戰國之間其君皆能以百里之土

養賢致士以與鄰國爲難而況幅員萬里九州一家則宜奇才異能充盈輻輳以供人主之用而顧不少槩見何哉抑豈用之未得其道歟今夫縣令坐於堂上吏胥奔走於其下不過數人而已又日與計議施行之事故易以察其心術而熟其情態若夫天子宴居深宮之內欲以盡知百官之賢奸能否雖聖人不能而所恃以進退天下之人者一曰慎爵祿二曰明賞罰耳何謂慎爵祿夫生而忠孝者天下無幾人也故功名之士必皆有所慕而動也爵所以寵賢祿所以勸能當令天下知其甚此而後得之不當令其以爲安坐而可以致之也若今之爵祿則不可謂慎矣何則明試之法衰側陛之權勝如登梯然苟無跛躄傾跌之患則皆可以至於其上矣故雖享高爵厚祿而未嘗以爲天子之恩也愚意爲今之計莫若有功而後進有功而後進則官之進也難官之進也難則賢能者始得以自見而尸祿之臣始無以自容何謂明賞罰夫人臣皆得舉人者也莫不有所暱而思致之通顯以爲己羽翼者也莫不有所畏而憂己之不

得當其意者也莫不有所惡而恐其得勢而不便己者也此近日臣態也夫人臣事君而敢於阿其所暱與所畏而訕其所惡玩弄主上貪於伸己之私而不恤國之利害不忠之罪莫大焉今當爲之制曰舉人而不勝任者厥罪同我無罪也緣所舉非人而得罪愚者不爲也又爲之制曰舉人而勝任者厥功同我無功也緣所舉之賢而有功小人亦竊願之誠使內外大小臣工莫不虛衷殫慮爲國求賢豈憂賢才之不出乎敢問今日連坐之法雖行而罔上自若何也

曰連坐雖行而未嘗必行也又未嘗特爲之制俾知不可逃也故下有玩心焉而思以嘗試也況又不兼賞而行則下以爲舉君子無利不若舉小人而猶能相恤其私也則是賞罰不明之故也晉襄公反自箕以一命封郤缺爲卿以再命命先茅之縣賞胥臣曰舉郤缺子之功也齊侯烹阿大夫即烹平日譽阿大夫者二君明於賞罰之道是以臣下洗滌震怖樂於舉賢而不敢冒進以此能樹其國用人不得其道而曰天下無人天下果無人乎

韓信論

韓信與張耳以兵數萬下井陘擊趙未至井陘口選輕騎二千人人持一赤幟從間道望趙軍誡曰趙見我走必空壁逐我若疾入趙壁拔趙幟立赤幟乃使萬人先行出背水陣於是大破趙軍斬成安君泜水上禽趙王歇後追齊王與龍且夾濰水而陣韓信乃夜令人爲萬餘囊盛沙壅水上流及龍且追信決壅囊急擊殺龍且當此之時信功震天下遂將兵會垓下破項羽李子曰信有大將才能出奇制勝然其成功天也當其擊趙也廣武君李左車說成安君曰韓信乘勝遠鬪其鋒不可當今井陘之道車不得方軌騎不得成列糧食必在其後願假臣奇兵三萬人從間道絕其輜重足下深溝高壘勿與戰而吾奇兵絕其後不至十日兩將之頭可致於麾下成安君不從當其追田廣也楚將龍且將二十萬救齊人說龍且曰漢兵遠鬪窮戰不如深壁令齊王使信臣招所亾城亾城必反漢求救漢兵二千里客居其勢無所得食可無戰而降也而龍且不從向使陳餘聽左車

之策龍且用或人之說信之成禽必矣安能施背水拔幟之謀與囊沙之計哉然成安君嘗以三縣兵襲常山王張耳張耳敗走復收趙地迎趙王歇歸國智非不能料敵也龍且楚名將項王遣之將二十萬救齊非不知兵者也而乃先後一轍皆以愎諫取敗者何也豈天奪其魄而欲以成信之功歟成信之功而乃以成漢之帝歟漢王與項羽相持於垓下智勇俱困一日數戰無尺寸之功非信將兵來會劉項之勝負未可知也信至而後破項是漢之興係於信也夫

天為漢生信而項王乃使武涉說信欲分地而王之蒯通以相人之說進欲信背漢自立皆非上天之意故其言如水投石猶李左車之說成安君或人之說龍且也策雖良而弗用逮信失職為淮陰侯始怨漢乃約陳豨俱反自恃其能謂天下可圖愚矣逆天者亾固其宜也李子曰自古帝王之興稱受命而王不益信乎是故天之所興雖不階尺土不籍一民而可以取天下天之所廢雖席九有之富擁億萬之衆而或失其國天之所與雖屢戰屢北如高祖之敗滎陽傷成皐走宛葉困平城而終濟大業天之所廢雖戰必勝攻必取如秦人吞六國不啻摧枯振落而覆滅不旋踵然則國家興亾治亂之故詎可以人事測之乎

序

贈姚匪莪序

予與姚子交久矣而其最綢繆者莫若在句曲時也昔世父吾斯公徙句曲予補弟子員亦在句曲故省大父與赴試歲歲往而是時世父延姚子授二子泓遠淑遠經予每往句曲必與姚子流連傾倒不忍別時崇禎初年也間與姚子言志姚子曰吏貴親民誠得為二千石使百姓無疾苦斯言三十年未嘗不在耳嘗與姚子策蹇遊茅山遇村落酒家必下驢飲而後行及登山巔頫視同遊者股栗予與姚子輒鼓掌大笑厥後吾斯公為和平縣令一門藏於王事予與姚子歸耕長與句曲辭矣康熙某年姚子復以事至句曲見其山川風土人物撫今追昔愀然泣下歸語予曰向至句曲所見皆非故物獨於與子登臨執手處依依不忘也予聞之搔首而悲援筆贈姚子詩一章詩曰乾坤未俶擾旭日懸天光疇昔與之子携手登崇岡極目眺平楚山川鬱蒼茫

勿齋詩序

詩有以傳爲不幸者有以不傳爲不幸者浮慕風雅未窺堂奥率爾成篇欲炫其長而彌露其短若此者以傳爲不幸者也才高學富苦心獨至庸目不知而無見賞於作家當時弗顯而必大彰於來世若此者以不傳爲不幸者也然以傳爲不幸者多不乏剞劂之費咄嗟可以付梓傳反易以不傳爲不幸者率多困窮之士非有憐才大力者助之行世詩稿往往湮沒傳反難也表弟王歙州與兄景州俱爲海内工詩之士與盜虛名者河漢所謂以不傳爲不幸者陽山

荐飢生理俱盡而握管者困尤甚王氏昆弟又皆清白吏之後謀衣食且不暇遑及其他親交豐橐者又瞠目視之莫爲之計是以年踰强仕稿秘笥中而人罕得見焉今年夏歙州客揚州居然以稿屬梓人予深訝之詢之知其遇當事憐才有以助之也予甚喜歙州之詩獲傳於世而更念景州未有所遇詩之傳不傳未可知也

兼山堂詩序

天之產物各有地竹箭產會稽玉產崑山楩楠杞梓產豫章良馬產大宛橘產南獨人才不擇地而生故孫叔敖產於海由余產於西戎自古以來不可勝紀近王心齋先生產於海濱師王陽明先生卓然爲理學之宗越數十年而海濱有吳子野人以詩名於世予曾一晤邗上質朴高簡不類今日所謂名士者戊午春日顧子魚山來自東淘携詩稿一帙見示則沈子亦季所著兼索弁語予時往揚州已束裝未得報命仲秋歸來則又接亦季手示謬相推許謂予似知詩者予雖喜爲詩然疎懶不能多作間有吟咏嗜痂

者偶取之耳亦季與予居處遼遠神交之意殷殷懇懇溢於言表豈亦嗜痂者乎予讀兼山詩集喜其清眞雋爽於塵埃中矯矯自異夫球琳琅玕有目者自爭賞之安事予言爲哉雖然海濱斥鹵之地有吳子又有沈子何風雅之盛也所謂人才不擇地而生不其然歟遂書其說因顧子以復沈子并質之吳子野人可也

雷伯籲詩稿序

鼎革初雷子避亂昭陽與先兄平菴及余爲莫逆交

亂定雷子返揚州杜門掃軌余時過之即治餅餌酌酒懽笑談古今事竟日不倦三徑蕭然不知門外車馬闐擁也雷子美才博學取巍科易易耳而雷子夷然不屑甘爲農夫以終其身雷子之心苦矣生平文章與王巖齊名世稱雷王云間爲詩歌有山樵隰苓之意旨深詞婉本之性情與世之競浮響趨纖靡者天壤後遷艾陵湖畔築莘樂草堂居之三飧外惟以吟咏送日雷子殁其子雷毅日持其父之詩文求人爲之剞劂行世而貞子庸菴則當今忼慨好義之士也曰雷子名噪於世已久而文章未能傳後譬沉珠玉於湖海爰出橐金梓之雷毅因乞詩序於余以余知雷子也然余老矣今年七十有九矣泊焉靜守謝絕一切應酧之文然于雷子則不敢辭故爲序之如此嗟乎世之能詩者苟不及其生前付梓身殁而遺其子往往湮没不可復覩然則雷子非有子如毅欲詩之傳也難矣哉

張印宣詩稿序

詩之道難言也然近日爲詩者皆不知其難也鹵莽而爲之不問其是與非也人亦鹵莽而許之不問其可與否也若是詩亦何難之有然必按章章有法審句句有法鍊字字有法更欲求體製之精粹酌風調之高妙數改以避其膚沉思以與其超正之有識以期其穩不爲晚近浮夸之士所愚不爲纖巧靡麗險怪之詞所惑不爲步韻限韻一切應付技倆所動而後詩之難見焉知詩之難而後眞詩出焉今夫學射者非關弓發矢便謂能射也惟能貫的斯射之道畢矣故關弓發矢則易貫的則難苟不務貫的而惟關弓發矢是求曰吾之射亦足矣可乎不可乎印宣張子從余學詩余無以益之惟告之以詩之難而已矣張子爲人端謹自好然遇山水則留連遇朋友則傾倒而於余言尤有合於其心今覽張子之詩雅秀深閎至於諸體俱能各極其致有游刃有餘之意詩若易易者而不知惟張子乃能深知詩之所以難也學寸而貫的者張子其庶幾乎

傳

和平公傳

公諱信字吾斯絳巖公冢子也幼謹篤事親以孝聞友諸庶弟如同母性和易遇人有過溫顔勸喻人自化公善屬文試輒冠諸生然數奇九試於鄉不中以歲貢士授廣東和平縣知縣祖道之日祭祖考甫拜案上猪首自擲於地腦盡出人以爲不祥公慨然行會鼎革清師略閩及廣郡縣望風歸附而公所治邑最小且孤人皆憂恩不知所出公意氣自若呼二子

泓遠淑遠語之曰死自吾分汝輩盍急去二子跽泣曰兒知從大人不知所之因悉力爲城守計公爲政寬簡百姓戴公如慈母至是爭用命清兵大集城將陷有當道素與公善來勸公薙髮公不應連勸三日泓遠罵曰若輩受朝廷爵祿不知報降自降耳奈何欲汚他人當道怒而去城陷兵圍公宅先是家人欲爲公存後以匱舁淑遠出及鬪公與泓遠縛去大呼曰父兄蒙難我獨居此何爲奮然往至則爲兵縛淑遠見父縛而泣泓遠叱之曰吾父子死猶生也何以

爲遂俱遇害

從子沂涕泗言曰李氏江南素族也遠祖樂易公從湯山猶業末至高祖文定公以殿試第一起家受嘉隆兩朝眷顧彌留之際戒子孫世世無忘國恩吾斯公一門殉節赫赫如此文定公爲有後矣嗚呼等生也不辱其身爲貴等死也忠孝爲難予小子用述梗槩載諸家乘以俟史官採錄焉

蔡烈女傳

蔡烈女者六合縣高山集人適天長譚氏子初譚翁

將爲子納婦取諸家女禱於神得蔡女又卜諸肆蔡女吉遂聘之蔡女端靜喜讀書尤愛烈女傳能誦一字不遺年十九歸譚氏是時夫已得錮疾不能起蔡女侍湯藥晝夜弗懈語夫曰素知有疾不意困篤乃爾姑與爾爲兄妹病愈爲夫婦未晚也臥不解衣凡嫁五月而夫死夫死三日盡以簪珥及衣服鮮好者獻於姑又明日裹故衣一束遺婢遺母又明日取敝衣悉焚之姑慰之曰勿自苦吾子不幸命也爾少蔡女正色曰噫新婦安往乎自夫死早晩哭弗輟至七

日忽輟意甚暇會堂有客蔡女方爲姑具果核少頃呼之不應褰幃視之則自經趣救之則氣絕矣先是夫未死蔡女歸寧告母曰祖母老矣善事之弟婦他家女願母視之如女謂弟曰生我者親孝非有他異子道之常也謂弟之妻曰姑嫜猶父母汝孝姑嫜其汝愛丁寧誦誘家人或以爲怪至是始知爲永訣云譚氏子死父母哭之猶未慟至哭蔡女反慟弔譚氏子隣里財數人蔡女死弔者盈門

李子曰嗟乎蔡女之死烈矣哉然聽其言觀其所爲

又何從容也生無伉儷之歡卒以身殉吾聞其死時脫衰絰玄衣練裙鮮履記曰求仁而得仁蔡女有焉

劉渭漁傳

邑中兒醫劉生渭漁者無產業僦屋而居父貧以醫術貽之以故劉生精於醫邑中兒病必就生醫他醫莫及焉嘗即其所居營水檻人或往來終日生無倦色間沽酒共飲極歡乃罷或頻頻來亦不厭得賣藥金即復沽酒飲劉生不能飲而獨喜人飲尤喜人歌人來飲或吹簫而歌生尤樂或廢賣藥聽其歌且吹盡日忘疲已又於檻傍爲臺因臺爲亭諸子恚曰此僦他人居乃營搆若是與生笑謂之曰昔人有好馬者期得千里馬而後快老弗遇也偶夢遇之而索值千金傾囊僅五百金不能鬻也然不能舍徬徨之間而覺乃喜曰幸少五百金耳向倘以千金市之今馬安在耶夢時有覺時無未鬻猶是也已鬻猶是也諸子不能答他日語其友曰地非吾有也吾借之而樂焉形骸非吾有也吾亦借之而樂焉

贊曰甚矣人之相越豈於貧賤富貴哉富貴者臨歿

顧謂其子曰是一瓦一椽皆吾[illegible][illegible][illegible]力之所營也女必慎守之言訖而後瞑劉生以貧與賤則不如以智則過之矣

雜著

責水怪文

庚戌之歲霪雨自五月至於八月江河淮泗之水盡漲或曰甓社湖之濱水怪出焉牛形色白[髟疑][髟疑]獨角狀類婦人垂乳委地攫身一躍湧波百丈陰霾冥濛望之或見李子以爲誕而弗之信也既而思之陰陽偏駮獷沴之氣專産害民之物於水怪何疑焉且思其爲患不止也爲文以責之曰嗚呼噫嘻爾何物乎厥狀𢀖詭疑人似獸何種何族何名何氏往牒難稽稗史弗載賦性狠戾喜殺惡育力行不義貪婪無極竊弄造化之柄不風而風不雨而雨風必拔木蹶石雨必沈原溢壑遂使洪川汎濫長堤崩潰勢若建瓴響若奔雷狂濤飛注數百里禾稼蕩然俱盡遠近呼號聲徹天地嗷嗷婦子微息焉賴生活疇卬飢凍孰恤怒吏催科租賦安出鞭笞逼廹死亾尤捷又況衝漂廬舍淪汩生齒浮屍委骼順流而下不可勝計其他物命姑不具論嗚呼爾罪滔天孰爾容乎夫江淮之間中國之名區衣冠之都會夏后之所經營列聖

之所休養非類不得而居也爾胡出没水滸狂蕩恣睢役使蛟蜃奔走黿鼉罔兩溪毒憑仗威力賊禍萬狀馮夷河伯拱手聽命庶怪畢興衆兇一致民甘麋爛食苦莫控充爾之意不使通都大邑化爲巨浸罄中原之地爲爾窟宅其勢不休不使赤子盡果魚鼈之腹其心不厭嗚呼何其忍歟吾將訴之上帝討爾之罪懜懜彼蒼竟殛弗施山川神祇弗埽弗治然則爾之害氣猶未終下民陽九之運猶未竟也嘗聞德之□者食厚福惡之富者膺顯戮貫之滿者發必速故莫暴於支無祁禹則囚之莫神於龍累則醢之周處一奮刺虎殘蛟強梁不足恃也吾爲爾計莫若封殘忍悍弭耳屏息率厥醜類遠逝勿返徜徉域表克究天命不亦庥乎若乃貪據重淵怙惡不悛恣突江湖鼓煽風瀾孽焰日增含氣夭傷人怨天怒百神下攻雷霆轟擊刳腸燬膏暴骨兩涯天誅既加雖欲逃諸溟渤亦無及矣

諸老燕會記

任翁伊菴今年七十有九鄉人有例賀九長子鰲次

子圖謀所以壽其親請用優不許請雅集又不許二子進曰親交中有齒在大人上者請與爲歡可乎翁乃色喜許之因治具延諸老而召沂陪焉是日爲仲冬二十二日無雨雪天霽稍和於是諸老聯翩而至坐廳事有髮未盡白者有髮白鬚尚黑者有顏尚紅者有索棋對奕者有述先朝掌故者有觀所畫元朝人物及衣服制度嗟歎者有話山川之勝者有談方外延命之術者路人聞之爭來聚觀嘖嘖稱盛事也始進果核次進飯次進肴酒咸醉飽厭飫薄暮盡歡

而罷李沂曰翁不自壽而壽諸老可謂能自壽矣陽山諸老之會應自翁始二子可謂能養親之志覘世俗壽其親召優伶列華筵冠蓋雜遝於庭謂盡人子之道者不亦霄壤乎陸居沿陳學酉俱八十有八楊士望黃燦俱八十有六周鯨八十有五吳考祥八十有四趙先之八十有二解惺宗模俱八十楊濼楊璜陳二酉鄧嘉謨及主人俱七十有九沂七十有五是集也計人十有五計年共一千二百二十有九焉古來以七十爲稀今諸老之年若是七十可謂稀耶問其所生則皆先朝萬曆時人也予因爲之記云

甚矣水之爲患大也陽山地最卑號爲釜底堤決水必聚焉康熙十五年予寓維揚家中水忽大至案頭卷帙盡付波濤予幼年曾學爲古文一旦漂沒年老不復記憶玆從友人處覓得若干篇并近作數篇聊附詩後以免空虛之誚爾

祭文

祭顧叔向文

維某年月日同學弟某某謹以清酌庶羞致祭於故人叔向之靈而言曰叔向叔向僕等皆子疇昔素心之友也今以一觴進子願子努力飲食聽僕之言叔向叔向子之歿也棺槨衣衾不能具貧窶如此而僕不爲子悲人孰不病而子之病獨不能言兒女親交欲一聆其謦欬不可得而僕不爲子慟筋力未衰遽就窀穸辭白日即永夜一形委化終天不復而僕不

爲子戚葢非貧病與死之不足傷也誠以貧者士之常而病與死凡有生之所不能免也所可傷者傷吾子有志而未伸有才而未試邑邑然抱恨而死耳叔向叔向憶少時與子同課經義子之筆最雄思最奥衆人文已脱稿子猶對案苦吟不休日欲暮擱管一揮而就衆覽之咸謝不及子之才可謂美矣喜讀書好議論數千載興亾得失之故燎然如指諸掌以至九州輿地道里遠近人物風俗纖細莫不孰記子可謂有用之器未幾而棄舉子業矣未幾而安布衣事農畝故舊擁堅策肥勸之仕不應矣然子固非遺世絶俗高隱之流也何自苦如是未幾而奔走於四方矣未幾而病矣未幾而死矣傷哉傷哉方子扶病歸里僕等且喜且憂倉皇問疾子不能言惟舉首張目顧諸子取白版一徐徐捉筆作字代答問何所苦則書病狀問服何藥則書某藥某藥問途中之事則書所向所經所遇甚悉某所飢某所多盜某所吏苛急民不堪命某所兵驕橫後書病瘥仍欲有所適嗟乎叔向叔向子之身死矣而子之心至今未死也子之

心所以不死者非猶人之貪生而畏死意者有所抱恨不能瞑目耶僕言止此尚饗

祭任伊庵文

維某年月日姻弟李沂謹以清酌庶羞致祭於伊庵姻翁之靈曰嗚呼翁之靈櫬固儼然而在堂翁之神氣忽已歸乎渺茫翁之謦欬雖恍然而在耳翁之容儀已入乎無何有之鄉回思翁之存日終年閉戶獨逍遥而悦康歎浮生之倏忽不啻飛鳥之過目而胡爲乎奔走之皇皇計人世之清福惟翁獨享蕭然高

寄而止覺大化日之舒長種名花而自賞時醉心於海棠之綽約而怡情於叢桂之芬芳其視塵中之軒冕蛆之少味不啻糟粕與粃糠憶曩年飢饉告災巳棠部允而尚征無産之浮糧翁乃疾走都門叩閽上訴而始免夫闔縣之逃亾乃知翁之經綸特卷而未試而非石隱獨善者之可方逮洪流之瀰湃蝦魚遊於屋廬蘋荇交於牀榻予就翁借一枝數晨夕而獲親乎杖屨之徜徉時翁尚矍鑠能飯而見者盡誇其神彩之康强未幾年登八十猶懽然聚邑中諸老談

先民話疇昔共笑歌而舉觴轉盼之間屈指晨星落落俱次第而閉諸玄房今翁又溘然長逝此後召集高年開筵進食誰復爲之紀綱嗚呼人生本自無而之有復自有而歸無生固其暫而死固其常雖孔丘與盜蹠胥同盡而返乎北邙由今日至乎百歲中國蠻貊林林總總老幼如河沙不可勝計俱化爲烏有有若九秋之蛩螿惟賴子子孫孫相引而至乎無疆魂而有知當不以予言爲謬而晏然瞑目於大荒矣

尚饗

墓誌銘

雷君二繼室合厝誌銘

嗚呼吾生平知巳未有若亾友涇陽雷君士俊也士俊劬近與同邑王宷友善王宷爲士俊族叔雷珄訓其子珄因宷以二孺人誌銘來請予旣承老友之命又念亾友之誼不敢辭爰誌其事君諱世望字澤寰西安涇陽人禮部儒士元配呂氏蚤卒繼娶韓氏涇陽舉人仲玉女又繼娶程氏休寧養源公女雷君卒康熙甲寅年與呂孺人合厝江都城西善應鄉雙墩

之原韓孺人卒辛丑年權厝郡城之南今程孺人卒康熙十五年九月二十二日是年十一月初六日卽與韓孺人合厝雙墩之陽距雷君呂孺人塋咫尺雷君幼治舉子業以食指繁徙業鹺饒裕雖雷君才智過人二孺人有內助力焉蓋自呂孺人劬二孺人相繼賢淑相夫子撫子姓睦族黨御臧獲咸得其道人稱二孺人克纘呂孺人之事珄以生員貢入監選布政司經歷呂出也嗚呼世道日漓民不興行母不能孝何況繼母二孺人之生也雷珄事之如事母共

殁也雷玭送之如送其母雷玭曰權厝因道阻也道通將奉吾父母之櫬歸葬西安二孺人祔焉余嘉其志銘曰

二母合厝雙墩傍樵蘇不侵安厥藏海内寧一通車箱淮陽旅櫬歸涇陽涇水日夜流湯湯孝思不匱同永長

涇陽雷君墓誌銘

涇陽雷琇將歸葬其二人因友人請銘於予予覽其行述太息者久之傳曰養生者不足以當大事惟送

死可以當大事故人子葬其親必求能文者紀其平生大端鐫石納壙將以傳之永永乃有不幸當齠齔時二親見背又遭兵亂播遷流離多歷年所始從數千里外歸治葬事又不克知先人行實無所稱述俾操觚者有所紀載心愈悲情愈篤爲可哀也已按雷公諱聲遠字繼山其先山西洪巖人祖仲仁遷陝西之涇陽世業儒仲仁生瑤瑤生瞻瞻生豪豪生公母趙氏生四子公其次也生萬曆十七年戊子某月日以國子監生考授縣丞未之任後挾貲邊郡貿易卒於靜遠時崇禎十年丁丑某月日得年四十有九妻徐孺人生萬曆二十三年甲午某月日卒崇禎十四年辛巳某月日得年四十有七生子五長用和次景和次仁和次秉和俱早世琇乃第五子公殁琇甫七歲依從叔父澤寰公明末寇起攻略城邑關中首被其禍澤寰挈之避亂至揚州家焉琇不得歸葬日夜西嚮泣後亂日甚道益梗琇以親未葬不肯置室叔父諭之曰葬自有日奈何更蹈無後之罪年三十有二始娶席氏康熙十六年始歸葬自揚州之靜遠凡

數千里由靜遠扶櫬歸涇陽以是年月日與母徐孺人合葬於甘延鄉尚義堡之原昔内黄史五常父爲廣東僉事卒於官五常甫七歲不能扶柩還家母曰汝父殁時有大錢置柩中汝長訪之母卒乃入廣求父櫬果獲骸骨并大錢如母言遂歸葬去父殁時已五十年矣雷琇歸葬其親有類于是爰爲之銘曰

哀哀雷生志切反哺養葬兩違厥心荼苦身滯淮南思纏邊土覩其子賢足知其父豈俟詳述德媺乃覩涇水之濱尚義之堡千秋萬禩永綏厥所

昆明縣邑侯張公墓誌銘

維康熙三十有三年歲在甲戌正月廿三日知昆明縣事張公卒於官其二子自雲南八千里外匍匐扶櫬歸里於某年月日塟某鄉某里公諱瑾字子瑜號去瑕系本西土明洪武十二年始祖以軍功封指揮僉事賜今姓世居揚州傳至酉山公舉三子公其次也生十二歲而孤事母孝十四應童子試三試冠其軍　王師下揚州公爲游兵掠晝夜哭泣思母叅戎叙賓王公憐之遣騎送歸後海寇亂公奉母倉皇避湖上會大霖潦湖水没屋舍公嘗奔走數十里涉水負米劬瘁不勝至母前談笑歡樂且率穉子嬉戲娛母公素工制義兼精草聖求書者日盈門癸卯舉於鄉凡八上公車不售慨然曰富貴有定分若得宰百里亦可行吾志矣庚午謁選得滇之昆明公是時母已殁惟與弟琓友愛念當遠別從都門疾馳歸連牀數十日始別昆明爲雲南府附郭縣自前明遠配軍戍設衛分屯賦稅稱爲特重　本朝數十年内屢經兵火官自督撫藩臬及道府廳之公署集焉簿書期

會十倍他縣又兵民雜處前任無不棘手最號難理公爲令三年政聲籍甚公始至縣方爲新令議費公首自罷之即日革除民得歲免三千六百兩邑中官府既多庶人在官者例無差役公乃詳請在官等戶一體入甲勒爲定例民力於是少寬又各憲公用取之於縣初無定額小人因緣爲奸甚有取數倍者各項告完而正供已缺公爲立印信串票及察弊小單如票署某年月日奉某衙門取用某物里長隨注之小單某物用錢若干月一會計則通行曉諭遍示各鄉使悉知之里蠹不得浮泒而民差大減矣至於國課新紅各色陋規公旣盡革而前此總催糧差包收詭寄害猶未除於是用分戶滚單之法就軍民居址遠近以類相附挨戶滚催不用總催糧差而別有底單内號以稽滞匿不經吏書之手從前積弊一清亂後失業民多逃亾公因行獎賞法招墾老荒以墾田多寡爲受賞上下自是失業者漸歸辛未墾田達部一千三百二十頃有奇壬申倍之癸酉又倍之止善春脊利城諸里之田高下不均糧多賠累因舊有白

沙馬梟清水三河賁以蓄洩年久故道盡廢公乃徒
步往度勸民開濬民見公露處勞勩子來趨事不數
月河工以成板橋官渡河浪諸里素不知誦讀公各
設義學數親往課昆明文教由公大興晉寧州當東
南諸箐之水舊有河道入江壬申春忽議鑿新河入
昆明閘河公扁舟冒險渡昆池數百里相視因爲各
臺言昆明舊濬用數千人猶恐不給今又益以晉寧
之水晉寧地高如建瓴沙礫莽聚壅塞且十倍窮民
寧堪重害當事持之堅公袖圖力爭制府乃罷役計

昆明歲省民力四萬七千有奇滇省夜禁甚嚴兵職
巡警百端爲民害公請於制府夜巡專任縣官諸色
人等夜入民室卽以盜論因之民得安堵蓋一事利
民公必興一事病民公必去公之牧民如此乃滇民
愛公甚于愛其父母公殁之日滇人傾國奔赴哭聲
震天地皇遽召畫師寫像忽一偉丈夫排衆登階捧
公像一軸懸中堂哭甚哀曰某昔有獄公不直我然
所以諄諄誡我者雖父母不能過也蓋公在日已畫
像奉祀矣自是省城內外無不爭畫像一像至白金

數兩民之德公如此嗚呼天下之吏恤民者少戕民
者多每見有司朘削脂髓以豐潤其囊橐曾不顧閭
左之愁怨惟爭媚上官以固其位且巽交章薦引用
求陞擢比比而是以視我公豈非九苞麟趾不世出
之祥也哉邑人愛戴哀戀之情又豈非曠世希有之
勝事哉不圖於今日見之也公實心任事復有才以
濟之效旣如此使當要路得以大行其志膏澤海內
當何如乎惜乎位卑僅理彈丸之地然展布亦略可
睹已公卒享年六十有四娶范孺人生男子四曰廷

簡曰元貞曰元佐曰元昇元佐出繼弟珑爲後廷簡
元貞卽隨公之任奉命先歸者也元佐元昇卽繼二
兄往滇視含斂扶櫬者也女一適丁氏孫男七曰祖
皐曰祖京曰祖發曰祖覲曰祖任曰祖雲曰祖祀孫
女九曾孫二曰鈞曰鐸銘曰

生平諛墓恥不爲情眞事確紀弗辭偉哉張公治績
奇一城萬口碑仁慈五袴甫歌薤露悲黔首雜沓夷
玀隨攀援號呼哭路逵不勞上請撤已飛敬刈名宦
垂風規屠牛之刀以割鷄古之遺愛今則稀

譽永不虧

敦好堂集

（清）李瀅 撰

《敦好堂集》六卷，清李瀅撰，據上海圖書館藏清康熙刻本影印。

李瀅（一六一八——一六八二），字鏡月，一字鏡遠，又字鏡石。清興化人。沛從弟。順治二年（一六四五）舉人。絶意仕進，肆力詩古文辭。

本書無序跋，正文亦有殘缺，按體裁分古詩、絶句、律詩排列。李瀅與其族兄弟沛、沂俱負詩名，《清詩别裁集》收其詩三首、《淮海英靈集》收其詩四首，王士禎《感舊集》亦收其詩三首。李瀅早年致力於經史百家等，中年以後放棄功名事業，遍遊名山大川，此集詩歌亦以山水詩居多，一些詩歌生動地描繪自然，留下美好的畫面，如《江深閣》：『長夏江流漲，緑郊草閣幽。蟬鳴蘆荻岸，魚戲芰荷洲。賈舶千檣出，晴嵐疊嶂浮。茶香與客話，小憩散深憂。』亦有詩歌畫面雄闊，寄託詩人悲憤的心境，亦令讀者發思古之幽情，如《秋興》：『九月秋花滿釣竿，長城風雪已嚴寒。黑山青海輕車往，白草黄榆萬騎看。何事黨人甘誤國，當年債帥半登壇。赫連臺畔蓬科轉，泱漭塵沙增浩歎。』

（周　忠）

敦好堂集卷一

淮南李　瀅鏡月

五言古

中秋臺莊翫月同卞皋公 壬辰

羲馭辭北陸，炎蒸消遠岑。風雨飄輕舸，羈旅百慮侵。
良宵值三五，綺霞霽積陰。俯瞷層波間，皓月忽流金。
星斗歷歷懸，大火已西沉。藻荇横空明，萬籟寂無音。
良友敦古歡，銜杯坐碧潯。白露下荒郊，悠悠懷古今。

遊子思故鄉，回首復情深。寒螿振林木，淒然感素心。

謁子路祠和張方伯石刻韻

舉世患繞指，誰以大勇聞。農山談壯略，講究亦胡勤。
小試衛與蒲，矯矯已絕群。結纓歿國難，魯聖決之久。
吾道失干城，覆醢感師友。高名永金石，豈同蓬蒿朽。
我來拜祠下，正值陽九時。神州方陸沉，不獨荊揚饑。
松楸多悲風，廟貌如有知。濟水長縈廻，聽望情瀰瀰。

重九天津舟中用陶靖節韻

清霜被北寒，疎林丹葉生。剡旄望遠山，蒼翠難爲名。
奄忽度重九，雲水瑩空明。兩岸舳艫接，班馬嘶邊聲。
三徑久云荒，津梁疲壯齡。百感與方寸，陵園幾見傾。
鼎鼎百年內，朝槿同枯榮。佳節倍思親，妻共往昔情。
東籬菊可采，濩落甘無成。

留別都門知己 癸巳

褰裳去薊北，俛仰中懷傷。迢遞顧望城闕，明月皎夜光。
崇京凌霄漢，宮觀何裔皇。金波縈綺疏，青槐夾路傍。

翩翩望卿相，鳴騶入建章。風塵一失所，隕落先秋霜。
羈鳥戀舊巢，遊子思故鄉。五噫歌未終，惻惻增悲涼。
季夏草木茂，景風起炎蒸。招搖臨南陸，河漢横玉繩。
征人懷往路，披衣起中庭。長當遠別離，且復須臾停。
人壽非金石，好爵豈堪矜。所嗟羽翼乖，決起愧平生。
當戶理朱絃，絲竹淒以清。知音良獨難，掩抑緩新聲。
驅車指京洛，干謁辭王侯。物外洽素心，翰墨恣講求。
名賢盛吐握，西園侍燕遊。故人喜余至，車笠情悠悠。

新知締古歡，膠漆轉綢繆。風雅共揚搉，逸響激高流。
酒酣泣燕市，擊筑意罕儔。一旦參與辰，離索增繁憂。
聚散成古今，勿言等浮漚。遠當託雙魚，近當駕扁舟。
朝辭銅馬門，暮宿桑乾陂。烈日下千峰，晚翠含清颸。
人生如落英，榮汚未可期。遥望故廬間，菰蒲滿清池。
鳧鷖戲新藻，桑柘陰交垂。負薪非不樂，罔極留餘悲。
冠蓋盈京華，憔悴應念兹。所望各努力，明德崇當時。
洪波瀉長河，三復停雲詩。

游古南池望太白酒樓

濟河惟兖地，汶水南北流。梯航達萬里，任城居上游。
長年晚鳴榔，涼飈起素秋。遥望舊南池，懷古情油油。
高軒列華棟，洵美無與儔。褰裳涉漣漪，更指舊酒樓。
海日照龜蒙，謫仙重至不。緬思古兩賢，骯髒多窮愁。
誰知千載餘，逸響振九州。嗟余亦坎壈，歲月空悠悠。
安得起九原，均爲汗漫游。急湍揚歸帆，瞑煙没輕鷗。
澄心寄寥廓，月照千林幽。

從富陽至桐廬道中

遠遊踰武林，江岸横繁霜。泝流越百里，行行抵富陽。
孤塔峙危峰，叢林鳥廻翔。晴霞明遠岸，隱隱見柴桑。
嵯峨桐君山，絶壁插滄浪。淺頭聽澗聲，疏越如笙簧。
澹瀲息塵機，澄鮮寒泉芳。跋涉皆若兹，豈慮疲津梁。

由嚴州至蘭谿道中

解纜睦州道，水宿夢蘧蘧。披衣問釣臺，登頓慚樵蘇。
江干千萬峰，峰峰綺繡舒。青松植澗側，丹楓列路隅。

曉花與幽草，林色佳有餘。遥望山中人，執柯采薪樗。
崇岡接百雉，亭館美且都。此邦號淳樸，民風近古初。
煙火數萬家，隕果盈堦除。登高敞四望，緬懷陵谷殊。
日落泉山紫，牛羊下蘼蕪。明發一以眺，白雲山腰鋪。
微雨淨長薄，好鳥啼高砠。且復酌巵酒，聊以娱窮塗。

藍輿出武林清波門歷遊五首 甲午

仲春晨氣霽，結軫臨青郊。曉日麗崇阿，景風拂柔條。
群山接埤堄，宿霧千林消。行行過蘭若，雷峰峙平皋。

翠竹映方池朱魚競遊遨振衣陟前嶺碧宇依山椒
蒼松數萬株幸未傷採樵徙倚聽風旛天籟轉蕭蕭
人生百年內倏忽如崇朝祇當對煙嵐披襟以逍遙

右法相寺

登臨歷層阜春雲散遠空野鳥啼路傍懷古情忡忡
瓣香列荒庭緬思忠肅功社稷誰再造一旦降鞠凶
青山藏碧血萬古生悲風還嗟陵谷遷蔓草盈幽宮
松楸盡零落狐兎巢墻東九原不可作安能日再中

白露橫郊原流涕感蒼穹

右于忠肅墓

崇山亘百里靈異愜素心委蛇陟高岡檜柏彌森森
山頭李花放白雪散千林清流濺石澗習習笙竽音
徐看紺宇外石室俯層陰何年剗削成玉乳滴至今
行行指峻嶺洞門益崎嶔諸佛列四壁莓苔半相侵
適巳謝煩促覯物娛幽沈誓當侶猿鶴容裔鳴素琴

右石屋洞煙霞寺

昔聞辨才號今觀龍井池碧水一泓清衣袂生凉颸
古道日以替亭苑委茅茨川原徙陵緬美人竟安之
荒碑未剝落快讀南宮詞玲瓏片雲石碧黛色參差
而我躭神秀坐臥還移時絲篠互迴合即此誇榮滋

右龍井寺片雲石

去秋遊靈隱葉落冷泉亭今來亭前花芳菲吐雜英
鼎鼎閱代謝駒隙豈能停先人臨大師往昔窺三明
音容何處尋象教轉崢嶸白日倏西落溪聲間梵聲
前村三五家晚飯炊青菁洗鉢入雲根應以畢吾生

右靈隱寺訪具德師

由滁陽至鍾離述懷 乙未

孟夏江干行雲煙日微逐無端命巾車再渡橫江曲
西行指滁陽丹翠盈崖谷嘉菓熟林間時鳥鳴城隩
客懷暫怡悅旋抵鍾離國茲邦號帝鄉蒿萊竟滿目
矧余抱沉痾愁苦滯幽獨浹旬方强起披襟肆遐矚
郊外山逾青門前柳常綠登高更舒嘯泱漭接朝旭
緬思風雲會勳名何炳煜世運成古今人情異歌哭

獨坐渺無言疎星照茅屋

孫介庵招偕令兄虞橋康小范錢湘靈諸同社

夜集和湘靈韻 丙申

蜀岡枕漕渠歌吹沸泉石良友重盍簪此夕速嘉客
緬懷人外姿真氣來寇憒清酹浮素卮無事分齊鬲
天漢夜西流朗月照窓隙鼎鼎嘆浮生何異歲寒械
所期明德崇升沈各自適離憂念後來失路悲往昔
當筵且放歌五白豪呼擲

錢湘靈過訪小齋薄暮將别值李叔則先生折

東相招偕往夜酌舟中紀事

積霾晦林壑寥葉隨風墜朔氣侵庭除寒鳥空相對
朝暾忽東升執友翩然至開戶理書史高談雜諧戲
載讀東遊詩鎗鎗金石字玄冬急景催握手將成别
倏煩明府使招邀情獨摯檣艣滿津亭邂逅敦夙契
清樽酌新醑明鐙几前麗旣與感遷流復共商文藝
寒月白於霜湖光淨無翳痛飲須莫辭良會殊不易

子夜早揚舲美人去淮濟木葉落涼颸蕭蕭滿襆被

寄友

越石本賤士况復困獎敓堂堂齊國卿呼諾重天衢
苦樂各有命何異薺與荼一旦解左驂而爲拯非辜
載歸弗往謝守道安泥塗延之列上客知己誼轉殊
至今萊濰間誦義增躑躅

過兖州故王宫 巳亥

萬事不可料陵谷多遷移赫赫王者宫一旦灰燼飛

憶昔全盛日帶礪雄於斯土木極壯麗樓觀恢以奇
歌舞燕趙來晃綟日委蛇文采雙鴛鴦遊戲芙蓉池
有時公讌開賓從賦新詩傳世三百年娛樂方無期
欃槍忽告變鐵騎風雨馳黑雲壓城頭骨肉皆分離
王孫竄荆棘妃嬪泣路岐昔日何繁華今成逝水悲
我來問往蹟春草空離披天道有代謝旭日歸崦嵫
惟餘舊樵牧指點酸風吹

登闕里奎文閣望岱

闕里聖人宅，歷代享祀崇。傑閣名奎文，嵯峨峙其中。
朝暾出城郭，四郊宿霧空。我來快登臨，披襟受天風。
虬松夾朱戶，棟宇何玲瓏。山色千里來，蒼翠豁心胸。
層巒不可辨，髣髴指龜蒙。縹緲雲霄閒，極目見岱宗。
憶昔軒轅時，玉簡幾登封。我欲奮羽翰，躡足最上峰。
此志未得遂，遠望青濛濛。高樓多古懷，川陸有餘恫。
周覽金石文，喟然嘆飄蓬。

夫子手植檜

天運遞變遷，磨滅踰金石。何期三千年，依然見手澤。
鐵幹倚壇前，幾閱兵燹厄。相傳再菀枯，禎符告往昔。
還觀左紐文，盤曲石黛迹。何時復萌芽，偃蓋蔭几席。
至誠可前知，此理固不易。

子貢手植楷

嘆息古今事，師弟多陌路。逖矣端木賢，生死同孺慕。
憶昔哲人萎，門人淚交注。嘉樹來異方，壇石亦有數。
楷木至今存，皮骨裂霜露。蕭蕭廬墓堂，千載見情愫。
徘徊夕陽下，雲沙渺迴互。

窪樽亭懷古（亭在吳興峴山顛，魯公有石樽詩）

誰驅怪石來，突兀峴山上。天漿待斟酌，古苔相摩盪。
緬懷昔時人，觴詠偕少長。而我閒登臨，寒泉淨塵想。
不見石樽詩，空亭但俛仰。

泛舟吳興夾山漾復登岸至庚村僧舍

輕舟出城南，寒日飲宿霧。停午抵夾山，群峰渺迴互。
曖曖遠村煙，歷歷晴郊樹。演漾何無涯，長空沒雁鶩。

澗谷既容與，乘興復散步。透迤陟山阿，言問幽棲處。
修篁接林端，翠栢列石路。攝屐到禪關，老衲得良晤。
低徊詢今時，繾綣道往故。還說梅花開，千崖香氣度。
即事滌塵囂，觀心娛太素。不愁短景催，登頓屢却顧。

祝家叔父六旬

玄冬霜氣霽，寒日照湖陂。徘徊几杖側，六旬奄届期。
憶昔童稚日，一室相追隨。維時門閥盛，簪紱盈彤墀。
叔父方壯齡，冠蓋儼威儀。陵谷倏變易，華軒委茅茨。

朱顏難久留白髮已如絲猶子情繾綣長跪進一巵
勿嘆今昔殊四序有遷移即今松石間俛仰笑郊㠶
兒孫皆長成圖史足自怡願偕商山翁浩歌采紫芝
夙昔誦常棣喟然念兄弟余父及叔父有生本同氣
聞昨夢寐中攜樽忽來至家叔六旬前數日夢先大人携酒坐話促膝
互勸酬爛熳見真意天懷感重泉悠悠思曷閟瞻望
不可見杖屨幸隨侍三徑滿蓬蒿蕭然足高寄所願
壽且康婆娑槃澗地甘泉述遺儀洛社結同契慇懃
敦彝倫子孫永勿替

田家即事庚子

立秋纔數日暑氣已漸消夌晨駕扁舟願言適近郊
村村鷄犬鳴家家桑柘饒清風寥廓來懷新羡艮苗
桔槔響乎疇閒適不云勞田夫三五人散坐斟濁醪
各言往歲苦涕淚沾蓬蒿久當塡溝壑幸復事耘穮
急遣盈公私勿遽愁吹毛穀賤雖傷農猶勝委洪濤
晚來隨牧童牽犢過野橋蟋蟀已近戶歲功可全邀

望望澄湖間新月挂林梢

夏初陳寄邪太守邀敘廣陵大悲禪院未幾謝世志感辛丑

別君近十年遠道幾搔首余耕淮南田君爲冀北守
三徑昨歸來夏初重握手繾綣念棘人蔬茗代樽酒
招邀過禪關虛白生戶牖清言通古今雅志寄林藪
緬懷支許踪結契要永久如何未浹旬哀訃告下走
我來哭君靈秋氣變榆柳追維昨過從此日安在否

觀生悟本無嘆逝空諸有徘徊竹西路悽惻思吾友

病中家四一叔見過

五載不得見相隔如參商甓湖秋氣霽一病卧繩床
忽駕扁舟來拜手先靈傍伏枕方呻吟淚落如迸漿
叔嬸過江後弟妹已成行骨肉共團圞燕笑君子堂
豈如昔時人廡下增凄凉濶別幾春秋顏色始相望
恨不值母在呼酒頻過墻烽火滿江皋鬢髮况皆蒼
預愁後會難美人天一方虞山尚湖邊文史足徜徉

聰懷莊舃吟能不思故鄉垂老與來歸高枕話農桑

敦好堂集卷二

王培孫紀念物

淮南李　瀅鏡月甫著

七言古

張秋決河 壬辰

洪水之患何代無大禹刊奠胼胝殊殷商避河五遷都宜防瓠子塞與疏漢武負薪增悲嗚或穿六塔浚直沽宋元之計爲尤疎先朝治河急轉輸恭襄康惠嘉謨攄謂陳公瑄宋公禮寇氛孔熾汴圍急決河灌賊城返瀦赤子昨羕潢池兵大帥叉將堅堤鋤沉竈産蛙烽火息潰溢曹濮及莒邾枹鼓雖得偃近甸所悲億兆化爲魚三載未楗淇園竹龍蛇走嗟萬姓痡我來揚帆掛劍處奔流澎湃連長湖欲銜木石效精衛奮飛惜不能遐徂今茲旱魃臨楚吳纍纍枵腹委溝渠中原復抱懷襄戚蒼生饑溺何時蘇遙遙閶闔不可呼誰繪鄭俠流民圖

西苑篇 并序

余素慕西苑之勝壬辰冬杪偕友人從東華門入見宮闕壯麗金碧輝煌都非浮提所有循垣址而北繡轂雕鞍往來如織折而西過阜穹起舊傳爲遼蕭后粧臺今改建佛塔振衣而登望大內諸宮殿巍峩連屬雲蒸霞蔚山之址卽西苑煙波浩淼今冰已堅合四面樓臺亭閣高者插雲漢低者枕池沼皆焜耀奪目西望香山玉泉諸峰積雪未消千巖萬

壑若圖畫然山畔梵刹數楹爲喇嘛僧焚修處其下石橋長數十丈額曰積翠曰堆雲聞夏日芙蕖盛開香風數里景物更盛又南行望水邊亭榭絢爛殊絕踏冰行半里許得達其臨流者曰水雲榭曰臨漪亭昔先朝宣世諸宗每與三楊張桂諸學士稱觴賦詩茲地今新飾五采龍文旁列石榥石几朱簾繡柱每逢競渡及賞花觀魚則臨幸焉洵異境也再踏冰達岸入椒園瞻萬善殿中貴多人禮佛琅琅聆鐘磬聲升梯翠楠與亭榭無異又西接石橋數十丈額曰玉蝀曰金鼇予凭欄極目覺十洲三島竟在咫尺是時雖隆冬而風日晴和塵沙盡息頗極游覽之勝因賦長歌紀之

城闕皇居壯山河帝宅殊星纏誇析木形勝說幽都一自定鼎來曆數傳今昔玉帛來萬方車書通九譯

閶闔開黃道勾陳傍紫微南宮廻步輦北極引朝衣鳷鵲觀前曉日麗芙蓉殿外彩雲飛別有周廬接西苑豫遊池館偏陵緬翠楠雕甍一望遙丹丘瑶島誰云遠帝城朧月尚晴和粧臺遺址得經過寒鴉亂點新豐樹紫雁低棲太液波振衣直上凌霄漢九重金碧何巍煥滄海風煙淨檻前太行積雪橫天半銀河前去跨長虹菰蒲十里餘香風輿慶旌旗彩鷁外昆明鱗甲碧漪中水邊亭榭開錦障芒鞵更踏層冰上

繡柱猶然染御香，珠簾每說排天仗。還憶先朝清宴年，大朝華夏奏鈞天。石渠虎觀盡名彥，賞花釣魚時流連。星移物換何匆促，鑾輿往事悲翻覆。燕樂巳殊在鎬詩，巡遊別奏橫汾曲。登臨極目淚潸潸，白日西馳那得還。惟有宫城寒玉漏，天風吹度薊門山。

遊飛來峯憇冷泉亭再過靈隱登三天竺寺（癸巳）

噫嘻靈鷲之峰胡爲乎來哉，但見層巒絕嶂揷霄漢，石脉瘦削無塵埃。上有飛泉濺鳥道，曲磴逶迤封莓苔。洞天數穴玲瓏中開，龍跳虎卧陰森四隈。石乳倒挂欲滴瀝，懸崖斧劈疑崩摧。靈鼉列鈌不能致，獨有巨靈削成萬仞，安置雲烟堆。登躋一步一叫絕，又見丹梯翠棧多迂廻。藤根纒石大如樹，溪聲入澗喧若雷。冷泉亭下閒坐卧，紅葉爛熳盈條枚。仍有半林黃權千尋，翠栢五色照耀金銀臺。還與陟蘭若，登崔嵬，山前千萬樹錦繒何年栽。更向高峯望海日，疑有素車白馬與西興潮汐相往來。躡屐西去踰峻嶺，千峯

蔚藍橫前陔。上方鐘磬依微草萊，普迎遺像或樂或哀。旁有天龍玉女摩尼瓔珞，四壁所畫綺麗而奇詠。歸來嵐霧聚眉睫，尤喜石臼松烟山窓鳥語與樵夫老衲相追陪。道心問虛白，世事同塿培。一瓢一笠得託足，何必鸕鷀之勺鸚鵡杯。

蘭亭大社集祁奕遠山樓

於越谿山最靈異，若耶雲門愜幽意。就中詞客重古今，結交傾蓋多國器。祁侯八尺偉鬚眉，世家忠義海內推。平子早擅三都譽，少伯爭傳九術奇。（時張登子與范祖生奕遠同倡社事）蘭亭修禊古良會，冥心高寄煩囂外。大雅寥寥不復聞，參差秖自悲群籟。諸君觴詠嗣遺風，少長畢集延賞同。華鐙照室聲伎作，欲添海水金樽中。此時戶外盈車轢，飄飖意氣皆無敵。邂逅交班聲子荆，從容再聽桓伊笛。星漢皎皎烏夜啼，城頭月出漾清谿。新知舊好意都愜，相與談笑凌虹霓。風流在昔悲雲散，況今海內猶多難。何意千巖萬壑間，重看燕賞

飛詞翰人生駒隙難久留獨守窮賤空自愁酒闌歌罷不忍别旅夢還縈九曲樓

西湖歷遊紀事 甲午

錢塘自古稱佳麗豔陽况值春光霽十里湖光几席間客來便鼓西泠棹湖心亭畔水溶溶湖邊曉霧連空濛倏忽晴雲天際捲削成萬疊青芙蓉碧流瀲灧輕鷗度前到三潭瑩澈處一片琉璃水面瀾千壺翠障山頭樹石橋幾曲翳藤蘿簇簇紅粧繞檻過子夜

荷花香撲袂隔溪還憶采蓮歌數聲清磬飄籬落扁舟早向南屏泊嶺屹鳥道檜栢深欲剪吳綃畫巖壑停午散步蘇公堤六橋高處紫騮嘶莫憐桃李多摧折自有雲煙堪取攜鳴榔再向孤山麓和靖祠傍花萩萩清冷猶存六一泉徜徉尚記山中曲表忠閣上重徘徊松風謖謖侵莓苔山高水長自千載歌舞繁華安在哉日落未落暝煙紫隱隱漁燈起别沚還看海月翳長空千峰影印波心裏

過郭石公倉部署中聽劉鳳梵彈琴又出董北苑趙松雪眞蹟併石公新畫賞玩竟日同集者楊子安孫介庵戴存素諸子 丙申

我住清源倏一月塵土撲面心懵懵孟冬二十有五日招攜早過西園中維時日晴雲氣歛清風謖謖亭前松爛柯一局絶剝啄願渚數甌餘青空劉生淹雅擅闕内興來手自揮絲桐一彈再鼓意無盡或爲變羽或正宫清如急雪戛修竹幽如流泉鳴石淙淒如

千碓響秋月和如百鳥啼春風須臾主人吏事畢角巾嘯詠過碧叢手攜縑素方未展嵐霧早已垂冥濛當年輞川景物絶董源摹榻窮天工華岡薄靄晴若雨竹里白雲捲復封中有倚杖石橋者時聞流水聲沖沖更有文敏繪事異往往頗上傳形容衣冠數子胡甚偉道氣肅穆凝雙瞳上河一圖縱非古繁華如復遊京東黃河數曲萬艫接尺幅但覺波濤洪主人好客欲傾倒復持素練來簾櫳柴扉幾徑對疊嶂平

楚一抹飛孤蓬近代黃倪遠蘇米賞能般礴求參同
賞心未終日已嗔痛飲不辭千百鍾但得勝事皆如
此何必遠眺三山陟岱宗

舟次東皐追悼冒嵩少先生兼懷令子辟疆 丁酉

先生家住東皐中清德世世偕弘農一朝遺榮謝軒
冕鹿門高隱同龐公翩翩更有佳公子十年著書寇
蓋里悲歌擊筑起江天第五之名驃騎比前年余過
東皐野貟笈登堂拜長者惟時九秋霜露繁壠首木

葉紛紛下金石持贈胡琳瑯更將嘉旨充客觴感君
中饋復手製小人有母遠得嘗畱耕堂畔閒流覽石
黛碧玉依松篁只道丹丘駐顏色誰知潛闥冷衣裳
乘鯨歸去倏二載釣竿搖落東洋海生芻一束隔曾
波千里磨鏡情安在只今重到東皐地春風駘蕩吹
薜荔車過腹痛亦胡爲祇感生平知已誼聞道當時
徐仲車節孝嘖嘖稱鄉閭何日相逢重話舊孤舟明
月轉愁予

登軍山放歌

帆江萬里瀉而東崇川以外波濤洪巨靈何年驅石
到海上削成屼屼崪嵂嶪之五峰其間一峰獨神秀迴
如千尋寒玉卓立波心中我來坐卧磯頭一片石乘
潮直上青芙蓉曲磴縈迴鳥道盡愛此十里蓊鬱之
長松其間清陰蔽天日石黛與之俱蘢蓯解衣盤薄
坐其下松花謖謖生香風此去數百載枝爲虬幹爲
龍後有登臨祠禱者不知千株萬株能盡封峰迴路

轉益脩篠別有精舍穿玲瓏繩床經案白雲容容高
柯客葉青葱不窮杖藜更上最高處海濤雲氣盈冥
濛其時江波瀲灩平于掌輕帆數葉見此出汎之艨
艟更閱蜃樓百尺鮫室幾重龕波湧動夜月白彩雲
絢爛曉日紅此地瑰奇非一狀惜乎陰晦掩鴻濛黃
金闕紫石宮我欲從此去塵土手持玉杖騎霓虹

恭謁聖林 巳亥

嵯峨泰岱雲中出○蜿蜒百里來魯地○尼山防山相接

連泗水在後洙在前一自兩楹嗟夢奠鬱葱佳氣十
載見參天樹色接圭門中有馬鬣偉然存昨夜陰霾
霽闕里一路春蕪淨如洗我來瞻拜至聖林林前樓
觀何嶙峋嶧山千仞爲屏障龜梟歷歷皆相向隧道
西折度石橋渟泓一水淵源遙翁仲華表都儼雅不
似後世儕偶者古木萬本凌蒼穹槎牙盤屈如虬龍
相傳多是門人植列國移來難盡識楷木朽摧屈鐵
形至今手植獨著名鞠躬俯首壇前石子昭孫穆俱

咫尺駐蹕亭傍輦路通碑板錯落蘚苔封載誦高山
深嚮往此日依然見靈爽環塚從無鳥雀巢周垣不
見荆榛長轉憶三年治任歸墓前涕淚各沾衣獨居
風露蕭蕭地端木深情萬古稀泣麟悲鳳何齟齬聖
道中天今共覩不須五老說禎符自有六經垂下土
幾朝宮殿鎖青燐幾處山陵松作薪拂雲獨見宣尼
墓兵燹從來不敢侵

聽會稽尹爾弢彈琴歌

平千城外草芊芊平千城傍水接連越州高士忽相
見芒鞋野服神脩然匣內素琴懶拂拭坐對金徽意
黯惻平千太守虛左迎幾廻始得見顏色鬱金香細
茗椀清欲彈不彈哀怨生平沙落雁調迴絕更作三
峽流泉聲須臾瑤柱促還急層冰迸裂寒雨濕翻疑
神鬼滿城來夜聽孤舟嫠婦泣坐中有客燕山翁爲
言曾侍明光宮烈皇早年精樂理退朝往往揮絲桐
幾曲陽春撫綠綺田妃最得官家喜內臣傳信到昭

陽早向冰絃辨宮徵文子啟美學至深楊子懷玉亦
知音尹子同時奉明詔欲追正始刪哇淫薰風未鼓
天翻覆十萬黃巾亂輦轂北望難聽杜宇聲南巡不
見淋鈴曲玉貌消沉椒寢荒十年遺客鬢如霜商音
慘咽角音絕凝碧池頭空斷腸我聞涕淚橫如霰鼎
湖一去無由見松柏誰栽金粟堆管絃仍奏芙蓉殿
滄桑世事那得知澆愁且醉金屈卮崇禎遺事都零
落朔爾多裁感遇詩尹子有感遇錄紀事

贈邯鄲老翁歌

邯鄲城外漳水流。春風駘蕩增客愁。老翁相訪入僧舍。修髯廣眉雪滿頭。自云昔到燕山地。阿兄擊筑交流涕。何意相逢傾蓋間。傷心再説當年事。君家貴盛昔莫當。甲科明經三雁行。出宰專城入郎署。才譽藉藉稱明光。馬如遊龍車流水。嵯峨第宅連雲起。翩翩子姓盡烏衣。鐘鳴鼎食誰堪比。冠蓋一朝歸夜臺。砌花堦草生塵埃。謝家池館廢幾盡。翟公賓客安在哉。

盛衰反覆如轉電。此日人情蒼狗變。下車歸墓拜道傍。千載誰重見李善。共憐同病淚潸潸。幾度羊腸歷險艱。三思百恐叮嚀語。豎牛淖齒滿人間。看君盛德須昌後。先猷指日恢堂構。槿花榮落只崇朝。青青松柏還依舊。

吳興天聖寺看趙文敏管夫人畫壁

吳興城北天聖寺。相傳文敏讀書地。當年松石恣遊戲。水墨淋漓見元氣。佳耦更有管夫人。畫得疎篁蕭古砌我來散步到佛堂。丹堊剝落形微茫。賴有鬼神呵護力。檀欒竹枝猶半墻。非煙非霧位置異。恍如雲中帝子便娟綽約鼓瑟于瀟湘。古檜閣下還徜徉。朔風颯颯吹瑯璫。昔人已往不可見。獨有翰墨留芬芳。況值干戈亂離後。海內遺蹟多淪亡。得此數筆同琮璜。慎勿棄置侵氷霜。

偕閔賓連遊武林至吳興以亟歸未遊白雀寺紀懷

今春北遊抵魏博。獨坐苦吟殊不惡。秋杪好友共南遊。又喜新詩日酬酢。武林之麓西泠傍。我來夜夜月如霜。拾屐並躋靈鷲嶺。渾疑赤岸連瀟湘。閔子探奇得同趣。登頓還有濟勝具。提如猱攫往復回。直上芙蓉欲仙去。山水清遠慕吳興。十月晴霽來揚舲。無那卧病連數日。隱几相對惟空青。白雀古寺吳興北。石黛爭傳上方色。太湖波浪咫尺翻。七十二峰都欹側。朔風獵獵吹客衣。塵心鹿鹿促客歸。十里松陰四壁

画闍寺壁画四大名山香臺徒羡高鳥飛人生聚散成今昔何
年再共摩崖石江天晦塞吼蛟龍回首茗溪雲氣白

眞州古意 辛丑

眞州大路接江浦揚來城市同村鳴幾曲悠悠巷画
溪到處童童青蓋樹家家種竹千萬竿櫃欒百畝眼
底看江南山氣日夕好江流洶動增波瀾炎天十日
閒坐臥衰落棘人涓涕唾㵲子翻飛尚未能會心濠
濮情無那火雲烈日照城闉此地幾經戰伐塵文公
北去苗公死千載江楓愁殺人

敦好堂集卷三

淮南李 瀅鏡月甫著

五言絶句

李叔則先生社集紅藥亭分得限韻五言絶三首 辛卯

紅藥翻堦下婀娜似洛神曉來新露满濃艷更宜人
月旦满西園誰能祖獨右別有冷玉盤氷雪依然舊
時白芍藥齋開用唐裴士淹事
攬勝亭臯下天葩奪素秋簪花他日事還說古揚州

金陵雜詠

步屧長干里嵐光染客衣鶯花三月好處處啓柴扉
玄武湖邊路風煙起暮愁美人埋斷壠寂寞景陽樓
鍾山一悵望松檜只荊榛十里秦淮水笙歌又浹旬

爲顧子燦題畫 壬辰

簷外濃陰满娛人是綠蕉凉風吹午夢飛瀑濕山腰
芙蕖十里香新月一鈎影夜來溪雨過鱸魚满釣艇

落葉滿長林空闊纖纖素那堪征馬嘶人去斜陽渡我覺秋容艷誰云秋氣悲欲携桑落酒盡醉碧山嵋

河口看月 己亥

積雨愁無奈新晴喜若何南風吹客艇明月漾黃河

董家口

漕河北去路極目爨煙寒跕跕低飛烏陰霾只獨看

濟南懷古

往昔諸名士登臨歷下亭尚餘延賞月千載照空青

七言絶句

江上懷古 壬辰

白鷺洲邊繫小舟一輪明月照江流謫僊遺蹟空荒草不見當時紫綺裘

金山

突兀金山短棹開海風虛度妙高臺芙蓉一片空明好落盡斜陽未肯回

焦山

孤嶼遥連京峴青徵君三詔想儀型老僧閒指春潮落猶有華陽瘗鶴銘

鶴林寺

古刹亂松已半空精藍獨拜米南宮杜鵑往事徒搔首蔌蔌山花照眼紅

招隱寺

竹樹陰森護隱居雙柑斗酒興何如虎跑泉畔珠璣落似聽昭明朗讀書

秋夜感懷

洛下空傳爾汝歌天南又苦事干戈青燐白骨千城遍每效桓伊喚奈何

數聲別鵠落清霜又聽疎林咽暮蛩懶向寒山尋片石聊吟秋水慰凄凉

過媒山

玄冬急雪灑宫門往事酸辛難細論只有媒山荒草外白頭樵叟暗消魂

過許井耀齋中和韻 癸巳

幾曲春山遶郭斜五湖何必遠浮家蕭齋晝掩琴書淨別種輕盈解語花

送楊次義令邵陽

沅草湘花偃蹇來江山偏助嘯歌才莫愁銅柱無消息五十三灘瘴癘開

德州

漁罾低挿夕陽明別岸平蕪馬足輕氷碧沙晴秋色滿蒲颿徐度德州城

西湖雨中 甲午

新柳隨風舞碧灣漁蓑隱隱白雲間六橋春雨黃昏急忽失南屏萬仞山

爲董玉虬大行悼亡

新洋一水曉粧成指下輕傳綠綺聲況有王昌夫壻好何緣天上召雲英

薊門風雪幾迴還一縷輕綃寒夜閒只道百年同燕婉誰知雲雨杳巫山

自去黃泉消息湮香閨酬唱尚依然返魂一粒憑誰覓皓齒明眸倍可憐

浮生泡影總茫茫玉碎珠沉幾斷腸寄語悼亡荀奉倩不明何事獨神傷

哭黃夷簡姊丈十首

童穉情親數十年跰宾風雨意纏綿昨聞一病違眠食哀訃誰期到耳邊

當年相遇總朱顏訣別於今鬢已斑猶憶緣衣佳壻
到先人笑語雀屏間
傳癖經神事豈遥焚膏繼晷到深宵篋中遺字今猶
濕忍向空帷賦大招
青箱家學重昭陽黄絹新辭正擅場一命未膺賫志
殁白頭慈母最心傷
歲歲扁舟過甓湖踏歌明月醉菰蒲那堪嵇阮云亡
後重過黄公舊酒壚

夏五河干秋始分秋來誰料泣修文滄浪一曲團圞
月猶有清光似照君
膝下雙孤失怙時煢煢形影不勝悲舅家宅相殊慚
劣汝父温恭是汝師
白面修髯玉屑霏谷神吐納總無違無端鬼伯相催
促華鶴何年得再歸
十年薄祜淚難乾又聽啼鵑咽歲寒年壽不長泡影
幻滂沱夜雨冷漁竿

雲繁風急正重陽堪嘆人琴今竟亡從此登高與對
酒長留清淚兩三行

白洋河阻風　己亥

馮夷昨夜鼓狂瀾客子傷心行路難還憶小齋風雨
後梅花零落滿疏欄

廣平拜申節愍祠

蕭森檜柏隱寒香節愍遺祠官道傍極目太行千嶂
碧雲旗風馬自相羊

廣陵竹枝詞　庚子

清明花柳鬪芳菲爭上隋堤試袷衣焚罷紙錢排榼
酒幾人酩酊踏歌歸
去年戰血濺江潮到處娉婷泣寂寥門禁不容女眷
出猶看簫鼓沸紅橋
天寧門外草淒淒明月依然古竹西記得太平歌舞
日梅花官閣囀鶯啼
纔瀹新茶第五泉筍輿又指蜀岡前納凉更訂闌橈

約保障河邊看采蓮

真州感懷 辛丑

昔年擊楫大江湄酹酒曾登文相祠今日數莖新白髮孤舟明月不勝悲

千峯迴合古真州二十年前戰壘留竹樹蕭蕭殘照落樵人争說靖南侯

王阮亭使君招同黃坤五吳玉隨洪暉吉諸公集署中即席屬各賦絕句得四首 壬寅

種榆歷歷夜將闌酌酒論文觱古歡何處鬱輪天上樂依微檀板度春寒

輕釦明璫作楚聲曲中清怨不勝情百年哀樂都如此只合緱山聽玉笙

梅花幾片落清謳四座珠璣足唱酬江上蹁躚魚鑰鞬應從燈火羨揚州

平怨淮南誦士師買絲每欲繡新詩於今得侍西園讌絕勝觀濤八月時

敦好堂集卷四

淮南李 瀅鏡月甫著

五言律

月夜汎舟 辛卯

暝色航長夏輕橈度遠汀鳥喧千堞月魚動一潭星隔浦菱花白緣堤蔣葉青因懷象外理沿泝坐空冥

偕陳士振張聞修弟魯叟汎舟值大雨限韻

共有煙霞癖招攜汎碧漪亂雲遮梵塔急雨濺荷池

氣頓消炎暑遊還似渼陂移舟傍竹樹深夜愜幽期

渡黃河 壬辰

萬里黃河水奔騰過楚城晴雲連草色急溜亂笳聲樓櫓荆揚接風煙海岱平滔滔流不盡搖落古今情

咫尺河淮界清流與濁流荒村蛩響暮古渡馬嘶秋返照明沙岸飛星過驛樓銜杯更惆悵天地一虛舟

白洋河

故相防河日茲郊聚鼓鼙人謀築舍失天意隕星逃

古戍巢狐兎荒屯老蒺藜聞歌寄薤露濺淚感遺黎

春興 癸巳

薊門春晝曉朔氣歛長空宮草輕煙裏壇雲積翠中
時占榆莢雨信問楝花風不分深林曉歸飛有暮鴻
寒食清明過春濤處處生酒旗隨郭颭羯鼓隔溪鳴
鑾府差池語綿山寂寞情柳條今若此流涕說金城
長安遊冶地猶唱踏春詞臼柗香逕往紅粧駿馬馳
幽軒棲翡翠淺築傷辛夷轉憶澄湖畔悠然理釣絲

帝城韋杜曲惆悵惜芳華冠履更平樂笙歌餘狹邪
虛絃驚宿鳥獵火散昏鴉還見金臺外諸陵咽暮笳

偕董玉虬大行宿隆長寺和玉虬韻

抗迹偕良侶探幽到梵宫忘機石磴鳥避世藥欄蟲
客話松陰綠僧眠佛火紅東林他日約還擬古人同
寂樂共遥夜冥思契性宗三車辨毫髮雙樹俯虬龍
雲霽當軒月風飄出寺鐘獨憐法界外妻子累周顒

舟過吳江

九月吳江冷烟波接翠微榜人徐盪槳落日照漁磯
水驛蘆花老澄湖稻穗肥河山猶鼓角鷗鳥羡忘機

望太湖

震澤數峰秋鳴榔事獨幽斷橋紅葉岸古渡白蘋洲
朧雁歸平浦炊烟起釣舟更思明月夜吹笛坐磯頭

崇德晚泊

語溪當日路晚泊意如何古寺圍荒槿孤城帶女蘿
寒鴉村外宿牧馬渡頭過還向冰霜外狂吟浩浩歌

贈永康張履綏大尹

百丈牽江纜嚴州簇婺州山多嵐繞屋灘淺筏爲舟
乳雉風多美懸魚革獨優十年戎馬後姑射得嬉遊

吳陵水月庵同丁來吉暨兩兒琛瑮晚步 甲午

小築環流水幽棲樂有餘野花沾石磴湘竹覆精廬
鳥啄窗前菓莓封壁上書濠梁清興遠歸路轉踟躕

偕家平庵艾山兄集家映碧兄園亭

物外尋良會秋聲滿碧空讀書逢壠上避世說墻東

長髮悲歌變文章衰亂工那堪離別後風雨亂飄蓬
洵美常懷土塤箎愜所期世情雙眼盡吾道一丘宜
雲氣籠花砌溪光照酒卮諸昆萬古業愧我獨支離

哭魯叟弟

十載塤箎好殷勤慰索居夢思池草句持贈練裙書
白雪賡高調紅顏委斷墟何由重握手湖上采芙蕖
往昔余蒙難令原念弟情九秋懷契濶四韻獨淒清
病遽侵張緒年還促賈生空堦風雨夜忍聽楚些聲

海內論詞翰吾宗重白眉巖形憐衛玠絶調慟鍾期
冥契今俱往謂士振茛水諸子浮生得幾時祇應數行淚揮

賦七哀詩

送朱濬子巡按八閩

東南閩越地揚激藉名賢寶玉知無累澄清意偃然
繡衣鮫客市白筆荔花天遥看霜威迥滄洲洗瘴煙
萬里皇華使三山叱馭看家聲通德里風紀惠文冠
雨露恩應洽鯨鯢膽自寒獨憐韋布客別思滿漁竿

清河夜宿懷郭石公戸部及清源同聚諸子乙卯

驛路纔分袂孤居遂獨吟非宵高會酒今夜別離心
落木天邊影征鴻塞外音清源一廻首相念意彌深

南宫縣

一宿南宮縣高空月乍明析聽中夜擊鷄候五更鳴
草木關河氣風霜天地情征夫行曠野星斗尚縱橫

滹沱河

真定城南地風沙滿客裝空懷漢光武勞苦事戎行

落日千峰紫寒煙萬樹蒼滹沱河畔水終古自湯湯

盧溝橋

桑乾塞北水千里到盧溝凍結奔流裏山圍古渡頭
石梁横碧漢馳道壯皇州何日風沙偃還爲物外遊

過成伾嵐太史齋中言別

遺榮辭北闕卜築對西山三徑藤蘿外孤雲几席閒
求羊情早愜鸞鶴意俱閒猶念佯狂客氷天匹馬還
城南韋杜曲再入又三年高閣翻緗帙疏窗煮石泉

烏啼晴雪後，花發薄寒前。何日重攜手，關河意渺然。

涿州道中遇雪同杜思曠 丙申

穀日幽州雪紛紛滿客程遠看千樹暗近愛一村明
獨鳥高原下寒雲古道平何緣偕勝侶相對度淒清

白溝河

趙宋分疆處經過意惘然一鞭殘雪地十里曉寒天
萬樹皆寒玉孤村只凍煙白溝河畔水淚落爲前賢

石門和思曠韻

季路經行地今猶號石門層氷四野合土屋數家存
野燒昏河外霜蹄踏草根懷古一以眺落日滿平原

雄縣道中

雄縣官堤路平橋接淼茫傳聞長夏日十里藕花香
老樹看成列鮮鱗喜得嘗晚來塵土洗幽意滿滄浪

河間道中

北道春寒久今來愛晚晴片雲天際卷落日大荒平
檜栢村祠景鷄豚野市聲終風遥夜息更覺旅愁輕

泗州道中

淮南清絶地此日一褰裳客騎休高樹村農急早秧
前山帆影轉官渡水嬉張更聽青冥外禽言送夕陽
十年山下路客子意依依百舸横淮浦千家坐翠微
清泉危石得孤塔斷虹飛却羨臨淵者煙波滿釣磯

虎丘晚泊

九月姑蘇道空青愛虎丘蛩鳴山寺夜稻熟水田秋
宿雨搖林果新嵐染画舟百年多病客獨坐聽吳謳

野徑惟流水山亭半夕陽遠村綺樹色深巷晚花香
綠蔓牽疎檻飛泉濺石梁生公遺跡迥煙靄自蒼凉

偕歸伯原劉漢臣錢桂巖集袁釆之甥別業看牡丹 丁酉

杜曲對芳菲名花露未晞仰看高樹拂近愛野蜂飛
翠靄連江嶼蒼藤冒客衣高朋况滿坐不醉肯言歸

懷郭石公榷部

客歲枉雙旌茅齋露氣清蕪關今夜月獨傍使星明

津市三山色秋宵萬櫓聲更看牛渚客詠賞寄深情
何處停雲意鳩湖望覽湖川原牽別思青札闕潛夫
少府金錢足青山憑弔殊扁舟看露冕應及醉菰蒲

真州晚泊

短棹泊江城江頭宿霧清翠屏千嶂接夜火萬家明
飄泊緣何事艱難嘆此生笛聲前浦起偏覺感離情

渡江

鼓枻依江岸乘風發浩歌高檣上楚蜀急溜下岷峨

薺樹滄洲接層雲叠嶂過夕陽晴渡口極目水無波

省先墓

秋氣悲搖落深林怵露霜墳頭有宿草湖外只斜陽
烏雀平林散蒹葭一水蒼十年永訣淚到此更沾裳

春初即事 戊戌

聞道王正月長虹貫太陽還嗟驚蟄後積曀晦春光
朔氣廻虛室屯雲接大荒瓶梅紅似錦愛此伴凄凉

讀平庵先從兄遺集

大雅酉今代悲歌逝幾年白頭何易老黃土更堪憐
閱世憂趨鴆傷心弔杜鵑高曾遺範遠對此淚潸然

飲王宅觀女樂

華堂召客好良夜艷歌宜綽約憐檀暈歡娛感柘枝
百觴肯不醉雙鬢惜多絲繾綣歸來晚天街斗柄移
野雀穿芳徑春花爛綉楹明燈偏照眼急管轉移情
高髻當筵綰微渦一醉生十年土木客對此意還縈

苦雨

數畝愁消息千村望淼茫那堪飛石燕久已嘆群羊
水氣昏朝夕風波捲稻粱絺衣對殘帙萬慮感蒼凉

送杜思贖令蒼谿

三川稱茂宰萬里赴王程盤錯招揉略江山嘯詠情
緜郊偃鼓角夙駕勸耘耕更得生徒喜文翁教授成
君到蒼溪縣嘉陵水正秋煙嵐晴古戍橘柚熟芳洲
好句磨崖得殊才叱馭優遥知明月夜鄉思滿巴州

同社小集酌雅樓限韻

共有芝蘭契重尋蓮華來湖陂水氣合郡郭夕陽開
物外多殊感樽前盡賦才數聲征雁起談笑意悠哉
海內干戈後浮生離索邊何緣文字飲對此泬寥天
白社追遐尚青氊識舊賢暝鐘休促別明日又風煙

嶧山湖己亥

二月嶧湖道風霜落碧漪肅温違物性寒燠沴天時
夜雪群峰上輕氷一水湄漁樵盡歸去何處問秦碑

南陽湖

晴日平湖畔輕帆一葉懸千岑純浸水萬頃半浮天
蒲荇荒官道魚鳧戲野田尼防靈氣迴還望魯城邊

哭學士劉老師

屈指趨函丈于今十五秋文章宗哲匠風雨送孤舟
白髮嗟垂老青山訂勝遊誰知及門者永別在揚州
猶憶劉光祿傳經冠石渠南闈首擢桂北闕早焚魚
交問生前客貧存篋底書喪歸盡一哭苦月下空廬
避亂三秋後奔波病忽增深衣授弟子旅櫬託山僧
日暝孤猿泣江寒巨石崩當年房相國流淚滿嘉陵
偶作金閨彥依然淨土身禪能參古佛心不似今人
運命區中惜詩篇物外新常將大招句遙對楚江濱

苕溪道中

清絕苕溪路秋深乘興過微風度小艇返照蕩曾波
呼客看紅葉逢人刈晚禾茲邦兵燹遠豐樂意如何
霽景連朝好菰城一水通溪光疊嶂外村逕密林中
池館懷遐躅桑麻見古風渡頭新月出四望暝煙空

遊韜光菴

不識韜光路山僧指翠微緣崖修竹密遶澗峽泉飛
江色來峰頂天風吹客衣夕陽林外落還挂石苔歸

放鶴亭

放鶴昔何處孤亭憑弔同生無封禪草人有葛天風
湖水空堦下梅花墓道中講堂鄰接近身後得勤公

淨慈寺

淨寺枕湖邊探幽繫釣船高峰虧日月傑閣礙雲煙

虎跑深林見松濤隔嶺傳聞拈宗鏡語瀟灑欲安禪

兩女孫痘殤 庚子

兩度殤孫女啼痕那得乾笑嚬幾歲好永別此時難
弱柳搖風急悲烏叫夜闌浮生真可慟者雨更汍瀾

送李書雲戶部入都

清德傳珂里彤騶指帝京東曹幾載績南浦此時情
畫鷁江天遠哀鴻驛路鳴遙知宣室裡前席爲蒼生

送閔賓連赴越州

君去乘秋早扁舟到鑑湖遺音柯笛異山木禹陵殊
別酒同明月離情感夜烏只今書記好誰似阮元瑜
幕府追趨日澄湖悵望餘雷門欣有託越絕更成書
驛路千峰繞心知一水紆登臨盛詞賦莫忘寄樵漁

湖村訪戴充寰兄弟

一水抱湖村揚帆趁曉暾喜看安道宅不異武陵源
野逕桑麻合秋塍雞犬喧閒來坐場圃徙倚欲忘言
世網辭軒冕天真愜弟兄養魚潛大壑種柳作高城

隔浦菱歌好當軒露氣清還期風雪夜乘興扣柴荆

江深閣 辛丑

長夏江流漲緣郊草閣幽蟬鳴蘆荻岸魚戲芰荷洲
賈舶千檣出晴嵐疊嶂浮茶香與客話小憩散深憂

天寧寺

假榻來名刹探幽犯曉煙鳥啼深樹裏犬卧碧筠邊
落果含新雨秋蔬蒔墓田百年歌吹沓佛日正高懸

玉山寺晚眺

片楫銜涼雨香臺眺晚晴殘雲瓜渚權返照大江明
岸火分帆影疎鐘雜櫓聲一鈎新月墮趺坐悟無生

敦好堂集卷五

淮南李瀅鏡月甫著

五言排律

縉雲道中 癸巳

晨陟縉雲道，陰雲四野垂。既嗟跋涉苦，復感朋儕離。客路風飄袂，天邊雨若絲。幽崖翠羽集，古澗綠芳萎。水碓喧林杪，飛泉挂竹籬。珠瑩烏相果，綵剪石楠枝。謖謖松千尺，油油麥半陂。川原洵綺麗，遊覽轉凄其。遡往念時暮，瞻來悲路岐。悠悠行邁者，已矣莫吾知。

贈王晦庵水部晦庵謬重余詩爲賦三十二韻 甲午

自昔三才子，皆爲水部郎。何期淮海畔，重得挹清光。東閣風綿邈，官梅興激昂。詩名仍子美，儒術邁文昌。每遡淵源遠，驚聞譽望長。滹沱千浪碧，鉅鹿數峰蒼。雅志輕温飽，玄言愜詠觴。三槐景叔業，萬卷輞川莊。藝苑珍鷫鸘，康衢騁驌驦。人傳內史草，衆識令君香。石城詩篇迥，橋門訓廸良。握蘭推豹尾，題柱説鵷行。客問辭溫室，天杯賦柏梁。月卿猷已著，星使命因將。泰望清樽暇，西泠畫舫涼。故宮留黛石，高嶺聽風篁。猿鶴明湖課，琹書薊北裝。聖情方獨注，寵命遂重彰。祖席傾華省，征驂出未央。海門臨棨戟，江路引縑緗。湛水雙旌映，薰風萬井翔。勞謙多晉接，逸藻獨飛揚。自昔慚吞篆，於今嘆負牆。賜冠徒叙實，蟬冕自輝煌。投分情多阻，忘形契竟臧。夔桐憐古調，原草悅初章。

薛燭知何異，方歆感不忘。懷應同納履，願豈待齎糧。蒼水天祥届，玄圭帝典颺。鯨波恬瓠子，蟻穴堵宣房。經濟須調鼎，才華正望洋。歆同鷗鳥伴，偃臥白雲鄉。

江南旅懷 丙申

貧賤輕爲客，雲山任所趨。天風吹雁鶩，霜氣冷茭蘆。水驛桑麻舊，江城鼓角殊。羽書馳兩浙，戰艦接三吳。木落晋陵道，月明滄海隅。征輸黃綬急，檣櫓白衣無。時挺船載兵商旅俱阻何事歲云暮，栖栖猶半塗。

淸明節上高王父先文定公諭塋恭紀四十韻

丁酉

淮泗龍飛迴嘉隆鳳曆昌恲懞恢動植禮樂盛嚴廊句曲山神秀昭昜水淼茫耕耘久積累熙洽遂翱翔應制推瞿宰（禮闈係昆湖少宰首卷）傳臚悅肅皇志殊溫飽外心在衮旒傍鶴服恩輝異（在翰林特賜一品服鄭端簡有詩紀事）鑾坡顧問長壇折精獻納綸綍爛文章邦禮纔崇掌鈞衡早拜颺和平調鼎鼐博大禮陰陽夾袋材皆備車茵

吐不妨存翁心契合（謂徐文貞公）嵩相猷消亾絕漠傾心服呼韓解辮降（穆宗時居首揆力任俺荅封貢事）謨猶宣禁籞烽火息要荒歸計端揆決殊榮餞送彰琴書一老橐（歸裝止載尚方所賜別無長物）蟒玉兩親觴（致政後兩尊人八十雙壽）逸與傳詩句良知闈講堂（深契陽明之學弟子搆書院里中）遐阪懷德業桑梓誦謙光星隕鳴珂里山頹衣錦鄉相歌泯海內贈郵縟天閶秘器予溫室轜車錫尚方牛眠明詔卜馬鬣禮臣襄翁仲高江界松楸鬱蜀岡墓碑懸日月華表飽風霜世澤何綿遠遺風轉激昂閭孫仍赤舄良裔幾青箱旋馬休餘古登龍望迴常賜書盈鄴架奇字溢奚囊板蕩悲胡極丘墟意最傷玉衣焚殿陛鐵騎滿滄浪十載寬樵採三期長莠稂蟠虬疎廣阜蒼鼠竄頹墻春月會玄集清明禋祀將衣裾多短褐俎豆尚封羊述祖偕瞻佇循躬獨負茲安貞慚令訓忠孝玷周行日落晴沙動風吹淺草香暝歸空食息遠夢想明良道範宗英在徽猷國史詳九原一迴首愁坐意悽

涼

舟次八寶偕陳氷壑（鈺）朱秋厓（克生）夜集環溪聯句

己亥

鼓棹乘春氣（鏡）嚶嚶聽鳥鳴苔痕含水碧（氷）樹色漾溪平雨過梅舒萼（秋）風微竹斂聲櫓歌野戍迴（鏡）燭焰草堂明茶沸翻江浪（氷）松陰亂石枰露凝沙磴濕（秋）月照板橋清朧雁翔澄宇（鏡）昏鴉宿水城流連景不盡（氷）俯仰嘆逾縈値此兵戈後（秋）偏偕倡和情酒

杯天地濶鏡詩思斗參橫擊劍因知已氷吹篪洽友
生論文忘漏促秋閲世感萍輕開徑來三益鏡揮毫
擬二京中原期並轡氷員嶠待長征綵器資陶冶秋
樗材守鑿耕祗看崇令德鏡安敢逐浮名幸與驊騮
遇氷永盟金石貞此宵難遽別秋還望到柴荊鏡

謁闕里先師廟恭紀三十八韻

頓轡瑕丘道褰裳魯國隅人煙連濟汶山翠接龜鳧
田野風餘古馳驅雨載塗心惟存景仰迹豈憚沾濡

城邑傳新制宮墻葺舊圖丹青百雉外葱鬱萬年紆
緬想商湯胤還生少昊都吐書稱異瑞降谷表禎符
眉目伊姚並威儀鎬洛俱戲惟俎豆設問必禮官趨
七十周遊國三千授受徒中都洽異化夾谷振神謨
好古多刪定傳心獨魯愚韋編精演繫麟史奮褒誅
道大身偏詘人萎報轉腴焚坑秦祚促享祀漢牲殊
金石聽遺壁蟲魚詢老儒世家前史載贊誦累朝敷
衮紱崇唐宋形容妙顧吳謂顧長康吳道子臨摹小影高文隆報

荅憲孝敬規模廟重修於成化弘治兩朝掄桷龍螭拱軒楹雲日
鋪講壇亘今古靈檜幾榮枯老栢都千尺蒼松近萬
株崇阿逼象緯石路淨榛蕪法器藏彝鼎遺音備瑟
竽步趨心惕惕對越意瞿瞿傑閣凝眸望迴廊屏息
逾貞珉容雜沓聆饗息誇誣庵觀城中絕宗祊海內
無化神偕朔漠跡邇感樵蘇魯殿生荊棘桓宮走兔
狐望還同泰岱學且小江湖撫世增惆悵循躬益嘆
吁天心隔浩渺達道竟崎嶇稼圃終無當豚魚豈易

孚歲時徒逝矣啟發曷歸乎宿霧消滇海春風拂舞
雩凌晨策馬去佇立復踟躕

亂後過鎮江感懷二十四韻

憶昔弱齡日揚舲過潤州江山千里潤寺宇六朝畱
縈帶雄吳楚檣帆接島洲炊煙疊嶂合食貨市區浮
水浸三山影雲橫萬歲樓射堂張樂入京峴踏歌遊
陵谷曾移易干戈未踐蹂倡家嬉翡翠酒肆控驊騮
雜沓胡商語連翩使客舟機杼盈井陌肩轂遍林丘

海若胡飄忽銀河逮倒流熊羆棄險阻蛟蜃肆虔劉
羽檄馳南國艨艟指上游氣驕虧遠略圍固得良謀
戰血腥江浦浮屍下石頭摧殘憐組甲掘載盡吳鉤
已失中原鹿還慚郎墨牛嚴城朝報逭悍卒暮持矛
俘掠何相踵焚燒更效尤九衢餘瓦礫一室鮮衾裯
戚戚霜天棹淒淒驛路秋汀蘆搖急雨山木落寒颸
觸緒增三嘆傷時起四愁空江燐火外浩蕩羨輕鷗

詩集卷五 七

敦好堂集卷六

淮南李 瀅鏡月甫著

七言律

泰郵雜詩 辛卯

湖水盈盈覺社限揭來懷古一登臺綠郊細草天風度遠浦輕舟夕照迴萬里烽煙連朔漠前朝冠蓋總塵埃不堪異代淒涼後披髮行吟破碧苔 右文游臺

三十六湖煙靄清湖中古廟傍孟城天邊霽樹依微見水上晴嵐一望明鎮日魚龍吹雪浪只今雁鶩嘍香秔神燈再見知何日漁火星星又自生 右康澤廟

詩集卷六 一

貞女遺祠官道傍祠邊煙柳浸微茫揚州水調空明月古渡殘碑自夕陽極浦鳧鷖誇皓潔秋風荷芰送清香可憐蕭颯陂塘地惜惜芳蹤亦在望 右露筋祠

神山景物接泰郵此日登臨到上頭氣霽高空雙塔露水涵洲渚片帆收西來牧豎吹殘角南去飛鳶啄玉鉤更踏蒿萊問丹井荒丘曾有謝公遊 右神居山

秋興八首壬辰

淮南霜氣早淒清迢遞關河接薊京叠嶂直蟠榆塞立泰階常傷掖垣平黃巾氛祲驚宮闕密勿匡扶愧聖明廻首烈皇虀輦地陰雲漠漠野狐鳴

九月秋花滿釣竿長城風雪已嚴寒黑山青海輕車任白草黃榆萬騎看何事黨人甘悞國當年債帥半登壇赫連臺畔蓬科轉泱漭塵沙增浩嘆

秣陵一望頓消魂城郭荒涼宿霧昏王氣已隨龍虎

歇江濤祇逐鸛鵝翻天清木葉疎芳樂日暮銅駝出白門惆悵鍾山松檜盡蕭蕭燐火照空村

楊子津頭旅雁飛十年兵燹不勝悲陸梁浪說諸藩鎮樵牧空憐舊督師華屋娉婷淪朔漠荒城土著帶瘡痍愁來漫讀參軍賦故國繁華繫所思

眙陽百里芰荷洲爕理先公建大猷禮器雍容諸後裔江湖飄泊一漁舟烏衣門巷泯遺澤大壑風雷起百憂此地三間舊祠廟行吟還自感靈修

霹靂西疇髮社傷先人曾此課農桑舊栽禾麥盈阡陌新種松楸冷露霜猛虎嚙人偏太急陽侯害稼亦非常不堪缺月孤燈夜獨聽寒蛩斷寸腸

秋雨颯颯烏夜啼腐儒卧病情悽悽雲屯碧海枯魚泣潮落盤江戰馬嘶蜀貸何時傳直北輓輸終歲度遼西最憐甲第笙歌沸野哭猶聞老寡妻

幾年風木淚沾巾此日悲秋更損神竹徑無心延熱客香臺終日伴慈親疎燈獨夜鳴雙杵古渡寒煙隱

白蘋人事天時并蕭瑟浩歌聊且慰沉淪

木末亭次石刻韻弔方正學先生

孤亭寂寞枕重關四望風煙豁遠山一葉漁舟三戶外數聲杜宇二陵間滄桑自古多遺恨忠孝千秋是大還遙憶麻衣悲慟事樵蘇多少淚潸潸

檜栢蕭疎正學祠舊京景物自淒其澄江白練含虛色天闕澄嵐剩遠姿山鬼夜猿九辯句野花宰木八哀詩我來瞻拜荒庭下又值乾坤百六時

泒溝曉晴

久悲白日浮雲蔽倏忽晴霞照客衣數疊遠山添翠黛幾灣秋水送寒暉啾啾促織蒼蒹老楚楚蜉蝣斷梗飛子夜月明渾不寐起看清露濕漁磯

南陽湖

積水空明風日暄秋嵐幾疊抱孤村低低茅舍鳧鷺宿嫋嫋漁竿魴鱮吞僮僕競餐菰米味檣颿輕度浪花痕南陽湖畔停橈晚到枕鐘聲清客䰟

天津阻風

驚濤百尺撼艅艎咫尺滄洲隔淼茫岸圻宿雲埋鸛雀地翻濁浪叫鶬鶊秋磧處處沉蒲藻蓴食家家鮮稻粱欲望三山風雨暗壯遊何日指扶桑

燕臺雜詠

蒦落淮南一腐儒青衫席帽到皇都鍾鳴長樂丹霞綺仗簇甘泉翠霤鋪南載都梁同霍納西來苜蓿帶酡酥只今誰是荊高侶擊筑悲歌意迥殊

雙闕嵯峨象紫辰太行千嶂接城闉賣珠自昔邀殊寵牧豕何妨據要津金盎玉魚驚照眼石鯨銅馬解傷神鼎湖弓劍淒凉處空有哀吟起負薪

禁城曙色滿楓林北枕盧龍朔氣侵碎盡胡琴難問價吹來柯笛孰知音軟塵祇覺催絲鬢除目終能損道心此地自媒多郭隗漫勞明主築黃金

當年萬國盛梯航飛箭誰知入建章枝上杜鵑悲望帝路傍鸚鵡問先皇一時梁竇金貂貴千載萇弘姓

字香聞道日南烽火急昨宵氛祲見天狼

長城環遶帝王州側聽邊笳起戍樓賣卜何人簾早下草玄終日閉仍投青蠅白璧餘殊感蒼狗浮雲起暮愁極目控弦千萬卒連營射獵薊門秋

一片盧溝曉月明嗷嗷征雁獨哀鳴陽侯北溢勞薪壁早慼南馳患癸庚伏枕漫成七序句出關還作五噫聲誰家吹徹哀生笛偏感羈人夢裡情

冬至雪同呂子郊步杜韻

風雪柴燔引騎催灞橋誰道苦吟來十年太液更新葦累劫昆明動舊灰久客自諳添弱線過江應已綻寒梅漫勞天地論消長客到還傾濁酒杯

渡揚子江 癸巳

木落天高雁陣廻扁舟江上意悠哉南徐城郭多煙樹北固峰巒半草萊天闕雲隨晴日落海門風送暮潮來莫言擊楫當年典恐有魚龍動地哀

過金華有感

金華山畔雙溪邊初冬風雨何連綿荒城百戰變龍鬭古渡千家狐兔眠水急流淙鳴石日山寒積雪繪層巔隱矦八詠空遺蹟處處青燐黯暮天

登釣臺

松聲謖謖拂疎欄此日停橈七里灘一夜客星臨帝座千秋明月照漁竿江流瀲灩風帆轉山勢巃嵸翠黛寒惆悵荒臺人已逝滔滔誰與障狂瀾

社集張登子別業　話舊感贈

極目浮雲萬里横何期握手傷餞清報劉空下千行淚寶晉猶傳片羽精季野春秋能論世司州林澤轉怡情不堪陵谷多遷變坐對清樽未忍傾

王道原招同吕鼎卿諸兄弟遊禹陵

禹穴圖書何處藏禹陵松栢自蒼蒼空亭鼋祀留殘碣古殿龍蛇蝕斷墻萬叠峰巒青玉案幾家烟火白雲鄉晴空無限登臨興還倚輕舠送夕陽

寄懷成伭嵐太史 乙未

薊丘煙樹接朝暾中有烏衣世業尊每念仲宣留鄴下還思公子過夷門十年空抱窮塗恨永夜猶懷國士恩歎息朔雲千里隔秋蛩祗自咽黄昏

湖莊即事

十里平疇夾綠楊村村午餉樹陰凉老農少農耕且耨大麥小麥青復黄驅犢牧童閒扣角捕魚鄰叟夜鳴榔十年飄泊嗟生事稼圃終期老此鄉

贊皇同孫景疏登署內高樓

嶒岏萬仭繞孤城此日登臨雲霧清山勢西來三晉
接溪流東注九河平庭前老栢霜天色郭外寒烟瘠
土情群盜莫憂盤踞久萑苻聞已漸歸耕

保定道中望塞上諸山

晴雲高霽漾和風匹馬朝嘶上谷東秦漢長城天設
險幽并王甸地稱雄於今亭障消兵氣當日金貂耀
戰功西北層巒霄漢插紫荆關外有雲中
群山翔舞向燕都衆水飛流下直沽旗旐盡瞻新氣

象金湯不改舊基圖氷堅削壁成寒鐵日動滄波吐
絳珠一十六州形勝地攀躋還自愧樵蘇

送鄧元晹太史備兵洮岷

視草高文重建章暫辭丹陛向河湟甘盤舊學諸儒
遜馬援威名萬里揚鐵笛夜吹邊月白玉驄飛控塞
雲黃陽關西去休攙落苜蓿葡萄引興長

鍾離懷古　丙申

峷嵂塗山著禹功當年玉帛萬方同村祠父老應時

走古道松杉已半空汪罔昔聞埋地下支祁今說鎖
山中還餘不盡長淮水千載安瀾赴海東
濠上荒臺草樹疎滁園懷古意躊躇千金肯却楚王
聘斷簡猶傳惠子書須信萬緣同化蝶只今冥悟異
觀魚石梁茅屋經過處遠浦還看落照虛
先朝陵廟峙中都鳳翥龍翔王氣殊一自鼎湖來寇
盜頓令玉殿萎榛蕪聖明罪已言何痛將相勤王計
轉愚回首可憐燐火滿枝頭啞啞感啼烏

十載輿亾眼底經五雲松栢盡飄零熊羆列校藩籬
廢螮玉中官薦享停到眼那堪同麦秀傷心幸不比
冬青哀時更誦江南賦多恐樵蘇不忍聽

郭石公招飲識舟亭　丁酉

鳩兹城外大江環江上高亭雲樹間匹練白連巫峽
雨片帆青入秣陵山月明迢遞鳥徐下露濕汀洲人
未還不藉習池清興逈安能酩酊破愁顏

鍾山感懷

守眉山今數舊門風征鞍木落函關外客路猿鳴棧道中更望他年開濟好巴渝雙覩黑頭公

遊趵突泉 己亥

噴薄珠璣歷下傳清池錦石更澄鮮忽如廬嶽看飛瀑不羨蘇門有百泉遶郭鵲湖衣帶外插天華注畫欄邊還期日日芒鞋往獨對潺湲聽素絃

望岱

岱宗神秀欝岧嶤極目齊州幾點遙未向天門趨碧

落已看石表入雲霄此時無字遺碑古當日乾封祀典饒聞說丈人峰上望兖青千嶂盡來朝

嵯峨萬仞列祠壇直欲凌空奮羽翰何處飛泉峰頂挂於今積雪石林寒秦松漢柏二千歲海日天風十八盤稍待明年春氣好磨崖絕頂縱奇觀

贈張玉立水部

四月黃河擊汰回星槎快覩日邊來何緣鄉國烽烟滿猶喜湖山嘯詠開萬里梯航連竹箭一時詞賦重

官梅東南民力今方竭期爾重恢濟世才

湖心亭

湖上孤亭鼓枻看亭邊空影落清瀾蕭蕭畫舫來遙浦歷歷沙鷗傍曲欄水接錢塘千頃靜翠連天目萬峰寒經過詞客還惆悵愁見征旗拂釣竿

放生池

誰搆招提漾碧流三潭生意獨悠悠客來小徑蒼苔滑日落層崖晚翠浮安藻遊魚知甚樂掠波雙鳥亦

何求歸舠飽看西泠月燈火星星起渡頭

岳墳和徐天池韻

秋草離離墓道中遺祠猶記滿江紅冰天雪窖燕山北鐵馬金戈葛嶺東涅背孤忠天日鑒班師遺恨古今同樵蘇還哭南枝下板蕩由來有疾風

送沈石友憲副尋親貴竹 庚子

廿載天南阻甲兵尋親今作夜郎行五谿瘴癘開炎徼百粵雲山換客程閭里應傳烏鵲喜孤舟且聽夜

猨鳴黔陽書信須頻寄好慰滄洲悵望情

送宋荔裳大叅由永平赴越州

幾曲谿山於越間外籓三錫晋崇班天邊漢節乘槎往塞上春旗射虎還千里旬宣偃鼓角一時膏雨起痌瘝遥知賞詠蘭亭日霜露凄其獨掩闗

先慈見背倏近小祥秋日感愴二首 辛丑

閒居往事愧晨昏衘恤俄辜罔極恩香飯昨猶施野雀繐帷今止泣孤猿白蓮供案叅文佛青桂當軒弄

幼孫昨夜夢中聆笑語覺來苦塊剩啼痕

丁年薄祐泣寒灰又聽悲烏叫夜臺攀栢淚仍餘孤土采蘭詩遽廢循陔清秋霜露含深慟社日杯棬動積哀風雨滿堦黄葉亂蕭蕭蓬鬓自摧頽

冬日偕友人過光孝寺禮唐佛

城東古刹事幽尋唐佛巋然存至今遶郭柴荆延霽色一溪煙水淨塵心銖衣剝落蒼苔積石座荒凉野草侵眺覽未歸寒日暝朔風哀角黯祇林

讀朱方伯鐵橋志 壬寅

天塹盤江貴竹開重臣開濟巽應班驚濤實撼蛟龍竄銕鎖遥連虎豹闗萬里輸蹄來白驥千崖瘴癘洗烏蠻卽今百戰艱危後祠廟青松幾度攀

送王立士赴遼左

數載悲歌行路難生還暫到鶩湖干市門幾見來僧衲用贈王儉詩事皂帽今偏重幼安驅馬榆闗邊月白啅鷹碣石朔風寒何時快覩金鷄詔爐水滄浪把釣竿

西齋集

（清）王仲儒 撰

《西齋集》十八卷，清王仲儒撰，據清康熙間夢華山房刻本影印。

王仲儒（一六三四—一六九八），字景州。清興化人。貴一子。

《西齋集》爲王仲儒詩集，共十八卷，按年代分卷，起辛丑（一六六一）至丙辰，迄丁丑（一六九七）。王仲儒有詩名，與冒襄、孔尚任交往，本書亦有毛際可序。據李國宋、王熹儒序，王仲儒生前已將部分詩作刊刻，没世兩年後，諸同人裒其生前未刻者，授之梓而全集成，有詩一千五百餘首。王仲儒離世八十餘年後，《西齋集》又罹文字獄之禍，牽連及後世子孫及作序諸人。此集中部分詩歌確有對清人斥責不滿之語。如《和平令行》等。王仲儒作爲易代之交多愁善感的文人，自然不免撫今思昔，懷念前朝，成書的康熙朝平安無事，而在文網更加嚴密的乾隆年間，則遭此大厄。細察集中詩歌，清初詩人的故國之思，亦頗爲感人，如緬懷舊都南京的《登觀音門樓》：『早泊仍登陸，憑高到此間。風聲秋撼樹，雲氣晚沉山。列雉森猶在，蟠龍險自間。從來興廢地，惆悵秣陵關。』

（周　忠）

三景州先生著

西齋集

序

王子西齋以選詩名海內有年矣歲庚午過余邸舍出詩集屬序竊謂從來持衡壇坫者如須溪廷禮諸子皆以采掇品騭擅長而其所撰著巳不能入風雅之室至竟陵詩歸亦爲當時所宗乃隱秀嶽歸諸集流傳至今何其萎茶衰凉不足托蘧廬之一宿也近日選家輩起高者或務標榜以成名下者僅爲結納依附之藉不必皆以能詩著焉讀西齋所作雄灝蒼淡不名一體如奇峯崒嵂如洪

濤澥湃如百種離離之出于土七律尤有七言長城之目屈指見聞所及不多遘也曩者屢取道廣陵以王程奔走未得攬其山川人物爲憾今冬始得淹留旬日同年子朱其恭招邀同志把酒賦詩于平山荚水間因歎廣陵人文之藪而西齋爲之領袖且所操選政更不爽繩削若此東南風氣其駸駸日上也乎余弱齡學詩旣壯從而學古文詞碌碌無所短長而西齋選諸名家詩小序人人道其意中所欲言窮變極致不欲一語雷同然則余

以學詩學古文詞而兩失者西齋獨能兼擅焉人之才識相距何其遠也西齋與弟勿齋齊名家庭愫睦無間與人交出肺肝相示歷風雨晦明而無改柯易葉之慮世有讀西齋之詩而欲得其為人者亦或以余言為徵信云遂安毛際可題

序

詩自五言始作初盛於鄴中再盛於江左至唐益以新聲競爲長句而變極矣極則不可以復反也故後之言詩莫過於唐雖不可語於雅頌之音而風騷之義形諸歌詠猶有一唱而三歎者宋以下則以學問文章徒爲有韻之言數百年來風尚迭遷古音淪亾不作矣詩之體古調今聲各異而其旨則有可言者古之詩感人以音後之學古唯取其義夫義則窮工極變盡夫天地古今人物之情而感人之道不在也古人之義在音以五音而通夫六義之中故可以善歌而使人繼其志也古人之詩皆可歌則皆足以依永和聲諧之六律而[illegible]雅樂然樂府自漢但有其辭諸擬作者終亦[illegible]而不知其所故詩之不亾猶必待夫審音知樂者之裁制而六義自有其情不至泯滅此亦君子之所有事將以移風易俗非易易者也昭陽王西齋先生用力三十餘年卓然不爲樂府於諸體極工盡變尤加意於唐制長句時一風詠妙義會[illegible]

於意言之外使人留連歎絕今之爲詩各受唐以後病淩雜米鹽修飾邊幅且至唐人不作不知六義之言何以有物與五音之律何以協調冥頑蠢蠢幾於膏肓錮疾然則西齋之詩豈非今日詩人之藥石哉西齋方裁量近代之詩以爲離珠一集復古之功志不在小其所自作固又法嚴義正詩之不亾將有賴也余是以序其篇端而槪言古今之變以俟之江左洪嘉植題

序

予性喜作文而嬾今甚悔之以屢宿良朋之諾也宗八丈子發選有明十二家詩竣以序命予予諾之久未作及成託鄭子雨田寄之未及達而子發死矣雨田手錄其詩乞序於予予諾之久未作而雨田屢書促予及成而雨田從家楚矣歲甲戌夏西齋先生訪予苕沙納涼海右亭上笑語予曰吾詩不可無子序而子其何以序吾詩予曰先生寢食於少陵而得之淺人皆謂先生似少陵先生受之乎先生不解予言驚甚予曰文章不取法古人而率易爲之輒曰自我作古是謂之妄然文章必追步古人而不能自闢一徑是謂之襲檀弓以前無檀弓而檀弓乃傳左氏公穀以前無左氏公穀而左氏公穀乃傳離騷史記以前無離騷史記而離騷史記乃傳至於詩之可傳者若蘇李若曹劉若阮陶鮑謝以及杜李高岑王孟各擅其長莫不皆然吾黨卓然自命殫精竭力豈不可獨成一家必斤斤焉指一文曰似某某指一詩又曰似某某

吾恐屈左諸君子未肯以之自居也而先生受之
乎先生聞予言喜甚離席謝曰辯哉子言吾藉子
言重矣既又以表清尊記請予皆諾之因循久而
未成而先生病矣予先爲草記成而序猶未及作
先生於病中復藁其已刻未刻詩授予曰僕賦命
窮薄猶幸獲聞君子之教身後或不至湮滅古道
直筆去媸留妍吾敢請焉予受先生命晝夜校讐
於獻歲之十日竣事持以過先生先生時支枕而
臥見予至昂首謂予曰子於吾詩去留如何予曰

西齋集　序七　寶畊山房

先生詩氣完神全琢鍊不見其迹諸體中多卓犖
可誦之篇而七言律尤新警獨異惟五言古入閩
以前微失於弱至入閩以後則字字堅樸不讓古
人先生於詩殫精竭力可謂登峻造極自成一家
其必傳無疑矣予往日海右亭上所言豈欺先生
者哉先生猶首肯者再而孰知明日之夜先生遂
別我長逝哉嗟乎吾負先生淡矣有明十二家詩
序予發雖未之見而予猶成於予發未死之日兩
田雖徙家楚而郵筒猶得以達予諸先生久同、

四年而始成使先生終不及見悔何及矣先生詩
不分體而紀年毎歲必有元日詩今年元日猶得
年華老去增無益疾病春來減不能之句以氣不
續而未成嗟嗟先生之詩絕筆於此而戊寅無詩
矣豈不傷乎豈不傷乎同學表姪李驎頓

西齋集　序七　寶畊山房

序

吾鄉自家諸父行平菴壺公兩先生暨先君子兼舉子業究心詩學率以初盛唐爲標準其時宗子子發陸子縣圃又出而和之是以詩格視四方獨典則純正無厖襍靡曼之習然爲之既久漸成平調謹守於規矩尺寸中而變化生新之意甚少四方之人亦厭且病之惟西齋爲詩獨沈著痛快不屑一字近熟滑指屈海內能詩家杜茶村吳野人孫溉堂外若西齋詩未易多得也余手定其諸體詩近千首坊友江子里萬爲刻其七言律一體行欵字畫既潦草不工而他體又不備西齋貧固無如何也今歲旅食廣陵乃與余謀分年專刻爲紀年詩而力所不及則姑置之人苟工詩斷無不傳者溉堂野人皆朋友爲出工費乃成集茶村死詩已付梓而又止茲事亦大可懼西齋紀年集出安知無人愛其詩代鋟其全稿然而人間物力漸衰耗好事者亦漸少矣吾終懼授梓之無日也雖然西齋何憂乎天地之寶不能終秘詩如西齋又烏能使不傳哉己巳春閏同學表姪李國宋題

西齋續刻詩序

西齋已刻詩自丁卯至甲戌凡九年其未刻者癸亥至丙寅凡四年又自辛丑至壬戌共一册凡二十二年而甲戌後乙亥丙子丁丑凡三年則老而愈困餬口不暇未能刻矣憶西齋屬纊前一夕余往省視於牀頭出一編授余使訂定兼丐朋友刊刻余唯而受命涕泣不能出聲盖戊寅新歲十日也至明日而西齋逝矣余素了達生死禪代之故視若朝菌晦朔不甚關休戚而於朋輩喪亾嘗哭

王子雲王竹史則哭其爲人哭徐平倚則哭其制藝之苦心窮而不遇而西齋之死長號大痛至於再四則哭乎其詩也今得程載錫閔在東黃仲賓諸子各盡其心力既自刊之又遍搜知西齋者共刊之合已刻未刻詩編年成集西齋可以不死矣余之慟可以已矣而卒未已何哉仍哭西齋之詩也非哭西齋之詩不傳乃哭西齋之傳詩不幸而止於此也杜少陵出峽之年僅五十七死時僅五十有九其精力衰耗已大不如前而西齋之詩今

窮且老愈益壯健其彌留時氣已不屬尚能吟年華老去增無益疾病春來減不能之句則精力可知矣使西齋一日不死必將有一日之詩遺留天壤間譬諸爇鼎土簋充列几案寧厭其多乃西齋死而西齋之錦心繡口遂與俱死更欲求如西齋之一字一句足供我把咏永不可得能無慟哉余少西齋二歲余之詩五集業已告成可得三千餘首而西齋詩僅千五百餘首止何造物忌才重困其人因并厄其詩俾不克多留人間也然而西齋

之詩具在但舉其單詞隻句誰復能及我西齋者是西齋詩本不以多傳雖天欲厄之諒不能終厄之矣余於是輟哭收淚援筆自慰兼慰西齋於九原而爲之序己卯冬同學表姪李因宋題

序

先兄没二載後新安諸同人咸哀其生前未刻詩授之梓而全集以成余既捧而悲復幡然而喜曰吾兄其不没矣別嗣之德不可忘也兄幼承兩先人身隱焉文之志中酉後不令習舉業尚書周易毛詩諸經并註疏皆熟手抄通鑑而背誦之無所遺莊騷左史班范古選六朝三唐諸家之言無不周覽强記十餘齡時從先君郊遊有古墻長木飛鳥下茅屋疎籬野日來之句先君曰此正音也十

五歲始爲帖括而詩古文辭之學卒居十七焉予年十二三即從兄受書兄咏歌不輟久之風格日益高氣力日益厚兄三十余二十餘出交四方之士內秉庭訓外結文社詩集駸駸富矣丙辰以來兩先人相繼即世家業漸落陽侯肆毒年穀不登余兄弟先後遊京師復落落無所遇悲憂抑塞無所舒發而一寓於詩每年成一卷必更相檢閱兄時爲余删定余亦間呈一得以相證花晨月夕酒後燈前兒女嬉戲於旁長吟短咏吾兩人貧而樂

也丁丑春余赴廷令辭而行忽酸楚不能出一言亦不解何故未幾兄遊雄皐夏病而返余以暮冬歸自江上見兄顏貌羸瘠不覺悲慟兄猶怪之也戊寅正月三日大村李子來問疾環坐榻前大村問余元旦有詩否余出詩示之大村亦錄詩相示兄取觀嘉賞移時不言色稍變余訊之兄曰將和二君詩已得腹聯曰年華老去增無益疾病春來減不能思力遂不屬余喜曰二語對仗工妙可卜更生矣然毋勞不必終篇也嗚呼豈意遂成絕筆

哉昔李北地哭弟詩云以兄爲友兼爲師余非徒失一兄喪一師矣把卷沉吟恐余此後餘年氣衰顛禿尫羸歌唱而千秋之業終落如也康熙三十九年歲次庚辰四月二十六日弟嘉儒頓首書於程子退夫之自强堂

西齋辛丑至丙辰詩

興化王仲儒景州著
天都閔　寬大臨選

擬古

松柏蟠崇岡其下多豐草豐草何青青不受朱炎槁所庇非嘉蔭微莢豈長保蕭晨飄風作獨見高枝裊勁質銜氷霜乃得龍鱗老仙鶴橫空來翔集氣清矯陰蟲蟄草根自謂栖託好

梁麗可衝城窒穴則非宜騏驥走千里捕鼠不如狸莧菜固殊行貴賤亦有時江海多高風波濤渺無涯孤帆揚一葉利涉從所之惜哉蕩軒舟凝滯濁水湄

鐘鼓奏九韶太牢具豐膳爰居頓之悲眩視曾不辨彤俎藉白茅肩尻豈得免衆人皆重利禍端昧所遣林栖江湖邊寥廓樊籠展委懷在縣解庶幾獲反行

生遠太古世猶見太古天太古有曦月至今天上懸晨暮出東方爝火更不然皇皇元化精初生何

歲年無端盛陰氣蔽空凝雲烟孤光照何處中戶空自煎

同戴丈無奇集北臺

雖嚴苔仍滑登臺雨未休湖風翻亂草海氣抱空樓地僻稀高會人來笑勝遊蒼江江上月不照楚山秋

戴眞州人

同阮亭使君和李侍郎讀水經注憶洞庭

問訊巴丘向水經三江風浪遠冥冥挂帆何日憑南極隱几蒼然入洞庭空外雨來高閣動中流雲去數峯青幽篁正映湘妃廟還擬過詩上翠屏

真州

天寧野竹藏深院塔影中庭客寓居靜夜每宜當君窗相從與慣亂琴書猶能嘯業歌相似人有吹簫玉不如凍雪空江悲落雁三年回首歲華初

九日阮亭使君招同雅不彤諸子登平山堂

平沙漠漠卷秋風楚客登臨感慨同莫向雷塘傷往事殘陽多處是隋宮

西郊晚眺

散步河橋上西郊入望迷酒旗風不定秋樹葉還齊山闕邀鴻影烟岡送馬蹄前青粧射獵擬卜此幽棲

送十力大師歸江西

曳杖飄然不可留高槐叢竹照離愁輕裝總濕貧交淚長路空分故國秋五老清猿迎遠客九江涼雨入孤舟茫茫天地何年會我未成名君白頭

卞村草堂懷李湯孫

李生青雲士文藻日秀發示我蘆中吟道古有眞

骨清如臨水鶴健若摩天鶻炎蒸讀一過秋聲激林樾東阜問薄田浩蕩泛滇渤憶汝乘小舟携詩坐我室近壠連稏稻野厨少肴核語笑雜分題歌呼放大筆更殘人未卧霜出星已沒同心多慷慨相顧各突兀蹉跎俄三歲節候又七月兩病殊涔涔我行常咄咄時輩煩比數勝遊輒超忽溯風蹴高浪歸夢焉能越

村居

自入清秋戀草廬關心幽事近何如鋤開暗露晨收芋棹散明星夜打魚

廣陵秋詞

池塘楊柳半摧殘畫舫笙歌與未消蕭颯人歸明月上西風吹雁過紅橋

送酒李方同換菊

叱撥移華廐天桃出內家那如千日酒來換九秋花客鬢侵窗亂寒光動竹斜今宵應發與遙與醉流霞

飲朱房山菊下

亂水流西郭花舖憶去年買花歸別墅把盞向高天稻露秋仍老江湖興颯然陶公能泛愛日就酒罇遊

朱丈鶴山招飲香露閣

雨菊歛殘院霜秋帶晚雲寒天偏得酒良夜況逢君闕迥屛城寂風疎一雁關酣來漸起舞共壁影紛紛

顧瑟如瀞河圖歌爲寶應孫樹百使君作

顧子昂藏頗有鬚手把木難腰珊瑚丹青放筆營

力殊棧道工妙超人區出遊周秦越與吳馮陵地
窟窺天衢山玉呈輝海涌珠還家示我瀹河圖全
堤東崩潰五湖寒滿一綫愁川涂高橋大舶巉岸
隅五兩百丈空有餘羇留職貢兼軍儲河漕使者
相對吁刻期官淪飛虎符司空建纛揚朱旗前臨
安宜來敎趨安宜使君美且都氷心直徹白玉壺
心傷財力交空虛獨身騎出單馬駒來無所操吏
不愉箕踞上坐行恣睢使君抗聲民何辜彈章甘
擠非苦荼父老環聽同號呼我袴侯袴襦侯襦有

不忝命筭攻訴告集響應紛有徒或手足奔或金
輸或筑長隄或短鋤決沙畚土塗填丁車船飛送
如飄蕭長河百里六日毗使君具結天下無使君
爲誰條大丁介節作柱中流砥父母兆人師庶士
受恩不惜爲公死願予躊躇拂素紙森羅景物紛
遝邇近形遠態明如指披圖儲照安宜事恍聞踊
躍興歌起東南正苦淮黃水周防無哉無崩圮哀
鴻嗸嗸大中沚賜租發帑何時已安得使君專任
使精誠爲國傾其否直驅狂瀾入海底流亾卽日

歸田里

霽後吳四弟招飲余將已醉不果赴作此示
之

人春十日風雪多重幃擁火肌未和今晨暫逐酒
徒出與予折柬邀相過漪園樹秃怪石倒其下陰
凝氷峨峨倚闌一望光凌亂青天紅日來盪摩主
人有酒如金波玉壺影動鸊鵜螺小童覓我日且
夕中酒淺酌顏早酡泥瀼凍裂屐齒滑病脚駊騀
愁傾蹉城外人家半烟水茅茨雪壓人夜起鈌離

照見雪滿天小舫將水不可徒路絕難行湖口舫
河斷那領官家米長吏寧知漕輓北部坐視飢
寒死獨枯念此增慨傷萬間廣廈志上賜光澤在
人合努力況我與爾猶身處所嗟吝抱布衣願日
暮不得騁明堂作歌報爾向殘雪天風蕭蕭蕩斜
月

題壯士圖贈李九

李生少聚雲霄姿行年四十心不桀海畔棲遲發
狂態想像茲圖命人作朱旭畫手獨擅場經營萍

筆神飛揚寫君形憮絶肖似輔頰豆滿睛騰光問
君底事向人笑療奴手劍鳴寒韜熱血傾杯醉不
辭此時頓覺開懷抱吁嗟乎丈夫報德兼報仇禍
機雖首尤所求負心之人滿天地手中髑髏誰者
頭

寄家竹史

問知淺巷裏水到與階平花徑遊魚出風扉細浪
生

湖蝦

門出泥沙外提筐水面多不辭供野飯容想跳清
波微族潛鱗介春湖足細羅自繁淺窟宅垂釣意
如何

谷羅漢宮

蹋磴非山路推窗即大荒星辰疑上界幡節冷虛
堂海日行原隰江雲薄棟梁古來崇祀典齊魯正
蒼蒼

平河橋

昨歲經過地春風此暫留岸高低見屋波急緩停
舟曠野黃沙合遙村碧樹浮徘徊迷去住落日更
生愁

袁浦觀河

春風袁浦上此日見黃河萬里來荒塞千秋滾濁
波茫茫滄海去慘慘暮天多自昔疲民力空懷瓠
子歌

大父少參公墓

去城只十里修墓已三年白日穹碑露西風亂水
連松楸無厚地冠劍有遙天守冢何寥落諸孫愧

昔賢

送衛恐如之靈寶兼過洛陽

行李今晨發蕭蕭向北風馬蹄霜葉路城角暮天
鴻亂草荒隋苑長河抱漢宮好將羈客思吟入畫
圖中

過衛大非熊舊寓

七載春風路空悲雨鬢絲經過故人館憶共老僧
碁門照融霜日天寒落葉枝烏啼將暮後客夜燕
芳時

城西

萬古傷情地西風酒旆搖入冬稀綠樹映水自紅
橋問俗先歌舞傳花竟寂寥堅城摧砲火舊跡未
全銷

天寧寺夜雪

慘澹江雲合悲風暮雪天著衣初片片霑瓦漸娟
娟旋酒無淺酌荒郊有斷烟眼看添凍骨豈是兆
豐年

渡江

水落關常閉潮來路始通山光寒欲沒江勢遠疑
空去雁平依岸回帆對使風忽思涼露夜歸興復
寥中

江樓曉望呈戴無奇

層樓獨卧千峰集虛檻衝寒四望賒海氣漸開殘
月正江峯初出亂帆斜秋歸楚岸迷行色霜入吳
天改歲華惆悵移時又前路客窗回首憶君家

登報恩寺七佛閣

長干霜色淨寒烟梵閣懸梯鳥道邊七佛香雲垂

大地六朝花雨散諸天晴窗俯瞰登山路刦火滄
悲建寺年車馬喧繁更岑寂便於人境得安禪

鄧孝威話平山遺址

黃葉城西路頻經曳屐行寺前秋井出江外泉山
平自結曇摩室空傳太守名風流如可繼把酒一
含情

寄懷阮亭儀部

南國暮秋天征夫欲赴燕寄書將遠思分手歎彌
年穉昔開官閣同時會俊賢衰宗依末耀陋質借

餘妍愧紙上山爽春泉百丈懸酒闌無禮數遊處
有詩篇留覽稱兄忝神聽比衆堅生平恥干謁骨
肉託周旋引領垂莊舄蹉跎役祖鞭爪翻金絡索
標伏鐵連錢湖海容擒首謳吟漫徉狂外齊方左
顧內召忽喬遷錦柵辭淮曲瑤琴向日邊送行迷
白雁臨別問青瑣學稼寧既隱逃禪或避旗山精
吹夜火水怪嘯平田信宿鵁鶄艇虛無玳瑁筵魂
傷螢苑樹意盡鳳臺烟直北懷之子圖南望若仙
文章郎署重聲欬帝京傳芝草承麋出奇毛舞鳧

前綺窗翔玉燕珠殿亂金蟬勝事遲相賞幽棲只
自憐韶華將四十道路渺三千霜葉關河滿雲程
夢寐偏當風展紈扇素月待重圓

奉輓相國吳丈紫菴先生

當代留遺老前朝有大臣時艱推俊及世變偃經
綸伊昔登台輔同官失要津九皋淸是鶴一角瑞
爲麟象魏思由舊潢池待自新天心終厭蜀妖氣
竟纏秦旄鉞權雖赫熊羆列未陳國威虞挫折王
命問逡巡悒怏行閒詔倉皇徼外身南荒甘荷戟

北闕悵飛塵反棹依江左歸耕向海濱鼎湖瞻寞
寞朧日抱酸辛烏落哀長夜鵑啼拜莫春門原羅
鳥雀俗故賴陶甄道合荀陳契家連樂衛親嚴君
倩欵欵小子侮諄諄伏枕歎猶昨披帷訣送奠秋
郊翻雹雪帝座上星辰鄉黨誰先輩儀型幾哲人
永懷不復見揮涕滿衣巾

表弟吳夢祥小閣

野色荒城北名園綠水隈脩林爲小閣藝石上層
臺檻底天風度窗中釣艇來坐燒香不斷細細裊

花開

李四兄子膺携酒相過

經旬寒雨漲春湖愁坐空齋一事無白髮滿頭來
酒伴青錢挂杖走泥途兵戈尚報邊烽急語笑休
教夜燭孤我有江梅在亭北開時相覓細傾壺

江秋水小閣納涼

鬱蒸三伏日到此意蕭然小徑一園竹孤亭萬樹
蟬灑花疑雨氣欹枕夢秋天更欲留人醉氷輪未
夜懸

觀穫

平疇繞舍路非遙隔水移舟即渡橋刈罷籌車行
落日摘開桄桔響深宵稀星共抱明河轉片月潛
移將渚渺坐久草堂呼送酒滿杯凉露壓春潮

村居

高秋蘆白西風岸野日雞鳴東皋堂落杵紅鮮炊
粒軟登盤紫蟹擘螯香百年閒適驚遲莫十畝桑
麻學退藏歷盡沉陰回首望無邊征雁已隨陽
迷天江漢控荊門貔虎分旂十萬屯禁衛彊兵思

衔將中權弱冠倚王孫闢城舉礟飛黃霧鈴帳吹
笙進綠樽避地人來傳語誤鈿車南去欲銷魂
臺城殘柳亂烏啼鍾阜雲高壁壘迷一自上游飛
羽檄每愁都會入征鼙西風黃舞千林葉曲水青
流六代溪有女思家歸未得空饞俛首愧荆妻
村晚斜暉下野風故交疇昔感飛蓬登高帝子樓
邊月對酒維摩閣外鴻袁浦別來朱紱遠吳門歸
去素書空離居幾度遭重九亂插茱萸海縣東
今夏揚州城北住華生日踏寺門來非關禮數存

賓主只爲情親愛往廻散坐茂堂冰簟合經行斜
照竹園開分攜不覺秋垂盡吟向南鴻響亦哀
摧藏歲晚撫青瓊大父名高仕洪年出牧輶車隨
雨露歸來圖史富金錢杭州何忌丹心苦鉏野兵
殘白骨憐先德至今殊未耀夜凉憔悴酒尊邊
翠旂金鑰亦飄零麟角鵷雛遂杳冥老大看殘遊
舊屛藩柄歷遍短長亭天橫雁障秋光暮地近龍
潭霧雨腥萬事由來須任運一編且自學傳經
併縣兵戈堪避地老親貧飯共開顏偶逢[illegible]

無水但得寧居即是山少弟吟詩春草秀高兒
字夜鐙明時時喚婦開樽酒狂笑紅萸紫菊間

九日村中歸

令節東原上驚心早戒途蓬門關細雨烟艇入寒
湖岸帶蒹葭去天垂遠寺孤到城殊未暮猶及醉
茱萸

觀劇行

高堂翡帷鋪繡氈鏗鐘按鼓開華筵坐定酒行一
伶前次第奏伎爭便嬛服纖披文麗以鮮新歌縈

繚繞棟邊趙齣迭和容桑絃應律合節無微遺蛾
眉秀稚朱顏妍倚風綽態歛鈿蟬諸郎妓好垂髮
鬟中有玉童蹕兩肩倚波美目宜笑嫣翻身揚袂
如飛仙此時夜寒霜滿天金樽對月華燈然四座
其醉不欲旋主人襟度豪且賢敬愛賓客留必堅
寄情絲竹娛中年遐方戰鼓何關關湖干避地高
枕眠有壺鄰酴流春泉從君顧曲千慮捐飲酒豈
樂年壽延

卞耐菴携伎見過

荒城木落雁飛時木駕開筵卜夜遲照客紅鐙表
緑酒爭秋豪竹與哀絲必逢歌舞愁方去可歎頭
顱雪亂垂不是故人能洗愛客堂安得錦成帷

旅泊不寐

犬吠荒村雁語空寂無更漏有悲風離人酒醒寒
生被殘夜舟明月到篷欹枕霜天移歲序驚心戰
地走纖爐鄉園舊足耕鋤事斗柄俄看又指東

次召伯

荒荒驛路勞行役忽忽經過感歲年河水急輸南

去浪霜風爭送北來船草枯飢隼盤空澤日落孤
星挂晚天極目江關方轉戰莫教此地又烽烟

宿吳秉維家

不因江介走軍書僻縣誰邀上客車舊種竹松娛
寂寞偶過亭館愛蕭疎笋新未薦春湖筍留醉先
烹雪岸魚夜雨滿篷人穩臥須知酒病曉難除

不寐

殘冬憔悴揚州住少見晴光雨正飛寺裏寒燈相
對寂城中酒伴到來稀丁年如夢搔蓬鬢午夜長

醒攪絮衣好是新蒭家又熟空牽塵務未能歸

登大觀樓同朱秋厓陳水壑香雲堂別仙兄弟及舍弟有懷李湯孫家阮亭

傑閣岩嶤指大觀白田吟眺此中寬湖邊遠樹依
天細帆頂高風到面寒他日登臨春黯黯殊方朋
好路漫漫往來未息兵戈報烟景頻橫醉眼看

健忘

雲山客舍三秋夢風浪歸舟十日程將老健忘如
隔歲無端中酒忽傷情半牀書籍離披在永夜星
河慘淡橫起步松陰聽殘漏霜天欲報曉鐘聲

哭李方同

江船酒醒莫愁天從此忘形十九年隔日必蒙柔
翰問燈談長共小樓眠一時敍述文無敵萬里扶
搖事可憐遙夜寒窗折於邑淅颯吹雨到鐙前
芳樹板橋泉石新病中布襪五經春曲廊茶熟聞
碁子滿院花開見酒人正喜菟裘成小築俄驚鵩
鳥上承塵無情最是空園月依舊揚輝綠水濱

祈雨詞

纔見雲生日又開徧宗羣望禱風雷香烟百道東

邪入龍舌津頭借水來

泰州旅次喬雲堂投詩索和兼呈胥丈巢民

早春時節薄寒天同泊東郊郭外船今日雨殘纔見月他鄉會少俟經年路當花嶼停雙屐杖指旗亭挂百錢水繪栢溪風物好欲鷩波鳥到門前

贈吳稼菴孝廉

疾風水國相逢地忽起河山異代愁濟世羣公仍責士開關諸將早封侯殊方空歷氷天雪老眼全孤瀛海秋四十餘年饒著作現酉露淚壓歸舟

登玉山寺來烟亭

出寺下危磴臨江坐小亭晚來潮漬濱東去海冥冥塔涌孤峯翠雲懸遠嶼青上游傳戰艦戍馬苦頻經

宿息浪菴

孤舟維夕照出郭未黃昏紺宇垂天壍金山對院門一庭將雨色半磴早潮痕久坐風威甚猶聞爭渡喧

自句曲之會城

盤輿塽出句城西石路初乾昨夜泥仙令已臨青鳥去神山真與赤霄齊岡邊灌木渓藏驛雨後流泉亂入谿回首向來悲遠道驛騮垂老負霜蹄

三茅宮

仙宮高倚長干外洞啓軒窗四望遙黃屋故陵猶北闕蒼松諸剎盡南朝臨江石壁遺雲斷下塔天花作雨飄永日醉歸城郭晚鳴鞞吹角意蕭條

弘濟寺觀音閣

江行望見山腰閣到閣臨山更望江雨氣垂天陰

絕壁潮聲吹地動寒幢迴崖栝柏潛遮洞極浦帆檣迥過窗却憶風波秋日惡坐看飛鳥去雙雙

京口詩

三山形勝千秋麗幾日木臨百感生青嶂霧開收海氣碧天風定走江聲蒲帆西上雲亭驛粉堞南横鐵甕城內地咽喉吳楚共水犀金翅正連營客窗日對妙高臺蜀水吞山萬里來霧起艨艟爭道入烟銷卿睨向江開何年梵刹無悲角終古神州有劫灰昨上孝然峯頂望海天空闊鳥飛迴

焦峯清絶不聞喧蒼翠周遭疊嶂昏萬點吳帆分
樹色一春巴雪洗山根朱方鶴化餘碑碣滄海龍
歸過寺門寂坐松陰發長嘯怒濤滚滚自乾坤
極目雲天杳靄間上游亦是此江山烽連岳麓銅
官渚餉走松滋鐵柱關謝豹三春啼峽口鰣魚五
月逆潮還驚心戰鼓殘陽外汀草沙禽向客閒

釜底

菰菰釜底一孤城木拔垣崩屢震驚日月決辰潛
碧落鼋鼉盡室飽蒼生未訴屏翳天長漏誰作司

空地不平來歲水衡金倍發築堤諸吏又横行

丙辰十月二十一日曉發

城烏歷亂帶霜啼起束輕裝月在西白髮親闈惟
拜父黃泉痛淚更關妻出門弱女牽衣住解縱空
天入眼迷折盡寸心無倚薄寒風哀雁數行低

客瓜洲不寐

所思終古判天涯君落難浮到漢槎一夕壺觴增
涕淚五更心事損年華鐙明古殿微聞磬漏罷荒
江遠吹笳帳轉寒衾意無賴愁憐兒女望還家

舍弟先歸

連牀賴汝欲離難點檢歸裝强勸餐今日别兄還
澤國一時思母泣江干風威漸作愁邊雪舟棹遲
行好耐寒料得心摧北堂上淚杯紅燭舊團欒

瓜洲雜詩

悵望寒河外淹流瓜渚間曉天懸片月晴雪點高
山噪樹群鴉亂摩空獨鶻閑江干數帆落旅客幾
時還

絶頂臨浮玉連檣赴海門揷天孤塔秀將雨衆山

昏久客因人作殘陽逆浪奔風威欺敗絮愁見拜
江豚

獨上高臺望烏沉月又升莫江無一葉荒岸有空
罾地盡迷山影風吹滿面冰歸遲更鼓發卧數客
偏能

雨雪時時作蓬飄久不歸他鄉逢小至永夜泣慈
闈閣外寒禽動牀頭敗葉飛向來無恙日回首恨
多違

宿金禹長宅

垂虹濃雲欲雪天相過深巷古城邊荒江縱酒人
如昨高燭圍棋夜似年浪迹喜逢東道主銜寒怕
上北風船君曾就卜湖濱宅重訪柴荊也可憐

西齋丁巳至己未詩

興化王仲儒景州著
闕里孔尚任東塘選

思母

銀燭光搖練婴深北風吹雪凍烏林難堪老境持
家苦未了中年悟道心軟語喚兒恩不再重泉依
婦影同沉春盤歲酒分明在獨進嚴親淚滿襟

悼內

斷絕塵緣未可諍寘寘終古隔重陰生遭歲儉家
貧累死負男婚女嫁心無復梳頭嗔中酒直須含

貝覓同衾風吹繐帳宵燈冷昨歲堂前不似今

送舍弟之泰興

早春荒渡見揚舲真爲飢驅別鯉庭難後弟兄彌
眷戀年來骨肉總飄零車停江郭林烟黑夢見慈
闈夜火青客舍掩扉堪努力昔人心事在傳經
汝去吾當日閉門竹籬松徑護苔痕銜悲每飯親
中饋勸學諸兒與細論雪盡汀洲無塞雁春分書
信有河豚酒間若遇張平子爲道長愁廢綠樽謂天

任先
生

舍弟臨發

留連苦語緩行裝忽報開帆各斷腸恰似夜寒霜
信作曉天風急雁無行

峴公房懷舍弟

微寒曳屐城西寺相對悽人坐日斜別後獨愁渾
似醉客中雖好不如家窮途早覺浮生夢春樹虛
繁小院花一上層樓遙極目蕭蕭風色起天涯

莫春雜詩

仗酒寬愁緒微酣已不勝溶溶春郭月慘慘夜臺
鐙忍淚憐嬌女覩容愧老僧平生醉中興到此失
飛騰

夙昔人常羨寒門樂不違婦能供酒食親並在庭
幃時節深堂聚歡呼遠道歸豈知生趣苦愁眼對
芳菲

枕上聞朝雨褰帷山復低春深庭樹發巷靜野烏
啼老婢工爭米荒田怕荷犁洪波猶在眼生事十
年迷

悼逝無虛日偷生忽暮春幾時重對案非歲正為
人易剪堂前燭難開鏡裏塵風來花片亂和淚點
衣巾

已度清明節東風尚帶寒獨居愁日暮萬感到春
殘地窄妨溝鑿天孤絕羽翰前林雙鳥宿羨汝一
枝安

身世逢摧拉乖傾仗弟扶他鄉人遠去累月影全
孤泥濕喧巢燕林昏叫哺烏不知江畔客安隱似
家無

慵起晨如病難眠夜似年牀空酒醒後窗冷月明
邊流轉悲陳迹嗟吁就短篇此生殊慘淡那禁白
髮煎

米盡求釵釧開箱一亦無餘來貧益甚老去境偏
孤暗牖塵凝隙空庖日轉隅多藏能宦達冠蓋駭
通衢

一水來西極奔濤萬里愁無門堪就下有地任橫
流魚鱉諸州得金錢小吏求潰堤臨澤國屏息俟
清秋

黽勉今無婦悲推自理生涔飢愁歲事盡室賴春
耕故舊虛蒙問文章浪有名食貧吾黨在高咏一
含情
尚憶垂髫日初經戰伐年老親思避世晚磬學栖
禪幔卷浮香細梅肥得雨鮮所居仍故院此意久
茫然
缺月花仍謝當軒草欲刪百年悲物變一夕送春
還路絕浮雲外形孤暮雨間鏡中頭白盡翻羨鬢
毛班

呈岘公
疾作微軀瘦自驚眼中何事免傷情增寒伏枕將
三月獨夜然鐙盡五更不見母憑烏几問似聞妻
傍素帷行餘生倚著終無處乞借慈航出化城

同諸子書院看花
相國祠堂老僧住手種雜花礙行路一枝芍藥倍
鮮妍開時恰與初晴遇好友看花各有興憐我寂
寞邀同赴晝長昏昏正饒睡嬌女隔幔喚姊寤屏
當肴核酒在壺且逐羣遊散情愫孤城風靜乳鴉
鬧深院人語簷陰暮罷酒辭花又出門顧影悲酸
最難去

吳夢祥以若海艾山俱卧疾舍弟又之泰興
呼同涂紫峙竟日談讌遂成此詩
五月六月雨不休四野田疇又傾覆敢愁艱難到
卒歲眼見旦暮無饘粥敝篋空貯百篇詩先業惟
存數間屋昏昏堅卧失清晨闔來散帙當風讀中
表吳郎情意厚掃徑開園走小僕赫蹏䩄縷何所
云感惻纏綿露心腹比舍李君俱白頭論文命酒

過從熟沉陰十日不一顧同時伏枕增頻顣前者
凄其送弟行即今離索傷兄獨青天無光庭樹黑
鵓鳩雙啼雜鸜鵒亂雲崩杳如倒山洪波浸郭千
家哭對此悶知懷抱惡可歎閒寂嬰煩促書到君
當相就談坐中涂翁已不速我展斯言三歎息披
衣急過清溪曲放言終日酒仍陳荒崖暗月穿叢
竹忽憶前宵歡聚時黯然且覆手中卮酒徒歷歷
皆安在人生會少長苦離李君兄弟老更健轉盼
病起來追隨奕棋傾壺恣遊戲清秋吾弟江城至

九日孫汲山招登梅花嶺

秋殘逆旅逢佳節野曠悲歌逐酒徒衰草千霜沉劍珮寒河十里接茱萸鬭山戰苦烽仍急鴻雁天涯羽自孤借問風前雙短鬢蕭蕭還合正冠無

雨花臺拜方景二公祠

松聲尚抱南朝寺風滿空臺絕頂看是處馬蹄疑遠塞當年龍躍此長安江秋氣逼諸峯矗塔日光搖下界寒指點孤臣祠屋近魂歸應認故衣冠

贈何龍若

滄桑之後間關天下豪雄在耕釣白頭遺民今欲盡未銷間氣出年少何子初生洛鼎遷一珠晴吐京江耀韶姿與質超輩流不肯低首逐時好多才嗜古兼卓工詩歌篆籀尤神妙但逢窮交無所惜趑趄豈屑依權要壯遊屢走大漠還溯雪窟巢倚天嘯間將佳句寫作圖向人指點蘇卿廟只今僑居海陽郭空囊刺促誰堪告我來霜天生暮寒君過旅屋相看笑高談英偉四座驚多時塵俗君爲掃舉手恨無沽酒錢摩挲細石親雕鑿更許雲山落素執天機絕技知難報踟躕獨夜傷此情銀塘月墮疎窗明起行感念昨年事結交須記螺隱生蒞蒞異縣正離索欵門相就飽樽傾燈前屈指天下士早聞京江何鐵名萍蹤忽聚胡公里共時岸柳垂春水別去憂愁萬端集兩年荊潤荒湖裏我髩全斑君正青乾坤血戰將傾否休言三十不得志膂力方剛望吾子因君慷慨心復哀蟄龍何日生風雷故人海內並搖落皇天用意藏奇才人生悲歡忽異態區區且莫攖胸懷

贈夏次功

建邦以來兩貢士今則丁巳前丙戌露菊初班鎮院間廟堂特典超常格江都夏生名賢後此時高振凌風翮乃祖前朝真孝廉倜儻孤清結奇客篤日九闕萬事乖枋國私人長奸慝誓整皇輿大保民再覩仁宣全盛日許身稷契志未伸經綸合付兒孫述夏生好古自弱歲圖史詩歌富才力俛俯安能狗流俗手中柔翰如鐵屈吟成長歎空自知著書不信窮愁釋忽過山東王阮亭樹幟江左妙

論文布衣孰者最稱賞汝與東關汪懋麟升沉一
旦雲泥隔汪五蚤踏東華塵而君壯大不得志丘
園瓠落甘賤貧濟南考績刻承明當途竟莫知夏
生今年我泛三山棹曾了射策聞君名白門鐘鳴
黃葉飛發呼撤棘秋光老看君驟脫樊籠去誰憐
廿載悲懷饗霜天訪我海陽城旅舍蕭晨閒亭沼
過從又值掛帆行蹉跎良會真潦倒我友李陸並
佳人與君往來說君好歲暮王翁銜雪歸殷勤傳
語催詩草君不見湖干王生短縕袍兩鬢颯颯飄

霜毛書田水田交失望鄉里小兒橫訾詈顯名奮
跡世所羨人生一第亦足豪吁嗟乎夏生一第烏
足豪作人須似乃祖高（李陸謂大郁懸圃王翁籛夫也）

過季端木寓留飲

暮天好月上青霄昨夜寒塘照寂寥獨往恰逢同
舍集滿沽真愛一鐙遥江鄉木澗來鮮鮐海國風
驚失俊鵰醉向歸途吟短句緩銜霜氣到河橋

萊陽周方山枉示五日之作次答

客自田橫山畔來隨身雄劍隱風雷詩吟五日千

秋恨廟訪三閭滿院苔何處汀洲芳杜發於今湘
水戰船開避兵績命蒼生急遲爾安危濟世才

送別盱眙令黃公仲丹

愁聽驪歌水驛邊知非久別亦凄然心揺祖餞春
回雨夢繞江山戰壘烟三月河鯈還入饌五湖風
鵠莫驚傳亂離無限關心事先爲慈親買墓田

送周方山返萊陽

生年四十餘各在天一方姓字尙未通何論道路
長翩翩雲中鶴荒陬忽飛翔布衣表真素孟夏登

我堂
登堂意寥濶未測子懷抱子偕婦翁來頗覺宋君
好歡笑未及旬長者別何早相送已後期脉脉傷
遠道
客亭子獨留來往無常期久交見情愫始歎心相
知深沉歷世途亮直恥諛辭沉愛慎所觀金石良
在茲
良工不耀能大知多冲虛沉思振柔翰卓絶班楊
徒舍質推衆長自謂一善無技癢聊發揮光映東

海隅

勉旃仰前路携手涕泗零丁年雖漸過努力及芳
晨不朽予所圖片言銘我心作事慎勿疎永奉艮
友箴

三日修禊東園

牛落糖花白交垂岸柳青每于春郭外望見此孤
亭小網登巖蛤微風上谷令朝朝逢酒病何計後
洸寘

寄黃公仲丹時將之萊陽過周方山

尺書一度下柴荊陶謝新詩久未廢別日艮苗微
雨潤窮秋荒郭亂鴻驚蛩飛菱芡湖邊宅馬向蓬
萊海畔城相遇故人煩問訊飢驅何地置狂生

己未初度

丹榴依舊照松關獨坐無聲滿袖班四載不隨慈
母去五更常別故妻還貧經水旱憐衰鬢老話功
名恥厚顏何日尚平婚嫁畢岩莬太華是家山

陵亭

孤城南走東陽道野店叢祠苦竹青未見楊王分

海縣先聞汴將戰陵亭雲沉鳥路千村暮風卷魚
骨一木屏愁絕全淮奔注日到簷高浪雨冥冥

瓠子角

三方犄角連兵地自昔圖形甲帳開入境早逢津
吏拜受降高擁戰旂迴西風斷岸橫商舶南浦空
波没戍臺今古興亡渾不異日窮烟鳥壯心哀

拱極臺

仙令已成華表鶴居人還上讀書臺央公湖口歸
帆急楚將山頭返照開繞郭漁罾牽弱柳隔池春

雲綻繁梅於今浪打荒城暮無復蘭舟載酒來

贈故司李湯惕菴先生

瓣香脉脉向南豐誰分蕭齋夜燭同松柏尚寒者
舊內雲霄開濟亂離中碑留蜀井迎殘日船過鍾
山拜故宮執憲仁風粗省憶樽前衰鬢昔兒童

輓李籀史

海內遺民少斯人今又亡急湍爭送臘寒日懶舒
光大業千春在前途萬慮荒騎龍遂司命共返白
雲鄉（時十二月廿四日）

雄辨千人廢高文百代興散蹄臯路駿騫翮凜秋鷹玉壁如長護金門定早登相韓恩未報拚作虎林僧

識面自童稚幾人歸下泉北堂初問道西寺正談禪渺渺啼烏夜昏昏舞彩年撫棺廻白首竪絶涙潺湲

西齋庚申至壬戌詩

興化王仲儒景州著

延令客來

東陽旅舍憶交歡分隔惟憑數紙看儆橐遠遊眞不易荒鄉相見竟非難花明酒煖三人醉話久更深雨炬寒肯駐舟航共晨夕風光猶喜未全殘

就客寓樓共卧

酒闌襆被爲君攜近接柴荆數武西古殿燈明殘

月下春城鐘散乳鴉啼夜來絮語奚童記夢去遊蹤客路迷起步虛簷懷往事東風芳草正萋萋

熊晛生黃惠臣送程載錫入郡有詩屬和

楚岸風花落又開行人將發酒頻催烟雲驟合湖邊驛去住同傾客裏杯別浦孤帆投暮郭重湖高浪走春雷蕭齋日莫傳書到知汝銜泥帶醉回

三日程載錫招同李子鴎諸子泛舟

楚客芳辰集平橋畫艇移水環山子廟花發左徒祠白屋歸雙燕青天卷一絲年年脩禊日空賦祓

愁詩

黄惠臣自郡抵家投贈扇果

故人來謝眷厚意問閑居酒病先嘗果春愁細作書傾蓋京露外榮翰碧山餘自失雞鳴婦無由報佩瑶

讀協菴易公所作相國吳文傳

登庸攀盜方雲集去國神州遂陸沉悍帥驕軍詭用命長虵封豕失成禽荷戈終鑒孤臣罪耕野惟縣一死心不狩千秋載論定龍門史筆有知音

寄李雨商

昔當弱冠肩隨慣籠鳥盆魚尚可憐快意雲霄先近日垂頭鄉井竟多年荒湖水漲饑仍薦重鎮秋深信始傳兵氣西南今未散知君勳業在籌邊

大家就養南征日官舫乘秋江水平鄂渚清風頹早悦樊山廣宴句還成爭看岳牧萊衣舞恰報湘君竹筍生一樣慈恩吾獨背瞻雲終歲倚芘荆

題顧臨邛草堂圖

別業林深原似畫主人詩好舊聞名幾時訪汝臨江屋也聽庄前打麥聲

舟中侯客即席作

斜風吹酒上征衣行李明朝定欲歸莫忘重來好時節黄花將放雁南飛

輕橈書槳泊沙汀話入離愁酒未醒不分好春無意緒將風吹汝過陵亭

友人席上聽役堂琵琶

華筵酒半奏新聲翡翠屏風阻目成恰似湘江春水綠曲終人影不分明

嘈嘈繁響落深堂四座無言欲斷腸不放蛾眉照紅蠟大堤花艷恐驚郎

通州白叟七十索贈句諸子皆善琵琶

華堂羅綺映清罇東望蓬山一水連酒半鵾絃齊入破滿天霜鶴向西飛

別喬雲堂

湖水連天會面稀風搖新柳燕初飛無端又遣離人醉八寶城東草草歸

送熊碗生程二黄四用楚辭起句

悲莫悲兮生別離登山臨水送將歸揚州此去無
多路一樣啣花燕子飛

水歎

彈丸在釜底多雨非所宜今年九夏天赤日光不
垂乖龍披驚瀑噴薄翻滄池累月勢未闌風起雲
更遮百川盛奔躍一綫摧長隄嘉禾渺然沒四野
號蒸黎
淫雨既不斷怒號多烈風郊圍少平陸小屋洪濤
中穴壁作圭竇膝行兼俯躬盪朐盡浮藻皺浪如

舞蓬壞木壓無聲男婦一夕空皇天莫愁思噫氣
能爲凶
不稽十餘年富者已盡貧我貧自樂歲焉得辭苦
辛黽勉事耕種心力困一春頓隨逝波去破甑仍
凝塵饑飽信有命天豈憚怨嗔夢遊平成世暫作
康衢人

雪夜羅亦蒿蔡稌若來飲

日隱荒天慘歲陰客亭蕭瑟少招尋三人別久萍
踪合一夕寒增雪片深短跋偏明垂老鬢寬杯聊

展欲歸心更闌莫話榮枯事荏苒泥途匪自今

酒後別蔡七

相逢客路見空囊濁酒殘更醉海陽明夜茱萸灣
口月一聲江笛斷人腸

送李瀉孫入郡赴余舊館

清霜小院談經地我去君來亦偶然遠雁愁人烏
榜外春鐙送客紫蘭前遊踪依約長于里生事然
疑大有年今日黃金殊不賤莫將文賦傲時賢

作家書後寄舍弟

風花水國逢寒食行李蕪城憶乍樓八口苦饑惟
望歲寸心乖老尚容愁高堂往事重淚斜景前
途泥泥舟兒說使君知過厚可能換汝救貂裘

何阜有牡丹

十年不到看花地垂老春深又一來逕鬢已非今
日換欄芳還似舊時開風光漸轉花紅藥階砌全
荒俯綠苔莫擬移根湖外去西鄰悶煞故園梅

立夏陳式萬衡泥來招飲

僧房長日閉門臥細雨驚風作送春老去流光偏

春戀愁中高會肯遼邈多時拚醉知吾病遠道衙
泥愧汝負豈爲吏鬧辭久坐巷頭嚴柝恐行人

周家先席上作

東亭地主能留客分日追歡坐不歸氣候作暄凍
雨過園林初夏乳鴉飛春潮綠蟻傾杯滿曉市黃
魚入饌肥況復平田少新稼多情損惠似君稀

季南宮招飲嘉樹園

名園不在郊遠愛蒼翠造主人美邀遊十日費覊
揣今晨方穩臥開呼起我早開門怪石落夾徑虬

枝猶穿轉向空澗宛迴入深窅綿延塵境斷結搆
抑何巧傲閣臨風潭危橋跨晴沼羅羅千章木娟
娟萬竿條連陰沈雲晦滿景浮光晶高花丹垂藤
枯幹綠纏繞蹊攀倦崖磴紆歷數洲島前登層峰
巔忽當喬林杪帶下睥睨伏野外川原小郊顧所
居堂迢遞辨微渺態殊意莫測勢險舌易撟賓朋
互引叫僮僕各絕倒安得雨滂沱一洗溪山好眞
州南郭園勝迹冠江表後來爾家上此樂吾鄉少
契闊二十年聚散泰淮道赤霄失孔翠黃金誤騕

褭羽鎩罷飛騰蹄躓竟衰老僕驅到珂里索飯類
瑤草感君念疇昔頻數置清醥解衣恣談笑頓覺
客愁了天末送殘陽暮色暄歸鳥把杯掉白頭身
世不自曉畢棲一枝陋聘眺雙眸瞭宦達須何時
肥遯以爲寶也願營菟裘醉別心如擣

印席贈戴應商次黃仙裳韻

五十離鄉六十歸一身深出萬重圍更無音信爲
鴻斷纔到芘荊乳燕飛白首荒江仍短髮背天終
古自朝暉相逢且任懵騰醉莫話關山擁鐵衣

延令端午

淹遲江介兼旬客潦倒泥途半百人白雨丹花逐
五日分蒲解黍泣雙親朋遊個個憐衰晚燕燕聚家
家競酒新風物故鄉曾不異朝來回首獨傷神

家與公兄以五日飲張芝園家索詩和

客裝跋履困征途愛客頻聞地主呼月令已除芒
種節風光又見避兵符贈雲何物帶愁得對酒他
鄉肯醉無大好舍人兄及弟江城細雨不曾孤

生日

強仕過來又八春五逢初度淚盈巾生無怙恃難
爲子日有窮愁莫問辰孫氏故妻除服久左家嬌
女寄書頻雨深江縣朝慵起鬢髮成絲歎此身

立秋日雨中張芝園送酒

江縣秋生雨氣凉酒徒博塞坐深堂正思酬勸連
宵醉忽落提携滿路香此會倒樽應不免何人洗
琖竟先嘗非君況愛知吾病遮莫羈愁耐夜長

別葛二揆需

湖干判袂忽三年兩月追隨九夏天落日舟同幽

徑坐清晨常到客林前臨分惆悵猶相戀異地星
河各自懸明發登車無限意憐君回首大江邊

寄題前浦呂半隱

霜天信宿吳州客蓬逕迴鄉里人半世閒鷗垂
老日殊方歸燕可憐春開從粉墨開青眼夢逐衣
冠拜紫宸一夕烟波非遠道閉門渾似隔風塵

南津暮發

南津薄暮東風急十里荒烟舟自乘異側依親如
望舍雨中吹淚總成冰衰年況瘁心頻折往事驚

思恨轉增四野天垂正昏黑空村遙炯夜臺鐙一

與周大方山

三霜旅雁又飛迴異縣麻衣相向哀白旐送親黃
壤去青山重汝素車來愁臨短景分寒郭夢把高
文走夜臺冰雪荒湖遙殘臘歸帆須待早春開

季大端木行過南亭廬次相別

南郊羈雁數行鳴別緒匆匆酒罷傾十里空村同
夜月半船殘雪下寒城愁中金盞難留客老去心
孤怕送行歸侍高堂將令弟道余分手最傷情

黃丈仲丹別後郵遞

幾日南亭住將行使我愁大河春雪路驛馬向中
州

徐槐江招賞海棠戲贈

酌酒城南好友家海棠春放數枝斜紅閨曾識劉
綱婦綽約臨風似此花

徐槐江送葡萄

凉颸昨夜葡萄院片月樓臺秋滿枝忽睹輕籠門
外寫纔分疎雨架頭垂嘗新未遺兒童喜薦熟先

深歲序悲醸酒仍聞香在甕大宛方法幾時知一

輓陳檢討其年

上天育羣材美者難長世雲表隨來鴻哀音自燕
薊殘宵星漢轉驚歎故人逝東南多秀民陽羡擅
絕麗垂髫少保愛拐管王風繼浩衍舉諸家縱橫
富新製摛文必盡態使事初不泥殊彩威鳳騫逸
響霜鶴唳舊史鈎闕遺方言摘瑣細晉最入陶鎔
宗匠服精鋭紅閨遊冶時白袷花晨憩廢苑走狐
狸寒春過舟枻雨篁山鬼笑颷輪澤隼厲故宮黍

油油寂歷銀海閉清笳仰長笛悲憤秋迢遞高堂
嬲鵾蝶濕燭麒麟厠酒酣自撾鼓歌發紛揚抉情
思繞幽曲笙磬落空際聲華動江關鬼物妒才藝
奩翼凌青霄蹭蹬艱一第絲絹任飄泊摩腹歷粗
糲盱望膝下兒煩苦身上癘鬚髯空美好道路盛
氛翳祇甘溝壑休詎作騰躍計姓名列薦牘華有
行謁　帝拜官　主恩厚定分寘數制簪筆金華
省始覺塵土雜未逮黍講幄日暮飛鵩至孤僕鼠
思愁旅覩蛛網繫跋涉此行難山丘何時瘞昔君

遊雉皐短棹蕪城秋法曹聞度燕未坐府投弃老
大失陵亭追歡若昆弟烏絲問結撰馬稱悲嵩滯
腳別五六年書信淚郵遞摧藏南濱心倉卒西川
涕朱門祭桑交白骨顧終惠栽羅平生作追琢金
石揭君死文不朽吾且萬千歲

寄國子祭酒家阮亭

長歎仰天行請陳別來苦不面十四春春風思袁
浦作幾強仕未氣將飛騰許陬分勞脊注先路纘
吾烈低垂青寘翅蹭蹬伏泥土衆好覘覘聲霜翮

非所取已之皆俗姿萬事亦闕略河伯信不仁直
筆日滄禹災沉俄埤塢堤斷一發黍邑里貫洪濤
人夢悲鵬觸屏騖逃黃鉞天滿其能補傷驚妖孽
作慘忠肯排羽巴蜀栽繹驛江淮遂蠲乍重脩朝
輸急延議輕纓組賢關既大啓銓曹亦統序忠非
弦高商功異荀寅賈衣馬小人有冠蓋君子千蹴
躅避道周收去莽嘗伍結契衛老蒼來往皆蓬戶
喜偕詩家流吟諷費范楮貧賤固士常慘變忽心
腐削杖橫凜秋寡餳判春應連歲歲大無參差

魚磬枯椰啼烏鴉空房竄蒼鼠中饋乍弱親璵府
葦婢侮側悃昭代美英俊氣挫叶夫子哲家恩襄
辦過鮑虎裔嶽崍亦衍諸峰率而俯平生所依歸
指匠紛接武俄頃雲泥殊特達及卑夼吹噓我誰
輿姓字世不數鬱儀逐奔輪多難并終宴爲衰負
艮治伊蔚痛何怙哀號聞秋杪流血此創巨念堤
正潰决糠覈落寒粹夏屋梁棟摧俅傷謬排拄一
錢不能行解推仗明府藹藹張稱清冰玉作肝腑
分光容纤生談笑色不抑甘棠深澈芾繁蔭抱環

堵以慈亻牛埋無力謀兒女婚嫁竟寂寥覩知孰
堪示賢批八九年依依但如背悃懇入京華就君
卜所安若今躋大僚學忘昔遊芷情殷眷今什地
絕鵷鸞侶更老帝者師斯榮由稽古扶風門下士
末席願終與桓文執牛耳未忍棄鄉替示我玉堂
吟照我金蓮炬斑鬢颯承弁沈醉更起舞神州方
晏安稱海貢筐筥五服崇文教六計嚴綏撫東南
沮洳區氏生等羈旅勿謂匪職司君身國霖雨向
來奉指麾伯仲見伊呂匡時無限略精白酬 聖

主得人圭可錫待君登台輔

雨中作

閉久身無力秋寒雨滿城昨宵村裏住湖上夕陽
明歸棹送雲氣空堦落木聲白來天道遠不用卜
陰晴

稻秧無水下種豆亦堪餐白露雨偏盛高原土不
乾多愁神智減慶室歲時闌小睡須杯酒青蔬厭
滿柈

欲仗友生力寬愁婚嫁催長貧無婦歎故態有人

猜萬事秋聲裏雙扉夕掩開不知新雁到誰帶素
書來

瑣細操針線燈前弱女勞蟻香貧後少蛩語夜深
高嬌可容饑婢寒方典縕袍室中無長物猶挂呂
虔刀

史卜周家看菊即席作

烟雲開爽氣窈窕入寒林不對高秋色應傷歲晚
心坐令燈影亂醉耐酒杯深十日花全放霜天許
重尋

秋興十首

平生蕭瑟今遲暮窮巷悲歌又早秋日御貫投葱嶺去江聲爭下海門流三霜草土摧蓬鬢四壁苔花映蒯緱昨夕故人吟好句風前諷誦不勝愁

金風吹雁過淮瀆八月青霄變夏雲野岸荻花初瑟瑟空堦槐葉忽紛紛半生楚澤成魚服千里燕臺隔馬群有客款門聊快意深燈遙夜恣論文

蒸藜釀秫足生涯懶臥遙巡樹影斜欲卷輕裝銜雨雪愁飄短鬢犯風沙雞豚白屋閒閒地浦溆紅

渠處處家但使簡朋秋再熟好憑歌嘯送年華

漢池憶昔弄秦戈回首滄桑胸眼過祇爲村舂哀啅雀頓教宮樹繁鳴駝黃雲盡合冰天雪赤日春沉淪海波水毀木飢發不細救災術吏近如何

蒹葭野水日潺潺樓櫓南征昨歲還印笮馬牛芻輓盡巫巴朝暮雨雲開曾令龍種哀金椎枉抱雕弓入玉關轉戰十年餘白骨西風禾黍感衰顏

配天山岳迴崔嵬俘獻閭陵帳殿開駝馬弓刀隨羽獵綺羅歌舞龍樓臺行厨一夕千金費絕域重關萬乘迴屈蹕詞臣爭作賦風流都是子雲才

名王淸讌啟朱扉壯士京秋卷鐵衣今日夕烽無警急邊頃中使播恩輝輕徭解網文何盛類帝曆宗禮不違寂寞故陵來望祀騎郊凍雨四天飛

黃葉長干無限路五年不上寺傍亭神山暮靄高秋紫芳渡寒烟一水青雨帆拂磯江颯颯風燈抱堵月冥冥杜陵野老頻唐甚還望湘川賦獨醒

蕭條淮泗失朝宗極望茫烟盡楚封絕漢九關連虎豹秋風萬里肅魚龍潮來島嶼天何處船下滄

溟路幾重雲鳥萩荻西日暮柴門燈火又鳴蛩

無邊雨氣作秋陰暫霽開軒抱膝吟桑棟曳空驚見其終河垂曉獨横參旗蘆歲晚驕天末江湖人來話夜深客醉妹方雖自樂酒酣還起故園心

平音諸子來飲菊下

摧藏猶有三秋興乞得鄰僧數種花背日簾疏光自亂懸燈風靜影還斜素心諸子來狂笑老鬢繁霜感歲華前怨中厨供給薄等閒徐步就貧家

飲任念紹菊下

多時不踏幽齋徑露菊移栽忽滿堂老去愛花心
偕苦秋深得酒夜總長參差艷蕋須高燭塊壘孤
懷喜急觴席罷更兼明日約恐扶殘醉步斜陽

朱與偕書來

連陰終日閉蓬門小豎傳書戶外喧野岸冬泥露
竹笋江鄉春網落河豚味添飯甑中厨潤香芋餅
膠細雨昏湖畔菱蒲芽正發扁舟何惜遠相存

俞錦泉招觀家樂

法曲當杯那易聞哀絲豪竹漫紛紛朦朧老眼非
闌醉滿坐陽臺夢裏雲
遮莫嚴城戍鼓催留人深夜肯教廻狂言欲發還
禁住不是分司御史來

西齋癸亥詩

興化王仲儒景州著
受業黃吉暹仲賓校

元日

昨夜雨隨風明星動遠空我生餓五十他日自兒
童時俗輕衰齒艱危老薄躬祇逢元旦雪歡喜卜
年豐
厥擬投人去徘徊興又闌官曹文具盛世路直躬
難任性原非傲長貧且自安春風不相棄早已氾
崇蘭

奉答徐大令紫崎枉駕草堂

春寒淑景過元夕日來蓬門閉索居貧賤只饒文
酒樂追隨不歎友朋疎半庭香草薇苔雪粗飯催
烹出網魚見說客帆將遠適豈嫌頻數到吾廬

春感

雪消微雨益春寒雨日茅簷滴未乾無事喜憑烏
几睡干人畏展素書看花前顧影遺衰鬢酒後搔
頭脫小冠早歲心期渾不記故交衣馬自長安

欲散憂端仗濁醪正悲吾土寄洪濤狂霖秋偃青
禾盡急雪春添白浪高安得涂泥長反宅莫教城
市再容刀司空又拜溫綸出努力堅酬眷慮勞

三日集適齋

令節寒如此朝暉不肯開幾時浮艇去亭午看花
來萬事貧難遣三春雨亂催傷多仍盡醉敧側夜
扶迴

次韻送吳聽翁遊粤東訪吳伯成司馬

此別關山欲判年江帆萬里下蒼烟洲臨漲海紅

垂荔香散蠻花白滿田爲訪雙旌過遠徼休教一
老滯南天向書情好能多贈酒伴都添挂杖錢

送浮村上人遊天童

浮公乞我吟新句欲泛錢塘問武陵古佛舊懸寧
海日名山遥遲過江僧千花礙塔迷雙屐七祖求
禪見一燈難向空天生遠異翠微從汝撥雲登

送毛聖羽廣文之官荔浦

昭潭龍嶽五千里垂老孤帆今日行海縣十年如
故國炎風雙淚盡平生鴂音不點池邊樹梟鳥徐

飛嶺外城一片穹碑吾道在江關回首重含情

夜雨

老夫獨酌轉成醒燈際流泉苦怕聽半世我辰秋
颯颯中宵甲子雨冥冥紙窗蟲響孤燈白野水魚
跳短穗青太息凍饑三十口江天雙槳故難停

將之南劍明府張蔚生先生枉餞明府福清人

琴堂長日寡遊頻寵餞開軒禮數新水陸細詢將
去路關山重感未歸人燈紅酒碧心偏楚露白楓
青夢在閩莫定逢迎何處是蕭蕭孤劍信風塵

夜坐

涼夜臨階坐嚴城未起更海雲頻斷續河漢不分
明病易乘衰氣貧難信遠行東村猶刈稻苦望一
秋晴

遣次兒泰松穫稻

汝今須學稼莫誤學文章七月天幾碧孤村稻半
黃稀疎垂積水早晚待舂糧好去聽桔槔班班轉
夜涼

喜程載錫至余將之南劍未行

汝定來何日余應久在途愆期人忽聚昨夜夢偏無童子驚相報衰翁起自呼盤飧從小婦先算滿餅沽

留別張明府

也愛鄉園好南征不自由貧家兒女大晚歲雪霜愁城抱千村水江邀一葉舟空裝無計發料理賴君侯

感君憂觸熱留我到秋天客舫風凉進鄉愁日夕牽青山新遠道白屋舊荒年過別蕪城弟饑驅兩

敝廬

井邑羅丹嶂鐔州公符鄉一肩秋度嶺千里夢登堂漲海來魚市炎方去雁行長途共僮僕客夜感茲茲

留別諸親友及舍弟

雞鳴披幃起惆悵臨前除皎皎半弓月照我先人廬敝廬何所有散帙惟詩書閉關物不爭游息心可娛胡爲輕遠涉行與骨肉疏當暑三伏殘計程千里餘

親在不遠遊親沒煎百慮兒女羅我前焉能不相顧青春結髮人掩鏡即泉路沉哭慕炎瓊游饑走儒素迢迢閩海秋榕橘千萬樹浮雲暮北征遊子朝南去

封侯須及壯快意須及强頭上少黑絲興發徒慨慷在家守妻孥神采焉能揚布被晝盡穿一算不得長人生如天運倏忽更雨暘仰視光景殊愚夫怪非常

劍津華陽山相去不甚遠我祖牧三峯山泉似餓

建遥望奔白牛餓虯喬林偃先期戒舟楫拯溺恩豈淺遺愛垂百年不隨陵谷轉孫子老初來誰歎逢迎晚（前已酉年先少參公令順昌值大水甾方拯援救活無算事載郡志）

中夏思戒途荏苒秋將仲三月須共權我舍屬饜空同心二三子惜別頻殷重勸客寄荷葉解暑紅春甕東舍復西家夕夕歡娛共未知歸何狀厚意愧相送

兄弟無他人同胞一勿齋臨當遠離別遊處翻不偕伊昔侍高堂追逐如嬰孩行邁必相依在近必

早向豈知千里道獨往無朋儕念我平生歡垂涕盈襟懷

登舟作

交秋彌三旬暑濕轉鬱熱其占則雷雨先之必風烈親朋昨送我清濁槛互挈治行雖不悶意厚欲何說敕廚細擘蟹桀味更羞鱉流汗俯北戶思見寒泉冽暘曜忽沈光曠莽朱電掣豐隆逐羣動萬盤一奔決凉氣稍蕭疎炎威竟衰歇爽生四座歡不覺深夜竭送客高槐陰月出兒女列惓惓勸加

餐急理北歸轍長路能發人滿念頭上半好語傷我懷揮手今始別于役非王程登舟寸心折

揚州別舍弟兼示兒輩

殘月在舍東群雞亂將曉我當取長途行色何草草年凶裝囊薄士賤贈遺少愛弟遮我留欲去不得早追隨兩小兒話別傷吾老舍傍佩我弟念我先祖考素業餘一經清門向來好書田荒於水驅迫就遠道徒然煎肝肺且復散懷抱訪舊古城南開筵出芳醥燕樂悲須臾燈前欲天表明星秋郭

峽獨客江船小非我同父人離顏豈枯槁

陳式萬杜餞平山

城西烟水又新秋送棠青青好盪舟轉過紅橋山勢出鏡盤飄下洗妝樓經年海曲足離情相見揚州送我行屈指秋中到南劍一輪天鏡兩頭明

瓜渚感逝

余丙辰夏寓京口其冬來瓜渚則母妻並逝今七八年而先君又見背三年矣此地故人十耐庵亦沒

玉山宿留悲歌地不到京江七八年短袖未乾終古淚寒濤仍捲夕陽天經過況復親朋減懷抱空餘子女牽觸忤高風搖槳去一椽思寄亂雲邊

渡江

渡頭雙槳蕩空天風甚還憑小艇牽吳楚對浮秋浪外金焦交墮客帆前通湖舊急關城餉到海今餘水戰船滾滾朝宗催節序中流悲憶過江年

過丹陽不得訪二蔡 蔡芬谿若 蔡荅蔚若

我昨經練塘行年未三十朱顏一以摧曉鏡霜亂

入雨過南徐宿百里雲陽隔蔡侯好兄弟結契逈
在昔離居雖復久心情比金石相逢但歡笑擺落
寒暄跡新雪吹吳州伯氏來作客促坐竹火爐空
館無甘炙秋露還滿瓶蔬盤帶園鮮羅生亦蒿醉
歌哀嗟哉折羽翮更茂不肯去殘燭照愁色其後
音問稀玉曆忽三易京驛舟遠汎會倚崑山壁絮
語應不休旅魂行有適川途獨凝滯嚴城閉昏黑
仰天嗔星河臨汝後湖宅濁醪不散衆終夜苦轉
側口高雙櫓鳴已近毘陵驛

吳門呈涂紫峙

曾期雁後過君話今到吳閶雁未來十載心孤三
月別兩人天遠一樽開佳香交野臨風度竹影添
窗待雨栽敝邑親知長倚望芳辰抛却讀書臺君在吾邑每逢佳日必相呼登北臺

發胥門

竟夜胥門柝時兼鼓吹聽櫓搖波動枕舟熱臥看
星近晦月微白向晨山漸青夢中過震澤驚起望
空冥

次嘉興

楚客迢迢獨放舟江南風物坐銷愁殘星急櫓辭
吳苑落日危檣犯秀州醉里故城羅綺夜衰公遺
宅鼓鐘秋侍郎邂逅憐才甚問字無緣信宿留謂曹秋岳前輩

石門感述

外父解蝶齋先生故治也其時余婦尚幼今已久歸窀穸而外家以貧不克葬悲夫

齊綠穠桑入越天石門回首義熙年銅符一命酬
書卷盡嬰多春少墓田異代衣冠如逝水當時城

郭又秋烟紅閨婉變從覩日猶在盈盈十五前

雙橋道中

霞起遠岫明雲來落山急把酒看青楓柔櫓去不
息

雨次杭州賃寓湖上

席重金欲郭舟輕竹度闘白曾聞越女青未見吳
山抱樹雲下葉臨湖屋一間盡開窗戶望終日水
潺潺

垂老滄江客淸秋明聖湖雨來山盡失雲動恰仍

無歷歷浮查小沉沉遠郭孤東岩西域冢獨得伊
樵燕湖上獨一山樹林蓊鬱云同回墓兵不敢犯
天邊靈隱寺今夕近孤燈客醉梁溪酒山思射瀆
僧空香吹碧嶂病脚覓紅藤無奈銜泥怯高峯負
一登謂頭授大師

登孤山

客窗從倚窮秋望彷彿亭陰碧樹間細雨滿湖搖
小艇短筇一箇上孤山齋鐘刹寺人如在劫火乾
坤鶴不還再拜四賢祠屋下蒼茫身世動愁顏

西齋癸亥詩　十　夢華山房

宿春渚

昏曉籠烟雨乘潮迅江路秋風能娛人夜挂片帆
去雲陰漸離披石角稍呈露俯愛中流折仰駭群
峯互巑岏近悲迎突兀遠勢赴門閘疑洪波屢迴
出危渡參差富春堞杳冥赤亭樹豈知高灘內亦
有市廛處坐困菰蘆鄉日想溪山趣對此心神舒
悵然行藏悞

桐廬道中

孤帆越桐溪江流漸驚急群水來上游混混走亂
石觸淺聲始怒阻隘勢彌激洶若海瀾翻我舟忽
颼疾倏然頃兩崖遞巡未移尺盤渦旣螺旋跳波
亦驚立撫柁爭便風風微棹仍澁生事久錯迕艱
險從此歷沉吟行百丈裊裊牽秋色

龍游道中書寄舍弟

秋風驛路兩經旬絕麗江山憶富春水下浙東全
側注灘臨閩北盡橫陳衰年不信舟千里故國偏
懸月半輪午夜酒醒中曲亂幾迴撫枕到蕭晨
搖落誰稱大布衣躬耕吟望事全非年來隴畔惟

西齋癸亥詩　十一　夢華山房

魚鳥共天邊少雁歸月令露寒雷殷殷風燈舟
夜而宿霍九龍山下頓回首不見潛虬出穴飛
在昔西林支遁合茶香長日話湖山江郎已落秋
星曉天姥猶沉海霧閒慘淡冬春舟漫人應無終
古錫飛還燕風澄畔傳衣冷挂杖談堂泐竹班睍謂
山禪師第五句用船子和尚事
向憶郎官奉使年周規兄弟足留連山僧午磬行
尋寺亭抱風篁坐聽泉六吹炎氷人易老兩依師
友事堪憐不知董相祠邊客馬首何時北指燕今謂

弟

發清湖

山店與誰晨遺暑今始散陰森入叢樾俯仰上絕岸雨收京飔外雲壓危峯半往來負擔會勞逸車徒判越嶺何嵯峩閩嶠尚霄漢回頭憐我僕脚軟行步亂日斜投逆旅慰問更悲歎明發度霞關跑勉逐征軺

江郎山

細雨灑征袂回轉崖坡間中天浮青翠始見江郎

山側成三高峯其下列岫環簇銳惜不露濕雲行未殘上有碧蓮花開謝無人看秀色落車前倏失又却還巍然毘溪鎮峻絕何由攀飛背亦彷無物如草管化作石凌空萬古峙蒼顛

仙霞關

天窄不得平四面山靈逞徒御愁蹐攀色變白窅嶺收脚躡危磴失墜戒俄頃奔湍常號怒陰洞未暇靜參錯松栝林間以修篁挺力盡仍盤迴疑惑無絕頂萬象忽摧崩巍然俯龍井從來守在德阻隘豈要領祇今血戰休捫蘼散憂傲哀黹勞行役斜日逐清景緬憶舊漁竿重淵理烟艇

大楓嶺

我有棲逸思俯陋遂所向秋風度諸嶺日夕心眼放已從霞關下更攀青楓上半崖補危棧一徑裊變嶂登頓昧崇庳瞻矚喜清曠盡圻入閩封壁色忽殊狀喬林錯森秀峽角爭佚宕流泉響虛照崩石濺寒浪安得孤筇亭息偃托几杖此意祇茲然憑高默怊悵

漁梁

越嶺昨行盡今程指閩鄉高嶺罷蹐攀輿夫氣飛揚星奔倏健步未暮投漁梁陰風忽慘悽細雨絲颺颺獨倚店門望我僕遠故故出門迎花首萬山連天長崔嵬浮雲黑漸灘鶩沙黃往來人漸稀落日畏虎狼浩歎正無賴僕至相扶將小屋鄰豕牢編竹為垣牆爭食猛交噬聲惡搖成牀夜分不得寐攬衣遲晨光何似在家安展轉情內傷

宿漁梁

中秋明月夜將圓細雨隨風卷暮烟忽憶故鄉回首望萬峯遮盡北邊天

嶺頭日日問漁梁到得漁梁意轉傷店裏支頤人語雜孤燈今夜是關鄉

建溪

夙興倚曉天白日動川霧船舷受棧縴下瀨恐迅去驚湍鬱瀆瀑怪石雜邪豎篙工汗被體揮手左右顧欹側避觝觸㭊撇一綫誤須臾失走險蕩槳如脫兎飯熟方沃盥心神徐復故前途森亂峯洶

洶波又怒太息屢乘危焉能徑飛渡委身任險夷定分安吾素

由浦城至建寧作

秋節又逢三五夕孤踪初入八閩天山高華月遲遲上俗異春燈對對懸逆旅主人供薄酒故園兄弟在芳筵槐堂露下清陰轉回首重關路幾千

城南南浦浦城橋橋近山城跨浦遙萬壑流平秋蕩蕩千林涼動曉蕭蕭雕闌蛛網無踪跡古穴能宮已寂寥牧馬閒嘶烏鴨亂居人爭說戰氛銷去以居人爲予言如此

霧擁扶桑黯不開多年犀兕亂雄猜尚書節斧宵威下絕島戈船送欵來何處鮫人傳涕淚空然蜃氣吐樓臺全歸郡縣天王地日落蒼山白首回

維舟日日青山下憶弟懷鄉感歎多歸夢那能超峻嶺空天原共挂明河秋晴稻晚催奴穫蟹壯菱鮮喜客過忽聽灘聲驚顧久數家燈火出烟蘿

南入甌寧險益增川途彌望石稜稜微開斷峽容舟落亂插昏崖使浪崩放溜貪看翻白雪鬭湍苦

憶策紅藤晚來買酒酬三老回斡盤渦爾最能

登先鋒樓　斜後唐招討使李儀

旅懷蕭瑟向湍秋來上先鋒百尺樓鬼馬與時鳴鐵甲神燈終古出鐔州東溪水落灘聲小北嶺風高鳥道愁罷酒憑闌重惆悵霜天何日理歸舟

送徐桐封器子歸里

正愁短札無人寄得附君還喜又悲遠道此行真浪跡他鄉小弟最懷思秋高手失登盤蟹歸杳心傷滿篋詩到日幸過寒舍問西堂桂蘂發何枝

復慰二徐子

露下衙齋欲二更，酒闌欸欸話歸程。霜風飄颯漁梁嶺，水驛微茫槜李城。負笈經過無限路，封書憑寄若爲情。君家廉吏冰壺冷，莫怨孤舟一葉輕。

九日登明瑟閣

衰年蹤跡入炎方，白紵秋淩尚未涼。放眼溪山將兩月，驚心節序已重陽。高城過雨催登閣，疊嶂連雲省望鄉。寂寞柴荆東海畔，古槐殘葉下空堂。

忽漫投人遠徼來，風烟千里一登臺。虬松出石當

樓去，雉堞凌空抱嶺迴。故國天長鴻雁斷，誰家秋好菊花開。昨年兄弟寒河上，日暮憑高有底哀。

秋感

蒼凉滿目西飛日，飄泊千山南劍州。地生淡杯容勸客，天涯好月不銷愁。烟波有夢通青嶂，藥餌無方變白頭。昨在華筵發狂態，蘭宵繡被此生休。

舍弟揚州歸未歸，江天蘆白雁爭飛。萬山獨夜懷渠苦，千里離羣在昔稀。顏面淒凉垂旅橐，心魂飄颻到親闈。吟蛩切切秋燈下，老淚無端濕敝衣。

四山寒雨晝兼宵，聽漏傳餐度寂寥。潭卧雙龍天漠漠，峯盤小鷲寺迢迢。愁思荻岸吟吳榜，歸路楓林夢浙潮。一笑平生無好况，布袍依舊颯風颸。

遥夜心驚風怒號，滿壺空自汎香醪。客慚阮籍言能慎，官想王尊掾失豪。嶺樹千重迷驛道，蜃樓萬態走兒曹。惟思一蕩螺江槳，烏石金鰲策杖高。

不見談詩螺隱生，高秋風物迥寒城。飄零小院黃花色，分隔淡杯白首情。可有征輪看北上，更無飛雁到南平。故人好起漳濱疾，幾度河橋踏月行。謂大

郡許令弟擬北行而不果前又抱恙

太史樓船汎森茫，雲符使節擁恩光。尼懸絕島天朝地，冊授中山舟服王。萬里歸旌搖海日，九峯蔚容驚寒霜。家書在篋思相見，一醉榕城半嶺傍。謂汪梅齋

鑾江朔雪天寧寺，日瘦溪山淶合府。青鬟短衣寒色重，絳帷高燭曉光遲。錐囊穎脱蒙殊遇，劍匣鋒藏感獨知。閩海龍門生死隔，關河回首涕交垂。謂學憲孫天閑先生

送汪悔齋册封琉球

率土歸王制光天煥聖圖森羅荒服闕藉在小邦
孤詔簡金閨彥恩傳玉陛符霜秋辭魏闕川路問
彭湖雲錦旋徒御星旄擁軸轤潮平禪海定波輭
興風無緣筆瀉常戲仙山鶴易呼氣黃知近國烟
白喜遵途豎節群龍伏隨軒萬馬趨禮成求妙製
裒薄見名儒題石高華頂囘檣賈盎隅外寧今有
慶將千更陳謨

呈徐山甫先生

遠憶扶風帳來聽單父琴瓏苗蘇雨氣潭水決冰
心茂宰臨花縣名賢指劍鐔孔公一月醉揚子四
知金案牘閒酬酢神明凜戒箴本非塵俗吏雅著
海山吟鎮靜何妨簡周防見厥深撰銓開都儆搖
首對朝簪地少烟霞侶庭饒橘柚陰委懷遊廣莫
無意問升沉日想顏方少霜憐鬢久侵執經空在
昔落魄遠如今渺渺江蘆影迢迢寒雁音孤蓬凌
霧峽有弟隔雲岑磴險勞徐步杯寬教淺斟漸驚
殘歲序只念故園林節度冬廻斗筵長夜轉參好

香舒晚蕙清吹響春禽稷稷形徒搆閒閒道自任
當年空作計欲徧九州霖

獨立

初冬天氣始新涼紅葉山頭未受霜獨立日斜懷
故國無端身老落炎方盤飧海味官廚少舟楫灘
聲水驛長於越到今千里外更從千里望錢塘

因入都人寄保定吳僉憲大兄

留滯延津客蒼茫上谷書關山悲遠道兄弟苦離
居冀北霜先凍天南木未疎懸知有家信只問勝

湖漁

旅次昔今日低垂鬼白頭所視無舊狀何計有歸
舟此消[illegible]史覺存山滿月愁崢嶸冬已半今歲在

錦州

小弟故園住竹期過北平人非甘作客事獨急謀
生婚嫁催貧老波濤撼縣城君候吾骨肉感激仗
扶傾

和施當時草堂詩

南劍饒山水幽人任卜居徑香冬放蕙灘響夜歸

漁僻遠燹端少心神靜者舒眼看頻易主夏屋漫
渠渠

鐔州雜詩

二溪劍歸閣路入九仙山垠堮崩湍裏闌干絕岸
間畏方空自到神物竟無還宋代遺碑石昏昏碧
蘚斑

絕磴龍山上空庭見一樓攀躋終不到筋力老應
休井里蒼藤下城牆碧嶂頭此邦真地險攻伐毋
無愁

龍山山一半直上道南祠遺像衣冠古虛唇日月
邏薄霄紅燭樹諸岫碧巖碑後死誰堪繼斯文實
在茲

戰船制泛海驛馬夕安塘水擊鵬雲大天低鳥路
長論功從將帥請餉有封章莫令承平日王師又
裹瘡

邏勝宜明翠秋陰引客登一松孤倚海千嶂互馮
陵水檻沉溪鳥風樓閃佛燈誰知入城郭更在最
高層

至後南平雪人言往歲無紫崖天一色青草徑從
鋪藍日迷寒望迴風犯酒壺遠悲東海畔舟楫閉
重湖

聞說西郊外蕭公洞壑長巒蒸猶挾纊空翠盡霧
裳日月窺中界風雷出兩牆凜寒難問道惆悵失
炎方

山多名不辨上殿最高寒磴絕行人少天晴積雪
乾僧扉依木末齋磬杳雲端鎮日牽塵慮深樓羨
汝安

城隅施處士亂後製青衫衣母稚備筐迎賓自荷
鋤野風吹几榻落日對巉巖相過無車馬門前草
不芟

寄舍弟

封書寄汝向大淵獨對蒼山欲午時十月家鄉寒
信早七閩氣候烈風遲閩巷小院飛蝴蝶被酒空
房數株梔子催鵲萃高人漢不須飄縷話歸期

同毛蔚廬吳南泉過施當時草堂

冬深閩嶠風饒烈照月羇栖損客顏偶挈芳醪尋

勝侶因過萃館看寒山城樓下帶烟灘黑關道高
合雪樹殷見說斜陽更清絕犬晴仍許叩柴關

登龍山

聃覡連山南劍城道南祠畔遶山行四天峨嶂三
溪小一壑樓臺萬木傾磴草過霜浮日氣水門通
竹走泉聲誰言東壁間懷抱塊壘乾坤正未平

至日

至日占農事宜霜喜歲豐天南簷瓦白未必故園
同

聞笛

籬外春光早觸人正憶家不須吹折柳昨夜落梅
花

王笛喝之邊發百角悽

記得前秋歸思濃東溪一望路重重誰知臘盡人
猶在又上竹樓看九峯

歲暮

別家將半載爲客過千山酒渴開朱橘香新膾白
鵰友朋詩賦外心事去留間待到春燈後輕裝亦

自遣

累月家無信愁懷擾未閒泊船初泛菊祠寢已殘
梅易送流光去難逢好客來幾時廻短棹洗眼望

漁臺

風行趨庭日何知浪出遊萬山圍絕域雙淚落征
衰老焉經春剩深雖守歲愁柴門小兒女臘盡望

扁舟

寂寞年光去歸期來白壁山城無遠浪冬樹有繁
花不睡愁更動思春喜日斜五廻南欲月清影到

貧家

偶然作

生平送別侶品笑佣百個客合時獨坐古酒頻有
餘道條氏所歡累月與我陳閒閒飄素髮揮揮撥
紅燭同夫告階酒愛與我友但醉宴既過度豪敍
亦未除不遑裝叔則誰念孫季節

日出如春曉片雲曳輕風蘭蕙含新意蛺蝶遊房
櫳羈栖歸思紫鬱紆吾道窮譬彼陰崖冰不受陽
光融元化無歧施慘舒獨難同英英白梅花繁茸

滿牆東亭午硯薄絮桑弱山斜中舊曆除未竟寒
色在遠空枯新莫漫乘留以温薄貽

除夕

惟餘弱女共因依弟姪諸兒海縣違身在二千餘
里外心傷四十九年非便逢春色惟增老永負親
恩不用歸獨向燈前補玉屑酒痕淚點亂沾衣

西齋甲子詩

興化王仲儒景州著

新安程道允載錫選

元旦

元旦今年半劍州殊方風物使人愁親朋遠笑栖
栖客兒女虛疑汎汎舟入手深杯還自醆凌空高
嶂幾曾遊朝來獨立龍潭上不見精靈見蒯緱

漫興

九日柴荆信春來始得看幼兒書近事小弟去長

安劍短龍吟細霜濃雁陣寒所期恐不遂行路似
吾難

閉戶聊呼僕開囊試數金千山來處遠一鳥去邊
深故國牛春水貧家滿客心早知思作門愁緒又
重尋

將去南平感懷有作

游子輕違道金飈走關山心想如轉輪側力影響
問古弔豈不期息義良獨難孤張素絃琴寥廓知
音歎晶輝中天月往復明我顏杳嶂四維交焉依

六翮還
南土律早暖正旦楊柳青桃李舒新葩寒梅久飄
苓蜕鷰如昨日曉天遠回星蝴蝶栩栩飛穿花過
前盤盛年不我再義馭無暫停身名假蹇餘老大
忍伶俜
我今不自揆衰白思用壯夢中疇昔歡陳人並無
恙萱草榮北堂瑶瑟坐相傍不知何年月秖覺形
神王魂交諸境眞心闘百慮姿欲爲凌雲翮一會
高風颺

日坐山泉中衰顏懶登覽閉戶繙書詩不覺逢萬
感家鄉渺天末春望猶陰慘淹逝自節感起行視
西崦君子愼素履世路方習坎
久住應郗郗出門常恐逝殊俗如荒村氣候又不
時冬衣仍單衣雨裘更披人情頗相似儵忽變
所爲今我固決行儔與儔侶辭山川浩以長能不
感嗟離
雷
今宵兼昨夜雷雨未曾閒出地搏元氣鞭雲碾亂

山邊窗滚颯颯灘石助潺潺龍女猶憑險無心縱
客還
夜雨不寐
閩天嵐氣盛出起仰隨風遠道春山外衰容夜雨
中予錢何日謝婦班向年空淹泊憐高臥朝瞰望
海東、
上灘
許許方齊力斫旬又却廻怒奔神共壯亂卷意兼
哀虎豹銜人落蛟蛸出穴來只疑厥越地未受禹

功開
石伏初愁淺淵回已激滾風瓦搖地脉人鬼用波
心矜嶮空浮嶺青林自轉陰途危翻失笑兵須買
黄金
不敢回龍險名灘入大羅下崖爭瞑翠百怪舞空
波滾滾蟠舟住錚錚與櫊摩長年筋力盡愁汝數
經過
險設崔巍危臨素髮前霞雷疊絕境孤日濟高
天浮世更多難餘生懸自憐摘將詩劍負伏犢老

湖邊

泊觀前去浦城四十里

已歷川途險還行雨氣消微雲飄日腳薄霧起山腰道思霞關近親朋劍浦遥僕人相聚說登陸在明朝

旅夜

灘路舟初別山城客暫停細風吹壞壁高枕過繁星老覺衰春興愁如喜夜醒柴門何日到秉燭慰飄零

浦城旅次

燈火過逢新始花十年相傍在人誰是人客戶往堪笑解事兒郎爾漫留故國泉流容鬢付春風舟使木還家漢與城外回頭望衮衮灘波夕照斜

由漁梁度嶺至滿湖登舟作

徑立車應下崖傾手欲捫忽看諸峰伏始覺一身尊縹緲呼仙馭虛無倚帝閽此中難再過歸向故人論

尚憶初經日都忘此路歸山深留夜色雲裂漏[illegible]暉淺水平仍激高花遠似飛鸞舉直續好亭午盡春衣

一路籃輿穩微吟不覺勞異花孤艷媚危石困奔濤地底人家小天邊虎穴高欲留窮勝槩何處覓吾曹

漸無還鄉路因之減客愁關門今度早峽口向來秋月落群雞亂風生一虎遊長朝三片石已插碧雲頭

出險心何慮懸虛首不回苦遭青嶂束笑指碧天

開篷雨雲中去帆風樹杪來塵濃舟更便晚飯興悠哉

回程相看笑滿知各近鄉味尚存歲月作計度關梁下水船何疾兼程日又長獨憐隋苑客風雨別江郎（非山自此日東石尖藏不見）

宿漁梁

歸心日夜傍吳關八月征人二月還細雨漁梁仍一宿明朝真過浙江山

見燕

保安店裏客匆匆忽見呢喃燕語風我家遠在集
河北怪汝看人到嶺中

舟夜

富春曉發錢塘住帶雨羣山一半開永夜潮生舟
不定空天雲過月還來裝輕也自愁關吏興盡真
成負越臺猶恨六橋桃李樹多年戎馬未重栽

花朝

日出雲俱盡風微樂亦閑客思同舍酒家少異鄉
山海色吳帆外湖光楚岸間清明歸未卜上巳會
能還

吳關寄周方山

客路三千里吾生五十過封書當與送惟渡黃
河別緒經時積羈愁此日多關梁方到否羅路太
森羅旁觸真如紙中空實類鬢髮已春變亂筋力
歲蹉跎短策鐔州驛扁舟創清波崖猩穿虎兕灘
惡脫碰蹉親串斷嗟若飄零可奈何壯心虛感激
衰氣易銷磨兄弟君憐我身名望匪他物情輕白
叟世眼愛紅娥影靜垂綸坐聲哀扣角歌悲歡高

宴獨疑惑薄田禾會面應憑夢看雲似抱痾宋公
無處問回首痛嗚珂謂宋數巷

呂城夜發

已白不能寐況當柔櫓搖舟明推篷闕月小上殘
宵春草南徐驛江風北固潮芳辰寒食近應向旅
魂招

家近

望裏家園近愁中道路長依人來黯黯為客去洋
洋齊日連江色春天散雁行斯遊曾險絕倚棹默
悲涼

登觀音門樓

早泊仍登陟憑高到此間風聲吹越樹雲氣晚沉
山外雖森秀名勝能險自明從水與發地惆悵秣
陵關

示寓僧

瓦官門下城西寺相望長干數里遙半世驅車逃
此路新秋分榻問前朝燈歸丈室鐘初定雨到雙
松暑漸消邂逅淡公如舊識泊船須記飲虹橋在橋

江寧縣西南僑名新橋

和太倉家興公兄韻卻寄六首

與兄握別今三歲電轉流光苦不停數到多艱長偪側身行歧遠即飄零江北亂散吳帆白詩卷全儒越嶂青回憶客途蕭寺深殘鐘寒鼓夜冥冥

脫帽燈前短髮稀淒迷時節過知非鷹纏絲鏇虛能擊鶴在樊籠定不飛痛飲尚堪支少俊微吟差可避凝肥霜天客散樓頭坐那得情人忽欵扉

揮手金臺鵷鷺羣東華西掖迴塵氛臣今閉口應

西齋甲子詩　八　夢華山房

如鯵君但登科莫問貧丹筋那求難老藥心孤不信道窮文卿嘆歲蘇生落魄高青天倦薄雲

何物吾生辦最能悲歌哭與年衍秋船伍相閒避雨春店陽姑嶺下燈也擬一竿藍釣叟無端半倘失山衙遊家萬事來相命烏几塵凝久不懸

孤城水合白漫漫寫就家書與客看江浦去檣曾犯月薊門歸騎早衝寒貸錢納婦枝梧苦得酒爲監意緒竟小弟如哀兄六十般勤惟有勸加餐

此生多分類鷯栖西崦蒼苔夕照低好月誰家

桂子中年獨忧夢荊妻受金謗重難逢魏鼓瑟工多竟惘濟眼底交遊搖落甚愁吟合伴夜烏啼

西齋甲子詩

西齋乙丑詩

興化王仲儒景州著
歙　吳啓鵬雲逸　胡士敏修來　選

元旦

春令迴清曉，寒燈起倦眠。猶飛昨夜雪，似兆有秋年。老已拋諸慮，貧惟守薄田。忽思爲壑國，饑穰豈由天。

頭白堂前拜，瞻依隔此生。向來能努力，不道一無成。筋骨酸春氣，婚姻劣世情。諸兒全類我，他日始

心驚

兹晨憐去歲，絕域未能還。倒甕休官酒，推窗惱客山。江頭誰繫纜，天際枉開關。茆舍初年色，那由上旅顏。

實喜糟床注，慮愁肺病侵。日斜蒙客至，燭衆謝杯深。脉脉春前意，搖搖歲晚心。須乘梅蕊破，招月弄花陰。

雨山禪師枉顧

悵別初秋色，相思積水隅。半帆垂野寺，殘雪去春湖。湧塔天風上，團空佛日孤。同參今累世，洗鉢也門徒。

不意彌天錫，飛來舊草堂。老親悲夢幻，初地借分張。行樹城陰僻，園荷水國香。留師休夏去，霑灑露華凉。

餞別廣文方丈

累月愁今夕，淡春到此筵。江湖俄兩地，來去未三年。道氣追隨少，容輝夢寐偏。清晨看曲社，心挂柳條邊。

孤城冰泮水潺潺，釃酒離亭慘別顏。一路梅花迎客去，早春江雁背人還。白頭薄宦辭王命，黃屋殘陽戀蔣山。把釣河干門下士，悲淡後會有無間。

別方公子樞麓

老已離羣慣，銜杯又黯然。草堂稀此客，爲別會經年。馬糞名家子，龍眠異郡天。應須及青髩，努力紹前賢。

炎風曾記問津程，異地過逢見客情。碧柳潮煙江口棹，蒼松秋寺石頭城。重來海縣扶親老，便挂春

帆別友行繞膝承歡非易得休輕愛日濫浮名

六日飯徐槐江所寄過李木菴飲

飽飯圍棋坐小樓招呼又（飛來急雪遮殘日灑向衰顏亂白頭送。 餘寒氣重飄春已帶夏霖愁紅爐高燭傳杯罷斜漢橫空月一鈎

家鄰署有西泠之行因懷越中山水

雲州江草動春流江面微風蕩客舟此去西應尋勝迹向來吾已負高秋星霜古木南朝墓靉嘆清暉越女樓閣說六橋花滿岈守臣辛苦待巡遊

夜雨

小樓燈外雨似雪打窗頻斷酒難禁夜增寒不信春故書愁細字微病得閒身博塞蕪城客馮陵易及晨

夜月

寒色晴仍重煙光薄漸無空庭澄淺夜皎月靜高衢烏鵲南枝少星辰北斗 已半清影坐圍爐

喜晴

二月夜雨九迴沍雲沙帶雪何紛紛朝來似減雙鳩喚已有疏風吹散雲

相君故第金奏作春日春風觀劇場兒童看天欄叟喜走報鄰家小女郎

題畫馬

躞蹀風沙汗血駒浮雲追電世間無自來俊物超常格逢著真龍莫按圖

無題

叱豕紛綸入漢關九重龍駕去無還春風誰灑橋陵淚吹墮乾坤鹿馬山

自歎

自歎身何事勞勞有歲年見新悲仰燈憶舊衹青天蒜色罪無賴虛名只偶然血乘方壯日家慶夜團圓

偶作

已賀承平日初裁列鎮兵弓刀爭奏技老弱不歸營孰指荆扉返仍求黍地耕從來拳勇士饑困始輕生

鴻研齋賞梅

宿雨喧淡夜花繁打不稀百年庭際發一片酒邊飛醉月憐前度銜泥恨早歸枝頭多嫩蕊留待受清暉

去歲吳船雨江梅已盡殘渾如萬里外不得一枝看滿樹思鴻研垂簷凝鴉冠淡杯對香雪又送半春寒

春寒

雨月可憐殊未晴愁雲日日覆寒城中洲水漲鷗鷺亂野渡天低鵓鴣鳴着屐無人攜酒榼催租有吏到柴荊不知底事應恒雨劉向當時論五行

春殘

風光晼晚又春殘其雨能生禾苦寒對酒始令霜鬢失逢人與作布衣看地連碧藻蟾波闊天入紅塵道路難半稼徘收粗飯足更休西笑向長安

黃四種二來有懷羲文

端居蕉萃思朋舊與爾誰來慰老夫川路斜陽雙淚下草堂今夕一愁無家貧倉卒稀華餞市近頻煩易滿沽醉裏相看忽惆悵薊門歸客在窮途

送舍弟之城上

強起扶節送汝行晚年分闊萬重情竟非趣便辭親舍曾是騎驢到帝城多病老兄惟閉戶沉波薄產又催耕可憐高館淡燈夜把卷仍求此世名

潘二廣思寶刀歌

潘郎年少風格高開口談笑傾我曹秀眉白皙勝好女有力如虎與人家樓船將軍汝舅氏血戰屢著荊門勞却過泰沙喜宅相解贈　先帝早歲御賜名王刀名王愛刀復愛上將軍勇決方孤標遂得挺拔橫行恣殺賊至今銛鋒紅潤皆人膏寶刀忽落潘郎手摩娑宛轉必在腰楚客索看把相示恍惚颯颯吹霜毫鐵鏤雕鏤工力費芒鋭出入精魂飄自掛床頭度清夜星斗慘淡無人操室中錚錚聲自作鬼物崩迸風蕭條君行懸印向萬里動蹴一刷無秋嶋其將此刀隨任使揮斥六合誅奸梟刪平禍亂藏不用和鳴玉珮聽簫韶

同魏伊萬李大村宿港口惟心菴

天末送殘陽鬧鑼駐小航依稀弱冠日夜宿此僧
房野外猶風勢庭中漸月光共論今昔事悽絕滿
頭霜

適齋看牡丹即席作

草樹高齋滿開花到牡丹果然群品下不信一春
殘夜色舒華燭天香散壽宴懷人憐昨披此會喜
同看趙汝正方白齋歸

贈別黃臥山

世覓多吾黨相逢歡未休此貪真是病到處不成

酉齋乙丑詩　七　夢華山房

遊漢職先臣涙江花逆旅愁若爲淹兩月垂橐轉
空舟

斷酒

飲酒病如無酒罷病却有終朝苦惋內唇舌焦欲
朽脉動心亦悸淡夜反側久枕輾轉酣寢日光滿
床晡晝長氣昏思假寐垂白首故人索詩篇道失
常八九身老減精力況復湎於酒一日半日臥萬
事落人後呼兒罷杯斝敬謝邀語曰清秋病倘愈
重許謀升斗

哭家退菴五兄

平居牽世務不得常相親一月君在床求醫空紛
綸魂魄寒胸鬲傾寫固靡因百藥試罔功萬古哀
已臻君長我二歲歲序馳飈輪餘生能幾何物態
故又新逝者知禮意鼓琴歌反真世不乏此賢我
與君何人臨尸直號叫返舍長酸辛
前日問君疾把手道所苦昨過君無言一宿訣終
古生寄死乃歸蝴蝶飛栩栩子孫自賢愚田園互
賓主無事介君懷逍遙棄塵土惟念少婦存繞床

酉齋乙丑詩　八　夢華山房

遊弱女思昔提抱日淚下如束雨
夢夢滄浪天仰視涕垂面老淚滿眼前逝人不復
見末流下江河砥石頹賢彥見利躬若浼當仁踵
無旋終成謀友朋心力瘁知倦鵩集來是愁人亡
瘁鄉縣道路相嗟吁骨肉別衿戀荒荒宋夏初慘
慘白日轉魂氣果安之應依兩楹奠

贈李大村

我性畏禮數交友喜朴真不知主客誰疾視拘忌
人文章雖小技閱歷經苦辛心賞方歎嗟意拂坐

指陳瑾瑜不輕貲務使瑕玷分戚嵗多賢達吾子
平生規弱齡邂結驩俯仰三十春箴規愧遺佩年
往如飈塵
我法爾雅始覩串多鄰比獨以情性孚追歡若昆
弟及爾同堂兄弟臨後齊歯每奉我母歡列筵進
芳醴文釆妙談言先君尤爾喜常帶雪月光雜坐
梅花底傾倒必盡醉中夜不聽起風景猶夙昔衰
老今如此
眼目一悲吟舒陰類東陽遙空霧霭積正色疑蒼

蒼雜偽由夜飛浮引哀風凤神能寧介鎮魚遊
戊幽天帝昔臭鯖劉星無輝光鬼物方出入既俺
渺乎岸處路絕帆迹間道僻掄攬夙心耻傑翔古
察久不張行求登山嶠惜乏浮游航君身有羽翼
踏躡惟高翔
壞僕見事遲余猶遜其智君也機敢入氣貌何銛
利利鈍不相若好剛則無異而吉乞下急而亦窮
細非昔賢恒佩韋柔克有善劑君存箴藥昌非由
肅殺氣神聽終和平求友飈斯義

苦晴

吾土本涂泥諸湖爭灌沃旱大無陶變濡亦茶
毒涂游波濤漲魚龍雖登陸屈指二十載民生日
以促最恐若瓶交碰潤氣早源有雷不肯震虺虺
木中伏逆驚陰飈發長空洚懸瀑貧家少乾土終
夜怨破屋恭濡能傷人豈惟鬼餒哭歆歆如鏡平
元元能生育今年端午後節物黃梅熟又聞殷其
雷歘然俄變飾陣風忽散漫晨朝見清旭川澤所
網組吹為一聯逐臥病酥煩鬱臨窗豁心目落景

猶揚光間噪過鳥鳴南亭波底田家種來小僕三
時尚避踐大進若轉輸東付有高壠倚積具飽粥
他日開新河何由避谷染借予守定分達人貴知
足暵溢兩茫然倚杖若花綠

別黃三叔威

病裏看君去孤城細雨中強行憑一杖緩控當雙
童踏路秦沙便鯨波楚塞通年來生理困莫累白
頭翁

病中作

忽忽耆惟臥，陰陰夏轉寒。力衰憑有杖，客至恕無冠。六氣能生疾，千愁失自寬。晚晴猶把卷，斜映陂臚看。

自顧如强健，沉綿力竟無。前因俯是伴，宿孽酒爲徒。空腹三餐廢，明燈一老孤。平生就述作，衰朽歎微軀。

雜詩

臥起何聊賴，關門夏日長。無錢須獨坐，有弟又他鄉。梅覓稀天雨，蘭方吐國香。老身蒙酒病，不復憶

西齋乙丑詩　十一　蔓華山房

銜觴。

兒去看登麥，佇將幾斛歸。半年經夜濕，蚕室改作衣。而日谷飽都，南鄰小姆肥。故人多無出，誰憶問逢妍。

忽得那山信，移官賓駭聞。世方珍厚祿，事豈預明君。遺隙并駒影，浮空蔽日雲。乞休先有約，從此慰離群。胡侯說老大兒

故家遺業盡，老態逐時新。儀大須求婦，延朝莫傍人。形容吞黨歎，詩賦市兒呶。宛洛黃金貴，生涯合隱淪。

年年初度日，五月此流光。耗稻衰翁懶，迎神小女忙。市頭過百戲，水面想千舸。極樂今生絕，親顏在北堂。

與盧岳修

三泖鱸魚好，先人舊此遊。江帆停近郭，海色帶滄洲。何日追隨去，清風信宿留。兼看黃甲太，手擘坐高秋。

小暑後大雨連日夜

西齋乙丑詩　十二　蔓華山房

蒸汗炎炎暑，頓雲莽莽陰。蔽遮爭賦夜，一雨條成霖。遂有輕寒至，將無尚曾沉。乖龍滄海上，呼吸幾垂陰。

鳴蟬何處去，鳩婦喚當門。甚雨涼先動，徒晴午易昏。不成行夏令，那得獲秋村。測想推波去，生涯更莫論。

寄惠臣載錫時方饒客

今日離堂上，關心更兩人。病除仍敢醉，夢兒定生春。小艇寒河浪，新城狹巷塵。幾時高燭下，飛送酒

杯類

復雨

明月在天未落日西俯頫怪雲墨色夜來小雨晨
漸稀停午翻然風飄愚纔賀晴乾又陰瞑家家帘
幌風吹濕擁金考鼓祠城隍中道旌旗莽相失里
舍兒女坐愁怨稚子倚屏不能出俄頃人散雨更
客篤花傾流何索索水田嶄高只三寸纏綿汪濊
生理那老夫前夕拊掌歌喜晴反照東牆又難得

宋旣庭廣文復得石硯歌

世間故物當寶愛李侯石硯問其名城南女墻臨
清水崇臺步月敞且平其東植竹號文竹秀挺天
半標枝撑蹈踏用意製此研歐入磚甓同生成雲
段淨拭供潘翰風棐對設觀甚英是時萬曆初御
極到今百度寒暄更滄桑反復人代換陵谷遷徙
神鬼驚文昌望照失東壁紫禁藏寶空西清蘭亭
稧帖米公石道傍變下輿蔓輕呼嗟何物不流落
呼嗟何非無飄零豈如此硯在小縣亦隨淪喪京
周京草莽一擲誰更見耆老歎息思典型宋侯文

章海內伯析節東鄰來荒城撫慨興述多古意則
覽學分閒謝行墜宋照修視乃在尼汙不見山客
奇形模後生笑賢朴陋洗刷日懶光品往開樊侯
古墓下尉銘十五衛兆星係子無錦拙工惡投畀
爐火鎔鑠鉛吳公繞指落何處工部問鵝空有亭
誰知此研失復得必逢哲匠精始呈宋侯文藻擅
高詠李侯風義照前銘藏之須當千萬祀令人常
憶兩先生

即事行

六月二日黃昏時日落炎威尚如煅黑雲砰兀湧
西北雷車轉轂行不止須臾雲動又無風有聲非
雷出雲裏洶若奔灘懸急峽遠挂蒼龍吸海水倏
忽天吼雨莫測邦望空天見星紀陰霾一半暄鬧
湯滾滾直向幽都徙側聞淮北苗盡槁旱魃健步
走千里燕齊穀價俱不賤三兩白金兩斛米中原
在昔無群盜川竭地坼餓垂死梟雄一呼皆景從
昭陽殿中入流矢自古亂賊生有由溝壑驅迫不
得已只今海內少外患殘孽掃蕩邦國喜信無聞

事煩誅書復有廵遊念生齒百年以來高殺氣與
滅倏忽真可駭叶 貧憂租吏驚寸心老怕徵兵到
雙耳雲雷好去沛甘霖稷黍蕃茂甲兵洗

送明府張公蔚生之任承德

川路揚旍麾先驅發鐃鼓薰風吹我君萬里辭東
楚我君少通籍卿相會早取耿介真素操權利避
如虎八年宰荒縣善政疲悉數秩滿當遷擢妙譽
潤京輔胡爲遼海符迢遞煩稷禹高天懸清睥曾
不鑒下土

潔已如清冰長物焉能有量移當受代淹遲亦何
久豈不念嚴駕來者掣吾肘高義難強人其如袖
空手慷慨聽四方此急得濟否雲頽凍雨潑蓬窗
坐垂首官曹夙投契稱貸十諾九因之能解纜使
我愁折柳翻望再稽留宛轉依慈母
嚴駕倏已馳傾城競攀輪香煙浮闤闠舟楫塞去
津刿余草茅士受知殊衆人緬懷執禽來禮遇久
益新頗頷荷蒿拂泥沙賴陶甄軟語慰伐困兼金
周我貧在遠心不忘有隱意彌巾孰云所生遥復
此怙恃親恩私詎常戀夫子本帝臣攬轡行榆關
鳴玉歸楓宸撫綏既集鴻勛業必書麟須眉渾未
蒼事主九尺身垂首情眷眷此別寧多春期與三
數子共踏東華塵愴然顧遲暮寂莫廿理綸

辛秋日別舍弟

水漲遥村岓秋生獨客船路從南浦去帆借北風
懸好月雙星外高齋萬卷邊老懷殊慰藉爲報王
人賢

送黃子允如如皋兼懷巢民先生

涼風曉送片帆輕野水南侵射雉城洛下耆英餘
逸老漢家鉤黨夢陪京閒園翠幙幽人榻華燭珠
簾妙技箏二十年來難一到因君倍起故交情

秋雨 七月十七至二十日大雨連日夜幾二尺

秋晴幾日又沉陰京氣空堂颯飃侵水溢更無終
歲計年衰真折理生心顧簞原甕吾安放烏倮巴
清世所欽八口饔飧艱素粒滿途冠蓋擲黃金
霧湧煙蒸望不開卮卮陰噎殷殘雷洪澍聽眷全
淮下澍雨看翻巨海來遂使秋田成大澤誰將冬

日起寒灰稻粱誤喜家纔足升斗重愁費婢僮
北戶南軒雨點斜，竟憑風力惱貧家。囊中著述非
無草，架上金銀似有花。掃地獨悲空孩稻，漏天終
恨委龍蛇。狐派疏鑿功難俟，來往徒瞻使者槎。時忍冬盡開

揚州客舍雨中作

來挂蒲帆屬曉晴，客亭人醉亂星明。空天又苦流
雲氣，高枕重教颯雨聲。三日翻盆添幾尺，千村連
海撼孤城。鵝衣魚釜尋常事，莫訝前賢昧養生。

邗關遇穪清公

客江北阜船，林雨鶴城煙。不見纔逾月，相思似判
年。雲霄他日路，波浪此秋天。又作饑驅客，逢公一
泫然。

可歎流災日，軒車去不停。啼號誰無恤，井邑颯飄
零。雪浪青苗雨，霜風紫塞星。漸多鴻雁響，淒怨最
難聽。

公去誰知已，蕭晨搔白頭。欲為江海客，苦乏稻粱
謀。滚滚浮雲送，蒼蒼薄日流。虛名竟何益，寂莫待
千秋。

清宦裝纔罄，重關道里遙。何人能緩急，此義只蕭
條。仰屋不相報，銜泥空見招。床頭有孤劍，拂拭向
風飈。

送李展負歸

獨作兼旬聚，言歸我亦愁。田園艱半熟，風雨失中
秋。反舍先修屋，因人不買舟。寒河張帆去，直到郭
門收。

贈朱西柯

皆沮隨秋潦，天寒日決漭。風追雨師急，灑落江河
長。冬十拋田禾，衢泥見吾黨。過從得酒傾，愁懷一
洗蕩。所恨隔重城，初進作歸想。朱侯最愛客，留我
恣歡賞。果渠四本堂，繞砌梧陰廣。白晝減炎熱，晚
色尤曠朗。夢迴境益眇，醉後心惚恍。不辨夜如何，
一片秋蟲響。

三宿出城去，鬱熱不可當。明月旋張弧，空庭俟微
涼。不如浮雲來，忽失衣上光。恐復沛大澤，浩蕩摧
中腸。饑項漸解駁，半壁開清蒼。罷酒坐淺夜，憶汝

花間堂疏影正覆階暗露纔滋芳好景悅我心似
有輕颸揚會君且初度招我同舉觴如斯日行樂
年壽殊未央

宋既庭廣文九日登高招飲

波濤小市渾無地景物孤城尚有樓霧裏村墟何
處哭霜前鴻雁幾重愁佳辰誰使萊群盃短髮從
教亂晚秋蚚柳漂搖籬菊盡慁闌焉得暫銷憂

夜起念舍弟在途

群動殘宵寂虛堂一榻清霜鐘能破夢爐火自生

明小弟何村泊孤舟向海城北風吹不歇焉得峭
帆行

年月同根齋諸子作

節序遲霜信招提散法筵行窗羅靜夜孤月側空
天露下禪枝濕鐘殘老衲眠談詩將數子散步廣
庭邊

泰興張舍人因可將入都招飲舟中賦贈

江城飯罷思前約行到紅橋又却迴入寺始聞車
騎至蕩舟還趁管絃來堤平水浪晴初落園閉秋

花晚白開諸客酒鬪爭奏伎腐儒迂拙獨徘徊
城東旅舍過逢後嶺月江聲别兩年落日酒容紅
似舊西風衰鬢白於前花收横吹沈螢苑水足高
原富雁田借問君家好臺榭向來嘉樹可參天

李吉四來自徽州以遊黃山詩相示

燈火城扉夜尚開霜空動月轉樓臺人從紅樹江
頭返詩自黃山畫裏來别緒可憐成隔歲禪關誰
爾送淺杯朋吟佳句清鐘動夢踏蓮峰到晚廻

爲李秋水挽其友李儀及六合人侍郎敬之姪少孤撫弟成立

以節義相期古生平無一語及家事易簀時顧兩弟曰我方已對之於乎明命書天地鬼神鑒察忠孝自矢十字其弟仲以楷書二字與郎黃石書之我太六

不逢遠海傷心事誰識荒江孝性人即世年華纔
盛壯斗生衷曲最酸辛蒼天星斗歸長夜白草乾
坤失好春垂死尚論忠與孝便於泉路傍君親

贈李二十兄壺公七十

神宗昔舉世儒勤政多門雖懸日月光已讓風塵
昏先生生其際秀挺三公孫將壯欲飛揚鶩沙滿
乾坤青衫隨手裂掃軌潛灌園吟詩結古懽伯仲

吹篪塤（大兄謂平庵）獨標正始格務使王風存洲明藤蘿月綸挂蒹葭村發聲時一悲調苦雲爲乜食薇愧有餘敢忘相韓恩孤蹤竟寥廓歲序六馬奔鬢髮凝秋霜波蕩蕩丘樊親朋廣陵住棲託衷情温疎狂違權貴介特無攀援翛然大雅師宜據皐比尊小弟豈異人中外同本根夙業提命惠頗受攻錯言來與良辰逢喜預辭語喧模糊攤毳帽少長頭俱皤七十勿云老往事尚可論陽和待策杖海嶽開朝暾

送汪二左賤之官沛縣

我歸尚無時君忽挂帆去雲氣割孤城海色淮陰路廣文官豈冷微祿供行橐翠旂背車翻駮蛾笑徒步問俗大如何魚黍還思見與至命朋侶誰備稽阮數君無民社責官閑饒簡卷懷古登沛宮浩歌慨以慷千載赤帝子置酒戀故鄉文老爲歡樂悲來沸沾裳至今風蕭蕭不絕芒碭傍猛士難再得浮雲空飛揚

送張三兄因乃北上

舍人執我手言將遠爲別昕夕何所之去踏長安雪長安闕庭肅漢邊諸公貴人多少年清旦程書獻文賦 金尊側席方求賢君從早歲擢高第起草明光承稱意十年棲遲江海深一枝濡染煙霞氣我緣世好遥相思與君兄弟同襟期郭外幽蹊飽遊歷旅吹撤給頻追隨涼秋襆被落佛屋書船招我紅橋曲枉索新詩向客誇摧藏坐惜頭毛禿黃葉雨晴騎在門臨分不覺傷精魂故人騰驤並

掣電亦耕獨疏風沙昏因君問訊金門客[illegible]大學士尤若憶臣裏愁吟卷帙猶幾時爲我先容邑君今入仕登蓬壺明好班聯頓不孤白田舊五來劉大是我存問猶酒徒

題李古四黃山圖

憶年緩過十二使試來山謝人非受書受讀禹貢書岷嶓但閱橫胸次嗜古頻覺將榮[illegible]好遊敢向嚴師乞簡倚中堂看畫圖心飛海岳蒼煙際束縛塵緣幾十秋垂老始鼓炎方柂布帆飄飄犯赤

亭路盡江山開清朧車前忽落三片石錐削信圭
半空翠南浮建溪下亂灘浪嶷崖蹲錯芒銳虎豹
攔簇黯淡天一葉飼追飛羽逝脫險乘危苦樂交
手指目送形神敝恨無妙筆圖寫餘縱有詩篇不
能似李郎頃從新安來客寓訪我蕪城寺入座便
說到黃山典衣時作登臨計同行喬子詩更勝一
月酬倡富清製賞詠春豐近作工此役淡知稱君
意迴翔含笑欲有言呼童取畫發行笥展開乃是
黃山圖旅屋千峰萬峰出孤懸竦峙體態殊丹青
粉墨供染細能渾月窟升斛眼箔清天都杳呈異
鋪海雲翻潮日光浩瀚潑散成嵐氣古木氣如松
樹多虛突惆悵石筍旋鬬滿看幅幅滿生綠境符
客遊親前爲我更作詩所綴絡蕩情懷轉愁思我
行既遠久陳迹蹤日惆悵如未至羨君攜得此圖
還黃山雙屐入間世就中一幅尤深愛諸君別寫
能相貽草堂懸汝舒心神憐吾幼抱煙霞志

簡央聽翁

冉冉流光去悠悠旅客孤歡娛行處有少壯夢來

無起晚成衰態多愧酒徒三霜懷往事飲饌取
長遊
遊豪君能滿他鄉應自閒詩留六祖院畫指百蠻
山珠海看帆下花田得研還舊承公子倘重惠倍
開顏

朱雲卿雨中招集四本堂

欸戶聞相命拋書意特忪踏泥穿柳巷脫屐上梧
堂愧飽江魚味貪看畫燭光多情留我臥繡被暖
生香

西齋丙寅詩

興化王仲儒景州著
天都吳　禎楷士選

元日

凍雪隔年在寒城元旦晴力衰難再拜親遠若前生消息金丹斷形容玉曆更舊知天意薄不敢話

春耕

早起疎鐘報羣星滿碧霄霜連野潤閶闔去人遥白馬甘河伯黃熊蠱帝堯怕看南浦上柳色到

新條

自笑何生理，蕭然欲賣文。艱難無盡日，前賞世浮雲。高義不可遇，古人容復聞。向天頻拍酒，默醉信陵君

同李子鶴攜酒過唐若淵寓時居余舊書屋

陰久雲初去，陽斜客乍來。敝廬看友住，老樹問花開。竹屋猶通徑，秋亭已廢臺。栖遲回首地，沉醉夜歸哀

忽忽

何年作壯夫忽忽寸心孤肉減筋骸痛顏衰藥餌無波濤荒晚計歲月送微軀只愛閒吟好詩成病亦蘇

簡吳僉憲大兄

經旬兄弟聚歡稀正月餘寒閉晚扉百歲流光駒易過，千門春雨燕將歸。泉刀絕響安蔬食，兒女成行困布衣。稍待泥塗容散步放言終日對忘機

春寒

雨雪無時歇泥途惱殺人窮冥全晦晝京冷不成

春菜把稀有藥魚仍凍紫鱗中厨慚拙婦咏薄太頻頻

十二日招宋吳兩廣文北海六箴諸兄弟定日飲讌

端居寂歷動成旬興發邀歡不似貧雨雪打扉辭昨日。龍蛇開戶及今晨。花朝恰喜高天霽，草共帷饒潤酒春未滿坐中拚醉客牆頭招手與西隣呼久若淵共飲

沈天衣入都寄喬石林劉後齋書

有客京華去因之問故人別來官並貴年往事
塵老境于今窄清門視昔貧獨饒夏夜醉恣卧海
天春

染髮

更無些子黑服食悔今遲小婦汗雙手初宵染亂
絲眼須防擁被坐巳罷支頤何用憎衰白吾生自
有期

和宋旣庭廣文古鼎歌

宋公示我古鼎歌歌聲鏗鍧氣彊𫐐儼若宗彝在

西齋丙寅詩　三　夢華山房

淸廟寶文典而非時作歌云此鼎久閟藏模範泥
汙金爵光不遺徐生能抉發豈如舊刻菁莪堂三
十餘年入鄉序菁莪蕪沒堂何處乾坤刼火萬事
非鼎乎淪落誰相顧腹上稜稜字不細鑄者御史
神宗世文物聲明彼一時摩挲却立私流涕芟鋤
茂草宋公來巳磨大硯驅氛埃又向牆根出此鼎
故物必復皆冥開而今位置高齋上晨夜香烟接
几杖土中寶器未便無仰面看天默惆悵

季春二十二日暮登舟明抵召伯過閘二聖

來四首

過雨青蕪上明燈碧水隈四更春郭報一葉夜風
開長路烟光送貧交酒伴來比隣如暫去誰爲具

梅[illegible]

飯能過樹去畦圃問主人晚風蕭寺路高柳曲塘
春遠見江峯色寒疑穀甫簷軒須小坐不必賞

遣懶

剗久天難暮始知春晝長偷憑烏几睡閒看燕巢
泥對客誇詩卷將孫出畫堂屢催攜被被來卧老

西齋丙寅詩　四　夢華山房

藤林

落英盤餐出分壺酒味薄燈花杯湛湛風露夜厭
厭改令新能好爲臨舊敢嚴春來今日與眞爲老
兄添

爲吳聽約謝轉運崔公題三朝詩板

有唐陳王風標格初盛時開元大曆去季世漸以
衰感發非興趣結撰等苦思嗚呼流極徐賢聖焉
能造三統巳殊尙運會每潛移人生情性出眞素
開闢奇形模詎必類本始同所期火傳不擇薪

淡皆春枝而必判取舍識者能無嗤名埋截大筆
維宋其乘之淩厲萬夫杰姚治絶代姿寔敦則古
懷祇成今人詩君看盲腐後艮史爭道馳不聞左
與馬後世能兩爲文獻富盛明張皇周蔡師漢文
唐詩下一切胥逕遺風格雖甚高乎允弗敢知所
惑今之人宋元互相推謂唐焉用學學之徒貽訊
假蔫自矜工轉見託體卑先後終兩存奚病合與
離卓犖異異與著述學士資手羅三朝作博綜絶
妙觧固將繼軌正非但藥舉肥惜哉琬琰鐫質錢

人行歸不悽獨長吁芳晨爲誰其明公舟山彥聞
此心不怡分俸俄頃間故物仍在斯吳興吾且泣
作誦揚光輝好詩將厚息萬古文苑垂

軒閒三分月

柳色殘傷路城陰古渡橋百年君到此萬事盡無
聊病捌朋誰問愁魂帝不招余餘舊時月淸夜照
蕭條
有分稱新鬼無緣頁哲鄉一官殊慘淡三豎枉譸
張可歎寒天別誰知興地傷春風木波惡莫憶渡

滄浪

舉酒屬浪九

咄汝豪華子如今失路人一貧眞到骨十口尙臨
身香潤妖姬粉花驕駿馬塵好憑沉醉夢夢醉往
時春

熊晩生來

郡邑滄江遠客顏白髮新忽逢千里客爲別五年
春暮齒猶多難他鄉只自親書齋斜景暗久立最
傷神

金大卿上送羅二之關中

飛官何足惜去踏幔亭雲客路誰同醉春城此送
君到潭龍不見過嶺雁無聞身世吾俱老相看愛
夕曛

不雨

月翳偏能淨雲浮遂不沉蓬愁他日雨絶望此宵
陰蝝動靑苗短龍蟠碧海深高原莫轡足多事定
秋霖

李司臣齋中芍藥

谿山草樹正交加初夏名園夕照斜引看藥欄過別院紛開濃蕊亂殘霞老來尚愛亭亭態春去難逢豔豔花酒半傳呼卷風幔晴宵多露未應遮

卞宜中於五日送酒肴滿器今日雨中復送藿茗一簍詩以謝之

揚州主人皆愛客卞三宜中誰得及春去夏來醉幾回黃魚鰣魚並飽啖五日客舍方蕭然金大饋我臘𦡊肩佐以新茶出天柱二物久貯皆芳鮮名酒侵味無人送海錯餅煎件深𤔡遠勤使者出城

西齋丙寅詩 七 夢華山房

來獨有卞君情倍重我將五日訪李生卞君相餉我未行醉飽開船渡江去江深何似卞君情焦岩談笑兩三宿又反揚州市傍晚奴子守戶向我言五日有酒來相促皮市蔣三正苦貧可憐偏眷傷心人皆傳李郎尤愛我是日兩兩尊罍陳江行處愧二君意盤餐口腹本細事但願寸心常不忘頓令孤客消羇思今朝風雨閑閉門屹然飛墮誰見存霍山茗芽香透箬卞君繾綣情彌敦盆傾新水紅爐火蟹眼初潑色如乳細細烹嘗瑷瑷空領取

厚意入肺腑

因蔣坤維寄蔡七恐輒反丹陽不得同訪李九

相逢鐵甕城頭客苦憶金鷟池上人事往獨留前度恨年侵又送此回春潮聲到寺紫山轉石勢分江蹴浪頻欲踏焦峯尋李白莫移歸棹遺傷神

同程二及舍弟渡江之焦山

沙禽失侶自鳴哀久客離懷况不開五月空山佳節至三人斜日艄帆來風驚遠勢驕孤翼浪簇中

西齋丙寅詩 八 夢華山房

流迸迅雷漸近松門船稍定轉身却望妙高臺

松寥閣上作

下山停竹杖看雨坐松寥一氣浮花嶼空江長暗潮到帆侵樹近去鵠背人遙笑向山靈問何年始見招

懷蔡七

甕城南去是丹陽百里津亭路未長細雨青山雙蠟屐深江朱夏一鳴榔羇人信宿風烟隔舊事模糊意緒荒準擬秋中來就月共君峯頂醉初霜

午日焦山

名山別久到來遲況有朋遊慰所思酒醒乍驚端午節江寒同禮孝然祠渡頭潮滿留人地寺裏天昏說鬼時明日却從瓜浦望層層惟見綠陰垂

自焦山反

泊船殘照下又入市廛間江上不隔日夢中猶在山曉烟支竹由夜火帶松還聞說分襟後幽人便掩關

反自焦山李木菴以所作吳越諸詩相示兩中無事即爲點次賦答二首

歸舟悔自焦巖反憶坐雙峯斷壑間遠海燈幢朝古佛聽人風雨過寒山衝波狂象當門伏出樹饑鷹掠野還客舍勞勞僧院靜不如哀暮幾時閑

谷堂繁雨讀君詩大小寒珠歷亂垂鄰尉花如乘雪夜山陰雪似看花時篇章誰道窮方好洞壑私憐到尚遲坐撿舊遊梨嶺作重開轉怨太淒其

十四日泛舟城西賞荷

小集圓浮已別家老來放浪是生涯憑將保障湖頭笛吹出滄浪浦上花勸酒徑須停棹折當歌似欲向人斜紅橋列肆渾相識日落橋空恣意賒

標源去聲

偶題

水國帆檣拂翠微千層松栝亂清暉平生最愛焦岩住夜夜龍朝佛日歸

錢塘八月送潮迴屢夢秋風過釣臺兩岸青蒼人語靜富春江上布帆來

李詞臣家觀劇戲贈

酒客顛狂不憶家追凉來坐綠陰斜誰知凍雨林

塘過向晚簾前出杏花

半臂青綃穩稱身騰光秋水更無塵由他背燭低頭去銀蛇垂垂思殺人

爲鮑孟士題畫

欲飯青精始倦遊谷山長夏似清秋時時南磵微風動吹落松花著水流

暫歸

不遠鄉關去居然類轉蓬日斜寒水北村曉亂帆東下黑猶勤雨層雲但起風到家兄弟聚香在紫

蘭叢

齒落

生涯無那老髭髮久成霜齒又辭吾去唇難向客張幾年留眼耳來日任行藏少俊輕相笑瑳然看爾長

贈陸懸圃六十

君之文章壽千世憶當海岳崩翻秋是時君年甫弱冠坐卧不下城隈樓塵埃滿眼但掩涕遂開萬卷追冥搜麟經綱目何炳耀大義獨仗蓬蒿留貫

穿穴從經該博旁通諸家遺恣多參漁獵文史內析疑尚欲發前修誰敢許汝稱作者寧都魏叔子偉歐過逢稱說我亦在杜索詩句欣相投術川定交黃葉寺友伍篤偕齊鳴球君今聲與絕超越遍走苑洛歷窮甌鋪張排奡大好手字字並直雙纖酬爵柄且傍達官住職隔耕釣烟湖頭鄒人任顛饒倔強一生怕近公與侯君東道主我舊識標格特異輕肥儔漠漠江天向蕭瑟禾黍離離俱落寶芳館人來空泛菊故園里僻還名栗惆悵神州

四十年心傷巽變成六十佳節聊須把酒吟詰朝更爲登高出矚目西山望域中未是先生下樓日

西齋丁卯詩

興化王仲儒景州著
武義朱愼其恭
平山程岱齊青峙 選

元日

舊臘沉沉去新年闇闇加江湖連朔氣冰雪耀貧家地濕兒支履窗暄婢壅花老夫無一事詩酒辦生涯

雲物人言好遙占歲稔歟一冬稀雪色十日早春

盤爐火動發東海天生暮寒他時粗飯足談笑報平安

堂上瞻圖畫人間聚弟昆老增何所願詩在尚堪論是物有新意此身孤舊恩天地曾望從終作北溟鯤

乘興知天運看兒只把杯蓴鱸無可賞小子得非才空碧奇毛起風雲汗血來我家應未乏佇立思悠哉

歲首寒偏厲如今北極高微微初日上慘慘□風號舉世榮皮服空山減獸毛生年過五十衣布幾時豪

坐上聞花蕊冬暄半已開山城曾隔嶺元日早殘梅女弱吾難住家還攜獨來眼中誰忍見衰經數嬰孩

檢曆生涯窄開春物態饒朋來皆醉日天霽即花朝得喪吾何有炎凉世正囂千秋爽鳩氏作樂竟迢迢

民物曾同患蹉跎豈興情雪深蝗似絕秋到雁休

驚小縣蒙天顧多年想地平禹功今盡望初載及王正（[illegible]于是月閏[illegible]）

李明府堂上元夜

晚色風微聚烟芳夜又添碧天荒澤月朱戶錦堂燈盼望儀氏集謳吟哲匠能果然豐樂世春興始須乘

贈李台尹

雪滿春城醉起延竹爐花案把君詩泱泱實競齊風大渺渺猶懸楚望疑荷雨天遙分翠蓋燈宵酒

何問雞黍餘年約共戟高枕娛忽浮雲夙有思

謝泰興張芝圃舍人見遺棹拙集貲

感君念我吟詩苦執手荒江語不休遂向天涯輕
長物真憑身後有千秋推藏硯計無非拙寂寞微
名等是浮一卷未能臨遠客先傳高義到　皇州

送季四兄元水入楚

生事勞勞苦不停離筵今又隔空冥春波亂雁辭
江縣老去孤舟犯洞庭芳草尚遠三戶碧遙峰都
讓九疑青千金裝定何時滿歸對寒燈話客亭

西齋丁卯詩　三　晏華山房

任念紹攜酒就鴻硯齋梅花

雙柯海縣稀徑石自因依樹老繁枝少春融凍蘂
肥故人俱白髮高會又斜暉未到全開日應無一
片飛
人世方多事春風醉幾場日沉花始白儍到酒先
香燈火懷荒徑繽紛似此堂可憐餘一樹數朵報
年芳

敘別

老馬繫短轅不識千里路空懷偏移心未受良樂
頗振鬣一鳴嘶筋力苦垂暮驤首風蕭蕭慘淡增
長慮天閑富雄姿翦拂矜榮遇泥沙澀四蹄焉得
生毛羽苟非荊榛中且擬縱橫去
出門顧妻孥刺刺語頗耻饑寒乃中人斯事須料
理兒女嬌惰餘村墅坡浪裏顧頷壯顏凋百端來
依倚幡然舍之去去去勿復止浮雲南北馳倏忽
千萬里
一弟最難別諸昆中外親閭里足交游同心來數
人握手亦何言此行良苦辛暑雨漸蒸濕艑舸塞

西齋丁卯詩　四　晏華山房

通津取次入京華面受紫陌塵
已作出門計浩蕩難復留因我骨肉言重此行邁
愁銜得諸家人細瑣無良謀徜徉中庭藹綠葉沃
且柔檻西新移桂芬芳待高秋尋常濁酒杯花前
多獻酬炎風旦暮吹清簟永晝幽放歌聊適意于
世吾何求萬慮忽茲茲去住不自由柴扉從此閉
相望成阻修蒼葭下霜雁會有炯湖舟

釣臺

晨風鳴淮陰楚岸驚沙來滔滔濁水波東下韓侯

臺弓藏走狗烹虞人安在哉嗟今利名客馳鶩何
當趣
當其鶩一軍威名震天地悔其長樂鍾悲哉南越
齋漂母餘空祠少年誰壯士浮雲亂風中青宵但
高寄 淮陰死客隋其孤覩之尉佗所養之去韓之
偏旁爲韋氏今尚存見書影

漂母祠

欲薦溪毛驛路中鉢池山畔走征蓬先時亭長徒
爲德賤日王孫早自雄淮曲孤祠天地在城西雙

墓水烟通千仞報後三人盡剩有悲歌向大風 墓
與韓母墓相對留侯立祠之此三人賢是可敬也

渡河行

驚沙颯颯高摩空黄河三日多烈風檣開逆浪冰
雪裂廻激不得隨枯蓬稍憐迅駛又復作觸淺恐
冒重闌中舳艫久没露其尾白日漸下遠西東前
愁撐拒後防溜晌眼一失人無功榜搖汗雨氣力
竭極叫忽與洪流通船頭却轉向來路耳畔惟聽
波颯颯横簸側蕩欲俯臥宛如沉醉衰頹翁夾岸
絕淺茅土壘羣魚在窟蛟螭宮長久方能脫險出
此事豈不由蒼穹是時舟人盡變色我亦四顧心
怦忡人生安危判俄頃巨川平陸將無同長劍快
戟伏几榻玄蠭赤螘生房櫳絲竹在陳月照席歌
舞正逗花光紅肴蒸未畢片紙到銀鐺上馬何匆
匆賢聖端居足儆戒入坎怖畏非豪雄

五日舟中作

朱炎氣候尚清和一笑佳辰客裏過世事萬端催
白髮年光五日到黄河風沙條忽蓬科亂畚鍤頻

煩竹楗多回首可空在荒縣濟川辛苦近如何
海波亭外峭帆輕三宿焦岩見客情絕岸總輸吳
嶺翠洪河原讓楚江清風來松閣談俱合雨送漁
艘句早成今日津途思小弟遠從孤館話苦行 去
年五日在焦山
危檣前去逼鍾吾上谷迢迢未半途淹泊可應諸
念寂厲離誰許一愁無新芽嫩葉開花徑片月微
風背酒徒料得兒曹偏解事西堂依舊坐分蒲
端居誰遣北平遊日日天風蕩客舟羽獻遠遊荒

草去龍門高酒碧空流雲帆種稻來王會海國關
梁接　青州里舍酒香亭午際滿城兒女擲紅榴

古城

孤檣臬臬傍晴沙九曲洪流此一涯虎鬪風餘先
主廟馬嘶日落野人家濮堂遺像空塵壁荒驛炎
天鉠潛花把劍欲銷黃壤恨尺書三上到今嗟　闕代三上表書有不錄社稷傾危仁兄無衍關以三尺劍報聯單使異日無愧黃壤等語來京官
書帖見書影

宿遷

風檣日沛大河瀾不分中流亦度關上渦迴瞻公
路浦懷人獨立馬陵山蒼茫曉飾埃塵裏何促長
途暑濕間　聖主猶仁津吏貴誰陳寬政動　天
顏

自宿遷之峄

此生定分背鄉關尚憶天南久未還舟楫遠通鄒
子國風烟近接隱君山兩邊葭菼澄波上幾處鷗
鶴夕照間何似故園湖外住古堂夏木晝閒閒

臺莊

驚魂帆影駐臺莊野渡留人白晝長川狹船所鬧
大船月明邪許動危檣吟孤只對羣山靜坐久還
禁淺夜涼漸逼炎歊波浪澀疏簾清簟感蕊蕊

石佛寺有孟津宗伯懷友詩石碣鄭西亭屬
余紀以詩適石林太史至

曠原莽莽坐乘風宗伯留題歎絕工槃棹幾時投
石佛看碑終日倚花宮青林影轉開穿燕紫海波
遙靜戲鴻雛誦當年懷友作故人剛到夕陽中

石佛關生日　五月二十六日

故翁當炎書獨歸人晚年愁在上關路因倚夕陽
殮故國在何處開庭應寂然寺常兄弟來今夜夢
相牽
但覺年華去誰悲世事空徑來參石佛無語對天
風道路關梁裏雲霄著濕中故人何處到傾酒慰
衰翁

臨清大寧寺納涼

傑閣臨東郡禪枝啓北扉遠人逃暑入終日受風
歸境寂添蟬噪關巖羨鳥飛多年休夏約慚愧故

交遊

晚泊

路入甘陵夕望迷經過數驛趙兼齊殘陽亂下廉
頗墓淡水長環伯鯀堤世事苦多衰齒逼秋禾愁
絕遠天低不知浩蕩堯斧日幾點高原見荷犁

示黃壻玉繩

老夫隨船來爲時亦未久蓬底四旬餘已跨高縣
走郄憶風波間簸蕩終日有重關困行色上間苦
坐守汗流不得洗朱光照垂首生平頗愛潔暑濕

晚積垢拚癬復滋蔓爬搔倦雙手會期到官舍欝
抱迭隨赤沈進秋節過氣似露白後今且雷雨喧
中庭漲清瀏旋感江淮大旱稼得穫否京國寡素
交去恐昧餬口問年翁已衰在世生原飯空思刺
齒肥負覺戲笵舵萬事蟠心胸焉能任杯酒

與劉雨峰

客子心情正黯然炎風攜手薊門天津橋驛騎來
三月酒面吟襟別九年生事又拋京雨後家書難
到軟塵邊五陵少俊飛揚甚君看衰容豈世賢

華髮蕭蕭久似銀　帝城風物眼中新猶從短檠
悲羈馬會過長溝歎獲麟近日談詩多哲匠當時
縱酒少同人與君徙倚秋雲下片雨聊清紫陌塵
前年吾弟謁　皋都歸話朋游頗未孤最是劉郎
情不薄相於燕市酒爲徒風沙雁影連雲隔烟月
施江進艇無夜向碧空回首望斗問磊落數神珠

送劉後齋粵西典試

百粵遙瞻使節臨驛綱秋曉去騷騷到時桂子三
峰落歸日梅花五嶺歲官舍水惟分白竹汝帝城

奇文篆黃金懸知鋼院清宵坐霜月空天樂衛心
倚石林向奉此差劉是其壻
騎中過從古北平幾回高燭戀朋儕吾衰淚作三
秋夢君壯當爲萬里行翠羽寒時露雪片蠻山花
裏聽江聲吟詩迢遞遙相別野老柴門計已成

別家人岳大鴻臚

平生山左是家鄉吏部宮詹雁作行後輩姓名誰
識記先生聞望重明光交處自信前期好意厚全
薰逆旅涼遙憶阿貽開燭日年來能否髮無霜

璿旋

見亭

肅肅涼雨洽行時，會面無多自此辭。萬里雲霄看矯翼，五湖烟水憶垂絲。冰霜客夢還家早，袁馬征塵數驛遲。祇待艮書報吳季，遠憐燈火對相思。謂吳大兄北海

贈田肯齋員外

荻岸蓮塘有釣絲，平生遭遇感心期。詩懸遼海先蒙顧，人到神京竟不知。雨後高軒相過早，秋深長路恐歸遲。江南大好留連地，旌節何年慰所思。田

於承德公處見余詩，黃叔威來京，知余在，便枉訪，比余報謁，皆不遇

秋興

玉河烟柳尚垂條，誰道幽州木早凋。曉日殿庭高燕雀，秋風城闕滿笳簫。醉看短劍鈎陳暮，夢汎靈槎絕漢遙。檢束行裝出都市，數聲斑馬去蕭蕭。

璿樞金題秀漢間，園陵天壽杳瑤山。九門落日驅驂入，萬乘清秋射鹿還。督亢展圖皆沃野，居庸當塞本雄關。涼颸驟卷鳴珂陌，亂葉驚沙灑客顏。

宣武丹樓落日懸，白頭人到感髻年。邊風易掃餘

觀迹宿草難蘇，鹿馬天事去廟謨。惟巷戰時危窯議尚朝賢。於今一統無中外，義鼓鳴殘暦數遷。

碧草丹崖累百層，超空天駟欵驍騰。君王神武真無敵，講蕆餘閑與屢乘。西極健兒爭搏虎，東方諸國早呈鷹。上林羽獵誰工賦，再見卿雲接迹升。

間倚殘陽拂敝衣，艱難川陸計全非。空臺定合將金築，駿馬還應裹骨歸。酒夜模糊歌郢曲，江秋迢遞夢荊扉。身名似舊朱顏改，明日城西看打圍。

家崑繩坐齋無功一峰草堂，余與宋稗恭過

之，同家方若及二子飲，時日崑繩留

又集齋中作詩次和

迷誤走淤泥，多時負清夜。問知數子聚，得共深院話。微風散暮色，好月不須借。餅酒暮提攜，爭席帽相亞。長安雖猶貨，梨栗當行炙。杯寬少從容，令嚴帶呼叱。大戶名劇虛，繞藉豈蒙赦。堂中火換鼓，簾外光滿榭。少年縱笑談，秀數北里姹。騷流起蓬心，空房竟何藉。飲多麯味出，四體作春醉。人醉味繁雲庭，曉怪流汉我。將去京華待時早發，駕如斯日

行樂更乞明河瀉

朱舜恭以詩贈別次韻賦答

他日楓亭去如今黍谷來萬山吟落葉三歲改條
枚貢使應爭入征夫馬又廻中情可矜尚何必用
行媒

故里原鄉近津途就我家北風春尚厲西舍酒能
賒砌樹青初葉窗燈碧舊紗把詩回首望霜月見
烟槎

袁宗安書來

踽步眺青冥孤星動西壁陽光雖未收尺時已趨
夕餘暉不可係晦月又抱魄故人尺書至舉燭却
就席相夫笑幾晌數語太愁惻塵案對妝屋豪合
鳴珂陌君未竊鸞姿虧受腐鼠嚇老夫頗早見預
逐南雁實悲君在逆旅尚稱金臺客宋生亦愕散
牽拂歸不得世態盛炎凉何由慰眠食緬懷益惆
悵主人怪我色敢誦勿復疑我昔方偪側

古詩

灼灼春園花惠風吹其間東皇使之榮色態非一
端結實未可料滋芳早爭妍變彼游冶女擢素廻
紫搴鮮華朝暮變棄擲誰復憐一承薌澤歡永絕
雨露緣何如空山樹開落枝條邊

喬松凌層霄修竹挺積雪當風不欹蓋在土先有
節而無三春姿不預衆芳列夭夭桃李花穠艷自
矜絕但蒙閨中憐誰惜路傍折攀情喜柔媚萬物
憚孤潔搖落見後凋驚嗟孰云哲

八月廿九日　先君忌日

遠道三秋晚餘生八載孤後來無善狀空在有微

軀計日衛前恨牽衣夢裏呼作醒常起坐還擬鯉
庭趨

家祭雖憑弟神來定憶兒流光如此逝寸草至今
迸獨夜霑淋淚窗長滿鏡絲空餘千里外心絕蓼
莪詩

與黃孚花

數曆崢嶸菲思家黯淡貧阻饑連楚塞求飽到周
羸瘦馬空知路寒花不受春一哀淸夜迫短燭見
酸辛

夏杪來相衞秋高復此亭跨驢過北關看鶴舞南浜酒面吟殘白霜燈坐久青歸裝須早計一喚旅愁醒

寄懷舍弟

自別泰亭路經秋未得書艱虞渾似昔判隔豈云初歸後隨陽雁行同在轍魚急誰問家信上策此何如

有子非良驥追風望姪先孤清思祖德謹愼見渠賢安得人歸楚相逢騎入燕手摩好顏面在笑向霜天

無詢艱虞極孤思念老親餘生難問世不死愧爲人桃李爭三月松筠後一春夢魂時恍惚省覲得非眞

所恨三生累今爲兒女愁書來聞吉日色動倚皇州夏屋徒空住秋禾竟未收客亭瀟瑟甚虛向老大求

九日作

九日天氣佳南風尚徵扇乎舒土俗與餞春竹六

見但聞鉦鼙聲號呶賽神宴主人命圉隸牽馬出濮院城北綠楊寺是我意所戀西郊百貨集亦足暫流盼同行六七騎馴劣各自便未遑向林憩且復緣郭旋帆道頗寛平村墟間葱蒨揚策風入耳脫轡沙到面遥指柳堤來橋南認秋殿清陰最明瑟黃葉幾時變前臨太保村叢柯似江甸露寒聞過雁候暖見飛燕平生重陽節寓目只鄉縣往者劍浦行永書高閣醼崇山列四闥潭編入華饌獨憐少菊花猶賒桂香徧酒徒縱談笑慰我客遊倦

回首忽五年存沒爭一眴遐征久搖落窮栖祇迷眩登望亦何心庶使羈愁遣柴門念我弟青溪散文戳能否賀勝歸將無阿咸善詩常潮蟹肥次第溪菱薦憑高定相憶此境沿更羨焉知長途客臨風淚如綫

客大城黃叔威至

羇愁無賴只高眠九月風和過午天夢裏驚聞來遠客朦朧推枕到門前

君在郎山對菊花豈忘前約在京華乎舒城外垂

楊寺坐望征塵過日斜
如此頭顱滿雪霜男兒須是爲身強三更相對談
何事短燭殘卮淚數行
被酒與叔咸話輒作以贈
身是滄洲各難爲人所憐醉來頻斫地夢去忽捫
天寂莫耕岩日崢嶸釣渭年因君歌益壯和罷舞
翩翩
昨自京華返登車别汝來初日宛將上九關猶未
開神光留殿闕人跡徧塵埃樂劇今誰在城南空

故臺
夜坐
高槐出前垣片月秋皎皎孤吟向夜分有殺雙棲
鳥
不寐與乎菴
我今何爲在血北淡夜獨坐聽更聲燭光射眼欲
早臥枕上反側無夢成幾番投袂歸不得舉槖廓
落當風輕關河二千有餘路况乃不獨愛行程家
鄉八月書信到薄田莫償三春耕已愁旦莽缺饘

粥復報女婿諏親迎生產蕩析倚賴絶齋貸久絶
親朋情芒芒萬緒攪胸臆展卷聊與心神清楚騷
杜集性所愛發口都作哀猿鳴柴門此際正蕭瑟
骨肉悵望如遭醒燈花喋鵲劇誕妄三占四揲虛
屏當謂我行李必在道豈知淹滯絃歌城滿頭白
髮過五十來日苦少嗟餘生腹中車輪轉不歇卽
非飽飯長彭亨握圖斷喉愚可歎力作理遣終難
平春來錯料一秋事便思苦葉凌滄瀛計疎時過
竟蹉跌短劍憐憐收光晶幸假羽毛返故里遂見

蘭桂芳前楹兼金解包况高義羅紱亦市雙葱珩
所願誠奢意私怯片語未吐顏先赬叔兮敬仲古
朋友爾我婚姻還弟兄
別黃乎菴
那得郵亭覓馬騎烟帆趁晚路倭遲枝梧儉歲貧
家苦檢點空橐弱女疑每勸加餐眞見慣纔言分
袂早相思關河此去風霜急怕記騎陽甚雨時
漂轉浮踪似斷蓬車航燕趙太怱怱半年作客炎
涼徧千里還家富貴空賴有故人官近邑竟霑清

倦□霜風臨分惆悵高齋色老樹當軒日不紅

寄崔青峙

熙朝萬國同文日故事三秋射策年君是主人如
北客我爲遊子憶南天風霜去路堪愁絕車馬郵
亭各杳然自覺衰遲輸少俊幾時還到鳳城邊

發大城

浮游即征途未半意先悔况遘三伏天炎威盛相
待蓬窗尤煩促面背移日彩忍垢對斜陽低頭只
心痗五旬乃登陸騎馬入塵海所遇無一可欲言

且獲罪世事空紛綸去去吾恐晚使酒悲灌夫鼓
刀憶朱亥長嘯歸荆扉蒼茫悲真宰

自大城策馬走青縣道同叔威作

北風吹南雲征雁已先度迴野何蒼蒼是我來時
路前林葉頻隊落實少全樹並馬入秋聲離城動
歸趣親串豈不懷遡往無郄顧日午徒旅饑囊祠
下鞍步酒食頗凉冷薄宵焉得偏後車又失道瘦
僕久未過遼海客羈孤京華人馳騖終拚世與進
苦□名所誤碑兀向要津本非致身具沉思寒暑

變□帳烟景暮

登舟

南人跨鞍馬高下非便習常想短楫移得使衰容
入昨來馳廣野日暮謝羈絷荒店寒星疏官徒守
殘笈技朔正擬佇江航夜相及喚僕走無遲雨細
衣不溼一葉爲我停逆流去轉急舟子乃衛軍栖
託見須攜莫計道里賒且幸眠食給揚帆風力弱
引纜水手集向頗虞堅冰霜嚴半途澀趑船秋已
晏首路冬未立同行有素心述作爭理茸亦復開

秋枰讓行笑捷十滄州酒滿沽交河棗可拾從斯
傍烟波遂近湖邊邑

舟夜不伙槳邸出蔬相勸

舟行且十日未越燕趙鄉大舸帆席高風逆焉得
揚坐臥無所營征途浩以長因之息行慮轉若安
閒房義和難弭節啓闔延餘光與會屬清言我友
正對牀賦詩必秀發吟諷慰老蒼濁醪雖在眼甕
淺不欲嘗主人忽入坐相勸爲樂方郄去呼阿姊
語□似有商嘉蔬薄暮得洗摘和椒薑釜熱初聞

[illegible]近已送香奉持出就客此意那可忘挑燈復
傾壺歡來各盡觴醉醒分符定生理何憂傷

東光縣

綠陽前度東光縣風逆吳船晝不開歲序漫拋秋
又去林陰將變客還來垂垂舊橐愁翻笑寂寂新
霜老自哀幼錫嘉名無一善沿流羞問廣川臺 臺
在景州

野泊廊公見訪

蓬窗吹墮五銖衣昨過吳閶識面稀佛火半塘經

臘久雨持千里隔年歸笛寂白業貪淸絕入紅
塵想翠微他日烟帆拂江樹劍池東畔敘禪扉

泊連窩驛

時逢身老興蕭蕭故國迴看雁影遙草木春深悲
漢棹關河秋晚過吳橋他鄉落日人應醉短燭殘
更歎未消直北層霄空道路倚天孤劍就漁樵 范
文正公吳橋人

白雁橋

[illegible]悲秋人定少今年拋却菊花朝南歸重引登

高[illegible]船到霜前白雁橋

酬黃三叔威

草草還家客迢迢上水航故人來遠塞同載慰他
鄉日氣殘秋白烟光沃野黃南池應一醉津路出
中央

買棗

棗熟新橋驛舟人勸買歸滿林何處剝垂實半秋
肥預怯關征重虛權市賈微無心羨聊日有符慚
今非

朔日作

首路猶初夏回橈遞孟冬江迎離寒雁海臥蟄潛
龍瘦日寒應短微霜晚漸濃灰飛候卽到萬物但
從容

和叔威

擁被吟秋色留燈促晷光老身甘坐臥終歲傷車
航草草吾曹在柴門晚計長所嗟人與懸榻水暫
相將

好[illegible]與時晦衆星矜夜明不眠孤夢斷將曉薄寒

生遠雁方高度荒雞亦屢鳴老謀慚景略豈敢荷
盧聲

寒

北歲疑天道爲冬何太難南風吹十月北地動輕
寒酒盡宵燈寂吟成旅思寬更深頑童僕未覺絮
衣單

警

重船依曠野久坐聲萑蒲濁酒懸遙店寒燈在畏
途裝囊來日計詩卷後人須旅力吾衰老空看一

劍孤。

風

夕風終不歇遙夜恐歸人浪東鳴𩘚急山寄臥虎
嘯越裳琛莫阻海鳥祀何頻野岸連群盜明燈坐
向晨

日出風仍起連檣靜不行掩扉重𦸸動開卷細沙
生野指危星分冬交安𢛁城添衣敵寒色隨雁信
前程

一怒不可息方知風伯尊九河翻地軸萬里撼天
門鎖日南船住晴宵北斗昏幾時隨淑氣布澤滿
乾坤

頗怪增空響深愁起劫灰無情收雨去有力送霜
來近掃東方墓遙擬魯仲臺會看天宇靜安穩一
帆開

初月

片月何時上殘陽去始孤滿輝潛晦魄微影漾江
湖夜淺無寒兎河橫帶宿烏東南寬水驛取次照
歸途

鄰公過舟讀杜詩

舟行冬早泊無事到幽人落日何須別論詩定有
神人涯稱北客水次得南鄰片月懸雖久清樽今
夜新

過鄰舟茶話

客舟行處並茗椀坐來新落日齊州暮微風顧渚
春貯泉知意愜剝果見情親歸傷楓橋說關河有
比鄰

與叔威步船頭作

水驛無窮路經時斷客魂又乘愁裏月行過望中村暮景三冬入河聲兩派奔到家將小弟欽欽夜分論

東昌

聊攝雄東郡津亭遠郭門曉風巢父墓落葉魯連村帝世何年避燕沙一望昏無心求霸略閒嘯向乾坤

安山雨中作

入夜雲還漲吹寒風漸多帆開輕引纜水逆易生

波前路南池近明朝汶上過山陽遇泥濘吟眺莫蹉跎

去鄉三千里猶餘一半行老懷愁北道寒雨過東平青谷衰涼色宵喧欸乃聲憑誰報風伯努力送歸程

今歲燕齊野田功頗自饒土乾秋烈烈寒動雨蕭蕭潤下寬牛力乘高灑麥苗江淮鴻雁響失侶莫漂搖

過南旺

汶水分南北歸帆下急流慢開雙岸去風起一身浮憶昨發航到初辭冀馬秋艱難近濟上水雪會無愁

長溝

木葉落長溝碧山遠翠浮夜霜栖岸草寒水逐風舟辭泣血吾道人歸惜此遊長懷辭使者千古汶川流

濟上

客睡俄復覺乘流方夜行碧天霜萬里衰柳月三

更要地今無戰詩人獨有名應尋泛舟處留醉與任城

觀岱圖

不意偏舟小能容嶽勢懸界容分曉暮未半出雲烟象轉青旂動龍吟絳節旋何當凌日觀直見海東邊

竟與諸峰絕巍然入杳冥覩公朝帝座出地到天庭泰爵千年陋虞巡二月經悔來非陸路不得眺南溟

下方雖自聯高處迴難昏四拱猶居後他山孰敢
尊氣將雲海合光帶日車翻不盡遙空望虛簷過
魯門
眼前上不得空說太行山坤䡅何朝盛登封自古
迷幾時雙屐到一登九烟低夜半朱輪吐羣方未
曙雞

雜興十六首

神霄斜日澹清秋迴野浮雲遶薊丘禹迹總無屑
南國堯封原是帝王州諸郎舉觴遊麟殿少婦盤

西齋丁卯詩　夢華山房

鴉過鳳樓擊筑酒人誰復在和歌羈客感同遊
傍城雙闕五雲開槩葉宸居肅九關北極又開周
鎬洛中朝仍拱漢河山淺春御蹕龍孫出細雨金
鈎燕子還時過西華望宮樹暮天蕭淡紫微開
今日廟堂碑吏建　龍章乙夜自揮毫驚看海岱
風雲與歸想春秋律令高禮器兩楹歸制作星河
千里潤旌旄太平文盛　天才建魚服哉房且末
韜
傳呼監牧駕翔麟羽衛繽紛起陌塵萬里樵漁時

日角五山風雨望時巡江湖舳艫盈盈度金碧寒
林往往新開府西洽無限樹年芳偏隔翠華春
三輔炎畔帶九區湯年焉肯鼎尼巫神姦夜肅闘
封府沃野秋登拜賜租好雨邊沙生碧草颶風海
國落紅稌不知題柱田京兆曾弔沉災人告無
舜聲堯咨動九天司空奉簡下經筵荒城驚數枝
官宅小吏陰操御府錢沮洳暑寒知有日桑麻雨
露定何年近臣短策關民命留得村墟積水邊
飄風凍雨乍飛揚嚴警先驅御道傍豈謂箕裘垂

西齋丁卯詩　夢華山房

廟略翻忘弓矢事戎行介槩從來伏聽竹猛虎隨
車夜寢林火焰高原哀角奏一天星斗挂蒼凉
解佩鄒忘見甕修葺公師濟百無憂龍香烟霧淡
朱戶貂錦雲霄競黑頭月底遲枝庭桂夜花邊焚
草披梧秋阿衡呂望猶堪指曾砥江河向海流
如焚旱魃走天風封事旁求自古同小吏監門傳
鄭俠諸生太學憶陳東馬來汗血開當仗鳳起梧
陰遠戲空草奏尚問咨警日青蒲慷慨爲誰雄
龍起都梁帝業虛末年編輯史臣疎門庭朔洛諸

曹襄槍槊河關百戰餘索米莫敎疑直筆焚膏焉
得趣成書田間漫識興亾事多少才人在石渠
沉沉鎖院氣氤氳淡墨天昏曙未分動海驪珠來
皎月歸燕馬骨買浮雲官家自昔曾親策卿子如
今已冠軍寂寞寒途高興盡悲歌空弔望諸君
商颷颯颯暮雲低極望河源積石迷漢日已懸窮
塞北邊聲休起大荒西名姝潑乳垂紅暈老將聞
笳舞白題莫倚蒲桃連歲熟郎防宛馬向天嘶
尚憶吳檣南泛日越山高接七閩淺龍精入浦難

求劍雉堞連天舊號鐔柱橘秋香聊遺興絲蘿冬
死獨傷心縈盤危磴千重路藥榔青冥豈重尋
北鎮經年信寂寥霜晨旅雁颯風飄遙峰舊壘全
城開陵邑新開鐵嶺遙薄宦尚淹清白吏愁人空
望紫宸朝驚心萬里吹寒雪凍裂泥沙馬不驕
秋風黃屋碧雲樓圓寢蒼然曉日升故國兆淛哀
壯士神皐杯上蔓長陵熊羆翠嶂寒猶列江海銀
濤夜不冰惆悵年年春草綠白頭宮監隴頭登
布衣狂走紅塵路羞見西山萬仞青上谷百年來

戰鬪諸峰終古落空冥松蘿計好秋全暮笳管聲
悲雪漸零厭說此中成捷徑江天亦有少微星

述懷

因逢朋好忩愁緒日日船窻發旅吟十月寒輕身
少力百年時過老驚心長河樹近生青影古岸沙
頹出碧岑夙世烟霞應有分塵緣拘係到如今

魚臺道中

寒空層嶂接蒼茫不盡山光亂水光遠道千帆分
積翠西風一鳥入殘陽居人菱芡多充稼歸客芙

蓉已製裳歷歷烟村魚網集天涯惆悵更何鄉
久厭風塵裏今來烟水間牛黃欹岸柳淺碧隔湖
山舴艋爭魚市蒹葭帶雁還孤帆倚信宿何事轉
摧顏
往返數千里蹉跎已半年長辭車馬地早入鷺鷗
天故國看相似層巒別可憐祇應到家日便買釣
魚船

鶴媒行

南陽菰蘆鄉往往出漁舫日午浦烟斜驚見清霄

鳳翥鶴何方來頹然立相向昂藏江海姿胡爲墮
塵坱緬思滄洲迴鷗梟各自養健翮况凌霄力絕
濱渤濩秋天得空碧水府虛洸瀁一朝落虞羅萬
里憶鯨浪神摧長羽禿影瘦細波漾用汝作危機
潛致野鳥傷屈折豈足惜殺傷頗過當不知凉露
垂幾引高鳴先生來風格異凡昔懷抱曠詎料歸
樊籠隨人學欺誑如矜軒轟態飲啄靡所仰應遺
斥鷃笑坐失仙禽望吁嗟時命違故侶盡騰上何
誰挾仙術妙藥下蓬閬頓令兩翅生快覩形神王

此意恐蕭條蒼茫對寒嶂

詠懷二十首

我無經世資沉淪固其分年衰行曠野頗遭羣小
慍霜風向夕迴白日亦生暈倦羽爭投林俊鶻待
時奮志抑懷幽檮職思諧古韻非干衆流譽庶垂
沒齒聞菀枯一消息誰謂斯理紊寂寂何所憂端
居託天運

冉冉孤暉下落風吹我領囊和無弭節彳亍征途
問顧望荒烟渚時見沙禽還霜天竟蕭瑟四野淞

瀎漫中情曠焉屬忽然乖青山其中有幽人堅臥
保歲寒念此久寥濶百端徒縈牽仰視浮空雲一
去不得攀

伊耆治天下日月懸清蒼虛席讓許由自謂爝火
光鷦鷯巢茂林偃鼠飲河梁所需誠不多細瑣奚
足傷越俎自有人養拙亦有鄉千秋高世名巍巍
比陶唐

長安多貴遊夾道羅車馬雞鳴徒御呼馳赴雙闕
下驢背亦何人揭來自鄙野顧瞻舊宮垣代異色

尚赭壯麗臨幽大保世豈云假百年見興廢還貽
後來者山樞悲風詩斯于歎周雅悟彼外物情脫
身何瀟灑

勞勞入塵塩悠悠蹈所陌甲第何崔巍朱門羅長
戟春暉綠細草雨露多鮮澤緬思百戰初本是王
侯宅堂中棠烟霧鈴下豐酒炙一旦他人來蒼皇
逝安適悲風吹白楊邱隴空復惜

珊瑚可網致竹實期鳳采時遠力亦多事舉功則
倍青童悵不來雲旗渺滄海君行何夷猶令我朱

顔改萬物仰昭蘇申旦成久待嘉會後吾身沉悲
結千載
浮査杳不至中夜瞻牽牛衆星耿寒光河漢風飈
颺佳期信已遠復此汗漫遊媒告怨行媒無女哀
高丘鳴鳳不可卽燕雀來啁啾堯舜方垂裳稷契
能咨謀歸尋舊白鷺浩蕩滄波流
著書見後世卓犖推虞卿說趙拜上相六國流英
聲一朝念魏齊捐印大梁行曠懷薄富貴寸心急
友生平原不肯出義高亦爭鳴當其慷慨時顧視

小八紘人生各自遂窮達有所成唯阿婿權要並
垂青史名
曠望宇宙間置身竟何許流光一以馳往事今非
古蓼莪廢不吟離瑟亦罷鼓春風脊令原急難多
愁語痼爲鷺傳天無將雁依渚衆雛盡凡毛豈復
希遐舉青蒿滿蓬門幽徑任吾取牽蘿礙高車窮
老且晏處
吾聞支道林愛馬自天性叱撥隨淸言揮麈得神
駿野鶴思騫飛悵望秋空淨顧念凌霄姿縱使霜

毛勁憐才嗟斯人低迴慕高行疾公笑不休買山
亦何病
伏波雄豪人世亂矜抱負開眼擇明君功名豈輕
取遨遊二帝間服事終不苟少游志趣殊獨策款
段走軒然顧之笑未肯甘老醜壯心懷沙場畢命
恥戶牖斯意焉敢希逝將適南畝躬耕臧龍劍無
使霜秋吼
朱亥梁市屠聶政齊鼓刀椎鄙刺俠累英風颯寒
濟吾賢軹里人輕生與鴻毛親在難許身滅名義

至高將爲知已用豈徒氣矜豪洲紫悲莫知懷都
吟楚騷中情苟結束一意中所操服恩未有處保
已歸遠皐
陋巷親在堂供養疏亦薄傷哉人子心而有簞瓢
樂聖賢素位行譬彼寒燠若定分由自然天道浩
漠漠曾城多俠邪庶士趾相錯昏暮投其間委身
遂永託錦繡業所生不如衣服惡非義奏歌鐘不
如薦葵藿
杖策適四方竊懷經奇士再返太古風大溥莫物

利中道旋軫歸所遇厭機智逍遙南濱烏已振垂天翅試爲岱陰雲雨潤漸而至半更陞楯郎勿謂

優旃戲

暇日遊河曲躍出雙魚書起我執友言傾懷席久虛放舟長川氾稅駕炎暉餘復爲宛洛遊疲恭乘牛車傀畦匪無儀依人豈艮閭歸返舊茆屋歲晚成迂疏榮利非所期庶與先民俱

少年夢登天煙忽隨羽化雲海燗生光泂漏泛騰騰夢中遊仙詠高唱破清夜生爲江鄉人歸途指

西華浮塵縛孤踪名嶽負遠駕水懷尚平遊何年畢婚嫁

生年半百餘于世鮮所希閉戶追古懽聊用相冈依烏几幸木去霜凍多晴暉誦讀論其世往往夢見之言念京洛交走馬趨夕闈濡翰給官燭俯仰與我違寵光雖不及周防亦以稀鷗鳥舞海濱黃鵠摩天飛

渾渾龍門流從西急東注禹功不復奏懷襄乃其素霜晨渡河來九道悉非故瀆宗實明神夢想焉能遇夏翟鳴空山千載無人赴田夫秋多暇有粟須天雨

平生好朋侶遠近相追尋蕭客寒水岸置酒春樹林家貧乏縞紵絲縷明我心草堂頗幽潔可以理鳴琴乾坤一黥儵龍蛇並淵沈風波泥行色日短冰雪臨陶朱隔五湖何時散千金

才非東平生亦嬰沈痼疾傳風滿皮膚求方似仙術雜異瘦附藤實頗蠹滋楠梅雨渡江來爬搔不可畢金石會有虧還丹渺難卽他年在下時慚愧

螻蟻食

題畫行

今年薄遊別淮楚過河愛看鄒魯山魚臺谷茂綠楊岸數峰近帶烟湖間其時朱曜正欹翁恨不一棹前追攀自從驅車到京邑九門塵土高蔽目搖落初霜鴻雁天復上吳航逐秋色廣原惟見種麥人怒風苦迸還鄉客借船老翁如舊識膝下嬌兒夜光直對我天清展畫圖何處芯蒭新潑墨翁家故傷冶城住此中大有幽人筆沉淡無過癡柴丈

拂素陰崖竹松濕白田喬大嘗天眞滿眼雲堂挂
眞蹟我在江都共還往別來五載無消息忽見玆
圖心倒極悵望浮雲坐相憶老翁垂汎桃葉波試
請龔侯寫瀟瑟定有空江鬼神入

爲葉郎題叔威畫竹

倚醉微吟絶妙辭旁看揮筆最愁思寒川忽變春
潮綠渾雨湘烟見一枝

題叔威畫竹

黃生不能飲飲少發狂態畫出青瑯玕徠使何人

愛
別幅已成陰毫端更生筍知君十指間酒氣猶未
盡

叔威既和余詩又發興作十絶句倚醉盡和
之

酒盡興未已潑墨補其缺搔頭向青蒼亂落燈前
雪
歌罷人亦醉孤月向我明瑟瑟湘江影來爲萬里
聲

酒面有時白醉懷無日醒何當威鳳下叫破海天
青
登山脚猶健古藤可作杖霜天留此君愛他拂雲
上
清貧太守後獨有梅花叟誰知醉眼中得此拏空
手
歲晚積寒翠何染便萎黃待見兒孫長崢嶸出苑
牆
今日重栽竹看余斫釣竿只愁滄海底寂歷巨龍

寒
出土頗容易開花何太難曾須靈鳥近結實滿瑯
玕
有節方堪老搖風竟不低山雞將稚子爭向筍根
栖
怪汝將松栢禁寒不羨春天街花底客肯識渭川
人

又贈叔威

高人不近俗鄙夫方食肉君家千頃陂何似千畝

竹

寒夜同叔威作

綈袍拂盡　帝京塵一月燕齊苦問津下水舟航
爭倍道垂天星斗亂隨人獨愁短句驅愁去多謝
良朋發興新濁酒難沽霜氣重夜闌看劍坐相親

望嶧山

嶧山虎踞羣巒伏傳道靈奇迥不同魯塞片帆凌
絕巘秦碑落日在寒空烟嵐碧散諸州裏海岱青
迴一氣中閒讀遺文尋小篆經時徙倚送霜鴻

過夏鎮懷汪二左巖

帆走欹風地天餘落木寒海雲飛野盡霜日到河
乾近縣懷良友三年守一官因悲龍虎氣老眼獨
愁看

彭城道中和叔威

日瘦霜能宿風嚴曉倍寒過齊魚艇亂入楚雁田
寬計拙傷途遠人衰怕歲闌視朋如借問留與醉
吟看

已悔前期誤空悲晚興乘關河沉霸氣書劍老孤

燈愁詠餘三復寒衾疊幾層曼遺冬夜永斟酌海
烏升

寄贈陳太史省齋次叔威韻

早聞君特達近侍拜恩寬坐使危機中來銜絕塞
寒青春辭故國白日隔長安但保冰霜質浮雲世
路難

邑裏殊氣候雪片下秋深萬里逐臣屋孤燈明主
心入春梅不見遠海月還臨寂寞湘男恨惟應抱
膝吟

鐵嶺遙臨北金臺忽在西所生來夢寐一去走涂
泥氷水猶開硯春風自種畦空餘待瀨意夜夜候
荒雞

養拙湖干客清時日日閒曾攀梨嶺樹尚憶劍州
山結侶長途話悲君老淚潸沉冤如得雪隱石待
人還

渡河

憶昨鍾吾愁觸熱燕關齊塞飽經過兼旬燈火連
寒岸一片烟霜下大河去鴻不勞風力送歸鴻偏

喜日華多頻年狐子功難奏斂室春生莫湧波
五月乘流復此行日高風定櫓爭鳴寒烟已隔齊
陵樹絶岸俄辭下相城萬里雲帆凌蕩漾滿頭華
髮俟澄清詞人作頌何年事迢遞霜空一雁橫

後渡河行

我昨乘船出袁浦日車照耀波文紅天妃廟口烈
風作大河飛湧搖心胸京華騎驢苦佁儗放眼却
憶曾渾洪瀦迎擲買款段去片帆詎料還相容承
城遠驛遥烟樹咫尺已入函弘中崑崙西極墮星

宿懸瀉萬里奔潛空來到滄溟不肯住生成蕩激
稀冲融遂有明神長四瀆岷嶓桐柏雜爭雄經過
中原絶橫肆奪地屢徙鯨鯢宮雪殘碑砥竦山嶽
雨餘屈蟜吞霓虹二儀清寧自高下沙土匼匝俄
寘濛揚盡頓遣羲御洎鼓氣只恐坤輿崩頊來歲
晚幸和煦檣艣妥帖聲淙淙應憐腐儒心膽怯焉
敢妄覲神威崇　至尊咨嗟坐北極江海職貢紛
朝宗舳艫稉稻軍府贍郡國轉運蒸黎窮自從長
淮別彭蠡汰濁不復相流通使者年年竭官粟昨

磽
敲

過九載無成功金堤東潰更可怕小邑蕞爾嬰其
衝魚蝦菱芡失生養鄉人半化饑飛鴻往者翠華
一臨幸駐蹕良久哀三農　制曰司空汝予治春
鋤正集諸州工上流竹楗猶悉索淵塞偃蹇驕蛩
龍安得狂瀾竟底定元元康食蘇疲癃數天競獻
翁河頌逢吉豈待筮龜從支派兼蒙散膏潤磽确
亦得輸常供身老不作濟川計坐飽玉粒歌年豐
河伯聞之忽震怒拔木又駕洪濤風

阻風天妃口

來往帆俱落淒迷日易晡大風連野動微雪入河
無不脫氷天路難求竹火爐故人多好句時慰旅
情孤
寂寥孤燭外衙尾舳艫攢酒薄觴須急年侵骨早
寒半生爲客賤萬事去家難愁思餘行記他時不
忍看
去雁難爲陣棲烏不作橋凳空千緒亂窗掩一燈
搖曠野遮雲幕寒衣曳霧綃風威須小歇容易旅
魂飄

抵淮關

投袂燕霜下柴門計日還寒天艫遠道暮雨逼嚴關書卷慚商賈譏訶惜面顏移燈補舟漏添得袖痕斑

同叔威上岸避查税人

纔脫狂蛟窟俄銜猛虎關岸沙迎步亂風淚落衣斑歸路全難逮殘裝半及還寂寥經世意羈旅向人間

贈叔威別

我傷潮隘甘息機郡梁君去省庭闈京添扇枕經年暖到扶輿絕域歸上日椒漿傳臘味潑堂蘭燭舞春衣自傷衰白承歡畢一見青陽萬事非

過名伯上歸舟

寒柝沉沉荒埭孤僕人扶挈倚人呼打篷夜雨迎歸客聒耳鄉音脫艮遙不見霜鶻橫野俊空鬪溪蟹入秋肥浮游爛熳餘詩句充得行裝長物無

過閶聖來

宿雨寒塘路相逢各黯然問程傷久客入坐歎無年計拙速津日風嚴欲雪天別來詩盡好吟向酒尊邊

陵亭道中

悔逐浮雲到帝城敝車羸馬慨平生一肩韋布行時態滿眼風帆夢裏程近縣忽聞垂死報還家多恐故人驚柴門掃徑開詩卷不盡西堂落日情

從外祖李俞卿先生八十

徵君家乘有輝光大父前朝輔肅皇歲月崢嶸纔耄耋乾坤翻覆久滄桑卑栖僻巷龍爲隱尊序高門雁隔行王翊憶傳論語日何公嘶過讀書堂

西齋戊辰詩

興化王仲儒景州著
同里李國宋大村選

元日

磊落衆星沒啓明孤向人沈思當戶立有憶傍簷巡半世歸殘臘餘年數孟春只宜求蔗味不用薦椒辛

述感

坐對寒花寂自憐老來無意問高天才慙小弟非

雙璧詩比慈親只十年往事回頭衣盡濕流光過眼燭同然憐看研北殘詩帙曾到天關與府邊

不寐口占

更闌酒醒支頤臥耳畔如傳度壑鐘水旱驚魂頻見夢行藏到老合爲農春生饑鷃羣先動夜黑蟾蜍影正封忽憶舊時瀏海伴九關渺渺去攀龍

肺病經時不肯除諸家游歷負閒居遺春益痛全衰骨卜夜渾拋未見書明日呼兒懸酒誥常餐教婢占園蔬柴門漸喜招尋少茗椀僧齋復似初

贈融峰大師

平生愛傍祇林住夙世曾叅白業來水滙春融龍伯國燈幢晨禮象王臺衣傳七祖今猶昔花雨諸天落又開止觀細聽懸解竟妻兒待米亦忘迴

海光樓贈孔東塘博士

蒹葭螺峙沉浮地亦有層樓北郭開建置已悲仙令去標題還待後賢來天連遠海星垂薊月到滄池露滿臺紫禁公歸 明主問飽聽荒澤雁鴻哀

贈任二如璋 元將王信之胄

都梁疇昔起眞龍乃祖懸軍保舊封與代孤忠何奕奕清門羣彥遂重重鵷鸞自逵干霄竹雨雪難凋偃蓋松莫訝追歡似兄弟向來家乘本吾宗

奉寄承德公 淄青張菊生先生

春艸催邊雁天青已北飛幾時書始到萬里夢同歸鐵嶺乾晴雪蒲河滾夕暉如何在京邑却與帝城違

不爲遊海客空作薊門遊陸路行偏怯三霜涕未收花開思命駕地迴惜移舟氣候今年與寒漸定

巳流
萬感來孤坐起行看暮天微風低落日薄俗侮衰
年貂錦關山外魚塵釜甑邊向時高宴會賓客散
如烟
把書傷遠道倚戶向深春公去誰憐我年來欲避
人馮唐何易老原憲只長貧迢遞營州月流光東
海濱
閼道遲除好南來江漢間水廻義陵渡花滿木瓜
山五兩何時便三秋此歲閒惟期霜稻上一謁陸

康還時傳公擢倅常熟
寄懷吳門袁二安吉蔣悼袁大先望崔二不
彫柏大非熊 己巳作
可記追歡是甲辰朱顏綢髮正青春年來年去成
何事江北江南剩幾人今日采蘭仍令節空堂被
酒劇傷神吟詩報汝知吾健抵得寒暄數紙陳
唐若淵家海棠 故余書屋
辛夷雪片纔飛墮復有紅芳當戶垂色映晚天如
倚醉人非杜老合題詩空庭春艷無雙樹別院

開又一時我到故居腸欲斷似看凉雨砌傍枝
送黎于一之閩學使者幕
無端頭並白一年幾回聚殘秋在京邑數過相勞
苦流光逐風颸老態難飛鮮少小同自出總角我
汝侶我母汝母姑情親一何煦傷哉北堂人倏忽
歸黃土有文不奮身蹭蹬折雙羽適意仗溪山忍
耐長羇旅
我經江山縣最愛江郎山三峰似信圭判合碧落
間深翠欲露衣來潤遊子顏從茲沓層嶂遂入楓

嶺關松篁滿眼送奔泉疊瀑淺中有幽人居絕境
方宴開惜哉驅車去不得凌霞與君行領其要窮
窕吟詩還
東場竹枝詞
吳陵北去水悠悠也有官隄帶鹽舟酒肆歌臺隨
處勝分司原住小揚州
處處官場竈火開春陰竹木綠旁舍千門曉色牽
牛出六月平原架雪來
海禁都開好販鮮閩南閩北動漁船江南櫻筍作

時節紫蛤黃魚勝往年

近江只愛鯽魚好，鮮魚少背亦清腴。日來海口東風急，網下湖頭打得無。

青天漠漠野風微，緑草芊芊春不稀。臂上鷹驕翻難落，沙邊人臥打毬歸。

只今江海競稱詩，第一東洶更不疑。人去陋軒憔悴甚，春風春雨柳絲絲。

入村

碧天此日散沉陰，東皋茅堂白晝深。作客過悲千

里篤，爲農負息有年心。紅菜露重仍微放，紫蟹霜遲且緩尋。城郭勞人傷意緒，烟波避跡減愁吟。

宋仁仙夢余家桂發花明日余招之飲索咏

不省今朝約，秋燈夢桂花。香從天半落，影向月中斜。散步來空館，披襟對夕霞。風前催短句，應許換丹砂。朱吾邑道士

挽汪蛟門比部

追思二十年間事，渺渺層空片羽高。才子不成登左掖，官箴何意落西曹。人呼姓字僧堪應，酒作生涯罷可逃。往日同風悲又惜，那能留汝在江皋。

挽劉存永虞部

祭酒絕時錢系車，從門長日淚痕餘。正郎未拜年猶壯，岐伯頻更計已眈。坐上虎賁空彷彿，燈前塵尾最欷歔。泉臺此去偕茫五，一笑微塵夢覺初。

唐若淵屬題程堯仙所居堂

西鄰日日催詩句，題上程侯滄遠堂。惚恍天秋來晚暮，虛無雲海去蒼茫。風簾晝下棋聲出，月檻宵平樹影涼。我到揚州定相過，肯教禮數束疏狂。

訪遷西道兄於顧莊

昨共許玄度，言過支道林。片帆湖漠漠，連日雨沉沉。蔎秈貧家計，逃禪晚歲心。菊花俗種亦，只當布黃金。

粗飯荒齋聚，春風一入城。相思過寒露，爲別未清明。流轉天全健，波瀾地不平。風塵衛里閉，來伴野人耕。

舍影逕仍近，無過十里村。雞聲連水岸，蟹沫上柴門。以我離別意，就君兄弟論。清齋老摩詰，斷肉幾

朝昏詞子集

泛舟之顧莊

酒斷眠孤曉即醒半篙涼露出前汀澄波上日金天白老樹流年木塔青風力偃衣時瑟瑟霜華垂鬢不星星東南鳴躍非吾事合就西方止觀經 東南句用張司空詔陸平原語

自顧莊歸戲作呈遷老

珍味不可求衆哂吾鄉僻秋風吹露寒稻蟹方漫映隨潮旣解甲其色始青白脂膏塞蕊筐蜩腹無

西齋戊辰詩 七 夢華山房

背隙趕趕雙挽鉞怒作巨靈擘八跪驚足夯森然挺矛戟外彊中豈乾橫行物誰格盈虛應月度剛柔象離畫胡然觸緒纏蹤跡謝川澤編罾人絕巧入易出則逆噴沫空有葬蹤跳那得擲小釜然清波側注閒絡繹摩挲扶膝黃儻忽報殼赤堆盤饞及寸布體或踰尺房房如蜂分甛甛類狗磔瑣細戒棄餘貪饕賭多隻移時免飽滿脊桃逆焚骼日斜杯酒聚有此廢甘旡常餐害數見侯鯖未許易往爲天南遊九秋挂胸鬲去年在燕鬭思之貌加

瘠今茲來蕎稻溝塍徧樹柵勅厨但給鮮頓食鮮又夕前村訪彌天扁舟越東陌經臺正雨花堅行敵金石慮宜拘梵律且役說冥諦何圖淸齋罷提携別餉客蝦蝬與博帶刺眼盡蕃碩老夫拜大贶擧手笑啞啞俗師踞高座無能爲公役不知賢畢卓訶作肝人跖

李元水四兒凶問來哭之七絕句

燈前聞信涕洗瀾少小肩隨老倍歡陡地風飇吹斷雁夜深孤影落何灘

西齋戊辰詩 八 夢華山房

雌堂昨歲逼淸明兄向江南我北行記得蕭條京邸夜寄書深悉未歸情

中表相依五十春平生姑姪最情親黃泉無處逢吾姊久作龍霄玉海人

閒携肴核過柴扉吹令銜杯與不違他日酒徒還復集更誰堅坐惱人歸

病只三旬未半年醫方寒煥太紛然中元一夜添愁雨贏得留君共榻眠

每到蕭齋共酒杯階頭蘭蕙重徘徊如今正是

時節抛在城中他自開
小弟書來遠送愁三朝三暮淚橫流人生只合無憀過省得親朋哭未休

醉歌行贈朱丈鶴山

青天不動奔日車月爲副乘星如沙周流更不防夜黑孤輪互燭紛光華千春百祀復萬禩何曾弭節發途除人壽期頤苦不足誰歟定說生有涯兩眸電轉配兩曜隸籍南斗吾菁加果然天下飛朱霞老鶴下舞先生家先生本以鶴爲號其室則遍

心神遐詩成往往獨長嘯九皐風聽無爭差平生妙𢍰養生主貌若姚冶含英花逍遙華齒高興發健步欲及康莊驕閭中姹女好顏色騰光遺覩低鬢鴉荒鄉雨雲不肯斷豈知朝暮來巫巴多暇親朋數燕樂堅坐直送明河斜恭惟先生我父執每慶良食私咨嗟非來示我香閨帖竟幅鳳跂兼龍拏收拾江山入制作題目兢爽應非今晨令節雪霜霽羽人奏樂紛如麻青童連心結羅帳黃姑端綺瞻靈査淵娥不受幽篁遮曾孫馳獻清前笑

我醉凌虛叫烏兎年壽豈獨公等奢鬱儀結璘笑啞啞浩刼相將無量壽先生今纔八十邪

贈內姪解萬鈞

南陸鴻飛霽日遲東皐稻熟早霜天過從健美形神王中外交稱族黨賢却憶小姑成隔世相看弱冠到耆年閒居細細浮春露繞膝書聲當晩絃

枕上作

酒醒夜方半初寒生薄衾境猶空萬籟事已亂孤心壯老更貧富庭闈判古今山城將送弟離恨與

工深

舍弟往青陽臨發

倒旋披衣起薄晨長亭短櫂在前津昨年汝望還家客今日吾看去國人筍滿五經猶祖澤烟籠九子是王春履端何限團圞思爲賦常華報所親

樊汊曉發

十月已過半五更猶不寒客醒那復睡心寂忽多端缺月當孤枕高風起急湍揚州應早到行路未云難

過李詞臣兄弟留飲

相逢欵欵見交歡竟日留人向夜闌舊雨三年全似夢新霜十月不成寒君家兄弟江鄉少我輩逢迎世路難來歲春風拂琴劍棲遲還傍一枝安

眞州道中

寒河送遠下嚴關官舫乘流曉色閒冷露半紅烏桕樹深江一碧白沙山三年老客來悲往萬里貧交去未還劫火浮圖仍湧出獨令身世感愁顏 時戴丈無奇往粵東

白門別李大村

江頭數字驚吾至關口孤帆別汝行老去一身原是客此來千里獨含情上游戰艦無消息故國寒磯有鬭爭短棹霜天方穩渡恰乘明月望歸程

白門南上

垂老翻浪游北轅已知誤故人作宦邀我愛弟去送之至白門落落起愁緒沙雁雙鳴棲分飛得無顧逐輕天塹波凌亂龍關渡風從東北來烟濤莽馳驚蒲帆刺霜空瞥若鶩翔鷺深愁龍蛇蟄掘鬭難閉戶華山遁相迎新歡竟如故同舟並交好復饒文酒趣狂歌劇談笑樂此浮雲路吾生一旅羇家鄉在何處超然契眞詮悟彼無所住

天門山

江山幾時有曦月能知之流峙地未形光華天已垂由來經歷千萬古杳冥荒忽誰能數何圖久遠更鮮新自結靈奇不朽腐秣陵揚舲泝上游上游洪瀾決漭浮等觀滄海少不似中間爲有葭菼洲騁望諸山紛黛色岡巒隱見無終極寒磯一見一

驚吁天門兩崖殺殊特一山橫斜插峴崿削成半壁凌空落濺起江波灑客帆霜林凍雨來噴薄斑駁翠紅開畫圖凝然一山坐西隅相對差池復巖獻天公作意爲形模欹嶔側枕此中過恰值冬晴日車大光烱炤燿變態呈冰雪迴舞中流破我往越鄉旅人闖青林岩嶂高摩雲灘嶺上下絕艱險勝跡經心五六春曾倚霞標指烟杪數椽得占幽棲好如今追賞總傷懷江山無恙人衰老

蕪湖舟中作

水國聊浮游縱目愜幽討仲冬凛寒天脃暖爲衰
老舟中一事無伎星起常早擁被坐推窓顧盼川
路好去年誤作計騎馬入京鎬至今衣上塵尚耤
江風埽景移山輝輝洲絶波浩浩人烟拼鳩兹津
崖亂見蒹榜人報嚴關俛首傷懷抱

過舊縣

山曉姑孰程江光動晴晛連山西南迴人家望中
見如櫛白屋齊互帶青林變鬱葱名都會清麗使
我美舟師指繁昌此是古時縣里閈乘陂陀田塍

錯崁衍應知香稻熟況足嘉魚薦胡爲乃遷社兹
地焉可遷始事與初年落葉隨流屯故圍深烟波
景物無堪戀境勝每情移此夜意所善帆檣滿上
游車馬到江甸驚心湘漢間扐報新酬戰

泊銅陵

微風吹高帆日夕猶未落斥堠臨前圻阻淺行復
却移時乃登陸試問銅陵郭石梁過溪聲烟光漫
林薄木邊釆土風頗怪市廛惡寒星動從鬼江色
上沖漠顧望與有餘暝累趾恐錯躊躇反舟中明

鐙意蕭索並生宇宙間看人攏峰壑

青陽道中作

舟行十日餘今晨乃遵陸茅店起夜霜輕裝委徒
僕鮮車控飛蓋繞轉溪田曲吾友方安騁我亦策
騎逐行人遠下擔籬落窺注目恣嗟向浮雲不敢
薄微祿賤體愧癡肥俊乘遝健足崖高側踏石澗
潤疎支木危坐等履冰驚心欲扶竹平皐得快意
始見千巖綠衰齒既峥嶸病脚且踽趄艮無濟勝
具難就天際宿

登青陽城 同歙州吉拉猷賜

騁睨生高阜登臨日欲晡亂山千里去片石故鄉
無烟外懸江月城中落渚蒲草深防失路皆點好
相呼

西洪嶺望九峰作

山容漸以親輕車亦徐引谷曲多異觀回轉非一
境松篁澗圖畫巖壑分晝暝孤尖遊半空寒日薄
高頂稜稜八九峰直上天路承秀發思元初萬古
一俄頃平生厭塵壒老欲就真隱丹藥苦無方餘

力絕堪哂暫追物外蹤得借霜邊景隊葉舞微風
隨人過西嶺

車中吟

久行午烟生空翠益可喜衣衫嵐氣中人家水聲
裏

山行作

空山富泉聲聲亂山愈靜平川亦自波崩石故作
梗䃈落何磊砢撐拒奔流騁助響更林風颯颸度
廻嶺已艱南上路復薄西頽景崖荒虎跡深歲暮

霜威冷月出無行人愁絕千峰暝

上山

十里磴道長攝衣上斜照數折力已疲興人何我
咲我非矜汝態失隊恐難料深崖絕奇異怪石恭
奔峭自多繁枝絓那學窮猿跳此什雖貽貧求恐
擲江徼嗔僕斷枯竹扶持強騰躋終然氣增叫竟
使形相弔人當欲臥聍焉能叟瘤倚我友掖我升
年衰愧渠少艮久稍平夷登車縱臨眺大壑走冰
霜長松蠹虎豹西風怒蕭瑟衆響何清妙聽聽幸

神怡安舒謝心掉雲際望東岩仍思倚天嘯

禮金地藏塔

金碧林端寶刹懸漾空霜日到詹前眞僧定久千
花塔詞客吟殘九品蓮石磴危攀須度索松根小
坐即安禪天臺斗絕還天半意盡紅藤鳥道邊

東岩

蒼岩切青霄西日明東隅裊裊細磴盤遙聯心魂
蘇肩輿空復隨仰面愁高霄歛步不敢放轉側須
人扶我身極疲茶昨又攀危途顧懷勝絕境幽輿

誰肯孤徑超度鳥背手拂淨雲車下方指點邊奔
險開精廬前軒一以眺瞠目中踟躕焉有蛩嶺闔
氤氳連貝區空濛林巒變窈耿光景殊掌淺畝八
窗窗窗對遙壺絕壁萬仞蔠必推漱雨餘春花莫
辨名爛熳何靡都暖氣蒸妙香蕊芬散伊蒲頂上
盼天臺喬松等茂萃豈乏蟻附迹在猶惜微軀洞
古殿之陰範土自留模是爲金地藏拜登躡跏趺
霜寒觀聽異石怪神鬼驅猿引路紫翠鶴矯凌虛
無長思謫仙人曠逸古罕徒標題倚天坐字痕悲

糢糊名山幾時顯勝流屢乘除九京不可作來者孰久居眼看住山僧歸休妬良圖裏糧會相投不到非壯夫悵望陽烏匿臨去增煩紆

留贈覺院主僧

捫蘿無分謁天臺高壁府峰面面開落日憑闌惆悵極東崖不到定空來

簡若全開碧落邊我來初眺九峰天與公同下人間世早占空青五十年（僧與余同甲戌住山四十五年矣）

化城寺有明思皇御筆爲善最樂四字

入寺忽驚神龍蛇跡尚新空山逢御筆灑淚向何人

憶舊

川陸勞勞未散髮去年今日泊歸舟誰知旅鴈輕長路又逐江雲到上游臘近每驚新月出裝空真爲故人留關河最怯逢氷雪帖伏霜蹄慰白頭

枕上作

驚風吹雁不成雙取次州帆又過江酒醒心孤眠不得五更山月滿寒窗

拜黃侍中祠

青雲堤畔北風吹愁說先朝靖難時落日寒連江外客名州淚灑侍中祠金川不鎖燕師入玉璽如流漢祚移獨有孤臣波底血年年逆浪就湘纍

留別白下鄭蓮水渠溪華中淵楊緘三雲間陳備三桃州沈霖若兼呈宗子鶴問

不謂忘形極偏于識面初此遊安得再一別自今疎歲月空殘曆柴荆祇索居春江試垂釣應有上流魚

朋好他鄉聚平生所拔憐爲歡方累日可恨逼殘年蹇衛寒山裏危檣極浦邊帶霜何處雁相背下江烟

別惠臣

不到分襟易焉知聚首難今宵借我弟破寺一燈寒村酒那成醉客衣原自單眼孤須數紙爲報各平安

別舍弟

又向天涯別心傷此客途人來官況冷我去爾身

孤眾集獄仍得飛揚計絕無尚悲過郡日疲衛驛
山陽
不圖書劍在如此話行藏容易身千里艱難淚萬
行故鄉仍飾序春艸又池塘別恨何從訖詩成早
寄將
紓軫吾難住爵孤汝自求不緣婚嫁累誰柰別離
愁依舊垂空橐將無貲斂襄東湖黃犢在可擬服
先疇
不忍回頭望心知掩淚歸此行人頗怪垂老計全

西齋戊辰詩　十九　埜華山房

非山險戒乘騎杯寬防汙衣飽終朋好約白首聚
荊扉
同程藏錫自青陽策馬走大通山路四十里
上下屢乘險既至阻板橋地主潘克濟遣
迓來人導至後灘小河擬馬進不知淖也
馬陷隤水力自拔起之主人易衣痛飲即
事有作與潘
容城襆被朝來發疲馬踏山犯險行豈謂到門將
偃息翻忘違淖忽欹傾裹容臘月泥中出病骨名

裘凍後驟向晚張燈對華餞蕭蕭簷雨作寒聲
荻港舟中
客路回天末年光邀履端寸心離緒亂雙槳暮江
寒有弟留他郡依人是冷官高風散逈雁愁倚碧
山看
過蕪湖
扁舟曾港凌朝霧一望蕪湖斷客魂急觴聲無離
水次峭帆驕塞下天門開頓爲虔嚴關易垂首曾
愁權吏尊自作腐儒斷禦暴不知世變敢輕論

西齋戊辰詩　二十　埜華山房

登太白樓
纔攀九子觀遺跡又泊寒磯上此樓仙客已披宮
錦去長江空湧夜珠流難忘把酒馮陵地可憶搴
旗戰代秋勝事雄剛俱寂寞滄波滾滾夕陽愁
阻風采石
鵾鵬呼何急飇飈氣正驕帝州烟浩浩天塹景蕭
蕭率意乘潮上無心去國遙俞逢清旭閑調悵度
連朝
久晴屏翳怒雲雨亂寒空挾雪晨侵襲懸江夜打

篴大聲喧自北長路迴遶東奔險何年事千秋距
躍雄

爲冬真不易俄頃雪都消落日遺雲合餘陰作雨
飄燕磯寧遠道平渚又終朝篷底空高詠何人解
見招

咫尺然犀浦無由貫杖尋雪雲垂野暮神鬼聚江
滨樹影流天地濤聲送古今百年稀利涉一一
微吟

雪夜見月

浮雲向曉散江干欲滿孤光吐雪殘不遣烟帆天
際去爲留松樹月中看吳音楚語三更寂遠水他
山萬里寒臘日已過猶客路獨餘清興未全

眞州艤舟示載錫

牛渚螺磯十日程聽君高詠送寒更連山積雪江
頭下曲港殘冰月裏行客久且思瓜浦雁家遙先
盼廣陵城那堪南憶長天外無限離人歲暮情 時
舍弟尚留青陽

反自池州抵邵關李四兄子鷹即世慨然而

哭

燕城凍雪裏嚴霜凶問傳時向夕陽夢裏魂來江
作塹天邊人返涕霑裳生涯到老窮難送世態歸
空死亦常獨憶平居無限事寒風舟夜益悲涼
滿面冰花淚亂垂空天荒野不勝悲百年半過爲
人日四序頻題哭友詩對酒今春猶自健傷心連
夜枉相思海山此去吾親問莫道

去年自北平歸哭徐兄平仲
永江蛟門吳萬
相繼逝

酉齋巳巳詩

興化王仲儒景州著
黃岡韋　紱斧衣
同里史元夜頤存　選

元日

雪雲散野寒仍重星斗迴天日又元衰暮只驚新曆換團欒不似老親存眼中書劍他鄉物畫裏冠裳異代恩預恐高軒駐荒徑早呼稚子閉開門

維舟肸拂敝衣塵幾日嚴寒歲序新鴻雁影迷連嶂雪笙簫聲動滿城春書投澤國函將裂酒出山

鄉味不醇舉眼尚看兒女侍此心偏覺弟兄親時仝弟在青陽

題卓火傳傳經堂兼贈

笙名疇昔振金臺騎歲姻帆江外來齒髮過衰才識面爭教今夕不心開

十世先公漢侍郎曾籌燕社改南邦太常不贊洪都議糊把王師付九江借黃公任景隆也

殉節孤臣烈至今江流鍾阜並高深文孫莫振青箕翅記取忠貞異代心

紹庭果葉父兼師六籍見孫盡日披似向君家聞妙論商周之際薄微箕

三世弓箕盡臥龍鳳毛今日陋超宗傳經堂上先生像一樣衣冠故國容

故劍遺編本大儒嵬峩東序列球圖白頭膜 拜此是垂髫十歲孤

遣懷

客亭遷次逼春寒隨意莊騷映日看香在市中梅來買水懸燈對雪初殘夜壁卧下三聲漏晚食真

風光凉冷怪花朝春船久繫家留客夜雨纔忘麥長苗世事茲茲多聚散恐難相顧免蓬飄

歲春帆我早張翻然送汝適江鄉五侯金幣諸家富三月烟花一國狂木面青簾消麴櫱詞頭紅豆了文章士貧老去無聊賴只有愁吟壓敝裝

黃子庵招飲花下梅一樹三種盛不可言

落日驚衰眼高齋見此花四圍蒼幹失一望碧空遮種別呈殊色根同發異葩輸香惟雪月妬好莫風沙今春頻患此

愛客清尊瀉張燈亂影斜近來栖畇

膝下泉臺怨耦來東流却西南山崩摧從一之心那可廻

吳雲逸招集郊園看梅

西郊是處酒旗青遠與遨人到野亭深院竹開風恰靜晴天花潤雨纔零有壺未必乾春醸雙槳還應撥夜星醉把繁枝默惆悵幸分淸影慰伶傳

李詞臣兄弟招看梅舍弟至自靑陽

君家池館往還頻二月天陰亂石新名酒細傾愁寞夜濃花深放雨中春江山夢醒逢歸客貧老歡增愧主人別向書齋步檐際不教疎萼對傷神

送別舍弟歸里

北雁驚春盡北飛飄空巢燕認荊扉近家不得同舟去垂棠翻教帶病歸文愁頭風堪勿藥逃占尾鷹獨難肥多時朋舊烟波外落日銜杯事總違

三日作

今年春又暮江城花亂開氣候入臘妍風光自徘徊連宵靈雨零飄盡中園梅晴暉啓元巳初晨散陰霾我行將安之碧水城南隈柳岸青忽深衆鳥亦喈喈畫船簾半約玉質垂瓊瑰如斯艷陽天美人豈無懷含意欲通辭左右多媒思憑微波託蕩漾已復乖揮手一長吟浩然歸去來

皇帝南巡歌

波平裨海日光輝阜益何須補舜衣紫禁沉沉雙鳳跱青旂旆旆六龍飛

絳節朱干捧玉輿蒼龍南下屬春初　天王稽古行時令集鳳翠公省諫書

正供憶昨賜江鄉歌舞窮簷化日長一詔又蠲三百萬逋逃乾没謝　君王

烟花江介數揚州記得隋家有舊樓馬到棲靈停繼望無邊芳草六朝留

夾日天垂錦繡文文欄紫瑣自紛紛春官遍向行人說此是　皇家五色雲

斜插黃旗雜隼旟綱船男女笑軒渠府官撒我來臨　駕櫓子江心要打魚

瓜洲浮玉插江山金碧丹青白浪間蟄穴鮫潭多怪物潜鬐戢尾避　龍顏

翠嶂重重樹影斜雪雲水月亂交加館娃宮是靈
巖寺越女身非鄧尉花
六橋桃李是新栽浥露含風尚未開報道東皇催
速放　官家已過秀州來
陽侯屏翳兩難慫已溺思伺四載乘莫訝下河曾
未到旅平親祝禹王陵
鍾陵隧道上朝暾五等前驅七校奔異代龍衣來
拂地都梁眞主到今尊
岳牧諸曹奉　主歡燈船江口似龍蟠　至尊别

有移情處古年西園竹數竿
元宵已過欲清明龍艦南還只數程九市花燈重
照耀香車紅袖滿蕪城
留駕紛紛出近關商人也自列朝班　聖皇不戀
烟花國一夕江都萬乘還
閏三日朱其恭招飲
東陽公子劇多情昨夜邀人自出城頭白忽逢雙
上巳踏青翻恐一清明漸芳采去波脩禊榆莢飛
來草漸平好是風光行復住深杯端合爲君傾

李同臣餉鱭魚
海曲腥風起鮮魚已上村味堪爭蟹鉞膩豈類熊
蹯淡泊春先飯提攜晚到門分甘非細故落筋念
相存
飲劉仮載宅
高館荒亭若比鄰斜陽相對自清晨驅愁又盡今
宵興縱酒還須我輩人暮鼓殘城休促漏江天閏
月正睽春間留博進酬風日作樂從君計畫新
送吳聽翁遊黃山

龍潭月窟天邊路曾擬凌霞策杖尋酒半看君增
興鑠春殘別我去登臨峰峰爭插哀猿隊面面松
盤老鶴深料得題詩人境外故園風景百年心
立夏前二日同鄭若千諸子汎舟
郭門移棹日初斜水進船交礙淺沙數往忽驚餘
節候歸舟頻惜此年華綠楊野店還登岸紅藥諸
園未吐花倚賴江天朋好在令人着處得爲家
盛先振亦仁兄弟招看海棠
去年此時西鄰家一株紅艷開相向醉後題詩憶

杜公寫在隣家雪色障今年邪上滯孤踪江郭春光日更濃蘭梅桃杏滿街莊出門便與園丁逢清明已過天少雨市上海棠纔半吐低垂細瑣不足言苦憶西家舊西府欸扉誰送赫既青朝來邀我就其居盛家兄弟年破少書齊木不爭縈紆主人溫溫隸人肅引客沉沉歷華屋翠幌文窻開晚春高花亂蘂驚衰目徘徊盼久都忘坐常見此花無此大蕃衍應緣宅土腴遠條直拂飛鴉過君家德產不可荒孤生今遂能擔荷人世榮枯豈偶然花前不辭誰能那

立夏前夕飲盛宅步月出城不得宿禹長家

所到看花地還同縱酒人與來堪盡夜坐久漸辭春草少聯雙壁孤光涵一輪只愁更漏促駷騎出城闉

夜市尋常月更深在客衣城嚴不啓鑰火轉別投扉露砌人相問風枝鳥乍飛可堪垂老日茗芋送春歸

送李久菴入都

闍月江城碧樹深舟船闢口係離心長安若賣長門賦借問文成直幾金

金埋不避日車懸玉女潛踪石土堅莫待崎途衰草遍炎風荒驛少人烟

愛弟天邊侍從臣哲兄初踏鳳城塵金閨玉筍飛揚甚何計堪留遲暮人

史上周宅看芍藥

歌呼把菊貸他日喧賧逢花復此辰映簾鮮妍纔過雨分叢爛熳豈爭春年芳不欲青山宅夜色全欺白髮人猶有半開三數朵約余閒步就苔茵

奉寄承德公蔚生先生

奧府清大北神皋紫塞東分符先庶尹服冕冠羣公玉几名初記金閨籍久通麒麟原在葺仙鶴始離籠自此班行峻山來稷禹同職司承御紓心既比形弓海縣千山外恩波八載中操持惟過儉饑饉轉如豐屢頋瘠殊脊頻嗟角兩雄竟無滿漬血虛得錦爲幪手贈朱提白顏霑碧酒紅都令寒谷煥未怕曉烟空妙譽身滋愧輇材賦少工屏營情

脉脉還擢恨匆匆暮雨關城别秋燈客路窮五霜
潛屈蠖萬里背飛鴻陵邑邊沙月王畿絶漠風曆
新花不見春盡雪纔融每共郎君語深憐物役攻
水鄉稀稌𥻘圭竇盌蒿蓬跧伏鬪茹樊歡欣奮薄
躬官方疇昔懋吾道到今隆恰喜戀弧居因歌威
嶽崇他時親獻壽再頌保釐功

題劉玉介像 子端調蒲余題

往者寒天文酒會令弟齋頭誦清製未識君面把
文章醉古獨有西京氣明年余夏來作客始與先

西齋巳巳詩 九 紫華山房

生快投契步履端詳言論偉雅昆蕭謬特賢避招
呼郭外蘭槳移手折芙蓉席間留其月炎風颯蕭
爽看山又上樓靈寺别後江天會面稀屢别名場
各思戀俄聞竟作道山遊積水紫門點遲泣祭酒
炙雞慙闕略脉脉心傷十年事今依閏月傍燕關
相逢令子斜陽際詰朝訪我丧幽閱展有圖貌先
生是含笑渾疑向我言神明不共形骸逝君今有
子蕷父書汗滿血赤追天駟題像惟從父執求果
然善繼先生志

劉聽麓席上飲離支洏紫詠

楓亭憶昨扁舟到時過無緣嘆荔支忽聽高齋催
換酒頓霑佳味許題詩年華老去嗟猶少閩粵天
深索寄遲莫向燈前恣傾寫獨應解齒異香隨

同禹長假載過張慶廷

城東張翰宅近市亦蕭疏細雨三人到丹花四月
初老身容易臥酒病獨難除坐把商丘集從君借
此書

遼海何年别雲鴻萬里看兵戈連塞上書劍下江

西齋巳巳詩 十 紫華山房

干小閣方清嘯蒹風尚满襟月沉呼舉燭莫是聦
𥁕乾

一瓢行和李大村 時執佐宴招飲舟中作

閔家兄弟劇作惡開宴爲監洛唐荷機驛坐客入
醉鄉瞞川白是人婆娑兄臥一虎弟臥虎把握科
條索大戶咄汝爾者何誰人巨瓠飛隨爲吾舉李
生手中茗碗忽自斷起立滿引更不言壯士合取
彘肩賜狂吸疑挾鯨波奔老夫頗之色然駭是何
坳堂納江海偶然一發竟稱雄此氣再鼓將無殆

歸來自賦一歌行李翊豪邁使衆驚孰欲勇者賈
而勇定是君家似舅甥 謂解直章解方學雄欲故
戲之

焦山老僧行 半崖

李生嗢噱向我笑口述焦山老僧話話我滿面酒
汗手可涕彷彿流泉落春醉我聞此語莞爾又憮
然借問人生自古誰百年當時半崖開口道我頗
娶鍊其後幾日倏忽遷隨江烟君不憶海波亭
前翻急雨饑鶻飛鳴月軍今到今三霜彈指問又

見鞋資風物鷺鷥旅同遊秋被錫我弟上勿齋雨
人眼前落托無好懷滯淹刺身白下所思安得
長相偕存亡聚散非細故會且拋卻吾疇去辛尚
周旋忍負乘黃河可注直須注生方企腳笑我真
貪癡酒有何好卿嗜之公但未知酒中趣疾去俛
首堅坐三復陶家詩 李翊大材

家山公向李詞臣借焦山松寥閣住送之兼
問山僧詩上

李子山腰宅君行好寓居遠天垂海盡夏木映江
疎俯陰窺崖鶴迎潮接網魚春過支遁宿名飲近
何如

李詞臣招遊郊園二首

欲就閒園醉須憑勝友過酒闌行落日船小得微
波聽曲紅橋住搖風碧樹多不知汴蔡地能否發
圓荷

遣興還須酒愁時且放歌旱雲空蔽日渇水不成
波故舊思離斷伊京調苦多泉源方在望洗穢與
誰過

贈李五侍臣

豁其龍門彥聯翩雁一行無雙供國士第五似何
郎磊磊星分位溫溫玉有光大庭符早對妙興已
爭揚奕葉仙李同根發豫章壯年誇旅力初度
過端陽斗帳調琴靜黃閣扇枕涼尺書標錦字詩
句入奚囊老作江鄉客來傾令節觴偏看白沙上
競渡亂鍛塘

題呂仙像

髯者誰閩風客關中逸八十三天遊戲還行向人

問稱落魄千杯萬杯長恣意白雲之鄉不屑尺昔
上鋒腥鬼物髓箭底花釀洪鑪出往事祇空問書
手偏留迹而今相遇枯旱天變同雨螭橫奔突鎖
兩絨雲撥九霄請公爲吾拔劍擊蕩滌氛霾沛大
澤始信先生有道術

贈李六詞臣

憶昨道思爲棲止春闈柳巷逢吾子脫然高齋借
我居老樹間庭落行李周旋百日別而歸燕沙吳
霜雁再飛去歲經過又成約今來聚集還多時君

西齋巳巳詩　十三　夢華山房

酌小我一十七春顏豐下才氣逸萬里健翮摩秋
空三峽崩濤縱文筆張筵促饌句幾迴清樸老懷
相對開月透松枕拂床臥雨深塗壁聲家余也
衰晚生事拙營若調饑度寒劍奧予謀蓋狐裘皮
笑具裘溫煖終絕難憶昨歲冬苦辛逸君忍遂吟
向人綵衣爲客旋繼樂物兩奔旅食氣別兒雄
俊眼中少夜光能劍非常寶異日虛勲在海闊如
今度黃軼江表君不聞留侯之生感孤星四方有
事遲經營會際高明火輪赤郎看遠亮天雲青

〇贈金沙于西麓歌兒三絶句
壽燭芳樽暑氣澄珠喉金管各呈能曲終定被風
吹去散作天聲徧廣陵
多謝深杯作意持微風庭院最歡時此身已是柯
亭竹那得憑君索了吹
幾人真兒比紅兒夜夜文郎度曲遲今日空江乘
霧去何年再有斷腸時

林蕙堂集送孔博士東塘還朝梁翰林藥亭
歸南海張處士南村反白下

西齋巳巳詩　十四　夢華山房

太息家園滿激限仲迎玉節駐城臺歸墟北浪東
瀛闊改命輪車北極迴驛路正悲班馬去風江又
惜布帆開勞勞往輒客無窮思并入離堂濁酒杯

七夕抵寓作

郡城前月雨偏零水國高天喜卻青遠別故人逃
九夏獨來孤館有雙星年衰服散清朝臥酒斷傳
更永夜聽今歲秋登新穀賤滄江猶感未歸螢

過李文源寶香堂

浹辰孤館臥相憶幾曾來病起秋城午人開花徑

開因貪斜景坐不到晚鐘聽明月月明夜將無把
一盃

秋社朱其恭招集

八月五日大作社老夫莿起來追攀秋潦西極避
殘暑雁隔南雲悲遠山高隴稻粱已蕭索上流波
湏空潾淺風前藏跋勸人醉露下需衣容我還

前民來宿

緩步緣城闉開屏短燭然忽思霜夜醉重得旅亭
眠慘淡陪高台羈孤到暮年明朝白沙渡江月向

誰圓

中秋李詞臣齋中看海棠

嵐盡披雲蘇烟沈下日東小軒開遲月陰仍晚垂
花開在天香裏秋先露菊斜未來腸已斷令節正
懷家

李詞臣相迓

念我足無力雨中籃筍來老病一朝減笑顏終日
開看人作大字薄暮試深杯不爲夜少蘇誰掛茗
芋廻鼻華在坐

夜寐果然熟功須任酒論一涼初過雨回首忽驚
魂秋野生黃葉君家高綠樹祇應防盡醉老骨幸
能存

劉聰苑生日

人生五十驚心過我記逢辰懶賦詩君小六年今
亦爾秋清八月此其時庭闈北面椿萱色池館西
頭桂菊枝老去承歡難並得殷勤多進手中巵

村居八首

暫反塵中轍還登郭外舟湖天傷北望海木誤西

流老悄仍無病此生何所求樊籠雖日設患豈到
輕鷗

稍熟家初喜秋高穫未多豈防噫氣作無奈厲風
何落實隨衰草成秧動淺波寒霜來不緩嗟爾亦
嘉禾

心力疲酬酢田園恣晏安蟹筐傾日落雞柵減宵
闌一飽神俄倦孳生骨未寒終須求佛理寬假過
秋殘　眞

曙色到昏暮小窗還讀書老懷難强記倦眼過成

虛失學頻年外傷神久客傺誰容謝塵務重與閉門初

東皋一茅屋俗物眼中稀砌蓋登堂語隣雞借樹飛暗窗添夜燭寒事近秋衣便合長年住孤帆況早歸

去歲經時約扁舟問顧村霜螯偕餉客梓樹僕移根木塔殘秋寺風藤夕照門臨流一長望歸鳥白飛翻

可怪今年鴈霜前故不來絕知南土好未免北風哀去住防矰繳飛鳴美草萊幾年先泛泛川月荻花開

舊業餘何物虛堂置此翁人言閑處少天界望來空崗長蒸見笑寒臨比歲同誰知頻顧景往往見飛蓬

○草堂讀書有感

晚年只合爲農去野外風光遠俗塵客舍賣文空作計湖天橫櫂久無人蛩依短砌情如舊蠏占常餐味屢新原是代檣高隱地敢忘躬稼負先民

空庭兩柏出垣蒼殘日迴風暮景光野岸雞聲來喔喔海天鶴影去茫茫老思勤學何心力貧望開顏此稻粱少壯躋依無限事夜分爲夢到緗牀

贈吳雲逸

平生寡面交所期在眞賞託彼山泉深鑒此曦月朗新安鍾靈秀昔哲盛標榜遠近同客途風流雜塵坱四載識吳郎炎歊颯秋爽論文心孔開得句林樾響生非本朝外志軼羣輩上二三老遺民傾懷馨所仰我昨浮空江累月笑處往鷲颺卷層嶂舞雪迴慈槳孑孑歸計無付耆雙目矚告訴走奚奴遺金慰飄蕩今春來旅舍局促不疎曠感君更厚意委曲洛鞅掌吟詩歎路窮發與愛技癢垂橐施何賦臥疾顧眞杜高秋有稻粱野色餘莽蒼暫反故園屏再寒重湖蔣天清眺西南如見夕宴敞君年甫三十壯節於此昉男兒七尺軀自古能參兩骭危必儌扗俗濁須滌盪僕本疏迂人馬齒況已長絕無經世情獨耿凌霞想

寄黃孚菴

筋力吾衰甚烟霜客思繁今晨逢數雁嘹嚦過衡
門章武書難得文翁道自尊故人高㓮下連夜幾
銷魂

忽忽中烱悵吾生晚計荒雨稀風轉怒米貴價才
昂齋貸供兒女支離顧影光又奉人事去叢蕙鎖
茅堂

古稱君子澤五世尚難湮積學悲吾祖希蹤少後
人一生獨詩句千載爲傷神可奈霜飈急無心便
轉春

向寄西齋臥深愁旅路歸老來思戒得將過失知
非課僕秋乘屋留賓日典衣寧親憑愛悟傳語到
庭闈

陳伯升金禹長來

客散臨高枕船來泊少城故人空道姓老婢不知
名邂逅無非事如何有此行殘秋收木價散橐尚
堪傾

選味厨雖辦登盤饌不華愧吾居小縣拜子怨貧
家犄角朝朝奕燒燈夜夜花巡檐忽悵未見此

蔔芽

異縣逢兄弟深堂燕主賓狂呼驚小婦笑問到何
人飯炙車螯滑羹羞蔣角新不知秋色暮酒面日
生春

未滿十日去瀕行更不留我將投客舍君便放歸
舟路絕驊騮騁身兼雁鶩謀已知供給薄地主莫
深愁

臨發枕上作

斷酒知寒漏聞雞逼曙光幼兒偏戀父老日更離

鄉一飯年年急三冬夜夜長何時遂疎嬾倚杖待
春陽

上韓蓀廬學士

平生耻作朱門客海內惟公獨往深方駕文章誰
敢道橫驅今古直須任雲中極目稱鴻舉日下流
聞有鶴音一臥江大猶望重高松千丈遠森森

鴒原芳草過青春先後驅馳犯軟塵馬尾詩成憐
小弟龍門公去見何人埀頭逆旅驚寒早措手名
場啓事新不仗吹噓到韋布誰知愁脉最酸辛

送別東塘博士

清渚下江城饑烏亂庭樹落葉何蕭蕭客子驚方
曙王臣東齊彥三歲南邦住下民正其咨浩蕩天
垂顏司空未庇績猶殷九重虛波濤送旅雁蘋藻
翻翠篠今年雖少雨秋堤上流注大澤千萬村再
覓鯨鯢路公昔想平成疏鑿煩調度相逢在荒縣
命酒寒雲暮我拂燕齊塵習尚已旁矑軒后持威
弧寥廓力敷助朱門劇尊杳矣手紛馳鶩誰非聖
書齋心惕兩目瞿反旆謝飛騰荊扉復吾故從公

道問學妙理遺詮注抗懷太古前深領繁表興惆
悵職匪專讀詩莫能有枝官淴幕府詎免折腰具
往來犯風雪功效如毛利以斯但棲遲經過積文
賦海濱老蒼人日夕闕空寓金盡典琴書貴亡索
棉絮六龍駕青旂拜舞臨關渡寵錫出御筵豈曰
非榮遇於戕尚乘迍罪悔雖全除紆將台轄上欲
見猷烈若野老惜分攜益耿狂瀾懼翻中眺星軺
又江黃河去

李詞臣次于招同潘霜桐丁柯亭諸子集春

暉樓劇飲分韻

我從春首來爲客百遍追歡在此間今夕獨嫌無
好月滿霜都已變寒山星河流轉更將促監史煩
苛僕不附均服徵賽蕭灑市深憑一醉解愁顏

贈鄭孔嘉

我來何曾廢苦吟獨有貽君詩未作無寧君謂實
生我伏枕困羸竟忘昨自挂春帆別茆屋便擁犓
愁住江郭朋交饋餉情轉傷車馬逢迎氣尤索柔
毫在手默經營短髮搔頭行寂寞對客踟躕慎發

昏破酒摧殺坐摩腳榴花開殘一反舍流金炎火
俄薰灼清簟疏簾那乞閒羣書堆案誰能却越羅
蜀錦疏布褐裁剪機絲恣揮霍低垂流汗力更無
我弟旁觀浩嗟愕精力原非少壯時鬱蒸況復頻
銷鑠食飲不戒臥襲風水火雄猜元化獨自當關
門且養疴詎宜旅亭更酬酢七月十六日之夜凉
露月底潛相薄詰朝臆痛頻凍凝俯仰反側形龐
託蒙君顧我診我脉直窺癥結理不錯疾寫禁方
催火爐細辨中經活維絡破陰絕陽色卽廻瀰腸

浣胃腑全拓因言此病所由生浩浩心神何束縛
三焦已苦烈燄然一泓莫遣泉源涸急拋千慮散
百憂擄蔡因石將無藥感君至語增慨傷似我餘
生自戕虐即今病起又況瘁幾時悉解其行樂深
負規箴淚欲傾每憶冄依意彌惡莫向秋堂歌此
詩恐有繁霜拂衣落

送程戴錫返新安

飲汝酒送汝行寒風獵獵霜始生汝今別我往何
處碧嶂清江鄉縣去男兒久客歸亦得看汝愁顏

別有故先世宅兆臨旌歲當年營建心力疲豈虞
青烏術不設等覩石槨三年爲三四營立邁艱否
或老未婚婚乏子積居理筴非所長途遠計拙聊
復兩百金偶向他人賒賤取貴出何爭差湖湘與
師估舶隔鹹鹺拋擲如泥沙無何賦平價依舊今
時肥腴昔時瘦債家擇肉但逐時十倍九倍誰掌
有平生骨性本傲岸兀坐忍尤還擾訴七尺之軀
天地間永念涕淚紛闌干先人五櫬未入土改求
窀穸良獨難年幾四十無血胤蒲柳先落鬢欲班

未知宗祀得不隊飲泣且歸省故山我聞此語心
不懌銜觴脉脉生愁色忽思人生異庶物徒手偏
能致鼎食時來一旦誇身強不見里人程與方汝
姑努力埽丘墓堪輿之說多荒唐酒闌只道夜纔
半列宿已隨踆烏翔

方鎔在招飲西郊草堂

慨想多時眞嬾絕經過此日最心降近來賢主誰
能及一帶名園未有雙天外鳳都辭雪磧酒邊人
半隔風江老夫忽健如黃犢脚旋亭臺手拓窻

送吳生還歸新安

輕裝昨歲客江干雪後南關獨訪君短日深宵仍
臘月高橋柔櫓動寒雲梅開早向山中見猿嘯非
從容東臨苦愛黃山老藤杖攜來未許過春分

庚午立春已巳臘月廿五日也自名伯發船

枕上作

晴湖行曉船薄衾動微月清霜亦以零鳴雁竟先
發初冬來郡郭歲除反家室四序更故新繁齒驚
倏忽老至心易弱遂遠跡難越客總多暱燈硯北

植衰骨沉思在捫天汞歎屬放筆復此一載去何
曾百慮得風物俄芳菲雲霄失氷雪頁圖信有懷
撫枕循短髮

除夕

歲月隨羈客氷霜反敝廬浮生吾暫住戢日爾應
除曆轉窮陰後春蘇閉蟄餘難將衰謝意筳卜問
何如
甕酒猶浮臘檐花已弄春房中非匹婦壽裏是雙
親逝水滔滔去流光浩浩新三霜周甲子預恐白
頭人

西齋庚午詩

興化王仲儒景州著
江都閔長虹曠齋選

元日

童稚喜年新衰老傷曆換春生倏五日滓國無氷
泮自餘白屋煖猶爇紅爐炭拜起力不勝肩背盡
痠汗陽管何早吹農占雜木旱昨厭守歲酌從俗
強飲半未徹蔬食多肺氣漿爲難垂簾坐虛房往
事潛盤旋

張石樓母盧太君生日歌

蕪城冬杪逢何鐵向我索詩壽張母爲言母也靈
芝質早歲歸爲京兆婦京兆所至人謳思越鄉俎
豆今不朽明德兼資賢內助身貴針黹日在手夜
課兒書費燈燭朝先婢作勤箕帚衰錦殘紅甘罬
林園蔬未綠催耕畝國輿冠帔雖顯榮家餘荊布
必愼守霜鶴分飛碧海寒華軒輟駕金烏走長成
奇毛特殊衆培風所積風良厚偶然六月曠搏扶
不道青天背難負春明啓蟄宜看花日暖啼鶯待

穿柳是時毋辰滿六帙願得新詩佐醴酒近來江
關妙詩句指數陵亭北淵藪揮翰須君逸響奮倚
和勿鶤諸公後我昔曾登京兆堂鍾郝音檄重回
首心知何郞言不妄況復張君是吾友常怪世人
壽其親大書高官署屏右文辭波靡更腐臭自謂
寵光亦孔醜京兆有子識重輕求詩獨見支離叟
此義千秋萬歲相傳爲美談而毋壽與同悠久

將入郡風甚不行拈諸酒伴

沉沉夜雨暗傷神歸是三更醒失昃殢酒迷花偏

有分西風南浦又留人

盛先振兒弟拈看海棠

江城春半花無數除却君家定不看一望亂紅欹
院落兩年斜日倚闌干更淡備遣風燈上酒急潛
銷夜露寒媚景融融賓客散故宮長奉北堂歡去年
飮醉
花下

送閔曠齋入都

江風吹暮春搖蕩中庭樹我思何悠悠客子將首
路塵沙浩無垠策馬京華去候喧謝氷雪裝輕便

馳鶩願及朱顏時早奮天衢步歲晏方發舒不如
守蓬戶
生也實華胄性節年少耕蹀躞怒馬蹄細軟千金
裘春風一脫譽迅如快劍抽此豈不豪俊而匪我
所求激昂在古烈黽勉希前修修名誠可慕不立
心煩憂
文藝會達世詩歌乃適已獨坐深掩關靜求風騷
理俗尚善流從聲言紛自喜與之均性情陶冶盡
有以微妙有時來相與契本始手持一卷書果灑

有出耳

我昔遊蓟丘未與子相見定交前年冬流光迅飛
電論文已浹歲心知豈云面別來兼金贈復卷鮮
參商如今旅病中猶行何由戀脈脈獨傷懷誰謂
金石變
紛紛五陵人揚鞭弄遊驅追逐各自媚折節乃良
圖長揖大將軍鮮也偏老儒直枉計尋尺廿效轅
下駒汲水取清泉采珍取名瑜君臨榮進地愼保
千金軀

因趙漢水歸附家書

憑君數紙寄荆扉多病江天旅思違筋力過衰經歲減風花向晚逼春歸閒庭不到虛明月高枕頻移失曉暉謝埭東頭烟水外孤城隱隱片帆飛

初菴上人相問

海縣霜秋別風花儵隔年孤亭煩問訊小極竟沈綿報渴淡虞晚扶行尚不前幾時身稍健來叩遠公禪

與興教大安禪師

少小依禪寂分攜有歲年十尋雙樹老方丈一燈然自顧成何事真衰劇可憐江鄉春又暮緩步訪彌天

遣懷

春心在柴荆舟子促晨發帆張風力微術附亂素髮到來愧賢主灑掃軒牖揭栽花間梧竹取次有清樾未暇見朋交相問已不絕牽連慨憂入酒懷復蓬勃人衰榮衛乾樹老菁華歇中傷忽無端臥疾遂踰月

八載遊天南翠微遇日者爲余細推步休咎頗直寫我生叢利金得火始傾瀉今年運度善獨病此維夏洪鑪啟初然未輟寒流灑二物方馮陵微軀困其下

暮星蕩微氛瀟灑晨窗雨離離中庭竹苞葉漸出土移種曾幾時舊植何村塢春雷來年動勁挺必可數我老但依人歲歲在羈旅根柢苟不絕時至英華吐生無得力兒幼者尚需乳今昔傷我懷一燕低空舞

于懷錦師姊叔姪過訪詞臣攜酒共飲

微痾寂歷春去堅臥頹仍向午餘戶外忽聞人語熟悉中相對老懷舒頓任雨夕重挑酒跋尾風江早上魚一過炎歊筋力健就君高館眺南徐

潤州諸君相望甚至於陳維其歸作此答之燕許後期

經時欲放三山棹閉戶俄驚九夏初舊約逡巡孤興縣殘宵惆悵倚前除年衰敢附摶風鳥酒病長思跋浪魚秋氣漸高須會面將詩遙抵過江書

贈別吳侍御巢薇

新承驄馬駐蓬蒿爲道懷歸旅夢勞欵語未分蕭
寺夜離心先卷大江濤郁城遠信雙魚下蜀井清
吟片碣高堆案舊編方歷亂銷沉獨自感頭毛

金沙于西麓之歌章文輸去年在李祚源家
爲之沉醉頃又來西柯其恭二朱子招集
病未能往

去年寧壽堂前月聽曲魂銷爛醉歸戲謔最顛翻
汁滓文輸洒余其恭稿投以魚汁歓斜不記出城扉春當多病

爲歡少人正相思會面稀欲就華筵尚無分憑闌
西望彩雲飛

與大村

問吾客裏長拚醉恐促餘生迴抱愁衰日到來身
是寄好春歸去病還留千年遼海吟仙鶴一笑齊
璧話爽鳩前夜月明貪看久獨醒輸爾對滄洲

魏八金大韓二來飲用醉白韻

江魚入市鮮風日復暄妍病起驚春去朋來廢午
眠相看白髮叟恰有青銅錢醉發華年思如訒五

寸弦

與喬石林

三年石佛樓邊路船艤荒河影照時冠蓋舊來驚
會面酒杯拽把坐論詩長安自昔浮雲滿晚計如
今閉戶遲丘壑寄懷曾少日衰容君見撚霜髭

贈苹詞臣

烏几高齋坐兩頭叢書聲出小窗幽城陰乍散梅
天雨江月遙懸桂館秋事在華年應早立交非同
氣豈相求日來詩律談尤細新句緣君契寘搜

送趙倚嗣之無錫

宿雨初收綠樹齊巖關將度問梁溪人留東郭移
時坐鶯過南徐滿路啼歸棹可能同蕩槳清尊曾
許落提攜故園薄暮招尋慣把手臨風思總迷

五月三日東李祚源

湛湛江波動遠天映空絲雨散庭前懸蒲倒黍仍
今日顧曲迷花是去年晚節愛君情脉脉衰容作
客脰肩肩倒冠未及斜陽裏酣眼城西看畵船

送潘霜柟北上

迴野蒸霾雲蘊崇難飄蕩永日旅亭中煩憂逐時
長閉關養微痾吾道在草莽素髮已亂垂榮遇非
所想早魃走中原君行欲焉往
相逢常拍肩暫別必攜手連旦心不怡念子遊嘗
久今秋大校士駿乘爭北走胡爲耕釣徒亦復隨
其耦莛楹厲西施物論方雜揉能如坐江天日飲
毋何否
昨讌張郎宅檐雨灑庭階惜君爲此行毋乃昧所
向持觴淚交墮起跽言無狀自孤罔極恩未買青

山葬親故滿京華庶可相馮仗良非豪空翼漫擬
隨風颺
遊陸悔觸熱乘舟偕同心汶水判南流上閘苦滯
淤況閘兩崖峻中但咫尺淺晨征忽無路却見槐
榆陰泰鄉與山陽名醞可酌斟滿沽貯鷄首長日
酬高吟
軒后遺玄珠使智索其實離朱將喫詬不及象罔
好人生興所遭定分由大造得喪豈偶然世態厭
機巧回首三年前出處太草草因君傷我懷決計

湖濱老

生日雨中漫筆

一笑辰安在蕭然倚客扉年猶標故曆生即犯炎
威六十漸相逼九齡何但稀朝來仰天祝惟有遯
須肥
何世曾前度當年亦暫生乾坤人又老家國感難
平去去千端事沉沉萬歲名西風涷雨集也作怒
濤聲
我弟傳書到輕舟昨日來新禾隨地發宿蕙幾枝

開翠月開衰疾孤亭見酒杯晨朝頻北望曾否泊
湖隈
李氏好兄弟邀人殊可憐遂闢空院去淩坐畫樓
邊刺眼春暉字（李之開名春暉）垂頭夏至天涼飈何自
到爲我一淒然（是日侍臣諸兄弟裕集）

與葉桐初（茶村婿）

涼風一夕散沉陰寂寞荒亭客尚尋記得十三年
裏事同吟微雪下更深（戊午冬茶村與余同客天寧桐初適來）
襆被衝寒渚水凝梅花漢節只依僧岳陽旅館何

年瘞淚盡乾坤老杜陵
黃金臺畔暮飛沙宣武城頭秋吹笳我住斜街纔
一月四年君未出京華
羅三（亦高）韓二（酢白）並交歡兵火同哀骨肉殘今日聽
君揮淚說又教老眼不能乾
生理俱從研北論江帆明日下吳門主人大好吟
詩在看到後啼莫斷魂
青岱黃河世共知細流土壤漫貽嗤篇章早共荒
江叟（蒲前民）料理詩人萬古垂

送李詞臣省試、
艇子西風醉夕暉朱華翠蓋倚芳菲乍聽畫鷁臨
江街如見名鷗駕海飛在午爭光君定是（蒲甫以甲午來）
逢辰有日我全非冬來壽母堂前舞身被瑤宮第
一衣

送于懷鍾之任靖江
歎場凍雨聞君發被酒吟詩遠贈行郭外景分黃
歇浦樽中香出闔閭城論文故里原無敵（曾先任鳳陽）
近海高江倍有聲欲共李郎搖槳過早求名飲向
諸生（詞試臣）

題李子修牧牛圖
李子吟詩風格清向余開卷說平生曾無一事堪
聊賴去餉春田叱犢行

張芳傳出守鐔州余向遊其地詩以道之
送君迢遞上閶封諫果名柑處處逢雲出九仙迎
五馬城開萬嶺控雙龍居人風俗舟航薄太守衙
齋磴道重曾聽灘聲登傑閣凉秋心挂到天峰

送朱其恭入都

今我憚行遊吾身脫塵迫早年多塵沙殘送北征
客朱生名公子抗志文章伯浮雲軌絕足培風負
長翮迴翔愛天寬馳驟惜地窄從艱來東楚苦厭
吏事劇鬼烏忽不飛鯉庭詩亦隔回首踰武林所
遭判順逆欲泛江槳還那將百憂擲杖荘腸已斷
弄翰意或適平生敦交歡一片心匪石揚州舊城
中酒人在幽僻追隨盡累歲笑語無虛夕談詩鄙
偎薄道古矜風格世自有周行昧者乃局蹐舍探
江海原汗潦爭餘液枯楊絕本根其華豈堪摘吾

賢何磊落若屬應辟易褰反池陽船相逢孔融席
謂東塘博士 刻燭詠各成隱几句方索因知襟期別緻
見追琢益頻仍換星躔聚集悤月魄龍虎闘秋淸
會逼窮與籍寧安貢舊鄉俶擬躡前迹驪唱俄在
門去去麥紫陌故人蒲柳姿曉蘀頭盡白逐隊信
非偶淚出潸悔昔臨分眼空懸感遇掩猶拾京師
正勤雨冀野頗無麥雖蒙承平福恐疎撫理責山
且抛菊妃亭莫懷蠟屐早圖登丹陛直陳匡時策

揚州酒人歌

缺月不滿下弦夕落日不上西山陬人生鬢髮儵
變滅今者不樂胡爲乎眼前何物堪與朋友共昔
之名姬寶玦貂襜褕又無駿輪控紫燕聳身騰駕
超泥途惟有一尊酒可以相覓爲歡娛有錢把擲
酒家胡無錢便典衣裳襦那問明朝竈下米與芻
武川豪客昔未到揚州故自多酒徒開軒促飲數
巡過先驅發號監申驅四座拱聽笑語寂彷彿偏
伍隨啓肱更番張燭何夜無江天一旦酒星墮字
曰其恭其姓朱朱恒浙江武義人 揮毫氣已犯寒兔倒鵝

勢欲廻陽烏會同諸公恣遊戲智頻炙輠兼轉樞
往往大醉莫記誰家盧吳與太守吳聽翁吳綺衣冠
古野顏色倫引端送難行巨觥蔣叟前民尤嗜飲
蔣易譏聞布席悤憂虞連卮急注心神舒祚源文源
好兄弟李衍李路神仙中人飄白鬚家醞芳冽卑市沽
亭壽寶香二李堂名日高會科條手執嚼敢踰府西喬
成仸喬崟美郭南秦來仂秦之俊孰爲整暇孰郤略孝
廉得勿甘小巫謂朱仂西柯紫陽喬朱紫流香堂上羅
笙簫把杯劇談必盡興醉則發唱聲嗚嗚朱秦恰

望偶蔣喬亦迹偶歸路最喜相持扶我兄蒙谷老
方岐淘虹汲汲質延初放蕩恆祓苛政束涓滴屢遺
酷吏誣勿齋我親弟燾儒時時闖入狂呼呼干介向
人嘔噱笑少焉腹滿形模糊其間畫井大戶絕殺
翁居然突將提兵符縱橫無奈喬東湖喬寅三年我
來新城住片紙趣召如追逋頻仍酒病類賤軀頗
聞糟肉更堪久且休早計化土爲酒壺朱生今忽
騎馬入京國吳公昨已泛艇投菰蒲使我對酒心
中孤曼聲長嘯當吳歈便請文選樓邊朱二玉妙

寫揚州酒人圖將圖與歌流傳到身後借問作歌
者誰與不見圖中白頭人捉筆爛醉高吟王仲儒

爲鄭藩修題像兼贈

平生垂投分所愛經奇人求之絕難得邂逅武以
親上元程韋華磊落軼羣倫初交皮相脫久對中
懷申遂攜同心友歛見先古民高風颯太虛下榻
客舍塵遝甫（瀘州先著）及秋士（新安洪嘉植）次第結德鄰邂
逅榮陽秀巳送殘冬春爭知名公後賞歎佳句新
端居飽蔬食松聲熟葵蘋腥鹽可厭惡豈曰希勝

因麴蘗不恒須筵秩乃入脊骭聽吞吸促恐濯龍
門津終夜爛漫醉憐達興爲晨余嬰沉痾疾右掖
屈不伸鄰苦信僻陋敢敵齊楚秦君齒尚強壯著
述驚等身淸虛方日來閒寂氣益振將栽萬梅樹
鐵幹紛輪囷花時拓窗坐氷雪寒無根香來意云
何此際妙入神芬芳今安在山麓還溪濱先生笑
展卷請余觀寫眞

發郡舍

客久治行勞如辭室家去衆星殊未稀飯已天始
曙登車越廣陌臥者猶夾路炎蒸閘闠隘况乏禦
蚊具當風且揮扇侵曉竟霑露我患腹脚衰寒暑
愼防護旅亭既疏達舍下有北戶觸目中慘悽人
生豈同遇

舟歸

毒熱樹無聲川塗况泥行半年稀夜雨落日背秋
城去去帆空挂飛飛鳥故輕莫應長作客紆鬱到
鄉情

余未歸盆蘭庭開含矛同若淵兩峰挽江楚

行諸子吟賞見寄和答二首

伏雨江城客辭家春尚寒不應爲別久其奈欲歸
難慄抱寬烟水風光轉蕙蘭故人詩滿壁炳燭映
花看

過賞知何日相思得妙吟老來歡有限別後酒誰
淺醉態輸花見流光費夢尋無由抛客路去住正
驚心

黃孚菴歸自滸武分一花贈之系以詩

仙鳧嫖忽去金臺麗士元非百里才長憶酒人呼

酒對未從花縣載花迴香過犖嵱雲程遠叢傷紅
蕖露蕊開執友巳鶩山蘭贈箾齋休笑瓦盆來

諸老集飲西齋和朱嬾翁

早春爲客早秋歸故里親朋聚集逬近日雨暘時
自若天風秔稻望成劉得錢貰酒開三徑分局看
棊閉兩扉莫使端居歎不極可聞警急撤頻飛、

卞孺蔚廣文屬賦紅綃帕二絶句

一幅輕綃剩麗都盈盈長日槩羅襦不知銀蒜雙
垂後添得丹霜幾點無

銀帆如何相對垂分明紅雪艷春枝後堂滿眼纖
腰束獨有彭宣不許窺

上天行

世人有眼見尋丈十載昧却天呈祥霜凝霰集建
子月竟空匹練來西方餃燮列宿二十四勢壓斗
孛横莫當金寒冬殺設此象不數蚩尤及欃槍其
年元夜望舒出滿輪赤黝無晶光三時潑雨九霄
注江淮郡邑波㳄㳄孤城小市成巨浸魚鱉直上
居人堂如何咎徵洊以至得非再兆焉夷狄野老
只愁隴畝沒識者潛料戎機彰昨歲大星不避日
其先變現春載陽迴環交鬭盡白氣左右珥抱朱
曦傷又聞是冬火曜纏墳來側聽尤非常西北夜
半屢上月或推或挽形愴囊人傳幻怪孰敢信我
目親睹焉能忘衰晚羞論謬通籍惟願飽飯歌時
康方割其吝釐　脊慮司空似爲李懷褱豈知海
口計未善鳳縈藪鯨濤竭翻隄突岸走村落湖
中藻荇昔萎黄弱鱗腹脹蛙吐舌浮散水面嗟天
傷高禾土裂蟊賊盤塋死得雨如甘桑猶須桔槔

更滋沃坐視斥鹵荒浪浪上流無憂恰遭旱何年
秔稻崇我倉堅臥茅齋正偪側北風有客停烏檣
相逢問事但搖手侵晨實苦征行忪未省啓明照
何處翶翔獨自開扶桑諸公善飲幸爛醉僕竊恍
忽疑穹蒼

中秋飲舍弟處巳醉徐槐江復邀過若淵宅
同楚珩勿齋泥飲因思丙寅是夜雨中偕
過唐子子厲元水兩兄今皆沒愴然有詩

好月臨宵半殘樽過巷西露濃眞潤屋天遠莫懸

梯昔歲情人醉淡燈聽雨逃歡場回首處催起宿
烏啼

秋感四首

未殘暑濕自烱宵不道津程郡邑遙去國湖山懷
入越依人亭館算遷喬老就日暇田翁話幼夢雲
歸玉女招余少時夢身浸雲中詠歸時書破華山雲之句終歲浮沉成底
事又聽林葉下蕭蕭
茅堂多病落秋風嘗已勞生一笑中碧酒頻拈愁
去得青春再好夢來空熟知明旦非今日誤信前

身是此翁歷架群書徒汗漫南華孤對夜燈紅
紫瀾秋漲碧天昏多事爰居到魯門不迹風飈高
振翮却聽鐘鼓劇驚魂時違學稼人非小俗濁揚
波道豈尊崪峍冰山炎火昨向來金在與誰論
那得崇山策杖躋塵埃衰日竟頹西蒼鷺舊駭浮
天飈宛馬新驚踢地嘶節氣陽消零草樹年光旱
甚斷雲霓秋登又失脉蹤望顚倒愁腸付醉泥

示西寺峴師門徒澹巖

秋氣到庭院忽然思故人西風寶巖寺黃葉下惠

鄰老宿一以去空樓不復春僧雛今壯大衰白最
傷神

九日風雨總至不赴既庭廣文登高之招詩
呈宋公二首

孤城直北海光樓下瞰曾波繞郭流短髮數莖逢
九日正冠一笑渺千秋川津漸合蓬蒿路斥鹵遙
侵荻葦洲惟有晴烟增暮色蒼蒼落景動漁舟
卑棲已慣怠登高愁思長憑濁酒逃盡日柴荆原
不出崇朝風雨亦空勞百年多病渾如杜一卷新

詩漫學陶太息毀天數大澤諸溪水落罷持螯

送喬密之歸白田兼懷石林雲漸

周親姻婭自貧錄把手微霜小雪天大阮相尋俄
六月仙鄉不到已三年未容粗飯中廚辦早惜輕
帆別浦懸垂白仁兄尚良食憶渠悽斷海雲邊謂雲
漸

將行若淵兩峰楚珩琢山槐江勿齋携酒余
治具夜飲

遂少閉門計扁舟今又行境來皆昨日心惻盡平

生曲轉湖中路廻看霧裏城三冬如見雪洒到莫
傷情

事到治行苦心因話別牽又期良夜聚多謝故人
傳木驛定孤坐江城非此筵崢嶸數殘曆後會近
明年

寄阮亭侍郎

風流雲散劇多春白髮尋常肯評新硏盡老天空
倚薄行殘童土尚蹋術學猶死注心偏拙儒到殊
傷術不神胸眼見君台輔上豈能無意道垂綸

贈于大伯揚

春來秋去此年時客子烟帆野外遲褒白愧君情
春春逢人開口說相思
未訪高門病脚因停車先爲拂行塵毯塲北去無
多路垂裏桃花不辨津
開年便作七閩遊劍浦龍巖可散愁要噉離支下
灘去題詩還上雪峰頭
僕老霜髭絕可憐下生兩載讓君先紅顏獨向春
風駐長醉流霞轉不然

李文源六十歌

今冬仲月少雨雪似欲早作淮南春嚴風退舍吹
暖律黃梅花吐何鮮新寶香堂前古老榦滿院垂
蔭無纖塵氷凍未廿香色劣暄和況乃蒙洪鈞宜
莎內蕊豈不艷組繡索索非大眞崢嶸玉曆泉芳
歆黃中郁烈誰曾均李侯此時坐堂上啓屏捘篇
方紛綸先生中丞令文孫偉哉國寶還儒珍風雲
奮發會有數龍虎蟄伏焉能馴富貴壽善忽縣解
惟餘至樂可活身我聞大隱隱朝市末流歘見皇

初民雖雖鳴雁密行序髭鬚颯爽俱如銀少憶看
隨恣遊戲老度耳順迎情親行年六十六十化遽
公千古今其倫自來暢月潔湛熾君家縹碧先巳
簾花開邀酹屬令節九齡百歲同斯辰參差杖屨
歡就席李吳喬蔣朱王秦先生指客向我笑是汝
詩中售酒人

贈別周培風還溧陽

我思投金瀨欲逐江雲去酒病俄乘陵閉閣煎百
慮秋風海增波寒宵天難曙相逢一悽其歲晏共

暇豫

暮春送丁李（謂柯亭久于）騾綱入京周之子典不淺亦泛青溪秋南北天涘參文星落何州我甘謝老驥千里非所求

節序入凜冬嚴霜久不至長年氣候殊歸客少快意如何烟江平俾君別余易燭影搖山樓幾時復成醉

贈別于千英

幾回過鐵甕不得到金沙宿草師所恨（謂生洲先生）空

囊客路嗟君顏方玉色吾髮久霜華相遇寒城外含悽話日斜

贈別伙立人

近聞幾艤孝廉船班馬俄嘶東楚天至後晴光䀢遠道春來樂事稱華年臨文磊落垣星動作字橫斜座湍懸內蕊宮衣空少俊看君身惹御爐烟半載相望江水濱旅亭何意對知音倒冠合埽蓬蒿徑朓東分鍋琬琰金弱翰寫懷情惻惻寒燈惜別夜沉沉京華故舊飛騰裏誰念泥涂老滯滛

十二月朔日大雪鄭蓄修相招漫成口號一

歲歲冬殘不得歸征裘今日逼寒威滿城酒伴誰來問自倚閒軒看雪飛

乍啓柴關數字來銜寒呼我看黃梅坐中只有三高士懷抱前知得好開（韋華秋士渭求）

西北山岡雪幾層也思出郭一憑陵餅車怒馬塡河下我輩何人許借乘

揚州酒人十二人為君置閏似留春只應一見長鯨吸都向江湖學縱鱗（鄭名飲不可及）

二日猶雪甚寒

隱隱堅冰至荒荒老日徂殘年依郡郭大雪颯羇孤詩瘦神難入人衰藥不扶寒淺蝗種絕生計未全無

獨立

朔風猶未歇積雪滿庭隅伴我雙童在逢人一个無竈邊薪又盡市上酒難沽慙愧寒梅色留香慰老夫

別許省右

青冥高翼忽垂天主客相求總悵然久住嚴風乾
積雪將歸寒水泛殘年羊裘短似衰翁鬢馬角艱
如敝橐錢進夜徵吟報公子晴霜隨月到愁邊
二十四日晨雪已而止然風仍西北向夕風
緊則歸未有期矣爲作此詩
衰遲心跡太悠悠曉起巡簷憫白頭五十七齡除
玉曆一年六月走揚州端能爛醉春多興未必餘
生客免愁計日冰開放孤棹雪風消息荻蘆洲
二十六日雪阻揚莊

西齋庚午詩　三四　夢華山房

金樽錦瑟阿誰樓雪岸冰池此客舟無限塞鴻爭
北鄉一時飛過海城頭
羇離不奈故園思老骨頹頹強自支較勝逐臣窮
塞去冰天無際馬行遲
十日流光便立春翻教冰雪滞無垠遥憐弟姪圍
爐夜愁對諸兒話旅人
童僕生憎只憶家爲過時節作年華老夫牽率來
斯地急雪爭圍勝裏花
幾何日夕在春前蓬底思量起又眠莫似劍州山

上住酒痕和淚送殘年
泓苾一白蓋千村立望移時斷客魂豈有神山瀛
海外麗農方丈是柴門
二十八日大雪阻永安
留滯原吾道凄寒復此年凍雲屯大澤孤日走何
天去鷁飛真退來鴻聲不連參參雙岸裏送歲守
歸船
前夜雪大作今晨又不休密纔遮客眼泼已壓船
頭水路隨風合炊烟逼泪流莫然蓬底燭照見老

西齋庚午詩　三五　夢華山房

顏愁
打蓬初淅淅似葉遮雾雾薄暮寒爭艷多時聲不
問年殘三數日野靜萬重雲爲報東皇道春龍早
御行
雨雪消蝗子冬暄恐遂無聚飛曾喜躍屢集但驚
呼水立能寒雀檣蹲不去烏西風夕仍急誰敢料
前途
作喜瞻紅日終難仰碧霄曆窮天地閉春邇室家
遥每歲驚除夕餘生有幾宵計程歸不得先試旅

魂招

只道雲難盡誰知雪易晴日搖荒野色風作遠空聲向午背初曝舊辛魂暗驚楊華蓋老婦也待泮冰行

身老歡情少途窮恨事多鴻蒙掉頭去列子御風過絕地蠶叢道分天鴨綠波尚無征役苦坐穩莫悲歌

竟日勞驂騑孤舟費寢興雪晴人栗栗霜曉木稜稜老骨躭依火羸軀抵履冰歲朝應野泊歸去試春燈

永安除夕

水腹沍難融天清坐北風遠村新令節孤艇舊衰翁六十前期逼晨朝此境同盧躭爾何術有翮獨凌空

僕去呼徒隸行輿載我還孤城百里遠一路層氷間此際何村岸來時隔歲顏日斜寒又急累汝亦多艱

守歲

北風獵獵吹天關西日沉沉積霧閒打破層冰看又合我舟知得幾時還

茅堂此際尚團圓獨受凄寒亦任天早信我爲當去客何鄉逆旅不迎年

歲去堂堂心暗驚須花列炬不勝情今宵穩卧孤蓬底也免燒燈守到明

西齋辛未詩

興化王仲儒景州著
上元方本謙克行
如皋范大成愼時選

永安元日

霧散人初起川晴水不流北風平野雪元日永安舟撥火烘柔翰凝塵滿敝裘寒深重幔掩深傍別揚州

身宮守磨蝎言命在南平日者訣今歲將乎數此生請看元旦過却傍畏途行險阻營兵備春廻一

繫情

今日蓬門裏侵晨畫燭張衣冠榮異代弟子集深堂布席和椒薦傳甆得鼓聲摧筵眺東北鳥道白茫茫

縱有還家信寧知幾日來柴車如一到陰壑莫爭開作意抛愁緒無心命酒杯雙雙前浦鴈何事卻飛廻

二日開篋見舍弟去年自卞村歸却寄詩追和

我衰日羈旅臘杪懷先廬堅氷截前路遙反何由與令節正倚棹元朝翻向隅童僕雖在傍祇覺形影孤開篋見詩句高秋共東畬信宿明月下川澤方澄虛穫少非上農時過成老儒眼看凌霜翮別有天邊衢抒愁但長嘯觸緒仍累欷弟自城中去兒自村中居因悲便淚迹預恨遊處踈日吾寡所合獨愧毛公譽謂會侯相者盡舉肥啞點野雀癯裝囊何長物顛倒數卷書夙慕清貧樂未甘道味腴勞筋庶願息耕釣誠可徙

二僕詩

當在村時僕丁時已病猶強起經營用務巳而逢没頓命往邊歸見車徒進弱人也事余志其身秋憂其不耐寒而生疾用前韻哀卅未及進以示群奴云

憶余清秋日穫稻柄田廬晨輿集錢鎛從我者誰與亞旅彊以閒計秉立坐隅拊也寔兒序曲慰老眼孤仍思向湖瀠經畫開新畬共聆吟內色惡元化虛顧謂年猶壯努力扶窮儒迴風失其傳庸醫導幽衢經旬忽淪喪憫惜增悲獻我昨揚州還相隨共舟居故情未忍恝農功那免踈汝生克服

勤没亦留名礐儕輩進也艮善病形最癯衝寒踐氷去僦駕持我書雪岸蓉益凛野店殘豈腴幸無河魚疾勵彼素食徒

舟發永安

隔年牽纜住今日打氷行許許來同力沖沖去幾程老寧兼利涉春漸轉寒城又覺衣衫薄嚴風自北生

十日荒程路傳餐厭枕樓小童方飽食生菜未新蘗應候廻沙雁迎春出土牛何當行不止嗟爾夕

陽收

新月

一眺烟中月全傷野外神此年初見汝去歲未歸人不得隨帆席空勞啓匣塵雪雲虧蔽後照微上元春

立春前一日作 氷阻樊汶

昏氷積雪此年華日日沉吟到日斜齒髮過衰偏作客冬春相代尚浮家一痕又吐烟中月雙眼全孤勝裏花底事房皇心想絕自來淒寂是生涯

猝地簾垂語咲頻六街士女看迎春酒呼前度揚州郭天倚今朝與縣人穩作氷霜成偶坐亂堆書劍當横陳無聊剩有吟詩苦遣悶非關發興新

老去心情事事違慵來他縣負漁磯若無多路逢氷拖大有高風少與飛意盡欲謀十日醉援孤眞坐蔥重圍枯林颯颯閒喧噪昨暮昏鴉又競歸

是夕泊亓莊又雪

晨淶無歸日氷澌有去船豈虞重聽雪何力始廻天朔氣初春候危途大澤邊敵衾頻轉側遙夜果

如年

人日過陵亭 己臘月二十五日立春後一日余歸今亦然

撫枕朝來感嘆頻流光從古若飈塵四時送老空成歲兩度還家後立春條淡更愁風舞雪蕭森不合日逢人王正氣候翻如此霜髮垂垂愧隱淪

抵舍作

歲首思家淚欲揮入門何事又沾衣堂中雙白房中婦一去寒原再不歸

近縣纔經十里津推篷凝望九泉親老來遊旅如

家室送過從前暫住人

折肱行 爲大村作

楚天一寒五十日酸風斜雪來相仍元朝霧淞布芒角峩峩益壯重湖冰我從黄灣眺謝埭騾綱收脚行皴皴幾輩公車利名客騎危蹇縮如凍蠅局舟泱辰泥野渡迎年送歲臨荒塍還家四體久不適羈魂時蕩篷窻燈李生計偕且未發唯余困苦殊驕矜忽趁流澌挂帆去已向碧漢期騫騰孜憤突遭鄭小駟散蹄一蹶霜厓崩南人跨鞍偶然耳

蘭雲追電非所能汝雖頗循鳴亦蕤翻身直下豈小懲呻吟旋反閉齋閣右股無恙折右肱我聞往視君轉笑便索詩句吾當應君不見故人作吏入巴蜀浮梁飛棧森峻嶒生涯到此付象罔一墜復取何誰會又不聞朔方西極高秋氣弓刀砲火紛乘陵吏卒裂膚更指落若曹性命倆無懲比來春光漸和煦身在詎必金門登愁君安養臂力健捉筆又矯孤蒼鷹

唐若淵七十

世事曾何定交歡少未俱烟霞辭嶂落猿隺遠江呼慮表來鄰並人中指德隅艸堂居類杜桐樂氏傳虞純氣柔剛克高蹤去就廷愛間抛利市養拙背亭衢瀟洒詩篇宿沉酣酒病無勑僮披雀甕教婢惜蜂髯日檢墳丘帙時遊飲博徒危機廻義犬晚節抱童烏伉儷原增重奇咳敢淚圖以茲淹地角長是夢天都參昴星雙小房櫳月一匹錦衾羅爛爛繡褓出呱呱辱與陶潛友偏羈阮籍途此身那再健緩步尚頻扶短跋禁良夜離堂送老儒又

[illegible]新走魁難及舊管苑侯轉深春柳門懸巽代弧過從恣行樂不必話蓬壺

俞錦泉六十作詩自壽依韻和贈

二儀既贅旒萬物斯往復太虛竟何營勑此烏兔逐同焉託微塵乃或生使獨俞侯當吾世暇豫多集福家乘本高華風規莫點辱非云之遠馭惟馳守初服古今盛豪傑行樂氣能足意厚特可親思渺別有屬忘機海滙鳥適性野鳴鹿賞詠絕幽閒精氣甚清淑爲園不入郭傍水稍置屋誰歟無健

美彼哉武彼蕭子若魯公孫叔難伯也殺久看頭
角見詎免金紫迫人傳國上雙皇覽年旬六神裕
知歸真光含信反璞張筵惣杯綏投牽任瀨速雷
霆法歌轉炯霧名花簇橫笛間自吹悉鬬笑相續
賦成金出餅寶得珠寫射艮師妙按指終宴省顧
曲洞房落華月深帷列明燭聲從齋閣來書程夜
分讀將爲儀厦庇要止秋原哭律改餞曾氷春融
迓喬木象著商則加如楮愈瀾沃老雀頹積雪奔
駒迅平陸觀空餘曼衍縣解將盈縮婁曳宮錦紅

波拂隄莎綠逆遙饒會心情蕩恣極目風片恭衣
契燕石敢齊玉佩劍鋒失鉶濡俯顏半禿衰容寄
江縣旅食豈所欲依人誠愧君假館幸諾僕陋隈
頗岑寂鵓鴿同隱伏應追郭公墻倚種吾家竹衣
帶接仙鄉菲茨類幽谷分攜殊忽忽過從且宿宿
洒然祛鄙吝幸謝拋塵俗雅誦自壽藐勝彼岡阜
祝

挽李用熙

不見西隣釀秋翁衰楊回首泣秋風老夫頭白身

無力偏過時光二載中
歲歲招攜不厭頻芙蓉孕夏蕙爭春四時之序成
功去抛與郎君作主人
小時名飲落千觥酒病多春氣不蘇借問幽明分
路後向來風欵好還無
記得中秋坐淺宵更闌還倚廟前橋浙西李老歸
何處并乞巫陽四面招謂秋木戊辰年同此會
甚矣吾衰百病侵去年春暮到於今不知何日歷
塵散也費艮朋雜露吟

暮春雨中俞錦泉招觀家樂又枉詩相贈仰
席次韻酬之

初筵早失氣蕭森野外寒雲空作霖剩有法歌娛
老客從教孤艇滯修陰多春冉苦華堂醉竟夜難
消錦瑟心酒半高吟爲後約那能與發不重尋

宮東表席上有贈

曾訪桃花誤去津東風暫見可憐春不愁燭下頭
顱白直認車中擲果人
有底恩情強賦詩四條絃子撥相思我無繡被蕭

香分卿正休燈滅燭時

李生頭白醉顏酡今日相看恨最多酉是黃姑東織女君身何若作銀河（謂萬山時余與姬並坐而李介其間）

宮東表友庞兄弟連朝款留同黃儀逋李鎮山及舍弟分賦

自咲留賓虛北道卻來分日醉東陽紅霞落樹寒初退翠裹歌筵夜正長燭換吟懷猶未倦心開酒病不能防看君兄弟縱橫甚掣筆揮杯壓老蒼

繆補山餞席俞宅部嘯堂觀劇四鼓別去宮

半村俞陳芳繆湘芷即席賦詩見貽次韻和答

晼晚心情穀雨天風光淡蕩帶晴川佳人斜日先盤馬客子殘宵未上船兩部行雲低碧落滿堂如水出青年何當賢主歡無極早為離筵各惘然

舞燈行

燕壯園中點高燭秦筝初調趙篇迸拔幟直訝義和揚燭燭光華搖若木阿那芳菲撲面來新聲法曲殷徘徊神仙淖約半烟霧翠旗假蹇金支閃雷霆作驚音響闐摻撾鐃吹紛促節催紅鱗鬭隘鴻濛四壁晶輝一時滅宛如月晦欲雨無一星風濤浩蕩吹杳冥我魂飄飄在何許那問洛妃還湘靈歎驚久之小明作一輪海底濟翅齊出沒碎句陡奮飛絳雲千點成花蹤便教九幾闢幽途后羿何曾落九烏廣場亂燔垂岩電長袖爭翻照乘珠香鬟玉顏帶微咲晚粧各逞芙蓉貌就中一顧誰傾城兩華窈窕飛瓊妙星毬蟠彩態繁盤簾外天風他自寒七日我今之帝所萬舞九奏非恒觀俄焉

旌竿空際直重重迴抱徐徐蝕瞥眼乾坤麗景收天雞不叫齊烟黑鳳艇重乘酒再行老夫惚恍正含情為君盡興醉須去缺月半船春水明

盛先振招看海棠

今歲扁舟獨後來清暉江郭曉徘徊文樓主又殷勤喚蜀府花還瀾漫開氣候殘春微受雪風飀昨夜半露落嚴城向晚催人別遮莫紅閨緩舉杯

泛舟與黃惠臣

聞君先我來江縣我到君翻去楚州君兩一逢人

臥病寒山九子夢登樓舊吟隋柳還經眼新詠吳霜驟滿頭晚恭弟兄情倍戀他時長憶此扁舟

送金禹長入都

明發君無別我行烟帆迢遞指神京百年自許漢山老萬里相期羽翰生澤竭江淮停布穀烽銷臺省罷談兵胸中縱有匡時略奏記惟應頌太平五雲紀綴切青霄尚憶恭瞻魏闕遙眾爲奮身依日月應須觸熱歪風飈城茄面面秋聽吹官馬行行曉看朝浚谷振衣吾道在荒塗不用向君招

寄汪扶晨

微風吹徑綠陰疏吟寄山莊午夢餘遙道烟霞迷野鶴再城樓第上鯽魚乘亭人從道領益雲海天深好若書爲報林泉須小住向來清製動鄉輿

奉和故學憲胡公念高柱蹟原韻

少慕天池賜未甘井谷鮒焉知泥沙困垂老成旅寓先生藻鑑懸洞若璣衡具鑒在光明中戢影乖一晤浮萍偶然合歡喜肝鬲露見日轉恨邂逅風豈忘故公鼓昭氏琴我傷惠子鄉樂土即無方身且愧莞庫隨人猶作謫悔不早學塾汗漫眼孰青悲惋髮增添借屋巢燕怪出巷僕馬怒病脚再經春槃散失安步平生眺嘯咏作者誠殊趣邂逅蕭晨鐘猥蒙稱佳句正陽躅舒潄神仙定有數復得從公遊驟夌烟霞路行裝簡清製先藏洞庭賦勢撼岳城孤蔓與湘君遇波流煩相拖整抔當東注卻望文星遙悵快江雲暮

洗節婦詩　故人陸邦文之配

貞操成晚節義心基夙齡禮宗東陽秀風清謝家

庭荒荒曦月行碑海鶴一響千秋在却憶當年抱璞人皖毛未受吳霜故

江上吹簫閒絕句　爲汪學先小妻作

杏子單衫金步搖闌干倚遍柳條條玉郎若在蘋洲外紫鳳藏𣯴學駕橋

送吳聽翁歲末歸黃山

太守停舟起振衣自言明發寸心違新江灘石衝炎去故里祠堂奉主歸白首兩盤勝拜跪蒼藤千嶂上崔巍歎塲忽漫愁分袂莫到迴橈見雁飛

四月二十三日大風後同瑟如勿齋看吳似
菴盆中芍藥
相將薄暮到君家纔度驚風亂沙鬥歲遲翻迎
夏豔高齋早上出闌花酒深剩蕊離離綻燭閃繁
叢稍稍斜處子承歡無點辱未須清露浥晨葩用
東皆語時似菴方承母歡不仕
蔄茶村詩
杜老今寞寞重吟好句新風塵仍有日江漢更無
人憶昔梅花外同浮竹葉春何年歸旅櫬把卷最

傷神
與柳公
陳生雨後至誦昔贈行詩作客君先苦遭貧我較
遲片帆何處去高興故人疑自說辭江好還應遇
子期
贈陳伯升
鴻雁隨風翔下集寒灘上呼群初無類稍稍擇所
傍信宿苟不疑安危始堪仗情以分飛孤神由旅
栖王吾人亦等是慎交言非妄江都陳伯子年幾

吾兄行五湖人輕心習俗一流宕朋遊與行詐都
作微波漾余嬰耿介疾君性尤直亮拔足提徑中
振策高衢翻投分雖多春三宿劇歡暢倚門名未
登儒家志方尚往來絕頻數談謔恣狂放闌碁詎
好手相逢必爭抗責罰指酒杯剧意到斃醬愴昨
臨荆扉襄娉悉言狀驚喜倒冠出賓主形真忘維
時金柘亭同載遠承訪三人惟一心餘子恐須讓
人□汝徙宅城南劇寬趣計程如故居恍忽獨遐
曠佳兒丹翮日近無煩望君猶戀青衫豈欲連

翔聽我久溷市朝愧未隱崖壑蕩挺書至長飢伏
江不溉盤桓四序速筋力六秩壯吉月吉始但來
飲漿已釀詰朝躋書堂何殊謁蓬閬
贈汪北海
下生在暑天取適無一可汗蒸衣怕着肉敞腹難
果人方拜且跪已思臥而坐張燈集蚊蚋揮扇落
么麼六月君當之五月實維我相去未浹辰夙昔
怨炎火豈知今時令涼風乃吹播暮春服猶披清
秋粟先墮涷雨不肯戀故將羲娥豪挈伴登君堂

作樂誰暇惰衵跣狀竟無博塞算或左能盧絕號
叫爭道殊細瑣向夕華筵開酒食事事安吾曹甘
艸具俊味亦太殺意愜到融洩令急息傍唆哄然
别尚惜醉矣行俱跛失聽巷陌更幾閭城門鎖僕
老滯江鄉初度傷懷頗與君定交晚心愛君磊砢
朗潤三見郎竹箭東南苟來年及賤日招邀理輕
舸蕩漾烟波閒笑折朱花朶

家武徵兄生日

鷹習螢飛草樹蕃疎簾探院見朋尊千秋著作

今皇頌兩世冠裳敬國恩小弟窮途依鴈序通都
好客在龍門惟應下澤稀涼雨爾熱何貧可更論

偶成

不醉興宜早仍家臥自高故家餘馬貲晚計到鴻
毛杳杳雲霓望匆匆日月勞似聞誰大笑定分爾
焉逃
送老有如此為歡無奈何天心豈茫昧吾道不坡
陀瓦缶成風甚金杯勸酒多累渠惟斡墨為我太
銷磨

隱矣文焉用何曾研北疎受風開戶牖執熱下籧
篨酒過狂吟後神衰飽飯餘不知貂老日著得幾
編書
弟欲相辭去吾當暫與歸野蓮隨地摘水鳥近船
飛萬事須傾橐三春已典衣如何年少日偏喜出
郊扉

揚州竹枝詞

小東門外小秦淮畫舫昏昏向午開都從法海橋
頭去宵市橋頭盼不來

不送鯖魚上北京銀鯧細骨散江城鱭魚只認黃
魚買浪擲金錢愛好名
揚州女兒多似花花為容貌傷為鴉生來不得花
情性但遇花時不在家
荷花開日上蘭橈撐出大東門外橋邊向姜家墩
畔過隔城何處一聲簫
寶馬珠鞭道路開揚揚意氣盛輿臺後邊車子金
錢挂親領燒香少婦來
清明士女出郊原古墓纍纍人不歸風裏紙錢飄

落水爭如天上紙鳶飛
約伴乘船去泛春從頭一片豔時新分明意裏誇
宜稱轉自垂簾看着人
當時帝子到揚州二十四橋清夜遊玉骨香膚都
化土隨風又人洗妝樓
龍華會上佛垂光同入無遮女各堂勸破衆生人
我相三冬暖氣也無妨
商人河下最奢華窯子都棚細廣紗急限倒銀三
十萬兩商猶自少離家

西齋辛未詩　七　夢華山房

喬宗漸兩目不見物一年北平劉德治得李
秋水針法撥其一復明作詩寄之
爲君滿歲抱煩冤天道茫茫不可論豈有用心如
日月却教開眼失乾坤光搖銀海仙何術疾託青
盲義尚存駑地素書來細字高空回首罷傷魂
重讀殘書夜未休更摩佳硯遠相求金鎞在手遂
劉子玉帳推心泣李侯有鬼去年春到腳無緣今
世雪髯頭空思換骨神方遇黃蘗青絲復自由
歸舟和舍弟

累月羈栖今日還相將弟姪好開顏一身隱約原
無用萬慮徘徊轉未閒止渴我能通大藥閉門人
說是深山何當便許田園住欲叩層霄虎豹關
入夜風改西南遂挂帆行用舍弟韻
逆水篙師絕少功夜闌雲薄有迴風倭帷看閃羅
羅月解纜聽開棄葉篷漫以兼程占曉計誰將破
浪謔衰翁近鄉烟樹來尤遽古寺平橋是郭東
秋熱
五月復六月春服殊未收炎敵亦間作大率如深

西齋辛未詩　十八　夢華山房

秋昨汎寒河水北風高颼颼布衣尚憎薄鼓氣迎
我舟中宵倏向背帶發西南飆還家藉其力衆檣
乘順流篙工雜坐臥掀柁揚清謳諸村次第去津
路忽已遒自謂遂增涼展席引朋儔開我堂北扉
話我江縣遊臨颼謝揮汗親謔行歸休
荏苒百年馳秋節忽又至是火無常居少昊時用
事我行暫旋反感此天運異赫赫盛炎令蟲蟲鑠
金氣白露今則聆涼風夏偏吹頻年悶寒者當權
如去位侯過更發揮矣宰毋乃戲鷹隼緩所擊蚊

蚋正快意呼韓瀞入蟬囊囊遲芒刺老困瞀安枕轉側艱少寐清曉得微凉華月故不隊

短述寄郡城諸公

蓉反湖干秋氣新烟樹回首忽連旬大都不暇睐鄰叟小極長内中聖人商髮變衰寧避老乾坤消息已非真寄聲同好江雲畔手劍霜螯欲到唇

徐槐江招同若淵楚珩久菴勿齋放舟夜泛海子池

青女剛驅暑徐郎恰散愁邀人晨出郭上我昨歸小舟卽余乘而歸者秧稻稀疏芙蕖颯早秋斜陽興不極鉤趁月華遊

异縣聞鄉路輕舠竟不開環城水猶昔連雨客初回逕泛滿十里北郭有十里湖仍浮海一杯依稀十年市燈月醉崇臺往與滌紫峰輩張燈臺上十年矣

朱其恭母楊孺人七十歌

朱愼齋沐風典告仲儒辱子知交交中寡齊晉之母本匹敵壺範吾知子能寫我母今年正七十方乞丽藻光樽斝敝邑山泉頗清妙寒家風味原瀟灑先公作宰真孝廉但說苞苴面這赧收威罔縱奸豪胥赤子誰蒙楚與檟相對如賓我母氏令儀從小早姚冶服御深甘荊布薄明哲大笑金錢假時借圖恭別白黑屢披典籍親文雅生兒教勉學聖人豈惟穀也兼雖也凡毛竟非丹穴鳳汗溝空羨宛天馬而今旅寓欲言歸因逢令節當秋社爲愛羣公工作誦懸黎結綠將盈把仲儒敬聽神肅然心目雙瞿晨暉下愼乎愼乎爾奇士振翅青冥驟九野霜蹄暫蹶雲暫翳黍婁穆馭終難舍爾有

母老歌秀眉母安爾養膺純嘏從斯百齡復千歲翼翼細數江樓凡我憶慈顏白首迴瘦音儼若喈鍾夏禮宗女史世曾聞賢達未有三此者用班孫語

秋海棠

種別應教蜀府猜幽人院落幾年栽芙蕖老後叢叢豔蟋蟀吟邊細細開帶雨可憐歆石砌無香何意上粧臺秋光點綴卿杯久徐遲凌宵莉影來

湖上作

晚飯大湖東野月滿場圓開籬睐林落倚杖幽人

步晴天兼遙靄秋衣隊涼露城郭多醉時茲焉若
晨寤
跡星耿斜漢皎月並弓曲晨家缶竈滿却就禪枝
宿屏閭殷殘鐘鄰舂落薪裂坐久幽意生促織鳴
何促
空階飄露華獨客侵晨起一葉出蘆灘洋洋曉湖
水野雁霜前遲殘荷風中靡蕭森節候暮百感非
今始

閏七夕詩

友人朱共恭與宋躬晨喬東湖爲詩見寄各極風致余弟和之多艷語老不解作底語漫吟一首以答之云爾

前月逢迎火作流今宵聚集暑纔收明河較淺盈
盈水短夜饑長灔灔秋此後相望仍隔歲從來乞
巧一登樓老夫轉厭佳期數倍舞蛛絲上白頭
枕上
祇道月猶白不知天既明氣衰方偃息心動忽屏
營有數黃金去無時黑髮生倒行吾未得刺促負
閒情

焦山僧來
峭帆疇昔謁焦公江滸松門在眼中五日放歌年
不駐雙峯再踏願成空長懷枕簟依開士多謝蓬
蒿問老翁欲補前遊向君說雞鳴親覩海天紅

因履冰寄丹陽蔡齡若荷若兄弟
清秋烟水夢鴛池邂逅湯休寄此辭別我又尋桃
葉渡懷君恰在桂花時流年指使來何逼近日頭
顱老不疑愛弟困窮聞益甚鴒飛鴻漸想淒其

贈故吳廣文屏山

憶昨征輪指太行我向天門放舡上霜空廻顧亂
雁翔棗鄉前期恨迷誤山河表裏深兩字馬首羊
腸戒岐路楚客笑蓉頂上行南北茫茫不知處別
來二歲吟采艾老眼燭光疑垂素餌聞先生致政
歸倔強原非折腰具預喜密邇逢迎烟江一葉
偏遲渡今朝大笑走出門把手臨衢劇狂呼先生
夙抱機雲才窮達人生却有數妙筆從衡舞崔遊
華文勃窣騰龍怒懷孤未受莿拂恩義取全虛劍
几路抑塞磊落叩帝閽斜倚閶闔將焉訴丞哉丞

哉丞負余勇退旋鑣如脫覺餞衍蕘無一錢芃
舊盤發復共故誰與俗物敗人意錙銖較計猶童
孺微官仕已豈堪論等閑水炭分寒燠此時世態
我方愁利名疲恭交馳驚此身豈斷凌紫霞結茆
合傍青冥住可憐維舟但信宿肯辭博弈連晨暮
五湖三泖好風景海底珊瑚尚多棣郊屏臥穩會
相尋遺碑兼體 先公署先少參公昔嘗撰奧問

舟次永安

凍壑留人地霜天復此行好風寬細浪短日倍前

程來往終何事乾坤豈有情在家剛半載爲客任
餘生
殘臘開復收落日坐孤舟水到冬翻澗人垂老未
休百年饒夢寐一瞬失騰驤仰面寒空闊還丹可
許求

十月二十四日禹長送酒獨酌成詩

寺樓剛七日不見手中杯吾子馳情極香醪特地
來背人生夜火沸水聽冬雷炯炯三更目今宵未
許開

鵲屑疑味別隱几得滄州遠道無人共憂樽爲我
留五霜思舊客十月在扁舟正到吳橋驛悲歌久
不休
未忍專君惠分甘及小童苦辭身已飫貫怕袋將
空萬事孤燈外。層城二鼓中再添惟野水焉敢乞
霜風

贈師昂禪師

十月今年早劇寒我貪佛日就僧蘭論交欵欵連
三世感舊芒芒有百端夜雪空樓爐火細晨鐘高

臥絮衾寬老來定合依禪寂近郭塵緣欲避難
白拂縱橫魔佛尼指天猶憶下生時陽回兩日承
初度雪作千花禮大師老客空囊無長物嚴寒呵
筆寫新詩翠華春到如臨幸莫忝憐才 聖主
知

贈許表菴二十六韻

滿林繁葉寺樓住遙聞太史歸航駐悉閑一月向
北風嫖忽冥鴻竟先路清華之地世所戀仕宦從
來墮烟霧羊腸鹿角走不休況復康莊孰求去我

常哀遲憶少壯見君兄弟豐毛羽九皋引吭隺昂藏五色爲章鳳軒翥旅力方剛風吏培水擊搏扶歲云暮聯翩瀟洒上玉堂氣類居然接廚顧平輿二龍信殊絶神姿高徹如瑤樹南宮西雍兩掄才磊落騰驤得騏驥他日飈鷲忽斷群而今流落低回步上蔡黔首曾歎嗟物禁太盛理不誤肆心醉飽飫駕難柱美東門遂發免耳目觀記盡若曹波流争靡斂傾注先生卓識善用九宦海茫茫一葦渡往者泰淮癸卯秋武定橋頭笑相呼其時僕受

西齋辛未詩 二五 雯華山房

孫楚知三十年來笒馳騖星躔躔鵠笠無因得失蟲雞亦有數拚作乾坤老布衣紅夢蒼茫迷鷗鷺蕉根行及佳境少浪迹江天似流寓君家父子與我厚往往人前誦新句搔亂爪幕術本工行高顧隱賢猶婚人生懷抱各异量大若鮫鯨小鯢鮒分陰可惜直須惜華辭那勝岩棲趣吟詩急雪酒南窗硯池轉訝融冰泣莫是初陽已動春來自綠野堂深處

述懷示詞臣兄弟

三年艷雪堂中住賢主留人意有餘病脚衰顔疲客路高林叢篠去吾廬樓頭散步懷蜂釀寺裏清齋入蟹脊那得蕭然無一事長如闢澤日傭書

覓醉時來數酒錢提寒今歲异常年微晴乍煖全衰骨積雪剛逢小至天滿院蒼山摇落日何時白水放歸船餘生痛飲真吾事今節江鄉又惘然

題先還甫小影

以此妙年華懷抱復孔卓常恐離羅弋鶱飛入寥廓那能乾坤外遂使居食略禿管自經濟取求亦

西齋辛未詩 二六 雯華山房

已溥終歲渡江水不問死與活驕傲無他嗜營已有二樂好書兼香醪如人慕王爵相逐三春後再見星霜落殿風開圖書清光動簾幕安得謝百憂方寸摧五嶽脫顔玉色駐餘誦余聲作我意亦欲爾老去境不惡區區尚余界造物猶未薄

寄黄惠臣青陽兼懷鄭連水宗霍問兩廣文

憶昨題詩將送別揚舲何日未曾聞霜風吹我還爲客翮雁浮江始報君強仕好傾官舍酒上游都變寺樓雲南陽谷口時相見回首齊山感隔群

題謝海翁香夢圖

笑問東山老爲歡定有無幾時纔入夢可活莫能圖丽景森霜後繁花繞坐隅春風滄海動恣意網珊瑚

題崔青崎揮毫圖

我來兩月寒林住惆悵江城花事稀不分纔醒香夢後天桃穠李再芳菲

研墨添香涉筆新定知不是爲傷春五官已網鸞鴻共豈學陳思賦洛神崔新納姬

按近音書久未通看君行樂太匆匆翠紅香裏揮柔翰那有閒情及老翁

生挽詩爲酒人洪丹俊作

洪郎縱酒常拚死教我生前作挽歌莫似還山孫處士詩成不去奈君何謂孫與言

與宋勗孺

悵望安宜過暮冬堅冰千里大河封晴天睒背臨雙樹近縣懷人似萬峯送歲荒途曾惻惻早春新水復溶溶期君此際孤帆色會向雲堂訪臥龍

懷宋射陵

與嚴寺裏雨如絲憶過僧房話別時烏鵲送看連月駕女牛多謝數公詩新霜一隱烟波隔宋之潤州舊客重來舍館移余亦還寓誰誦武川公子句層樓孤倚對淒其其恭有送往潤州詩

與玉輪禪師

京華上刹鬱崔嵬杖錫旃檀院裏來寶地重幃無朔氣雪天名果落香臺苦寒却怪江南甚送臘仍思薊北廻聞說宰官多弟子有誰能貰橐桐材

與召伯史季陟

旅思匆匆過雨塘歸當殘臘歲爲常夜天寬野迷荷蓋大雪題詩寄艸堂此去空波愁腹泣繩沽新醞想脣香寺樓鐘殿寒逾丞佛火宵沉湖正長

垂楊別業傍湖隈曾見名篇慨意且曲叟促時魚蟹上高軒去後鷺鷗來書聲舊與寒鐘憩竹影新從臘月栽我到明年放春梅相過飽看杏花開

召伯訪閻聖來

客緒久依僧裝輕感倍增還家必臘月待我是堅

氷老至年逾迅風高勢不乘銜泥尋友去小酌剪寒燈

自名伯歸

竟許氷開速回頭傚去年白零荒岸雪青出曉風天飽飯拋餘菜。孤舟費大錢。漸看鄉樹近。城郭起炊烟。

贈閻在東三十初度

四載江鄉覺汝賢留陰齋閣碧梧天吟成豈止雄今代交久纔驚到壯年衣馬同儕心自遠雲霄異

日世爭傳老夫歲底還家去預賦新詩上綺筵

感懷贈黎于一 黎字野男氏女也

蓀蓀忽憶竹嬰兒連袂追歡仰妙甚共日已歸胡蝶夢多春俱廢蓼莪詩為傷晚節稱都講。學佛名門是總持。被酒莫從深巷宿外家風物異當時

凍折梅枝心暗驚白頭廻處感浮生好春布席書齋坐斜日尋花妓館行文筆飄沉鴻雁字歌喉歇絶鳳鸞笙 昔妓名 堂東老樹榮枯後多少前因夢不成

西齋壬申詩

興化王仲儒景州著

族姪先崑 庭旦頎澤

歲首雜詩

我行逐羸老仰非少欣豫春風吹蓬門漠漠氷雪去晨雞俄三號昨夕那不除古堂拜前人生存此中住吝輝久宜莫言笑焉可遇西日誠易頹東流長傾注知無百年身何用煎百慮總角小兒女轉盻髮垂素為樂諒已遲多憂寧非誤

華燭承明星例日來庭軒家人上下集身老分亦矜拜賀雖從俗禮節古所敦緬懷去年時守氷臥遠村心飛此堂上悄悄傷我魂彼寒雁翔無由共騰騫昔如適異域今也返故園移時復陳迹世事何足論

朝曦升東隅雲散光皓皓冷風蕩梅陰滋潑上晴昊方中陽忽微鬱儀不自保鼓夸當大馳焉能禪大造天宇一慘淡竟夕沙浩浩歲剩辰弗輟告[illegible]亦何早

古人勿爲煩此意我所欽奈何要世網無以戒其心有求即禍機寧淡炎不侵寒威謝沴氣王正中晴陰簫管四鄰動漸已喧春會總形四五人薄暮還相尋百年少暇逸爲歡宜在今貧窮旣有命空復營黃金乃爲鬼所笑妨我抱膝吟

巳營最高樓復展良夜歡張燈及令節命酒羅春盤四座衆稱北主人大宴安自云平生願致此良亦難聊用相娛樂布發幸有完夏蟲介其側嘅與嗟歎

朶熟皮質蠹木古枝村朽有計莫能逃諸病赴老醜苟非甚毒疾加我怡然受捫足指其中鬼乎莫須有不望至兩府但不負於走有與人得乘价辨等威否乘車猶乘舟乘舟豈顚厚何誰來誚讓汝旣大夫後此無與老夫鬼也受其咎

生計百端拙所期獨年豐人情饒錯迕天心與之同燥濕乖其宜昨歲寓車蓋遠送鯨濤來宿我腴田中焉能滋稉稻惟應盛蒿蓬告成雖失西有作還秩東一家三十口性命由康功自從春氣動[illegible]

日無厲風鳴條非休徵拔木何匆匆吾眼病巳久兩耳偏未聾

形神實疲敝膠擾爲身憂欲謝鄉井去言就岩巒幽編茅架苔竹拓牖俯碧流庭中多奇樹華滋春復秋寒芳亦未歇花事適已闌垂釣可得魚漉酒非無籌茗蔬與肴核所須皆易謀意愜吟新詩拈默延賓搜唐許彼何哉偃偃吾歸休造物聞之怒此豈汝得求

十三日宋旣庭招飲

老去逢令節轉哀無能作節一追陪三行璧月初升挂九陌銀花往歲開水變橋門城接海鴻號邑里客傳杯廣文自可留人醉小范祠邊悵望同

二十七日載錫書來得禹長凶問

那得傳斯信令余傷寸心移時如有失一慟忽然深四海幾兄弟兩人俄古今封書曉繞發還說便相尋

開眼望天在發生白日低人亡諸事好念起萬行啼管鮑交疑絕彭殤理孰齊今投僧舍去拄杖[illegible]

西
病自京華得歸來後蕭霜火炎無潤下陰破不廻
陽家累紛猶在，人情薄可傷。攢眉何限話大雪北
深堂
沒病時方劇吾因送歲歸一時分浦雁萬古各天
飛忍過文樓里須留北郭屏全仕文樓街余寓天寧寺向飲城中即宿
宅其眼枯垂血盡如雨又霑衣
復及楚珩琢山芹川槐江勿齋携具飲大村
海棠下

西齋壬申詩　四　夢華山房

雨柔沾酒趁天晴攜客橋南小徑行一樹亂紅渾
未謝早花新綠已俱生不妨艷處無香氣但惜開
時後月明莫問主人誰復是追歡何限老年情
訪喬雲漸
白田非遠道今日泊河干久恨來何晚前知去不
難相逢悲短髮昔別向長安五歲高齋包春光又
欲闌
瀟灑人寰外乾坤尚有君百年吾得見萬古世空
聞杖引相隨月堂留自度雲老身饒酒病香茗个

全分
訪喬石林
遠浦，多年路春融始蕩舟草青飛騕褭駒白憶公
侯法曲容吾聽傳書任客求索居懷舊好身老倍
牽愁
甚雨分江郭奔湍送歲華愁心空覩草老眼漸生
花那算無窮事，真成着處家。相過破惆悵林影莫
東斜
和汪北阜九言詩贈喬大

西齋壬申詩　五　夢華山房

去年雲堂先生七十時時正淮南叢桂飄香藥幾
番欲棹扁舟來就君其奈世務牽人不由已舉頭
新月看到七廻明總計經年別後五屈指定交以
還四十有八歲冬春一樣相代如流水自古人生
終契幾滿百便至期頤迅疾亦如此衣帶盈盈契
闊真可憐白田似隔滄浪千萬里清明穀雨轉盼
已復過桃花柳花漂墮吹不起放船前日西行入
浩溔旁風暴作有帆難破使三朝菈蕩人力終勝
天我與先生一笑斜陽裏先生顏色大好勝時

開眼能復見物尤可喜離悰無限苑結欲盡宜接勝良久翻忘其所以廻身向床急取一卷書墨瀋橫斜已透數重紙新來花鳥幾及春之春百篇竟爾一一諧宮徵意愜真關飛動接混茫清猶霜鶴曉唳芳湘芷舟中累日沙土雜坐臥頓令懷抱澗澄化吾鄙夙昔曾貪雜芥滿貯既平生所愛彝鼎仍羅几青蒼古鬱窗前二小松宛如侍立左右雙童子便勅厨娘供給美肴膳旋命前堂安歇斂行李斯堂廿年止宿偕吾弟即世所稱留雲之堂是

經懷狂呼爛醉發何人傷哉朱二喬二先後死生者或去或來或已仕獨悲陳生貧困真衰矣從來作聚作散不可常先生留雲之堂亦屢徙風才催角當歲不有秋詩書在腹那覓一錢市直教華屋丹雘燕爵飛仍若支左詘右絲難理收拾萬間廣廈大庇心聊可深林一枝鷦鷯倚空餘皎潔天真磨不磷自信光芒終古無塵滓廻首甲乙之際谷為陵異縣主賓情好誰堪比晚節頭角崢嶸抱好兒个與阿翁當日齊年齒我為老客來吟感舊詩

未能超超懸解觀無始象更天倪曼衍以窮年惟有先生深知其意耳

贈喬敷四

湖城縈紆感茫茫衣帶何緣隔兩鄉死別吞年屢與生多事關恨空長謂其尊人列仙鳳鸞獨夜難終夢花謝濃春又悼亡喬有鼓人之戚却咏新詩贈行客深慿瑶草壓艇裝

兩世交期五十春回頭多愧百年身勝衣擁成衰老弱冠朋儕半古人迴野天垂悲避地滄浪力

淺見揚塵扁舟有約來休夏伯叔君家並比鄰

別雲堂　三月十九日立夏

樸被雲堂西廂邊深杯絡繹到離筵好春易去還三月此日難忘半百年數往但逢新壘燕重來應放小湖蓮人生聚散猶堪念斜倚秦亭下水船

送李亮臣入都

揚州初夏風日好竹笋鰣魚上筵早諸公分日為遨遊家家不遺城北老此老襆被落城北已隔城扉况遠道酒酣興極無還期何處醉眠劇堪惱近

來能家似我家眼中意厚松嵐少高齋穩臥真悠
意六時軒呼失天曉十日七日留我住復羅俊味
寫清醞諸郎懽喜僮僕恭別去毋忘言濆擾定交
夙昔二十載我髮如鶴毛衣縞汞獨爲衆恐後人
人生飄瞥一過烏松嵐才力正强健胙宰盱江坐
江表勝情豪舉稱青藝瀟灑簡易從蒼旻而今
聖朝典寬大輸錢上粟因膺嬌即看鶩鴻行又接
遂使林泉跡如埽片帆高揭北渡河芒種南風殊
不小辰艮當發走相送隨船私茨透堤草京華故

西齋壬申詩 八 夢華山房

舊半綸閣逆迎會問吾潦倒但可新詩附人來千
古貧交憶齊鮑

坐閑曠齋書案口占

酒氣朝浮面衰容午據床羣書堆淨案獨樹落閒
房世事殘春過朋情隔歲長興來吟短句此意亦
難忘

閑在東招集許園之曉參堂限韻

萬木城肉天半參熟梅深雨綠烟含論詩欲磨齊
梁體角奕如爭周宋鐔杕杜何年生道左連峯今

日過江南謂其恭薊閣主人名飲樽雖倒背信初
筵客已酣
北郭西郊多少路畫船來往送年光空餘酒肉霑
僮僕豈有烟波接混茫仲叔新詩殊自健窮朋暇
日好相將醉中莫引金臺興此是平輿太史堂

送魏子賓宰濟平

君能繩武登高第此日之官縮邑行山入闕天長
不斷烟迷漲海近全無訟庭花落眠霜鶴城闕鐘
疎下雪晁大有玻璃水屬國早分清照乞狂夫

西齋壬申詩 九 夢華山房

司馬人名卒疏在文孫脊淡再聯翩虎爭仕事勞
千慮龍起典刺得九邊他日夕垣仍對命而今仙
令暫鳴弦烟若試向新羅問尚有陳淳幾輩賢

錢孫上善士鶴山招集許園坐雨次鶴山韻

遠尋竊客移舟至緩踏深泥策杖來東道苦遭高
興發西郊難遣客雲開滄波湛湛連山雨白髮皝
兢似游林芒種已過方短夜不愁烟寺稀鐘催
一夕歡場抵萬金百年欣慨易交心如雲墨綬西
闕出轉粟青天北道深秦塞麥陂全滌滌楚江梅

雨尚沉沉誰容爛醉吾曹占眞宰垂慈匪自今[illegible]

五月朔早起聽梵

禊被近安禪曆樓未曙天酒醒孤磬發星燭萬家
眠貝葉同文外空花浩刼前移時驗犨動海日在
東圓

與李詞臣 李生日倬以特甚故詩云爾

遠隔城闉似野墟寺樓晨起一鐘疎黃梅好雨新
霑足碧樹高齋傍寓居幾日酒痕燒燭外滿身山
色過江初何當紫蛤鮮供饌便剖臨湖掉尾魚

茂林一寺作寒聲物變驚心念友生燕壘添雛[illegible]
語細龍舟移棹晚筵輕空教飽看樓頭樹何[illegible]
居海畔城莫爲離鴻重惆悵向來吾亦最傷情

張山來招觀競渡分韻

屐響出雙林乘流赴遠尋海飛東井日江見左徙
心接舫來香氣鳴鉦亂鼓音此間宜痛飲底事更
微吟

端午竹枝詞

揚州也有曲江頭皓齒朱唇日日遊東舍西家[illegible]

不了菖蒲香裏看龍舟

青簾白舫大張筵玉饌金杯事事鮮可惜朱明無
限賞不輸西郊作官錢

鵝鴨雞豚曉市空金齏玉膾太忽忽諸般海錯拚
錢買不在吳娘傻味中

飛雲飛鳥颶風旗端午從來競水嬉金鼓忽喧人
盡望船梢倒挂小童兒

揚子江頭長大潮東關門外畫旗摇追遊不向紅
橋去閒殺城西柳萬條

負金攜日午時天坐倚朱闌與長年只傍衣香雲
影住此來不爲看龍船

紈扇羅巾自在拈柔荑素手出纖纖誰教玉貌棠
烟霧懊惱船頭琥珀簾

蛾眉知是阿誰家翠釧瑤環籠素紗忽揭珠簾全
露面人人爭指白蓮花

小語流鶯轉百迴芙蓉花瓣笑時開遊人那得紛
如蟻誤却燒香上五臺

忽憶懷沙爲楚吟吳兒解水沒波心廣陵江在湘

江北爭似湘江　樣深

贈程載錫

烟帆昨未挂南津上巳纔過憶此辰半世我無娛老計百年君是曰強身看天滿引愁邊酒墮地惟知塞外春一自追隨成雁序星霜難改舊松筠

靳霏小雨梵王樓寂寂吟詩獨客愁望絕雲霄筱困風閒輸村落笠隨半三春送節翻紅藥百感傷人變黑頭女未有家兒未抱祇應生事類虛舟

喬無功贈詩次和

飲臨清漢歎無梁為客年來臥下牀世路愁人應計拙君才倍我況身強殘星磊落青雲士上日歡娛白玉堂別緒如絲今作理鬢毛看熟豈新霜

自郡還舟中作

可惟殘生事居然軼掌中衰囊寒盛夏酒食困衰翁野落尋常水帆爭一半風紆迴初問路失笑類飄蓬

宇宙有終極人生徒自勞頹瀾爭就下空碧失憑高世遂營巢絨天應絕羽毛安常破拘束轉復輿

滔滔

未肯送歸舟北風吹不休野陰宵度月涼氣曉成秋計拙難高臥年侵易倦遊遠林一回首長日靜空樓

忽近孟城泊心傷舊酒徒未亾昔老病辱在是泥塗市醞嘗仍好文場會更無生涯常木次寂寞悶孱軀

却和舍弟初夏閒居

今年星火入殘春閒編將離洛佛辰汝自閒居吟

好句我方蕭寺作勞人鼓鐘昏旦閒猶楚城郭朋交醉已頻執熱歸來逢臥疾把詩回首獨驚神

遥憐乳燕出巢飛會是初暄曳薄衣雨過問奴還問婢晝長開卷不開扉諸公日下車相逐老客烟中棹未歸歷架紫藤花燦亂誰言春去罷芳菲

空樓昨對夕陽時故里風光有所思荷芰繞城浮小葉柴荆飛絮惹游絲青秧南浦應初插碧樹西堂是作移老日離家心自苦何年與賦隱居詩

舍弟別開宅門大村貽詩勸勉述此奉答

昔我適天南有作君倘記兄弟無三人兩身是一
氣敝廬先人遺東西雖定位名爲某得有實則隨
所寄我之結髮人存没在東第當時共釜甑宅久
隸我弟慈顔一以背傷哉吾須避熱熱黃口還凜
凜黑風吹紅爐東堂列綀娶西堂出先君居不改
小巷往來易到今十七年門設亦不閉我老更行
游焉能料家事兒女失母氏訓戒固弗備賴有叔
父母等之父母視由來荷撫愛成長猶弱稺違言
兄妹間一笑省窮治鄭書說分宅防患有微意遠

而裴叔賢証忠張公義顧余多在外械獲善嗣習
難明曲直案頓猶彼我執奴乎何足恤恐貽兩主
累折柳樊吾圃執君之士戲門偏一室虛日落人
罕至飛來野鴛鴦於斯兒壯第已難掩蹤跡未得
揞名字因之重防閑周垣庶可蔽復書曰可哉惟
弟所布置我歸正勤雨下下田宜歲三朝雨盈尺
駭聽又心悸土木雖小役亦該庖廚費舊貫合且
仍理生要熟計弟謂兄言然吾擇此年利對宇況
跬步式好何曾異老來怕毒熱惚恍長昏寐起行
忽面墻心酸眼含淚周親感時變倘偷見清製孔
懷君莫疑三歎吾後世

黃藍孕七十賦二十韻

今日颺高義聞風駭陋儒世間朋友重天際羽儀
孤著族名家乘先生偉丈夫稽皇遺赤驥軒后落
元珠道德三才貫心胸萬象蘇砥波何笑兀介石
在須臾回幹兵刑靖崩奔罔兩呼從容嬰急難談
笑走危途諾立黃金褭恩流紫塞阴伏戎皆妥帖
習坎不崎嶇智炯矚兼月仁通虎與貔誰與能報

李受者失符系更僕人傳其如公我見無向來分
半席一往得中孚鄉黨尊龍腹兒孫出鳳雛東方
千騎擁左海百城闕令節芳蓉佳　熙朝憶顧厨
蟾輝連夜麗鶺列應時趨客老詩能作秋佳酒滿
沽歌吟傾雪甕激灧瀲霜鬚

寄答喬雲漸兼餉西瓜

信性書空附船歸詩更來深知抱膝處淺把到脣
杯露砌雙松健風窓四面開今年倍炎熱去鵠未
應催　特約過石林不果

性不因人熱如焚衡耐天勤奴加麥飯移艇就瓜
田雨少空花落蕪多敗葉牽殷紅能有幾送到井
闌邊

苦熱

薄宦三時住黄灣一葉歸小堂開北牖終日閉南
簾病有相如渴人憎郭重肥太陰真寵伏喘息受
炎威

閩南方擬望爲霖忽耿愛一年兼水旱萬處遍山
丘熱是朱門客晌無赤汗流眼前能快意惟颯井

梧秋

再來雨後種翻番變中樹一望成衰草叢匍在熱
湯餓將憐婢瘦饑貰礙吞狂企腳終朝臥焉能到
上皇

十日疎朋舊殘陽一笑同氣蒸身早臥酒醒月方
中徑草無凝露瓶花不倚風金烏將吐焰只在碧
天東

陡覺衰無賴難支壽熱年背癢蠅競集首疾蟣休
傳短歎隨長晝肥家望瘦田何當秋野淨一雁到

霜前

暑令時當謝涼風雨暫生飈狂迴健步天黑亂殘
更近曉秋將到從西路幾程蓐收須趣駕堪念老
翁情

己巳季楚珩生日余贈之詩去歲爲重書
因附一首今又欲改錄錄竟忽然有感作
此

又向新秋把舊吟隔年情緒已勝今神方慫擒長
生藥衰氣潛危短夜心世路波瀾誰底石天行炎
火正流金感懷不及懸弧事爾向君前爲賞音

附己巳年來詩
老夫俾暑舟遲發得及新秋趁酒徒五月使當
牛女會一門雙美毗延趨珧杳宋髢傳江介楚
笑閑蘭滿坐隔好是第室相接近長年多賦賦
歡娛
垂拔三暑贈君詩今夕情懷又一時刻雪總燦
嘉并畫春膗半向夜臺埋嗔詞世益南流宕垿
群吾當遊指麾江縣歸逢早我問凉風細傍嘵
筵吹

七夕集啗文凝園和舍弟韻

如鏡滄池蓮宅斜高藤弱柳綠交加笑嘗東海夫
人棗鵝見南軒木筆花好景園林宜醉客尊官从

間可憐家明河脈說雙星事只益秋風老歲華 時
欲李支一花而烹淡茶

同人集北臺和舍弟韻

碧樹蒼陂落西北丹霞粉堞眺南東秋來乍有開
懷日高處全當到面風衝散飛花翻露葉纔飛鮮
鱠出春葱酒甜瀾漫生離思動碣仇池夕照中 詞
張穉清明府孔東塘博士

促織 和李久菴

生微猶振羽託命此庭陰日落如多感秋來最苦
吟遠鴻千里應高枕五更深永謝鳴機婦空驚老
客心

早起

遠舍雞聲裏空堂着老夫百年拋穩臥萬里謝長
驅慎動風微起詩成月漸無語蛩在階砌相伴未
全孤

秋感

蒼然秋落此乾坤暑氣潛隨逝水奔四序平分剛
白露百年垂暮向黃昏心傷筋力探奇之迹付蓬
蒿養拙身中酒蕭晨閒凭几疏籬花影度南軒
炎蒸肩背苦多瘡脚疾秋來悶藥方老不能辭猶
望健生誰非命敢求長計疎唇著餘空橐才薄號
吟負草堂獨愛滿橋天宇碧垂簾終日漾清光
涼秋風日日清佳去日匆匆來放懷老馬春遊思
苜蓿寶鴻霜近響江淮貪餘客錢仍散夢短遂
歡事亦平飽飯拋書貪真坐忽然槁木據蕭齋
年來絕意近榮名老眼機能勝畫明況復泥塗雙
脚軟難追霄漢衆人行清秋漸杪愁繙曆獨酒頻
不課養生何日山中一茅屋短籬虛對碧溪橫

生涯世事兩艱難失望舞車莫永歎秦地雜京人
畜肉薊門爭拜米鹽官私憾高燭深杯醉遠快窮
途凍雪寒舊業凋零無藉在癡兒嬌女眼愁看
聲星爭出夜徘徊飢毀氣枝似未開　聖主殷憂
原貴粟古官忠計特生財如封邸淺盛名里欲顯
懷滿再築臺足國竟無加賦苦堯湯千古濟沉災
燕齊闔越路悠悠昔歲車航浪出遊時過祇今長
作客數奇從古不封侯千重髮泯翻斂穴八月高

茄嘯鳳樓回首壯心驚斷柳偶憑天末數清秋
故人京口過相逢短棹江頭久自憐佳節屢過今
九日繁霜一降又三冬山覆寺出寒流轉。帆腳風
迴急浪春。此地烟光絕明麗。會登高頂看朝宗。

贈蓼庵大師即送遊燕

瀟國盲風吹白頭相逢蓬巷感同遊語來歷歷前
因在別後匆匆半世休斷草故山應結構。樓岩晚
計尚沉浮。獨夫道路原空濶。同有行香莫便留。

感懷

羲御無停輪秋節倏云季炎威杳何之緬憶尚心
悸晨風戒前路荒渚衰荷瘁物華漸以歇蕭老其
堪動飛飛鴻雁負漠漠沙磧至既有稻粱謀焉能
長休憩
仲夏思休居水涸帆尚揭信宿荒途間疎風散微
熱還家逢初度掩扉免磬折涷雨二尺強天澤甦
云竭一氣俄如焚萬物盡欲爇赤日爲洪鑪三旬
燄弗滅不露嘉種枯無禁厚地裂隴畝秋蕭條我
倉竟空閑霜前嗟屢空何以歷氷雪捄災如望歲

父母乃舜哲
中原昔暮益乾旱構茲苦五六十年來西陲又勤
兩殷鑒非他州請觀米脂饑貧人死勿論其壽偏
大戶珠玉猶纖粒骨在皮肉腐牛持千黃金不換
脫粟煮肖斯憂今皇哀雁予集汝名器不敢愛所
冀實倉庾官階是何物奔走破家取居然類恤鄰
忽使世風古

飲家友潤宅別宿寓庵枕上作

酒醒月白似天明斗寂僧蘭獨夜情昔醉春潮年

盛壯老來烟艇路縱橫霜鬢燭照客輝變病鄉人
扶巷陌生疏半紛紛下泉客亂雲縹忽使心驚詞
陳青藍薛雉衡吳爲予李鄭如

即席送家太僕弟入都

又向東華踏軟塵清霜黃菊眼中新武公不忝三
孤後萬里全歸百戰身去驛烟巒雜魯塞行廚坩
薦富天津聖朝伯冋須君人宛馬爭肥苜蓿春
深堂畫燭夜遲遲畏說蕭晨總首移老日自憐麇
麃性祖筵先唱脊令詩關河好月還如此箏笛清

歌復對誰想見殊方數更漏歎揚回首倍凄其

送家臣裁弟往山東席上作

賢兄京國汝山東川陸過淮路不同與府獨行驊
問下明湖新生雁聲中高蹉激楚餘悲調歸日歌
齊是大風若向蓬萊看海市周郎相見旅愁空

止秦鄉十日術曹協五宅八日矣留此以別

憶別金門閘畔船新霜會面五迴年留人欸欸秋
船地中酒沉沉夏屋眠委宛朋情能不戀衰遲世
務苦相牽滄津覽水如衣帶去掃蓬門倚碧天

張愼儀三十

不忝家聲相里張烏衣吾獨愧諸王春華秋實繁
文苑銀燭金尊飽醉鄉萬選早知為國寶十年方
許日身強白頭老客來歡笑菊入簷軒也帶霜

枕上作

綿句襆被又將廻獨臥空樓眼易開驟雨催寒窗
外下高鐘報旦枕衝來夢魂恍惚逐孤雁時夢臥
妻花事匆忙憶遠梅彈指流年成一笑為誰疲茶
此堪哀

心魂到老役艱辛乍得為歡迹又陳短褐滔行黃
葉寺渚天啼笑白頭人待完婚嫁知何日直似秋
冬盡此身用莊子共設如秋冬語猶有孤村勝湖
外一竿烟雨去垂綸

舍弟臥疾五首

客裏逢家信徘徊傷我神從兄惟一弟同父更無
人頗識忽髮理初非善病身遠天傳伏枕邁厲此
何因
看汝遂垂老嗟吾未即歸原鴒須好在渚雁莫分

飛夢去天倫聚年來生事微耕心剛一寸還擬報
春暉
汝病應通汗如何食肉糜老將身試藥少悔業非
醫嬌女遊深巷貧妻抱幼兒孟冬庭院寂寒日不
遲遲
脉既脉五色垣眞隔一方世人空短折何處覓長
桑大藥貧原乏還丹意更荒山雷君子象慎節兩
言良
命不應長絕臨危又却廻細詢初委頓轉幸未歸

來游泊新艮食肥甘舊禍胎念君因自省此胒豈
無災

寄答金沙于佛肩

霜鶴飛飛渡海水高騫那及三足烏寒兔斜蹲夜
光腹逖隔行地生馬駒胎仙汗血倏焉逝惟有烏
踆兔顧晝夜輪天衢遠者轉以親邇者轉以疎我
心如日月遠邇誰能區于邸正在大江外坐弄柔
翰觀萃書或擁芳樽挾妙妓袒跣格五狂叫呼而
我一燈巖漏下缺月側挂庭東隅伸臂莫能奮六

翮曳脚失踏浮雲車支頤脈脈憶疇曩紛綸百緒
增煩紆二十年前客湖縣汝方少俊大長髯宴娛
謔笑極縱恣熏香滅燭何事無今弟乘龍參機杼
阿兄求凰彈槁梧小樓俯瞰姚冶女自花陌上逢
羅敷新愁陳迹似落葉雪衣我遊遨頭鬚白門吳
州一再見依稀記得剛須臾今秋巴發壓茅屋欒
欒錦字秦胡珠淹遲厚意久不報煙蔓野前常旅
逆漫賦木瓜趁南雁心傷弱冠初厠儒從來烈士
死知己短櫪涸伏艮與駑驁遺九方賞神駿先路
肯使充申驅豈處一蹶更不振已甘遠放眠青蕪
有時長嘶絕哀痛向者剪拂恩忍辜師吁宿草幾
回綠蘋酒猶關陳生努多春君又悼同父昨聞婿
嫁催遺孤我逃制科愛詩律幽憂閒肆非時須浩
歌欲就淚盈把行間篇末全需濡人生出處各努
力君也渥洼之種青田雛早晚凌霄翩雲去風聽
和鳴歡老夫

三石舅氏七十

十霜曾作誦拜手進耆年不覺雙丸速倏驚一紀

運白門依舊關黃髮向高大笑牽麒麟臏麻姑坐
酒邊
北堂初學佛舅氏亦依佛日老今方居吾觀總未
能砌花滋薝蔔窗鳥下迦陵更得還丹要寒天氣
似蒸

吳大兄北海生日偶贈

細雨纔藏日微風不作寒辰當中呂降酒見弟兄
歡晚節高松柏餘芳長蕙蘭容輝驚更壯炳燭直
相看

中兄如棣蕚自出即連枝不有諸姑子奠成僞不疑老來身獨健少小日相隨轉盼趨王命家園任羈雌

三輔明淸吏前時書省郞在官惟執法歸里但空囊此去何州幸由來布澤長還憑客袁弟瀟灑醉他鄕

夜闌

十日初陽動孤衾永夜闌鄰雞催鐸唱廟鼓發嚴寒鴻鴈長羇旅崚嶒正轗軻老來生理薄無計獨偸安

寒飈吹屋後暗月去庭中風走虛堂黑烏飛遠海紅稻粱家未足書劍水須通曉色憐童子吟詩學老翁　初見江桂六歲誦毛詩

泊舟南亭

日没波澄月有光孤村十里駐危檣天風近臘翻和暖地理多春只渺茫後死幾悲花草宿前因都逐斷蓬揚移時瞻望船頭立淸露何緣遮滿裳

與吳陵老友樊太和

西瀨野日白茫茫斷岸平橋舊館荒樹老風凋枝葉衆人衰雪變髩毛蒼鶴寒鴈語遮空碧擊水鵬雲隱大荒肯信行年垂六十曾先弱冠上君堂

陳丹文席上賦得夜鐘殘月鴈歸聲

炳燭相將勝地行忽聽林杪鴈鴻聲風傳梵響俄高起野淡霜華竟遠征浩蕩未安賓旅夜因依淡荷主人情歲寒不是歸飛候海郡江陽盡弟兄

簡俞錦泉

春船幾岸雪吹花信宿燈光散麗華別日總遮窮

交路寒天重到合人家老身病挪行難遠樂事關心與轉盼爲報高堂將出吳門城羨煞君油車

寄答西川楊耐菴

高秋對酒中郎宅缺月歆簷下浣時異國投人如擇木新都繼世幾分支泥途役役心何已經笥便便腹正垂江海寒霜催改歲老懷悱惻兩應知

歲晚

霜晨掩荆扉歲晚聊晏處過雁多悲鳴往者並羇旅霏霏林間雪沉沉烟中雨及我同心人懷抱靡

弗吐寧知別須臾杳杳判終古衰骨益以頹大藥
在何許仰觀白日流修轍誰能阻
駿馬寒鳴嘶伏決雕弓張廣斥在大東堪爲技獵
場野草枯盡刈狐兔安所藏藪澤何漫漫中多鹿
豕麋或振側目鷹亦嘯毫尾很逐禽得上殺燎火
趣舉觴吾人正淹抑從之意飛揚老苦腰背痛呻
吟起扶床縱有馳驟期可歎非身强
玄雲亂相羣朔風一何厲殘曆無幾時星廻又改
歲六十心久驚明明隨春至韋布投分淺周旋胡

以離尚友蓬蒿賢靈爽恐遐棄立名里巷中誰爲
青雲士低徊對寒燈感歎昨日逝
少悔有所成老悔竟何益顱毛吹囊霜弱痺到腰
膂吾形既不逮晷光去尤疾平生苦涉獵學業匪
專一錯出難名家岐路有牽率昏忘近彌甚幾得
已復失擁爐南窗下盼睞送白日良時無再來回
首空喈喈
今冬非客居中情豈槁木閉房耿篝燈寒夜仍獨
宿破酒量未克酣臥不得足展轉殘漏中霜華已

生屋折梅插瓦缾寒蘂尚蓄縮有約東皇來仙[illegible]
誰爲速
我生不善飲跂及由少學沉湎幾百廻往往如中
惡古人慎所習衆善胡獨却口腹累此心修名促
狂藥身老無可用蒸濕滿維絡腸腐亦有年孽豈
自今作君看膏火煎猶能變丘壑賢聖雖同盡病
亦匪克樂昨闇良友箴泪滴姑細酌世事須逍逃
醉鄉吾終託

老態

老態兼醒醉寒房悼㾪典歲殘人計日春動野流
氷善病思負訣單栖像一個貧家遙送臘作樂獨
無能

寄許未菴 其長君肩右比部赴選時屬客致余請公詩

連山舞雪暮招尋首頁寒過阻盍簪太史端居門
寂寂仙郎共語院沉沉狎蹤去住渾無定別緒嬋
娟久不禁馬首北時曾有約徑須直到索高吟
今代稱詩豈乏賢植槽爭拂玉琴弦雲霄有作容
吾誦琬琰須鐫與世傳歲晚且耽湖上臥江春[illegible]

放海西船封書問訊如清暇好向高齋乞靜便李
西發期往甫沙

寄方鎔在

曲江歲渡午船開招手朱闌惜別催暑雨簷更平
野霽春光又漏小園梅蹄因婚嫁難留戀坐想賓
朋恣往廻漸遍歲除心緒亂書愚沙雁却飛來
東陽昨過黃高士聞貴儀過爲道隨君訪客亭豈
料一肩潛過塿空投雙樹寂聞經名圓休夏心長
往別館銜寒酒半醒相對論才深健美未披佳句
眼先青

寄張其相慎儀

秋冬兩泊寒河岸信宿俄開謝塿舟奠雁乘龍殊
太急繫羊牽犬又何求年荒醇酎拋升斗米盡花
鈿換豆區爲報輔吳蔡從道遍除曾否念同遊

迎春

乾坤埋照類遺民敝帚羨慨折肉小生事已如將
送歲年華何苦候迎春土牛田鼓聲容舊幼女童
兒意態新變理三公應不忝西成平秋慰艱辛

除夕

早起虔家祭今朝歲即除老懷驚序變長物似交
疏緣酒年年債青燈夜夜書觸懷滄海日辛苦逐
奔車
已及殷宗算過頭六十年傳杯吾在後撿曆孰居
前但合沉沉飲還須晏晏眠老誰能益壯罷問最
高天

西齋癸酉詩

興化王仲儒景州著
黃岡韋鍾藻岍亭選

元日

望氣當春始臨風待日高乾坤開物態衰老送吾曹但祝新升穀休論舊贈刀今年天莫旱霜暖厚綈袍

和舍弟

因依正日好爲歡屋瓦濃霜天不寒戶外笑攜扶

老杖堂中羞見進賢冠風光流轉青春易骨肉團圞白首難筋力遠憐疇昔健非關相勸始加餐

對酒

貧家七女五男兒婚嫁粗完幼尚遲萬事後來休自料百年老去欲何爲田園望雨非關命花鳥逢春也遇時消滴細傾防內熱故人新餉小金巵謂許未庵

舍弟招屐負大村飲同大村勿齋作

交連親串意偏親會屬新年感更新別業遂無重到日古堂惟見後來人齊煎紅豉時光促菜送青絲氣味春江海獨尋鷗鷺伴還吾初服遠緇塵

雨不赴乎庵招以詩謝兼索梅花

追贈不隔日一雨動春寒歸酒頻應困衝泥遠獨難抑憐老梅放幸乞小枝看醉飽尋常事君容野性安

搦管

斗極迢迢北川流浩浩東半生丹地夢今日白頭翁賜筆來無分簪金積有功君看冠蓋集豈在萬

賢中

荔園招飲梅下有詩次和

里舍尋常會湖天八九人酒杯寬道故草樹亂懷新禮設豈爲我形忘無失親花間羅綺餞難說阮家貧

去年立春日齋雲漸憑頤瑟如歸舟寄惠家醞頓筱之白田賦示齋

黃梅開在木瓜邊何處香醪落眼前厚意故人分臘味荒湖隔日有歸船來當郭外春同至移篋吠

頭醉便眠倒甕題詩遇行客初年好月已高懸

夢福清先生手遺刊拙集賞

問訊心如醉函封手自題百髮蒙記憶九載怨分攜河水臨江斷泰雲壓楚低無端生六翮飛過華山西

縱使詩名在其如老境孤世方輕下士交頗厭窮儒潦倒隨花醉孱羸乞竹扶他生把遺集遐識此情無

人指脂膏地公操氷雪心真分九百翠敢拜四知

金驛路荒雞寂關門落月淺風烟餘悅惚支枕獨愁吟

早起

沉沉夜何其悄悄孤眠醒蟄動杳苾苾余懷已多警佳期指開歲爲歡燭方炙片月忽下弦四序焉得永大江無殘聲落畢空美景傷茲流光促謝彼修路騁追往苦錯迕郎事希便靜隣鐘殊未闌漸破虛窗寘

閉目亦無夢萬物潛幽房微微虛生白疑是缺月光饑烏啼出郭始悟義和拙披衣起危坐餘芳少聞哲人誠日計惟寅艮壯歲耽偃臥酒病多在牀到今老無成夙興奚所望後生崇明德時哉毋怠遑

冢婦喪大村作詩唁余次其韻答之

造物善栽成予奪較齒角我生嬰世網望已絕騰踔孱在泥塗久宜免憂患縛雲霧蕩兩[illegible][illegible]徒方空慎致此由壯齡血淚江漢落如今萬事困出入垂一棄又令營死喪天乎得非錯艱難陳棺具何

日爲之鄉屈指廿載中殯葬三籌度多春冢婦病一夕大厲虐開歲稍寬閒生菜聊舉酌原來屢空室有鬼妬人桀紅燈接白帝倏忽悲哀作肅氣森始和凉颷颯廣莫匆匆心力盡草草含襲畧寄友投清製慰藉誼不薄敬奉骨月言銷愁仗名酪

爲喈文題畫

連村接圖菜花香憶昨乘春汛小航又是一年枯旱後披圖指點郭家莊

與禾峯餉湘茶斲艾

北園被酒夜歸遲酒渴江清苦係思艾過十年寧
易得茶分八餅復相隨情親往日懷名父禮讓遺
風美好兒燈下老翁增感歎報君何有但吟詩

喈文頻邀集北園

招尋隔日復相仍碧水軒窗處處憑不任名園生
有分思霑薄祿老無能百年親串交還密二月風
光暖漸增汝到來春通籍去衰翁典發與誰乘

春分前二日大村招集即送之入郡

滿懷魄壘仗君消不惜衝泥命駕遥老病乘陵慙

酒作風光凉冷怪花朝春船久繫家留客夜雨幾
懸麥長苗世事茲茲多聚散恐難相顧免蓬飄
歲歲春帆我早張翻然送汝適江鄉五侯金幣諸
家富三月烟花一國狂木面青簾消麯蘖詞頭紅
豆了文章士貧老去無聊賴只有愁吟壓倣裝

黃孚庵招飲花下 栘一樹三種盛不可言

落日驚衰眼高齋見此花四園蒼翠失一望碧空
遮種別呈殊色根同發異葩輸香惟雪月妬好莫
風沙 今春頻患此 愛客清尊瀉張燈亂影斜近來栝酌

斷不覺醉君家

爲朱嶽青題其先人藏髮圖

五十年來大典革時維草昧恢天綱南征薙髮變
舊俗有不用命斧汝航江淮臣民雜笑啼或走險
阻紛逃藏黟山朱公識天道天存順者逆者亡把
握青絲累於邑吐辭向婦何慨慷身體髮膚父母
予受之豈敢言毀傷一死非難報所受未獲死所
空賊敓剪刀乍落泪雨落謂婦收拾緘之囊附身
葢棺日地下見親猶得將全歸庶塈予心苦

匪曰自靖明先皇三十餘年謁幽宅髮仍鬒黑賁
爲霜家風仁孝子穀似善繼人志勤表揚却憶我
生十一二髫髦未束鬖鬖長哀我二人始憐惜顧
茲四國移販章禿顛垂辮作儒士弱羽復擬搏霄
翔厥初甃潛有抱負其究蹭蹬無輝光滿頭雪鬣
轉滋蔓捉刀者手來低昂快哉當暑類斬草少焉
需次如裘瘡凋殘種種積廢篦捐棄往往塞卒 去聲
牆削除熱惱感
帝制髮膚之說渾遺忘老去披圖驚再拜涕貫衫

袖霑涙涙

外孫徐穎寶乞書

而母生存已可憐他鄉歲歲歷迍邅米珠數口投茅屋麥飯何時到藍田燭影書聲愁裏客鐔州劍閣暮中天惟應反復牀頭易只向山風屢絕編

三日自南津與舍弟至郭莊看桃花適李季子携酒榼偕季楚秭及其諸弟雨若繼鳸神木來因邀共飲暮入城復集西齋即事

乾坤正素橫春風作妍華幾日枯枝柯吹出紅粉花緬思霜雪中何以潛萌芽時來方締構青帝還咨嗟大哉造化功先期德已奢成茲韶光麗使我歡無涯諸君覓花醉行厨蟻淺沙我適從南來相逐笑啞啞憶昨度元巳也聽連村蛙主賓六七人視今半爭差當杯起嚴令百罰誰敢譁折花美少年與花孰紛葩分明花林間豈有巖竇睽望之不可即咫尺仙源遐抗隊法曲傳清妙非淫哇端能奏柯竹未恐彈琵琶樽空始刺船船小裁如瓜回頭夕陽動半壁頹朱霞多人歷一葉旁無闌干遮醉客臨中流屢舞舟欹斜不問古祓除將身學漚麻老翁心膽破到城後歸鴉與極那肯休推挽入我家喧呼促酒炙倉卒慚孔嘉大戶似飲河腹滿張鼠牙高燭竟虛設從者紛衙衙草樹不常春天道無疵瑕少壯幸勿恃四序如奔車

寄大村

端居感朋舊花落尚微寒白髮空堂暮青春一雨闌客情遥浩蕩衰疾近平安與發江光裏吟成早寄看

立夏日口占

愁裏送春歸風花已罷飛只餘花底酒落在醒時衣飯飽行調雀天陰坐掩扉香來俄一笑盆蕙尚芳菲

沙端如贈香物答寄此詩

論交都未晉交歡世事牽人會面難芳澤遠貽增感激函書久失問平安春心休歇高眠穩病脚槃散老與闌覓得雙魚傳素扇江天昨日餞微寒

喜宋稺恭至即送南遊宋先有書約過我

開屝一笑百憂空手指霜髯怪老翁判袂多春如
隔宿把書昨日正臨風世間海市看來熟江介吳
檣別後通宜待秋清歸省覲劇談菱葉藕花中

將之南沙唐崑麓吳麥蒼李久庵徐槐江季
楚珩及舍弟相餞於東軒四月十五日也

提壺挈榼就貧家爲我明朝去海涯竟被餞驅同
拾麥真緣渴疾赴拼茶蒼茫遠上團團月紅豔低
翻細細花憑仗諸君相餞意歸舟莫只數魚蝦

舟中作

老至宜端居在家勝爲客如何憂患餘復此孤舟
入孟夏南風作布帆張不得長晷計短程居然減
昔刻來航絕奔恣聲勢遠飄忽衝波冰雪裂奪路
鳧鴨急篙工登柁樓微笑有驕色目送俄迢遙岸
改但咫尺常年東陽川利涉每半日亦或遭淹滯
中途悵通昔經過曾多春勞苦總無益顧茲傑然
軀頗纆漳濆疾故人久前期海物況堪憶乘典聊
浮游行遲意亦適殘生猶拘係定分且蕭瑟早泊
烟景昏東盼圓月出

我來客舍初狂放曾爲揚州歌酒人跡接南東分
外內歡兼少長又張陳監巖史佐軍如法風吼冰
層氣似春綺饌促登無艸具洞房待臥有花茵前
茅號鏗聲俱寂後勁金鐙鼓復振巨椀鋪筵疑茗
粥高樽侍坐太嶙峋酣妗飽滿虢虓虎吞吸蟬連
九九鱗偶誤那邀寬宥罪微愆輒被劇生嗔能盧
得雉俄時泰刻鵠添蛇到底屯偃鼠飲河先滿腹
荒雞報旦未乾脣洗宴若此年歸夜茗芋看渠筆
會神桃賦柟榴名世久軒栽蓮菊餞秋新玉顏詎

是推山力星識剛逢降嶽辰華冑豈容輕甲乙呂
期原不類庚寅半千受命經霜節三十浮觴倚月
輪勝地圍攻誰可越醉鄉囊括定輸秦阿奴颯爽
方隨步哲文大阮毫雄況軼倫其相有虞請益吳
淞工射葉雲間陳菊開論交楚澤老垂綸鴛鴻迢
遞爭承日騄駬飄飄肯著塵自愧衰顏當少俊寧
希王翰願爲鄰

用韻贈陸天隨

累月空煩信今朝勝寄書恰隨良友棹謂李阿臣

三塘曉發宿酲中引纜長河起夕風早具壺觴須
客入不徒歡笑與君同滄濱小信魚還上拘忌無
人禮卽空共道頻年勤遠望可堪高燭照衰翁

和李西駁寒食花

䅽䆉叢開古道傍愛花人過自論量郎官湖水花
寒食一樣佳名待李郎

南沙書薛木庵扇卽贈

問路東陽外餘生足浪游浮雲天北極短棹海西
頭世態誠難料情人倘易求支頤聽欸乃風色晚

悠悠

岸近先呼僕維舟覓所親相逢傾濁酒有約在殘
春池水鳴蛙地居亭射雉人幾時來襪被且日話
艱辛

一作霜天別三驚玉曆頒世爭登管庫君莫憶燕
闕墨綬誰相假朱顏不再還何如安十畝桑者日
閒閒

風雨隨神翰篇章又軼羣滄洲如善畫寡鶴思摩
雲豈必題三絕端能張一軍百年吾老去遮莫歎

無聞

飲友人齋

遠海風烟濶羈人道路難與來忘酒病夜短惜更
闌乍接新知晚頻橫醉眼看東南他日望高館渺
無端

與蔡半𤸫

來年看漸熟春田又定秧我農雜勤惰課督夙有
方海田不遠四五里家家離家去鄉裏蔡侯雖貧
尚有田久當于田躬省視三塘風便聞我來家人

迫促偏遲廻相思數載纔會面復淹信宿尊頻開
爾我年齡並晚暮我在南沙不久住芙蓉繞縣蔦
鴻頭遲汝重湖看花去

西駁云蔡羽皇家牡丹近百本餘花樹皆佳

遠不獲問作此寄之

荒塗曾識面村遠望君家人說三春暮天香萬朶
花好風吹左海佳事歷南沙來晚慳吟賞低廻畏
日斜

繆淑篁招飲之三日又飯我於客亭同虬髯

半㙖諸子

碧水朱闌客借居東南今日得朋初久晴望到桐花雨亞飯烹來箬葉魚中聖已頻饒午夢因君不倦坐前除遣愁書燭深更照茗梳先澄鳳腹虛

偶成

到此驚時序林間吐石榴倦眠爲酒困多感逐人遊不有翻盆雨難開似葉舟柴門兒女望行色肯淹留

別李虬峯

久緣親串惜分携便覓新知到海西今日酒醒林鳥喚荒陬疑有鷓鴣啼

荏苒離家送麥秋客中雖樂也難留燈殘語雜拋杯起脉脉臨分兩白頭

我反鄉園君不歸封書報父意無違一般白髮生同歲見汝承歡淚滿衣

雨稀川路長蒿萊直過三塘水漲開挂上風檣魚片片眞從窮海販鮮廻

別諸青一

衰翁最怕坐離堂一事縈懷更不忘今急監嚴高燭下半酣回首見諸郎

別繆淑箴

一帶橫塘夏木青圓荷蕩蕩水泠泠老懷苦憶黃梅節細雨乾坤海右亭

離筵絕句

今日須拚醉爲君各盡歡光光滄海月從此異方看

挽陸學憲巽州

少日親覘座公時未夙鳴別饑成一世老似憶前生帆色使珂里鐘聲背鶴城豈應來雪涕回首自傷情（余辛丑與公同飯天寧巨大師丈室後不復會）

陸耆卿天隨招飲共賦

追隨年少酒爲徒鯨吸虛裳說老夫早赤魋顏艮可笑再青衰鬢莫能圖醉乘好月衝關去狂觸高禪入寺呼憔悴近來稀此與寸心潛向海濱孤

黃鶯紫燕樂相關分日歡呼破旅顏荒海遠需贏蛤味名區近賞鳳凰山朋儕大好難爲繼兒女何

知苦望還未到離筵免惆悵出樓圓月正開閒

飲張從修宅 觀其令子夏卿所爲古文

水會東南別日長締衣初挂讀書堂呼羣祇可借麋鹿畜眼何期見鳳凰暑逼高簷氷椀出風迴夾巷晚筵凉歸途吾弟論前事弱冠諸生鬢盡霜 張與舍弟同受知胡荆南

和訓薛方平

遭逢地主遲留苦無計潛逃早放船送老年華愁暑月把詩蕭爽當秋天來過海曲原求侶除却杯

中最愛賢有約寒霜隨雁到異時高館更張筵

陸五祖游

天隨名公孫穀也實豐下披襟雙虹堂風神何瀟灑新詩先客就艮醞不獨把他日謝素冠遙騰籥雲馬

陸七發齡

耆卿年最少菁英未二十逢迎白髮翁欵見神明入佳句法早驚高筵夜頻集不念挂帆情但期前津遲

陸大祖襄

疏通陸景師孔翠異凡雀素交豈求新妙理輙勝昨心開聞朗詠頤解資善謔堂上齒未耆承顏何其樂

陸六祖淵

陸郎多舊歡金溪乃初識酒聖宵不迷偕藺日相即自知詩律細能容老友直海近多高風將扶圖南翼

李二渼仁

李生江城秀因親來海曲竹箭行穿楊巧匠方礪鏃斷消謝作賓登筵顧緣僕眼看似躬甥如就元龍宿 謂陳伯升

夏至後一日李西文招同陸景師天隨金溪登鳳山

大壑陰生水澤慳炎風吹散雨雲班無因投火驚龍井且復隨人上鳳山老樹年深鱗甲出平疇土坼桔槔閒金尊華饌携來遠感歎交期坐此間

徐爾靜宅望雨

親串情方愜淹留景正長歸舟無便道早歲易斜
陽曉起霞會爛宵來電有光何當極傾注裹足醉
深堂

雨至

送趁廻風至真如激瀑飛笑看花徑漲準送布帆
歸槁已蘇苗色凉應進葛衣深杯何太急一倍盡
情揮

陸堯采席上贈曹孟賢

早向鵾絃悉妙才相逢華館一徘徊當筵肯唱婆

波曲賺得驚鴻五月來

生日和大村 李韻四十今倍之韻同

曆象儀長轉羲和御駕徂後彫非勁柏早落是衰
蒲亮直先公節纖細奕代儒十霜知漢臘一夢照
江都 先君夢大父以蓮相名名余時命哀今日支
于誤賊軀頑金偏畏火濁水特藏珠 昔余命數所
忌 蜩響初登黍雞號適萬雛紡燈辭甲蜂墮地失
跏趺會值乾坤沸俄遺政教殊北堂懷舊德左次
避新圖 先君焚弃儒冠小子不習時文昔先母意

鹿馬青春哭豺狼太白屠鬢蓬參客秣齒歷伍樵
貐帖括鑽研晚 余十五歲始見時文師承講習迂
所受業並好古違時者 勸傖當詠果倚市畫於菀
岐路亾羊杳衝風退鷁孤氛祓森彗孛祖跣變梟
盧妙理疇能羿名場屢自遭楚人饒利劍蜀道沒
亨衢冥冥情猶逸稜稜骨不腴網羅畢彌罷平準
畧錙銖既窠叨庠序俳優諷烏烏小鳴鬧若欸大
牢集于枯強歲悴悴到歡悰凜凜淪染盛滔雨害
街巷潦流鋪簟帶簾塵拂苴臨削杖扶 丙辰失母

及妻庚申背父俱大水滿城 側身何所莫俯首但
如愚咫尺蝗蝝布毒常庚癸呼拯援棠相里 謂
淸張蔚生明府 著述謝王符踵景應追駿聯鑣乃
鴛鴦酒香縣罄室烟暖絕糧厨夜樹吟摩腳晨窗
坐鑷鬚女多頻賣犬男壯反爲駒簡貸營婚嫁舟
船出越吳檣搖林屋洞樓倚聖明湖迢遞投親串
淒凉度獵嶁山重廻候雁城曉慣飛危鐵棧驚垂
趾危灘戒剝膚馮臨增感激賞詠頼崎嶇合仿曾
孫任翻嬰野魅驅憂思纏嶺嶠動止逞郄甚待

秋芬桂行膽掖櫳梧石交膺俊翮鵷係委窮途鹵
莽賢關入周容鐵士俱渡河悲梗泛過關想茅誅
辭賦誰鸚鵡律橋忽鶻鴞淹遲鐵輔內彳亍曾齊
隅孔雀愁籠養犀牛怕檻拘高丘弔巢父半甕倒
麻姑滄州有麻姑墓死去煩誰報余未歸或傳余
客死章武生還辱駭吁輕裝窺僕偪畢世拜官無
掩袂焚殘草搵衣問折蘆尚牽妻與內寧作我從
吾鄙性原硜隘良朋每煦濡龍門深託寄謂李氏
詞臣昆弟鼠腹㬎雎盱別館開移枕奇書乍剖瓠

西齋癸酉詩　十九　夢華山房

羽毛裝翡翠柯葉摘珊瑚業定田農拙商寬飽木
輪祿當抗萬乘雄可壓千夫啗販牟翁伯車連任
粱奴改觀麟有椵斷望鳳離發鎖棘占之否泥沙
犯川端省躬仍量器伸紙再操觚好句童年愛斯
文偽惝無蜉蝣爭撼樹畦町細分區南雅鏗鐘律
西京儼楷模鬼神來壹氣陶冶赴洪鑪斑琰誠虛
耳磨鐵或庶乎選椽私製笛工瑟煩拋竿副墨差
云悵斜暉漸以晡浦蓮迎指使鏡雪晃頭顱澤竭
忪奔魑求敗苦暴巫寵光丞尉謂倒愴枯樗勉㬎

美形骸瘠涼謡肺病蘇華箋輝几席厚意潤葭莩
憤怨言彌切疲稱分已踰褊心旁嚶喈眯目竊盧
胡蝦蝕麥霞展膠零挂壁弧前因安薄劣餘算付
模餬碧井沉寒甃丹砂洗玉壺破雲終返華近海
龍乘桴

蔡齡若六十

惆悵耆齡度吁嗟汝亦然老來稀會面江遠早投
箋異姓班鴻序過時擲馬鞭有兒催白髮無背負
青天嗜酒何如昔探囊莫似前山方焦旱氣冰欲

西齋癸酉詩　二十　夢華山房

沛平田　聖代泰陽顯儒門衛賜賢終餐廣文飯
虛上孝廉船一日真三歲餘生幾十年海城霜鬢
影雖到練塘邊蔡以十月生自辛丑定交兄事余情好無間

哭吳二兄東山

三塘倚杖徐郎宅遠信驚聞起自呼榻畔辭行生
已訣春初聚集病曾無老兄踽踽啼鴻雁半世吾
吾讓鳥烏道阻遲歸來一慟入門欷倒要人扶
余姑早世弃嬰孩君始三齡倍可哀御史涯清名
父出從兄嬉戲外家來流光倏爾人將盡舊事悲

其老並催絕漠神州俄主客不勞條獻倚泉臺
魁方健步嘆三時有雨濕濕此涕淚老去黃泉非
遠道年來丹訣少良醫當筵易對千鍾量覓句難
逢一字師痛絕空牀斜倚日過從飲博尚前期
鄰家歌哭逝相遭墟墓纍纍孰可逃同得死生惟
鵩賦重非山嶽盡鴻毛幸拋赤地三農苦好餉青
冥一杖高幾日弄孫孫抱予肯容人世駐吾曹

送吳大兄北海入都

行行分手大河干莫話家園共歲寒要稱明良須

攬轡非牽榮祿再彈冠九州雨潤炎天急六月雲
垂渤海寬開府策勳懷相國象賢君克濟艱難
外家諸弟並途窮芥子微名晚亦空謾謂鞭麟依
馬趣真悲爲鳳作鶉籠虛遺　聖代生何益老著
漁磯分已終眼看雙旌受王事升沉聚散攬胸中

泰沙北樓送別北海

海甸秋生野露滋女牛佳節恐將離烟波信宿來
相伴陛楯雲霄去莫遲雪鬢對垂千里別冰心自
照　九重知衙門到日逢邊雁向晚南翔起客思

七夕志林叔友淩蒼碩存同宿南莊

去年此日西園集偶泊南莊亦縣西四序故新朋
侶換雙星啼笑古今遙劇談半夜河潛轉雞臥空
樓月忽低却憶烟航白田路離人歸夢遠悽悽

寄李詞臣

暑較去年減老應今日加垂簾安午夢灌水惜秋
花浩歎朋知隔非關道里賒夕陽將不見西上片
帆斜　此時入都西日可畏

寄喬雲堂兼懷陸舫

吟蛩幾夕動開庭久旱庭花一半青老日漸如垂
葉露情人虛擬渡河星城移宿業傳瓜瓠詩到秋
堂示脊令尚想新霜隨浦雁雙松開徑倒銀餅　時
倒之瓜

北海書來言雲堂又病日

人去暮雲斷書來秋雨昏蒲帆過驛落河水入城
渾吾友出迎客佳兒扶近門心知難會面日旹又
驚魂

短歌

無嗟歲崢嶸臘盡迎勾芒無嗟日西頹寘寘以東
行而我百年身老去不再强難賫元化功黑此頭
上霜大藥渺仙嶺壽命胡由長人生苦短促不足
非流光仰觀萬古天賢聖杳茫茫念彼蜉蝣羽楚
楚矜衣裳終朝一晨暮如何延樂方

長晝繙書詩流覩亦勞生羣動既以息昏默閑見
寘荒階委雜卉中有蟋蟀鳴繁促非一處寘寘如
告情老夫苦少寐空堂况凄清微月夜分來花間
露熒熒悄然暗隔光照此枕上塵因之興感歎短

詠已復成竟與草根蟲相和到天明

已悲無百年象著忽而至去日一何多來者又幾
逝晨夜豈寸陰高眠信非爲君子終身喪夙與度
家祭隣雞過三號缺月滿平地殘成盼明星滄海
發遐思羲和豚其官不鞭陽烏出誰云天行健我
寔久相延此境吾嘗有往惟甘熟睡昏惰拋流光
及茲徒深喟

晨興撫庭柯夜露泣尚徧何渠悲萎黃已覺容色
變牆陰蛻夏蟲屋角度秋燕日出星始藏時去如

莫戀昔我高堂人端居諸清宴結髮猶中年洗手
親具膳次第歸窮泉怳忽在異縣冬春數代謝著
艾改顏面眼前小兒女往者總未見存沒傷此心
幽吟淚如霰

隱几念吾生茫茫獨無辨昏寐魂漫交變態髣象
展夢中又占夢君牧迅遷轉既覺長歎嗟入夕希
復免形骸未即化蹶息面多覥焉能和天倪睨之
以曼衍昨夜乘朱轂杭畔翠旗卷衣冠亦甚偉勞
勞京洛見澤雉方畜樊神雖王不善青霄非其路

听然疑端遣

皇天若倦勤四節且失序焉能長屈信如環轉終
古涼飆前月動今茲尚餘暑秋聲宿西山新鴻懷
故渚上蒼久蒡蒡肅威誰式阻由來肆蕩潏必大
風以雨朱霞擁朝暉白霧蒙水府羣雲忽波逐萬
竅一號怒低空崩泉瀉蒸鬱散何許方歎造物神
宜爲百靈主

羣雀入波濤化蛤以沉泥秋鷹爲春鳩側目樹上
啼新形既幻化故情終自迷况復生有瞀所甘實

相娛執一使就範物理殊難齊賤子負介性恥距時路躧冠蓋雖迢遞兀傲惟窮棲鷲鳥折其翮不佞在梁鵜耀靈畢暘谷忽然頹于西舉頭愛空蒼變滅嗟溟覓

養痾坐西堂親串歸遠道書去附數書遺我故朋好內有由中言其事至微耶何哉無報章遥見意藐藐雁語臨風吹側耳秋空杳微霜一以淪豈復恒芳草肉食矜尊官大雅宜高蹈榮名與厚祿願言善自保已隸耕釣徒朱門迹當埽永謝京洛音

愍芘用爲寶

偶成

柴門無分對青山近市囂塵只掩關老去扶衰增藥物秋來消病減容顏兒啼女戲憐渠小緒亂言繁仗友刪臥起巡檐臨短砌古苔細菊斑班

谿庵禪師爲惡僧所忤極樂主人有右僧者
余邀至西齋三宿而別

此際君當去寒林路亦難橫拖老藤杖不顧舊旃檀七祖孤輪日三峯一剎竿異時弘大法東腳憫

頹溺

屢欲投公宿蕭齋卻對牀秋仍遺毒熱夜似有微涼薄供鴻頭嫩貧交鶴髮長自今稀會面寂坐感茲茲

黃葉蕭閒院軍持復此經露濃秋更碧天遠闊長青汝暫留江郭吾將到客亭龍宫如說法莫望衆魚聽

寄宋射陂

春把雲亭字纏綿多裏言此身俄老至吾道以人

存故國尊黃髮窮秋感白門飯生支病脚隨意夢花村

贈醫胡蜀江

舍客懷中藥當年飲上池世賢無此術君知過於師近喜諧賓主衰蒙起痺痿周垣空復隔覩見不須窺 君家在余宅東

偶得佳酒呼舍弟來飲

西舍香生酒甕開滿沽呼弟踏蒼苔笑看哀白人難得苦厭沈陰月恰來隈壞秋深迸綻桂枯條雨

足漸榮梅欲眠且聽兒扶去明日重傾未盡杯

同崑麓亥荅久庵勿齋坐階文崔谷竟日

愛汝新軒好秋佳客復聞五人玄鬓外終日綠楊間院北潭潭水牆東小小山老夫初病起斷酒最先還

挽運使崔公

夫子蒲吾傑恒瀛秀所鍾世家開漢代翹楚冠名封記云詩文學世家崔其翹楚矣春對黃扉策晨聽紫禁鐘一行仙吏作百戰壯猷從簡擢江淮郡

頃嬰水陸衝雨霄和鹵海月彩霄甘峯秩進臺司並曹連管榷重幾年鹺政理諸賈德星逢爲善風蘇著如傷日羆冬賑生殊禮數鄙性廓心胸望望投門切勞勞立廄慵往曾來執雉後頗凋登龍小弟棠分坐賢郎幸接蹤好詩追賞劇末界下交容根大香滋榮工良範出鎔正芬凝露桂忽泣拒霜蓉丹旐迎秋雁朱輪帶夜蛩揚旌氓隸慟過廟鬼神恭絜酒違多病頹山悵莫宗何時披馬鬣灑淚上楸松

寄别青嶂

驚聞早發宜追送肺病秋高尚不蘇老淚但從他縣墮此行彌覺别懷孤霜生楚塞麻衣薄人上吳舲竹杖扶迢遞關河有賓雁殷勤書信下重湖

作陸公吳州誌銘已却寄天隨

斜暉分手炎雲赤短晝開書秋葉黃見雁便思移客棹聳雞頻夢舞僧房昨宿四更酔談東寺千春宰木陰藏碣十月銘旌曉帶霜慙愧標題非史筆遠教有道重中郎

初到春暉樓李同臣留仝于静茹兄弟徐衍祉飲時侍臣詞臣在京口

忽作經年别離情不可論再難孤舊約竟易到高門小艇洪波送殘秋細雨昏只嫌携手處江望黙銷魂

良朋一以靚名酒又堪逃看老圖青鬓烹鮮上紫鰲人生家累苦樂事客途遭莫遣霏霏雨侵簷灺燭膏

侍臣同臣招集郊園

秋停白雨雲仍重欲降青霜候未凉地主殷懃臨
沼榭天風出郭灑衣裳衰顏爛醉多時怯判隔經
年此會艮酉日已知迴不得好添高燭送餘觴

程栽錫生子

昔我少參公耆年震初索先君定一个保世敬天
爵孫曾遂蕃衍素業欣有託得子有早暮此無關
厚薄善人後必昌天道豈鑄錯程郎迫强仕愛女
秀閨閣所乏麒麟兒對酒恒弗樂平生交友朋眞
素示淡泊緩急晝必周慫慂繩以削我曹迂且卞

度甚少寬綽因君自反責心折容每作柔嘉乃眾
嗣使人欲為惡清秋赫蹏書飛向茅屋落上云光
也幸兒啼出孫幕下云為光喜新詩定須作我時
方小極決起勝雀躍連朝大笑呼盡日群婢愕填
揚飽帆來過從肯前卻登堂摩兒面豐下升宇廓
莫倚而翁澤萬卷開幼弱高門賢斯象艮御駕維
駱衍歲立修名老眼待披瞙守詩屬客夜請暢如
吹龠條兒壽燭張抱兒勸淺酌

贈張慎儀 慎儀寄欲余作後酒人歌因贈

我來客舍初狂放曾為揚州歌酒人跡接南東分
外內歡兼少長又張陳監嚴史佐軍如法風吼冰
層氣似春綺饌促登無艸具洞房待臥有花茵前
茅號聳聲俱寂後勁金鐙鼓復振巨椀鋪筵疑茗
粥高樽侍坐太嶙峋酣飫飽滿號號虎吞吸蟬連
九九鱗偶誤那邀寬宥罪微慫輒被劇生嗔能盧
得雉俄時泰刻鵠添蛇到底屯偃鼠飲河先滿腹
荒雞報旦未乾脣洗寅若此年歸夜茗艼看渠筆
會神梳賦柟榴名世久軒裁蓮菊餞秋新玉顏詎

是推山力星譎剛逢降嶽辰華胄豈容輕甲乙呂
期原不類庚寅半千受命經霜節三十浮觴倚月
輪勝地圍攻誰可越醉鄉囊括定輸秦阿奴颯爽
方隨步 哲文 大阮毫雄況軼倫 共相有虞 請益吳
淞工射葉 雲間陳彰岡 論交楚澤老垂綸鴛鴻逕
遷爭承日騄騠飄飄肯著塵自愧衰顏當少俊寧
希王翰願為鄰

用韻贈陸天隨

累月空煩信今朝勝寄書恰隨艮友棹 謂李問臣

同就故人廬霜氣催爵燕風壽擘伏魚老夫遊門
倦及此得安居
去棹思前庭泥沙澀屢移人行飛鷁路舟趁牧牛
兒雨汗霑荒野炎㬉束蜀陂曾無三百里信信到
荊州 昨水涸以牛引舟
記得霜辰約登堂未後時華年方壯日麗藻最工
詩夢有江郎筆天分織女絲致身還上策祖武是
前期
昔聚晝長至今來夜正長燭高寬嘯詠語久墮機

槍却蟻催浮茗鬪雞問煮粱雙虹軒外月中旦足
房皇
彈指乾坤內吾生倍汝年老容憨少俊浪迹借山
泉底事惟高臥空波又滿田勝常蒙惠闕語罷典
蕭然

由三塘至如皐舟中作呈冒巢民先生

曬天薄作小春寒行李南浮野水寬老日轉蓬侵
射雉高風送帆似驂鸞樸巢湘閣多時憶雪鬢霜
逃隔世看數問先生尚覓食里人無數報平安

壯齡回首思飛騰逝水冬春萬感增難得素書臨
楚雁敢忘紅豉侍吳陵老蒙下士誰相惜吟破窮
愁儂似能今日登堂拜麗德此身疑到碧雲層

與余羽尊舍 君閩人余癸亥薦入閩相識于旅

掛州近郭噪寒蟬邂逅濟標今十年地迥始看邊
海月天深遙憶上灘船鄉心窮宛逝猿嘯旅食荒
蕪類雁田浩浩洪流方維誦可堪童子執經前 余
方爲塾師

贈石天中 覺庵先生之孫月川之子

丹穴無凡毛唐觀無二樹流傳人則聞畜眼曾莫
遇我昔方少壯玄冬白沙在石家名父子蕭寺借
旅寓長者儼儀型孔顏見趨步翩翩儒林秀箕裘
衍厥緒問年弱冠餘等身駭述著卷帙獲縱觀浩
淼江漢汪瀰塵太倏忽努濶累昏曙窮泉索哲匠
掉臂不却顧彈指三十春辛苦走烏兔青鬢凜生
寒霜雪四節聚客從崇川來遺文令孫附開函感
疇曩歷歷如道故似續早象賢衣帶悵洄溯頃維
雉城棹便覩開美度芳聲聚洋溢彰善匪虛譽

王雖制禮跂及勉遵路酒肉與韓房往往衰絰予
世既乏顏丁此事且須恕偉哉君克孝父母終身
慕祜葛幾變更食色竟無趣將悲萬鍾粟宛泣百
年絮老夫內自省跼蹐若蒙汗志物殫天倫乾坤
蓋有數哀齒汗漫遊行爲衆賓語千載蓬瀛花五
色雲霄羽率性敎本根非徒干時具鴻篇愧點辱
發測粗部署至德爾可師別裁吾其庶

題余文賓像

高齋景物毫端出坐倚光風自在吟忽接混茫應

獨笑偏愁花鳥也無心濟時此日誰推轂投分多
春好燕將望七年華娛縣下教人孺慕斗然深

巢翁兩和余詩屬次前韻

淹留高館卫初寒眠食如家意緒寬白髮儼隨綵
嶺鶴紅閨妙寫女妝糕開天世事銜杯說李郭儀
形炳燭看累日感懷頻引望鍾陵霜滿舊長安

即事用韻呈肯翁

小雪年時轉減寒恢恢天道古今寬邠牛卜後還
防鼠野鳥飛來漫指鶩竹肉憑爲佳話聽冠裳剩

有妙伶看人間白黑公然變一笑春泥燕幕安
紫瀾乍湧鳳騫騰才力傍看日夜增相對可知人
是瑞代典敢唱肉如陵地存一老他州少天與千
春我輩能擬勒高文依宋本率更書法紙雙層

與石王香有懷弁公匏庵先生賢兄月川

江皋襆被經旬任二阮逢迎總軼倫握手瘖傷衰
齒日登堂慨壯遊人醉歸短髮霜相映夢去寒
林雪尚新便有飛騰餘百世還應制作重千春

余文賓招同巢翁諸公觀劇

此歲崢嶸又欲徂六鶴弭節豈能圖深堂設燕高
燧月繁吹鶯鴻下裏湖翠袖雲飄花滿目紅潮雪
濺酒露鬟人生八十非容易簾內樽前世有無余
母巢翁俱八十三

肯爰及贈詩次韻和答

十年悵與賢兄別愛弟還驚廿載離世非愁人貧
莫送身宮有鬼病偏隨先公鶴柴清高月小雅鴒
原急難詩我到仙鄉懷往事斯文末技敢云師

題醫者江時化像

術解奇咳多禁方越人師授是長桑有誰辨識支
蘭藏便與先生背藥囊

贈穀梁

舊事難爲憶浮生絶可憐我衰頻餞曆汝小只經
年昔下人間世猶非塞外天感懷千萬緒欸欸話
霜前
客已三年別人今半世過飄揚餘暮靄摇落到霜
柯計畫紛紜失朋交汗漫多老來須自料日飲更
毋何

汝有嚴親在承惟我竟無情溫將愛弟甘脆出名
廚一老中堂坐雙童下榻扶家風太丘似應任百
城閽
新詩風味好儲孟得同行與至方辭嬾神清不近
狂每於人境外都覺意言忘此事吾須避滔滔斡
畀瑒

寒

客暫冬衣薄風高今日寒來詩堆案重老眼閉門
看氣力全衰欲艱辛失晏安苦思茅屋下兒女擁

爐歡

無題　爲花孔作

怯賦新詩贈玉郎車輪日夜九迴腸杜陵不少驚
人句才盡西川一樹棠
夜夜尋思夢不成香前燭下最分明神山且至風
偏引十二闌干迥碧城
秋水騰光定絶羣嫩鶯嬌燕幾回聞自傷不及陳
陽美能向華堂乞紫雲
拂拭初臨玉鏡臺光明四座影徘徊此身乞化明

河鵲生受天孫步步來
怪底親卿更愛卿鵷雛標格語鏘鶯王嬙趙燕香
魂杳一夕麒麟嶺上生

別巢民先生

更僕談靡竟離堂臥未興老身宜愛惜詩態太飛
騰此去烟波隔重來歲月增客船催曉發悽惻轉
遲登
老輩如今少先生伯父行一時同隱約千載託蒼
茫哲匠時無數微言分自量詩篇歸讀罷早報得

全堂

別先譽穀采青若

法曲初歡夕嘉肴促別筵幾時深院月再聚薄寒
天家慶翁能健人情酒似賢爲歡勤秉燭我汝各
衰年

贈陸耆卿

南徐令兄弟向我誇陸郎弱齡藻思發麗羽森翅
翔疎雨萬花中開戶鋭莫當更聞送春作暮倚西
山陽緬懷握手深宛在水一方書劍屢道路洄溯

虛褰裳東下茱萸灣信宿經三塘扁舟寒河岸失
排西風憶昨歲春暉樓二李羅酒漿驚見藐姑人
飄飄御鸞凰肌膚若氷雪鬢髮覉霜問年未及
冠自笑久老蒼欲請吟新詩猶嫌太匆忙今夏茗
海行往反雙虹堂石徑十日過檻桐五月涼追隨
絕諧暢賞詠饒篇章興至無停毫譽鈍心暗傷念
我客夜孤古寺栖僧牀殷勤抵足言游戲使我狂
川途僅濡足別正焚巫徂節序如迅飈再到月遂
艮高門倚執紼不暇傾中腸却從射雉城雀躍逢

雲將誰誘貧者贈屬累聲韻長旅次少餘閒歸棹
爲散忩人生禀秀異著述流芬芳勉旃疵瑕去宜
爾名譽揚千仞過青冥百折通浩洋醇儒與哲匠
匪獨天資強君其益追琢副此金玉相

自如皐之海安舟中作

東南來去驗千里逆浪衝寒一棹神歲序幾何迎
至日生涯如此作勞人青天迢遞關長閉黑夜横
樹酒漫陳料得後彫松柏見嬌花嫩草又爭春
偏於歲晚犯霜行霜月江皐兩度明客是久要家
可任人纔一顧國須傾浮踪易散如烏集老日難

忩役雉城惆悵匆匆牀下別爐薰砌石總心驚余向有廿載難忩射雉城之句
荒途多謝月華臨小酌寒多思酒深斷雁驚飈孤
艇夜殘年高枕故園心泉流別後愁重會旅力衰
來病轉任只有詩篇堪意悵雞聲薄曉苔微吟
斯文吾病悔輕論那得移家水上村便畜雞豚非
辱食無關羔雁此蓬門租庸又拜　今皇賜朧畝
仍流舊國恩旱潦頻侵滄海接幾時秋稼復雲屯

贈京口樊次惟孝廉

三山勝友三年約一度寒河一望遥海日自臨霜
葉寺烟帆誰艤莫江潮相逢上客芳筵敞細把深
杯壽燭揺計吏正催班馬去如雲高翼好搏霄
節近吹葭候轉暄巖廊燮理要深論爲籌轉粟蘇
秦隴坐使浮雲擁劍門紫禁龍樓新有路朱公烏
偎別承恩春風寄語天池色莫似黄河滚滚渾

長至葉東子招

層軒慣坐酹交歡名酒如潮落瓊寛尚憶往時留

客卧同聽法曲到更闌衰容自許逃頭責旅食相
依過履端候暖每驚氷雪驟恐來笑對五辛盤

和寄陸青卿

東來未便是歸船料得相逢喜欲顛竟酒早衝霜
月別成言空想寺樓眠書開郡郭離鴻亂事接冬
春去鵲傳一倍衰蘊酬和懶慚君學意遠周旋

送李文臣

更闌酒罷話前期聚散明年又一時君到丹陽逢
二蔡爲言吾老最相思

韓醉白內子夢白衣媪抱一女授之曰此針

神也果生女

明河天鏡夢中開此事休從瞎裏猜五十年前悲
童媪如今還着白衣來

歸

每歲匆匆逼歲歸只愁氷雪作寒威三霜回首荒
村任半月驚魂故里違舟夜豈虞輕絮破帆光相
送到荆扉自來天道人難料暮倚殘欄看雁飛

西齋甲戌詩

興化王仲儒景州著
泰州周晃繁露
江都卞恒久夢齡 選

元日和舍弟

信然詩是吾家事正日繽紛到眼來兄弟白頭鄉縣聚風光青帝海天開生涯只望歌華黍客路還應傍遠梅六十已過宜作樂追思腹我獨心摧

匆匆送歲疲心力計日元朝到始開纔趁雞聲然燭坐已聞人語進香還乾枝重撿初生曆暄暖全舒既老顏霽色小窗花氣聚餘年斯意敢相關

見月

細雨霏微灑徑塵步檐乍見月痕新纔經晦朔潛分歲已挂西南側照人風露夜遥夸去去關山寒徧漫頻頻旅懷漸逐梅花發依約汀烟栁岸春

人日

燮理憑誰問沈陰忌此辰三公金作勝七日雨愁人未見瘡痍復何當札厲新栁條全漏洩還只說迎春

俗爲幞頭象簡官人稱勝

開歲

開歲但閉戶小堂花茗幽衆香堪送老不醉亦忘憂舊草繙書楓常餐旨來修人生各適意得此又何求

端居雖自適比舍有餘哀大澤聞鴻響高車見虎來地中仍浩浩天道太恢恢閶闔何曾鎖霾雲苦不開

寄詞臣李氏

尨使歸懷遂虛防水腹堅泊船剛隔日閉戶送殘年客至看花坐窗明展卷便感君頻作計探篋已無錢直占高齋任翻疑主是賓滿傾良夜酒一別遠郊春此日憶如夢深情誇向人營巢若不定相傍恐還頻自信忘年好相於積日深途遥看絲髮計左賤黃金典籍分曹課風騷抱獨吟故人無一善樸直託知音

十六日大雪

欲曉窗先白人來側枕聽高高平砌上颯颯滿衣零照室催爐火飄簾思野亭寒威雖復甚今豈自玄冥

坐憶猶園燕臨山看雪辰大都開歲事復是壯齡人槐院歸華燭糟牀滴老春笑傳筵卜好歡我白頭親

荏苒前因逝吾衰復道窮打氷迎急雪分日灑孤篷[illegible]攺郊屏外春生驛樹中家居聊稱意促鄰竹

燈紅

直到春纔降如防臘易氷策藤行喚弟沽酒坐然燈日御埋孤照城陰黙數將若較元旦兒也合兆

秋登

送老渾無賴全家望有年稀疎剛種麥雨雪又浮田穗想垂垂秀窗聽點點懸萬端歸定分百慮已徒然

四序兼人事乘權問所宜威弧茲欲控節斧柄須持陽破窮陰日氷生解凍時芳菲羣艸樹花[illegible]

虬枝

洞壑當年白春暉客裏樓一冬空望雪百里獨牽愁生意梅先動寒光晚欲浮據梧頻假寐偏不夢揚州

世事猶稽故迷途未發蒙浮雲多在北朔雪轉從東展眈荒庭滑杯乾小兎空兒曹爭鼠鳳費盡累山功

寄懷豁庵禪師

刹竿西社倒蒼烟覩面全輕浩刼賢藻荇春湘悲

別日偶檢宿禮憶童年周妻何肉餘生恨虎穴龍潭舊遠禪野水落空雲影亂衰容斜倚暮愁邊

贈徐西冷少尹

窮壤流亾有歲年我　皇從未惜恩綸嚴霜烈烈嗟非罪野水菼菼說是田坐使豺狼橫道路飽膏膏血潤金錢憑誰灑涕陳軍府援起溝中待大賢

寄大村都門

論詩喜受直言難同調深懷客友催一別年新傳信遠孤城陰晚坐春寒生花復有江淹筆搔首分

無貢禹冠老屏泥塗收不得若爲分照在長安

寄繆淑篁南沙

梛風梅雨憶楢於日偎東瀛跕浪魚五月去津難挂席三冬來既遠隨書垂竿歲晚人誰問閉戶春陰酒亦疎近水雖關晨夕憩賓朋高會比何如

花朝後二日雨霽鴻研齋觀梅同西冷少尹蒼崖廣文諸公分賦

地主張筵展古幢天風散雨坐微寒興移淺夜月初上開遍繁花春未闌忽過酒邊香黯黯若當江

外雪漫漫吳山越嶠神仙吏薄醉徘徊倚石看

和荅南沙繆宸山

好事諸公健爲歡彼一時赤荷初貼水青影總能詩發興春無恙經心老不遺所親把佳句示我見相思

憶昔行示李舍菴仌菴兄弟

荒城遊觀地絕少北惟曾公讀書臺下臨滄波號海子厥初浩森困泓開故老往年向余說峭帆倚見東西來自從園圃占木面魚龍偏側容衛哀與

石成丘洞壑具繽紛梨杏桃李梅依綠園中序鴻雁論文放筆皆妙才延青小閣宜眺聽我皆賞詠登于廻將離吐艶幕天坐斜暉楚將山邊頹狂呼起令指容碧如逢一舟酒一杯須臾榜人絡繹出餅笋飛壺猶驚當寶朋才力既强健家家又復饒舊醅升斗提攜恣旁魄起綱笑抉鮮鱗頭離疏釋踏竟無分執散疲茶紛戕摧長者淪亾少者老儋忽遷變乃薾哉杏花樓頭元乂樓名却東望池塘雖在豈蒿萊追思不覺泪承睫世事可奈流光催廷尉

林亭本曠與垂楊拂地逶它栽杏花水明乂庵壇名故競爽花徑絳縈荔苔招邀水北復水久親串交好無嫌猜幾時會營數間屋沿流種郷城隅隈與君兄弟日爲樂盈懷莫待歌要䰟

適齋海花盛開

未惜衝泥遠來看一院花容能禁宿雨香盈滿隣家濁酒朋簪盍殘宵天鏡斜賞延如不厭數過荅年華

徐少尹過

洲屏近市闕清晝水驛濃春待老翁苦束裝囊[illegible]
復任愧供魚菽久還空高軒數枉華簪外欵語頻
申敝帚中何忘蒼生承大澤頓令哀壑轉和風

哭胥巢民先生

黨魁雄俊在當年姓字膺滂漢代賢黃髮人今眼
永夜白門烏久落荒天飄風草木昏昏過列宿東
南莽莽懸寂寞神州遺老畢傷心不獨故情牽
九州大道歎塗泥布襪閒池叢隱樹深節迴尋渥
烏去濃春私拜杜鵑啼瑚琨少已成名士松鶴間

猶謀小妻不忝得全堂上顏雲間宮傅手親題
制作生平萬卷餘去年酬酢匿鄰廬輕寒罷酒僮
相問竟夜微吟病自如海畔不忘浮鶴路床頭方
出戲鴻書豈知迢遞將雙泪灑上舍風縮項魚向
屬寄風編
追隨一月尚留人垂別吞聲執手頻是日殺門風
慘淡孤舟寒水意酸辛耄齡算去知非遠凶問傳
來願不真眼底總帷苴杖出忍持雙璧哭殘春
真成會面此生違南斗高巖不可祈一老天遣容

復望四方賓至失如歸深情厚我無新故泛愛從
人有是非宰木漸榮華表峻何年城郭反丁威
長潛恭捧卷中詩心絕霜天手授時江海波瀾何
壯潤雲霄星象祇逃離遠分夜火含悽重覩到泉
臺報命遲萬古人傳名節在非徒載道有文垂

上巳既庭廣文招西泠少尹蒼崖廣文集海
光樓

荒城四面俱春水無地堪爲勝日遊萊圃少黃休
汎棹柳塘微綠試登樓馴來鴻雁喧能任遠放鷗

鷗晚自浮借問今朝新解佩向來飢毀得除不

同諸子攜酒集槐江花下

唐翁臨發花分餉我拜辛夷汝海棠穠雪荒階辭
碧樹濃春高館出紅粧天清恰喜風無力人醉渾
疑夜有香聚散驚心榮悴異只應狂笑送年光

三月十七日出門示兒孫

夢回不自得今日當出門出門非異事身老懷丘
樊所如雖近縣歸期難豫論亦無可圖謀終歲疲
心魂田疇少生理蓮藿偏留根閉戶徙倚屋愁見

教御弃先業已凋落一綫斯存壯遊飛騰路亘白童然髪舉服望參曠庶有佳兒孫天池鵬雲垂其初北溟鯤匪惟聲實著周祁慈孝致他時我大去持報　祖考恩

訪周繁露

重浮北道烟波艇一別東亭十四年節序春佳嗟又暮容顔吾老見應憐思邈壘穀黄金去笑擲霜毫白日眼問訊故交都好在劉丘爵客信初傳 貝始得陳式萬京師之信

與北平周鉋耶郎別 明善甫

與府神都客逢迎東海西遠行隨野鶴高卧警天雞五嶽支筇失三山采藥迷自傷鄉縣任垂老亦羇栖

目盡當時彦懷深絶代風世間神翰少高處古人同乍許來窺豹何堪共戲鴻預知纔別緒愁望故園中

留別繁露

細雨繁花舊夢中再來吾已是衰翁居龍刼[illegible]

青海養鶴長憐覓碧空老絶塵緣行得得貧牽物役去匆匆早知高會明年易大有春燈近酒紅 期以來年元夕後來　周有二[illegible]

立夏日中酒與宮半村

今春此時去把屧步前庭老日舟頻汎疎風酒不醒有家如茇舍無力製茅亭悵悵年光迅悠悠任所經

才俊吳陵客爲歡隔兩霜又翻碁局笑未讓酒人狂世路遮青眼生涯向白楊無心策高足獻賦爾曹當

與廣林上人

曲水僧蘭靜高林佛日懸向來曾小憩歸去憶中禪上人所居一稱小寺壓落平陽院香薰兜率天相逢談舊隱心絶斷崖邊

奈文資席上醉後作

閉戶與防俗客來卷簾偏唤倒深杯兩番泥飲無多日辛苦林花盡與開

鷲啼花落又春殘計日扁舟老客單爛醉出門翻

小樂此生冬分再來難

題冐文博齋

布䕶多幽趣枝梧借小山巷深塵事少扉掩壯年
閒坐卧吾常得烟波客定還逍遙蕉葭茨外心挂此
庭間

冐無界席上贈別

昨年首夏南沙去旅泊東皋此一時老客追歡渾
暫任名花翻艷亦將離遠浮烟艇乘風少倦反荊
扉計日遲入眼團圞紅蠟下含情漫覆手中巵

哭秦來勑

分手寒〃歲又新傷心長別在中春迷茫雨黑花
明夜零〃揚州一酒人
回首論交十七年往時賓從散如烟頻來郡郭惟
君在憶話前遊各惘然
壹飯稱兄弟亦宜蹉跎臨老喜追隨頓教黄土千
春卧不獨青冥雨翅垂
日日經心汝病催舟船發歲獨難歸迷離春夢頻
千里不到揚州未訣來

金大泰三好弟兄故新鬼籙判平生壽安寺北官
衙〃無復更闌點燭行

輓許翁右

不分君無祿如今我尚疑生當方壯日死度日照
時賜筆〃　川遊庭阻鳳池空餘兩行淚露瀝見
懷詩
著作而翁富臨岐屬飯生一燈容校讀千載託同
聲省覲寒天待颺塵驛路驚悲吟報光祿念此倍
傷情

病起見月

一卧已昏發夕晨故知幽竪見陽春踏階試策風
前杖片月重隨病起人已脱危途心轉悸深憑弱
息笑相親餘生萬事蒼天在白首蓬蒿夏令新

五日

旅力無由得再剛支離翻厭晝陰長一朝病減逢
蒲酒五日寒深坐草堂蘭蕙又森臨檻碧枇杷誰
寫滿籠黄經心十載高歌地翠嫩洪濤送夕陽

答凌蒼表弟次來韻

客中往往獨傷神安隱迷遙不辨津旗齒轉忽三
品藥沉疴因醉幾重春心悲世事催餘曆手定醫
方拜至親我起匡牀君色喜詩來也滌硯池塵

黄惠臣書來

遠煩足信問荊扉病裏開緘對曉暉泣血本殊投
劫去經年未得挈家歸吾衰觸熱難爲客士老懷
居未可非他日過從身稍健大都江月上秋衣

閏五日徐西泠少尹招集海光樓分賦

今日憑高望炎天此再中流光真春春垂老不忽

匆背郭臺臨北扶桑井在東龍分新過雨蝃蝀舊
隨風四野嬉堯力三農拜禹功交親文酒合節序
賞遊同果落菖蒲翠花傳菡萏紅炮將來稚子涓
滴護衰翁俊味需輿隸晴曛半蝃蝀尚餘絲竹韻
迢遞遠竹空

閏夏雨中

大野川難逝皇天雨未多堯仁猶試隱稷事半無
禾聞說水星照愁連里舍波新栽數花樹漫惜影
婆娑

病中雜咏

首夏行江村三五夕帆落余適欲還家微疾亦復
作世路誠險艱所歷頗驚愕乾坤有深山哲人早
棲托雲中藐病寶霞標拾大藥順時夫何求保巳
自無作諒不廢嘯歌夙夕耽此樂
余始知愛身諸病遂虧至乘虛肆攻擊欲爲余不
利疲飢元化病飲啖中焦泥倉廩失其官推陳莫
能出月令移朱明涷雨盛陰氣稍喜呻吟輟昏昏
但熟睡竟失五夜長猶感二豎義不在膏肓間容

吾覓良序
伊余所大患有此傈然身其內所用病外則疥癬
頻外內不得養張羅以其真炎天抱煩鬱呼吸無
液津錯迕生世緣爲蔓莖元神形開眼僻黑反側
氣不中計日適下弦缺月尚半輪何愛殘夜光不
照長嘆人樊籠閉野鶴憔悴非能馴
曳杖行中閭忽然多所失我當四十時承歡亦有
室荷天方具慶奉命始遠出一門無二心萬事頗
如律瘦妻潔餐膳不離慈母膝如今老眼瞠高堂

蕩陳迹殘生剩孱軀不改惟風日心酸涕承睫承
痛何由畢
夙尚在山泉當暑益懷想可惜初生時誤墮此荒
壤曾不產片石惟見川流廣汎汎鳧鷖萃瑟瑟茭
蒲長朱華冒其中凉露接葉響擬置孤茆亭憑臨
騁游賞或買小蜻蛉與至自摇槳故鄉亦復佳貧
乏令心怏
永晝無所爲耽吟乃結習家人恐勞神再三戒勿
亟婿女尤善伺潛藏紙與筆又勸少觀書遂欲余

面壁朝暉西軒動坐送晻曖日老日來不多分陰
固當惜微風吹庭樹青霄散雨色偃仰何復成孰
察吾淵默
飲食與男女生人之大欲大欲致大惡歡娛接悲
哭早衰少恩戒失節厚滋毒頤慈癡老軀何堪累
口腹銜波舟折檣陷淖輿脫輻倘然貿無恙起坐
敝茅屋魂氣遠遊迴元精幾時復今旦聞故人匆
匆赴岱籙傷哉二三子零落半就木絕無他討逃
足見此事促不有令名垂空嗟墓草宿

寄祁中諸公

衰晚惟應日閉關近來多病體新孱竟之帝所聞
鈞奏欲覓人銜似大還飯顆相逢煩借問酒場爭
霸杏難攀良朋望我如春雁未到秋生見定慳人
銜茷也

寄懷唐崑麓

心悲隣比多年聚迹判寒暄過日長名飲更誰嗢
客醉高花猶自傍吾堂携家假館琴書窄失路還
山意緒荒我入朱炎苦衰疾君今黃髮倍康强

枕上作

獨枕迴殘夢閉門過四更凉風亦已吹促織尚無
聲老病兼皮骨荒天半晦明只應耽白業千慮一
燈清

七月二日爲楚珩作

徂暑昏昏惟晝眠今晨看雨北堂邊黃鐘恰王中
央土赤帝初窮少昊天肺熱累旬杯酒斷心孤遥
夜燭花偏逢辰幾度吟詩贈衰健驚分此一年

與蔡半嘯兼別

交親傾心早鄉邈會面難片帆能到此終日笑相
看木市登青芙秋庭放紫蘭無爲勤歸思一別路
漫漫

春船通射雉道近欲相尋一病催歸急孤城偃卧
深北窗天悄悄西崦日駸駸不是惜人過何由展
寸心

可恨君來日當吾斷酒時雨吹秋正爽燭舉夜還
遲未盡馮陵興空爲浩蕩期寒天蘸勝氣再共倒
金卮

十日猶堪任胡爲別我行老來歡會少況在友朋
輕信宿湖東路波濤海右城亦知頻鼓棹此際不
勝情

送繆鐘如歸南沙

往者吾爲客任君池上亭荷香隨棹至鵲啄下床
聽行李投祠廟帆檣宿水汀貧家無別業慚愧短
籬扃

最愛三塘陸弱齡能詠詩似君年更少佳句世爭
知歲月深驚嘆見曹託兔絲高堂問北道爲我佈

卑詞謝陳督撫

七夕招解叔友看蘭去年此日同送吳大兄
於秦沙 蘭爲張芳傳所貽

中兄北騎發新秋昨歲南村聚小樓問遠久惟憑
去雁追療今又看牽牛婚姻情好宜頻過離數交
疏頓自由盡敞軒窗對花樹紫莖綠葉暗香浮

我昨籃輿天畔過盆花携到小堂栽一寒草草離
披盡七載青青爛漫開今日故人還見餉秋星佳
節復銜杯巡檐細看孤芳色遠帶江鄉積翠來

題遲西道兄小像 畫菜裏松子附前茶

見相曾非相念復此同幾時拋鄉標絕境落跡
趺馬蹄人猶記況睡汝不須還能拾松子休得缽
糧無

寄答范石湖

老夫病裏吟佳句欲報高寒久未能近日心神渾
索莫清秋肺氣尚乘陵客遊縱好愁移棹夜夢無
成畏點燈料得殷勤數晨夕江霜初落倘相仍

贈故侍御鄭公子其五五十

今日擲斯爵無煩覓令名先公取大義百世有餘榮歲月中身度滄桑老客驚滿堂稱壽者只解說康成

寄其恭詞臣 兩君以蔘餉我

探囊吾友正蕭然書到同心念暮年藥物採山渾埽跡辭章千世不名錢貧家事滿涼颸裏老屋人醒落月邊薄曉鱸魚上城市寄來煩覓酒杯傳

秋感

六十支離頭白翁感懷無復及窮通丹霄發響悲

祇鳳黑夜爭光欻百蟲盛世隱淪渾泄泄高春堅臥不匆匆平生結習殘書在强把連朝卷未終

少壯端能笑老蒼迢遙千古未應狂西頹日影經秋短東下波聲到海長縱有名垂非面貌果然身賤累文章不知數紙流傳去誰向荒塗爇瓣香

蒼蒼柏子起崇何老屋秋頹蕩槳過雁鶩又拋南浦粒蛇龍仍舞北荒波居人分定犁空澤使者功惟鑿下河暑濕苦遺滂沛雨幸存高隴漸無禾

少府西京報量移太行東畔數瓜期五陵秋氣來

蕭槭萬里鈴音落秀支登第人多黃閣老還朝取得白雲司金臺此日名空在馬骨遙憑裏向誰 謂張蘋生先生

烏鵲宵迎天女孫泰亭官路野風吹顛毛各白分鄉縣秋草重青望國門老瘦日添人久病汙邪歲惡水長屯周親一別頻搔首吏道多端正斷魂 謂吳北海表兄

牛車伊昔向京華冀野風高席帽斜宮漏曉催千帳笳邊聲秋徹九門笳中朝舟楫閒該輔別館臺

池拱大家送喜時時開噪鵲掖梧陰滿散鳴鴉

轉轂班班兼汎舟委輸連歲上雍州算緡多處皆鹽鹵用谷量來盡馬牛在野雜開通籍路專城兵拜富民侯驚心搖落餘荒逕亂長蓬蒿歲月流

老困鄉園日更孱孤笻兩屐負青山名儕遠愧初求道高士全輸善閉關著述滿家成底事星霜換節送衰顏秋風未遣閒門冷吹放叢花繞砌斑

唐崑麓自郡至十五日徐槐江携酒

井華新汲洗罇罍一笑多時罷舉杯今日故人如

不到孤城好月爲誰來情懷簡易窮交得風露微泚短漏催忽憶宵闌醉西舍廢巢無燕首空廻

中秋

雨氣銷連晝今年月最明老夫猶肺熱濁酒看人傾語間蟲喧砌更深露滿城長懷宿山店孤鏡絕峯生

九日

眼喜疎欞白心驚隊葉黃百端纏晚節一雨失重陽慰老西成薄投人北道荒春船菽莢路早已颯

新霜

戒途

索居遂滯淫首夏及秋杪戒途昏曙間就我舊朋好我方養疴時錯料行尚早湍駛天光流微霜倏催曉鴻雁自北來辛苦歷遠道荒鄉非樂國水闊稻粱少江介寬蒲沙呼羣庶相保燕雀爾何曹鳴逝徒佻巧

張山來招集西園送秋

纔歇輕裝東郭東便躋高會北園中夜霜漸重青林薄賓雁都來紫塞空舊好殊方連落日歡場止酒怨衰翁水鄉未秋西成事少吳無聊任轉蓬

劉俶載席上送周价人教授常州

霜秋來江城讌游日相繼劉侯疎快人是我心所契清晨過其宅有客亦俱詣頎然見標格儒者善裁制邂逅賓筵初披豁坐談際廣文二十載一氈尚匏係山縣士氣蠡當官慎和齊黽勉脫疵瑕異俗今始離夙抱匡世資焉得行滿帝量移匪輪粟速化固無倒豈好爲人師天門望中開毘陵好學

舍弱冠負小憩李繆兩名賢貞石雲霞篇彼皆文苑秀志節狂季世君征集生徒幸援先民勵朝廷求俊彥庸詎但工藝敬藉故人危贈言類附贅烟帆去疑葉沙嶼浮猶齊他年舟樹身且試頹瀾濟

爲吳象采賦菊殘猶有傲霜枝

節入凝陰西帝廻風林高葉已爭摧滿籬豔減香難盡薄晚寒多菊自開未許移根歸瓦缶還堪炳燭汎金杯落英却憶繽紛日我似賓鴻獨後來

飲唐盛唐宅用魚字 仝伯升東渊萬齡及舍弟夢齡最少且初識也

近喜高齋傍客居杖藜問命不辭踏歲寒老友何
懷久交晚詞人發興初列炬全欺遥夜月烹鮮大
勝裏湖魚半酣雑誦新詩句二妙多才並起予 唐
之二子尤及序皇詩文皆善

寄紅蘭室主人

飛來鳳紙日邊紅霜畫春生旅屋中萬仞雲霞標
帝里九天珠玉潤王風瑤宮繡閣攤書對酒客吟
偕布席同自昔名藩多禮士烟波殊有釣魚翁
關山南北路漫漫凍榮枝疎雁影寒野老衰容垂

白雪江天作話人紅蘭詩齒瞥策廻環讀地絕塵
囂縹渺看　聖代多方揚側陋離疏獨有小儒難

別舍弟

蕭蕭擁書坐吾弟雨中來老日同羇旅曾城判往
廻一從杯酒斷孤負燭花開未幕俄相別吟詩意
自哀

送根潔禪師西上即赴京師

家園至日年年隔特未蓬飄到異鄉曉色動扉先
卜歲風威吹野竟無霜薄田積涙冬還凋孤館醔

人事定長走送惠休蕭寺去多春禪榻感茫茫
雙林龍象東山墅昔擁毘陵大尊師少日已參方
丈裏君年猶是未生時香花散後寒鐘在琴劍來
頻老樹知夏臘崢嶸人事改非緣判袂重凄其
君今杖錫還西上一過家山便北行佛日滿懸車
馬路江雲高覆魯齊城百年人老原無用千首詩
存尚有情辱在泥塗遺　聖代嬾傳書問到公卿

寄夏用修

伊昔勞書問相逢何太難計程江一葦垂老事千

端見說中都去來尋散木看索居方水國良會杳
漫漫

有感

明燈散詩書隱几以長歎驚風撼林木淅淅窗戶
間年衰怯幽獨迫此水天寒出門秋始晏淹留歲
云闌所如多貌合靜念恒寡歡素琴非不張賞音
爲誰彈中夜憶疇曩惻惻典千端
波濤起高原險艱生中逵人心如其面世路不可
知達觀理則恕異體情因睽好惡一以遷雖我亦

屢遲酒食困厭飫葵藿甘斯飢昔日席上薰今日爨下炊粱葛皆我須取給艮有時自非泯殊相焉能和天倪

崑麓新有宅

暘月寒輕過雨初先生琴劍就新廬濁醪隔屋貸瀕問老日流萍始定居坐蕭賓朋羞婦饋窗添燈火課兒書可憐海縣棲遲地霜壓冬青里巷虛

補吳象采菊殘詩已有前作偶失之

高齋至後黃梅放尚欠凌霜菊蘂詩叩戶憶過重

西齋甲戌詩　五　夢華山房

贈言剪寒燈從茲非濫獎我有滿篋詩常恐委叢莽初非干時共衰白但心快

贈卞夢齡

羲御萬古馳次舍物皆見雲去即經天垂光異朱電閃爍無端倪徒令衆目眩陽耀真宰心纖翳固莫點交友吐肝鬲本與俗情遠自非高明人焉用締深谷卞郎忠貞裔英妙邦國彥名宇既竦則質性亦厚善算齒我倍增今年始識面清製絕秀發過愛比親串名酒爲滿沽俊味豈常膳知我愁詠眞素芳時杯酒間欲語靡弗吐佳兒丹穴姿干霄拂其羽孫枝並蘭茁長者婦新娶續紛華英叢樂豈光景駐惟君克象賢巧冶本根固河源龍門來滄瀛浩所注至德神明欽高義童稚附我從諸郎遊肝鬲亦久露途窮貧艮算心賞把秀句耆年慚先登臘月會初度淹遲不成歸北辰必吾過呵凍揮弱毫老眼蕩雲霧

卞夢齡招同東湖盛唐及舍弟吳遵王張印宣唐次衣序皇卞之弟八椿分韻

西齋甲戌詩　六　夢華山房

九節開軒驚綻兩三枝落英舊摘如相待賓雁初逢更不疑今日老根何所託閒循苔徑到東籬

送黃白山歸黃山

翩然揮手故山來幾度追隨遂却迴濁俗波流身老厭高帆霜滿歲殘開龍潛天末雲爲海蛙亂池中封有厌采藥休教減詩興軒轅此日亦空臺

閔大臨生日

江天逢暮冬初日上庭樹老夫寒嗜臥昨夜巾屨具呼童起趣駕出郭南東去晚交得閔侯披襟見

征皇逵本淸巳士氣故森爽西郎忽中人南國紛
鞅掌拜爵羅少俊發跡謝塵埃冠蓋舞交衢鮮華
互爭長署名楮墨費動憾裴韡晃儒生披敗褐著
處得做罔方侯乃高睇平地靑峯上郡倅恥弗爲
徒步侶吾鄙書刺絕璅細下士纔堪放積學殊年
載大筆愜吟賞歆然求友生麗澤資技癢湛深歸
三策寮喨奮一響雖復公卿尊未敵甲乙榜王賓
曾結歡分薄固莫强昇濶餞十霜郎事空憶曩今
冬頻接近招邀早棠枉雅知襟期異足見器識廣

薄曉衝寒郭外行到門霜日下櫓平階前野鶴如
童了坐上江鷗樂友生碧酒通脣愁緒失靑年滿
日老懷驚還須好何酬良命今不當筵刻燭成

偶感

鏡中衰草是霜搏風振枯林遍曉嚴老態人惰渾
落落小言自悔但膺膺梅花近火香纔動藥物投
壺酒未添比日報章都斷絕誰云將字換吳絲

贈方安止

腐鼠挂蒼梧烏鳶攫相攘丹鳳過其間矯翼儻祇

多料我庀工欠適然脫兼金歘爾刀筆繕平生乏
長技玆事敢云擅心腎枯雕鏤頭毛颯霜霰敝廬
臨東門白屋閉荒縣却就江城居飄飄愧書劍須
求一枝寄漫喜兩脚健暫止終恐離秋風逝梁燕
唐生向余說劃若掾左驗發歲嶠因依辱蒙吾賢
念息憩庶栖遲羸老忽懽忭四節方乘除羣木漸
葱蒨浩歌緇衣章衰晒未爲賤

送朱其恭入都赴中書舍人選試

慈母新縫遊子衣貧交行餞遠郊扉靑霄琴劍隨

春色紫禁絲綸在夕陽鵷序遲借三殿入馬塵高
拂五雲飛　聖朝多士由來盛雄俊如君恐復稀

與卞畋如

豈知泥滓來相命便已心傾會面初弱歲執鞭名
父後高齋燒燭晩鐘餘天寒轉怯深杯酒眼暗猶
能細作書枉索新詩春已近夜和歸恐倚前除
摧藏用等躐虛名昌歇偏廿到甑生丙夜遇人君
已醉丁年愛老僕應嬲論文欲展霜中月送歲須
歸水上城最恨樽前渾却暑向來杯斝爲誰傾

頽齡無計戀荆扉發歲扁舟到不違敢擬湫龍移宅去愁看江燕覓巢飛周旋賢主經時久酬酢良朋麗澤稀底事須君共區畫人生投分便因依

即事

氷天幾日又青陽百慮縈懷歸計荒寒重有誰看缺月夜分獨自立迴廊花陰歷歷和更轉人影蕭蕭過檻長小僕夢醒來追促頹年未可肎嚴霜

除夕

歲除誰益壽兒大竟催人老定匆匆送窮難事事

新椒盤供淺夜逢戶帖宜春日月常弦望能無此夕頻

西齋乙亥詩

興化王仲儒景州著
世姪程堉堂樸齋校

元日漫興

人心有故新天道自常運豈因四節始特遣陽烏奮欲曙星尚疎巳晨雲滋藹蓬門古禮存少長率先訓老夫不能閒開卷亦吾分寒多雪漸作倦來几時隱堅氷滿津途三日反自郡蒼烟一以隔健步何由近

此身有所歸堂室非吾家達人知其然對酒常高歌開軒集邢故索笑送歲華百壺傾淸夜既乾還復除一醉天爲徒萬事如我何無端肺生疾涓滴歡有涯醒然不能狂把杯更咨嗟

顧瑟如生日 在去年冬

百年中六十賀慶亦驚神君此初逢日余爲先去聲飯上聲人低頭思壯節仰面問何辰客路俱相待生涯足苦辛

有子酬廉吏無錢肯乃翁滄洲塵坱外好手頣吳

中態絶人難學羣超馬盡空虛名詩句在未必
時同
四海稱兄弟多春見汝心家門蒙計畫疾疢拜規
歲老屋孤城隔天真一在深袈裟將阿季世外復
知音謂令弟遷西
虎脊三男子騰驤個個殊皇天容汝得上駟看人
無早脫償書債堅辭縱酒徒承歡追祖德踵武慰
桑榆

寄答南沙穆震山

扁舟犯雪歸荒縣薄暮登堂見遠書海色正逃投
浦雁河水將上在潛魚詩潛有多魚故人記憶炎蒸聚
衰疾徘徊歲序除散步城頭吟秀句東南極目水
雲虛

與山右趙月階

蔡侯牛嶠吾執友書到說君賢近海分微祿居官
已八年關雲逃雁度宮樹待鸞遷況復兒郎好吟
詩送客船趙之子震六能為詩李西厳田水西鴉與之交

小盆梅花

尤物情所鍾分薄幾曾遇老來開倦眼獨有好花
樹小盆蟠古根枝條頗參互細看屈抑態恐失蕭
散趣浴瀝周數曆虛窗與深護庭柯猶粒綴雪瓣
巳紛布固知栽培功為澤勝甘澍受質等自天滋
榮得人助我行逐枯蓬東侵海壖霧連朝春風惡
宿留不成去宛然對同心臨分倘依慕世事一流
歐陳跡總漂寓緬思舊書堂淚下如瀉雨

舟中見雁

避花江上雁如返塞雲長底事翩南嚮神州盡朔
方半春淹雨雪一物感炎涼海曲衰年路含情看

彼蒼

金羽皇與余有中表誼今年已望八道共九
歲時曾見　先母感贈

識我慈親面當君幼學時只今稱壽老數往一淒
其短髮吳霜對前因漢日知春風驚久別良會敢
頻期

示友人

自識高堂燕風花十五迴蒼顏翁不見短杖我還

氷海曲新親串燈前舊酒杯一枝如暫寄端使老
懷開

與家實公天言父子

海天漠漠歲華新永日晴船趁好春短跂回憐清
夜雨繁花分照白頭人風雲慘淡知何意楮墨頹
唐愧有神衰疾更無難老術獨應瀟灑任吾真

清明臧庭碩招同李可亭唐石郊泛舟西溪

尋巢燕子未翩翩菜甲初黃麥在田海岸風光驚
祭食桃花消息感流年曾拚爛醉今無分每值濃

春老自憐只喜新知如舊識石郊追歡薄俗惜迴
船

遇潘修人悼懷天閼

囊時名父歎傾蓋早餉頭綱八餅香歲月不殊春
漠漠人琴安在涕浪浪重來客影塵中老又上君
家海畔堂浮世久居悲物變乾坤着處有滄桑

胡修來子名謙請字於余字之曰天益

將登萬仞山發跡於平地只此跬步耳日蹐俄超
詣崇卑雖殊觀我躬非有二偶然憑峥嵘休矜乍

天際況乎錯趾新顧言恐失隊冥冥青雲端早以
如崩厲
大道生太虛衆器戒滿盈珠鑠與玉敦斲量豈不
傾泛濫既蒙汚陜小亦敗名乃知后土博載物心
和平積氣成山嶽於慈靡有爭裒益稱物施君子
以謙鳴
鰥生負介性度隘鮮虛受偏側迴白頭方覺坳堂
醜以能問不能黃海得吾友却略百行中莁易妙
用九名其子曰謙左次戒趨右君常自教兒輒擬

牛馬走
暇日上君堂弟在予亦從顧而曰謙乎問字於此
翁余嘉命名義實與天道通滿損謙受益昌言謨
訓同抑抑哲靡愚温温廉更崇第無忝象賢百祥
奔厥躬

題畫

憶昨天門破浪行亂山凝素莫雲横殘春忽覩寒
江色是我鷗盟雪後程

贈修來兼別

孤雲順風翔飄飄向空杳曆鴐偶然遺因之共紫
緣我昨經海圻走覓故朋好爲我說胡君斯人眼
中少年來頗浪迹新知多草草聞此欲託交愁君
厭衰老豈圖面初識特荷目加睞謂思一見久及
今幸猶早大舟招我遊俊味勸我飽諒我裝囊澀
餽贐潤枯槁匆匆解維去衣帶成遠道梅花發湖
城東下片帆小重過益恣意追逐浹昏曉此間多
朱頓萬一無文藻高齋讌談暇清製出稍稍展視
幾數行驚歎已絕倒世非乏香艷才致輸窈窕直

教陽羨生不得獨逞巧（君小令嚧嘙）襆被五旬淹流光
疾於鳥陰氣盛爲霾滿月幾曾晈悶郎把烏絲瞞
窗閒懷抱毫端拓春空傾覺蒙翳埽我今百憂集
稼穡失維寳房皇鄉園外前路日茫渺生平拙鈍
悲卧起念慮悄飛翰各有羣列駟亦同阜何當連
鴻雁況復顧驟喪行行又判袂執手語難了聚合
豈能常安危願終保天都碧天末夙昔夢魂遶鳴
蜩餞麥秋相將縱臨眺

李大村生日四十韻

之子高門第良材秀杞楠追隨年自少親串樂方
湛誼本由坤母家皆得履男饒雛來海上雁序落
江南先飯非徒壹同心不待三紫脅儀羽翰赤汗
傾騤驪緬昔昔幾受其時亂用鈇毒原滋宦寺饞
始弄弋鈇隸伍貔貅散特權鷙鸞貪畀炎誰去螢
空柚巳休蠶浩刼煩輿替羣兇競飽酣鼎湖龍杳
杳井甸虎眈眈烈士焚儒服清齋託佛龕而翁與
我　父肥遁就瞿曇伏匿其還學陶甄律早諳稍
知変健筆輒擬薄華簪馬齒余虛長雞壇汝實堪

入村青卧犢翻麗白沿壇小分文獎共徐君義府
探（謂平音）語惟佳許操理或屈劉悏舊館梅遶院迴
廊竹遶菴楚延頻反璧燕市故無函欵洽緣慈愛
歌吟任吐含夜闌催換燭酒渴教分柑涕淚哀猿
疊騫騰俊鵬衝計疎成詭遇迹遠傍精藍僞體詩
爭出前修旨互參析疑輸獨契索解笑胡愍注厷
窺金拙薔茶稔薺甘班揚低掉鞅周宋竟爲鐔墨
瀋貽模範溝瓜失荷擔民魚悲憶夏官烏戲徵郯
西邸諸曹聚東郊積水涵集終傷鵠與隱豈卜迺

弇華雨將沉竈川雲乞變嵐驚魂聞格磔掩耳避泥誦曉節桑仍桂流光葛正覃他山行採藥何草拾歸籃謀老非王猛經傳讓李聃只憑雙拄杖把釣坐風潭

夏日偶成

久客疲人事歸來長閉門見雲愁稉稻識字喜兒孫寘晝荒荒送炎天稍稍瘟侵疫儕輩滅健飯默知恩

老樹陰層合爭巢歷烏烏月來雙鵲去春到一花

無桂發偏難大梅歛且漫扶十年如可計留眼慰桑榆

苦陰

長夏積風雨半載少晴日氷雪始元朝至今苦流濕却思嚴霜節微霰不可得陰溢慾陽時發洩奚由塞餘氣昏旦交真宰化育忒南郊膏腴田魚鱉入而宅疥壞祟其防去波只半尺雲雷猶在空泥合毋歎忽其來如濃烟婦子立變色欣然見夕景開淡又西沒身老宜歡娛庶免肝肺厄怠憂惟杜康近已謝涓滴鼓虻蠅罷喪霾霧月難出三歎望昊天有懷亦何必

寄喬數四昔別以暮春望後

向來高宴罷不爲別舍悽是日春風歇多年杜宇啼地分頻問訊人老混塗泥極望無多路烟波空自迷

中秋前四日招宋既庭閻蒼崖兩廣文徐西冷少尹沈靜庵縣尉和西泠來韻

秋當月佳晴氣爽肅塵界緬懷同心侶鳴琴答清

籟岩知殷其雷能醫壺如帶却驚殘暑溽恐藉涷雨汝俄頃風颯颯無復雲鏡謎賞延憶羣公勝地罕一快交懽何所似連雁下遼塞仰荷皇天慈低容謝澎湃

送吳兩峯往京口

因君發興三山去憶我臨江感慨多萬里怒濤翻大壑諸州餘路興洪河天淵帆席龍潛寐霜動笳鳴雁亂過今日東南還底定海門防汛未橫戈

九日過樂雲杅因留同壺公表兄及舍弟

菊下

住辰過雨晴光動遠郭登高健步難久別故人來便住初黲艷菊坐同看名殊種貴羅羅立露綻風開面面團輿發復能拚爛醉一生酒珓爲花乾

酒後柬李文臣

酒闌闌入半酣筵薄醉誰能淺夜眠白髮黃華爭晚暮他山別館共留連寒生臥警姜肱被計拙裝零趙壹錢曾擬練塘春泊棹恐仍花鳥隔江烟

十月二十四日泊瓦莊篷底無事雜示柏兒

及李晴尺木

常時隔日到此度幾朝行今羈須史事寒溫父子情寺荒猶聽鼓村小不知更忽憶三巴客年哀萬里征謂朱西桐

風騷千古事繼絕在今時欲壓羣公作初吟遷客詩謂吳漢槎有才當陛拙垂死入關遲鐵嶺春天雪偏驕鄧尉枝

叩門已辭拙冷炙復悲辛白水能凶歲黃金巧避人夜來愁不寐老去畏將春見說幾頒曆勾芒

旦新

平居韋世務暇豫此津途不語看兒輩微吟怪老夫激昂千載過骯髒一錢無有句酬清夜星河亦未孤

風定知寒薄燈殘恐夜分來遲四更月散盡一川雲近火蠅猶獵推篷雁忽聞熟眠兼爛醉世上太紛紛

寄李詞臣

猶憑朋好散襟顏老淚無端忽自潸北嚮雁鴻經

歲別南飛烏鵲幾時還高樓憑上迎新客細雨離羣出暮關倚賴十霜何限事雪雲兼恨壓吳山

輓喬石林

早歲稱先達窮交託舊歡罷歸身未老隱忍事誠難大度輕羣謗危機中一官向來曾欽語道路慎波瀾

當君急徵日悔不放舟來只恐投荒塞誰知走夜臺毒瘍心怫鬱旅櫬路悲哀慮表承凶問驚呼倏又猜

不得憑棺哭長潸賦短篇大文吾數賞抗疏世爭
傳往歲休官日炎風石佛船白頭相見喜此意至
今憐
曰艾過三暑遲余八九春竟看先郎世誰料久爲
人路或厝霄近名將兩雁新汙邪遍里井遺恨逸
波臣

和平令行

蒼龍載帝春空徂鹿馬山化爲鼎湖廣陵衣冠指
倦屈攀髯孰爲倪范徒卓哉如泉許吏部我里求

索一個無食人食者死人事斯義何至淪榛蕪豈
知堂堂烈士在引脰膏刃骨肉俱文定曾孫粵東
令明經世頗嘲腐儒宛轉丐活盡科目觳觫逃死
誰丈夫令也傖囊被圍困伍乏擊刺皂罕易猿猱
辭木匿幽谷旗旛繞郭揚肥胡吁嗟驀爾旦夕陷
城亾與亾令所圖上云吾守子可去下云父在何
之乎飛鴞叫嘯鼠拱揖拉然槍槊俄摧枯父坐子
侍屹不動三光照耀窮陰途大帥重令欲降令賊
臣來詛口囁嚅厲聲一叱走霹靂掩耳撤淚奔思

孤父子同日謁先帝全歸毛髮血染膚蠻烟瘴雨
敢侵蝕紫府碧落行頭顱相國雲礽正榮盛士富
清製官陳謨臣忠子孝炳史記家聲萬古難齊驅
後生乃今見致命荒縣益得稱名區人心同然定
感激偉節克成奚德孤嘗時西江楊文學早已接
踵輕捐軀

任東滇攜酒過徐南宮宅仝鎮如燕友及舍
弟

蕭晨數字到柴荆謂我能來話客情落日銜觴人

繾綣堅冰在眼歲崢嶸時當用損驚華餘老畏衡
寒罷遠行醉指縕袍猶可覓綠樽重過草堂傾

開河

芒芒茲坤輿原埜既云廓四瀆復宗河百川相維
絡譬則人之身壹氣宣衆籥中乾斯成否陰血乃
周作經脉一以遏立見生理索荒鄉雖無腆城築
池亦鑿隈隈闢水門會通流其惡邑里頗澄清民
業頗恢拓多年遺汨陻利涉竟非非元元災害滋
如腹盛矢溺叶　重開支藺藏蒸變瘵無藥致此恭

有由結構橫空落始猶橋梁渡久焉室屋託舟船
徑其下俛伏宾捫摸糞土日與淤塊然異谿壑微
波改平陸灌輸理用錯往者福清公鳩工一疏淪
惜哉嚴斷難僉議卒廢格恭逢賢明府周覽軫民
瘼手持司空檄亟毀木上閘一二典沮撓輿論既
允諾豫瞻獬鷹威霜飈掃殘穢行看元化通永謝
溝澮涸作誦懸清風聊徵萬民若

題蔣淑瞻看梅卷

長懷鄧尉兼光福惆悵花林未一攀何日君能乘

逸興吟詩春曉到其間紫青亂散千家雪界白全
遮半壁山也擬束裝開歲後高臨鄧夏洞庭灣

題閔任東小影

碧山學士是同心贈汝清風在竹林今日展圖吟
好句湘烟潭雨一時深
意度瀟瀟對此君乍拋文墨遠塵氛自來竹箭東
南好留取高秋仰射雲

西齋丙子詩

興化王仲儒景州著

受業黄吉星含譽校

醉歌

堂堂年歲增冉冉齒髮易多謝新景光催促老行
客
遥羡兒童時不省歲月深元日與元夜四節最關
心
老翁顏枯槁小兒語嘔啞送盡高堂人我今猶在

家

附張曾符廣文

仰天睇征翰鶱飛起遥羡青冥無空闊一去若飄
霰相望百里程莫覩故人面春花幾開落白日如
過電伊昔登我堂鈎簾上朝覲披衣初握手少坐
展深眷烟艇何匆迴告歸反鄣縣老夫浪迹久偶
得在家便庶事隨浮雲來往倏頃吟猶當苦遮留
却憶私責譴況持所餉物非數具肴膳簡微君應
恕過失我自見蓬蒿迷荒徑細雨初出莧庭前數

株樹嫩綠已盡轉有客節我行懷中禁方善廣文
雖冷官高門羅群彥既幸望清光庶勿惜尉薦名
盧覘計拙俗薄窮儒賤授徒滄海邊飢驅道又變
晝長卧頗嗜心弱遊甚倦因思鹽瀆好復釋柴荆
戀從君披清製倘及收書扇

送顧正其如鹽城

當年渤海賢少爲人舍長謹遇長桑君非常獲相
貲禁方出懷中飲水忽神爽視見垣一方癥結五
藏朗診脉特爲名揚慰起泉壤倉公師陽慶奇咳

故相彷道藝可授受所趨岐途往頗生淮陰秀年
少不肉莽卻畧慎其美掛漫流輩上道傳黃帝書
讀解極心想治驗能精良真訣指諸掌兩家未給
富濟世報宜享所居隔郊扉巾晨時一杜閉庭花
樹發雨後帷齋斂來過忽言别欲泛鹽瀆槳此中
有石交張宋壓吾黨因君附短札行必藉吹獎爲
我語兩公烟波苦沆漭田禽終歲飛豐蜡盡室你
浮雲浩北征何日趁五兩

訪周繁露不遇

細雨滑長道泊船岩未知到來無共語老困獨移
時日午桐陰直天清鶴思遲比鄰歸早晚倘復和
新詩

有所思行

四月南風吹麥熟平蕪極望千里綠海濱野老有
所思薄暮叢花舊茆屋請予慨然賦新句月中寄
到臨階讀由來鳳凰不易見仙鶴霜衣自矜獨横
空厲疾鷙鳥翔縱擊凡毛散爲肉珍禽解語方依
人攫之碎磔同雞鶩世情脂韋絶可悄隱忍包藏

甚蜂毒况乃爲事多失平究直誰共耐容蓄廣庭
强半敗意還莊語邪教悍人服此際從旁侃侃論
左袒右袒心無悪遂令詭道變康衢陡覺商飈振
柔木鴟鴞夜飛鶡鴠弱丐以殘喘焉用逐及逢急
難貧匡扶每覩援拯存傾覆丹穴之雛化秋骨故
有餘仁逮庶族而今鄉里漫刺譏大都月旦隨流
俗倘察好惡知善類不辨瑜瑕失嘉玉借問鐵中
錚錚錚看持盤血真錄錄子弟當饒磊落姿光顯
豈必朱丹轂

程二載錫畀子

皇天福善有常理今日程二果抱子自昔看人玉樹枝中情悱惻外莞爾爾家嗣適數世頼門戸琴書判終始千金屢致難任時牛組平加却銜耻聊復悠悠歲月逝可憐鬱鬱東裘裏憶昨後堂深弈慎三五明星帶女士料得投懷定夜光詎須入掌信如此長淮大河莽東下西齋階砌行秋水愁劇無端想到君雀躍若轉豐年喜岐山歌本托之麟豫章木莫艮於梓汝雖將衰頭未白兒當曰弱衣

更紫老夫老眼漫指摩英物爲騰倘能俟世上殊多八十翁安在吾願成虛愿程二大笑遙謂余冀君誠踐斯言耳

送閔職齋如淮陰

壞接非長道帆歸不幾時已多難別意一賦贈行詩楚雨炎天歇湖蝦晚飯宜濁河煩訪問民命久如絲

胡修來邀仝錢文度坐文素較書舟即事六首

水減平陂舞燕低畫船猶自橇青畦莫辭蕩到前川遠赤日團團懶向西

乘興聊爲野外遊僧蘭隔在水南頭官今若覓慈航渡繡被香熏接引舟初擬訪僧舍

方塘細浪放生池無數游鱗水面嬉掠削髮雲摶飯擲一齊深入上來遲

坐久蒸傳白雪光烹來好茗是頭綱卿家迭迭知多少試較風前顧渚香

笑指行廚乏夕舂拚將百不博千鍾身今似旱難

爲雨不起無睛與倘儂修來欲文素強余飲詩以雨謝自解

缺月難高恐夜遙待乘新漲泛蘭橈兒家似水東西去半蕪垂楊半板橋

懷先遷甫東鄭東邑

九龍橋外攀江路屢擬扁舟問故人世事那容乘興去離懷空復與年新江頭花好二三月谷口門無間雜賓料得高齋燒燭話烟波東下及垂綸

哭朱葯山九首

百舟爭春風榮華宜衰索誰知歲寒松蕭蕭望秋

落嗚呼盛夏時氷雪四天作摧折斛崇丘萎黃赴
哀蟬頂上危巢覆號叫雛子鶴珍羽失因依將恐
蠹蟲攫未蒙匠石村虛擬巨室託栽培古有言斯
理費杳度
東髮工文章揮筆許誰先於刃雖青萍在駿則赤
電徒冠百戰軍不得一第薦蹉跎過强仕季女悲
婉孌毛義自有母奉檄能勿羨吏道今多端君身
豈終賤戒途前年冬瞻顧景物變皇皇嘉林花化
爲荒郊霰平生抱孤憤念此中如煎閶闔眞宰深

上訴奚由見
五湖水波揚廣陵名都邑惜哉岩谿無徒見車馬
集武陽秀出泉土物矜玉粒扶輪隨飄風墮此江
淮國顧望東南雲永歎如異域年齡尚强壯旅舍
過四十存沒銜親恩將矯負天翼豈知千金身一
夕鬼伯得吳關杳茫茫江深不可測思還舊家山
鄉蹋冥途黑
有翅可遠飛繞林戀勞劬柰何生爲人不如反哺
烏先公宰劇邑鐫秩大吏譴簿案頗多端留滯江

淮隅慈闈辛苦食供養而兒俱何圖歌陟岡瞻望
雙眼孤伏枕發哀吟哀吟詎妻孥身當奉老親能
復起此無白日已崔隤割恩登冥途願毋勿號天
棄置懷中軀（葯山病中有不起誰當奉老親之句）
分手乙亥冬定交戊辰臘中間七寒暑去來多離
合離合雖有期此心時相洽飛光導逝波驚飈一
朝颯昨年維夏月郡舍簪盍今春將海陬兩廻
見書劄從人問消息不得到臥榻書中亦何言所
苦近加難將無復見難卽恐長往遺小弟揚州歸

早已覘合細我解友人家吞聲但嗚咽有淚如洪
河何時濶雲雯
當年酒徒聚日飲不暇慵我歌十二人人人各自
雄馬逸驄鳴抱君也質師中謂余亦勁敵往往能
橫衡小巫喇泰生送難懷吳公蔣安嗜急觴觴注
已復容哀哉此三君故新遊岱宗君又舍我去倘
乘浮雲東我從前年夏一病成龍鍾因之遂止酒
竊比柴桑翁感君勉愛身笑言庶久同餘生抱衰
質悲憶諒有終

傾懷復何事相見當論詩俗學有妄庸心竊厭藏之野花有佳色行雲無定姿工巧失自然感會詎強爲此道難衆莽賞歎良獨知君才絶流逸尋源謝路岐興至吐淸音超超軼當時方藉酬倡深忽與楮墨辭挂壁病中句寒天君所貽火傳竟焉託孀女非男兒

我今六十餘在世住非久悲哀能傷人當復過時否欲抑不自禁失我忠告友平生疏嬾成面交背云醜論著七八年舉世未見有疾困來相箴諄諄

益苦口甞到中月前哭君半月後開篋味遺言潸潸淚落手奄忽痛摧心夙昔能回首縱得千秋名名虛骨先朽

嗟嗟城東居賓客日盈坐其始皆老蒼酒賦相倡和晩結年少遊車裏堂堂過和光同其塵欲使羈愁破就中有英傑艱大能負荷良由情性眞非但氣力大如今夏屋傾平地得坎坷母女竟焉依寡妻太柔懦貧交多無益只解號楚些再拜高義人扶顛幸好作 謂葉東子

舍弟以五日見懷詩寄吾寓館和答二首

如霜頭髩混埃塵端午風光客舍新感舊總非哀後事爲歡不是眼中人難傾濁酒酬佳節只送殘陽下遠津忽把來詩破岑寂柴門回首負松筠

三十年前荒海壑心悁憶似下韝鷹長成散木時終棄遺作棠師老更能照室遠分苕砌月收書疑待草堂鐙歸裝直待凉秋發恐汝江天興復乘

喜雨 夏至前二日

望遍三時日來非一面雲氣從亭午動聲是去年

聞短至陰先漏瀑流野共分風霆殊未厲詎肯出斜曛

西北雷初震田園在半途遥知百里潤未有一村無白水關生事紅鮮急老夫魚蝦小人利艇子競相呼

得履菴雪田書

數紙傳來西日殘莄瀠東北道途難近郊荷滿開還未中谷蓷生濕亦乾漸遍名場知興發頻投佳句使愁寬諸君努力凌秋去且讓衰翁獨晏安

余來何阜故人臧君庭碩之子孔哲與友人
胡修來留余讀書而各以其子從學孔哲
闢廳事之西偏爲新齋延余居之齋高潔
通敞然東南鄉不宜夏日修來別埽室於
所居之南遷焉余五月朔居此而遷以明
月之二日此月小盡則臥起正三十日矣
書生賦命定窮薄衰羸不羸筋力弱編籤卷帙趣
治裝擔上孤舟似行腳湖波寘寘野風起應候雨
稀由少水全家三十口在身無階可索長安米久

經瞶冷時世情白頭青衫尤所輕其能隱忍叩門
戶言詞鈍拙魂夢驚過從執友念疇昔卻向荒涂
賞標格頓教浪迹羇棲人免作失路飄零客已看
興發營精廬築高閣拓灑埽初曲房吟嘯頗宕佚
彌月心神還展舒詎因一朝舍之去扶桑揚光射
庭著杲杲惟宜水雪期輝輝惜與炎蒸過廣廈南
頭煩細訴主人意厚延清陰暮年刺眼起齟別離
復暫住感亦深檢點遺忘從斂篋漸交小暑暑將
酷曾擬浮瓜開北屏送老城中僑茅屋

客何阜作

老去難爲客端居定未能行惟長跼蹐夢亦不騫
騰世短悲塵海神疲提夜燈平生累何肉欠作住
山僧

仇殿蒼至

暑濕羇離日備書久未回別君纔一月何意已重
來得雨舟航便還家業莉開不須論世事浩切幾
遺灰

臨發別主人

暫許衰翁免客愁因逢時序更應休一經未授真
戶位滿篋能攜印壯遊此去夜涼兒女話重來天
淨黍稌秋心期久托形骸外多謝微風送小舟

舟過顧莊悼遷西乘傷顧爾牧

孤舟長日坐傷魂刺眼蠅塵不可論老客百年生
理昧雨又六月水雲皆猶餘稻蟹迎秋社無復茶
瓜就顧村神駿銷沉仙鶴去支公揮手謝乾坤遷西曾以蟹餉

季楚珩生日　七月二日

晴軒酌酒放高歌君復堂堂四十過世上浮雲五
菲煖花前爛醉此生多幾人白髮分銀燭每歲黃
姑倚絳河憶昨論交年最後老夫猶健共婆娑

范心淵拙存兄弟見過

帆色孤城外花光小院中一譚忘永晝昨日隔遙
空不見青雲侶誰憐白髮翁平生懷古意去就略
相同

水至作

飢來驅我去未知適誰門時命既困窮後先如共

論堂堂閩與杜萬古休光存而其當阨日低頭畏
盤飧生居大都中洪流長年奔竄貧厄東作僧還
猶感恩豈慮收穫近即見茨粱屯忽焉青青田湖
江浩以渾餓在復追呼忍看幼兒孫稍知親楷罌
一飽悲難言穆清杳蒼蒼九關方倚閶思浩故人
德欲語聲已吞縱使緩急通易若秉穗繁波臣恣
攫奪何由洗沉冤比夕空際響似鳥羣飛翻或云
所漂穀此說無本根豈疑誠然耶夜驚何處喧側
身望天外高義餘乾坤

八月雜詩

辨色迷秋序開聲問水痕西風萬家邑大澤一孤
村飱屋如萍去為雷殷地奔先人墳墓在蛟蜃未
應屯

仰面移時立清都在上頭釣天還聽哭陸海直煎
愁弱肉肥豺虎殘春耻豆區豈宜生萬物之死意
悠悠

名川春泮凍使者出京師珪幣蠲無替河淮寘不
知暵乾當暑過昏墊及秋爲未了菑祥故憑人問

祝蠭

苦被荒鄉累真逢浩劫窮寧知卄載過不見九農
豐報蜡遙天外其魚定分中兒曹書莫廢此物重
龍宮

塒時涷雨集霑濕若為情近郭全吹淚居人亂上
城枝撐向風日跛倚立柴荊急作催寒信浮空鼓
大聲

階庭初爽塏顧盼已汗邪覓杖行登木移屧縛作
槎牆漂能語蚕先倒斷腸花沃沃離披盡[illegible]亦

有涯

送舍弟如泰與

片帆南下浩波瀾城郭何時后土乾近日形容加老瘦凶年眠食少平安臨衰作客寒猶出屆指還家臘已闌欲報故人書未及蕭蕭愁詠與同看

滿眼烟光碧一城與時何限客中情雙栖到老分雲樹獨去無歡仗友生霜漸零空寒水定雨剛敗穡暮秋晴何因得就高原住免使彭咸入夢驚辛酉

客延令凡九十餘日

哭解退菴

老去尤憐兄弟歡春來頗怪倦加餐田園失業憂生苦巷陌成川見面難治木尚銜懷石痛銘旌真用廣文官傷心少日諸同輩總作霜林敗葉看以君（宮保沉江旅殯遺命薄其險衬）

坐對西風哭所親浮雲逝水送前因九原君見同堂妹廿載吞拋舉案人老泪漫霑青竹葬流光偏作白楊春還思夢覺須臾事桑扈嗟來已反真

不寐

流年漸崢嶸微生行衰謝憂來杳無端日往詎相借獨醒初寒候未艾方長夜弦弛西景擔窗鳴北風大湯湯虛耗歲耿耿神明舍願言脫波濤何由覓桑柘靜思小過理飛鳥遺音下

曉坐

漏鼓寂不聞雞聲何處亂家祭宜夙興警懷自夜半十月霜信遲秋序待時換泥泥濃霜隊歷歷衆星爛我生本暇豫閱世少伴奐少壯莫可追衰晚竟多難薄躬貧以病惡歲水繼旱俯首悲先疇摧

心向平旦栖鳥飢更啼過雁驚夜斷幾日掩荊扉于行發三歎

封書與大兒漢柏寄餘姚華令

衰顏斜照裏望遠一含情南浦昔重寄西風水滿城琴堂問刑舊劍鈹老儒生獨送兒曹去江關重此行

登舟赴何阜

浮舟出郭東白浪動寒空不辨還家路曾無送客風故人猶惻惻晚歲獨匆匆坐憶松圓老如塵目

遥鴻

過卞村

糅樹為農地遥臨感歲窮村墟平土外舟楫亂流中高岸今何在殘陽亦不同久荒校老計同首見征蓬

曉望

我行江海合不復辨雲山目盡遥天外神傷小縣間帆光孤自動鳥影一無還舟子猶疑問空波何處灣

立冬後三日萬堂看月

昨宵野艇波間月今夜清齋月下樽老興頗佳能一醉窮秋已送莫重論更闌收席添碁局人散吹燈閉院門從倚南榮盼寒兔孤光何代滿乾坤

雨中胡修來過話

今朝小雪蔡尖合晏起無歡只閉門海岸多泥人到少書堂未夕雨來昏愁中肺病難勝酒客裏天陰易斷魂特地携壺燈下話老懷傴側感相存

西齋丁丑詩

興化王仲儒景州著

歙州黃　又燕思選

題李虬峯小像

我昔命工寫小像衣裳裒博首不冠圖成頗遺俗眼怪謂此只可懸僧蘭世情好憎久価古下喬入幽壑相安焉如我曹懷抱異若輩類蟲方轉丸今朝展卷驟驚視老夫類狀誰摹肴徐而察之覺非是槃量標格吾微胼我生與君皆甲戌長者夏初

少夏闌遭擠大率亦努烏遲非身並無羽翰我獨對君私愧負積學嗜善如君難片翰零芳費鈔記遺經舊史潛研鑽著書年年漸充棟覓句日日常忘餐由兹擴埸體製備自今壽世金石刊況君天資亮以直往往奮砥東頹瀾片辭否臧義形色流風波靡聲發歎我汝叔串從交友少壯相得老益歡畫師但肖君面貌未若我寫君肺肝堀石凝思會有適拈管妙緒來無端生香多謝老柳樹長什先生閑歲寒

朱房山八十

凌寒曉起拜高軒，未得登堂只到門。落魄形容看我老，周親年壽數君尊。生辰尚奇神宗曆，曾子原霑異代恩。何限詩篇閱篋衍，好鐫金石散乾坤。一水橋通路不迂，豈忘歡笑與時俱。先公昔較三年長，大耋今看一老孤。稼穡漂沉稀宴樂，鄉關判隔飽艱虞。逢辰感憶多春事，許向尊前悉數無。

偶然作

岱雲觸石生，倏忽膚寸聚。九野何迢迢，崇朝遍其

雨。餘霏不成潤，瓢零置何許。澤枯諒已希，為霖復焉取。根源詎不同，細大非可伍。天風亦何心，空際漫吹汝。

奉贈從叔舅李五十八翁

我為龍門甥，落托愧宅相。未曾背慈顏，諸舅已淪喪。廿年痛免懷，外家遊處曠。榮枯各異遭，困者竟靡仰。北街每經過，愁眄塔寺巷。東城城關外，韋杜近天上。文定諸曾孫，歸然丈人行。先生乘耄耋，甲族尊序亢。見舅如見母，隨步非齒讓。吁嗟大宗祭，復古俗滋訪。三公設祠堂，長幼禮猶尚。法祖訓從嗣，先生道應抗。我聞世祿家，由禮不流宕。傲很兼回適，慎旃為周防。豈惟先澤綿，亦使吾軍張。先生就讀書，經史日相傍。心知斯義大，所貴風力壯。小子雖異姓，骨肉共愉快。自反孤先德，敢踏言無狀。千秋祭鄉社，永豉族姻望。

和答程仰公

衡寒北歸雁，一路少晴沙。發黃春無力，橫天雪作花。送行悲判袂，感舊記年華。永定過從日，江桃散

暮霞。

送舍弟如延令

秋風憶昨送南行，新雁微茫聞一鳴。二月峭寒連夜雪，驚飛都作念羣聲。

江鄉朋舊待相過，異縣風光此地多。十院寺邊無限樹，只今留得幾霜柯。

雨中投陸天隨

三年夢絓三塘上，荒店投車宿便行。長恨雪天歡不展，再來春日雨難晴。頭毛皆落頻看鏡，牙齒漸

無乍見驚此去東皋如久住音書非復隔州城

清明日無譽招集留耕堂觀梅

堤楊嫩葉夜來生早趁風光挈伴行開到梅花春已暮經過寒食雨纔晴幾年高館羇愁破斜日繁枝老眼明襆被白今還小住追歡無那主人情

雨後登望江樓

夙心愛凴高以言騁曠觀維揚所隸邑什九無巖巒茲鄉平皋濶一雨空樓寒朋好閒廣宴攀梯臨朱闌城中與夾齊湫隘曾無端郭外土田闕歷歷

蓬居安大江橫其南春風浩波瀾沓蔚杳絕岸葭葵蔽鷺湍參差江上峯遠碧烟漫漫會教衰背入稍遲夕照乾從倚獨移時意緒忽不寬海光落我里四顧惟凋殘荒縣故北有海光樓

望樸巢舊址有懷巢民先生

高樓倣虛檽開眺雨亦好微茫辨阡陌故事廢尋討指點睥睨南喬木今不保樸巢傳尚久愴然話遺老昔營樹間屋栖遁用爲寶年深空名存人去陳迹埽萬物輝春陽叉宿墓上草覽涕餘流觀終

古别何早

酬李盤谷

不惜論交晚相看别有情故家無世態老日擅詩名避俗高門掩尋春僻巷行南朝何限事回首入前生

與沙元調　一

楡柳千章覆大堤名園開在板橋西小山碧沼雙流抱斜日紅桃一縣低地隔烟波來邂逅人無拘忌快招携長年欲傍林泉住莫遣仙源再到迷

向許公選乞香

江樓曲宴坐聞香絶品遥知出粵鄉吉影冶容入不見博山沉水與爭狂從嗅獨深虛春夜願乞餘芬寵客牀此事貪婪君莫笑世情多少學蜣蜋

詠壁間畫松

方壺老翁滄洲客善寫古松蟲空碧奮莽裁花萬仞落手量不盈四五尺曾於市門買長幅慘淡支離雲霜色地閒笙竽合小窗天淨龍虬走東壁貧家米盡睨書圖卷束投人莫容惜今朝雨過登

堂紅藥半謝蘭蕙香風吹松樹樹更靜但覺繞身
凝翠光兩株鐵幹幾時出三春故練何處張衰軀
浮游少根蒂羣卉艷冶爭芬芳徘徊注目屏幃上
不到千年無此蒼

宗道士茶話

紅濕桃花路初乾曳杖前爲尋滄海客同坐鬱羅
天宿霧沉微日春寒過禁烟我衰無意緒邂逅亦
懽然

贈錢筠雪二首

樸破佳繹句不如君比鄰巷孤前夜月花入短籬
春樂子無家累何年免客貧篋中名父集捧出淚
霑巾

我友佘高士言君道氣多五山家久棄一子老同
過口尚貪茶薜衣曾脫芰荷閉門欲白首時復仰
天歌

初夏雨晴拙存招泛舟長歌

閏月江梅雨相續早起沉陰匿清旭主人與客登
畫船岸柳垂垂漾空綠前聞邪許移橋梁却顧縈

紆辨郊牧鬱葱原阜氣最佳鬼我室廬場初築稍
留芳舍問花事逝喜遂天圻雲族解纜無憂縱所
如分曹作樂誰能獨雅惠含辭仰席詩孝思特廢
彈箏曲勝敗看碁恭始罷梟盧叫絕杯爭覆嗟予
侘傺且稽故牙齒缺落頭毛禿一笑風光春再暮
幾回眠食旬經六終朝只頹靡在鞲今日頓教鶩
出谷王喬壽命難與期晝夜歡娛苦不足饒郭蒼
森松檜合豈惟白楊是宰木太息千年潛寐人可
夢生存住華屋丹藥竟已失幽討窮愁那更增煩

促我今羇棲少歸計心知婦子愕其腹荒鄉遠愧
壯哉縣陵麥青青歛秋穀朱輝醉裏俄西顏猶向
城東騁遐矚城東是走崇川道萃揮軍很碧霄盪
老夫面熱狂態發九州五嶽渾掏束黃金之闕高
班璘滄海帆檣亂於鶩從君乞求往遊觀奮飛拋
下扶衰竹

送洪超遠反新安

陵陂麥秋至農家喜青霄南風蕩陰靄密雨乘空
飄落日變初煥已晨凉蕭蕭米年一以病食新何

能饒客心彌不怡我土逕漂搖困泓抱城郭連朧
無良苗深荷地主意有輿晚相邀座有江外賢投
分亦未遥方申縞紵懽早覺鄙吝消華年秉高義
暮齒慚清標人生如飛翼邂逅寧夙要異縣余仍
羇故山餞君招分携諒非久郊澗殊不聊吁嗟士
隱貧況乃才力凋遲君挂帆席秋下錢塘湖黃海
扶老藤爲劚垂巖條

刁綸音箴牧父子招同公木仙根無譽劇飲
雜縣風踊晉門垂鐘鼓喤喤眩顧悲灑落朋情拚

酧日陰晴天氣熟梅時滿浮巨椀持來笑散坐殘
陽別去遲向夕孤亭雲雨密颯然徙倚隔林陂

戲和洪[illegible]崖珠兒絶句
樂部傳頭盡道工吳兒法曲聽來同時人要識珠
娘好只在洪郎四詠中
赤日酸風百不宜賈家橋畔竟忘拔愛他脫葉蓮
還嫩得似芙蓉窈窕時
同心裙帶結難齊野鴨鴛鴦拍拍低不得安他深
閨裏與儂歌罷數行啼

蓬山不分信音乖愁壓高天少地埋白紵舞殘絲
鬓亂橫人膝上按花釵

郭外
郭外扁舟路看人泛猗行流年悲馬齒終日坐鶯
聲決口秦亭驛波心楚將城稻粱殊恍惚白首若
爲情

和舍弟寒食梅花
雪後曾相覓經時信轉賒一寒過熟食三月始繁
花暮雀兼鶯入春塘帶柳斜因風報邨尉惆悵此

年華

張良御辟方平招集莞禾別業坐有朱較書
善飲分得三肴
陸家夾鏡好莊舍刺眼良田滿近郭一到已成三
夕笑此遊眞遺百憂拋春發繚轉行雲上夏日徘
徊老樹梢鯨吸獨看紅粉健自呕杯水覆堂坳

同泰州宋一水話寓園宋住港口余十六七
歲時在其家限然字
炎蒸此歲勝常年昨夜冰輪空上弦節氣正臨庚

日伏土風偏坐午時筵沙頭酒盡貲揮椗港口雲寒舊泊船話到休兵輕執熱王師今已破柔然

送張漢瞻歸嘉定爲母壽

纔辭燕市拂征衣又挂吳帆別釣磯北道風光何日對南陔詩句滿囊歸前程背負蒼蒼色寸草心違旦旦暉不爲朋情增感激似君家慶我曹稀

吳大兄言八寶喬子丹柘溪菊甚盛詩以索之

風濤歲月送生涯板齒淪亡歎輔車卧入天秋如

隊菜行求露菊少垂花茅齋落日中兒語柘水高原異種賒疲苶未能移艇過瓦盆煩遺餉貧家

因子丹問訊雲堂陸舫客之無功敷四

白田雅故憶諸喬道路纔餘百里遥荏苒心孤斷書札蒼茫秋晚向風飈經時卧疾常瞢減獨夜無眠短燭搖憑索寒花逼通問若爲隣比始愁銷

頑存表弟餉菊

廿載西風兩眼孤九秋庭院一花無辛勤繞圃頻中弟迢遞傳香到老夫種別名多須細問枝交藥

叠待重扶可憐累月顏開少相對迹朝病似蘇

九日二首

北風三日布衾凉側枕鄰雞促曙光照野沉陰歸積氣嚴霜初節入重陽共日霜降强支病骨登城去驚見寒濤似海狂老困愛生真大惑笑扶叢菊上兩堂

清霜又早降佳辰老去逢秋感愴頻憶買黃花浮一葉歡持碧酒侍雙親多年亂竹無荒徑舊屋殘陽別主人今日張燈對寒艷不能沉醉却霑巾

九日虬峯大村來談菊下

欹屏日昃到羊求布帽遮風得自由妙理開心應愈疾寒花當令各爭秋登臨往事隨黃葉爛漫年芳亂白頭杯酒只今吾已謝獨餘粗糲共遲留

抱犢翁青溪洗研行爲程韋華作

舊京景物空大存前輩風流不復見千古歷落欽嶔人要憑畫手開生面嗚呼萬事盡失真請觀書法昧體變雲間家珍尚姿媚日下赤瑄矜假便書貴瘦硬方通神我曹氣骨非婉孌翁今抱犢耕何

山蕩胸只許澄江練輿酣落筆鍾陵畔走向城南
來洗硯世人買硯累千金滑隱波濤光爍電故薾
藏壘松狗毫羅列事事皆精繕利器徒充眼中物
可憐臂指柔於綫甾翁滿志躊躇時別傳教外天
眞現馳突唐初擬晉賢妄膺誰子偏斜聘惆悵殘
陽洗硯歸沉雲萬縷溪風吹凡介常觴漫吞吸恐
爾踴躍變化撥刺衝天飛東流莫便朝宗去好濅
朱方瘞鶴碑

送補菴入山

改服逃儒去辭家采藥行風流似我友吳叟在宣
城自稱遺民淚青山故國情老夫空抱病閉戸養
殘生

上山左陸天藻學憲

百谷驚江壯千峯避岱蒼大賢居白峽雅度器難
量弱冠親芳躅多春夢耿光雲間瀾華冑天上步
康莊榮進魏科定紆廻勁翮翔摶扶看秉憲霜吹
憶爲郎道在無淩競經明本直方五倫並衡鑑三
禮最周詳魯國儒原一鄒嶧望匪常風情卿暇掌

爾化早升堂往歲金臺側清秋石鼓傍久疑疑而
貌乍見發文章恰隸先小舍重班弟子行空懷九
折臂倏駭十飄霜跧伏炯殘宅橫頹雪浪防苟焉
全性命尚爾愛縑緗疾作彤疏瘦心孤與激昂軒
楹思奉席驛路怯乘糧著述遲紛藉流傳獨淼茫
公能憫湮滅身後荷恩長

寄舍弟二首

倚杖巡檐送落暉澤邊沙雁晚爭飛天荒春短催
年換病久心孤望弟歸夜憶兒曹迷遠道何當婦

孺少寒衣艮朋苦勸寬懷抱回首家庭萬事非
忽忽端居不自怡禁方空復問良醫三更夢醒推
衾枕一飯天艱送老羸惡歲錢刀荒縣斷霜風淅
驛遠帆遲關門煨芋寒燈下心絶平生爛醉時

和大村

大村在都聞余病劇爲詩追念平生推本
先母意甚悲辛反復感詠作此和之

許容廿載北堂沉小院全無老樹陰病裏愁辛人
遠別生前哀挽日長吟一歸巨室千端畢但說彼

名萬古深多識周親相念許留衰朽待重尋

冬至

老來日覺時加促冬至心憐晝漸長伏枕多醒眞
市柝催人早起看簷霜百年主客誰難料死生今客歎多
一氣乾坤浩不央冰凍庭階暮銷釋已傳春信到
窮鄉

和吳凌蒼詠烟草

小草生炎徼何年過嶺來太平中土禁風氣塞垣
開夜黑求鑽燧天兵當舉杯古皇曾不識異種晚

誰栽

答李大村歷城見夢詩

委形安命意仍閑把誦來詩涕忽潸遠道豈知孤
夢去殘生眞待故人還難加餐飯空皮骨久犯風
沙在面顏寂寞情親何夜事嚴霜落月滿齊關

木本堂詩

（清）李瀚 撰
李國宋

《木本堂詩》二十二卷，清李瀚、李國宋撰，據上海圖書館藏清康熙滄浪水屋刻本配清鈔本影印。

李瀚，字士翔，一字籀史，號嚴庵。清興化縣人。長敷子。明崇禎十七年（一六四四）貢生。

李國宋（一六三六—？），字湯孫，號大村。清江蘇興化人。長敷孫，瀚子。康熙二十三年（一六八四）舉人。詩歌有名於時。

本書扉頁爲《木本堂詩》，下列二書書名《嚴庵稿》和《羸隱初集》等，爲李瀚、李國宋父子合刻文集。李瀚《嚴庵稿》一卷，有李沂序及邑志隱逸傳，詩七十一首。李國宋《羸隱初集》有洪嘉植等序、自序，詩八卷按詩體樂府、古詩、律詩、絶句等排列，共六百餘首。《羸隱二集》八卷，有自序，亦按詩體排列，共七百餘首。《珠塵集》二卷，分爲西昆體、香奩體，共六十首。《羸隱三集》爲鈔本，三卷，按詩體排列，共二百七十餘首。李國宋詩在其故里甚有名，至有論者謂自陸放翁後詩之多而工無以逾之，其詩亦爲王士禎贊賞，《感舊集》收其詩一首，《清詩別裁集》收其詩三首，《淮海英靈集》收其詩六首。李國宋自言其詩『始宗太白，繼法王、孟諸家，近則旁及元、白、張、王、義山、長吉，而規模老杜爲多』，其體蓋數變矣。《羸隱》各集總計李國宋詩歌一千六百餘首，頗見佳篇，如《晚登梅花嶺》：『獨客頻來往，黄昏嶺上頭。白雪天地合，荒草古今愁。鴻雁飢民國，牛羊故相丘。那堪吹暮角，還傍郡城樓。』讀來自有一股蒼茫沉鬱之感，令人發思古之幽情，玩味不置。

（周　忠）

李蕃史　嚴庵稿

木本堂詩

李大郎　藏隱初集　二集　三集　兩漢摩集

滄浪水屋藏板

嚴菴詩稿　敘

敘

辛酉夏客廣陵兄子湯孫手其父嚴菴詩稿見示予爲欷歔久之家中雁行最多兄穡史獨予愛雖再從猶同氣也憶往年共學詩每于西寺十八公精舍吟哦至夜分始罷兄詩秀遠同社咸推後然能詩而不多作也蓋兄天資英妙識鑒過人上下古今之際辭氣忼慨輒思建立於世故于詩有小技不屑之意逮鼎革後始絕意仕進遊衍于二氏尤深契教外之旨一切公案如高臺褰帳靡所不了是以於文字之學尤爲疎闊也兄生平既不多作詩作又多廢其稿故所存最寡同社有僧號慬子工詩早歿詩之存者亦寡夫詩亦顧其工與否耳豈在篇什之多寡乎湯孫詩多而工縱其才力往往與古人角然則嚴菴詩稿謂非黃河之星宿歟弟沂頓首書於邗上寓齋

邑志隱逸傳

李瀚字士翔號籀史孝廉長敷之子宗伯之孫而文定公元孫也少穎異早失怙宗伯公獨奇愛之弱冠補弟子員試輒冠其儕伍名燥甚年二十四食餼三十充廷貢旋値鼎革即棄舉子業杜門不出生平喜讀書譚名理於釋典道藏及陰陽醫卜家靡不該覽與人言亹亹不倦尤好方外交遇俗士則睥睨不屑意泊如也所著有嚴菴集子國宋亦能詩文舉於鄉

嚴菴稿

目錄 共詩七十一首

傷春曲七首
懷艾山三十弟
雨夜
雨過朱天乳昆仲
撥悶
春日雜咏三首
哭九弟
春夜書懷
春雁
燕
聞放梅上人至普潤菴同靈雨過訪
重陽前一日對菊
懷内弟游漢叟
喜繼宗上人至兼懷仁菴紫蓋天彌諸師二首
象山王丈扇頭見徐山甫表兄偈有秋來黄葉滿江頭句用爲起韻口占一絶
送僧還靈隱寶嚴寺贈十公
和宋學士思春詩
贈僧問水
史補公招飲玉蘭花下坐中有女史郎席賦贈二首
送顧叔向之湖南二首
十五夜立秋對月
送陸羽侯之燕
送陸蕙畝歸杭州
集西菴分韻
送何符卿
十五夜同艾山弟對月有感
贈劉彧冰表叔
贈陸廣文天藻
送王仔園之涇陽
諸駿男招集致喜亭座中有女校書素如分得青字二首
江南曲
落梅曲
無題二首
感舊
廣陵元夕二首
送孫介夫遊吳十四首

長門怨
昭易墓懷古
登拱極臺感懷
贈野鶴道人
寶嚴寺送十公之武林
光孝寺訪唐佛
陸懸圃五十

嚴菴稿

淮南李瀚纂

傷春曲

移住城東更水東連朝風帶雨濛濛誰家寄我相思字讀罷憑闌恨不窮

其二

江南花信近如何聞說東風到綠柯料得此時春正好佳人匝地擁清歌

其三

天氣陰陰半月強絲絲總欲斷人腸客來閒話春前事一夜牽愁幾許長

其四

池塘春草綠依依萬古愁魂喚不歸羨殺南來鴻雁影月明天外一行飛

其五

花帽金貂錦轡垂春風楊柳落梅時可憐數疊伊凉調行遍江南盡解吹

其六

獨立溪頭望落暉往來燕子一雙飛去年臺榭依然在萬戶千門鎖不歸

其七

隔城三里水之涯中有秦人幾百家未許外來窺渡

處至今不肯種桃花

懷艾山三十弟

英武小橋北龍津潤水東平蕪一以望春思兩無窮
遠樹微烟外孤城細雨中何時天氣好放棹野花叢

雨夜

積雨侵階滿茅堂可浴鷗妻孥十口聚燈燭五更愁
隴麥春苗偃溪田水荇流野人思見日偶語立沙頭

雨過朱天乳昆仲

茅齋淰淰寒雨惜一春殘開過故人話高吟日向闌
閉門惟藥裹供客有漁竿兄弟眞堪羨歸來淚不乾

撥悶

村居人事稀暮雨掩荊扉撥悶裁詩句呼兒補燭衣
行藏看鬢髮日月老漁磯自古稱賢達西山歌采薇

春日雜咏

四海正干戈鶯花此地多一春新物色萬古舊山河
得景仍添恨當杯且放歌脫巾憐短髮顧影亦婆娑

其二

放目江村迥扁舟曲岸廻絲絲牽弱藻隱隱度輕雷
鷺笱魚頻擲沾衣雨急催薄醪邀客醉莫放掌中杯

其三

瘴氣蒸衣濕春晴恐未然長飄榆莢雨空過杏花天
倚戶青蔬遍攤書白晝眠醒餘舒倦眼門繫釣魚船

哭九弟

風雨傷神夜乾坤痛哭時老兄殘息在吾弟去安之
一死輕毛羽三春徒夢思他生何處結蘇子莫眞痴

春夜書懷

村舍獨愁人寒牕坐一燈餘生同短燭世態更春氷
避地吾何往低頭愧未能長懷無限恨不覺淚沾膺

春鴈

結隊來羌塞羣飛度漢關稻粱纔足戀飲啄未思還
楚澤三湘潤衡陽五嶺艱只愁南瘴盛羽鎩萬重山

燕

主去家何處春深在綠郊掠沙飛箇箇穿柳語喃喃

烏巷生新草朱門鎖故巢可憐玉樓羽飄泊亦蓬茅

聞放梅上人至普潤菴同靈雨過訪

共訪梅公去行行就水干板橋秋漲没漁艇夕陽寬
杖笠雲邊淨鬚眉竹下寒主僧不厭客雙屨紫菱盤

重陽前一日對菊

閉戶成吾拙孤懷迴自憐草堂相對夕疎菊一欄前
白髮催寒葉黃花照暮年重陽明日近令節莫潸然

懷内弟游漢叟

移家曾白下避世復秦郵十口關山路三年客鬢秋
空囊天地窄雅量古今收臥病兼愁思江城久滯留

喜繼宗上人至兼懷仁菴紫蓋天彌諸師

秋風秋雨渡江來杖笠迎門好抱開荒徑窮年無客到爲師雙屐破蒼苔

其二

南北重逢喜見君故人江上歎離羣三年東海滄浪月空照西湖鷲嶺雲

象山王丈扇頭見徐山甫表兄偶有秋來黃葉滿江頭句用爲起韻口占一絶

秋來黃葉滿江頭萬頃蒼茫泛釣舟夜靜月明天一色不知何處下魚鈎

送僧還靈隱

孤帆一片水悠悠依舊青山屬勝遊我亦江南耽好夢匡牀風雨到杭州

寶嚴寺贈十公

竹屏深掩不曾開殿角疎桐映古槐秋色滿庭僧一箇山房空寂有誰來

和宋學士思春詩

佳人一別幾經春楊柳春隄幾度生錦雁書沉處遠字畫屏風冷溜啼鶯鶯帳底衾偏薄鸞鳳臺邊影獨明欲託朱絃消客怨裁調寶瑟亂心旌金鞍懶踏荒吳苑玉笛輕吹落楚城簾外停歌傷舞袖燈前罷唱憶彈箏神隨湘女江無路人比襄王夢不成洛水望來甄有恨桃英飛盡阮多情江南芳草連天合淮北愁雲接野平我倩幽魂通細語隣簫誰作斷腸聲

贈僧問水

山房坐月細論詩猶記揚州夜話時客路秋風還似昨相看兩鬢各絲絲

史補公招飲玉蘭花下坐中有女史即席賦贈

細盤雲髻淡垂鴉穩着輕衫巧樣紗皎皎冰姿誰得似前身應是玉蘭花

其二

謫降塵寰二十年何時丹就學飛仙揚州三月烟花暮落盡輕紅也可憐

送顧叔向之湖南

木落洞庭秋看君入楚遊衡山鴻雁少嶺徼瘴烟浮鼓瑟湘娥怨沉江屈子愁悲來應有賦莫上仲宣樓

其二

七月揚舲去淒淒荆楚遊江山仍接漢詞賦且依劉旅興桃源路鄉心明月樓雁書衡嶺盡目斷九疑秋

十五夜立秋對月

暑氣收殘照高樓皓魄生金波圓靜夜銀漢近前楹露下一庭白天開萬里青愀然念江海幾處未休兵

送陸羽侯之燕

才名久壓西陵秀避地垂竿東海灣旅館不禁生白髮敝裘無計老青山滹沱日暮征帆遠涿鹿天低策

馬閒此去黃金臺上望驚沙飛騎滿燕關

送陸蕙畝歸杭州

客路迢迢江水深江深千尺別離心知君看遍青山
色恨不同予到武林

集西菴分韻

西院開襟處同人雅集時芙蓉明旭日楊柳動清池
草色依山郭人烟隔水湄蕭蕭遊物外幽賞愜心期

送何符卿

臨行頻索贈行詩援筆開箋落更遲遥憶故人今夜
泊風吹短鬢白絲絲

十五夜同艾山弟對月有感

英武橋邊月似銀碧天涼洗淨無塵可憐塞北湘南
路誰是憑闌看月人

贈劉彧水表叔

五陵裘馬誰家子意氣凌雲橫欲飛莫笑劉翁貧徹
骨少年歌舞醉扶歸

贈陸廣文天藻

曲江楊柳報芳年栢酒先春薦講筵身在吹簫明月
裏人如映雪玉壺邊綵輿色笑同潘岳綠鬢風流傲
鄭虔列從諸生皆俊髦橫經揮麈即登仙

送王仔園之涇陽

王子西行路逶迤東風二月渡黃河廣陵故國烟花
隔杜曲傷心春草多雲裏三秦開壯麗天邊二華插
嵯峨知君乘輿攀仙掌萬仞峯頭獨嘯歌

諸駿男招集致喜亭座中有女校書素如分得
青字

瓊筵高賞對娉婷白紵單衫鬢壓青愛殺諸郎偏意
氣爲他沈醉爲他醒

其二

廣陵美酒竹葉青廣陵美姬正芳齡可憐越水吳山
客爛醉春風致喜亭

江南曲

絲楊千萬絲旖旎覆朱樓春見楊柳春秋見楊柳秋

落梅曲

明月盈盈夜庭梅遶舍香開牕尋不見滿地白如霜

無題

千金一刻斷人腸玉洞仙源路渺茫臂血未乾消蜥
蜴春綿初冷夢鴛鴦謾裁錦字思雙縷悶拭榴裙淚
幾行莫學羅敷相賺悞兒家夫壻領東方

其二

裊裊青絲幾許長雲鬟堆就倚新粧寶釵秋暗三湘
色玉臂春生百和香怨結尚思賓鐵剪愁來難檢縷
金箱欲知潘令情何似明鏡今年鬢有霜

感舊

曾將玉笛一枝輕吹徹江村月滿城玄墓梅花三十里春風誰解別離情

廣陵元夕

元夜揚州月正明琵琶弦索盡邊聲何人更唱陳隋調曲裏猶含故國情

其二

珠箔高垂十二樓玉簫金管閙箜篌回看四十年前事明月春風總是愁

送孫介夫遊吳并序

丁酉季秋與介夫暨高子天倬遊吳門旅寓虎丘僧舍借操月旦選京省闈墨自丹黃讐校之暇或高眺遠覽感懷今昔或聯床風雨達旦悲歌晨夕無間者凡七十日今年孟春聚首又三十日聞婦病卒卒歸里介夫獨留冊會闈選事事竣一棹北渡訪予於廣陵煖席未及半月復有吳門之役嗟乎孫子予與汝皆欽寄歷落可笑人也一在錢塘以東一在楊子以北相隔近二千里傾蓋定交情同昆弟即兩家家人瑣細之務凡可告父母對妻子者無不互相商語則我兩人肝膈其不謀而合者可無問矣則合也而喜離也而悲又可無問矣況離合悲喜之故又非尋常朋友歌驪折柳之間情乎於其行也哀吟十四章以送之中間纏綿悽惻不泣而傷不黍之慟蓋緣情而生未更致小宛鳴鳩之義焉神聽和平實聞斯言

去年棲迹朗公房啼鳥相求到夕陽今日空山人獨往千林落葉滿庭黃

其二

菊蘂初黃喜見君黃花未老又離羣今朝且盡樽中酒明日相思隔楚雲

其三

瓜步津寒月影孤白雲南望接姑蘇長江日夜東流急怪殺扁舟只向吳

其四

蒹葭瑟瑟水悠悠落日西風古渡頭江北江南秋欲盡異鄉何處不堪愁

其五

輕帆漠漠水雲間江樹千重畫裏山一望教人頭白盡何須三疊唱陽關

其六

百年無奈別離何萬古邗江送客多把酒勸君君不飲那堪醒眼唱驪歌孫子雅善飲時讀禮戒酒

其七

吳山吳水正蒼凉，淮樹淮雲亦渺茫。君去不須回首望，從來秋色斷人腸。

其八

楓赤橙黃橘柚香，相思南北各相望。金閶門外霜如月，揚子江頭月似霜。

其九

東籬我自樂長饑，子亦西山歌采薇。賸有郢詞相屬和，天寒片片雪花飛。

其十

黍離誰復繼王風，搖筆騖看氣象雄。七十二峯青不斷，太湖萬項落胸中。

其十一

逢人取次莫論心，刎頸相期總未深。管鮑交情何處問，古來難得是黃金。

其十二

流水高山寄怨思，十年爲客幾心知。陽春絶調君休變，不信人間少子期。

其十三

什襲崑山絶代珍，由來此玉辨難真。縱然邀得連城賞，已作王門刖足人。

其十四

故人滄海一漁竿，把得龍泉夜夜彈。若向女牛占氣色，知君遥指客星看。

長門怨

秋月團圓夜，盈盈淚兩行。低頭衣帶上，濕却繡鴛鴦。

昭易墓懷古

春日昭易墓上遊，茫茫繞墓水西流。風烟近接滄浪渡，荻葦遥連白馬洲。晉楚河山仍戰壘，江淮今古一荒丘。昔人不見空惆悵，遠浦漁歌起暮愁。

登拱極臺感懷甲申年作

微風落日古城頭，北望高天鴻雁秋。泰地闢山空虎豹，漢家宫闕長松楸。雕戈甲馬扶龍輦，鐵券丹書下鳳樓。晝險長江非失算，鍾陵盤踞帝王州。

贈野鶴道人

寒風獵獵滿僧衣，短褐垂簾逸興遥。市上爭傳嚴處士，無人知是霍嫖姚。

寶巖寺送十公之武林

蕭蕭黃葉下庭柯，君去江南我奈何。莫向冷泉亭上望，望中江北白雲多。

光孝寺訪唐佛

傳聞古佛自唐朝，與客尋遊過板橋。一徑莓苔寒瑟瑟，千年燈火坐蕭蕭。秦宫寂寞餘殘照，晉苑淒凉賸野蒿。何事空王遭浩劫，尚留金碧未全消。

陸懸圃五十

少俊才名舊今年八艾年不經哀世變爭識古人賢
歲月漸以去詩文到處傳如何揆度日相對倍淒然

敘

江左洪嘉植

詩言情而史紀事而詩何以亡哉讀若華萇楚諸詩以觀春秋之世詩亡則天下之人無情天下之人日以紛爭多事於時君臣父子夫婦兄弟朋友相離散無所維係之道故詩亡而春秋作離騷九歌絕而為秦楚之際也夫惟君臣父子有情以相屬斯家國天下之事無不可言或正言之不足又必旁引曲喻以言之託諸興比而為歌詩使善聽焉能無所闕失以或陷於禍亂之塗至於天下國家之事不敢有言與言之不足以喻乃至事過而稱述之議其是非得失著於文史為後世之所大戒豈非道之衰而情之薄與然而君子之心於是乎使後之誦詩讀書者知其世而論之雖小雅國風變為離騷離騷又變而為漢之樂府古詩以逮魏晉宋齊梁陳隋唐之作其人皆可知也其事愈變而情愈益以悲已與化李大村為文定公孫尊人籀史先生博學好古大村自髫齔之年已能承家學為文章有名於時而遭家多難自四十年來人事變異淮海揚州又水災昏墊人幾化為魚鼈此固痛心疾首將欲有求於斯世顧天告哀不能自已者也而乃身在草莽始出患苦喘息未寧亦復時時呻吟浩歎因事為詩以自見其忠厚之情昔

杜子美有詩史之目以爲每飯不忘君而宋陸務觀感時憂國詩多紀亂直書雖工拙不同君子未嘗不臨文三復稱其忠愛無巳今者大村豈其時哉吾友韓醉白盛稱大村詩顧醉白先君闔門死節醉白爲遺孤其爲詩出於放翁大村則以少陵爲宗參之樂府比物托興長歌當泣時復用紀事之法讀之未能終篇知其甚切於事情而有微辭抑亦何道歟余少長於大村十年余詩無取於世而知大村恨晚讀其所作因書於篇首以俟能論大村之世者

敘

同邑陸廷掄

慨自魯穆叔有立言之目古今人士無邪正愚知賢不肖莫不卬首掉臂而從事於其中而在近代爲尤甚然其所謂別於世祿埒如德功之指歸不可問矣其得謂之立言乎哉吾友李大村字湯孫者裒詩六百首有餘今年辛酉夏四月予始得而竟讀之大都依倚名教味嘆身世有風人之意卓然必傳於後無疑者嗚呼使今之紛紛藉藉者盡如李子命之曰言立夫何愧邑有籀史先生者大村父也自申酉以還幅巾拄杖逍遙自適嗜讀書材高而學博百家諸子靡不漁獵顧其生平懶於作述卽世之日雖手澤僅存而篇什無多二三耆宿每有滅磨之思玆予讀李子詩雖深幸大村之必傳尤重惜先生忽忽無所挾或未獲與大村俱傳也然先生初非不能者直不爲耳士生斯世上之能爲皋夔稷契次之能爲丙魏李郭則言可不立如其不能則稱詩立說犖犖成一家言存吾名字於終古之內幷存吾性情節槩學術於終古之內後天地而彫三光此亦吾徒今日必不可少之事所患剽賊詩歌點竄章句下以稗販聲名而上以芥拾富貴非惟無益於遠君邇父亦且反爲風雅之蠧則是不如先生逃名儉德一無歌哭之爲愈

也大村詩爲體不一然其間憂時憫俗述古稱先之義爲多雖云本於風人亦或得之庭訓而非徒以藻繪聲律爲能事者予謂大村詩卓然可傳者以此昔東漢李郃隱於吏至子固乃貴顯大村齒尚彊業與年俱進他日或以詩傳或不僅以詩傳俱未可知大村尚勉旃哉

或曰子序大村詩而詳述其父何也予應之曰大村之詩既傳矣其詩傳則其人亦傳矣文章千古事後當有鋪張而揚厲之者安用予喋喋爲獨籀史先生高文宏覽寡於論述遭時不偶顑頷而終予恩其遂没滅也故於大村簡端表

而出之欲併公先生於千古也然先生豈因人傳者哉悲夫　自題一

予嘗學詩近十年每見吾友壺公詩輒沮愧知不能出其右遂去之而逃於文亦昔人學塑不學畫之意今讀大村詩益信向者去之之爲得也予生平不自欺遇海內有勝已者如侯歸德魏寧都申廣平陳宜興屈番禺吳海陵之屬無論識不識輒誠服而其他欲强爲之下則不能此亦一病昔端木氏好揚人善不能隱人惡夫揚善者是也而不能隱惡者亦非也予之病大類此年來讀莊子欲將物我勝負之見盡付乎

等及序大村詩又不無抑揚之筆乃知獵心未易銷除也予於詩雖廢然其中甘苦婉直得失濃淡淺深鉅細及古今正變升降文質之故亦頗知之故壺公大村兩君序皆以屬予但未知所謂逃於文者工拙奚若得無仍如詩之故技矣乎願與大村質之願與海內勝已者共質之

自題二

敘

西齋王仲儒

余年十四五始學爲詩嘗題僧舍有窗開苔色上禪龕之句表兄李籀史先生見而激賞之曰將以詩名當是時外家羣從若平菴艾山雨先生方建詩壇旗鼓考訂切劘一軌於正而相國吳丈行吟潭水之濱與先君子郵筒往來率多篇什亦往往折中於二李而籀史負不可一世之才處昆弟之間其爲詩亮直豪蕩然方談道不多作大村小於余二年才類父趨庭受書而以其餘力爲詩詩即傑出更十餘年大村乃遂及余兄弟同文事尤論詩垂三十年以至於今

而忽已將衰且老也詩之教尚矣古詩三千吾夫子刪存十之一不具論論風詩今試舉關雎葛覃之什七月東山之章其寫景物抒懷抱何其纖悉而婉切也雖相去數千百年而其哀樂勤苦纏綿悱惻之致如置身其地而代我而言之者何也惟其眞也眞斯樸樸斯淡淡斯雋樸斯秀即極汪洋詭變沈博絕麗而不失乎淡雋秀樸之旨故其人其地其時其事無一而非眞者夫孰能傳之而吾能傳之杜陵所謂驚人語蓋如此且夫詩必道古而又不可不趨乎新者也古人所已言吾又言焉焉用之吾詩法古人而實有吾在凡其鬱積感發於見聞之中動於家國倫彝之際而關乎世教之大吾之心古人之心也心發而爲言雖吾一人之心之言且日異而月不同矣而又何陳言之不去吾竊怪夫世之言詩者曰某也漢魏某也晉宋及吾按其詩其貌則似其神則非而不能辨也甚且相戒勿學初盛唐又其甚者一意摹宋元人夫宋元人亦自有眞而又不能辨也且夫爲詩者亦求爲眞詩而已矣何分乎時代今自虞夏商周以來凡歷幾千百年中間古歌變而爲風雅風雅變而爲楚騷楚騷變而爲五七言諸體未聞有判其衰盛者何獨至於唐而分之爲四使談藝之士聚訟而不休而不知夫人之負姿不一學焉而各得其性之所

近又況流極之運必不能違三統異尚左馬殊製所固然者故昔有明先正謂元和以降詩無取焉誠非篤論而今之人至於弁髦唐人而標幟宋元焉抑又過矣大村與余兄弟平居論詩旨趣率如此其姿稟穎敏于詩諸體無不學學無不工自漢魏以及元明皆能爲之而成其爲大村之詩大村才力猶健篇什最富頃已落諸生籍隨計吏北征所經山川險阨關城屯戍向所用兵處入都瞻望宮闕陵寢朔雲寒日慨然悲懷而一發于詩厥後升沈出處未可逆料而詩集之多不止于此從可知已若余之詩固不足稱家貧不能出以問世有負尊君期望之言爲堪悲也

敘

韓昌黎云李杜文章在光燄萬丈長二語非李杜不能當非昌黎不能道蓋光燄者文章之極則屈宋光燄於春秋史遷班固光燄於漢李杜光燄於唐至光燄之小者則不可勝舉予老矣自以精力衰戒爲人作詩文而特爲大村敘其詩亦愛其光燄而不能已于言也大村既習制科之文兼爲詩而詩輒工愈作而愈工今觀其集大言何洋洋也高言何落落也言之壯何雄而肆也言之婉何麗以清也言之醞藉何曲而令人思也吾邑能詩者多莫不推大村大村取精于古不專一家而要不踰乎法譬善射者挾穿楊貫蝨之技而內正外直罔不合度此大村光燄之所由也夫文章貴光燄而處世之道莫先靜退是以工部皇皇于道路以老而太白則遭讒被放皆恃其光燄而不能靜退所致也大村自知之而予之勗大村亦以此丁卯莫春七十二老人叔沂書

題辭

同里王熹儒

獨跂三更覽斯集一聲長嘯年半百嘔殘心血彈來古調光焰文章成底事簡編蠹朽非眞妙勸伊家休只苦哦吟神仙笑　山共水從臨眺花和月憑傾倒爲千秋聲價貪忺不了海外談詩狂自廢床頭抱易痴相誚轉不如任着馬牛呼頹然好

總角追歡到今日一般將老關心事甕邊敝簏半生詩草大呂黃鍾言爾志哀絲豪竹從吾好鄙人書却早數年成殊堪笑　乾坤內多氍毹關河外牽懷抱都付之漫興無題口號俗子揶揄何足怪吾儕痛癢須相告莫教他長短後人談知音少

昨在長安眞愛士翰林韓老惆悵是天涯流落王孫芳草午夜驚雷燈半閃少年行酒人雙妙愧新篇潦倒不成章蒙稱道　輕附會名場料工標榜時賢套縱君登上第須敦夙好郊廟房中誰解作元和大曆胡爭鬧幾人能蘸筆把羣言從頭掃

製作如斯多少事世間未了最苦底兩家名父未刊傳稿海上風飄成子曲趙州土宿平原草倩何人滿給梓人錢心如擣　論遊跡須窮到閩和越秦兼趙況銷魂之處更宜憑弔鷹隼秋風青塚塞鷓鴣春雨黃陵廟儘餘生陟險與探奇詩尤好

右調滿江紅四闋

自敘

大村李國宋

余髫年即好詩顧有慕乎詩而求其工必弗工也韓子曰詩正而葩古人之爲詩非苟取其葩者綴爲篇咏已也必將有以得其性情焉唯夫性情之不可已而發之于詩則自閨門衽席至于君父朋友之間幽憂愉樂各達其懷雖不必其言之工而皆有以合乎風人之旨六朝詩人競趨駢縟唯陶淵明冲澹閒遠昔人謂其質而實綺癯而實腴彼必有所以綺且腴者在也豈以其言云爾哉余困舉子業不多爲詩今冉冉乎將老矣憶自弱冠後竊觀古作者遺意稍得其風旨觸事比物時有歌詠數十年來積成卷帙因刪其繁蕪共存若干首錄而記之不自知其工拙如何要亦得其性情焉耳孔子言詩其類有七由可興可觀可羣可怨推極于事父事君而鳥獸草木居其末今之云詩人者不惟興觀羣怨事父事君之是求而沾沾乎鳥獸草木以爲工夫鳥獸草木之爲工而可以言工詩乎哉

羸隱集自論數則

余學詩三十年始宗大白繼法王孟諸家近則旁及元白張王義山長吉而規模老杜爲多其體盖數變矣集中所載少時詩十不及一自戊戌而後始漸增

樂府音節已失其傳可擬者止謠歌體耳至以古題作唐詩雖列樂府中非樂府矣

五言古最難擬選詩易涉蹈襲倣唐人又失古體余亦隨題寄興不拘一格

七言古貴沈鬱頓挫余於此體似較長然多馳騁奔放沈鬱頓挫處尚恐未逮

近體以王孟諸家爲正宗子美尚帶霸氣邇年來力避庸熟之徑務爲蒼老反失詩人溫厚本色如能書家筋骨太露不善藏鋒亦學力未至耳

三唐盛衰皆氣運爲之才情實不相讓晚唐雖纖細然情至處能悽心動魄自不可廢余亦間作晚唐詩至七言律西崑香匳二種則別爲一集

近日詩家多借當代貴人及知名士爲重開卷不曰某夫子則曰某先生古人並無此稱謂惟晚唐始間用先輩字余集中詩題一遵古式其無關本詩者幷不多存交游姓氏體固宜然非簡畧也

溫柔敦厚詩人之旨而亦不免有誹怨憫時嫉俗不得已而形諸言或近于過激庶幾應生百一之義云爾鑒予心者幸毋以言爲罪

瀛隱初集

樂府共三十五首

傭兒歌
楊白花
烏夜啼
莫羅燕
鷄鳴篇
牛犢歌
北風篇
碣石篇天地行
北上太行山
枯魚過河泣
劉翁行
秋風蕙帳詞
烏啼曲
狠壽謠
拔蒲行
暑雨謠
石灰山歌三首
秋鼓歌六首
耕牛歌
耕田歌
越令歌
南梁鳥
鬭葉子
大兵謠
明星謠
湘竹怨
靈芝歌
述德詩

瀛隱初集

樂府

大邨李國宋箸

傭兒歌

短衣犢裩春且悲一日不作三日饑

楊白花

楊白花飛飛向窗紗楊花飛復落妾去已無家君是楊柳枝妾是楊柳花願得花飛還上樹一枝搖蕩東風斜

烏夜啼

碧樓霜凄夜正午驚烏繞樹啼聲苦洞庭葉下秋水深月白風吹露如雨風蕭蕭楚雲寒雁飛不度衡陽山帝子渺然不可攀江上之竹何斑斑

莫羅燕

羅雀莫羅燕燕燕與君常相見穿簷掠戶在深殿主人開簾待燕子呢喃欲去還復止鴻鵠絕四海有時亦入羅雙燕徘徊鳴且過憐親棄疎奈若何

雞鳴篇

三星在天雲爛爛汝南雄雞啼夜半趣裝束具登道看欲明不明何時旦酒酣起舞歌露晞壯士出門不復歸

牛犢歌

早稼登場晚在田老牛服軛小犢眠犢出走牛斑口犢子四齒老牛死

北風篇

北風凄厲十月其寒褰裳思歸顧望平原 有鳥西飛載翔載下我徂東征信宿于野 浮雲漠漠天高草低不知日月使我心悲 緬彼中田蓬茅是屋長夜無聲犬蹲雞伏 懷憂不寐載寢載興晝則履霜宵則抱氷 莫畏行露晞陽漸出景彼朝光于誰之室 我有鳴琴在室中堂弦絶徵塵三年不張 他山有材匠石落之他人有心予忖度之 轅馬躑躅傷情轗軻予不思哀我勞如何

碣石篇天地行

天地久長日月照之人在其中戚戚多悲鼴鼠之腹臨河則飽萬物無情飲食爲道司命者促忌君久留今君少年何以白頭壯士苦家不如客遊歌以詠志延壽千秋

北上太行山

北上太行車馬盤盤猛虎獨嘯岩谷風寒行人怨歎饑不及餐日之夕矣愴然心酸

枯魚過河泣

枯魚過河水淫其腹樂不在有餘憂不在不足

劉翁行

劉翁失位走下土張翁升天遂爲帝諸神拱視不敢言星斗動搖天門閉大權可竊愚者窺夏罔中遷由后羿成王幼小周公攝新莽因之爲漢害鳩鵲之爭亦如此傾巢覆卵何足怪

秋風蕙帳詞

感君情識君意願君白頭莫捐棄莫捐棄侍君歡蕙帳芙蓉花雙開並蒂蓮奉君歌蓮花邊

烏啼曲

長庚微明白日黑城上啼烏暮啼急城中擊鼓官升堂里正如囚竊歎息十室九室輸租難徵租官吏不得閒三更人靜烏聲苦魚貫纍纍出公府

狠毒謠

嗟女狠駢脅銳額有蒼其色女何慾于人匪殺人弗食 比女于豺女覗雄以猜比女于虎女惡貫盈女歸何所 虎目眈眈不如狠貪虎吻之利不若狠戾彼虎而翼匪倀不行女狠而驕伊誰爲之倀

拔蒲行

上水蒲葉淺下水蒲葉深蒲根不可拔蒲葉連蒲心長蒲湖水深短蒲湖水淺湖上錦鴛鴦風吹隨波轉鴛鴦兩兩飛日暮棹船歸綠蒲剛數束玉質生光輝蒲葉取作薪蒲根取作食持爲貴客供見儂辛苦力

暑雨謠

戊申之夏淫潦浹旬河堤告崩民情洶懼作

暑雨謠

暑雨𩅿𩅿河決隄潦我安取餔糜

暑雨霈霈河決隄潰我安救顛沛

昨之歲冬〻之夜作之許許民罷堤下

誰司水衡俾我堤朝告成誰司畚築俾我堤暮告覆

石灰山歌

石灰山頭戍團圞樹木柵長梃白幹箭使儂不得息

其二

人行神策門火發新林浦白浪拍高天初解風波苦

其三

十日山頭戲一日拔柵還拔柵不得還膽喪石灰山

秧鼓歌

秧鼓野人之樂所以節勞警惰也詞質而俚多言勤苦之義以示勸戒焉

空口道情不如酒空手料米不如斗生男無錢怨父母生女無能怨杵臼

其二

城東少年愛遊獵可憐瘦馬強蹀躞老婦照鏡面生摺老狸團團逐雞鴨

其三

單車無輪枉造轎單線無針枉補衲天生兩手不得力仰頭看人空乞活

其四

吳門生絲莫繡花襪頭先破雙蝦蟇小時貪懶老作家假猪養子娘取爺

其五

大嫂挿秧勤打鼓小姑梳頭日向午人生苦樂無定處在家爲女嫁爲婦

其六

黄梳多年油滿腹中央無齒兩頭禿田中堆草路堆穀何不歸家賣老犢

耕牛歌

打塲辛苦欲告誰銜草不食空鳴悲

耕田歌

春耕田夏築圍犂頭鏽鐵黄如土終朝半菽不充饑城中白飯炊香釜嗟嗟爾農獨辛苦

趙令歌

洪水湯湯爲不仁五行失序三辰昏帝遣循吏康下民康下民道在無爲左右羣小不敢干以私豪猾歛手邑大治教民有禮蒸蒸學校恥爲非折獄聽訟不費詞服疏茹淡甘如飴包苴杜絕征稅弛體天育物兼威慈我公來止民安居我公未來民散而求餔糜求餔糜乃在江之南淮之右所見長吏貪墨無不有

四野薇荆棘人命賤不若鷄與狗嗟嗟我公眞父母

南梁烏

南梁烏爾胡獨棲中庭樹生雌死雄不相見孤巢夜夜愁風雨巢中乳子新出𣪊口哺蟲螘尾焦禿長成毛羽雛能飛養女辛苦良爲誰南梁寡婦勤紡績聽此烏啼淚垂臆

鬬葉子

官街鼕鼕打五鼓長安官人鬬葉子一文半文探手取千貫萬貫樂殺汝

大兵謡

大兵來走甲騎馬前驅婦女馬後繫官吏

大兵來過葛溪不聞斬將搴纛旗但聞百姓啼

大兵來過鄂渚章華宮王者府開牙門擂大鼓錦衣玉帳教歌舞

明星謡

明星煌煌照左閤步兵前走馬兵趨不騎瘦馬騎蹇驢

明星煌煌照市口馬兵前驅步兵走不索醇酎索火酒

湘竹怨

洞庭水撥氷絲弦平陽甥舘空秋烟九山神塚連穹碧虞韶天上賓胥客蘭風蕙雨愁湘魂橫目眞珠抛綠銹千年寒玉土中出膩粉零香鷓鴣色重瞳羈死二妃從黃金鑄鼎祠羽熊

靈芝歌

焉逢之歲攝提是紀煌煌靈芝秀于庭戺　不種不植孰畀爾生有根在梅君子幽貞　扣之鏗爾匪石匪金天地神奇發此德音　亦有威喜辟除不祥維彼商阿浩歌倘羊　卜人告繇僉曰大吉日月貢臨光耀而室

述德詩

皇皇上天綏此下民篤生仁哲軫我災屯災屯維何曰民其魚湯湯洪波流殍載途鞠凶乃洊曷云其已

靡告靡依張侯至止頎頎我侯奕奕令名子諒在中碩大其形盎如春溫亦兼秋肅吐茹不偏惠予鳩鴿鳩鴿之民漸也敷腴言笑言歸曰定厥居厥居甫定奔而相告獸駭烏驚府符夕到鱗鱗菑畝實沈于河惟正不供浮額則那侯痛於心色變斯作冒暑戒行不遑宵夜涕零往籲籲詞酸辛豚魚是格矧伊其人侯立俟命大吏曰可侯旆其旋展也活我萬口讙譁牽車擁轅前歌後舞導侯入門我有室廬侯奠其所我有子孫賴侯保聚我黍與與自今豐年和氣之應匪侯孰天潔我登豆率我婦子虔報稷祠祝侯萬祀

嬴隱初集

五言古 共一百二十一首

古詩

君子有所思行

白日篇

短歌行

將發姑蘇

詠懷二首

十四夜陸廣文天藻署中作

十五夜月

戊戌歲九月十月于東田獲稻十七首

遊榮園作

揚州早鴈

東村與野老夜坐

村夜對月

述懷四十四首

感遇

七夕

感遇三首

紅土山訪大士石跡

雨花臺覽古

登雞鳴寺

哀生詩

祭烈女詩

送貧者葬

長橋懷古

初發東溪至蜀山

自蜀山至公濆

晚至公濆尋張公洞

晨興入張公洞三首

自張公洞西行踰白馬山

下白馬山尋玉女潭

玉女潭二首

雪中還東溪

法藏寺樓雨後望銅官諸山

遊善卷洞

喬東湖招同蔣前民張又乘王表叔景州飲載
園

贈周證山三首

五月寒

南征五首

孤客

季孚公先萫瘺其父失明延醫張逸園施術立
効雖張有神功實孚公誠孝所感作詩美之

貞女行六首

贈何忍冬

贈鏡
王貞女詩

閩節婦詩

𡽪隱初集

大邨李國宋篹

五言古

古詩

翹翹孤生栢託體于南山青鳥翔其側白鶴巢其顛上枝懸日月下根叢芝蘭郢客見此栢佇立再三歎量之用繩尺斷之以斧斤運以五丁力載歸都市門左右互審視規矩中方員裁之爲几案磨礱逾十旬膠以致堅固漆以致光妍砑之雲母石翡翠閒朱丹鏤以金碧文煥然龍鳳蟠持奉入内庭焜耀動至尊嬪侍旁凝睇咨嗟盡稱神拂以錦繡衣置之未央宫

一爲帝王御遂名希世珍巧匠妙制作拙工徒紛紜

君子有所思行

磊磊泰山石滔滔東流河結友移初心宴游豈在多帝都擬天闕轂擊肩相摩高門列馳道甲第連雲霄金張與許史晝夜相經過開筵啓重闥秉燭羅芬葩獻酬盡三爵耳接身傾斜一言不合意胸中起矛戈富貴更雠奪死者如刈麻亮哉棲隱士壈坎終丘阿

白日篇

白日駕駟馬翔轡出暘谷朝行若木顛暮入虞淵宿光魄燿萬古前後遞相續百年在其間流盼如轉轂髮白不更黑精華漸雕斵一登生人籍已就泰山錄爲我問鬼伯壽命何迫促燕歌飲旨酒娛樂苦不足安得延生術晷盡繼膏燭

短歌行

薰以香自銷膏以明自然多憂損神智況乃欲所煎卮漏涸江河螘穴頹丘山盛齒不自愛華髮忽已斑服食求大藥金丹不可還赤松與王喬誰爲真神仙保精塞其兌可以希永年

將發姑蘇

天地本逆旅人生同作客悠悠浮萍心安得限南北游子返舊鄉遠望還於邑滄江多煙波風浪幾時息故土不可懷不如常行役躑躅復躑躅世路從所適

詠懷

女蘿松上枝兔絲松下草兩物本無情春風自相抱處微利有托居高衆所保迢迢雲中路致身苦不早八十逢後車從古嘆其老

其二

寸陰不可留六龍何倉卒我生曾幾時逝如駒過隙曹民歎蜉蝣唐風悲蟋蟀鐘鼓弗爲歡宛是他人室魯陽匹夫勇焉能廻白日

十四夜陸廣文天藻署中作

凉飈發清署廣席羅賓堂升雲散遐翳朗月已在房盈盈氾草露粲粲隕葉霜嘉醑浥北斗雅集臨文昌

美哉南國英逖矣東吳望申交厲金石陳詞協宮商
中座撤庶羞盤餐旨且芳傾接有餘歡勸酬無停觴
色變由心作德飽非外將敢云瑤琚報敬歌式燕章

十五夜月

昨夕宴東堂已見升西署茲辰艮復佳佇立久延顧
沈沈纖霧披靄靄祥雲度仰聯憑華軒流光在高樹
列宿粲相偶明河淡如素中天一以懸萬象參差布
富貴足遊賞貧賤勞職務歡苦難重陳盈缺固其數
始臨玉除滿旋側瑤臺暮陰蟲慘寒房陽鴻哀永路
逝魄無還照在暗懷深懼糾糾履霜心遲廻以獨步

戊戌歲九月十月于東田穫稻

萬事有苦樂農夫尤不閒朝行務力作日入猶在田
劬劬荷鋤出遲遲曳犂還方宵乃索綯暮夜不得眠
口腹需幾何足胝手復胼獨是寡欣戚稍謝塵俗緣

其二

燕雀棲丘壠本無鴻鵠志種田滿一區聊爲三冬備
妻子免饑寒亦足稍肆意孰是寡所營而復多所冀
所以商山翁高卧辭榮位

其三

四時更代遷冉冉秋序暮昨夕會重九窮陽旣其數
往返征途間不知歲月去循行視阡隴徐以策我步
少賤迫饑驅固宜勞農務奄忽百年中脩名不遑樹
耿耿南畝憂白首以爲懼

其四

人生貴自適躬稼亦匪勞散步出疇隴我行歌且謠
日入滄海間墟里何蕭條新墳間舊壟野鬼各相招
纖雲結遠翳月閉人寂寥倚徙立柴門獨鳥還蓬蒿

其五

東田稻早熟稻落禾已稀農行阡陌間悵然把鋤犂
三春習勤勚謂當瞻粥糜今秋勞蜡索歲功已可知
納稼登場圃稺子猶朝饑草邊遺秣穗忍使羣鷄肥
操竿逐鷄去惻惻令心悲

其六

田居少悅澤風日薄我躬面目久黧黑而無憔悴容
食畢尚高卧床頭聞朝舂側聽土室人交語移日中
不知婦與子或是嫗與翁彼樂固熙熙我懷亦融融
率此願無違可以追羲農

其七

節候不可測深秋猶鬱煩日夕解冠履揎衣坐茅軒
水邊多蚊蚋紛紜亂我前乘間肆微毒疾揮不及捫
夜來仰天宇獨步循籬垣繁雲忽已升凉雨灑淸漣
我襟旣以開我情亦以宣起立還復坐出入餘暇閒
濁醪有眞性一杯已就眠

其八

田老競奔聚朝晨停刈穫借問此何爲迎神赴村約
塲中紛沓如烹羔忽爲樂少長交錯坐揮杯互斟酌
齒肥在今日暫以辭藜藿

其九

霖雨蔽朝暾瞑臥不知曉喔喔土室中聞鷄一何早
鄰翁扣我門跣足徑相造坐我草榻旁暢然顏色好
徐話樹蔬方側聽近有道今春值亢旱方秋苦水潦
塲稼未得登十室九不飽斯言傷我心惄焉其如擣

其十

下流無高壤澤國多惰民塲圃不時築陰雨連三旬
初晴天氣爽始見荷鋤人農家親父子藹然喜相詢

白日開南壠刈穫當及晨我亦對之樂扣缶爲歌凾
歌罷忽餘悲愴然懷酸辛

其十一

蔬瓜東牆下瓜蔓緣屋長二月瓜葉綠八月瓜葉黃
九月抱蔓歸瓜蔓切自傷食我遺根蔕炊我同粃糠
不見老死人肩舁上北邙

其十二

志士惜時短愚者憂身貧明發不遑寐展轉皆有因
獨余無所爲偃臥忘勞勤舉首視土牖白日已就曛
僕夫催我起徐徐整衫巾資用盡一卷逍遙觀古人
往迹逝不留來者當及辰開坐忽有遇俯仰媿天眞

其十三

親愛緣骨肉農夫得其眞閭閻父子樂依依居室倫
啜粥共饑飽秉耒同辛勤所見無他言酣中如飲醇
父老各爲偶兒童自相羣貧賤苟足保反愧頭上巾
此誠仁者里可與長比鄰

其十四

死生一旦暮吾往必有時貴賤終黃土胡爲久相疑
寒郊十月中孤墳何纍纍死者返其宅生者苦其私
悲聲四面來愴然北風吹白楊莽蕭蕭野草先路萎
穀新人已故臨奠不得知願持一杯酒盡我生平期

其十五

秋節忽已逝候蟲鳴草間念此有盡期悲吟不得閒
環村接荒野雞犬散蓬闌出門何所見湫然惟寒烟
離居一何久攬衣亦已單惻惻農家子體被裼不完
豈不寒與饑何以卒歲年

其十六

孟冬枕榻寒北風據我廬侵曉不能臥被衣起循除
顧瞻上隴首縱橫列平區廣路何茫茫間無生人居
農者納其稼亦已縣其鋤我獨何人斯於彼野躊躇
匪我多哀傷感此時物殊

其十七

荏苒歲云暮日短事彌促我徂歷秋冬六旬在茅屋

辛勤塲圃間勞苦若不足循倉視我糧會無終年蓄
古人欺我哉胡云貴耕讀逝將舍此去復我舊鄉族
鄉族匪我居中途起躑躅

遊縈園作

余夙追遐慕冥契在丘壑獨攖塵物氛未果林泉約
茲園覯奇搆䕶布稱心諾垣竇轉幽窅岡巒鬱參錯
孤松響崇柯密竹翳遠薄人跡罕中遘鳥鳴時間作
川泠燕麥齊峰高女蘿幕梯深窮𥧌曖陟危啓寥廓
陽巖日炯炯陰洞氣漠漠俯掬水始波仰睇石欲落
靈締希造化巧綴非丹雘侵晨起遊盤停午恣淹泊
遂忘登躋疲秖暢眺覽樂神來接羣悅與往矜獨索

習坎無險投敦艮有靜托涉足方自今緬懷已云昨
終當謝羈馽阿潤歸寂寞

揚州早鴈

八月霜乍飛天寒鴈聲苦夜度廣陵煙行行下江渚
借問荻蘆花秋風白幾許

東村與野老夜坐

村暝秋始寒夜久衆動歇涼月照虛窗孤燈半明滅
野客懷舊山羈人對華髮深念情不怡相看兩岑寂

村夜對月

夜坐久寂寥殘燈照孤壁出門秋月懸寒塘靜如拭
屋角候蟲鳴溪邊野草白疎星淡可數長河耿空碧
環村閉荊扉農者有燕適我苦天地間勞生幾時息

述懷

泰清本虛寂雲霞幻其端天地有根柢萬物皆波瀾
人生大氣中誰能探至元草榮識春茂木落知秋寒
蜉蝣矜弱羽浩然年命寬君看矍鑠翁白首無時閒

其二

野草出枯桑寄生以爲安況乃同根親土梗並棄捐
得意經天雲失意濁水瀾骨肉不相信他人難爲言
哀哉苦辛士獨愁與永歎

其三

天地有不足人反求其餘積財若丘山所用需錙銖

放於利而行終將爲禍樞何氏競淫侈會始召厥辜
日食費萬錢不敢復奚如

其四

大運有淪晦人道斯邅屯浮雲蝕白日天地爲之昏
四海蕩頹波遺茲百六辰去矣且乘桴時衰禍無門

其五

上世厥初生其民實椎魯飲食且棄餘黃金猶糞土
聖人鑿其眞器幣充藏府貧富迭相耀鬬爭遂終古
掊斗而折衡斯言多患苦

其六

有客乘駟馬飛蓋來里閭借問此何人入貢遊上都

徒從赫若神行者避路隅璞玉不可識黃金爾所無一貴與一賤其道由此殊白頭受一經佔畢徒區區

其七

榮草有隕時孤松無弱植挺茲三冬秀蒼然四時色烈士懷久貧寒蟲喜深蟄勗哉氷霜心乃見造化德

其八

鶡知營其室葵能衛其根萬物皆靈智而況於斯人尼聖罕言利衣食亦有倫秉庚不繼富狐貉厚以溫嗟爾被褐子鳩拙常苦貧盎中無斗粟桁上無懸鶉資身術不足何以為齊民

其九

仲冬霜霰降栗烈風威肅祁寒方怨嗟孤陽回黍谷人事無常屯天心有來復寄言雲中龍氷淵寧久伏

其十

瓊樹生碧城柯葉何葳蕤聞名莫能見不若桃李枝陽春二三月芳菲自有時遠俟沆瀣漿詎免常渴饑

其十一

赫赫翟廷尉其門可張羅交情諒有然感憤言亦多盛衰迭相推反覆如逝波鄙夫灌穎陰使酒竟如何

其十二

精衛古帝女溺死東海隅至誠能變化欲使滄溟枯怨毒在微物私願猶區區奈何天子尊而乃讐匹夫

艾之若草菅艱哉其勝予

其十三

火山峙北極鹽井出南方二儀羅萬象陰陽互相藏俯仰觀物化浩然得微茫愚者迷其真視之猶粃糠

其十四

趙后入昭昜班姬辭漢主一歸長信宮團扇不復舉昔為同輦親今為塵與土恩愛既已移夷光成嫫母萋萋貝錦工能變青春容

其十五

富貴戒履滿浮榮若朝華峨峨霍博陸不足庇其家矧彼仳仳子貂珥以為誇道隱與時伏屈信猶龍蛇

寂寞商山芝行矣返澗阿

其十六

絕代有佳人含氣馥若蘭朱華發豔姿遊戲出南關凝睇陽春月百兩紛往還戴勝拂其羽鶬庚揚其翰過時無良媒遲莫忽與歎畏彼青鏡光鑠我桃李顏

其十七

哀周昔板蕩詩人哀王風至尊出居彘禍始榮夷公大臣專封殖尤效及羣工譬彼火銷膏遂令萬室空謗讟起衆口潰川成亂萌凡百敬爾位庶思保令終

其十八

聖人尚無為老氏亂其真芻狗視萬物其禍為韓申

疊疊五千言虛無養谷神寧有不死術遂稱衆妙門
化胡竟何歸求僊惑愚民嶕嶢函谷關斯人已千春

其十九

華戎殊國俗設教良不同仲尼言仁義天竺貴苦空
毀形棄骨肉清淨爲其宗燈傳暨末造流毒滋無窮
七業幻神鬼三生眩愚蒙遂令緇素徒騷然滿區中
土木被丹碧殿宇齊高穹遊手比亂民傳食憂耕農
異端苟無害聖人豈必攻

其二十

東漢十一葉靈帝實不君鬻爵開西邸黷貨由至尊
煌煌負乘子半出商賈門威鳳不在囿斥鷃巢庭軒

國無賢則空何以圖永存兆亂自實府天下始紛紜

其二十一

張耳覡秦鹿陳餘同厥謀救趙事不就泜水尋戈矛
始稱刎頸交卒爲敵國讎徼利起怨爭何況王與侯
習習谷風歎黄鳥哀其儔

其二十二

應龍飛天衢變化升神霄興雨遍下土能爲萬物膏
劉累爾何人令登夏后庖哀哀鉏商麟仲尼泣其遭

其二十三

稜稜澗底石涓涓山上泉蒙泉流湯湯水嚙石自穿
太剛易以折强梁禍所先大易垂深戒君子秉勞謙

毋爲石稜稜寧爲水涓涓

其二十四

嘉魚出丙穴變化初何門氤氳由大造微物乃自神
覽觀無極先遂得生人根溟涬構萬象鉅細同洪鈞
誰爲天地貴獨以靈蠢分汎愛齊所歸吾其懷至仁

其二十五

舉世所共好毛嬙與西施豔色貴往古蛾眉薄今時
豈無傾城人含笑不見知悅彼丘中士棄此桃李姿
耳食盡天下冶容亦何爲

其二十六

蒼蒼陵上栢鬱鬱園中桑伐桑持作樞伐栢持作梁

桑栢皆嘉植所用惟其良莊樗自不材匠石避斧斨
棟撓而致凶君子所以傷

其二十七

玄冥臨北陸太陰蔽陽精迴飈蕩天地萎草無冬榮
龍戰日在野重寒閉幽扃肅肅宵飛鴻孤鳴何所征

其二十八

黄金雖滿籯不如粟一簞珠玉雖滿笥不如繒與紈
人生有大命衣食居兩端被褐而懷寶所患在饑寒
富貴珍異物輕棄盤中餐遺憂及子孫天道多好還

其二十九

天地秘靈寶大文不可舒南陽起眞人乃信赤伏符

秦亡應水市漢滅由當塗茫昧無前知孰爲圖讖書
多言亂黔首賈禍何其愚

其三十

夸父逐日影渴死成鄧林身滅功亦隳萬古傷其心
屈平憂宗國懷王不見任沈湘抱愚忠芊祀終弗歆
茫茫胥江濤流水鳴哀音

其三十一

長陵有貴主身出金王孫萬乘入里巷伏匿走閉門
嚄唶動天子立號脩成君生年本微賤著籍何其尊
侍酒長樂宮光榮無比倫窮達信由命怨尤徒紛紛

其三十二

取女無貴種求臣無高門貴種少貞女高門鮮良臣
版築傅巖子來作王家賓世卿譏尹武哀周遂不振
叔敖相楚國繼嗣猶負薪拜爵論族氏失之于取人

其三十三

買臣身未達五十行采薪生妻去其室他人焉得親
交讁恥壯士勢利先家門惟彼於陵婦可以共食貧

其三十四

軒后制五幣本以資民窮金穀互生死二者常相通
末世利羸積輕重畸其中多藏入金穴穀賤始傷農
悲矣我瘅人皇皇憂粟紅

其三十五

堯時出十日萬物爲焦枯后羿落九烏天下方晏如
大權歸畫一太阿戒分持東周挈虛器齊晉乃爭驅
履霜自下堂堅氷誠可虞縱横七雄世生民遭剪屠

其三十六

人怒不可犯天變胡容干伊洛竭西周伯陽歎其愆
如何居泄泄及此方蹶年瞻烏哀爰止訛言靡定端

其三十七

燕丹恥秦讐西進督亢圖倉卒遣荆卿年少相與俱
有客不及待爲謀一何疎徒手入咸陽身死夏無且
白虹亂縱横皎日當天衢至今易水上嗚聲流嗚嗚

其三十八

宵興登隴首顧瞻望舊京繁星掩孤月河漢中天横
妖彗茀如掃喔喔羣鷄鳴我聞未敢言彼象信有徵
夫去梁甫吟秉耒行躬耕

其三十九

九鼎震郟鄏衰周入咸陽烈烈秦坑火斯民如探湯
寶璽歸赤帝殘焰永不張項籍欲力征悲哉竟天亡

其四十

威鳳不苟食所愛青琅玕齷齪竈下士辛勤求一餐
寧不貞苦節饑渴良獨難甯子疾商歌飯牛干齊桓
揚目死嗟來千古爲悲酸

其四十一

漢祖爭八極俎上置太公而翁且不顧韓彭安得容
功臣就葅醢國危猛士空慷慨沛中歌凄然懷大風
產祿變肘腋幾能禍炎宗

其四十二

太古紀時攷爰始制支干安知五行運獨自甲子年
四時更變化陰陽互推遷大鴻與車區難以測幽玄
詹詹矜小數布筭何紛然奇中謝京管術士徒多言

其四十三

季郈相讐怨首難由介鷄柒指穀靈公解黿爲厲階
積微靡不著禍發無端倪爝火可燎原螘穴能潰隄
其初苟弗圖後將憂噬臍

其四十四

麻姑過東海幾見桑田沒蓬萊水清淺星鬢已如雪
三七頹大運九虎闖金闕四宇何茫茫生民百無一
命危若晨露誰能待賢哲坐歎蓬室中蕭然變華髮

感遇

隆冬萬物變四野凋霜霰行行登壠首朔風被我面
兔從草間起鷹向雲中盻鷹兔忽相持羽毛互紛亂
兩物本無害貪饕性所戀遲廻返予步愴惻不忍見

七夕

素秋涼氣薄炎光忽流易微靄散天宇房櫳照新月
憬彼雙星會歎此彌年隔靈槎曠匏津偃路悲榆闕

別緒易終宵歡期難永夕朧朧逝魄頹脉脉幽情積
高參橫玉除餘恩自茲畢風驚寄葉墜露泫重霄濕
佳人返空帷撫枕長太息

感遇

富貴有塵累貧賤無俗營悠悠巖穴士亦爲世所攖
羊腸多折坂履道夷且傾勿以泰山重而謂鴻毛輕
君子慎自愛保終在令名

其二

嫫母不言醜效顰比西施豈知吳王宮獨貴妖冶姿
艷色薦金寢紫庭鬭蛾眉淫樂未終夕黃塵掩秋帷
茫茫五湖水曠望千載期至今蘼蕪草寂寞荒江湄

其三

江南有靈鳳游戲西山側將爲萬物瑞匪尋青竹實
無人知此意佇立空太息東顧三神山倦歸惜羽翼

紅土山訪大士石跡

停午破昏暝出寺理巾舄遂憩東南陬訪古得所適
高剎瞰清湍盤拏蹲怪石昔爲貯糴倉今爲牧馬驛
俯視秋草青仰窺城堞白山花燦若染四面錯丹碧
逶迤歷精舍寂寞經斷壁靈龕嵌巖竇寬敞逾數尺
跏趺大士像莊嚴面几席香燈耀寶珞金采垂衣襞
宛然南海上躬與妙相覿側聞眢井內老蟒晝騰擲
縱橫林莽晦噴薄江水赤虛持伐蛟議竟詘斬蛇策

突兀蓮座湧神鬼驚辟易擁觀空市里膜拜齊叩額
法力遂有感京都獲安宅卽事雖可徵懷疑殊未釋
磨礲非天工鎔冶豈地脉達士信常理愚俗喜詭特
象教多荒唐窮搜自典籍色身亦如幻況乃頑石迹
惆悵雙林外遲迴獨往客仲尼不語恠斯言已疇昔

雨花臺覽古

晨出建業門遂度長干橋遠訪高座寺側聽寒江潮
羣峰赴紫極孤塔摩青霄白日照蒼翠商風起迴飈
楓葉落四五忽覺霜林凋撫跱悵秋序覽古悲前朝
梁衍篡天位決策何雄梟晚節耽寂滅坐令壯志銷
談經聚緇素捨身驚臣寮遺踪石城曲惟見空花飄

佛理本清淨吳老多煩囂淮堰兩築怨千里莽蕭條
訣言進朱异受降亦已驕金甌缺境土玉殿鳴鴟鴞
寢門一朝閉探鷇生不聊慈力竟奚益隱禍夙所招
俯仰歷千載斯事寧云遙殷墟哀麥秀周京懷黍苗
人往年代促丘墳共嶕嶢灑淚藉荒草目送雲中鵰

登鷄鳴寺

高秋發遊展曠覽山水區披雲陟迴坂盤磴遵脩途
仰躋鷄鳴寺俯眺元武湖顧瞻懷舊闕緜邈思雄圖
元綱昔衰亂虵豕交四隅青燐膏灌莽白骨橫路衢
聖人仗寶劒奮起行天誅指揮英韓附鞭策蕭曹趨
奔鯨斃彭蠡長蛟斬姑蘇遂罝熊羆衞宅茲龍虎都

中原十四帝累葉承赤符陽九暨厄運貂璫竟國樞
黨禍烈東漢下逮顧與厨小夫日噂沓寇盜馳萑苻
兩京遂淪喪變更在須臾寢宮沒禾黍御苑荒茭蒲
蒼蒼長陵松化爲薪與芻淹遲訪遺蹟日暝下山嵎
回頭問鍾阜王氣今有無

哀生詩

嗟予賦命薄觸事罹憂患中道失慈母窮立如孤豚
厥生襁褓初被蒙厚地恩稍長具知識含荼歷涼溫
教誡迮三徙鞠育過百端未朝念我饑未暮念我寒
未冬理複襦未夏裁疏絺初春及首秋慮我衣裳單
出門望我歸入門喜我還我出情不怡我還顏始歡

循循卽几榻依依越晨昏一言三撫背一食屢分珍
譬彼養子燕口瘏身摧殘譬彼哺雛烏雛成力已殫
哀哉徑寸草負德同丘山罔極不可報形影隔幽明
蚤行下堦墀晏歸造門闌出入見靈櫬俛仰摧心肝
故衣猶在側故物猶在前有物母不御有食母不餐
哭母母不知呼母母不聞入室對妻子上堂無慈顏
日月就逝邁音容同徂遷他人皆有母抱恨獨終天

蔡烈女詩

瀰瀰清江水皚皚礬山日娥娥彼姝女皎皎氷霜質
儀範嫺中壼翰墨尋芳躅十九締姻親來嬪君子室
結褵在虛房良人嬰痼疾偕老百歲心生歡七朝畢

雙棲悲異林隻死期同穴上堂拜姑嫜從容就盥櫛
豈不愛春華大義當引決幽蘭萎寒英孤松挺勁節
存爲衆女規歿爲壯夫則

送貧者喪

蒿里不須歎薤露且莫哀家貧死無𡨴委命同灰埃
柴門掛白旐廣柳行倭遲殯宮在中路所親徐徐來
來亦不遠送趦趄先欲歸生存敘骨肉歿則已焉哉
自古皆有死寥落難爲懷

長橋懷古

孝侯奮神勇凛烈揚英標箭射嘯谷虎刃劃潛淵蛟
力猛二兇斃義激三害消折節機雲庭致身吳晉朝

士論榮晚成國恥厲末操守志希泰山畢命非鴻毛
覽古弔遺跡流水空長橋墓門蔽宿莽忠魂不可招
蕭蕭南山松北風相怒號

初發東溪至蜀山

游目騁遐覽希心尋冥寄緬追丘壑蹤託此煙霞契
蘭舟蕩容與桂楫轉猶夷日暈林靄交雲淨川光媚
遵渚觸鴻驚入瀨狎鷗戲沿泝望南山杳渺覿寒翠
昔賢炳遺躅古祠弔荒濟逝矣流波疾悲哉秋氣厲
惆悵越前浦臨風不遑憩

自蜀山至公瀆

掛席窮枉渚揚舲邁遙埭崒兀羣峰青蜀嶺已在背
綿延岡勢接蕭槭村影對丹楓吐寒豔綠篠蕩澄霽
喧囂人境隔軥輈鳥音異耳逐衆籟疲目逆幽賞繼
樂山情彌敦觀水術有會高蹈探仙軌靈遇或可冀

晚至公瀆尋張公洞

夙齡慕名勝結想在靈洞探幽肆奇討及此逞孤蹤
水盡鷁舸歇陸始虹梁通冥日下高麓迅飆揚驚蓬
緣溪涉榛莽出坳躋巃嵸稍就井亭憩旋慮雲磴封
投林企煙鳥失路咨樵童臨深瞰地穴陟險窺天宮
昏晦目力眩倘恍山鬼逢返步覔歸轍嶺寺聞宵鐘

晨興入張公洞

戒途及旭旦翔步趨霜晨削壁嵌水竇孤松矗天門

上捫頑石仄下睥空壑昏燭火散星輝照耀絕無垠
仙真秘玄軌變化靡定端晶熒炫藻繪鏤鎪飛斧斤
雙盤怒龍鬬特峙雄虎蹲乳穴象丹竈奧區方瑤田
蠖伏瞰海眼蟻進緣山根神疲志已阻力倦境始新
投身試巖罅要妙探靈文

其二

後門閉深窅前洞轉寥廓高盤上虛宇始見晨光白
足攝崩磴垂手接縣峰落石脂錯素葩山骨展繡蕚
仙蛻埋靈墟遺此萬年藥採華梯雲巘掇英入水谷
丹液非俗餐竊恐羣真覺

其三

泰始幻羣象洞天藏淸虛輕舉升玉臺默坐觀有無吹萬啟眞籥抱一秘玄樞偃仰塵坱絕盻睞仙靈俱蒼檜礙石角綠蘚凝山膚中外冥理判寒燠積氣殊微陽伏深扃太陰冒高嵎出穴駐雲嶠朔風飄衣裾

自張公洞西行踰白馬山

褰衣始南邁投袂復西徂目馳赴巖阿心戰縈洞府斷徑萎草封迴蹊剗石拒旅進失童僕獨往俟徒侶披荆入險巇胥葛窮幽阻路岐楊朱歎山峻王陽悔垂堂古所戒習坎今已屢四顧動羈魄延佇下平楚

下白馬山尋玉女潭

日昃側脩坂風勢獵叢樾遙征得坦輿徐行已蹩躠地偏孤徑蟠天劃亂峰凸解渴掬石乳療饑掇松屑嵯峨雲髻垂髣髴玉女出履綦青蘚印佩響綠竹戛吾往雖云疲彼美信可悅凝睇望嬋娟耿耿愁將夕

玉女潭

晻曖林氣晦日退飲羣動遠覽遇獨契勤搜矜屢中珠宮遺荒基石闕裂削緪曲磴乖蜒蜿飛梁縣蝃蝀潒泓止水靜巉峭絕壁拱霜藤裊袜結煌篁蔽雰霧萍泛微波興葉脫飄風送觀空悟忘筌息機思抱甕新歡甫來覿故境已如夢俯臨玉女潭回眺張公洞

其二

濯纓玉女潭漱齒枕磐石咯然失衆慮淸氣沁心骨

景房閉虛玄神館現慌惚缺月掠山黛流雲漾水髮仙蹤諒匪邈塵網懼難脫逐鹿悲中林亡羊悔前轍老至孰相假圓曜若梭擲期開七聖迷永度三彭厄

雪中還東溪

解矴謝崇岡迴橈轉平甸微陰沍寒至高宇倏已變靄靄繁雲布飂飂嚴飈旋沉冥蔽白日飄瞥揚素霰仰睇合一色旁睞同四面澶漫沙渚靜滅沒巖岫眩羣帆散如葉隻鳥去若線人近聞市囂火遠望村爨午遇陽烏伏冬還蟄龍倦索處失縕溫旅行抱氷戰感彼空柳吟念此牛衣彥士窮晚節仲草勁孤根見孔席猶不暖原貧何用歎登途就泥滓荒寺及僧飯

法藏寺樓雨後望銅官諸山

沈雲冒龍窟積霧埋鷲嶺初晴簷鴿亂霽色透疎冏迢遞望南山白日在高頂紹繚遠堞開窈窕寒叢靜凹凸辨嵒輿縱橫畫畦町窗空嶽陰入樓發銅峰並衆象窺虛無塵界列平等翹佇彌爽塏俯凭尚泥濘依光近寶林除垢歸淨境俗羅相牽羈羲轡倏馳騁月冷聞妙香天空散淸磬

遊善卷洞

鳴槐罨溪口躡屐祝陵側虬松夾古路鷲宇背寒谷淙淙澗泉瀉歷歷山響答紆徑陟險阻迴峰面崒嵂胥洞孤藤騫拒門怪石突始入闢虛廠徐深轉黝黑

倒乖仙掌分傍峙石脯裂谽谺覆甗錡嶫嶫竪鋒鏑
乳聚連蜂房膚皺逗巉穴巖冬氣常飲淸晝雨頻滴
閟寂藏天倪灌輸縈地脉久佇幻境空周視冥趣出
恒陰匪雲翳重晦知日匿感時目甫瞬歎逝心逾惕
泖茲易盡期未悉固窮術羈棲返蓬居歲暮起愁戚

喬東湖招同蔣前民張又乘王表叔景州飲載園

甲寅季夏月偪側棲僧寮火雲冒空宇陽亢陰失驕
中夜眠少熟況乃客舍囂侵晨起盥濯素友來相招
荒岡蔽蒼蔚赤坂旋塵飆觸熱無停趾但覺尋丈遙
俛身下脩磴仰顧聞鳴蜩崇堂面虛敞遠雉開紹繚

主客四五人列坐如義標蔣侯有佳句瑲瑲振瓊瑤
萬古光不滅燦若星斗杓朗吟數篇過足使煩溽消
停午日氣正的灼然朱蕉布席就前楹微凉披叢條
縱横置殽核調笑揚風騷角勝爭小伎酌酒揮大瓢
爛醉首方濡郎景心爾焦跂足北牖側引領西山椒
安得驟雷雨應龍升神霄霑灑及百物澤此將枯苗
我生運蹇拙二毛亦已飄甘爲蒙叟瓠敢羨齊士桃
會須見淸晏歛跡歸蓬蒿含哺太平代永作漁與樵

贈周證山

孤鶴起海際矯矯雲中央北風正凄厲飄孑來江鄉
江鄉不可處翹首東南翔天長羽翮短中路隨鶖鶬

其二

肅肅山上風靡靡階下草明月照夜凉嚴霜白皓皓
時物有代遷衰至一何早佳人處閨闥盛年容色槁

其三

偃松挺喬嶽陰竹翳丘垤托根雖異地同此歲寒節
榮悴物所競孤情各有悅落落君子交終期保霰雪

五月寒

恒陰値夏五窮海節候別抱被氣不暖敝席冷如鐵
老僕念我寒問訊頗怪特往時蕭酒過裸體逃蒸鬱
豈今六月至反畏飛霜逼我聞天聽卑厥罰自有則
徂暑行冬令咎端在酷烈邇者朝廷上匪由濫刑失

政網多寬弛包荒掩蠹蟹貪婪與豪横百害未去一
宜示不殺戒嚴冷殊難測無乃荆越兵戕民致愆慝
煩憂起萬端轉面向深壁

南征

壯夫在疆埸裹屍固其職如何否臧戒取敗由失律
授命有七奔交綏無一克存者半瘡痍死者堆枯骨
浮舸還大江寡婦聲悽惻翩翩掛白旐盡是南征卒

其二

用師如火焚不戢將自灾號令嚴覆鐙況乃同椎埋
白刃不殺敵刼人死道旁壯男盡走竄千里生蒿萊
輕食雖爾性奈此中國威珠玉滿腰袴誰能復搴旗

其三

南軍恣蹂踏百城斷行李駛騃戰馬駝牛是嬋娟子
豈無衣冠族且忍須臾死醜老亦被驅掠賣充行市
囊頭裹幅布懸秤如羊豕哀哉民命賤言之涕成雨

其四

炎炎六月中北師苦南征烈日照赤坂火雲燒屯營
絲旗急前驅八校隨後行前者旣遠颺後進聞殺聲
追奔突驚豕嬰城暫偷生肉腐鎧甲內薨薨飛蒼蠅

其五

西江揭竿士荷鍤皆良民父母被殺戮妻子無一存
挺險逃萬山弄兵抵官軍官軍狃鹵獲易此烏合羣

扱阱遇三覆積屍等丘墳天道有還反憯愴何足云

孤客

孤客畏夜眠絺幃薄如紙寒村聚鬼氣雨黑青燈死
年凶饑鼠多跳竄墮床笫臘醅不暖腹展轉抱空被
荒更斷忽續鏜鏜聒人耳目睫何由交沈憂萬端起
一身苦羈棲況乃慮妻子男兒飽經術四十當強仕
遭逢蹇剝運固窮安足恥獨少撥正功百物失所恃
皇天苟厭亂誰使相料理且忍須臾凍毋歎吾道否
蹠冋射晨光欹枕候日晷

季孚公先輩痛其父失明延醫張逸園施術立
効雖張有神功實孚公誠孝所感作詩美之

嫗叟負頑德有朕乃如瞽丘明傳麟經盲視高萬古
至人炳神鑒豈曰貴目睹季公郎瞆瞎何損名第五
（公行五孚公紀事有云眞何第五也）而子抱篤志日夜哀所怙至痛徹
幽微長號撼穹宇異哉張逸園符感若響附頓首啓
金鎞妙術不輕取蒙以精誠通道由神鬼助迴旋日
月樞開劃天地戶燦然羣象出雙瞳撤豐蔀信知孝
子心可以來冥祜扁倉雖國工寧能漫誇詡

貞女行

南粱曹氏女字同里孫繼芳芳貧未娶客死
餘杭女不食者累日母兄將謀別字女號泣
白母誓終從一之義遂食茶茹淡不沐香澤

衣纂組年五十如一日李子美其志爲作貞
女行

王雎不再偶鴛鴦有定匹受命爲夫婦終身無改易
疇昔髫髦初問名諏月吉雖無羔鴈資大義誓皎日
天地正厥始誰云俟同室

其二

夭夭桃李月衆卉萋以菲荏苒邁春陽長大潛深閨
豈少良媒言薄命行愆期宛彼襛華姿車馬爛門楣
我無百兩將寧能遂于歸

其三

君子事行役行役胡爲然曰予未有室黽勉驅饑寒

妾如天上星脈脈守次躔君如雲間月出入靡定端
閑身服閨戒停杼不得歎

其四

慘慘桑榆暉卒卒凶問至傾耳無多言中有決絕字
決絕亦何爲死生同此義閔默還房坐輟食甘屢日
六親哀我愚開顏互相慰

其五

侵晨起櫛縰堂上拜阿婆再跽申一言女心矢靡他
少小奉姆教從一理不磨毀我芙蓉粧裂我蛺蝶羅
還顧謝兄嫂咒訾焉用多

其六

人靡不有初保終視歲晏冉冉時物遷忽忽流光變
秋至鴻比飛春還燕雙見艱哉匪石心榮華擲朝旦
令名豈所期同穴非所戀

贈何忍冬

我初館鷗塘僑居有筠軒閉門謝俗客經時絕周旋
昂昂忍冬生突入立我前其人黑瘦長通眉秀連娟
吐納風雲氣凌厲鷹隼天一揖知姓字把臂開愁煩
是時羣陰壯嶔收揚金鞭颯沓黃葉落怪尒衣裳單
聯床四五夜細語秋星懸撐目睨物態浩歌懷古賢
燈爲熖不明蕎爲助啾喧自君舍此去我遷海東偏
失馬萬里塞牧豕舄鹵田轉盼三載期相思渺寒烟

吳陵北門北握手重往還昨臨青銅鏡我髭白可憐
而尒已三十菊月張華筵蹭蹬猶夙昔四壁常蕭然
豈無偃波篆妍妙追宜官亦善粉墨圖足可比鄭虔
世人閉金穴斯道不直錢室藏如花妻詩謫少歡顏
有姪年長大仰頭攀尒肩經營無一事閒倚蓬戶邊
男兒桑弧志脫轡思騰騫寧能伏皁櫪獨爲妻子牽
飲尒盈觴酒贈爾雙畫鞬迅起展兩腋矯首馳中原
去家炊扊扅還家烹鼎鮮調笑鳴機婦變化羞泥蟠

贈鏡

一身無長物達士識本性千金可脫手況此青銅鏡
維昔初買時寒光吐清瑩盤屈蒼龍姿交纏白藤柄

置之棐几前摩娑承短檠十年不相棄永與圖史並
昨對晴窗照素髭忽掩映顧見老醜形留藏反爲病
我友適朝饑奔走告缾罄三旬不飽食妻子啼痕迸
憂嗟仰屋梁蕭條旅壁凈急起開敝篋故物聊持贈
佐以霜毫管亦得資錡甑爲惠雖細瑣周急古所命
予受兩無憾蕩然快心境傷哉貧賤人微生分已定

王貞女詩

青青女貞樹托根孤松陰下生連理枝上巢共命禽
日月覆照之皎如匪石心夫婦分有定何必偕裯衾
煌煌媒妁言屬耳豈自今中道成乖離孰云商與參
截髮誓一死二天非所能寧爲同棺灰不爲再割襟

五年守閨闥百兩重來臨之子遂于歸車馬行駸駸
匃枕爲誰設寶釵爲誰簪慘慘燈燭輝颯颯風雪林
行路生哀嘆涕泗不可禁升堂拜公姥公姥淚涔涔
入閣見小姑小姑默喑喑旁顧空室中幽魂杳難尋
髣像事夫子髣髴親容音晨昏舉食器宛似調瑟琴
諒哉靡他志永願從此終方之古井水水波有時興
方之玉池氷氷泮隨春風陰陽合天地萬世猶堅金
歌繼栢舟詩用垂彤管箴

閨節婦詩

恩義始結髮其重如丘山會嬰哀黃鵠高節古所歎
烈烈閨家婦矢志逾氷堅引脰自裁決言笑歸下泉

棄置兒女愛獨敦夫婦倫勿云捐軀易捐軀良亦難
楊州乙酉歲礮火燒城闉男子無一存官吏走草間
偷生出門去馬上多紅顏

嬴隱初集

七言古　共六十三首

哀江南
張歷行
葉公墓下桃花歌
廣陵春思
贈真州厲烈士
雪蓑詩示湯元祥
江上吟
贈李比部冶山
怪鳥行
後張歷行
古劍歌
送王儀部入京
漪園歌贈吳夢祥
漪園歌再贈吳夢祥
趙子昂畫馬歌
打鴨歌
踏車行
白狼將軍歌贈野鶴道人

雀勞利歌
蟪蛄行
桃葉渡歌
談將軍歌
塘上行
皇城曲
石燕行
洗菜行
蜾蠃行二首
鯽魚行
農女行
阮晉林臨米襄陽西園雅集敘長歌
憶孫山人述烈皇宮中遺事歌
于潁士生壙歌
漪園臨池老楊爲風所折感而作歌
短歌上別駕奚公四首
顧瑟如爲孫明府畫睿河圖歌
送吳但小之楚兼屬訪舅氏消息
長歌贈王表叔勿齋
輕薄行
忍冬子歌
朱九陽子畫壯士圖歌

美人行
飲從叔子怡宅作三栢堂歌
村雨嘆
贈陸懸圃
挑河行
賑糧行二首
縳虎行
聽琴歌贈陳柳公
贈宗八丈子發
焉文草堂歌贈韓醉白
韓文適先輩楷書小字歌
王孝子歌
題十二硯圖贈汪舍人蛟門
送周方山還昌陽
壯士吟
贈南豐湯若人
題劉二允中繳馬帶禽圖
短歌行

竉隱初集

大邨李國宋箸

七言古

哀江南

六郡良家同受戮，江南義鬼吞聲哭。天寒白日顏色慘，野馬黃羊各相逐。爺孃妻子驅爲奴，死生何處收骨肉。君不見黃昏明月照江頭，白項老烏啼空屋。

張燈行

廣陵城中燈火稀，太守府中燈最奇。雲屏列燭張錦帷，縣珠鏤釆珊瑚垂。青絲雜織銀琉璃，蓮花炬發春星飛。太守暖坐文豹皮，團團影簇香車入。翠帔明鬟香霧濕，檀槽抑按笙簫急。指聲細碎冰弦澀，鴛鴦十二戍行立。蘭光桂魄分顏色，妍姿巧笑朱闌側。隍珥遺簪覓消息，火龍傳照松庭裏。士女喧闐太守起，轟雷裂竹驚羅綺。錦鱗翻空映天紫，漏轉更催樂不止。九衢京生淨煙水，月落空江閉城壘。傳聞御史臺前燈更繁，紅粧麗服美且娟，太守府中不足言。

葉公墓下桃花歌

葉公墓下花如霧，葉公墓上行人度。雲霞爛爛桃千株，借問何人手所樹。林邊車馬日紛紛，東風吹煙迴錦茵。居人指點飛花處，猶是當時歌舞塵。甲申年來人事變，繁華銷歇誰能見。紫陌黃沙散落暉，青蕪白骨埋荒甸此花何日種初成此地何人行復經祖前歸燕春思主柳外啼烏曉向城可憐十載西岡土人間更作桃花圃畫槳晴摇素舸郎香軿早度紅粧女桃根桃葉怨芳菲盛衰須臾古所悲有酒不向花前醉朱顏豈得常相隨君不見菽草年年北邙路牛羊來上葉公墓

廣陵春思

交交黃栗留朝棲碧樹啼春風吹蕙草綠帶摇空幃垂楊三月花如霰行人杳杳隔芳甸粧成獨坐捲簾看細語呢喃對雙燕

贈眞州厲烈士

有口莫道夷甫錢有手莫捉華生金積錢若山不可顧黃金能變骨肉心漢謠尺布怨天子何況細民成商參身遭坎壈來羣侮口銜石闕不得語感君一言肝膽深肯惜肺腑爲君吐人生有財出有車高牙大纛光里閭公卿半是屠沽者咸陽馬上嗔豎儒富兒得勢善驅使睚眦殺人尋常爾貧守一經空白頭甚者翻遭胯下死君勿言董仲舒君勿言楊子雲鄧通憑寵戲禁殿石祟剽貲作近臣黃金不多必不貴請看紛紛世上人

雪讒詩示湯元祥

猛虎入市顏色變君但聞之不曾見讒言三至慈母疑投梭起立成驚眩桃李不自語花開紅滿枝行人往來下作蹊小夫好聽萋菲辭楚國青蠅玷白璧卞侯登山抱之泣南歸馬援傾明珠薏苡滿車空太息手無縛雞力吳鴻鳴鞘中斧柯不在傍茫然蔽龜蒙問君貝錦何其工落葉下樹影摇空皆犬則不知謂有人來不疑豈是竊金者同舍之子徒相猜高天既北頹陽烏亦西沒浮雲歸海白日出然後讒言乃可雪

江上吟

豔陽三月天草綠蝴蝶飛鶯啼碧窗曉庭樹紛葳蕤落花片片香風送香風吹入珠湖夢何處相思不斷腸玉笛江城再三弄

贈李比部冶山

老驥騰驤千里途權奇殊勝汗血駒南山斑豹變文采虎子吞牛氣不如君不見李大夫六十鄉薦登賢書公車甫上明光策天府旋分渤海符鴆行再轉白雲署聲名籍甚滿帝都七十致政希二疏八十矍鑠嬉田廬人生富貴願亦足有子況復肩潘輿解橐分金娛暮齒先生安步仍當車華堂錦燕聞笙竽宅中歌笑羅盤蔬賓朋雜坐揮玉斝脫巾額醉諸孫扶功成拂衣須及早如君行樂殊未老高卧珠湖已十春白髮紅顏常美好杖履方懷魚鳥情經綸自具風雲

抱著生待汝時起來漢廷猶憶商山皓

怪鳥行

滄江怪鳥類鸜鴿連聲嗔苦如不足俗傳此物能爲災僮僕嗟吁向窓竹蒼鷹禿鷲心不仁摩空矯翮偏有神反哺慈烏稱孝烏白項翻遭時所嗔好惡顛倒自流俗小物焉能爲禍福

後張燈行

昨歲張燈太守府青袍小吏驕歌舞堂上傳呼堂下喧火樹銀花亂如雨今年路滑春泥濕寒霾夜掩蛟龍泣府中寂寞人吏稀燕釵寶鏡無顏色盈盈十五斑簾捲素娥欲出氷綃斂太守嚴令復張燈漏轉更

催愁夜短雕廊錦席香風入行行鴈柱鵾絃急墻頭私語人不聞侍兒側並紅粧立重門洞啓窺珠斗碧紗熒熒隔窓簾金錢巧疊玄豹茵高坐揚州賢太守可憐風物舊繁華夾道朱樓十萬家嚴城鎖鑰中宵閉誰翻水調撥琵琶羈心耿耿向明燭露冷空堦浸寒玉東方漸高烏亂啼月落一江烟水綠

古劍歌

湛盧短劍三尺霜多年鏽澀無精芒蟠龍古靶已斷折斬蛟故態猶昂藏當時高價人爭給秋水寒光照肴睫佩帶曾將入五都冶鑄先須按六甲只今零落歸荒城匧中一夜三哀鳴鸊鵜寶膏消蝕盡白晝魑魅看橫行公孫田開兩壯士身死名麋亦如此摩挲几上時一看恨不早遇風胡子

送王儀部入京

廣陵客舍風雨多夏雲五月高嵯峨楊柳青青棗花落行人欲唱驪駒歌瑯琊使君蘭省客新頒赤瑲麋墨泰亭一葉走相送茱萸灣南浪頭白憶昔託交情最親布衣徒步如等倫安東座中無虛席投詩謬厠堂上賓荷君拂拭感君義皎日在天光在地三春細草亦知恩何況手提眢井內藕塘絲管荷葉香菡萏五見平山堂紅橋歌咏宛如昨溝水東西各斷腸長河杳杳清濟路到家幾日燕臺去鴻鴈驚秋冀北

來葉脫新霜廣陵樹

漪園歌贈吳夢祥

主人請安坐衆賓俱勿譁雕盤玉饌且莫進聽我徐唱漪園歌漪園昔當全盛日天下金甌尚無缺戚里王侯高甲第貴遊子弟華居室寸草卷石爭奇觀一壑一丘營土木我李七葉榮簪纓先朝侍從多名卿余曾伯祖賢太守鴈行宗伯爲弟兄老歸東山置亭館栽花植竹偏有情茲園布護雖小景亦爲海內光承平二十年來變今古江南滿地成禾黍蓬萊建章不復存結綺臨春罷歌舞何況茲園土一區百歲那能不易主吳君豪氣何翩翩邀我重開舊漪園賓堂

雜坐行斗酒庭外雙松宛昔年猶憶烈皇初龍躍君家司馬登東閣昭昜大族李與吳當時勢熖何熏灼昔也同盛今同衰丞相門前可羅雀看君亦厭世俗囂偃卧丘園甘寂寞吁嗟乎人生得失亦有涯雨覆雲翻何足悲繁華萬事東流水花落花開只如此我今爲爾歌漪園歌罷樓頭孤月起

漪園歌再贈吳夢祥

世間萬事反復如逝波富貴苦少貧賤多今我所閱盛衰已如此爲君且進金叵羅君是漪園主我是漪園客漪園賓主迭相代爛醉芳醅君莫惜樓頭有月庭有陰移尊見月當庭心小池一片綠萍影已覺颯颯風滿林青春易過白髮早人生不樂空自老我方壯年君正少安能行歎坐愁常擾擾君試看漪園草

趙子昂畫馬歌

趙家宗室元承旨善畫驊騮與騄駬此圖流傳幾百年掛出深堂有神似奚綾剝落數尺霜兩駒頓轡隨飛黃千里萬里那能料凝視但覺筋骨强傍有胡奴把鞦勒雙睛突出面如墨狐皮花帽錦袖垂挺身斜立銀鞍側自從蒙古下江東丞旨衣服與此同但取結束稱時好便令人馬能生風承旨承旨汝畫何其工

打場歌

麥草葱蘢二麥黃老農呼嫗來打場打場軋軋聲斷續細雨微風立青犢牛饑蹋地人怨天擔麥上街不値錢官家近下尺一詔四月催租五月到

踏車行

勤踏車踏車愼莫住踏車欲住家主怒昨夜大雨流滂沱田中飄蕩初生禾禾死無處覓饘粥腹饑不食塡溝瀆今夏有禾秋有年主人飽飯農安眠踏車踏車雙足趼水聲潺潺轆轤轉

白狠將軍歌贈野鶴道人

甲申龍飛軒后殂燕京赤眚作天子小臣攀髯不肯升盡抱烏號事新主是時晉祚保江東無愁帝子居深宮沿邊仗鉞倚四鎭內廷定策推三公爛羊滿座貂增價王馬紛然共天下霓裳新舞進便房馬相飾霓裳舞女進大內事秘不傳羽檄飛馳傳乙夜壽春已叛揚州焚至尊下殿驚宵奔倀鬼原無眞義士蕭娘止是降將軍誰傾社稷誰先竄北都淪限南都亂閫外黃侯古卞壺師中史相今袁粲白狠遠照烽火紅提兵奔命朱總戎水犀未陳組練散金翅將排鵝鸛空吁嗟國破家隨盡此日饑寒寧更論小肆甘垂日者簾輿朝恥取通侯印混跡人寰二十年俄看鬚鬢皆皤然齒過六十老將至卧起秉節窮彌堅箬笠芒鞋疏布襪虎頭故貌誰能別丹心苦抱一寸灰勁骨橫摩三尺鐵野

翁野翁眼前富貴如浮雲世間百事無一眞煤山宮館化成土鍾陵松栢摧爲薪況爾微臣歸草澤暮齡豈得辭岑寂尒家食祿三百載與國同休應同戚君平百文身不貧策杖沽酒尋青春閒行歌吹竹西路陶然亦是羲皇民

雀勞利歌

野田草香夏麥熟低飛繡壠羣相逐空倉遥遠不得歸東家啄食西家宿黄口三五毛羽斑清晨啾唧叢薄間摧藏兩翅哺蟲蟻勞勞利利何時閒畫梁昨夜雙棲鷰紫頷紅襟又相見

蟪蛄行

荒垣塌雨泥模糊白日草根鳴蟪蛄蟪蛄羣鳴至夜半千聲萬聲客心亂空村老樹風颼颼夢回土屋寒如秋五更蟪蛄聲乍住誰家野哭天已曙

桃葉渡

東晉衣冠誰望族王家舊住青溪曲紅妝小妾坐中流舞袖廻飄江水淥零落千年渡口花烏衣門巷夕陽斜秋風桃葉歸何處啼殺臺城柳外鴉

談將軍歌

將軍故李自成驍將潼關之敗縶於軍以奇計脫去更姓談投梁大將軍麾下爲偏裨石灰山之戰功最多授遊擊將軍方李闖亂天下將軍以獷悍之姿蹂踐中原雖兒童婦女皆知其姓字使能出其材力爲國家立功邊陲必爲世名將乃陷身不義至就俘戮豈不幸哉然屢瀕危困卒不死反以功名顯嗚呼幸矣

將軍手把昆吾刀雙瞳炯炯青鬢毛年少摧鋒氣如虎綠林銅馬爭雄豪老隸戎行備東海九死餘生壯心在大纛晨揮鍾阜雲樓船夜破新亭壘漠漠寒陰蕭寺中紅闌蹀躞關西驄銀花白蟒鏽鎧甲模糊冷血吹秋風丈夫飄蕩各南北今日相逢忽相識回首神州已陸沉滄桑萬古愁無極

塘上行

塘水粼粼秋着烟塘魚撥剌飛荇田人家門種綠楊樹塘中養魚塘上住夜聞鬼哭聲酸辛居民道是陳死人多年白骨棄無主至今吟嘯無冬春黄昏招人人不識孤魂求伴來相惑一年一度新鬼多月黑天陰愼莫過

皇城曲

北風蕩地塵霏霏御路平鋪秋蘚綠三十六宮空曉烟居人盡就皇城牧皇城門開當古道野駝塞馬羣鳴早收養江南游食兒婦女拾糞男打草辛苦爲奴受驅役面字耳環歸不得咿咿畫角三兩聲牛車入

門烏上城

石燕行

君不見江頭石燕淩空翔壁立千尺摩蒼蒼雙巖突兀夾峯頂勢如兩翼驚開張磯邊石齒錯相向茫然直下搏風浪高懸鐵鎖橫山腰百丈斜牽舟楫上自從江面生長洲荻蘆颯颯吹清秋山花丰茸鐵鎖斷舟人賈客乘安流古稱天塹限南北變化神靈事難測蛟宮鼉窟今有無醉倚江門長歎息

洗菜行

綠楊掃地青絲長美人洗菜行方塘天寒水冷停玉腕欲洗不洗肝腸斷東家醜妻名無鹽深房日照蝦鬚簾行行侍女進珍膳羣眷不食心猶嫌人言妾貌三春榔生來薄命糟糠婦朝朝洗菜作羹湯辛苦堂前事姑舅

蜾蠃行

荒簷老蘆根幹枯中藏祝子蜾蠃窠窠底青泥窖成節參蟲螬子相糾結日午土牖聲薨薨羣飛上下游蜂同人言蜾蠃負他子豈知孕字兼雌雄蜾蠃蜾蠃復蜾蠃育子生孫常似我

其二

蓬蒿叢叢蜾蠃飛養子負取螟蛉歸介子雖生螟蛉死螟蛉何辜飼介子造物所鍾有不仁萬物豈得皆祥麟嗟爾蜾蠃細小蟲貪殘作計爲兒孫似我似我還似我纍纍之子皆蜾蠃

鯉魚行

荒溝古蘆大于竹下有深潭老魚伏此魚變化聞有神背上錦鱗三十六黃梅雨過風颼颼青絲細網沈寒濤船中置釜船頭刀簁簁赤尾衝波勞誰能知爾惟琴高

農女行

海濱農家女粗醜衣多蟣蝨面多垢早負犁鋤晚踏車生來赤腳能趨走富農辛苦田有秋新霜屋角橫耕牛蝦蟆鞋子布裹頭遠村近舍誇風流轉眼明年動春作依舊牽牛赤雙腳

阮晉林臨米襄陽西園雅集敘長歌

世間神物不易得米顛墨蹟天下少舊搨小楷誰最工西園雅集圖本好江都能手阮晉林雅善臨摹稱絕妙阮公爲我言昔曾見此圖素紈團扇大如掌伯時繪畫元章書古本流傳葢有自請陳往事娛閒居盛明中葉萬曆初神宗御極方晏如海宇豐泰百穀賤玩物騰貴爭驕奢東吳學士董文敏釋褐始直承明廬搆得茲圖出燕市寶愛矜夸絕世無搨入戲鴻新帖內足與後進爲楷模早年筆力未超脫形貌雖是神骨殊是時新安王越石躭奇好古真成癖千金

懷壁走京都貴戚侯門多莫逆手持太極圓玉杵一線陰陽分黑白心知學士悅此寶顧盼摩挲偏惓惜博取米老西園圖佐之百鎰乃肯易越石挾此圖飄然還江東觀者往往竊驚歎遂以翰墨驕王公啓禎年間偶一見諦視怳惚心冲融蠅頭悉具龍蛇勢尺幅深藏造化功三十餘春人事變越石老死家業空兒孫轉徙失故物却令零落歸村翁輿會巳隨時代隔夢寐尚與神明通晴窓花香白日麗握管想像經營中眼前摹畫非善本彷彿亦有先民風我聞斯語發長嘯盛衰須臾事顛倒名筆翻遭俗手汙一物隱見猶難料如公讀破萬卷書壯志排空在廊廟脫節

蹉跎星髩垂人生豈得常年少詩酒窮途老步兵流浪塵寰貧笑傲寧將草聖擲商賈肯復低眉事權要古之上士先德行六藝兼存非小道即如蔡元長書亦名宋代元章八法人所珍元長之書竟安在莫言貧賤終沉淪技成豈直高儔輩史皇造字眞宰愁天地大文非久晦岐陽石鼓峋嶁碑茫茫千古令予哀

于頴士生壙歌

羲和揚鞭走白日百丈綵繩牽不得長生宮殿鎖秋塵珠柙玉棺多貴客男兒墮地誇身强泰山秘籙愁茫茫青松綠楊手自種誰能萬歲居高堂于頴士自古賢愚知幾許巫咸彭祖與童烏先後同埋壙中土

馬鬣寒郊一片煙且留數積看花錢

憶孫山人述烈皇宮中遺事歌

壬寅冬月歲將盡揚州客舍風雨至幽窓鬼嘯燈火昏低回今昔愁無寐四明山人孫介夫相與欷歔言往事甲申之變九鼎遷江南轉盼皆煙塵孫生避地錢塘口偶遇先朝老內臣寒更逆旅同蕭寺感慨興亡爲細論當時白首監宮職蒙恩灑掃君王側椒庭秘事人不傳魂夢依希能記憶啓禎末造天運終萑苻寇盜馳關東兩川流民附李特三輔逆醜推獎崇四海土崩勢如綫天子旰食憂深宮方思古鑒求治理夜以繼日窮隆冬歲在癸未建子月讀書便殿聞

宵鐘沈沈魚鑰千門閉寂寂羊車永巷空金爐刻鳳香猶煖寶跂蟠螭燭半紅青編舊史知何代歎息微看動御容躁星幾點榆河轉聖體忘疲左右倦侍女曹騰喚不來諸嬪蓮燈歸別院殿傍貂帳列廻廊直宿監奴各求伴朦朧睡眼正如醒霹靂一聲天宇傾我皇高呼有刺客帳底愴惶心膽驚須臾隊仗齊奔入捲起腥風蘭燭滅更尋殘燎續餘光四顧無聲方咋舌濛濛梁棟暗塵飛仰見交龍畫板裂心疑此事不分明舉火巡簷再搜詰至尊仗劍先下堦中官執戟相隨出漏聲欲斷宮樹寒鴛瓦凝霜照斜月重重玉殿門俱啓處處銅鋪鎖自掣誰開屈戍撼黃扉繞

闔周遭覓消息常時繡幄控金鈎此日低垂互虬結
無乃狙伏在其中啓幄端詳事奇突宛爾白鬚翁一
個皤然獨向御榻坐抽戈疾擊杳無蹤天顔慘沮淚
交下擲劍重歸思政軒頓辟長號將永夜手書片紙
付殘燈天將亡朕朕何過反覆斯言燭上焚滿宮伏
地助酸辛多年五酉成幻化何用哀傷損聖躬艮久
聖人始抆淚凭几曲爲言其因汝曹未讀前朝史有
宋中衰國步屯狐升御榻禍非細徽欽北狩無還輪
荊棘銅駝兆已見言罷悽然日向晨我聞天語尚猶
豫詎料來春生變故鼎湖龍去夜烏號六宮星散蒙
塵霧流淚殘軀東海濱舊恨新愁向君訴野廟荒江

戍鼓沈啾啾木魅啼空林興衰自古何須說兩人相
對涕沾襟高皇定鼎安寰宇太平幾葉嗣中土神宗
登極四十年百度交弛萬物蠱上帝深居閉禁闥小
臣植黨爭門戶但知草野論文章不識朝廷有政事
蹉跎瓦解覆神州南北斯須繼易主君死社稷古所
難追維釀亂由羣豎老監言之孫生述吉凶禍福俱
堪賭壬寅拒今又幾春孫生朽骨埋寒莽閒存遺話
附編年觸緒紛來集毫楮挑燈一夜暗韡肴韡肴别
有傷情處傳聞故殿閉秋煙歷歷長星又亘天白氅
生遍江南土彈指山河總枉然

漪園臨池老楊爲風所折感而作歌

淵照堂前古楊樹根柯朽蠹枝拂空宛如飛橋駕巨
鰲雙幹崛強交長虹又如支離老叟倚石檻半醉偃
仰欹西東地偏獨藉深蟠勢年久兼蒙造化功主人
高吟閒抱膝見此婆娑慰顔色春朝帶雨煙霏霏秋
夜淩霜氣瑟瑟天清上掃斗牛宮月黑下壓蛟龍窟
豈無虬松與翠柏此樹當庭妙無匹青蘋昨夕吹微
風忽鳴羣籟白晝昏土裂根浮半崩折烏鵲亂噪池
水翻腹中蟒蟺盡暴露葉底螻螘同飄零漪園主人
神不懌下堂三歎還閉門往年河決邳埭北官督柳
薪事障塞朝廷空費塡海心百姓豈有排山力金錢
歲飽徒隸手陽侯興波怒不息窮村枯楊斬垂盡里

正猶遭吏誅責男逃女竄無一存水退蕭條長荊棘
扶疎此樹生君堂託君宇下誰見傷寧知變異有不
測猛風惡雨來摧戕世間萬事皆天意楊乎豈女獨
顑頷請爲置酒池邊地主人斟酌客同醉醉舞酬歌
日西墜

短歌上别駕奚公

古劍熊熊光百步本是吳王在時鑄千年埋沒荒土
中惟有張華識其處提起一片青芙蓉寶氣直上牛
斗宫蟠靶老蝌色斑駁世人疑與鉛刀同風雲變化
且有待看取飛作延津龍

其二

九陌紛紛走駑馬驊騮老困鹽車下虎脊龍文誰見知伯樂一顧千金價秋風苜蓿御苑香燕山雲錦萬匹強力盡窮途偶一蹶會與天駟爭騰驤不然櫪伏渥洼種武皇何用誇長揚

其三

舉世盡愛連城寶荊岩之璧天下少當其抱璞章華宮卞和含淚楚王笑一朝光價騰九州相如睨柱強秦愁鏤作帝廷受命璽失此重器爲國羞龍章鳳篆佐天子至今尚說陵陽侯

其四

海日曈曈照波出波底鮫人住深窟珠光錯落飛玉盤盡是酬恩眼中血丈夫意氣如海深剖肝瀝膽爲知音手攜數寸青鏤管許身何必雙南金午夜高歌孟門曲翩翩黃雀知我心

顧瑟如爲孫明府畫濬河圖歌

顧生善畫誇最能曾寫棧道雲千層濟南題詩具風格(王學士阮亭)歌行繪事兩擅稱往年邀我爲長句劍門天險不敢賦今年示我濬河圖筆底真疑鬼神聚人物細瑣辨絲粟造化規模出毫素兩堤屹立山不動畚鍤縱橫密如霧河干驛騎馳雙旌赫若天帝河伯驚問誰牽狗兼臂鷹巡河使者河上行自從河決支祁走室廬播蕩無一有民其魚鱉東南陬歲塡圭璧淮黃口空教少府耗金錢還催百姓輸薪柳況乃挑河下嚴令髓竭皮乾骨已朽白田孫侯惜民力子來赴工七日畢身清獨觸上官怒勢屈頗遭胥吏逼顧生畫此得無意覽圖起立長太息丈夫生讀萬卷書貴能布德康海隅丹青小道亦匪易足關民命與廟謨林良呂紀雖絕伎翎毛花卉奚爲乎即今　天子古仁主臨軒動爲蒼生吁年年蠲帑復賜租澤被溝瘠羣物蘇側聞兼好翰墨迹左有諸史右有圖何不遂繪流民達帝都監門鄭俠今恐無

送吳但小之楚兼屬訪舅氏消息

東方欲白星乍疎城頭啞啞啼曉烏行人半醉歌驪駒腰下寶光搖轆轤古錦囊琴出門去七澤蒲帆掛春霧我母有弟湖上住廿年短髮應成素瀟湘日晚鷓鴣啼苦竹烟深在何處

長歌贈王表叔勿齋

我年二十懸桑弧結交淮海多文儒問誰獨託金蘭契江都華大秦郵吳(謂龍眉萬子)十載還家不稱意舊遊零落晨星疎眼前齷齪那足數鄉里小兒來揶揄瑯琊二王周旋久我姑祖母爾之母大王崖岸峻高視輕培塿小王翩翩妙絕倫胷懷恢廓與我厚永日盤桓數卷詩深宵調笑千杯酒豈惟調笑千杯酒六博彈棋事事有近者少年朱申伯頗能狂叫揮大斗此

人衷腸亦不惡袒跣呼白眞吾友海陽客舍風雨晨與爾痛飲經兩旬其時申伯初來親蔣生雉衡吳生同作賓綠蘿垂陰掛長夏花邊促坐陳盤飧裸體頻搖六角扇濡首立盡五石樽庸奴嚄唶睨筵上我輩豈徒哺啜人斗筲之士計細瑣俛仰天地無一可青春不飲復不博桃花李花愁殺我濯纓亭畔滄浪波風光淡蕩楊柳多游冶三五共一舸清明上巳行踏歌而君跼蹐居牖下有酒那得朱顏酡嗚呼人生相知在心不在貌一日過從百遍不爲少兼旬屢月不見情亦好咄哉白眼者誰子使我鬱紆傷懷抱

輕薄行

李生臘月揚州城裏坐雪片冰花眼前墮平明起探買薪錢笑挈空囊無一箇城東年少昔苦貧若翁與我情最親曾輸白鏹濟饑困立時八口回陽春乾坤得失如覆掌此兒自謂靑雲上蒼頭走報索米書翻將冷面愁相向荒塘古寺風怒號主僧寓客同惆悵

忍冬子歌

谷陽何子江北生忍冬其字鐵其名身軀細瘦神骨清通眉連娟雙眼醒自言髭髮多聰明發言傾座四座驚弱冠辭家負書篋騙蹄馬跡飛縱橫黃皮靴靿綠韝鞲獨身仗劍虎豹營辰韓雜部烏桓聲酒酣割炙啖大牲盤頭少婦行玉觥大弦小弦琵琶箏此時爲樂方未央寧親歸省射雉城三年攻苦學業成丹青圖篆伎最能上搜史籀下李程六書譌謬辨識精鼠鬚妙染秋窗晴米顚顚態倪迂情素紈粉箋蝶翅輕沒骨皴法柔絲縈棘猴氂蝨迷目睛鬼工神斧輸晶瑩以此力養謀斗升負薪午夜霜熒熒酸垂兩臂面汗騂絕藝莫飽饑腹脹一生蹭蹬苦拘儜被人呼作東吳傖前者喪父兼失兄母死不厝先人塋寡嫂績紡悲煢嫠孤兒寄食同奴黔雖有美室嬌舜英結褵匝月身飄萍青春百兩空將迎宕遊辜負羔鴈盟花顏泣露蛾黛凝妝樓翠幌栖流螢匏河鵲渚望雙星分明魂夢烟瞢騰金風颯颯雨冥冥絺綌單衫寒

抱冰昏燈客舍宵零丁半醉起舞腸鬱悒丈夫頭角須崢嶸超塵逐電六轡逞會過三七遊太平吹竽挾瑟交公卿不爾結客連幽并南走百粵西楚荊郎今四海方用兵寶刀黑稍聲錚錚將軍錦裘鳴鼓鉦美人毳帳調鳳笙衙前列較開射堋上方錫詔龍油綾何不買絲援長纓牌子鶻尾從專征攬取金印如斗形乘傳負弩歸帝京殊勝羈四事筆耕蹣跚不進折脚鐺烏烏夜啼月在庭心長燭短愁深更

朱九陽畫壯士圖歌

讀書萬卷百不成不如學劍交荊卿陰虹貫天白日死怒髮捲起捎長纓騎馬夜出邯鄲道五原黃沙吹

浩浩月支額顱智伯頭血浣紅襟滴生草俠遊聲譽
動四方撞鐘伐鼓歸華堂私名著籍三千士堦下廝
卒秦舞陽壯夫恥受睚眥色借軀快意行亦得幾人
能解嚴遂心世間不少摩訶力朱旭丹青工絶倫爲
我寫照真入神偏袒右臂坐頑石顧盼獨與崑崙親
手把髑髏向空笑雖無其事情已妙銀尊瀉酒胸懷
開熱血糢糊斑未燥膝前橫展史一編傳紀郭解非
徒然椎埋草澤作姦計如此英雄自可憐

美人行

麟毛織文花氉毸美人腰細旋珮瓔柯亭老竹截雲
棟鸞管排空吽神鳳博山火暖茱萸香簾外皚皚飛

碎霜迷魂淫魄奏激楚蠟淚堆盤夜方午主人稱觴
客不辭對酒不樂須何時黃塵蔽天白日返萬里縣
軍鬬歌板荆王妖夢酬巫娥西陵油壁驕綺羅斷角
五更牙帳曉傳覓錢塘蘇小小

飲從叔子怡宅作三栢堂歌

吾叔新居葛洪里酷愛三栢名其堂不知何人手初
種突若鼎峙高蒼蒼其前兩株相對植雙標銅柱雲
摩盪其後一株特强立孤幹聳起天爭長多年老物
漸衰禿勁節撐拄神昂藏華陽舊路跛驢背冒暑到
門身已憊入宅仰面忽大叫爽氣直豁青霄外主人
張宴露井中朗月當空澈纖霭傍垂綠柳枝扶疎下

開錦欒香馣馤柔姿艷朶不足矜諦視偏喜夌烟態
細言玆栢配國運雨打霜摧三百載往時太陰驟昏
黑霹靂砰訇穹宇碎羣獸竄野烏鳶號列缺豐隆繞
庭內久驚搏擊龍虎吼暫息昏霾鬼神退雖存生意
傲朽腐已覺檗柯半凋頺皇天好惡本不私傾覆栽
培各以類栢兮胡爲覯譴怒得毋斯理終茫昧嗚呼
君不見神烈山頭萬樹松昔遭斬伐今如童

村雨歎

大村老儒窮鄉坐連陰十日雨不休壞垣崩塌似雷
震梁上燕雀聲啾啾晡時小晴出幽谷主人邀我到
華屋舉觴未盡雲四垂復起衝泥走荒塾戶外淺井

生波瀾戶內土無一寸乾長凭棐几廢行立如拘請
室身曲拳因思前者家居情不惡挈枕南窗跂雙脚
兒女繞膝供搔爬綠樹交柯在簾幙人生適意豈必
富貴時但求飽飯無事他何知寄語城中舊相識愼
勿悞爲村童師

贈陸懸圃

天下隱士誰者高海東三子名孤標麟遊衰世總奇
瑞鳳藏深穴非凡毛壺公吾大阮體具仙骨神蕭散
宗子擅文衡理菴家學傳嗣遠其中陸生最岸異小
樓危坐空雙眼爾時數子猶黑頭長嘯菰蘆傲軒冕
陸生今逢知命年日車不返桑田遷買山已遂支遁

志負郭難羨子淵賢苦遭洪水浸階戺歌出金石俱
徒然腐儒授餐亦孔醜我且與爾餬其口身被短褐
君莫嫌首軟皂帽人奚有二酉書存未即貧三都賦
在差堪久雲霄之上如可齊五嶽巍峩直培塿塵沙
滚滚天地昏眼底變態何紛紜鹿門遺老自酣卧愼
毋悞作隆中人

挑河行

海風驅寒凍大澤挑河役卒無人色手龜腹枵土力
剛百里程期杳難畢爲我謂里正迫促何太愚明知
功不就且請寬須臾自從黄河失故道胎簪合派同
奔趨山泉湖堰滙衆勢蕩成星宿民爲魚下流疏塞

總非策金錢空耗事事無奉土防川計已拙建表穿
渠謀亦疎行旅齎送苦欲散剝脂和雇徒區區往時
朝廷正全盛黼座殷憂在淮甸水衡少府費不貲尚
飽貪胥任潰横況今四方久用兵算緡賣爵增新令
豈有餘財佐工役溝壑殘生枉乞命復恐侵漁重歛
朴何如忍死安懸磬東南虎鬬堆伏屍深岩穽箐逃
瘡痍車裝婦女日北去兒童掠賣換馬騎念爾遨幸
保腰領又共妻子相提携皇天覆載於女厚便塡谿
窟理亦宜愼莫疲勞絶地脉死兵死餓誰憐悽黄昏
詩罷聞野哭終夜無眠對寒燭

賑糧行

臘月官糧賑千石數萬饑民聚城邑人多騰踐聲震
天糜米流黄血流赤腸穿脅摺横路衢啞啞屋角啼
餓烏大村老儒最酸鼻家餘八口今何如

其二

隆冬走趁升斗糧多留城郭少在鄉三日北風大作
惡內外食盡身凍僵城中富兒萬囷粟忍視民死坐
華屋爺娘哭子妻哭夫願同一坑埋骨肉

縛虎行

海風漠漠吹腥血神龍潛淵虎作孽佗羊咋犬女分
當殺人豈不干天常白晝猙獰走村舍快哉立斃欃
鋤下鳴鑼擊鼓過市尰愼莫狂笑州守知

聽琴歌贈陳柳公

瓠巴古弄久失傳虞山舊譜今第一雅音淡泊知者
希琵琶弦索聲啾唧近推能手莊蝶菴靡靡新響遍
江南陳隋小調亂法曲十操九引誰復談柳公好事
眞罕有一生嗜琴如嗜酒邀我爲作聽琴詩神鳳猗
蘭嘗在口廣陵三月桃花紅東關道左驚相逢宗丈
王生恰同客（子發叔敦）招歸旅店彈松風古錦囊開爨桐
出玉軫横陳對瑤席中堂偪側人語譁拂絃一聲四
座寂初聞梵唄音琅琅繼奏流水諧淸商急弦吰噌
抑哀墍柔絲細碎鳴珮璫悄然漸入無聲處閒雲在
空花落雨指上行間兩不知彈罷相看日亭午陳生

自言此道難尋師苦學三十年海外成連惜未遇夜
忘眠寢朝忘餐乃知凡事須篤志妙伎通靈亦匪易
寧能縣琴掛壁手不彈得與獱沐商陵接神契我攻
文墨髮半蒼爾抱綠綺遨路傍龜茲雜部多上客長
鎗大戟封侯王左顧向宗丈右顧謂王子咄哉陳生
爾莫嗟我輩合是蓬蒿士爾不聞龜山薇㬥高嵯峨
仲尼三歎無斧柯又不聞盟津湯湯揚濁波苻秦之
世趙整歌自從吹篪滿南國援琴祇覺宮弦促幽哀
變徵思皇操令人轉憶楊懷玉

贈宗八丈子發

天下無事不可覓飽食只有腐儒抱道當餓死丹山
白鳳饑嗸嗸不如安居豢養牢中豕宋也奔走乞活
揚州春獨被裋褐趨風塵却逢宗丈作同調追隨逆
旅情最親東尋東關陳柳公北訪城北杜茶村彈琴
賦詩成底事日聽紅橋大賈吹竽笙晴川小亭花簇
簇暮鐘古寺雲昏昏繩床襆被共一老白田先生身
更貧王葉夫昨日宗丈過我索長句今晨叩門言別京
口去君不聞朱纓突騎烏桓種綠幟行營楚州戍沿
江捉人勢如火何故衝波忽南渡得毋盎中斗米渠
上衣往來專爲妻子慮百花洲邊水泊天萬歲樓頭
羆虎眠欲求數畝負耒地苦少幾貫誅茅錢此生但
願漁樵得稱意齷齪富貴皆可憐青城赤闊豈能到

鹿門柴桑兵燹間傳道潁陽風土亦不惡與君耦耕
甘羅冢畔田

焉文草堂歌贈韓醉白

平生結交恥榮利貧賤之士心所向小年最愛韓醉
白五日十見神始王爾時一身如流萍寄人廡下書
半篇意氣豪宕絕倫等狂言往往干將鳴使酒貫罵
程不識開門踞侯曹丘生前者訪女城北麓背城已
有數間屋是月初看跨鳳歸花窓棐几張紅燭今者
過女焉文堂堂上器物增輝光爐香茗飲事事淨筆
床硯匣俱精良乃知女才信有用生理頗覺百倍強
丈夫上可康主下庇民指揮楚漢安宇疆寧能忍饑
佛鬱對妻子敝甕不滿升斗糧如女志雖羞溫飽亦
得朗吟抱膝追羲皇胡爲低眉竊嘆神不懌隱憂沈
痛傷肝腸韓郎手指草堂題額數行字汪五短敘知
余意蛟門仰頭諦視心悲摧良久不言起相慰皇天
私女別有在不富不貴非無爲且懷刀札干諸侯猶
勝奔趨獵名位鳳雛出穴毛羽奇駒種墮地筋骨異
竹實龍芻茍未長肯與豚腐吞腥同一輩嗚呼韓郎
女真文適先生兒眼中高車大馬過者誰

韓文適先輩楷書小字歌

先朝法書推文董墨跡小楷尤妍妙規模已失二篆
神流俗但知姿媚好韓公筆力迴擅場江都兼說強

惟艮公也善真艮善草同時羊孔分雁行懸鍼垂露具筋骨蠅頭細字硬弩張豈惟待詔宗伯遜體勢臨摹直抗鍾元常承平之季百度敗風土煎靡廣陵最酣歌城闕盡少年氣誼文章公拔萃中原淪喪須臾間淮南四鎮倚謝安幕府徵才馳聘使竟謁丞相開軍門西坑古硯白蠶紙握管迅掃迴雲烟兩行文武色飛動龍盤鳳翥牙旗翻丞相笑起奉斗酒國書價重超璵璠書成辭幣拂衣去如公識量寧等閒牧馬長驅天地裂拜表無功丞相沒蘭亭世寶不復存井底衣冠浣鵑血呱呱幼子方二齡承嗣家學守一經遠搜近取得手澤畫屏錦障懸日星示我玉軸桃源

記標題逸品真通靈兼之扇頭楷法黃庭字別傳精詣非寫形嗚呼公書萬古光熠熠再跽焚香貯深篋燈前潛取三摩挲冷雨陰風破窗入淚痕墨汁交淋漓彷彿滿城塞角烏烏鬼神泣

王孝子歌

風慘慘啼屋烏巷春無聲掛白旗崑山玉碎悲鳳雛日月晝暝園竹枯母生我生死我死升天入地隨阿母千年漆燈照黃土此情此恨無終古

題十二硯圖贈汪舍人蛟門

生平何物最愛玩青田之石端溪硯老坑蜜凍不易求蕉紋鸜眼尤難見憶昨先朝御寶賜元輔內府珍藏玉一段鴛鴦綬帶龍錦韜紫熠豬肝光爛爛家貧零落歸他人子孫陶甕供揮翰嗚呼我硯如夢心悲摧子夢十二之硯胡為來澄泥銅瓦互排列形模古質非常材畫工寫真亦好手頰毛飛動神采開手摩目注色如火饕貪毋乃愚可哀舍人能着幾兩屐此物胸中幞成癖使我苟有一硯致足樂但取適用多奚益世間黃金白鏹市賈資尚恐過分遭鬼責況乎纍纍至寶十二神所呵硯兮硯兮奈女何

送周方山還昌陽

朔風捲雪埋大河冰稜水面高峨峨周郎手攜鐵如意為我起舞歌驪歌啼烏古渡滄浪口枝枝凋盡城

南柳艇子搖霜清晝寒臨行勸女一杯酒人生壽命懸在天四十齒髮非少年豈能遠作無期別乍如疾鳥離驚弦長蓬捩舵弧子角匹馬飛鞚鍾吾田念爾僕夫久羈旅何時歸見昌陽山雙親垂白倚閭待候門兒女牽衣還由房笑對調箏婦新妝碧玉開紅顏征裝未卸急北走看花隨計遊長安我伏菰蘆訪消息爾謁春官期第一燕王築臺高接雲輦載黃金充駿骨朝脫白衣暮朱紫中郎騎都聲赫奕文章不比西園錢此間鍼芥須神力丈夫遇合自有真七尺何為憂賤貧孫弘牧豕富學術景略捫蝨談經綸但將意氣客相許雷雨必共蛟龍親風塵澒洞鬬豺虎大

笑欲溺頭上巾珥貂帶魚多市賈織簿屠狗豈細民
煩君試問田橫島誰是當年五百人

壯士吟

隱不必逃山林出不必登廊廟蛟龍雲雨隨足生丈夫雌伏誰能料魚腸片鐵知我心夜夜床頭聞虎嘯

贈南豐湯若人

爲吏不用豐田園但須清白貽子孫爲儒不用希圭組但將耕讀承父祖湯侯磊落豫章材神童譽自燥髮來朝廷屢葉錫軒冕兄弟一門皆瓊瑰即今四十頭鬚黑惡干榮利仍偃伏身披裋褐羞公卿家剩敝氈乞盜賊秋風獵獵吹客衣幾時掛席南城歸麻姑酒美豚蹄肥閉門色養心無違彼何者人走碌碌京洛風塵同角逐

題劉二允中獵馬帶禽圖

野寒漠漠霜草枯白猎迅走蒼鷹呼錦繩高捎雉兔狐騄驔八馬一馬趨誰與獵者風格殊劉侯含笑開此圖指顧生肖神態俱紅纓飄颯短後襦雕弓繡箙金僕姑小童阿虎爭奔驅君不見秋風赤驥飛帝都天子不在瑤宮居周阹絡繹揚隼旟輦前列校皆羆貙彎弧直上豹尾車蹈犀拉兕殪豜貐出入熊館夸萬夫左右侍衛君其徒從肩從牡猶區區

短歌行

嗚呼造物酷虐加腐儒禍福之理偏模糊茶村老叟困已甚含飴不樂殤其雛垢翁愛子亦短夭骨肉深悲淚血枯家貧豈有鬼瞰室盛名爲禍天所誅長安狗屠福最厚美酒大肉牛羊豬子孫滿前腰金魚

嬴隱初集

五言律 共詩一百九十四首

長干塔
正月五日同諸子觀傀儡
客愁
朱也狂齋中對菊
瓜步舟中
三日澄江病起同虞孫弟觀迎神
秋雨
村書
園外晚步
梅花落
亂後同董君節過天寧寺
長夜
寒月
春雪
初月
眞州
春怨
蛺蝶

夜行廣陵道中
眞州五月雨
二十四夜
奉贈于庭曾叔祖
待月
宿樊汊
聽雨
牛首山
邨夕
晚景
邨夜
牛首山
卞邨晚眺
聞雁
蛺蝶
久立
除夜
郊外野泛遊吳隱君亭子二首
晚上梅花嶺
吳夢祥移居漪園五首
送僧還山
宿陵亭界上

海陵岳忠武廟
小犢
邨夜
鼠
蟛蜞
詠草
蜻蜓
望鍾山
健驢
金陵見初月
農家
泊界首
湖蝦
平湖橋
陽平碧霞宮二首
袁浦觀河
送甯益賢返潁上兼寄令子晉公肅公
邨晚
邨夜
華龍升招同孫阿滙集春草堂得秋字
晚登梅花嶺
雪二首

重至句曲感懷
拜先曾祖大宗伯公墓
夜倦
重過吳氏亭
今夕
壬子元日
服闋
王勿齋招集三槐堂
登文游臺
登弘濟寺
呂城
暨陽萬佛禪院爲王氏別業革命初以城守获罪廢爲寺感事有作
乾明寺
暨陽道中
晚行陽羨道上
法藏寺
蜀山東坡書院
周孝侯祠
別叉維上人
京口道上憶蔡七蔡九
江上

梵嚴上人禪院觀桃花
夜過邵埭
贈幻空上人
京口渡江
得王司勳西樵訃音三首
蕭孝子祠
正月十四夜雪中集毛聖羽廣文署
諸湯
小閣
喜宗子發自江南歸
病甥孫
贈蔣前民
江秋水小閣同蔣前民王西齋喬東湖納凉
哭野鶴道人
夏夜天寧寺納凉
夏夜聞蟋蟀
夏日寓天寧寺韓醉白攜尊竹中三首
江行
秋夜雨窗同何龍若
十二夜月
重見月
周證山過訪即席對月

中秋
十七夜月
十八夜月
酒後同陸又紀何龍若步月
夜坐同何龍若
寒蟲
豆蟲
送何龍若之東皋訪師陳其年
秋盡見螢
送宋彬臣還射州同許農部漱雪蔣子雉衡王表叔景州欽州赴從叔護生招集西郊
登燕子磯
三塘別射陂朱漢儀
乙卯除夜
掩卷
雜咏八首
玉山來塩亭
入華陽道
木末亭覽眺
萬事
水前晩坐

寓目
憶念子
郵晩
鶩
水郵
霞
雨郵
遊焦山三首
訪羅亦蒿故居
寒夜
河東
郵夜
清宵
戲簡徐四平音
夏夜
臨鏡見素髭一莖
久羈青館不歸
陸縣圃窗前芭蕉
再遊禪智寺
過獨樹菴贈慧上人
松雪菴初晴即事
雨

戊午初冬客廣陵贈懶上人
送周方山
戊午除夜
元日感懷
過岡門鎮
觀海
抵監城
歸自監瀆
蒿坡廟
柴默菴祠
寄廣文劉丈
黄惠臣暮歸貽紙扇諸事兼留飲
憫雨
大雨
渡江望金山
京口銀山菴為先宗伯功德院有欲奪之者晩宗獨坐率爾成咏
江上晩行赴燕子磯
夜泊江干
承恩寺同夏次功夜坐
雨花臺
承恩寺夜雨

松風
夜宿承恩寺
白氣
輓王丈象山兼呈景州欽州兩表叔三首

嬴隱初集

大邨李國宋篹

五言律

長干塔

長干前代塔登覽上青霄日月懸三界江山盡六朝鳥飛盤仄檻雲度礙高標聖祖巡遊地空悲龍馭遥

正月五日同諸子觀傀儡

隔年愁不盡歌舞興偏豪世態原如此吾生空自勞暗燈春雨濕清吹晚風高賴有同心友寒宵共濁醪

客愁

客窗愁易集漠漠野煙深黃葉秋山寺青燈夜雨心

濕萅啼古砌驚雀響空林獨宿松關掩長宵何處碪

朱也狂齋中對菊

之子能留客開尊對野花三秋初見菊九月未還家孤木寒煙重茅簷細雨斜晚來愁獨立江鴈亂平沙

瓜步舟中

絙舟中夜發野宿過江城暗檥乘潮急孤燈傍曉明還鄉無舊業爲客走浮名遥憶倚門望深愁白髮生

三日澄江病起同虞孫弟觀迎神

曉起滄江上閒尋曲水遥異鄉風俗變亂世鬼神驕有弟同觀稧無觴可泛潮不祥猶未祓春病影蕭蕭

秋雨

重陰不可問蕭颯楚天秋白日沉滄海黃雲起戍樓悲笳中夜動寒燭旅人愁莽莽烟霄外弋船何處投

村晝

長晝復何事高歌任短衣門開邨豎立飯熟老農歸一鳥當空過羣蜂得日飛晴明見南隴歷歷稻苗稀

園外晩步

步入垂楊裏幽心自悄然臨風一回望遠市數燈懸流水人家住行歌此地偏晩來新月好斜照戍樓邊

梅花落

塞外馳鉦鼓軍中起暮笳還聞奏羌笛一夜落梅花海霧星芒結邊風白草斜高樓掩青鏡不忍度年華

亂後同董君節過天寧寺

昔遊如夢寐亂後喜同歸殿僻僧猶在堂空客到稀秋花欹細草石竹冷苔衣欲度廻廊去嚴城方掩扉

長夜

長夜不可寐蕭森秋氣侵寒風飄客幔苦雨滴鄉心舟楫往來數江湖波浪深五更聽烏鳥肅肅起霜林

寒月

月白夜方寂空庭人未眠寒窺萬象苦清照五更圓野戍明江壘霜笳凍海天關心望墟里淚墮綺疏前

春雪

飄瞥江城雪春來忽自飛竹梢花細細爐動影霏霏

塞鴈不知路城烏幾點歸客途寒未減虛白掩雙扉

初月

江上初生月蛾眉忽自懸半鉤今夜吐青鏡幾時圓影薄春雲裏光微翠幌邊玉樓凝望盡坐隔綺窓煙

眞州

三月客眞州眞州久滯留烏藏胥浦柳燕返廣陵樓寒食雨中過旅人江上愁桃花漲春水夜夜夢歸舟

春怨

博山香欲暖巫女夢初歸曉閣臨粧罷空牀捲素幃藁砧三月別玉筯兩行揮怕作菱花鏡春來化鵲飛

蛺蝶

輕薄隨紅絮飄飖亂綠蕪掠花低粉翅貼葉動香鬚片片看難定娟娟弱自扶物微情不減雙影過庭除

夜行廣陵道中

素纜牽沙岸青蘆掩晩舟風沾螢點點露宿鳥啾啾客子坐深夜漁人眠渡頭近城更鼓急燈火是揚州

眞州五日雨

令節偏多雨微寒犯布袍客雲陰不散亭午日空高角黍投沙遠蛟龍覓食勞從來悲失路留滯向江皐

二十四夜

歲盡傷遲暮此宵尤黯然世情皆媚竈我命獨疑天髮短江湖上寒深燈火前生涯成底事俛仰失華年

奉贈于庭曾叔祖

屈指論興廢于今二十年吾宗亦凋謝遺老尚依然
學富詩千首家貧易一編高曾規矩在瞻拜草堂前

待月

孤月潛滄海羣星亂太虛把杯遲不到深坐欲何如
半壁螢能照空堂竹自疎忽看懸鏡出光氣滿庭除

宿樊汊

日暮水流急孤舟帶一星人投遠郵火犬吠隔溪亭
月出夜初白春歸柳未青不愁鄉夢苦客況飽曾經

聽雨

野白連雲氣燈青作雨聲夜兼寒漏落秋雜亂蟲鳴

颯沓過空宇蕭騷感客情如何枕上夢不到海邊城

牛首山

獨上藏龍窟遥瞻踞虎邦四天圍碧嶂一氣滾寒江
淨貝安禪悅香燈冷法幢頓令塵思盡高倚白雲窗

郵夕

柴門向日夕倚徙意如何野寺暮鐘少水郵秋雁多
雲消星逼戶風起月沉河次第收禾稼寒舂急夜歌

晚景

郵墟安晚景渡口立殘陽海月初生赤江雲欲雨黃
遠牛過斷岸歸鴨下寒塘歲晏徵租急勞歌聽打場

郵夜

茅堂虛四壁水氣晚來通露葦鳴殘葉風燈舞亂蟲
碾聲秋側力寒色夜朦朧坐向田園老叟其歎固窮

牛首山

萬壑爭江勢千峰繞白門青林雲氣合赤日石崖昏
鳥下半空小人當絕頂尊滄波流浩浩日夜動乾坤

卞郵晚眺

黃昏行壠上惆悵晚川前日氣蒸殘雨風聲捲暮煙
野童牛背立茅屋瓠藤懸躬稼勞生事嗟余有薄田

聞雁

雝雝高天夜長鳴過半空避寒辭塞北辛苦到淮東
逐隊防虞網離羣畏朔風稻粱秋欲盡冥冥暮雲中

蛺蝶

蛺蝶一雙起微風吹不開暫穿籬徑去忽過草堂來
黃雀翅終短蜘蛛網莫猜翩翩天地潤客女共徘徊

久立

久立閒階靜行行候雁過暗衣侵露濕荒院落風多
宿鳥爭寒薄高雲沒斷河吾生同萎草歲晚易蹉跎

除夜

一年餘此日入夜倍關情物序爭殘晷人間老半生
懷新嬉小女戀舊歎寒更華燭高堂宴熒熒達曙明

郊外野泛遊吳隱君亭子

別浦延歸棹名園足勝情花防奴子折筍礙酒人行

綠樹過橋合青蔬接水平悠然豪濮意便想濯塵纓

其二

野色圍空澗茅堂盡一尊雲邊芳草路柳外夕陽邨
此境宜常過幽人與共論醉歸城郭近方覺渡頭昏

晚上梅花嶺

嶺畔牛羊散嶺頭餘暮霞只今空蔓草自昔有梅花
寒月傍城起秋鐘出寺斜傷心丞相墓蕭瑟夜啼鴉

吳夢祥移居漪園

移居初作宅依水舊名園喬木春鶯盡新巢乳燕喧
草堂攢石拱苔潤襍花繁塵世無勞問斯人已閉門

其二

地偏人事絕林壑坐來幽盤徑松俱古歙池柳自秋
開窗臨水檻延客醉山樓子欲乘餘興知君定肯留

其三

四壁煙蘿合清宵露氣中花前聞蟋蟀月上見梧桐
罷酒親瑤簟調琴對綺櫳此間行樂徧幽事更無窮

其四

葦岸僥秋色紅欄壓綠皐風塘牽荇藻露架綴葡萄
隔水人煙近當軒雉堞高棹歌簾外過來往亦波濤

其五

兀傲空天地人間有蔚羅能將遺世意自唱接輿歌
兒女行看長詩書樂較多壯年丘壑內高臥豈蹉跎

送僧還山

槐葉下秋城歸僧此日行獨辭方丈去遥濟法舟輕
山暝暮猿嘯天寒楚水清禪心無所着惟有故人情

宿陵亭界上

陵亭今夜客艤棧渡頭眠野鵲噪寒樹殘陽生寘烟
岸秋風自急村靜月初圓未過離鄉地鄉心已悄然

海陵岳忠武祠

海氣日無際滄桑更幾回我來經十載重上岳王臺
血戰孤城在高秋塞鴈哀祠南有雙樹猶恨北風摧

小犢

墮地毛初燥偎人齒未生力方開夏月身豈勝春耕

騰躍從天性周旋戀母情有時離乳畔銜草數回鳴

邨夜

野黑門初閉邨荒人不行寒風陰鬼聚夜雨毒蛇鳴
習苦安知命躭閒廢養生艱難卧茅舍吾道在躬畊

鼠

土室裁方丈纍纍黠鼠行清宵容出入白晝敢縱衡
隱見偏多智貪殘足此生奔馳似羣盜擾亂幾時平

蟛蜞

土物殊方俗蟛蜞傍海生水居形自異介族女爲輕
不快持螯意虛同負甲名微軀能幾許歎爾亦横行

咏草

陌上蘼蕪草年年秋復春幾番榮悴意閱盡往來人
曉露滋爲葉寒風吹作薪自知微物命不敢怨洪鈞

蜻蜓

物化隨時出蜻蜓在野田亂飛爭薄暮低舞弄晴天
雨後翅猶濕風中立不堅微生深慮女輕燕已翩翩

望鐘山

客中宜對酒把酒望鐘山酒盡夕陽暮山空歸鳥閒
無書附郢國有淚墮江關月出衣冠地乘龍竟不還

健驢

豈是青騾族能齊紫燕行高蹄攢石磴銳耳側秋聲
暫蹶非爲蹇修途自覺輕登山日百里欲向仲宣鳴

金陵見初月

青溪橋上月已見四回明桂魄光纔吐榆河影半橫
客心依楚水秋思起臺城采藥將歸隱天邊兔未生

農家

秋水浸寒塘人家在夕陽板橋橫斷岸疎柳過高牆
草木青山古雞豚白晝長爲農有閒暇應笑客程忙

泊界首

野泊舟初定扣舷時一歌圖南風未便向北意如何
地褊雞豚聚人稀斥堠多湖沙春滾滾百里是黃河

湖蝦

幸不生溪沼潛身近大湖豈知投密網亦使進行厨
香發紅椒盌春濃白玉壺醉中供七箸饕餮未能無

平湖橋

春樹遠萋萋長湖水驛西近淮流漸急登壠日初低
小艇煙中棹平沙柳外堤北風騎馬路惆悵使人迷

陽平碧霞宮

嶽祀雄東服珠宮楚澤邊風帆廻百雉雲棟逼三天
赴海羣流合低空落日懸淮黃通一線疏鑿待何年

其二

地衝當古驛廟貌向來新畫栱巢鳩雀虛堂宿鬼神
草青荒塚路天白暮雲春岱嶽能司命低徊感棘人

袁浦觀河

浩浩來西極荒荒未有涯南侵淮避浪東赴海吞沙
平壤蟠千里長堤護萬家禹功不可問虛望漢臣槎

送甯益賢返潁上兼寄令子晉公肅分

幸未即爲別其如駒在門深房分佛火長夜盡離尊
碧草春天暮黃沙驛路昏相思兼令子欲寄復何言

郵晚

落日帶餘暉閒雲處處飛鄰家春杵歇稺子督牛歸
晚爨郵中早殘苗壠上稀領雛雙語燕棲宿亦依依

郵夜

野黑雞豚靜燈青蠛蠓飛遠春秋力力殘雨夜霏霏
坐久重開帙更深未掩扉水郵涼氣重七月授寒衣

華龍眘招同孫阿滙集春草堂得秋字

東道煩賢主盤餐足久留宿儒存顧俊詞客對應劉閒話當年事能斑此日頭酒酣餘慷慨不爲賦悲秋

晚登梅花嶺

獨客頻來往黃昏嶺上頭白雲天地合荒草古今愁鴻雁饑民國牛羊故相丘那堪吹暮角還傍郡城樓

雪

不兆豐年瑞虛成六出花亂烏啼古樹哀鴈警寒沙飄蕩從行役凄凉逼歲華乾坤驚老眼未敢恨生涯

其二

澤國頻秋水年荒直至今地寒埋凍骨家遠促歸心

盜賊真無賴溝渠慮轉深嗷嗷新餓殍薄暮古城陰

重至句曲感懷

一蹇隨春草萋萋入故鄉幾年曾稅駕今日重沾裳晚厭儒冠舊貧驚世業荒何時尋玉策仙夢返華陽

拜先曾祖大宗伯公墓

衣冠前代墓此地卧荒碑日月懸孤阜山河異昔時竄空松鼠墮啼雨谷禽移舊業孫謀在虛堂黯黯悲

夜倦

夜倦拋書後更殘倚檻前帶風星不定依樹月猶懸短鬢寒偏覺回頭歲又遷三冬方足用深愧古人賢

重過吳氏亭

曾到徵君宅閒消物外心折花防吠犬看竹亂棲禽一別空秋水依稀認舊林豈知如隔世荒徑杳難尋

今夕

樓靜鳴風葉天空濕露華片雲高犯月羣鴈急投沙短袖蕭蕭影春燈脉脉花憑誰送今夕淺酌盡流霞

壬子元日

暖酌元正酒寒隨舊臘人衰齡添鳳曆細雨入雞晨浦柳他時雪江梅後夜春年年當此日不棄北山巾

服闋

慈親三載夢歲月易銷沉浩劫自天地哀情無古今乳烏啼故堞昏日送殘陰淚滴春堦草年年此際心

王勿齋招集三槐堂

長夜高陽飲渾如年少時舞容欺謝尚歌調比桓伊醉後頻翻酒燈前促賦詩忽驚身老大看汝又生兒

登文游臺

昔賢游覽處突兀有高臺陳跡欲千載斯人安在哉西湖晴樹近北郭暮煙開俯念悠悠者嗟余此度來

登弘濟寺

寺並寒林出山懸半壁孤萬年留聖果一水護龍珠此地經過數多生幻相殊欲歸尋白業坐老故園蕪

呂城

漢鼎三分日吳兒有阿蒙績堪公瑾亞才翊仲謀雄

灌木孤邨近寒煙故堞空白衣商賈事曾藉保江東

暨陽萬佛禪院爲王氏別業革命初以城守獲

罪廢爲寺感事有作

舞榭餘塵盡香林舊樹多見花思鹿女聞梵想鶯歌

往業觀空色凡心斷刹那低徊身世事歸隱學維摩

乾明寺

迢遞尋荒寺松陰日欲斜曲廊深繫馬高殿寄棲鴉

香散歸天女林昏走夜叉苾芻多定力魔佛自爲家

暨陽道中

爲客楚江上往來孤艇中地寒收潦水山峻下迴風

酒憶杜康美著憐郭璞工杜康郭璞宅在暨陽余生知有命歸

醉海雲東

晚行陽美道上

亦稔客行苦其如歸未能野航衝亂葉山路足寒氷

泥淖終蟠蠖韝絲欲困鷹閉門聞夕磬輸與竹林僧

法藏寺

暫憩塵踪外來聽古寺鐘畫梁棲野鴿香界隱神龍

客有維摩病僧無衆妙供開開小窗坐飬上兩三峰

蜀山東坡書院

日夜荆溪水潺湲送夕陽古人不可作來者一登堂

白草殘碑臥青山故宅荒買田心未遂歸老復何鄉

周孝侯祠

異代存禋祀將軍晉虎臣學知師二陸忠獨殉三秦

墓木侵霜古祠篁過雨新中原遺害在長嘯仰斯人

別又維上人

歲晚重居寺松寮客久遊偶逢開士話一慰旅人愁

黃葉落將盡青山不可留惠休好詩句欲別重夷猶

京口道上憶蔡七蔡九

歲寒難作客小艇促歸程異姓稱兄弟他鄉藉友生

午煙京口樹殘夢曲阿城惆悵江南北淒淒遠別情

江上

亂帆齊下瀨孤客自蕭條浦樹吞殘日江風捲暮潮

失羣沙雁急拜浪水豚驕去住俱浮梗無家判此宵

楞嚴上人禪院觀桃花

雨歇維摩院春堦迸草芽閒行逢老衲一笑見桃花

惆悵何年種淹留到日斜無端照蒼鬢頓解惜韶華

夜過名埭

晚泊疎星下宵行旅店前暗霜孤埭寺明月兩塘船

野火青漁浦蘆花白鴈田玉樓人抱被殘夢瑣窗煙

贈幻空上人

古寺帶閒雲禪房日色曛偶尋右軍帖來桉壹公文

黃葉定中落清香齋後焚無因識僧臘頭上雪紛紛

京口渡江

空天渺何際水氣曉來深白日半明滅江流無古今

遠沙埋舊鏃孤壘出寒林忽過金山寺微聞鐘磬音

得王司勳西樵訃音

濟潭鳴咽水西下濁河濱一代斯文盡千秋大雅湮王猷亭外竹畢阜甕邊春俯仰成今古悲風塞九垠

其二

阿彌與法護海内久齊名鴻鴈行新斷池塘草亂生子荆空有慟真長漫多情自昔人琴恨難忘只弟兄

其三

斷漏當今夜無端集舊愁猶同袁浦宴不與廣陵遊轉側燈前塵銷沉壑底舟吾生亦多故星鬢已盈頭

蕭孝子祠

禮經譏滅性愚孝亦堪歎自抱終天恨方知此事難荒岡餘雪盡隣寺晚鐘寒丞相孤墳近風摧宿草殘

正月十四夜雪中集毛聖羽廣文署

警柝高城夜春寒晝燭張朔風欺短鬢舞雪亂深堂兵氣陰能召年華水洊荒猶開今日宴禮樂在虞庠

諸場

星布諸場接揚舲見土風地形成俗獷物態信年豐白晝奔封豕青春聚旅鴻從來草竊士多出負鹽中

小閣

小閣緣山置虛窗借水懸蟠松苔徑窄偃柳石潭偏花氣熏三雅林風度七弦坐來烟艇暮殘照女墻邊

喜宗子發自江南歸

中澤飛鴻鴈乾坤鬬虎狼飄零江上客離亂始還鄉生事貧非病高情狷且狂猶堪結茅屋漁釣向滄浪

病御孫

王孫真老病抱膝倚門端面目全堪憎鬚髯半已殘閒惟捫蝨懶畏着衣冠倘許從鷹躍猶能嘯碧巒

贈蔣前民

海内存高士幽棲不厭貧江湖寬老眼日月繫閒身對酒千鍾少論詩五字真忘年交誼切白首喜情親

江秋水小閣同蔣前民王西齋喬東湖納凉

坐久不覺暑閉門終日閒風多常聽雨林密欲藏山此地容疎放幽人時往還寧知孤閣外戎馬正間關

哭野鶴道人

白頭貞苦節江海一遺民甫見王正月翻爲地下人市門餘返照墟墓隔殘春欲就巫陽卜無從叩鬼神

夏夜天寧寺納凉

日退鳥聲定納凉雙樹間繁星垂夏夜深火閉禪關白髮浮生短清風此地閒兵戈連海徼有客自吳還

夏夜聞蟋蟀

不寐匡牀上炎宵蟋蟀鳴伏陰猶在内何意女能生萬里來金氣孤吟報鶴城入秋方健鬬今已壯先聲

夏日寓天寧寺韓醉白攜尊竹中

一寺皆蒸暑貪幽就竹中窈林深見日高葉迴聞風
恨不攜氷簟應須掃亂叢小涼添逸興莫遣酒罍空

其二

驛使驅疲馬兵戈在眼前寧知銷夏地即是避秦年
羽扇閒仍拂絺衣落更懸羲皇何處有高枕亦壺天

其三

四壁陰相接傍窺萬個斜只疑僧院外別自有山家
饑鳳久無食何年開作花新梢過殿角向夕亂啼鴉

江行

霏微殘霧斂日動大江前曉渡千帆側秋山一寺懸
風濤仍此地壁壘自何年萬丈馮夷窟蛟龍暫穩眠

秋夜雨窗同何龍若

坐深無一語心事已千端宵雨候蟲急秋燈旅被寒
彼蒼多肅殺吾道有艱難欲共雲霄去何時振羽翰

十二夜月

萬古滄池月遙遙上海城在天光不滿入座影偏清
夜漢懸千里秋星亂五更毋將青桂色虛照赤亭營

重見月

昨夜鷗塘月重來照客袍九霄丹桂遠萬里碧天高
后羿藥何在吳剛斧自勞只疑清漢底老兔健秋毫

周證山過訪即席對月

黑髮金閨彥風塵自矯然暫還遊洛駕已是出關年
曲席清談接高秋朗月懸亂飛遼海鴈又渡楚江船

中秋

異鄉無好節此夜亦中秋明月光全滿青天火尚流
邊風吹北調苦鴈過南樓惱殺嫦娥影偏能照客愁

十七夜月

露氣初更白氷輪在海天今宵看女缺前夜爲誰圓
素魄終無減清光絶可憐辛勤悲玉兔擣藥已長年

十八夜月

弦月掛孤漢悄然清露團半輪全欲窄高殿想猶寬
鴻鴈夜難息蟾蜍秋漸寒忽驚添老大蕭颯鬢毛殘

酒後同陸又紀何龍若步月

涼風生石上天宇夜來青欲就高齋臥其如月滿庭
小桐垂暗露疎柳帶殘星唱罷吳儂曲羈人酒正醒

夜坐同何龍若

莫唱堂堂曲凄涼已二更雨晴秋漢出燈定一峰明
黃葉半無色寒蛩尚有聲授衣將九月孤客早關情

寒蟲

霜落橫塘上明星爛爛低不來床下宿偏戀草間啼
半夜力已盡五更聲乍齊比年爲客慣因女一含悽

豆蟲

微物亦有命此蟲殊不堪偷生同屈蠖抱葉似眠蠶
蠕蠕形全怪于于食自貪豆萁秋落盡女見得毋慙

送何龍若之東皐訪師陳其年

賴爾久爲伴，羈人慰寂寥。暫攜孤策去，此別又蓬飄。客路行黃葉，秋城掠皂雕。成連滄海上，風雨話寒宵。

秋盡見螢

久客鷗塘上，天寒已授衣。寧知深竹裏，尚有一螢飛。乍見驚相問，過時暫有輝。閒居占物候，生化理全違。

送宋彬臣還射州

行矣歲將暮，送君情黯然。北風鹽瀆水，寒雪射湖船。門限閒蕭寺，庭槐生晚烟。無因留信宿，惆悵是殘年。

同許農部漱雪、蔣子雉衡、王表叔景州、歙州赴從叔護生招集西郊

警急傳征戰，高談聚腐儒。開筵當粉堞，命酒借行厨。寶馬棲靈寺，銀箏保障湖。泛舟尋後約，春興肯教孤。

登燕子磯

半壁銜秋寺，空天急浪廻。燕騫孤石起，龍送夜珠來。戰地戈船路，荒江竹幹材。何人誇倚馬，高賦鳳皇臺。

三塘別射陂朱漢儀

人生頭欲白，强半爲睽離。最是難忘處，偏于久客時。唐郵尋社酒，楚廟咏江蘺。歲晚如相夢，依希在水湄。

乙卯除夜

又將今夜酒，婉轉送年歸。不惜衰容換，其如壯志違。燈花開細細，簾雨動霏霏。懶共妻孥語，天涯劫火飛。

掩卷

掩卷下堦立，遥開白板扉。桔橰春始出，蝙蝠暮爭飛。海近通寒氣，人稀便短衣。平生耽寂寞，到此亦懷歸。

襍咏

窮海悲生事，天涯繫遠聞。王常三輔騎，張軌五凉軍。防過當鹽澤，虔劉近汝濆。時危須大戟，不用侈雄文。

其二

懸師連蜀火，輸餉苦秦丁。地險封雲棧，天文割井星。瀾滄終古黑，笮箐入春青。望帝魂何在，西南問鱉靈。

其三

虎豹屯閩嶺，鯨鯢伺海涯。旗翻嵉浦月，火照赤城霞。紅粉新開帳，蒼頭舊建牙。鄘生終日醉，消息阻星槎。

其四

象郡開蠻徼，戈船下海東。趙光虛内附，楊僕久要功。路控珠江險，兵殘蒜嶺空。七閩唇齒勢，蝸角倘相攻。

其五

驛騎馳河北，軍需赴紀南。銅鞮高唱急，囊瓦一軍貪。左衽終無律，來蘇已不堪。楚魂招未得，白骨滿江潭。

其六

壯士驅蟲鶴，罷民避虎狼。萬山齊斬木，諸路日賫糧。慶忌城重築，元嬰閣漸荒。彭湖百戰地，遺廟在康郎。

其七

高涼嗣大郡士燓保南隅遺孽降王裔荒陬隻旅孤
跳梁因失職滋蔓亦難圖借問羊闌戍新飛白羽無

其八

寰宇如分豆中朝尚晏然王音侯漢日朱异仕梁年
玉座承顏客金甌覆手懸近開西邸市拜爵總論錢

玉山來烟亭

寺背垂青嶼亭隅俯碧濤插江孤塔起吞海暮雲深
日氣混天地潮聲送古今微凉坐磐石方見此時心

入華陽道

蹇衛荒江外羣行趂曉烟野花香細雨山路響流泉
惆悵興王迹羈遲採藥年華陽吾舊土白首腐儒還

木末亭覽眺

浩蕩江關險恢張帝業雄牛羊驅御路龍虎抱空宫
花散六天雨人喧九市風新亭有遺淚霑灑黍離中

萬事

萬事隳崩壞雲臺議寂寥南征還白骨北望遠青霄
濫補郎官賤頻行路馬驕孤兒春盡出羽衛日蕭蕭

水前晚坐

平圃混滄浪當門就晚凉魚龍潛徙窟藻荇亂生光
孤電避人急懸星落水長黎民一鷗鳥棲宿少餘粱

寓目

窗白楚天曉愁心寓目多遥邨飄綠影孤塚坐洪波

亂亂浮家去行行數鴨過稻粱誰丐女流蕩意如何

憶念子

聰明憐小子不見已經旬啼笑如過眼尋思最損神
論年余漸老何日女成人典謁還多忝眞愁欲負薪

邨晚

獨坐衡門晚空邨野水平浪翻星不繫雲缺電孤明
海嶼遥連勢河流近作聲彈丸沉畚底回首故園情

鷺

延頸哀鳴數銜波去漸迷浮沉憂力困蒼白逐行齊
饑覓殘禾食閒依斷壠棲羽毛終自愛失水不沾泥

水邨

野日昏昏盡川雲泛泛過躍魚頻出水舞燕不離波
近接農夫語時聞孺子歌喜隣蛟蜃宅年老避干戈

霞

積水孤城内居人半倚樓斷霞先欲散殘雨未全收
赤血乾坤色黄塵江海流饑寒餘痼疾垂老逐沙鷗

雨邨

茅舍擁泥沙湖天滚浪花迅雷兼電落殘雨帶風斜
屋窴苦饑鼠庭蟠失穴虵艱難徵物態長坐念生涯

遊焦山

彷彿徵君在扁舟到此間高秋凋萬樹寒日抱空山
洞古容僧定雲深想鶴還隔江驅獵馬無數下昭關

其二

萬古何時盡江流不住聲乍聞聞一鳥如夢隔三生
林密藏峰曲天空到頂平衰年艱濟勝獨立迥含情

其三

荒墟遺勝跡覽古一躊躇蘚蝕周王鼎塵封宋帝書
風雲朝海若戰伐到山居無復求三詔清秋短髩疎

訪羅亦蒿故居

伊人渺何處薄暮起相思不見羅含宅空過董相祠
鶯遷喬木在燕返故巢疑且覓閒居地金門事已遲

寒夜

白首羈荒塾玄冬聽亂更怪風號野急疎雪洒窗輕
鴈過行無定燈寒焰不明感時何限淚不為故園情

河凍

臘盡春醅薄星回水腹枯一身淹歲月萬里斷江湖
地坼蛟龍遯天飄鴈鶩孤如何先利涉只許聽封狐

郊夜

白屋飄寒髩青燈掩舊編豺狼嗥海堰鴻雁靜水天
哀俗情如見饑民態屢傳欲歸勤數日風雪已殘年

清宵

不寐憂生事清宵倚客庭薄雲孤就月遠海亂垂星
饑鴈慵朝起寒狐喜夜聽故園氷雪地哀憿似縶亭

戲簡徐四平音

絶倫名不忝之子是吾師傾笥歸便腹談經必解頤
家貧容婦謫學苦畏人知莫撚鬚全斷參軍待尒為

夏夜

碧陰森夏夜秋氣到南軒風露銀牀冷雲霄玉座尊
兎仍眠月窟牛欲飲河源客悅三更倚愁隨淚影翻

臨鏡見素髭一莖

素髭何日有臨鏡始驚猜此事人難免吾生獨可哀
飛騰年不逮貧病老相催一任飄成雪能勞鑷幾回

久羈書館不歸

薄才安賤業養拙寄芸堂盛饌秋蔬薦稀紬夏幔張
雨堦遷蟻穴風葉裹蛛房物態俱蕭瑟能毋念故鄉

陛懸圃窗前芭蕉

亦傍牆東植陰森引葉長力爭三伏日心盡九秋霜
有色自生媚依人豈在香故根無朽腐重見發春陽

再遊禪智寺

野寺經行處重來問昔因預愁諸佛眼亦怪白頭人
虎帳前朝迹龍宫幻劫塵盤孑酣戰地玉井不生春（黄靖南以數十騎馳突高營萬人在寺門外）

過獨樹庵贈慧上人

小院一僧孤堦前長綠蕪衲衣經佛臘塵跡滿香厨
僻地安逃俗高情獨好儒談詩會都講不用供伊蒲

松雪菴初晴即事

初晴人意健門巷喜無譁燕舞空中絮蜂爭雨後花
曝衣簷竹短倚石蔓藤斜坐共山僧語城邊過鼓笳

雨

急雨響寒河離披濺綠莎雷喧簷角瀑風起坳堂波
背竹功初議傾盆意若何已聞沈竈地府檄下催科

戊午初冬容廣陵贈懶上人

黃葉滿深巷悄然孤館空主人留客住香飯愧僧供
老眼青天外浮名白髮中誰知衹舍地方便慰途窮

送周方山

欲別已前日臨行心更難小橋攜手罷暮色寘河干
孤客一帆遠長途千里寒自今相見少慎莫阻音翰

戊午除夜

綠酒殘尊盡紅燈半榻虛貧家妻易老賤日歲頻除
爟火行宵漏春聲動里閭猶慚鋒鏑外濁世有安居

元日感懷

青春驚在眼白髮久堪憎老漸憂兒女貧難信友朋
嶔欹供一笑蛩蟨未全能苦塌摩霄翼潢池困海鵬

過岡門鎮

岡門餘故鎮墟里夕陽空往事無青史高天有白虹
沙埋寒鏃血雲捲大旗風萬古興亡恨長歌泣義公

觀海

白髮初觀海滄洲興渺然天吳空自帝漢使浪求仙

萬里虛無盡三山縹緲懸凌風無羽翮俛仰惜衰年

抵鹽城

孤舟艤鹽瀆土堞上朝曦市小河魚貴春陰海錯遲
漲沙連葬岍遠戍出雲旗不到窮荒外焉知此邑疲

歸自鹽瀆

窮海淹行役東風返敝廬暝煙湖艇急春意柳條疎
浮世誰知己貧家有索居近來添老懶已著絕交書

蒿坡廟

虎步英雄主南都業已荒負鹽遺往蹟古廟立殘陽
大義君臣薄微恩故舊長乃知貧賤者一飯最難忘

柴默菴祠

先生高隱者聞道自何年蹤跡人間見飛昇故老傳
古池平宿草荒宇蔽寒烟莫叩還丹理衰榮自古然

寄廣文劉丈

新綸開講席舊水赴橋門祿薄仍家食官閒喜道尊
齊臺無馬戲魯壁有經存炙轂諸名士何人共討論

黃惠臣暮歸貽紙扇諸事兼留飲

燈火照門巷行人返舊居箱開吳女繭扇出右軍書
投贈情何重留歡興有餘素交無定禮不必報瑤琚

憫雨

一雨連三夏平皐洊溟茫不聞誅斡吏何用舞商羊
地坼隄難補（旱後堤岸坼裂）民窮土易荒計丁收口算又議

阪田糧

大雨

綠疇翻雪浪終日雨沈沈路洒蒼生血天驕罔象心

混茫開水府滔蕩破蹄涔未必關災沴中原久伏陰

渡江望金山

重見金山寺豁然開遠襟半天懸塔正孤石坐江深

風浪幾時住蛟龍不可尋欲投雲頂宿方外息塵心

京口銀山菴爲先宗伯功德院有欲奪之者晚

涼獨坐率爾成咏

潤州江郭寺秋樹晚蒼蒼階面聚殘葉雨中開夕陽

鐘鳴山鬼避雲冷鉢龍藏不昧前因在風濤任混茫

江上晚行赴燕子磯

緩棹中流坐江光晚漸開月穿寒樹過帆帶暗星來

野火亂漁浦凉風生戍臺半空窺石燕翔舞向人廻

夜泊江干

江晚楚山青行人泊野亭樹喧聞凍雀篷缺漏疎星

明月天難曙寒霜客易醒忽聞吹戍角驚雁起沙汀

承恩寺同夏尖功夜坐

古寺暮鐘殘僧房燭影寒客途相聚好人世覓閒難

老態論詩健高懷對酒寬烏衣遺子弟歲晚在長干

雨花臺

蔓草重岡合荒基擁亂沙曇摩開講義梁代有空花

野盡青山出江寒白日斜臺城無暮柳何處宿棲鴉

承恩寺夜雨

短榻支禪寺青燈焰不開幾年南渡恨中夜北風哀

白髮羈京國滄江滯楚材鍾山龍氣盡誰送雨雲來

松鼠

野性栽離樹微軀暫傍人殘餐粗果腹敗絮慣容身

恇怯情難定超騰志未馴主恩終惠養慎莫竄松筠

夜宿承恩寺

抱被棲荒寺嚴霜漸作冰夜深人說鬼窗冷僕挑燈

夢醒樓頭月曉歸江上僧客愁無意緒睡起看鍾陵

白氣

近聽西南報兵開羅鬼天如何占白氣每夜起星躔

異事俱祥瑞訛言免播傳腐儒頭髮禿專望太平年

輓王丈象山兼呈景州歙州兩表叔

中外論耆舊先生夙分深衆人疑峻宇小子託知音

親飫韋厨饌横披許掾襟寧能易簀地不奏在床琴

其二

好潔非爲癖高情寄妙香閉門逃俗士投轄到歡場

一病簾塵滿三秋徑草荒那知舊賓客曳履上槐堂

其三

海内浮名忝瑯琊二子齊後先苴杖痛來往白頭啼

道爲非時怪銘須論定題而翁與吾丈端不易攀躋

五言律終

瀛隱初集

七言律 共詩七十五首

送陸羽侯之燕
癸巳秋懷三首
登拱極臺
清明廣陵西郊即事
賦得隋堤柳
秋夜感懷荅蔣正先
冬日同人過光孝寺訪唐僊
籠中雙白鷹
仲夏雨霽
月夜
和韓醉白三山詩三首
東皋漫興
金陵秋興十首
長干塔
九日
鍾陵
寓樓秋晚
清宵

朝天宮感懷
朝天宮謁卞忠貞祠
別蔡七酴若
冶城懷古
暨陽夜泊
祝陵懷古
王西齋四十初度
雲陽衢宅歸荅王丈象山
送宗鶴問赴天津幕
赴海陵鎮荅王三景州王四歙州兩表叔
聞奚使君請歸黃岡
別王四表叔
黃雨相劉玉果招同桑楚執劉玉介張象闇士
泉州泛舟紅橋
夢鄭東巖使君
懷胡憲使
秋夕書懷
暘塘九日
南津
三閭大夫廟
三塘冬至
雪後坐徐宗魯書閣

乙卯二月四日生子
平山堂新成
乙卯四十初度得家報寄荅二王表叔
登銀山寺
遊二臺洞還登弘濟寺
爲防
水郵
別族感懷
登金山妙高臺
蜀客
將自戴郵還家
別戴郵
麥花朝詩爲二冐子穀梁青若賦
蕭庄懷張武功
贈夏次功
送黃仲丹明府還盱眙
登拱極臺
孤子角
贈林友鴻
贈陽惕菴司馬
寄新城廣文劉丈
得蔣雄衡函問
江上小至

嬴隱初集

七言律

大邨李國宋篹

送陸羽侯之燕

十年江上倦登樓老去關河已白頭候雁遥逢東海客霜笳暮動北風愁烽高鉅鹿黃雲暗月照飛狐紫塞秋慷慨此行休擊筑幽燕舊是古皇州

癸巳秋懷

長風萬里動江波朔氣蕭森接大河海上誅求南國盡年來寇盜兩淮多饑烏獨夜啼寒樹木客空山嘯女蘿古寺夕陽鐘鼓暮孤城處處起邊歌

其二

盤江東繞氣氤氳劍閣秋高度象羣禹貢自悲天闕遠堯封新向日南分千岩鳥道開蠻路萬古蠶叢過陣雲銅柱勒銘猶在否他時惟見馬將軍

其三

天寒木落洞庭濱古帝千年舊此巡三楚河山仍接蜀九江烽火正連秦衡陽夜浦迷鴻雁湘水西風起白蘋王粲飄零知幾處南來秋色總愁人

登拱極臺

近城盧柳接平湖二月荒臺噪暮烏斜日漸銜郵樹盡片雲遥傍海天孤人稀野渡柴門掩春入寒皐亂

草蘇獨倚闌干瞻北極羣星還拱帝居無

清明廣陵西郊即事

十里鶯花古道前艶陽春色滿晴川閒行蜀嶺尋芳草坐聽秦箏起畫船落日平原人自散白楊墟墓晚生煙淒凉舊有雷塘恨莫向歸途話昔年

賦得隋堤柳

煙柳隋堤斷客腸龍舸寂寂水茫茫花前舊曲生春恨笛裏悲風滿夕陽走馬故畊芳草路啼烏遥起戍樓傷只今揺蕩江皐影曾拂深宮御苑牆

秋夜感懷荅蔣正先

秋風黃葉影蕭蕭孤館青燈坐寂寥悔抱連城和氏

璧難聽斗粟漢民謡空山木魅寒仍嘯夜月霜狐老更驕叢桂花殘尚留滯勞君雙鯉惠瓊瑶

冬日同人過光孝寺訪唐佛

翠竹含霜隱梵天香臺遺像是何年門多落葉客初到僧掩閒房磬自傳燈火六時趺坐寂威儀千載法幢縣色身久證無生理展拜心空妙相前

籠中雙白雁

稻粱空戀計全非上苑音書欲報稀千里暮羣俱寂寘一雙寒影自依依瑶堦月冷無人見沙磧雲深有夢歸寄語銜蘆玉關侶霜前莫更向南飛

仲夏雨霽

新雨如秋對碧峰夏雲初斷過晴虹天邊野艇開殘照江上草堂來暮鐘風起遥空喧燕雀潮廻孤嶼冷魚龍披襟坐愛南窗晚散髮人間萬事慵

月夜

獨立清宵獨自歌露珠欲濕草連坡一輪明月夜常滿兩鬢凉風秋漸多唧唧蟲聲依暗壁離離星影浸寒波桂華已老繁霜落客兒鄉愁奈尒何

和韓醉白三山詩

金山尚憶曾遊處戎馬誰登江上樓一柱高連鼇背起萬川爭下海門流黃雲此日屯兵氣畫槳他年繫客舟君上孤峰休獨立伊京苦調滿深秋

其二

焦山山對金山寺幾度揚舲阻客遊高士隱居人不到一江寒霧水空流諸天縹緲藏孤壑遠海蒼茫辨十洲風景于今更蕭瑟戍臺烟接晚峰秋

其三

南朝鎮倚南徐重北固名因北顧尊躍馬吳兒真虎子斬蛇赤帝有龍孫迴廊寂寞秋陰靜沙嶼參差水氣昏獨使憑闌江上客白門西望暗消䰟

東皐漫興

夏雨初晴麥穗稀野田新綠稻苗肥農家炊黍烟漠漠獨客上壠雲霏霏白水陂塘雙鷺起黃昏門巷一

牛歸閒邨飯罷復何事早坐茅堂掩半扉

金陵秋興

長干古寺蟠龍地寶塔憑高萬里開蜀水自歸滄海去吳山猶拱帝城來虛無不辨三天界寥落空悲六代才何事十年休戰甲尚留羆虎鳳皇臺

其二

鍾陵上與白雲齊遥隔秦淮一水西紫禁乍看麋鹿臥青山疑有杜鵑啼金輿路杳桐宮暮銀海燈昏隧道低回首廢興今昔異幾時散髮老巖棲

其三

金天蕭瑟起漁歌玄武荒湖浸緑波萬國版圖空御

府廿年塵土駐雕戈飄摇薄暮芙蕖老唼喋深秋鴈鶩多滿地傷心盡禾黍誰將高柳繫鳴駝

其四

八月京華桂影稀九衢車馬日騑騑騰騫自屬諸年少老大還驚舊布衣南國漸逢黃菊放北山空並白雲歸蒹葭露冷滄江晚貧病真堪學采薇

其五

萬古新亭控上遊寄奴曾此握軍籌驚看捲甲趨東府遺恨廻師泊蔡洲石燕每翔風雨夜水犀閒艤荻蘆秋鶴河亦在殘陽外白草寒烟起客愁

其六

九秋涼氣咽悲笳蹕虎遥瞻帝子家典午河山虛壯麗蕭梁宮殿滿風沙旌旗久堉臺城柳苜蓿新開御苑花誰念江干獨憔悴白門終夜聽啼鴉

其七

江閣高凭翠篠深青溪門巷列城陰衣冠想像南歸日景物淒京北望心山隼度雲秋漠漠水豚驕浪雨沉沉市朝一變繁華盡王謝風流自古今

其八

白鷺空洲長碧蕪三山門外莫愁湖青蛾皓齒今黃土滌水紅樓舊畫圖客夢朧隨江樹遠雲帆秋帶渚蒲孤棲遲久在銷魂地艇子西風送老儒

其九

芒碭真龍起沛中元侯十八盡從戎非羆自應天人兆汗馬身兼將相功遺廟深山依落日古槐寒葉下秋風千年帶礪須臾事何必長途阮籍窮

其十

霜落楓林秋水清楚天寒雨逼江城龍蛇大澤中原地豺虎空村故國情野寺樓臺縣暮鐸市門燈火入初更艱危獨寤憂時切邁澗休辭石隱名

長干塔

孤磴盤廻出九層翠華如夢客重登雲霄烏路通天闕風雨神州見孝陵楚塞漸凋三戶俗江南何處六

朝僧朱甍碧瓦俱陳迹絶頂高吟感廢興

九日

覊棲九日還爲客落葉清霜滿寺門遠海宿雲迷塞鴈大江寒浪拜秋豚壯心晩厭京華路鄉思閒驚牧馬屯黃菊紫萸休更問寂寥誰共倒青尊

鍾陵

積翠高盤土一抔蕭然松檜古時丘牧奴過隴眠青草宮監餘生賸白頭野瘖石麟寒燒遠塵封金盌暮山秋衣冠別在遺弓地寢殿虛無漫自愁

寓樓秋晩

帝城秋氣滿樓臺萬井煙深暮景催南客不堪書久斷北風何事鴈頻來寒江過雨征帆落上苑飛沙獵騎回此地於今易惆悵驚笳亂角起城隈

清宵

清宵角鼓動江關雨氣遥連幕府山寒木蕭蕭秋並下邊風渺渺鴈初還烟昏遠水虛窗靜影隔疎燈客幔閒鄉國夢中歸未得壯年辛苦鬢毛斑

朝天宮感懷

冶城山色帶殘暉絳節中天渺翠微他日鼎成龍自去只今松老鶴還飛齋宮寂寞聞金磬泉海蒼茫想玉衣惟有步虛諸羽士秋風時禮白雲歸

朝天宮謁卞忠貞祠

諸天玉座隱嶕嶢忠節巍然冠六朝古殿松杉餘落日後庭環珮冷秋宵銅駝故國山河異石馬孤墳歲月遥江左風流竟何在冶城遺跡草蕭蕭

別蔡七谿若

黃鶯恰恰樹頭啼二月河橋柳葉齊江上暮雲空靉靆淮南芳草漸淒迷青春易向閒愁老白日徐看半壠低從此天涯書一紙相思人在練塘西

冶城懷古

碧殿琳宮繞曲廊梧桐秋葉向人黃江山故國空殘壘禾黍孤城半夕陽大帝雄圖遺跡在將軍高節古祠荒孝陵遥隔寒煙外弓劍于今亦渺茫

暨陽夜泊

斜月丹楓倚畫橈一燈孤影自蕭蕭天邊忽過南飛鴈江上初迴夜半潮朋舊幾人爲地主妻孥無夢到殘宵曉來徐起推篷望落葉驚霜下斷橋

祝陵懷古

泉聲嗚咽下寒潭野徑參差夾石楠獨立空山尋往跡偶來荒寺訊瞿曇千年蝶化青春夢半嶺鴉啼碧蘚菴即英臺讀書處色界微茫俱幻相何如初地老雲龕

王西齋四十初度

君今四十頭先白我歷艱辛少二年海內交游俱汗漫平生詩酒足留連三都作賦名空在五嶽攜筇興

杳然莫怨風塵尚寥落蓬蒿曾是老前賢

雲陽衛宅歸答王丈象山

炎天初製芰荷衣野水孤舟一葉飛荏苒到家愁漠漠蕭條行路雨霏霏鶴存海上空巢在燕認江頭舊主非深愧丈人相慰藉瑶華珍重欵荆扉

送宗鶴問赴天津幕

北風征騎近皇州驛路飛沙滿客裘幕府祇今方禮士書生原不爲封侯九河故道通滄海三輔羣山接薊丘此地淹遲莫經歲閨中計日已登樓

赴海陵鎮答王三景州王四歙州兩表叔

傳聞馳檄滿江湖荒聚談經笑腐儒甲騎夜飛郵市

閉蒲帆春掛海門孤綠蒿故徑羊虛過青草閑庭鯉不趨八載苦饑別家去那能無慮到妻孥

聞奚使君謫歸黃岡

微祿分符海縣荒猶煩吏議謫疎狂早知直道妄三黜莫以高歌當九章綠綬在懸春去郡青氈無恙老還鄉風煙七澤兵戈地不待悲秋亦斷腸

別王四表叔

歲晚揚州共羈旅還家雨雪八春天又將書劍辭鄉土輕別交游趁客船水驛漸通窮海路戍烽遥接遠郵煙東南已有驚弦雁萬里高飛赴朔邊

黃雨相劉玉粟招同桑楚執劉玉介張象閶王

景州泛舟紅橋

畫舫朱樓路逶迤板橋南畔酒帘垂佳人别浦歎桃葉才子當筵唱竹枝白日横塘喧鼓吹黃雲江國擁旌旗城頭烏噪客歸去古寺曲廊嘶馬時

夢鄭東巖使君

閒來屈指思知己每到康成淚滿襟千里一官離別日異鄉孤櫬死生心（使君罷揚州司李調陝西卒于道）狼烟瘴海餘妻子馬鬣荒原變古今猶共此宵魂夢裡冷風秋鬢話言深

懷胡憲使（時督餉江西）

虎豹天門萬里看十年辛苦一官難椒丘纔御朱幡

過羅部先飛白羽寒三戶遺民罷轉餉八屯驕卒急傳餐風塵倚馬儒生賤何日湘江老杜蘭

秋夕書懷

井梧露葉帶霜黃天外音書正渺茫飲馬千羣過鄂渚射潮八月近錢塘酒漿北斗空鋤粟蠶績東吳怨蟹筐萬里煙塵動經歲何人抱膝武侯岡

鷗塘九日

又向客途逢九日故園書信渺無憑百年頭白闚妻子五夜尊青共友朋地僻茱萸秋杳杳天寒松檜影稜稜欲逃世難尋眞隱何處深山策短藤

南津

孤城亂水急西流徙倚南津近晩秋負郭人家楊柳
岸繞郵漁艇荻蘆洲窮年地僻供蝦蟹短日天荒畊
鵞鶩但使金堤牢版築野農含哺百無憂

三閭大夫廟

七澤三湘滿戰塵招魂何處問靈均纍空故國猶憐
楚鹿走中原不屬秦風雨畫旗趨野老龍蛇古屋祀
孤臣城西近接將軍墓同向秋風薦白蘋

三塘冬至

羇棲敝席冷凝塵歲晩偏驚節序新孤櫬北堂遊子
淚頻年冬至異鄉身霜苞野竹寒龍蟄霧菭江梅凍
雀馴剩盡窮陽天地變從今臘月有陽春

雪後坐徐宗曾書閣

歲晩園林客到稀數竿修竹影依依寒風入座酒先
至殘雪在庭花亂飛老覺朋儕增馬齒貧隨妻子歎
牛衣乾坤轉戰方多難豈合吾生便掩扉

乙卯二月四日生子

荏苒年華四十春膝前嬌女暗傷神忽驚夜半生男
子先向高堂報老親白首故交同送喜黃泉慈母亦
舒顰呱聞尒泣深知足敢惜琴書別付人

平山堂新成

劫火寒岡三十年棲靈寺外草芊芊堂成忽覺諸山
近野濶低看落日懸青隴馬盤高塚路紅橋人醉木

蘭船滄桑不改前朝跡只有揚州第五泉

乙卯四十初度得家報寄答二王表叔

人生日月能餘幾過眼流光四十年書到始驚親串
隔愁多翻苦友朋傳鬢毛漸禿逢戎馬筋力全衰在
簡編悔不深山遂棲遯青鞵朱紱兩茫然

登銀山寺

巍然山寺臨江滸直上高空望眼舒滄海怒濤吞北
顧碧天諸嶂裏南徐孤城櫓堞興王地異代烟霞處
士廬九姓新軍方刈障幾時安隱共樵漁

遊二臺洞還登弘濟寺

迢遞鷲嶺隔塵蹤有客來聽古寺鐘雲護亂山蹲虎
豹雨昏深洞起蛟龍諸天倒景廻潮急下界沉煙老
樹封暫息由旬依淨境妙音空潤水淙淙

爲防

萬頃西湖濁浪傾東郵日報水痕生況兼雷雨波濤
壯已共蛟龍窟宅平農力總閒昇土易野人隨徑築
防成不愁賸貯琴書地鬬鳥饑鷗莫亂鳴

水郵

藻荇銀塘亂華門南窗風雨日昏昏濤聲夜夢聽江
閣水氣朝寒抱海郵松菊故園憂婦子魚龍新窟長
兒孫腐儒衰賤徵人事麤糲充盤進夕飧

別族感懷

文章貧阮足清狂漫說孫枝指李長卒未公卿爲皂
隸羞將氏族競盧王隴西頓覺明駝遠珂里誰分導
騎光從此河源便分派衰宗看女一門强

登金山妙高臺

頻年夢到金山寺此日登臺思渺然龍沸亂濤翻戍
壁鷹盤孤塔下秋天雲中暐白楚江雨樹杪城青瓜
步煙久立漸驚遲暮眼老僧扶棹送歸船

蜀客

虎牙赤甲勢崔巍躍馬當年亦壯哉天地正愁南極
隔兵戈何意一人來雲開鳥路空舲峽水沸猿聲灎
澦堆巴蜀誰言負形勝裏壇深入有雄材

將自戴邨還家

臘雪頻吹客子衣欲攜書策返荆扉邨宵不寐聞鷄
起海屿長貧牧豕歸身老故園妻子在歲寒他日友
朋稀氷霜滿目蕭條盡城郭人民半是非

別戴邨

河干歲晚繫扁舟荒館寒燈客漫愁夜雪千邨孤雁
影曉川殘月斷氷流青陽度臘催華勝白髮還家對
蒯緱短布儒衣遭世難鼓刀賣繒已公侯

廢花朝詩爲二冒子穀梁書若賦

白雲天半影迢迢二月啼烏遍柳條正見豈能題曉
雨但之常是泣春宵閒園怕踏中林筍閑閤愁窺寸
草茁直到終天猶有恨年年今日廢花朝

蕭庄懷張武功

不到西州亦愴神十年交誼死生真黄昏烏榜過荒
塋紅淚青衫憶故人縱使修文泉室夜可能攜酒勝
湖春憑誰寄說山陽侶賸有頹唐舊角巾

贈夏炎功

少小交遊老大悲十年歌嘯失追隨豈知豺虎風塵
日正是蛟龍雷雨時江左故封全未滅隴西上計莫
嫌遲回頭白羽催徵急木林荒洲滿戰旗

送黄仲丹明府還盱眙

黄公白髮東陽宰幾歲休官卧楚雲來就故交爲地

主去求高隴累親墳九霄星動闗天意四野鴻哀起
盜羣莫近潢池寄家宅早攜十口下淮濆

登拱極臺

高樓突兀海城邊樓外滄池倚檻前玄武故宫荒宿
雨白龍遺廟冷邨煙塵沙薊北三千里水旱淮南十
二年莫向長堤憂揵石西園久已貯金錢

毓子角

九闗羆虎未彂弓抱膝長吟滄海東閒顧四封傷往
事誰將百戰定羣雄青鋒欲指伊吾塞赤幟先收瓠
子功小邑彈丸經廟略懸師扼險命元戎

贈林友鴻

一年久住靑槐院欲去初驚識面難凍雨啼鳩蕭寺別秋風疲馬客亭餐神京地動丹宮圮寓縣兵交白骨寒何事故山歸未得獨攜孤劍向長安

贈湯惕菴司馬

生晚不逢文獻盛巍然獨見典刑尊通家再世情如昨宿德三朝史自存天外碧雞悲使節山中黃犢戀君恩景岡形勝初無改向背陰陽莫更論公善靑烏家言

寄新城廣文劉丈

送別經年臥一丘殘春花事閉門休老支雞骨情懷惡夢附魚書道路脩稷下諸儒多博辯王家羣從盛風流遥知尊酒論文地冷署深燈破旅愁

得蔣雉衡凶問

湖干少日追歡地屈指俄驚二十霜老景漸憂雙鬢禿酒徒先報一人亡西齋有夢行靑草南壠何年泣白楊檢點平生舊書篋浮名身後巳茫茫

江上小至

淸霜布帽羈荒寺時序驚逢暗愴神小至夫家如未祭大江何事苦留人衰容半歲供行役短夢三更見老親葭律漸吹陽又長只應幽壤不重春

瀛隱初集

五言排律　共詩八首

姜貞源侍御自南昌移任濟南賦送三十二韻
登木末亭
天界寺
輓故吳相國二十二韻
行經鍾陵二十二韻
水至一百韻
輓姑祖母王太夫人二十韻
暮春西郊郎事

羸隱初集

大邨李國宋䇳

五言排律

姜貞源侍御自南昌移任濟南賦送三十二韻

臼簡霜威重青凫彩旆翻舊恩叨侍從新命壯屏藩
栢府聲名大洪都氣象尊星文干斗柄時譽逼台垣
開閤英賢聚還車父老喧九江傳惠澤三楚負春暄
憶想乘驄馬風流駐使軒賦詩高鮑照懸榻踰陳蕃
坐客皆珠履輿徒屬畫鞬旌旗連道路𠴃握向郊原
寵沐堦墀拜躬承激賞言頻邀伯樂顧曾雪冶長寃
一別隔雲日三年勞夢魂鴛遷驚雀起櫪伏愧鵬騫

久困泥塗賤深悲時命屯讒邪惑曾毋市井辱王孫
巳分罹且網何當啓戴盆佇聞過節鉞騁望極朝昏
躑躅羸羊悔倉皇涸鮒存痛心虛拂拭舉手得攀援
忽忽歌驪疾匆匆就道煩欲行情繾綣相送水潺湲
𥌒路楓林暗秋山桂影繁長淮經繡斧清濟待朱幡
覽古登贇嶺懷賢訪漆園魯儒應候駕齊士日登門
自給當時俸高傾文舉樽景思依岱嶽瞻眺阻河源
事業青氊在年華赤電奔一經窮歲月尺蠖老乾坤
抱璧空遭玷銜珠欲報恩眷言懷厚德惻惻幾聲吞

登木末亭

獨上一亭迥蕭蕭落木風塔懸千樹外江動萬山中
蔓草凋秋翠垂蘿映晚紅屢廻雙嶂合下視九衢通
覽古遺蹤盡傷今幻劫同梁朝花雨寺晉代黍離宮
松栢香臺冷衣冠玉殿空韶華追逝水高影美冥鴻
自笑亡羊客安知失馬翁將歸釣滄海散髮日華東

天界寺

香林依岫出講座面江開鹿女尋花至龍天聽法來
晚霜荒竹栢秋色冷莓苔大覺僧常住由旬客屢廻
節凋初地果年換劫池灰日月低鵬海風雲繞鳳臺
刹那人事變今古一悲哀

輓故吳相國二十二韻

宿德宗儒雅多年重典刑循聲初鄞縣壯節舊都亭

御史清畿輔藩方撫晉邢早登司馬署作弼漢皇廷
妖氣纏關陝兵氛略井陘誓師分斧鉞推轂仗威靈
未報昆陽捷難消渭水腥時屯淹日月陰至伏雷霆
帝曆驚崩壞神圖墜挈瓶烏號天慘慘鴻遯影冥冥
野服滄洲客孤雲紅蓼汀賦詩悲楚杜垂釣戀江萍
草滿門誰掃羅張戶晝扃鄭虞歷氷雪衰病失康寧
久謝中台座今傷處士星霜深凋碩果晦盡落堦蓂
一死終長夢千春感獨醒血存疑化碧事往必垂青
遺老嗟身喪諸親並涕零衣冠藏素櫬劍佩想彤庭
辰柄移南斗頹波逝北溟惟看殯宮側哀毀泣顏丁

行經鍾陵二十二韻

劫濁弛天紐，河清啓聖圖豕蛇爭戰地龍虎帝王都
大度收羣策成功倚廟謨封鯨先殪楚磔鼠遂吞吳
一掃熛塵跡重開日月區典遵三代法威握八紘樞
累葉嗣明德多方率義途姬宗綿卜曆炎運阨陽符
配祀虛端冕頹綱起竊鈇守兆旋失墜介馬漫馳驅
赤縣崩沙麓幽宮拜鼎湖蕭條兵士衞想像鬼神趨
松栢空斤斧牛羊縱牧芻禮祠虔易世禁御屬監奴
文子美同閉勳臣讋並孤劍磨碑慘淡盌出事模糊
冥冥衣冠道行行射獵徒驚心來過客薄暮走荒衢
瞻顧金陵氣淒涼玉殿蕪黍禾侵御路薇蕨滿山嵎
淚繼新亭墮年隨舊國徂祗餘泉海鴈愁聽冶城烏

水至一百韻

月道陰間出星芒黑角垂女墟頻水毀淮服告年饑
胥盱勞楓陛春秋怨稷祠堯天咨汜濫禹甸廢胼胝
澤有驚飛雁家無共餔糜三洲連浩汗九載繼仳離
歲在端蒙後民逢濁劫時神泉騰伏蜧山足走支祁
洚洞殊他日吰噌注决陂漲寬通海嶼濤沸阻江涯
已見災河伯還教怒雨師傾盆來莽莽破塊故醱醱
龍鬭盤渦涌鼉鳴舊窟移浪心翻白鷺堂坳泛青蚳
累墼成防拙懸梯架棧危此方原斥鹵況乃益喧卑
汩汩流涸穢瀰瀰壓絲漪浮漂如載筏墊隘想乘欙
頓擗墉墻震紛紜荇藻披壞藩叢蟂蛽深港困鸕鶿

濠上遊莊叟川邊感仲尼比閭城內宅宛在水中坻
選地投雙屐何巢寄一枝玉房輸輿府粉堞抱滄池
厲揭將焉擇津梁亦已疲室逾焚燹酷人重死亡悲
縱得求薪米應難置釜錡豈堪珠作餌又以桂爲炊
墨突黔休望顏塵拾不疑市專溲豆屑情似擘榆皮
桑梓輕拋擲溝渠轉涕洟托身慚鳦燕遷穴學蜉蚍
且盼登喬木儔能眷徂基搖搖旌莫定杳杳路何之
斷梗飄崩湍孤蓬會急吹閭閻爭負戴老稚儘扶持
偪側帆檣亂倉皇婦子隨南津烟黷淡北郭夢牽羈
啜泣餘微喘偷生此百罹暫行羞乞活終遠孰相依
葛藟王風歎苞根下國衰幸毋稱餓莩那免與奴廝

萊色蘩亭鬼枯形楚澤纍鞫凶由彼昊窮極是遺黎
墓壠長辭矣烝嘗任餒而惟哀失林鳥不及守床龜
求莫須清問安瀾仗阿誰堤塘虹蜒蜿畚鍤影參差
精衞塡奚補陽侯怒不支宣房聲許許積石導遲遲
渺爾沉周璧寧希立夏碑虞衡供槖飽少府惜財虧
漫取金錢擲旋觀竹揵欹貪饕大吏事乾沒小胥爲
漏網逃吞餌探囊忽察眉邪當觸獬廌法豈問狐貍
廉恥箴羣辟刑章楨四維迅霆虛擊斷湛露枉恩慈
主必先剛德仁非貴樂施賑蠲皆瑣細風俗敝煎靡
邇者軍需急兼將內帑齎闕庭勤調發宇宙半瘡痍
鄂渚鷄鶘艦吳山虎豹旗兵鋒摧蒜嶺戰血灑彭蠡

嗚咽陳安曲淒凉丁肸詞烏號銜腐肉馬逸鬊交綏
莫忘好還報看輿失律尸紅顏駝錦鐙黃口厭兗鈹
蒿井迷烽燧千郵輟耨畱揭竿齊禡纛擁盾畢登陴
督責司農令催科驛使馳痛方深骨髓慘更剝膏脂
士伍仍呼癸郎官始入貲騎都俱爛胃御史亦櫂榷
東閣延賓少西園授爵奇寵榮卜式詔寂寞仲舒帷
老至安容膝憂來或捋髭自傷頭種種復覺尾莥莥
櫪驥紆長轡韝鷹屈異姿幽棲從壈坎壯志鄙嚅唲
避堇甘嘗蓼含荼實比薺儲空愁破甕衣故笑縣椸
苦憶收秦橡貧思莍蜀鴟近憐鮫室接遠負鹿門期
蹇劣空藏璞艱劬悟守雌生涯憑麴糵文藻喜葳蕤

健握枚乘筆清吟謝朓詩無因奮鵬翮只合坐臯比
殄氣消殘霧陽光待赫曦定知傾積否誰謂竟明夷
帝醉從羸暴天旋拯壑羸一人疑鼎命艮佐秉戎麾
殛惡窮卑羽懷賢到具茨康莊驅騄駬障塞撤熊羆
禮樂遵三古經綸奠八殥舳艫均稳秸筐篚薄織絺
候琯調玄化和羹在赤墀庶徵陳訪範五福備端委
瑞紀蓂堦莢祥歌栢寢芝朝宗兼獻寶末戴太平治

輓姑祖母王太夫人二十韻

婦學宗周禮名家出謝庭京陵堪作配東郡久爲刑
美種璵璠器勤梳鸑鷟翎二難鑣並騁千里轡方停
祇謁親闈閫温言命篋鉶每承凭木几因聽解風鈴
妙悟桃花偈淸齋貝葉經能超七業白善守一罈青
忽送魂歸月真鸞髩欲星道廳圓智果疾豈困狶苓
從此神明隔虛教涕淚零蕭條行竹徑慘淡過槐亭
襍佩垂高桁徽音杳曲屏尚傳遺女訓不誦息心銘
幾日窺餘閣何時入奉扃繐帷寒漠漠釭火夜熒熒
短夢隨燃燭諸緣比聚萍舉聲號阮籍卒殯望顏丁
反哺恩難報支床寢未寧頳人曾有毋酒泣向蒼冥

暮春西郊即事

綠墅晴邀客紅橋晚放船酒帘飄野市歌板接鄰舷
小暇貪餘日將衰逐少年暫時春在眼幾處墓成田
遠樹沉沉影垂楊細細烟芹泥縈翠帶荇浪疊青錢

花散銀床笛塵隨寶馬鞭雲屏藏蛺蝶露井出鞦韆
萊色羣方共香羹勝地偏吹篪紛乞食調瑟正當筵
燈火重城外烏鳶古堞邊醉歸高興盡孤館獨愁眠

嬴隱初集

五言絕句 共詩二十六首

石城曲
閨情
登文遊臺
怨情
山閣晚眺
山中
新月
江上曲
閨情
莫愁湖
拔蒲曲
少年行
過石湖橋
陽羨東門作
寓樓望銅官山
發荊溪
曲阿舟次雪中別蔡七兄弟
息嬀怨

古意
鷗塘晚送何恐冬
少年行贈何子
春日揚州城西寓目
得家書
春鴈
遣懷
石頭城聞虞歌

嬴隱初集

五言絕句

大郵李國宋篹

石城曲

大江千幅帆長編蕩八槳開窗看江色郎立江船上

閨情

粧罷掩明鏡羅衣私自憐春心不敢道閒立玉堦前

登文遊臺

晚登文遊臺臺上春風起隱隱綠烟中一片晴湖水

怨情

別鶴琴中操愁鸞鏡裏啼生爲伯玉婦死是仲卿妻

山閣晚眺

落葉下秋山茅堂帶疎樹煙水夕陽中掛帆何處去

山中

老樹葉參差風來衆山響白石寂無人孤身坐其上

新月

月圓初作客月晦已經旬今宵見新月愁殺未歸人

江上曲

江船如走馬江帆如轉蓬一船使五帆那得不愁儂

閨情

曉閣開珠箔空牀掩繡幃如何春燕子只是一雙飛

莫愁湖

白石三山戍蒼烟六代都北風千尺浪愁殺莫愁湖

拔蒲曲

十五拔蒲女綠湖深處歌生來慣舟楫不是狎風波

少年行

莎草綠茸茸揚鞭走玉驄桃花飛滿路日暮亂塵紅

過石湖橋

路盡見寒竹烟深聞午雞人家知不遠只在此橋西

陽羨東門作

陽羨城如錦烟波處處山我來東郭望已在畫圖間

寓樓望銅官山

袁令千年去荊溪一水寒西風寓樓上終日對銅官

發荊溪

久住荊溪上難忘嶽麓松南樓乘曉月先起別銅峰

曲阿舟次雪中別蔡七兄弟

歲暮還鄉去登舟雪滿衣翻將別離意惆悵送君歸

息嬀怨

不死那成怨無言自可憐楚王恩意重薦寢已三年

古意

春草年年綠春鶯處處啼惟應薄命妾終日閉空閨

鷗塘晚送何忍冬

欲送行人去臨行倍黯然如何天半月只在柳條邊

少年行贈何子

少年好圖史縱觀天下事閒却腰下劍有技不曾試

春日揚州城西寓目

揚州古墓田纍纍埋青草千年白骨灰踏成車馬道

得家書

有使傳書至驚心手倦開貧家無好信只是送愁來

春鴈

海上銜蘆鴈春來向北歸驚心避矰繳故作斷行飛

遣懷

白頭無一事方悔讀書非相邀年少客日暮鬭雞歸

石頭城聞虞歌

江上氣蕭蕭虞歌沸早潮秋風多猛士誰者善吹簫

嬴隱初集

七言絕句 共詩七十八首

暮春見雁
廣陵元夕
贈王山癯三首
廣陵竹枝詞八首
贈龔山人半千二首
正月十四夜飲王使君署中
春晚聞僧吹簫
雨後發邗關
玉城東樓晚眺
送韓醉白遊湖上
哭周蕘夫二首
茉莉
夜渡珠湖
少年行
閬苑
郵晚
秦淮對雨
渡江

白土山
江上曉行
閨情
郵晚
渡江
暨陽道中
廣陵秋詞二首
雨後閒步憶家
有筠軒梅放憶二王兄弟
江上清明
吳陵感舊
聞笛
題吳莛仙詩卷二首
晚別何龍若還寓二首
贈何忍冬
贈蔣生
題送別圖
春日廣陵城西作
聽白生彈琵琶二首
鑿江道上
雪後咏二首
和雨泉龕喜晴詩

七夕感事
邨夜讀閨媛詩二首
春日揚州城外晚步
對月
無愁有愁曲
蕪城
戊午五月過姑蘇坐霜哺堂袁重其出其六十時午日負母看花圖索題絕句
虎丘曲五首
別游氏妹
喬東湖示山樓讀書圖題一絕句
南津口占送季端木二首
見蔣前民畫柳却憶
題蔣前民水田白鷺圖
舟中口占送熊畹生黃左儀惠臣程載錫
端午後一日過王勿齋得程載錫諸子書却寄
廣陵清明

贏隱初集

大郵李國宋篹

七言絶句

暮春見雁

月落空庭花影稀暮春猶有塞鴻飛只緣漠北風沙苦多少銜蘆不肯歸

廣陵元夕

春星低樹月華流照入笙歌十二樓醉客不知邊塞苦齊聲高和古凉州

贈王山癯

客路逢君雙淚長蕭然行李寄僧房棲鴉欲定秋林晚幾度疎鐘對夕陽

其二

金風颯颯雁行斜飄泊于今始憶家望斷白雲無限恨秋來江上荻蘆花

其三

世情岐路自西東襆被天涯未是窮一夜城頭催戍鼓壯心銷盡角聲中

廣陵竹枝詞

髻子三山高又低廣陵城下水東西紅橋落日人爭度莎草茸茸襯馬蹄

其二

蜀嶺西來烟靄浮平山翠夾兩山頭摘星樓畔蛾眉月倒影彎環似玉鈎

其三

吳溝遥接汴河開江上春潮日日迴夜半槳聲聽不住南船纔過北船來

其四

石橋橫斷水邊亭細草如茵疊翠屏嶺上梅花春不見依依楊柳又垂青

其五

蕪城墩下唱歌來舴艋輕舠暗槳催家在茱萸灣裏住五更月落打魚回

其六

上方高刹俯江郵江上諸山拱寺門試立釣磯西向望雷塘孤冢欲黄昏

其七

花開花謝碧陰濃烟雨城頭度曉鐘燕子不來春社冷舊家門巷鎖重重

其八

紅樓珠箔倚青娥弦管新聲入夜多關北關南船泊定揚州明月朔州歌

贈龔山人半千

一尊寒對晚風前風雨江城逼舊年我未壯齡君未

老相逢短髮各蕭然

其二

烟霞心事畫圖情蜀紙吳綾寄此生一自鍾陵松栢
盡不堪歸問石頭城

正月十四夜飲王使君署中

薄雪初消夜色多氷壺玉樹對清歌紅牙細按更聲
轉坐見春星沒絳河

春晚聞僧吹簫

花落諸天送夕曛洞簫清響度春雲誰知弄玉樓中
曲翻向祇桓舍裏聞

雨後發邗關

片帆江上又南飛細雨孤燈擁濕衣夜半櫓摇驚客
起夢中鄉路不成歸

盂城東樓晚眺

樓外楓林晚着霜敗荷衰柳葉初黃長淮一帶皆秋
水幾點孤邨在夕陽

送韓醉白遊湖上

西子湖頭月正圓王孫行樂到湖邊長堤十里青楊
柳試問新栽今幾年

哭周莪夫

蜉蝣生死事如何此日琴牢忍復歌混跡人間三十
載知音寥落正無多

其二

高生已向揚州死謂蓖若亦余好友周子蘭摧更可憐禪智
青山雙湖月白楊衰草共寒煙

茉莉

玉燕斜簪壓鬢絲晚粧新罷捲簾帷階前未麗花將
放香散黃昏月上時

夜渡珠湖

露華秋淨水如空荻葦蕭蕭野岸風南北兩湖三百
里掛帆同在月明中

少年行

夫人匕首吳王鉤玉鞘金環裝兩頭取佩腰間入都
市明日報恩還報仇

閬苑

板桐西去是何鄉金母遥傳近女床閬苑神仙不知
數人間空憶杜蘭香

邨晚

積雨東皋久未歸夕陽晴樹晚暉暉空邨永日柴門
靜只有呢喃燕子飛

秦淮對雨

無情桃葉水潺潺長日江樓燕子還風過小窗坐秋
雨秦淮東望是鍾山

渡江

石城遥指白雲間水淨天空掛席開落日微風江上坐江南江北見青山

白土山

白土峰頭戰骨枯青燐遍地長秋蘇盧循歸海孫恩死半壁山河屬寄奴

江上曉行

龍江關下客心悲遥夜輕風五兩吹天半孤舟山半樹曉星殘月影離離

閨情

羅衣薰罷曉粧殘晴日簾櫳花滿闌蛺蝶一雙庭下過手拈裙帶倚門看

邨晚

寒煙漠漠繞孤邨豆子花開滿蓽門愁鬢不應秋便改只緣風雨又黃昏

渡江

吳淞斜挂片帆來瓜步雲峰面面開依舊一江好風景雨中烟樹妙高臺

暨陽道中

欸乃吳歌客思閒江南風景異邦關孤舟斜過小橋去烟水殘陽又一山

廣陵秋詞

摘星樓外見殘陽極目連天野草黃最是無情江上雁年年八月過雷塘

其二

錦帆南幸竟無歸回首興亡淚濕衣獨向城西訪遺跡敗垣荒徑水螢飛

雨後閒步憶家

雨晴荒墅聽啼鵑閒步春堦日影斜小架寒藤吐新綠山房遥憶忍冬花

有筠軒梅放憶二王兄弟

年年春色到堦墀只是人間有別離憶得尊前共明月小窗烟樹向南枝

江上清明

漁陽突騎漢南兵柳色春江客子行歲歲人間有寒食只今惆悵是清明

吳陵感舊

曲巷迴溪日影斜東風舊恨感啼鵑三年一踏城西路飛盡堤邊楊柳花

聞笛

烟樹離離月半勾長溪如帶繞朱樓數聲玉笛三更夜白露滿天横斗牛

題吳蓮仙詩卷

不須檀板按芳筵絶妙清詞自可憐宛對鷺溪三尺絹半塘晴樹六橋煙

其二

雲水心情一惘然六時金磬冷枯禪斷魂無那三生事只合長齋繡佛前

晚別何龍若還寓

臨岐夕照水雲間君自東行我自還同是芙蓉塘畔客飄零只似隔關山

其二

井梧露葉下秋庭切切陰蟲不可聽君坐小窗相憶否昨宵寒雨一燈青

贈何忍冬

風吹黃葉雨飄絲柳色渾如二月時惹得阿儂秋思苦鷓鴣小令脊令詩

贈蔣生

年少雄心老漸灰當筵莫笑蹶張材白頭海上埋名客曾事揚州太保來

題送別圖

鈿車軋軋馬蕭蕭欲渡長溪過板橋日暮離人惆悵去野烟荒草亦魂消

春日廣陵城西作

冶春上巳與清明畫舫兼携少婦行莫遣衣香牽酒客閒愁多在廣陵城

聽白生彈琵琶

善手崑崙世所稀開元遺事到今非纔聞一曲頭先白身是滄洲老布衣

其二

水調江南最愴神東都法曲記難眞勸君休唱安公子恐是亡隋劫裏人

鑾江道上

五度南都挾策廻三年一上鳳皇臺青山厭見勞勞客頻帶滄洲白髮來

雪後咏

穆滿何曾在帝鄉蹋輪萬里踏寒霜天邊尚解哀黃竹不遣朱弓屬偃王

其二

炊桂爲薪飯玉難氷稜成片雪漫漫王章休怨牛衣臥恐卧牛衣未是寒

和雨泉龕喜晴詩

犀帖窗開日乍明芭蕉影裏坐新晴遥聞屋角雙鳩喚不似朝來逐婦聲

七夕感事

天路迢迢碧漢間白榆清露滿關山無端一夜飛星駕烏鵲何曾得暫閒

邨夜讀閨媛詩

橫陳縹帙檢烏絲盡是吳娘絶妙詞讀罷紅燈低白

髮春風春雨打窗時

其二

老去心情異少年無端閒事惱枯禪都將細寫簪花字歸叠香幢繡佛前

春日揚州城外晚步

城邊絲柳綠依依寒雨梨花昨夜飛行盡竹西芳草路紅橋烟暝畫船歸

對月

三星寥落月低河天宇雲空水欲波莫遣吳剛砍丹桂江南喬木已無多

無愁有愁曲

莫道無愁愁殺人日烏西轉海生塵青牛別在長松下只道高唐夢是真

蕪城

土覆空壕烏夜哀休驚百雉等閒摧（時雨後城圮）祇龍壁返蒙恬死依舊長城鐵馬來

戊午五月過姑蘇坐霜哺堂袁重其出其六十時午日負母看花圖索題絕句

六十斑衣學老萊花間負母笑顏廻只今五月披圖坐霜哺堂前花又開

虎丘曲

十里金閶接畫樓南塘齊艤木蘭舟姑蘇處處好山水一半風光在虎丘

其二

三月吳儂艇子開春風蕩槳虎丘來更無人拜要離冢都傍真娘墓上回

其三

吳苑鶯花欲暮天松門石路草芊芊千年白虎空陳迹五義荒墳倍可憐

其四

青山相對寺門多門外烟橫水自波十五女郎扶榜去雙鬟搖蕩唱吳歌

其五

生公石畔餘秋草短薄祠前空夕陽往事銷魂俱不見遊人如蟻過山塘

別游氏妹

破屋三間別緒孤扁舟明夜宿寒湖蘆花兩岸飛殘雪與汝同爲失母雛

喬東湖示山樓讀書圖題一絕句

老去山塘繫夢思披圖遥憶住山時小樓烟雨桃花發人在春風短簿祠

南津口占送季端木

送君南浦柳青青許我逢秋過草亭話到秋期腸已斷敗蘆黃葉滿沙汀

其二

寒風吹雨滿春衣尊酒離亭送客歸明日孤帆看不見紛紛柳絮向南飛

見蔣前民畫柳却憶

一株垂柳影毿毿畫裏風姿憶蔣三昨歲揚州寒食後小橋歌舫酒初酣

題蔣前民水田白鷺圖

菱葉牽絲荇葉肥野田漠漠鷺鷥飛與君同住滄浪岓十里荷風釣艇歸

舟中口占送熊晲生黃左儀惠臣程載錫

牽衣怕上木蘭舟舟子催人不可留行到陵亭最惆悵陵亭西去是揚州

端午後一日過王勿齋得程載錫諸子書却寄

綠酒香蒲細雨天八行書到廣陵船槐堂正是思君地不待開緘已惘然

廣陵清明

保障湖頭春可憐賣餳聲裏鬬花鈿殘陽孤館攤書坐拋盡紅橋二月天

自敘

大村李國宋

草木之華榮於春盛於夏成於秋而冬則消歸無有人生菁華亦在少壯之時及其老也識見學問與年俱進而發爲文章未免頹唐率略英銳之色漸以衰減杜陵詩集少作甚少自天寶以後更變亂之餘崎嶇隴蜀多所感慨悲憤詩乃益工且多出峽之後年未六十而精采氣色已銷耗大不逮前亦天有以限之也余自辛酉年裒聚生平篇什爲嬴隱初集自謂風燈葉露溘滅無時即止此爲已足今幸筋力强健無疾病侵鑠五年之內二集又成大抵物老易瘁人

老善憂身之進退出處人事之得失消長有觸于心則形之於言雖未敢自命詩史要其幽哀怨悱之音亦必如水激石感而後生非無故好爲呻吟也向予十年前得白鬚一莖今已增四五莖復齼痛不可忍其殆將落乎衰遲之身難測且晚或天更假我以年得成三集或菁華已竭雖有年亦不能成或雖成亦荒率無足觀皆莫之能知矣悲乎悲乎人壽幾何不及時行樂乃俛仰天地日月愁吟苦咏不休大村殊竊自笑也丁卯二月下旬之一日李國宋題

羸隱二集

樂府 共三十首

叢木
秋霖歌
高山歌
河之水歌
太白歌
白雲
淮之水謠
雞喔喔
雙燭歌
履氷謠
阿得脂
臘月雷
客中歌
戰城南
負土謠
里諺三首
新官來
貍犬謠
陸氏猫
烏婆謠
異蓮歌
玉山崩
水操歌
輓黃公詩
痝英曲
釆芝曲
上坂謠
馬歌

羸隱二集

大邨李國宋篹

樂府

叢木

叢叢陵木其枝曲捄舍曰薪蒸匠石是諆　勗哉匠石毋愛而力以爾斧斤從予繩墨　卬呼我友言告我勞如彼豢豕豈能終朝　終朝之豢貽此憔悴自春徂秋俾我卒歲　其報伊何其責旣多篝車之祝舞也婆娑　他人有心予忖予度哀駘生子莫知其惡

秋霖歌

壬戌夏旱秋復淫潦不止李子心悲而歌

緜緜兮秋霖聲淅瀝兮愁人心胡昔不爲膏兮而今濫淫嗟皇天兮載陽載陰　泥滑滑兮水涔涔日不日兮夜不辨辰參原有焦黍兮隰有爛芩饑抱膝兮長吟

高山歌

嗚呼危乎高山之巔其石磊磊若將墜于淵恐恐乎抱石而求安

河之水歌

河之水蕩蕩乎其鱉其魚河之吏以嬉以娛
河之岸岋岋乎其草其土河之吏以穴以處

[illegible]殷闐闐車馬赫赫會河干朝載黃符來暮載黃金還河畔之民仰天而長歎

太白歌

壬戌冬太白晝經天凡兩月餘李子仰天作歌

噫嗟嗟晝視不見日而見太白主兵主爭主萃下民其孔惕　噫嗟嗟夜見太白兮赤角而芒晝見太白兮熊熊有光曷日曷月兮而彼不藏噫嗟嗟皇天將誰殃

白雲

泛彼白雲亦泛于霄靡依靡定曾不終朝　有鵜在沚不整其翼有雉在樊耿耿孤直　爾卽我怨我不爾諛我雖爾諛于爾何如　彼盲暮雀不知白黑誰謂含沙匪爾爲蜮　讒夫孔多莫質其由曷女君子令德自脩

淮之水謠

淮之水蕩南服水百丈舟萬斛載草土稽漕粟漕粟之稽問河伯　河伯曰吁朕受命自天汝有舳艫汝催趲則前催趲不前鞭笞汝長年　有使北來頷下無髯手持奏草跳踉乎河之陬彼河伯婣亞汝無齟齬　噫嗟乎天高聽卑主此下民下民之言莫告莫申孰知我苦辛　彼有口彼自塞之匪長年之咎彼有吭彼自扼之匪河伯之病

雞喔喔

雞喔喔領雛田頭啄殘麥雛驚還走蔽母腹主人下鄉雞亂飛殺雞蒸黍送主歸秋場稻熟雛又肥

雙燭歌

木刻螭頭欒錯金雙燭對曜蘭堂深外作光燄中黑心

履冰謠

朝履冰暮獨歸履冰百里傷我趾與腓妻子顧我驚且悲問我苦寒胡由來履冰噫履冰噫　父兮生我母兮鞠我我亦人子履冰裂髁冰滑如脂官徵涸糧我往取之我不敢遲畏官鞭笞

阿得脂

阿得脂人皆得肉去我得脂何爲脂潤雖云好不如食肉飽新婦起造飯豚羹奉公嫗公嫗無他言一家皆喜歡

臘月雷

嗟爾雷殷殷隆隆不奮於春乃起自冬其非其然恐予聽之不聰　嗟爾雷砰砰震震或曰年凶或曰疾疢寧死疾疢毋死饑饉　歲云暮矣而聲不收匪陽德之愆孰職其尤予反顧

而被裘維心之憂

客中歌

客中人風中絮東西南北吹四面無依附附亦不得住

戰城南

戰城南悲哉秋敗馬慘不驕金鐵寒颼颼烏鳶俯視不敢過但聞血聲入水濺濺流前軍苦鬬後軍散鋒攢竹刺尸成丘腥風捲草綠野閒日晚人散烏鳶還

負土謠

流水湯湯齧我墓土我墓既毀顧見我父母嗚呼哀哉孝子能不悲楚雨雪漉漉改葬我親我遇雨雪不知苦辛嗚呼哀哉孝子爾負土艮難手瘃膚裂呱呱嘔血嗚呼哀哉孝子爾從父母地下乃不獨活

里諺

身過肥不可壽物暴長不可久

其二

親則不識入於金穴痺狗之爭其害在骨

其三

魚失水必死人失常必亡

新官來

新官來舊官去舊官拜印辭縣署吏奉印馳南街舊官去新官來綵旆翩翩來看新官新官齋宿人探廟祝嗚呼噫嘻乃爾舊官昔汝父母

貍犬謠

貍不捕鼠饑而竊羞犬不司夜倦而求臥

陸氏猫

陸縣圃家有母子猫皆孕子先生厥母老而乳子難子吚呦于旁爲助其力既生老猫置子於床角隘甚子復銜置戶側茶斛中同其子乳之異哉猫也可爲陸氏吉祥善事矣因爲賦詩

月望而虧物西而衰哀哉老猫既生既育而觔力憊罷念爾乳子之艱使余心悲　猫也有子乃助母辛苦乃登於牀乃寑於戶乃分厥乳乃共厥處嗚呼呱呱者人亦各有父與母

烏婆謠

海濱飛蟲似蜻蜓而純黑俗名烏婆兒童云

烏婆兒放風來因爲吏其詞作謠

烏婆烏婆爾放風我放雨風中雨中我爲主婆娑短翅命怎逃捉汝活飼青蠨蛸

異蓮歌

里人姚氏盆荷生蓮蓮的十有三各生一物出乎的上如苞㭊狀或曰花非花也李子異而歌之

猗紅花兮綠莖花生蓮兮青青蓮有子兮子有芽似花非花紛交加其祥其妖民言訛蓮兮蓮兮奈爾何

玉山崩

江之滸維石齒齒舟人漁子以網以罟

江之沱維石嵯嵯舟人賈客載笑載歌

風雨夜作山崩石落覆壓我人民累累乎躶而求木海沸川騰大雨襄陵啃我人死如亂麻而山又崩噫𠑽欷山崩

水操歌

乙丑之秋興化水入城市羣盜大起官爲水操驅村民來聚拱極臺下李子悲而作歌

伐鼓兮鳴鉦發火礮兮排營臺之上兮簫笙紙爲幟兮竹爲槍走破艓兮池中我鄉人兮安知兵　水滔滔兮四野吏持符兮召我我荷戈兮盜安坐我不來兮吏索錢我來兮凶年畏鞭笞兮且前　登屋兮發尫盜主名兮誰者吏不捕兮眞假我非盜兮被勾盜竄逸兮我囚嗟汝吏與盜兮爲民憂

輓黄公詩

弈弈黄公維國之紀肅雍庭除昭宣令美施於宗親靡倦靡止率德不違考終伊始　劬劬主器匪勉是先偕叔一心服勞罔愆毋曰予季孔愛孔憐保鞠終身孝友蒸然　孰義敦交輕疏貨賄險難嬰牽弗怨弗悔千金之托歲寒無改兵凶蕩矣宛然斯在　室有覆壓匪杜孰支人有顛危匪公孰持道阻不及神也告之拯彼急難慰我夢思　翩翩飛鴻弋獲何巧皎皎淑姿罹于强暴赫怒捐金令節克保猗歟大倫木亦有造　黄山高矣巍巍天都黄公偉矣德容穆如誕受百祿昌世作謨翼子貽孫衍慶長遐　念昔蘭言締盟賢嗣恭承嘉命惟予小子不遠堂基仰眷先儀哲人云萎泫焉隕涙

瓶英曲

玉瓶貯金英銀釭吐燄冷不看枝上花但看壁上影燈亦有時盡香亦有時歇美人清夢回紅顏背花泣

采芝曲

焦山之木腐而爲芝芝不可茹我心傷悲

焦山之芝出于腐木木不可活我行躑躅

彼有酒漿我無稻粱彼穀百斛我無飦粥采芝采芝旣亟只而

上坂謠

山石何齔齔山木何攢攢江頭弄船人相牽上高坂樹上青棕繩水中白石柱努力向前行十步去尺五

欸乃復欸乃欸乃欸乃聲苦悲焦山五月潮不異涇潁堆

馬歌

才不才視所待馬不千里而以負載

瀛隱二集

五言古 共八十首

午日拱極臺詩
送周方山還昌陽
寄懷程二載錫
咏史八首寄呈張草亭
久庵四弟書館庋七夕同人小集因上拱極臺晚眺
貧女詠
枯骨嘆
五月東村省耕作二首
古詩
刈蘆
送王西齋之南平六首
驟雨
木瓜
贈張超然
送盧生岳修南還
送王勿齋北上二首
奉贈廣文先生方馬溪四首
少年行
美女篇
仙人篇
上邪篇
石流
古詩二首
戒友詩
輓歌
貧士咏
哭王五子雲四首
五十詩
輓詩
雞鳴雀行
渟湖送同門王兆魚歸宜州
采石磯太白樓懷古
真州道中作
雜詩三首
送兄台尹之山左三首
過袁太守墓
蔡七峪若自京口訪予山中臨行贈詩二首
傅戒

俞陳芳來山中過訪賦詩以贈
雨中讀陋軒詩
雨後行山中
夏日山中作
山中同諸子玩月
夜坐松寥閣
青玉塢
苦熱
焦處士祠
雙峰閣玩月
華嚴閣
自焦山放舟轉海門
焦山雨中作
京口李氏幼子爲庸醫所誤幾斃復生賦此志慨
山中望王西齋勿齋程載錫

瀛隱二集

大邨李國宋篹

五言古

午日拱極臺詩

滄池涵斗極崇臺瞰雲表令節合宗英朋來紛遠眺層層樓觀披歷歷睦䏲遠日正羣動喧筵高水陰照若榴吐朱華芳蒲泛清醥寫懷歌嘯雜肴伎壺觴小歡多神始疲興盡心轉掉感兹桑榆暮歎彼城闕佻散步循廣除遊目送飛鳥

送周方山還昌陽

燕鴻與越鳧各自南北飛之子渺千里安得常相依凌晨肅歸駕走送長河湄念我兄弟親異姓同肩隨寧知終年歡一息成睽離睽離亦何恨展轉有餘思所思良欲申執手指路岐上者青天雲下者濁水泥雲泥不相借毫髮丘山虧努力愛令名浮榮非所期人事多乖忤後會何時偕我無佩琚贈贈子弦與韋

寄懷程二載錫

子處憩廣庭盛夏豐草木思我同盟戚鬱紆謝翰牘昔歡數晨昏今別乖凉燠閴寂閲四周展轉閲三伏佳人方華年令儀秉圭玉抗俗希獨醒閑身快新沐惜哉照乘珍而以混魚目清渭水自清濁涇水自濁德美亦充符豈必金與穀薄終非小譽厚始有遠福

保爾歲寒心寡悔循初服

咏史八首寄呈張草亭

小夫戀丘井壯士輕溝瀆力瘁心靡悔數窮理必復
國耻尚未雪寧能顧家族刺趙忿智仇椎秦感韓蘇
羞同季將軍髡鉗入函谷

其二

晨出萬里沙東望田横島不知五百人何處埋秋草
劉季信豁達指從羣英趙封齒事固奇赦貫度非小
胡爲貞苦節殺身委窮徼咄哉扛鼎雄死士何其少

其三

高生客宋子梅福遯市門豈不傷賤貧義不辱其身
毁形傭保内托迹輿皂倫姓字且不知何論子若孫
投簀死辯士張祿西入秦所計在區區折脅空悲辛

其四

仲尼歎乘桴斯意良有在天下苟無邦安得不浮海
蟾蜍蝕金魄萬象淪光彩中原十二州陸沈可悲慨
白鳥一哀鳴崖門遂千載

其五

義以舍生取仁以效死成智士有特識貞臣無兩營
愚者奸大命迷謬思力征漢鼎熄炎暉九虎亂西京
躍馬汝何人竊鈇白帝城惟彼平陵東萬古揚鴻名

其六

桓桓劉廣武長嘯懷舊都落落祖豫州先鞭熠兇渠
二賢起舞時志欲匡皇圖天命不我與中道成齟齬
其事有利鈍其志則不殊鎖項作司馬苟晞眞人奴

其七

利劍須一割扶義無儃佪多門啓猶豫連鷄勢不飛
羣閹覆漢祚郿賊擅國威煌煌東諸侯西行指雲旂
志美功不就肘掣失事機破虜矜微勞獨攜寶璽歸

其八

周京昔全盛荒服罔不賓都鎬表四塞建洛雄三川
挈瓶一失守遂起驪山煙愴惻苞根咏浩歌黍離篇
强侯扶弱主戎秦驕渭汧畧地到南海適戍何紛然
去去桃源民足稱避世賢

久庵四弟書館成七夕同人小集因上拱極臺

晩眺

秋節命素友佳辰啓良讌儀彼雙星會聚此同堂彥
華館落初成小亭雜花蒨匪乏遊目美足舒抱膝倦
臨池豁遠襟登高希壯觀容與越平圃凌厲俛芳甸
飛檐出萬井傑閣延四面晡月側纖規夕風送冷善
霏霏殘霧歛燦燦羣宿見金梭停霄宫玉佩翔雲韉
綢繆終古歡濶絶經年歎人生富憂端白髮苦難换
守拙畏顯嗤伐巧防冥譴錦章棄塵土靈槎阻濛汜
天路苟非遙欲假塡河便

貧女詠

貧女手中絲富女身上衣衣鮮增體勢無鹽比西施
白露滴蕙根寒蛬啼聲悲眼枯有斷淚心急有斷機
長安貴夫壻不取貧家兒貧家少見人玉貌誰得知

枯骨歎

白日行地上不照地下人地下久死骨纏結枯草根
草根懷生意能發地上春死骨不如草萬古同悲辛

五月東村省耕作

十年困天災日有饑寒懼今春土始膏努力事農務
夏苗青油油頗得田中趣野老亦懷秋顧我顔色豫
轉恐時雨勤百川溢灌輸家貧鹵壤薄卒歲那無慮

其二

前月登南隴麥秀風翼如別來將再旬隴麥倐已枯
伊軋屋角聲家家牽篝車豈卽擬稻粱聊果饑腹虛
上田常苦瘦下田常苦淤賦命有定分全福物所無
匆厭犓䴏餐我方在泥塗

古詩

歩出西郭門遠望多荆杞不知誰家墳華表矗天起
碑字已磨滅似是卿相子施施在廣廈養育貴人體
口腹窮羞珍肌膚被紈綺一毛猶愛惜無論髮與齒
生時比金玉死殁飼螻蟻螻蟻聚嘈嘈枯骨白玭玭
紅顔化枯骨自古皆如此

刈蘆

薄田百餘畝其岸細如帶植蘆田岸頭謂可牢根柢
未逾三四秋青荻倐已大根穿隄防缺時雨漏湍瀨
不能資成功轉慮致顛沛糴米赴東村斷然肆斬艾
凌晨集壯夫必盡心始快前朝三百載養士何藹藹
大者腰犀玉小者綰珂貝末造綱紀頹濁汙少淘汰
貪暴吏闒茸縱恣爲物害遂使社稷屋懸鑑若蓍蔡
至今沿故習放㢮寬此輩苟不速誅鋤蒼赤生何賴
剪亂藉剛決天宇乃淸泰尚恐滋萌芽喟焉起深慨

送王西齋之南平

浮雲起天末嫖忽去千里短衣馳輕裝遠遊自兹始

親交走相送執手長川涘水淨烟渚明風高蒲帆駛
君非鷓鴣鳥南飛欲焉止

其二

方舟涉大江思爾舊親串豈不厭旅瑣山川懷夙眷
寂寥偶僮僕辛苦異鄉縣晩頓日先暝早陟露猶泫
憔悴秋田花白骨縱横見

其三

劍浦昔横戈烽火照巖關戎馬一星散巍然聳青山
慘慘落日暉惻惻遊子顔割土事不就井里遭燒燔
殘氏憂患多中道與悲歎

其四

名區慰遠覽振衣希獨立言登九峰顛高與浮丘揖
海日蕩空明天風自飄颯六鼇紆扶桑下有鮫人泣
借問延津龍何爲喜深蟄

其五

炎方氣候別草木秋爭菲山中桂早花香滿遊子衣
衣香無時休遊子樂忘歸出門百事好不如居家肥
居家雖寡歡骨肉相因依

其六

令弟將北征哲兄復南渡奈何同懷戚背飛即永路
世亂少樂土饑寒迫儒素謀生忌鴆拙安能守蓬戶
獨居朋侶稀俛念情不豫

驟雨

殷雷初奮地窖雨驟而注㳽㳽坳堂滿淙淙漏霤寫
白日霾氛霁層霄蔽苦霧列缺忽大笑羲氏不敢怒
野人仰天嘆霶霈幾時住氣候如凛秋毛髮灑然豎
鹵壤獨低窪衆水所灌輸橫截唐港西波濤浩流蕿
東村薄田在恐受陽侯妬昨始燒朝霞汜濫雲已布
銀潢倒狂瀾萬響赴庭樹饑烏濕不起乳燕遭泥汙
汝曹喜晴乾晒翅即高去我抱卒歲憂又懷敲朴懼
未見弘羊烹何事早淊澍

木瓜

物生亦有地遷之弗能良木瓜朱柰類托根南海旁

迮時植江北結子同閩鄉園丁閑巨圃接菓羅千行
此樹我所愛秋實含異香昔年乞一本栽置室東廂
扶持兼灌溉寶護如球璋辛勤二十春枝柯出屋長
開花不成實百費未一償剪伐既可惜留之空青蒼
西偏無花果果熟猶得嘗憐汝空作花歲晏終何望
攀條仰太息頭白心內傷

贈張超然

北平西山有僧食如意草可休糧超然將往
求之繪爲圖徵詩于余因賦十二韻贈別

士貧百不憂所憂恒在饑苟缺升斗餐壯夫猶低首
張侯懷良璞李生被褐衣同爲屢空人瓶罄恥及罍

豈乏開美度奈此蓬髩衰蒼蒼陵上桂茂茂園中葵
桂蠹使枝凋葵傷使葉萎憔悴逮妻子中心能晏而
不求療饑術高節徒爾爲美哉如意草可比西山薇

送盧生岳修南還

傾傾崑岡彥秀出東海濱佳哉璵璠器陋彼斗筲人
神交托傾葢三載諧笙均奈何趣廻舟艤楫長川津
去去不可留執手聊逡巡綢繆尊酒間離怨今始新
知己在片言常分非所論道睽骨肉疎心合秦越親
苟無斷金節慷慨胡由申仰見南雲翔俯嘆西日淪
音𡽪渺難即尺素誰爲宣子其敦爾躬毋以珣易珉
華髩倘未衰尚思相見辰

送王勿齋北上

鴻鵠舉千里羞逐籬間雀壯夫志四方焉能戀丘壑
寒風仲冬月轉蓬隨飛藿吹唾成氷霜驅車上京洛
京洛盛冠蓋輪蹄互紛錯爭名附韓鄭求勢趨衛霍
晝夜塵土中聲利自相託君今布衣士何以資結約

其二

四序遞推敓枯菀由化遷同生不相讓趨時競榮鮮
人爲天地貴智居萬物先百巧伐其眞渾沌無一全
季主帰卜室端坐陳至言賈宋二大夫觀采遊肆廛
卑疵出鄙論蹴踖俱汗顔務華絶本根喁喁取尤愆
枉已就尊譽達士不謂然喧囂長安市誰者爲高賢

奉贈廣文先生方馬溪

桃李爭春暉柯葉相榮鮮亭亭孤松枝高峙五岳巔
華菀非人爲蘊眞由自然漢廷策才俊衣冠慶盍簪
曳綬金馬門棄繻函谷關功名誰不羨文采物所觀
鄙哉曲學生不如轅固賢

其二

浮巘毓靈璞皖水媢潛珠英藻發弗蔚壯圖恥濡需
周鼎俗不珍鬱此君子儒學窮六家要道作諸士模
皤髮坐皐比小隱與時俱荷杖掖孫子奉席圜生徒
樂飲在泮酒難老亦足娛

其三

大年希彭聃宿齒尊老更已見滄海變又聞黃河清
嘉生豈不辰閱世何縱橫剝終感往運復初悅來情
翩翩高門胄將赴王國旌堅車無鬬輪華冠無敝纓
崇替各有時抽簪俟嗣英

其四

威鳳颺苞羽神龍養脩鱗野獸戴一角誰謂眞麒麟
物以希有貴士爲知已伸子尼愧國器侯芭竊玄言
寄契在襟抱豈必紆朝紳遊藝謝時譽素相優經綸
周旋籃輿側永結泉石隣

少年行

長陵諸少年探丸好俠遊百金買駿馬千金裝鑾鞦
騎出新豐市耳鳴風颼颼居者走相看行者避路隅
照耀九陌間萬人誇殊尤朱纓繫馬頸花鞭掛馬頭
碧玉嵌馬鞍黃金作馬鑣昂昂馬上郎顧盼懸吳鈎

美女篇

名姝出海東傾城藏秀質玉齒含朱丹鬒髮艷絲漆
翠羽織下裳明珠垂上髻姸姿迴一盼纖步行屧折
拂舞翔吳巾淸歌妙齊瑟妖冶本天授況乃容飾別
良時逾氷泮待年處閨室長安貴夫婿問名諏日吉
北里盛鐘鳴南隣富鼎實白璧詎數雙黃金累百鎰
羔幣爛門楣佳人執高節許身必有歸匪寇非所欲
寧爲守貞女永與金夫絶

仙人篇

仙人驂白鹿遊戲翔玉京身佩紫霞綬握手白石生
出入蕭閒宮素羽揚雲旌玉册衍道術景庭注眞名
途遇西王母謁帝來墉城招之鲍河側錫以玄珠纓
職授崑崙頂丹籙冠上卿稽首不肯受伏地陳至情
陰陽有定分班位非可輕臣惟天所命焉敢混泰清
歸牧金華羊不求閬苑榮

上邪篇

上邪難爲則下邪乃自然曲表無直景濁瀾無清淵
堯禹炳至德五人相比肩殷辛從淫酗遂有惡來臣
孰云蒯與跖而出宣尼門太皥襲氣母蒲衣得其眞
尸居養萬物陰陽罔毗偏後世反厥令實言風與慾
具日予旣聖羣工皆大賢慚愧福命薄不敢媢至尊
伏處窮海側庶以潛光名

石流

石流水中央水激石不轉妾心如直絲匪席胡由卷
問妾誰夫婿佳人隔漢沔洵美苦離居迢迢白雲晚
宿莽滿中洲江長路難踐萃髩日以衰脩眉未嘗展
欲言解璫珮蘧除懼非鮮潔體處空房毋爲求嬿婉

古詩

亭亭靈嶽栢屹屹高殿梁輔以文杏榍承以木蘭櫨
其下白玉礎其上黃金璫朱丹間菱藻煥然生輝光
寧知物自蠹攢蝕梁中央晝夜聲嘈嘈蠹敗疎周防
其外儼然大其內漸以空榱崩梁棟折聞者皆嘆傷
重建洛陽宮誰爲師匠艮

其二

同水無異源同枝無異根矧我兄弟親骨肉相纏綿
胡乃參與商各處天一偏子朝亂周室突也爭鄭君
釁起孔懷戚他人亦悲酸利小怨猶作寵疑禍必生
流言痛大聖感激風雷神仰嘆鴟鴞詩斗粟何足論
本支勿自撥行葦恩宜敦

戒友詩

濁水勿照影照影影不潔蠹木勿息陰息陰陰不容
結交毋比匪比匪招凶厲酒食聚朋徒厚意堅膠漆
奚啻兄弟親執手肝膓熱爾爾復汝汝對面生毒蠚
名微爭亦力利盡情已割狂盧噬走猎猘在投骨
且寒鏘臂盟莫論刎頸血張耳姍陳餘何不早決絶

輓歌

富貴可苟得壽命獨不延朝在生人籍夕暮歸泰山
孤魂渺何依百物棄我身妻子繞棺泣踊辟聲不聞
悲淚滴黃土築作重泉門飲食昔所御我口何由餐
衣服昔所被我膚何由完疇昔衆香聚今與臭腐隣
神明去體魄智慮不復存白日忽無我誰爲我子孫
寄謝世上人愼勿長辛勤

貧士咏

醜女不可棄貧士不足羞妖艷傾城國攘竊封公侯
踽踽佔畢子屢空居蓬茅饑至食不飽寒至衣不周
旁顧餘四壁仰天無一籌高歌出金石適取妻子尤
憂煎急膏火疾病相纏糾乞米且無門敢爲醫藥謀
人生異苦樂實命匪自由寧甘羸身葬孰鞭焉可求

哭王五子雲

昨夕問君疾見君牀上臥已知君不起且復須臾坐
暫坐旋出門心惡步屢惰槐庭來遠友勉強一相過
時汝猶子在哄然笑聲大閔嘿向青燈哀樂情懷左
滿堂竹肉音悲君淚偷下

其二

男子有孤情不垂兒女涕爲君一長慟天地皆晦昧
君懷太濶達豈用如土棄家貧輟朝饔勞神事博施
力疲志不遂憤怒傷肝肺以此殞厥命於汝固無愧
齷齪市井奴醴頤中垢穢飲噉成癡肥老壽何足貴

其三

生世能幾時晷短若朝燭君死我猶在我死望誰哭
人道有五倫命薄我已獨寧知朋友中使汝又不祿
從今鈌嚶鳴不忍誦伐木我有腹心語悵悵安所告

其四

盍棺丈夫事義不顧其私兒頑求石槨此意何愚蚩
生無一錢積厚殯非所期苟使能周身亦足成瘞埋
狂歌唤桑戶返眞斯已而但保爾令名枯骸有何知
華匠藏蠢體竊恐物力靡

五十詩

古人年五十已曰服官政而我猶布衣髮艾趨蹭蹬
昨叨南省薦顧慚身不稱懶散避公車匪云慕高行
天賦實蠢愚魯莽乃其性懼貽壯煩悔將與凶禍幷
雖懷臯陶直難事唐堯聖春中開選場燕臺赴羣英
疇昔同學彦白馬金鑣並熊熊虹氣吐奕奕鳳毛映
里族增光榮妻子失愁病戚友來相尤謂我拙奔競
爾其內熱歟帝都冠蓋盛但諳五字吟投足皆捷徑
儒兒所習見罄折非諂佞迅起致青雲逢時托歌詠
且須遨鼎烹不必羞負乘豈如蓬蒿士饑寒老溪汀
永爲龍勿用深蟄蟠泥濘瑣瑣復滄滄斯語似可聽
長嘆仰蒼昊窮達分有定揮手謝親串我方及知命

輓詩

鼓聲夜何急輀車動中庭芻靈次第起蠟炬慘不明
扶送詣遠郊僕馬行鏘鏘殘星散曉河微曦吐東方
哀音沸流波轜楫南川陽親交辭欲散長揖心內傷
生人與鬼别形影隔幽冥懸知必有死悲淚焉得忘
此去向窀穸永閉日月光骨肉委泥土子孫歸華堂

籬間雀行

神龍蟠深淵尚得以爲畜猛虎潛山林鼎俎登其肉
張機滄海湄密網求黃鵠黃鵠高高飛少年空手歸
歸遇籬間雀翅短毛羽稀手探泥彈子彈落荒園裏
微物當烹鮮調笑諸少年

淳湖送同門王兆魚歸宣州

同作淳鄉客君歸我猶住鷄鳴起相送夢中喚童豎
倒衣不遑着離別情何遽執手無他言登舟屢延顧
汎汎固城水依依宛陵樹計爾到家時余亦挂帆去
夜月茱萸灣回首江南路

采石磯太白樓懷古

大江流浩浩長嘯登著磯古人不可見白雲空樓飛
花龕拜遺像錦字明璇題薈蔚拔石松寂歷委草碑
遠日射牛渚惝怳然靈犀百怪出騰舞文章無端倪
寥絕異代心高躅誰肩齊我亦落拓者不受金馬羈
興窺軒蓋盡迹與漁樵歸孤月入懷抱解衣臥滄渚
緬想紫宮寵奉硯瑤池妃三奏清平調盛事令子悲

采石弔常開平

眞人奮江左羣力共開濟奕奕常將軍英姿冠豐沛
躍起奪長戈狐鼠盡奔潰迅掃東南雄遂定中原地
績務徐李間勇邁湯鄧輩身殁柳河川廟食雞籠背
至今荒磯上凛然見生氣麟閣迹已朽虎臣事誰繼
宗社忽丘墟萬端堪隕涕落景登孤舟惆悵夜難寐

眞州道中作

陰陰榆柘煙歷歷茅茨屋老父刺歸船稚子飲黃犢
返景入閭巷蔚然桑麻綠秋稼熟在田迎神聚親族
但知有年樂豈識租吏酷苟免剝啄聲鷄犬亦安宿
借問今何代得此太平俗故鄉水滔天我還聞野哭

雜詩

翔禽依故林倦獸戀故山苟非功名會何必彈朝冠
釣周棲渭濱逃秦徂商顏厠鼠不自潔投網見憂患
棄置東門犬荷校豈足歎

其二

燭陽躍氷海銜珠曜寒門豈知白日光不照閶闔晨
幽都聳雙闕千里蔽浮雲下驅羽淵熊走赴淮泗津
洪波蕩荒墟孑遺靡一存阽窮匪我憂流亡可悲辛

其三

嚴風凄閨闥閒寂垂空幃出戶聊行遊孤懷靡所依
庭陰布積雪殘夜揚明暉貧薄義難久時過春欲歸
言念見睍詩孰悟姸華非

送兄台尹之山左

素雪灑青歲春日未載陽如何孔懷戚駕言之遠方
堅氷蹴屝屨裋褐行飄揚佻佻遊子心北風凄以傷
苟免家室憂豈畏道路長

其二

挾策赴千里驅馬凌山河美哉弦誦邦覽古典浩歌
鄒魯富文學稷下揚其波翔步儒者林足以施罻羅
握蘭蕭自退棄珉瑜必多墒掇倘非主按劍當如何

其三

仰瞻泰岱峰俯瞰滄海瀾高不厭土壤卑乃受百川
達士執謙柄愚闇喜擅專目盲五采迷旁觀起哀嘆
諧俗無遠味食貧有餘歡尊酒敘既翕拂衣返丘樊

過袁太守墓

方舟泊野渚問是誰家墳昔爲五馬客今作泉下人
高碣委寒露斷碑遺埃塵縱橫枯柳枝彌望多荊榛
幽闕埋羊虎明堂遊雞豚牧豎來登扳宛然蹄跡新
生能周千慮死不庇一身百年盡荒墟非無子若孫
灑淚悲牛山調琴感雍門朽骨何所知去去勿復言

蔡七稔若自京口訪予山中臨行贈詩二首

燁燁朱夏初陰陰草木長喈喈黃鳥鳴交交自相傍
索居寡歡言我友駕忽枉三年勞寤思一曲結心想
城闉豈云阻羈紲不可往而我胡爲然對面情慨慷
早日沙嶼明夕風天漢朗命酒孤燈前抱膝泉石上
海遠懷扶搖山空窺象罔俯仰敘疇昔信宿諧心賞
綢繆期何促僕夫戒歸榜送子清江湄悠悠蕩雙槳

其二

天運遞否泰勞者日以多我無濟世術偃息居中阿
談經且糊口放志祝牧歌海風吹山桑摧敗同斧柯
蒙翳沙礫間芝蘭雜蓬麻匪予素心人握手成天涯
勿謂山鳥高鳥高亦可羅勿謂山石堅石堅亦可磨
貪夫殉塗炭逸士翔雲霄嘽嘽西榆日洸洸東逝波
慎守先子業爾後將克家林泉畢晚契休暇頻來過

博戒

富子恃錢刀貧子恃詩書錢刀隨手盡詩書可常娛
不見海濱老努力勤耕鋤囷米積萬斛全家享豐腴
自言金作穴不謂雲過虛月魄盈乃朓日昃中則晡
誰知子與孫驕憨好樗蒱千場縱豪舉已受他人愚
繩鋸木必折水齧石必窬五日輸一廩十日輸一庾
輸多元氣索反嗔親曬詞蓬鶉笑求且爾毛巳罄如
剝牀且及幹夫子將安居

俞陳芳來山中過訪賦詩以贈

楊花化水萍飄流失其類微風吹復合聚此長川內
人生有嘉遇況乃夙所愛蒼蒼陵亭墟汩汩蚌河匯
三年一命楫覿面無由再寧知深山居邂逅塵块外
訪古希高躅論文閱前輩衆籟發清音笙琵遞相代
中含幽草香忽出青崖背微茫廣陵近聆睞京口在
並坐不須臾扁舟去遙埭握磁鍼自拔懷珀芥必待
傾蓋申盟言久要見交態

雨中讀陋軒詩

羊黍律既乖古樂久淪索遙遙八百年未見斯人作
匿跡舄鹵鄉抗聲蓬蒿宅雅尚出糞土冥搜棄糟粕
飛搶笑斥鷃撟捩翔孤鶴騷選研討盡賈孟心胸鑿
元宋塵已掃漢魏氣欲薄高歌節婦詩如奏咸池籥
慌惚魑魅林漆燈照未夜何李豈先駕屈杜或並蹠
學語字不真敢與老成席蒹葭西溪水咫尺東淘客
夙接神交契竟阻謀面樂白骨親螻蟻楚魂歸寂寞
颯然幽牕中血痕在遺業龍吟江海昏鬼嘯風雨夕
垂老失仰止執鞭向誰託

雨後行山中

藹藹四月交甘澤不時至雨後僧荷鋤林中筍已出

烹筍佐青蔬亦以悅口實微風山花香初日壠泥滑
睍睆鳥成音蒼翠麥如櫛覩麥懷鄉井聽鳥思蓬蓽
仰彼吐岫雲卷舒在空際高雲縈峰巒低雲罥樹木
高低兩參差形影終必滅

夏日山中作

朱方爍離景草木交深碧寂寥譙戍中獨有幽人跡
几榻雜廁陳翰墨顛倒積塵遠慮易清晝倦晷難夕
海門流空聲江勢觸磐石青飛出巢鳥黃壓伏隴麥
領解許孤僧襛穠避俗客踽踽信來往默默向誰適
漸逵盟自今考槃敦在昔羽儀未敢希邁軸或不易

山中同諸子玩月

山靜來遠音月高空萬象朋從戒肅征興至希遄往
地偏豈俟冠年艾亦堪杖陰森逼虺蛇惝怳逢魍魎
天流浮光去石延清氣上林寄露未溥江寬風始蕩
芒星閃羣角傾巢動一仰默識情有向劇談理無枉
蚤餞春物遙倏聞夏蟲響時哉不我與奮飛懷慨慷
龍化資淵潛鳳舉避世網坐賞壁已暗歸咏路猶朗
回睇竹栢多蟾孤照無兩

夜坐松寥閣

焦崖連海門獅象峙雙闕中有松寥閣臨江俯空濶
上倚帝釋宮下瞰蒼鼉窟近形收京峴遠勢帶溟渤
朱夏頹炎暉銀濤湧積雪馮夷擊天鼓變現金輪月

靈蟾吐光芒清鏡鑒毛髮朗朗星漢高一一洲渚畫
仰彼諸界淨令此塵抱豁客懷象罔珠僧說菩提偈
皎如懸照內動靜各物役起別聞山鐘紛紜辨奚益

青玉塢

蒼翠東山隅草木何菁菁不知青玉塢且幸存此名
晨興立沙步壠麥油然平海波擁紅輪忽自扶桑升
晶熒射佛閣振蕩搖雲汀白疊鷹鶻糞黑吐蛟龍腥
石結太古骨水流無始聲團圝如蓋樹雜亂在野苹
時過暑欲溽物感憂來幷已信生人勞未喻達者情
將邀潮亦縮既亢草失榮吾衰實可歎彼美何由賡
願言解璫佩臨江憶娉婷

苦熱

人言六月中深山可逃暑豈知海雲堂四月熱如火毋乃餘閏歲氣候逼端午或是天官家造曆乖時序久住孝然巖陽亢竟無雨不聞雷奮地但聽鼉鳴鼓赤日鑠枯原蒼波沸焦釜樹木亦憔悴矧彼禾與黍東方數千里焚巫兼雩舞弱肉强欲食亂萌已可覩我鄉最卑窪傳聞涸溪渚淫潦加漕徵脂膏既盡取若復值妖魃未卜死何所大荒冰夷宮有龍主藏府珊瑚架梁棟水晶爲楹柱白玉塡階戺空青飾牖戶筵懸鮫室珠歌擁江皋女終朝困酒食縱欲靡停晷焉能升霄漢作霖澤下土誰奏太乙知拯此萬姓苦

夜升禮斗壇焦山壇名仰面瞻穹宇

焦處士祠

處士避世難肥遯荒江濱逃名名乃隨俎豆垂千春古祠寄泉石淸風吹埃塵肅瞻如在上長揖心所親竊恐形貌非像教違典文潮水日來去青山恒如新昔人重不朽富貴非其倫仰窺簷外鵲爭巢互紛紜一枝猶不讓三詔能逡巡變化超霄壤龍蟠所以神蛣蟯守溷廁羨者何多人

雙峰閣玩月

夜遊雙峰閣拄杖凌亂石海天浩茫茫羣象自出沒月照松頂青水連山帶白幽陰竹木影曠朗塵壒迹同行失次第散坐各求適空色合二體憂虞分一役已厭鴉鳥音復畏毒蟲螫乃知有身患未淨無涯業蓬萊吾舊鄉高跨在咫尺三嘆起雲衢欲化乘風翮

華嚴閣

山非石不峭京口山多土焦巖有石壁四面自撐拄參差倚天末噴薄臨江嶼一閣山之腰傾側氣象古蒼蒼凌倒景騰騰飛怒雨六駕歸扶桑朱光射檐宇鳥雀噪未休百怪伏水府僧孤香厨靜客至攲榻舉洞引高卧心亭疑壯觀處三詔洞壯觀亭在閣左右朗然讀書聲時聞出深戶佔畢爾何爲將以弋尊譽四野皆滔滔方舟竟焉取華陽鶴久去逍遙在縣圃

自焦山放舟轉海門二小山間名海門

挈侶嵯巇中放舟鴻濛外境以無悶顯情因有欲會容與去葱蒨鳴軋轉灘瀨雲夾瑤蟾升水淬金虹銳茫茫海門間衆靈于此萃江妃與冰夷彷彿見旌旆松寥接焦趾氣脈相襟帶胡彼一卷石偃蹇自尊大根結蛟涎腥項着鷹糞穢安得嬴政鞭驅之眼前快天帝怒不許卽事起長慨

焦山雨中作

嵐青山上松霧白山下槐風捲暮濤去雨灑焦丘來久旱物不悅氣色今始回紅舒枯壠花綠潤槁壁苔蛙蚓自出沒燕雀相徘徊石罅宿積塵一洗無纖埃

高田桔槔動漸聞秧鼓催莫問淮北盜且免江南災
把杯向蒼昊煩愁安在哉霽日尚未吐繁雲有時開
欲將徑尺霖遍溉中原推又恐甘澤多海濱仍裹懷

京口李氏幼子爲庸醫所悞幾斃復生賦此志
慨

李氏有幼子聞其聰明姿疾病付庸醫偃卧門牆西
僉云不可藥買櫝將瘞埋顧見手足動傷哉此嬰孩
與乳兼童溲陽氣漸復回自兹便痊愈舉家歡如雷
使者來山中驚歎俄成悲上天造殺刼不生扁與岐
丁男數百萬宛骨皆爲灰强者幸無死實缺調養資
滿前種烏喙觸之卽狂癡海藏遺仙方神龍所掌司

可以活蒼赤事秘誰得知遙呼龍與語二豎宜早治

山中望王西齋勿齋程載錫

揚州在何處瓜沙南渡頭金山接焦山浪打譚家洲
江潮早暮上一日三回望不見故人來但見孤帆颺

瀛隱二集

七言古 共七十三首

陸縣圃茗芋堂文集歌
奉贈三十叔壺公
縛布行
入梁行
觀奕行
苦旱行
唐子行
鴻儀堂大士像歌
送喬東湖之燕
拾麥行
解昜山受孟襄陽詩作踏雪尋梅圖身抱酒甕隨其後可謂風流好事之至余喜其放達題短歌貽之
無花果樹下納凉
先文定公祠雙槐歌
大火行
苦雨行
送王勿齋

樊墓古劍歌
冬月放鸜鵒歌
醉歌
見月吟
驚蟄雨
遊獵行
壯士行
少年行
白日行
去官行
潘廣思寶刀歌
蜘蛛行
黄仲丹明府古銅水注歌
月食行
宋廣文署中大硯歌
水至歎
題松嵐弟黄山圖
迎春曲
宋廣文發地得梓潼神鼎歌
鐙龍行
賑船行
明河篇

鰣魚行
焦山周鼎歌
大風行
生日
日出行
瘞鶴銘歌
閏四月望夜月食
焦山隱居歌
日月東西行
得家書
聞焦山僧談虎
焦山蚊歎
唐氏義犬歌
行路難二十首
蔣前民古銅印池歌
程處士韋華爲予書蜀道難長卷受而作歌

嬴隱二集

大邨李國宋篹

七言古

陸縣圃茗芋堂文集歌

嗚呼天下賢者日逝藏草茅著作何輝光詩家宗匠巳數輩老筆無過杜黃岡陳吳申扁各擅場獨少能手追班揚歸德骨朽寧都死許汝繼起稱登堂吾鄉先代盛文獻齊名宗陸推雁行汝與子發信人傑領袖後進嗣前芳四海鼎震如沸湯九虎紛出牙爪張太平旋奏卯青瑣大開金殿觴侯王侍臣作頌上天子賡歌欲效虞與唐而爾伏處蓬蒿下幸免投閣身

高翔小樓讀書三十載布衣自足垂千霜茗芋一編世所貴立言于汝猶兼長家貧求食出門去饑驅且學陶柴桑

奉贈三十叔壺公

顛毛未燥兒齒存巳知家有謫仙人鬚長可拂黑鬖帶貌美宜冠華陽巾柴門自從栽五柳滄洲放浪耽詩酒青衫半領恥拄身綠竹一竿多在手長安暨儒喜貴遊先生性不干諸侯長安市賈好財利先生貧不作家計但使輕舉雙兩翼視棄妻子如脫屣人生頭白苦不歡高歌痛飲與神僊劉伶阮籍大快意洪崖赤松空長年請把鸚鵡螺朗吟鸞嘯篇攜笻五嶽

便須去一論婚嫁非豪賢

縛布行

馬中赤兎人中布惜哉如鷹不如虎丁原董卓頭顱輕餞可附人飽可去下邳城頭鼓沉沉畫戟一擲呂布擒呂布擒東方定老瞞開筵賀戰勝

入梁行

碭山大盜竊神器沙陀搆難兵紛如夾寨揚鞭祇奸鬼賊溫身死子亦誅屍穴薦棘宮穴誇剖棺始洩神人怒咄哉宗奭汝何知弑主之惡安可恕

觀奕行

夢華山人好奕戲性非此事頗不樂十枰決賭九枰悔多算無功少算錯忽逢其敵爲手談乍離乍合戰始酣旁觀驚愕起相賀一人含笑對者慙嗚呼如公亦有快意時勝負反覆誰能知

苦旱行

人言今春甲子雨應須赤地一千里昨者如絲洒徧路旋經風過行塵起吾鄉低窪水沸天閭巷往往皆波瀾昔歲蛟龍撼城郭浮屍撐拄流河干播蕩之餘室廬盡繼以魃虐成焦原天道反覆變非小腐儒餓凍何時了

唐子行

唐子出門家不求旁人乃有饑寒憂手須在牢鷄在

桀豈能亡去忘宵休嗚呼桓山之鳥何處宿高堂日暮照花燭

鴻儀堂大士像歌 上有明肅大后璽

李生來上鴻儀堂仰首却立神茫茫普陀光相世所見何得朱璽鈐縑緗詢知坤宮出御寶錦軸鳳篆丹沙香先朝遺跡盡堪涕此事亦足傷興亡高皇垂法娩三代獨于竺教疎周防髡緇膜拜非禮俗留之中土成濫觴卽今裝潢傳玉軸至令聖母宗空王古人貽謀貴遠識造福豈藉般若航轉徙民間故物在觸目紛繪摧肝腸

送喬東湖之燕

布帽氊裘欵段馬北去衝風范陽野君非計偕遊上都又非宏詞待詔金門下此行不苦妻兒饑緇塵碌碌奚爲者長安投謁喜賦詩車走李杜騎陸皮達官咳唾盡珠玉豈是我輩舒眉時茶村老翁陋軒叟兩人高臥俱茅茨

拾麥行

早拾麥晚拾麥拾麥無多忍枵腹今春黃沙撩如雨麥根爛作田中土雖有短穗頭盡焦請君別向他村去他邨無麥苦亦然嗸嗸聲滿饑民船

解易山愛孟襄陽詩作踏雪尋梅圖身抱酒甕隨其後可謂風流好事之至余喜其放達題

短歌貽之

好詩復好酒抱甕隨蹇驢踉蹡風雪中宛是蒼頭奴
梅花雪片時時有人間只少襄陽叟與君携手鹿門
去明月清泉一回首

無花果樹下納涼

老夫侵晨樹下坐停午遣婢移眠床交柯如蓋覆深
井仰視白日虧炎光葉碧清陰淨蟲蟻枝高爽籟吟
鸞凰科頭不冠自蕭散跂足墮履仍倘佯昨宵震雷
奮平地盲風暴雨摧垣墻東郊行官走相報田圩崩
蕩禾稼傷病妻望我顏色變老夫大笑舉一觴長安
公卿足飽飯塵土奔趨汗滴漿肉食羶穢不可近豈

能似我心清凉况復此樹美秋實大小纍纍垂檐傍
大者爛熟乃翁喫小者生硬兒童嘗雖乏春華媚俗
眼頗盤紫顆餘甘香志士孤高有如此羞共桃李爭
穠芳桃李花多蔭反薄甲枝細葉空滿庭安得伐取
擲糞壤盡種無花樹萬行

先文定公祠雙槐歌

崇德祠前老槐樹左盤右舞雙婆然幹穿黑陰龍蛇
走蕉掃白日珠瓔懸主僧昔傳枝到地必題墨榜登
朝賢比歲長條亦纍纍諦視不驗徒虛言先朝取士
貴材藝吾宗鼎盛隆萬間華除之後門祚薄遺經雖
在無一錢豈有困餓命如此蒼柯數尺能回天鍾山

古松壽陵栢樵歌牧唱空寒烟槐乎汝免剪伐已大
幸敢望子孫庇蔭綿千年

大火行

癸亥夏五送客出城外城中火頭十丈高騰烟裂瓦
日色晦連雲榱棟如燎毛咫尺不辨誰家屋人聲風
聲同叫號裨竈梓慎亦孔惑得毋破宅偏相遭貧儒
有物何足鬬饑窮可畏鬼遯逃竊恐多藏致奇禍大
牲禜禱心徒勞踉蹌走歸慰妻子皇天果不怒我曹

苦雨行

禾頭水面飄蕩死惡風五日聲不住老體驚魂倦始
眠夢中又聽傾盆注階前霤滴蝦蟆翻湧泉汩汩成

波瀾滿盆荷葉碎欲盡大點小點飛珠盤吾衰久矣
亦有限豈堪妻子長愁歎况乃亂定鞭笞來中原民
命如草賤

送王勿齋

三五雲中星二八天邊月夜半起登車夢與妻子別
北風吹面寒如刀呵珠成凍摧髭毛車聲軋軋馬趑
路人似輪蹄不得住在家苦貧行苦忙歎君頭白車
上霜

樊墓古劍歌

縣北十里有樊將軍墓康熙初年土人於墓
下營葬得異劍長丈半重二鍰四兩者十有

五形似蒲葉上隱起雙龍戲珠及古錢文取示鍛工徐東樓東樓識其欸爲大將樊噲四字曰此噲墓中物也留之汝且得罪遂乘夜投火中方東樓看劍時鐵砧在旁試之鐵飛起如亂絲葢眞數千年寶物惜其毀於庸工也東樓死子徐標述其事

縣城之外古墓存云是漢代樊將軍千年廢壙寔鐵出雙龍盤蝕金錢文其長丈五重半鈞神鋒鏤削飛紛綸眞人隆準誅暴秦狗屠奮起隨風雲舞陽食邑五千戶遂同絳灌稱元勳西京甲第椒房親賜葬安在咸陽原得毋子孫避地死東海遺劍尚落荒湖濱

惜哉庸工不解事淳鉤一擲銷炎烟回憶將軍開寓縣佩之却敵身百戰瞋目大叱重瞳驚熊熊光射鴻門讌

冬月放鸕鷀歌

玄冬季月天氣和土牛將出氷乍穌漁師始魚操小舸竿叉罟箄紛交加人力不到鷁則那搜潛攫伏功最多日出晒翅湖邊沙須臾播蕩溪與河煙鬟拋撒開翠波藿翻藻亂追青鯇前者遠竄箭發潛後者奔趁機擲梭撇旋左右夌盤渦水底震動蛟龍窩鉤喙鋸爪如刀戈金鱗玉𩵋相盪摩腥血迸洒汙簑蘱尾擺掉摇梃戢骨肉狠藉登釜銼陽生陰殺理不頗

絕流誅求聖所呵魚遊沸鼎鳥罹羅吞舟漏網將如何鯤能化鵬虎變鯊鰌鱖鱒鯽猶么麽取此縱彼法紀訛愚遭困辱賢遯阿泣麟悲鳳空滂沱

醉歌

天高有傾陽地厚有隤陰斷鼇煉石不能補至今北斗側挂南冥深日月吞吐鑠元氣萬物自殺戈相尋女儀不解作旨酒醒眼見之愁人心所以柴桑翁壁掛無弦琴陶然舉一觴輿酣挈杖吟靈寶芒籠寄奴起此事何足煩胷襟栗里古丘没蒿草我輩又出同荒湛東門王西齋皖口方無戮兩人痛飲青槐下大戕淋漓誰主客既非嘔丞相茵亦不避將軍席袒臂

高呼盧未成張燈欲歸歸不得退庵子嬴隱生爾雖無量吸鯨海與爾大瓢五石樽文章賤土梗富貴輕浮雲鳳閣蘭臺付餘子糟床麴室吾丘園百回酩酊千日醉身外囂囂非所論

見月吟

少年見月如明鏡老年見月明鏡昏豈關天上起氛霧直從眼底生浮雲五官之司各有以兩耳雖聰目漸死神明敝矣形可知整齊萬物須何時

驚蟄雨

三陰伏地陽出戶占年最忌驚蟄雨昨暮返景照簷隙滿堂衆賓同起舞侵晨仰天雲作斑停午如絲洒

空宇浪浪漏霤晚有聲一夜反側被衣坐俗云反冷四十日已覺寒栗生兩肘裂肌墮指不足憂苦貧欲白迂儒頭兒聞南兵復北返干戈饑饉何時休

遊獵行

吳姬短袖燕王宮琵琶夜彈燒燭紅曉隨鳴鏑出雲中連營屬箭吹霜空黃油帳幙張穹宇貂鼠長裘美人舞鶻毛雕血灑旌門狐白豹胎烹翠釜千羣羽騎驂驔飛兩狼親從屬車歸小臣猿鶴化沙磧蒼頭蟣虱生鐵衣鐃歌緩奏回軍樂行塵不遠鴛鴦濼皇娥倚瑟待窮桑文梓桐峰俱寂寞

壯士行

燕丹刺客秦政仇殿上手奉於期頭督亢圖窮匕首出擿柱不中非人謀漸離匿作艮亦苦擊筑慷慨驚宋子抱鉛徐進咸陽宮一扑氣奪虎狼主事過猶將劍術論句踐小夫何足數酈山玉匣埋鮑魚博浪寒沙自千古楚漢之際何紛紛至今寂寞烏江春項王空有八千士不及田橫五百人

少年行

長安少年不識字能騎劣馬追疾風朝牽黃狗過杜曲夕捎錦雉還新豐忽謁天官領符篆貪墨直與陽鱎同幾回彈覈綬仍在祖父昔立攻城功黃口小兒坐南面白屋書生安困窮朝廷久聞積薪歎選曹聚

族謀疏通豈惟門蔭致幽滯倖竇兼出貲郎中將軍舍人取尊爵天子進士成老翁文學頗受前席眷詔集隱逸明光宮腐儒不解媚貴勢希韝僂背誠難工董生枚叔皆下位漢相只有公孫弘

白日行

日光東出暘谷阿疾於銀箭催金波翻輪轉轂不得息天開地闔相盪摩萬物變化蝕精氣生魄漸少死魄多古人諒無久視術託言丹竈成淆訛扶桑枝枯海水竭真仙蛻骨高嵯峨智爭力鬬苦不讓日日蟻聚埋蓬科前看爽鳩後田乞不須灑淚悲山河

去官行

人言居官樂我畏去官惡昨日堂皇今日非不須解印人已稀前官莫怒後莫喜後官之去亦如此

潘廣思寶刀歌

昆吾冶鐵金錯刀神工鏤刻分秋毫　先皇御賜在藩邸老將得之吹霜毛每逢大敵輕一戰錚鏦脫鞘寒光高耳後生風鼻出火殺人血染桃花袍往往陰雨聞鬼哭又如怒蛟吟嘯聲嘈嗷及笑鋒鷩時自露山魈木魅皆潛逃潘郎年少敘軍伐卽看佩印趨兵曹鬑鬑有鬚身白晳能拓硬弩穿飛猱擒虎諸甥將家種手授此物旌俊豪坐間提起笑相示虹蜺吐氣文錦韜異日沙場報天子左右揮霍騰龍鏕鐵券侯

封汝將取奚啻幕府懸旌旄腐儒槁項困牖下肯回
節鉞臨蓬蒿

鼅鼄行

蜘蛛結網空井中千絲萬縷盤曉風日出潛身伏簷
瓦蓄縮頗與鼠蝠同大腹皤然何所有多殘物命嚼
飛蟲誰云並育不相害驂食虎豹人屠龍蚕蠋蠨蛸
絕細小亦能陰賊爲暴凶造化有生必有殺茍逢陽
九焉得活

黃仲丹明府古銅水注歌

黃侯案頭有水注多年土蝕成朱丹圓于香鉢大于
琖古色斑駁非常觀花窗棐几一把玩日氣照射生

雲烟有時濃筆蘸小硯細傾清露流涓涓咏詩喜錄
杜陵句占星秘寫甘石篇白首翰墨不肯離久與此
注相周旋先朝寶器出內府成窯宣鑄人爭傳太平
文物聚江左往往廟市收奇珍魚耳獸面藏弆富瓮
肚敞口辨識真鼎遷社屋時局變故家凋喪無復存
大廷懸價取高爵篳珠載玉歸都門雜瓩一隻百金
直暖炕羅列皆瓶罇先生得此亦不易急貯箱篋休
逡巡達官貴臣近酷好方將巧搜橫索嬌要津

月食行

夏五履霜氣始交月食之夜寒蕭條星斗爛爛青天
高黑掩大陰蟾蜍逃鷄三鳴日出早東方欲白九州

曉

宋廣文署中大硯歌

海縣埤堄高陂陀中藏石硯年歲多問誰貽留跡不
磨萬曆初祀政理和四宇清晏戢干戈文治鼎盛人
物都操觚挾策爭紛葩赤城李訓倡生徒嵌置雉堞
懸寶砢龍驤鳳翥坊嵯峨對植雙桂同婆娑研兮端
立影弗頗俯臨頖水紅蓮花仰薄月窟金蝦蟆當時
氣象追菁莪陽窮陰戰泰運移洛土忽化蒼白鷺師
儒失職城闕歌拍空駭浪摧菰蘆膠宮無人殿鈌犧
牛羊放牧來寢吪石研零落青草窩宋侯雅望傾朝
珂胷懷曠蕩星斗羅受命秉鐸陽山阿好古力振流

俗靡潛考往牒搜蓬科黷黶有物埋塵沙出諸堂坳
登席左洗滌垢蔑除瘢瑕小池皴坼開卷荷廉角峭
露折細波銘言豈必隸與蝌三十二字堪揣摩質理
犄硬非僞訛先生賦詩老齒嗟聲振鐘鼓鳴鯨鼉屬
而和者交吟哦彙成卷帙付剞劂此事真足傳京華
剝終必復數已過補天以石須帝媧即返故處毋蹉
跎上者雲漢下江河鬼神從今永護呵

水至歎

海水東逝不復廻日月西走如流澌將謁長安冠蓋
客念我已非年少時歸種小縣斥鹵地青牛黑犢黃
桑稚未生在田酒床動忽逢伯鯀驅支祁老夫低頭

無一策家人滿面啼痕垂且携故籠出求食仗汝暫免妻兒饑

題松嵐弟黃山圖

丈夫生不得肩隨管葛儕彭韓學書學劍皆等閒不如芒鞋布襪探靈境置身五嶽嵯峨巔出門反顧念妻子鶉衣索食心茫然長淮莽蕩向東注十年不種桑麻田雖懷沉冥丘壑志婚嫁未畢仍羈牵松嵐今弟吾家秀筍輿匝月遊黃山示我粉圖一百幅筆墨淹潤生雲烟香溪藥谷歷欲遍窈窕玉洞聞啼猿素練千仞掛絕壁丹梯萬丈通青天偃松怪石接頂趾飛昇直坐軒臺前下觀九域盡培塿蟻垤嘈雜追

膻有熊乘龍不治世至今濁亂三千年大鴻常先在何許渾沌白霧迷蒼穹何不叩帝撞閶闔獨將彩繪摹林泉余髮種種頭已禿阿弟俊爽超時賢天下事多須料理尚及壯盛揮先鞭慎毋流連木石侶鹿豕似余困頓菰蘆邊

迎春曲

駊騀三馬引令君東郊擊鼓迎芒神歲在丙寅月上旬翌日午時天下春神繫紅巾牛赤體人言火多必旭水歸理粗耙賀豐登新婦勸酒翁媼喜官堂歲歲鞭土牛十春種田九不收

宋廣文發地得梓橦神咒歌

循墻三命傳銘文誕鍾尼父師道尊廟祀千年遍寰宇犧象簠簋兼敦盤梓橦附祠非禮典俎豆在宮爐鼎存久遭沉埋積水雪如震郰鄖墜泗淵廣文宋公雅好事手自發洗袪埃塵左鼎右硯夾皇比古光歷錄生寒鐔神物出世必非偶夢錫金魚拜神佑先生丙寅元日夢人進朱魚四頭龍門變化閶闔開大烹養士誰英材

燈龍行

丙寅燈夕燈無光一龍蜿蜒色正黃兩獅夾之走道路鑼鳴鼓震童奴狂是時風雪正飄颻泥滑磴磴堆雪霜豈有神物不深蟄却衝寒燄同燭陽或恐非龍帶鱗甲老蛟噴雹驕水鄉中夜寂寥氣象惡我行見

之心慘傷災方難仰白日照十日嚴限追官糧九霄歌管奏天樂烟火萬丈飛殿閣

賑船行

昨歲衝波進城郭城中水高三尺强撫軍飛章請捐賑詔下不免災田糧今年糧完骨髓盡科派漕項偏多方忽聞官賑抵郤隸不知是米復是糠何不留之充兌運毋乃割肉來醫瘡府帖到堂胥吏喜領賑捉船如虎狼闖廂行艓搜索遍又委硃票掠四鄉皂頭折船十六隻放大取小喧河梁縣尉歸衙貨滿載米魚鷄鴨鵝猪羊嗚呼饑民望賑項欲痛賑未果腹招禍殃爾曹慎勿貪似鼠撫軍清廉奏殺汝

明河篇

明河淡淡叅横霄南斗伏地北斗高嚴城鼓動鷄三號行人路斷寒蕭條半夜還家酒未消拔劍起舞歌自豪鏡中白雪領下毛年不再少時難遭窮達有命公莫勞

鰣魚行

江南櫻笋未出市京口早搭鰣魚厰往時此物隨潮至四月一日例下網今年逢閏節令遲六日七日魚不上達官震怒鞭漁戶漁戶無言只叩顙大風波浪高如山小舟百隻波中閬口呼神妃目注水舉網一擲仍空還夏至之期氣候到銀鱗躍起船舷前兩岸讙譁神釆壯老漁仰面先謝天纏蔴包錫手不住一騎騰風已北去

焦山周鼎歌

蒼姬受命實自天九鼎首定郟鄏宫八風應律四海靖魑魅罔兩誰敢前一朝社屋鼎亦震神物不肯隨西遷嬴政虓虓求泗水萬人力盡填深淵荆岩鑄金渺無迹別遺一鼎留空山宣王討功坐圖室彤矢琱戟同旌賢至今銘文九十二遂與石鼓兼流傳𨻶口斜鍥青蛟字蟠腹隱起硃沙斑日光動蕩雲精吐夜氣激射水怪寒幹河椎主混宇宙江南斬殺窮僧蘭此鼎塵埋不知處下襍灰缶過百年朱明之代乃再見提挈故物還焦先我來摩挲三歎息耳足完好無缺殘古質堅黝非凡器自超秦漢儕商盤蝌書鳥篆難辨識瑯邪詳譯方可觀謂西樵阮亭兩先生共和中興賴哲輔南仲諸臣相比肩詩記薄伐並執訊威伸朔野事赫然宗周裁酒流兢慟轉盼忽㛹褒女烟陽微陰盛十月朔驪山之下不忍言嗚呼女鼎歷千歲海濱多少滄桑田幸女不在淸廟明堂烹飪柔毛與羮獻且得全身潔體嶔巇邊

大風行

北風四月聲吽號滿山落葉飛如毛老夫已脫敝緼去肌膚栗起思綈袍不知天意怒何事萬物震動江湧濤端坐一日不敢出開門忽見星斗高

生日

我生之日死劫至饑寒盜賊滿天地四海丁男半爲鬼朝廷爵祿養魑魅乾反坤覆非一春年過五十猶顚䪿湘衡閩嶺血糢糊江淮之間民化魚陽侯驕横從天吳黃熊竊壤帝不誅盡驅老幼塡溝壑我乃未死談詩書妻兒𠿈𠿈憂空廬兩親棺匶未入土骨肉傷心百事缺僅存視息艮亦苦山僧引客來拜揖踊躍低眉向誰語但使六合康泰身無慚含笑下地分所甘浮雲富貴何足貪

日出行

羲車出一線開曉日日光射處江村紅男起耕田女賃舂山僧清淨少閒事亦趂梵放搥山鐘海水朝潮暮成汐一呼一吸誰所役曾陽有戈不得揮東上之日還西歸

瘞鶴銘歌

嗚呼天地大文主者誰神呵鬼護不得窺譙戍老壁高幾仞苔剝蘚蝕盤龍螭相傳其間有古字或是晉代王羲之華陽眞逸爾何者好事坎葬青田姿筆力直配換鵝帖記敘雅質銘亦奇驅雷走電上宰怒一擊崩壓滄江湄辟疆賡本錢守搨亭建寶墨立作碑筋骨散緩神氣索俗書未足汗斧椎日月交食風雨

晦此物敢望留焦崖漢皇三詔不可見周王之鼎更難辨老夫獨坐東泠泉回首荒巖淚如霰

閏四月望夜月食

四月月滿蝕之三其時為閏其氣陰是誰掩蔽得此象兒童驚愕言其狀蝦蟇焉在兔焉藏瑶宮慘淡無晶光食望食朔各有主難定茲事殃與祥焦山中人忽長嘯獨立孤峰少同調

焦山隱居歌

橘花滿地桐葉稠隴頭麥熟僧自收綠桑紫葚醉鳴鳩白日西邁江東流樵有鐮刀漁有舟焦山隱士居巖幽巖下之石齒齒浮中藏窟穴龍為湫龍不作雨

隨蝦鰌安得朱鳳解我愁

日月東西行

兔東出烏西投西烏東兔相對愁長綆轆轤天上轉轉白萬古英雄頭英雄運去悲不返問君所見何太晩小時日月老豈殊世界自長人自短錢齊北斗金齊山買官買田難買年官得橫財田積穀遺留道是子孫福子孫命亦如寸燭何況轉眼賣田屋

得家書

離鄉兩月心更憂索米索布來不休我方隱居畏祿仕安取衣食為汝謀烏鴉口哺雁同啄豈忍獨於妻子薄丹徒大尹負官錢三人羈囚二溝壑妻行乞食

子拾薪生無墳墓死飄泊長安路近紫宸朝老年筋力難折腰但願此身足飦粥攜家永作漁與樵

聞焦山僧談虎

甲子之冬山有虎眈眈兩目夜如炬焦山之僧率童豎相隨看虎同看鼠焦山狗亦不知事往來頻溺穴邊土彼虎嗜酒將醫汝汝往幸未逢虎怒異哉焦山豈有神渡江南去便食人來日風吹哭聲到山舍山下空灘留虎跡

焦山蚊歎

水土所種物變多焦山之蚊壯于蛾白晝公然吮人血利口竊發如刀戈此中偏幽雖可愛豈能將身快

非類恐是焦公厭北客特容濕化潛草穢淹留幾日吾將歸長頸大喙慎莫來

唐氏義犬歌

天地之性人為貴至於犬與馬守門供召載人家皆有之食而弗之愛唐氏畜一犬其性殊靈怪主人延塾師師貧資餔穀一日飽三飯兒不解句讀主人辭不能張皇坐仰屋歲將暮寒漸酷此子大不仁懸掛中粱木月黑星滿天漏下鼓聲促窗風吹颯颯主人酣臥足夢中聞犬嗥撞門首相觸被衣出戶瞰晦暗無燈燭仰瞥粱上人咯咯求鬼伯解繯置平地少焉氣始屬驚定犬在旁悲喜戰心曲嗟汝犬狺狺不能

言乃急主人難嗟汝人汝生自不辰豈不聞君子進以禮退以義胡為貽主之患辜主恩自今天下豢犬者夜宜藉以褥朝宜飼以甘肥莫食犬肉寢犬皮保汝平安百福來

行路難

泰山自謂高崖懸壁立千金軀滄海自謂深豈能舟楫常晏娛培塿可採溪可釣風波不到樵與漁我生雖貴亦易量頷下已長數莖霜髭鬚有暇得錢速沽酒任安主父今何如

其二

君不見野田草春三二月猶敷愉君不見牆上花飛簾入溷委泥塗頑瞽比族尚有子帝堯何罪生丹朱忘形任運各無事拊心扼腕終成愚翠眉花帽寶石頂致身將相非詩書

其三

轆轤汲井井水渾繅車抽繭繭絲盡瓊宮瑤室不自惜杏梁藻棁空蠹粉碣石滹沱抱帝闕巖巖宮闕高西山九門馳道赴流水塵土只愁輪蹄翻我本於陵灌園者吞腥啄腐休相干

其四

壯士身苦貧傾家市寶刀胷懷雖無不平事貴使此物常在腰羊腸鳥棧險而惡中攢石角戈矛高能令

一顧損肌骨何須委命輕鴻毛千金利刃閒掛壁夜聞龍吟虎嘯山鬼逃

其五

峨嵋之西一峰高嵂崒下有千年冰上有太古雪陰蠶蠕蠕出其間猶能不死潛深窟我今偃蹇雖賤貧幸與萬物同陽春心長髮短舌尚在向人豈即稱苦辛聖賢凍餓昔所歎嗟來之聲不忍聞

其六

少年學書兼學劍出身給事平陽侯侯家廝養侮儒素進退趦趄為人羞所以東魯高蹈士盡歸牧豕滄海頭而我五十忝鄉薦尚思隨計心不休請看金門舊

先達息馬懸車誰首丘

其七

勸兒常貧快馬瘦腐儒一生死句讀有文自許班揚齊無錢且落程卓後高官例是商賈人汝本賤士難開口養子切莫付青緗嫁女只合牽黄狗吁嗟乎銅山金穴安在哉蒼苔白骨真可哀

其八

匣中三尺青桐琴珍以白玉徽以金如何澹泊和平醇古調忽變北鄙噍殺音自從天傾海覆地南陷萬物盡帶蜩螗心高山流水響寂寂成連去之逃幽林烏孫琵琶漸離筑其聲哀怨乃至今

其九

朱樓繡幙雲母屏美人獨處彈鳴箏誰家白馬樓下過錦鞍雕鐙猩血纓左右妖童夾銜轡見此窈窕馬不行遣媒致詞百兩俱光輝奕奕生里閭妾心可比漆室女豈能即嫁如彼夫

其十

駝峰豹胎猩猩唇玉盤金椀羅八珍千錢一臠始下箸果腹不殊田家老菜根人生七尺易爲活多求無益翻累身苦將酒肉養痴骨夜臺難買若下烏程春鹵田不望百斛麥能飽麤糲願亦足

其十一

黄河之水浩浩東南來隤堤蹶石轟奔雷長淮挾之聲勢壯淚頭白過韓侯臺浮屍如梗赴滄海乃無一寸乾土同坑埋柴菱彫菰蕩亦死饑雁覓食鳴何哀宣防瓠子築塞苦民力滿朝嘖嘖盡歎神禹材

其十二

赤劉四百火欲滅青虹玉殿哀董逃公路何人睨炎鼎神奸別有當塗高長嘯隆中抱膝士酸辛嘔血躬徒勞二鵝轉盼覆曹馬銅駝宮闕荒蓬蒿天道邈遠人道邇棘乎棘乎汝勿輕爲妖

其十三

吳王八繭金蠶絲織成繡文五色段離朱側目不敢

窺白鳳青麟光爛爛娃宮醉起嬌舞衣蟬射銅鋪夜方半秋風梧館啼晚鴉鴉夷同擲顏如花乃知妖艷傾人主不及溪頭自浣紗

其十四

陰陽清濁誰所爲劫灰猶在昆明池往時盤古掃渾沌日月又掛扶桑枝底事鼎鼎百年只長夜却如盍旦求朝曦帝好投壺帝亦醉萬端錯迕天何知安得壯士椎鼓數聲物盡曙桃都一雞鳴上樹

其十五

朱門紫闥黄金錢撞鐘伐鼓推豪賢堂中三千狗盜客室內十二蛾眉仙豊屋高明物不瞰子孫兼拜清

要官京江蕪城兩貧士偏遭回祿家蕩然異哉鬼神勢利直如此吾懼死而有鬼乃似爾

其十六

君不見道傍老楊樹千枝萬葉青青絲外强中乾生意盡孤根朽腐潛蝤蠐天風吹汝忽委地枯薪横臥溝東西智者早見愚不悟本實先撥誠難爲木中之蠹蜿蜒方自得晝夜嚼食相排擠

其十七

遼東老將膽力雄能開十石鐵幹弓手揮箠策混六合上馬殺敵如轉蓬可憐一身健如虎白首龍鍾厭鞞鼓朽骨已葬祁連山畫戟猶揷元功府帬屐少年强解事小婦琵琶醉歌舞

其十八

瀛洲方丈耳所傳登高望之何縹緲神藥偏遺弱海外遂令白骨多於草誰言上帝好生不好殺漏箭催年不知老我昔同遊二三子近來顔色俱枯槁古人已作車馬塵今人輦金日走塵中道

其十九

厠鼠食不潔畏犬復畏人不知倉囷多積粟其中可以長子孫李斯見之長歎起掉舌西行事暴秦坑儒焚書快胷臆豈悟富貴能殺身咸陽春草血痕碧魂魄不歸上蔡城東門父子相看淚成雨體具五刑不如鼠

其二十

楊子江頭互父山珠宮貝闕江中間煌昏雨晦瓜渚渡曾是武皇射蛟處臺城故堞秋草平景陽孤鐘寒日暮此山頗得金神力破壘荒丘重丹艧腥沙血鏃天亦愁夜深鬼嘯譚家洲

蔣前民古銅印池歌

二十年來風俗變侈靡不數肥肉酒黄金如土骨董貴周鼎商彝日北走江南故家搜索盡宣銅一器銀一斗市賈居之作奇貨美祿大官無不有揚州高士蔣前民濶幅方袍破兩肘數椽屋傍興教寺典屋得錢住不久嗜古無端興忽動買取印池持在手摩挲翡翠朱沙斑借問兩漢先秦否李生聞此事疾走蔣叟堂拂几啓什襲正立相端詳或云曾歸延令季近者出自長安王星霜幾載異消息盛衰倚伏愁茫茫球圖寶訓誰能守茂陵玉盌不得藏仰視日月無晶光

程處士韋華爲予書蜀道難長卷愛而作歌

天下百事無一好古人八體亦草草惡札偏蒙市兒愛韋筋張骨笑欲倒廣陵近推能書家後宗華亭前米老儒者六藝此其一俗態巧媚頗不少程侯少解用筆訣精思苦學殊工妙窮居奉母長干里奔走白

石青溪道堂上竭力致甘脆室內無人供脯衆今年
徙寓蕪城東訪我盡日開懷抱索紙作字紙十丈驅
雲掣電登時掃但驚腕底有神助不知變化皆心造
爾技如斯良匪易爲何莙面憂腸惕省定雖無闕禮
數帛肉不得暖與飽往者顔平原遭覯唐中葉遘賊亂
天紀矢死志不移立身大節炳日月斷楮殘墨增光
輝公之書法酷相似無乃夙願思攀追坐位碑蜀道
字文忠忠臣爾孝子

嬴隱二集

五言律 共一百七十九首

螔蛻
贈句曲張菊人
送程二載錫還廣陵
悼陳其年
輓張大明府勺海四首
夜抵算邨
邨暮
幽居
霽後
雲
邨曉
曉立
雨
雨中作
獨立
暑夜
圓鑑上人院納涼
晚坐

蝠
幽居
程載錫忽至口占志喜
涼夜
大水自東邨歸
絡緯
訪何谷陽不遇
瓦塔
文選樓休夏
賦得盈盈樓上女
臘夜
祀竈
過華嚴庵聽梵音
送春
不寐
夏夜
初晴
宿東邨
蚊
夜發鑾江道中
金陵八月十四夜作
人弘濟寺

弘濟寺
觀音門
立文德橋
解易山城北新居
野泛
初春登拱極臺
春夜雨
晨光
盆蘭
龍珠庵
雪悟大師入院
晴
春日謁韓善士祠
定慈寺
大雷雨
綠葉
蝙蝠
五月十三日
斬樹
不寐
贈吳丹木
呈高淳明府張公四首

蝇
夏日驟雷雨
苑窑鋪
淳湖新橋晚眺
宿觀音門
壬子雲生遺腹子
寒夜
十一月熱
除夕
元日
新歲
春晚登拱極臺
春雪
齒痛
徐槐江邀賞燈屏
朱丈房山唐山人若淵王表叔西齋家兄展負
春夜集小齋
春陰
雨中歎
春日過何家垛
花朝
燈盡

宿永安鎮
宿樊汊
樊將軍廟
泊揚庄
登金山
飲松寥閣
雙峰閣覽眺
夜飲臨江石上明日黃惠臣程載錫王樹人歸
山中送黃惠臣程載錫王樹人
焦山雜詠二十首
同古音上人坐華嚴閣
漫興
小巷
新綠
懷杜茶邨
春陰
偶行
過寶墨亭
圓日
海雲堂牡丹
山中遲王西齋
雨後

曉望
看山
登北固山
坐象山佛閣
寺門石臺上夜飲
生生庵
雨中渡江
江曉
漫興
夜久
江風
山中見紅葉憶王五
觀潮
登山作
雨晴
聞四月松寥閣開梅花一枝
贈箏上上人二首
簡王西齋
月下泛舟焦山四面
山雨
乳燕
夜飲不波亭

萬歲樓
贈羅漢寺老僧
瓜洲新霸
銀杏
哭閻姑丈分月
江鮒
海雲堂橡橙
寺門晚眺
寺門
山秋
獨立
山中送程載錫歸
雨後
寺門
山中獨夜懷王五虞大諸子
雨雹
山中對月
姮娥
曉起望東昇
王西齋落一齒
小年庵老梅將枯主人移植前庭
揚州客舍晨起之鑾江覓王西齋諸公
至日
祀竈
歲暮
逢野鶴子朱六

嬴隱二集

大邨李國宋　篹

五言律

蟯蛻

變化觀蟯蛻方知造物奇徐徐緣朽木一一起高枝鼓翼將秋日爭鳴欲暮時可憐懷糞土亦解帶冠緌

贈句曲張菊人

遺榮耽寂寞白首臥華陽行樂時將子高年只杖鄉故衣青組在仙夢紫芝長余亦懷茅許山中舊業荒

送程二載錫還廣陵

人事不可定休嗟會面稀南津送別後兩度欵荆扉斗酒歡易畢片帆君又歸何時江上雁再向海濱飛

悼陳其年

今代文章伯陳髯迥絶倫才多江令秀祿薄子雲貧自赴金門召空隨玉輦塵旅魂何日返寂寞罨溪春

輓張大明府勺海

有美張公子修文地下郎芳蘭空吐秀玉樹暗埋香衞虎偏多疾羊綏遂早亡生芻餘一束祝子歎何長

其二

桼椑藏犀麈靈床置玉琴敬姜難不哭阮裕最傷心月榭烏啼急霜階雀唳深探環他日事何處更相尋

其三

謝氏男如鳳辛家子盡龍勁風芭羽折蕞土尺鱗封
哀訃重湖晚清齋冷暑空遠憐回雁影獨過洞庭峰
時令弟在湖南

其四

少讀蒙莊論彭殤豈易齊煎膏明自累藏壑理多迷
早慧天元忌初升日未西如何渥洼種千里蹶奔蹏

夜抵箅邨

到峤已三更猜猜吠犬聲茅檐孤客入土銼一燈明
梁燕棲先穩秋蟲舞自驚百憂閒總集殘夜夢難成

邨暮

水氣暮氤氳殘霞帶雨雲遠邨烟自抱高峤草猶曛
翼翼新苗長依依故業勤苟無饑饉累田父亦吾羣

幽居

胡牀移露井深院欲黄昏草木貧家得詩書達者尊
世情頻過眼人面不堪論暫避炎熇日幽居只閉門

霽後

小庭凉雨霽獨卧綠陰前返照餘高樹殘雲在碧天
乍垂星點點已度月娟娟偃蹇從衰嬾襟情亦豁然

雲

閒行青隴畔仰面亂雲垂汎汎乘風力霏霏帶雨絲
在天高自合過眼薄堪疑舒卷終須盡浮空亦片時

邨曉

初日照溪沙邨邨響蹐車晴雲舒素錦宿露綴朱華
水壍騎牛滑風檐掠燕斜老年多物役閒立每思家

曉立

曉色茅堂外閒身獨立時土墻垂露草花徑滿風絲
遠水茫茫濶輕帆去去遲那能甘送老只作課農詩

雨

炎宵蒸潤礎驟雨帶奔雷客洒長溪大斜穿弱幔來
灌河流宿莽破塊起昏埃欲掃愁雲盡雄風望楚臺

雨中作

三尺廷堅法提衙豈至公報書寃漢惲竊壤縱虞熊
只墮蒼生淚誰間瓠子功又鳴今夕雨長歎仰高穹

獨立

衰年悲落日久雨望殘霞獨向閒庭立微風吹暮花
惱人兒女戲多事鬢毛華欲就黄金術難求勾漏沙

暑夜

淸宵猶執熱暑氣隱林端獨卧空庭外高吟漏向闌
碧天懸露濕銀漢帶星乾老鬢稀仍削風前亦自寛

圓鑑上人院納凉

苦熱卧禪扉當門掛葛衣暗雷雲外轉殘雨日中飛
白業能離垢紅塵暫息機晚凉攜羽扇緩緩踏歌歸

晚坐

屋背殘陽盡檐陰雜樹懸星添初暝夜人靜欲凉天

影挂長河近風鳴遠柝傳忽驚秋節至零露已淒然

蝠

列宿名標汝天生類亦微晝隨鼠共伏夜學燕羣飛簷宇高遺種蚊虻細免饑翩翩休自喜嚮日漸光輝

幽居

寄傲南窗下幽居客到稀古牆凋石粉荒砌上苔衣風葉靜中落雨絲晴後飛灌花呼小豎向夕啓雙扉

程載錫忽至口占志喜

貧家無客過門巷久蕭蕭問子來何事令予破寂寥喜能扶病出熱不厭人邀細把沾唇酒清宵興亦饒

凉夜

素髮飄飄短蒼林漠漠殘小庭人自倚明月夜深寒露氣星河濕秋聲蟋蟀乾非關荊婦懶只覺授衣難

大水自東郵歸

水氣朧昏昏晨餐出華門小航行古岸高寺倚孤邨汨没寒葭短漂摇敝笥存客心終日戒鼠盜爾何尊

絡緯

寒天聞絡緯軋軋響空帷獨寐豈能久孤吟且暫時夜深霜並咽秋盡巷同悲頭白滄洲老添衣想寸絲

訪何谷陽不遇

橋東秋樹下猶記住何生隔歲重來訪荒街獨自行款門賢婦避問客小童迎數字留殘紙相邀慰旅情

瓦塔

嬉戲成何事巍然七級同閭閻喧鼓鈸風俗到兒童亦備香燈供兼誇積累功萬方膜拜久尤盛舊京中

文選樓休夏

高樓出古寺長夏日陰涯聽烏看雙樹焚香坐六時昔人陳迹换遺籍到今垂乘暇一開卷風流應在兹

賦得盈盈樓上女

十五楚腰寬朱樓春早闌鏡開愁化鵲簫罷想乘鸞日映雕疏薄風高翠幙寒不知垂錦袖何事倚欄干

臘夜

臘夜門闌掩寒房燭影深一年殘髮改萬事此身禁

雨雪蒼生淚風霜歲暮心誰能將白屋吹律轉窮陰

祀竈

五祀竈居一于冬俗自訛錫盤隨例有塵甑愧神多苦憶金能化誰知髮早皤只須携土銼深隱碧山阿

過華嚴庵聽梵音

新雨路人稀禪家啓半扉客來清梵引坐久霽光微衆響一庭寂孤雲空際飛聲聞緣未已齋罷早言歸

送春

繁華貪老眼宛轉送殘春不覺年光换猶爭物態新檻花迷舊雨風燕侮愁人夢醒尋芳草殘紅在綠茵

不寐

不寐聽殘雨綿綿欲二更夏交陰氣長夜動木光明
疾苦關誰事饑寒抱偺情謀生猶計拙未敢傲公卿

夏夜

新雨過南樓中庭暑氣收斷雲孤月出高樹一螢流
獨臥嬉兒女閒情說斗牛酒漿難復覓負耡問西疇

初晴

積雨林陰潤初晴物態酣倚風高燕喜坐日曉蛛貪
年力非公瑾行藏愧老聃又將攜素業垂白向江潭

宿東邨

野宿剪邨萊炎宵暑未回懸枝張露帳燒草破蚊雷
力盡勤新稼心寬待老醅茂陵封禪札犬子恨多才

蚊

入夏乘陰氣初昏出草萊暫驚團扇去偏進窗帷來
飽腹竟何有微軀不免災萬民膏血盡生汝亦堪哀

夜行鑾江道中

絡緯滿蒼洲江航露氣秋榜歌乘夜發燈影入河流
綠樹藏郵徑青山出驛樓明朝峭帆便早見舊神州

金陵八月十四夜作

布袍貧尚在八桀省闗塵列舍燈千點當樓月一輪
名邀青瑣客命定白頭人年少休相笑還家即隱淪

入弘濟寺

蜿蜒遵江渚盤回指寺門雲封高嶂路石劃老楸根
此地昔嘗到如絲鬢未繁豈知臨險絕衰白更銷魂

弘濟寺

招提橫木杪登覽到虛無入地江流細懸天石壁孤
伐山開法座探水問靈珠愁絕青溪榜頻年送老儒

觀音門

雄都開帝業設險扼重關地抱天門去江朝海若還
何年飛牧馬無樹蔽鍾山日暮悲風起凄然遊子顏

立文德橋

空潤平橋路遲迴獨立心朱樓斜作檻碧柳細垂陰
淮水秋痕淺鍾山日氣深異時興王跡無地不沾襟

解易山城北新居

數椽棲遯地知子費經營巷僻斜依水門開曲向城
浩歌漁父答歸醉暮烏迎豈必柴桑里能留處士名

野泛

野航春郭外孤棹撥遲遲綠水融殘雪東風吹柳絲
年光嫌鬢短物態與晴宜漁父休相笑滄浪清自知

初春登拱極臺

高閣遠浮空登城四望同每逢青歲首必憩白頭翁
水氣凉侵日雲光午蕩風渠渠誰氏屋一片斷烟中

春夜雨

不寐緣何事沉沉夜雨長氣寒渾紫塞節改失青陽
塵土流涓滴魚龍日混茫異時生意遂百物已堪傷

晨光

小窗羣雀亂隱隱見晨光顧景春堪惜爲歡老倍强
兒童欺髩髮奴僕怪行藏欲出衡門去披衣覓酒狂

盆蘭

空谷多年秀移根就草堂葉疎承曉日花弱避春霜
幸庇幽人宇誰知王者香九歌遺佩處葹艾滿江湘

龍珠庵

石橋通野刹流水到門前獅象摶空劫魚龍靜梵天
寶華香鉢供金狄妙音傳禮失求何地威儀此肅然

雪悟大師入院

寶幢飛法界香象下諸天有相皆成幻非人亦聽禪

三生塵外契一飯可中緣此事休頻問浮雲聚偶然

晴

陬月常陰雨年高頗畏寒春光晴始見衰膈暖初安
日動浮烟潤天空過雁乾物生皆有喜芳氣吐庭蘭

春日謁韓善士祠

祥麟無定種奮迹起陶家欲善人如我逢春物自花
荒庭來野雀古堞亂昏鴉寂寞龍津月歌聲斷水涯

先生于夜月每與漁父和歌達旦宛然有春風沂水之樂

定慈寺

黄昏立僧舍寂歷靜香庖古殿高雲合孤槐老幹交
鬼神森擁佛烏鵲亂爭巢壞壞門前市生涯盡幻泡

大雷雨

濕礎蒸如夏春陰久不開壁泥晨剝雨簷瓦夜翻雷
咬子魚頻上呼晴鸌已哀浮苴白龍廟休作此方災

綠葉

春風吹綠葉漸覺吐芳枝小雨初晴後飛花欲盡時
階青浮亂蘚天碧挂遊絲轉眼經秋節重生宋玉悲

蝙蝠

似鼠仍多翼須知種類非畏人宵始出喜熱夏偏飛
亂竄雲霄上難同燕雀歸太陰光亦滿何故撞簾幃

五月十三日

喧寂衡門隔幽窗午坐時襍花翻雨葉高架折風枝

物態閒相感年華暗自移賽神趨士女泥滑鬧猶嬉

斬樹

手植中庭樹叢生本一枝柯條難自直斤斧豈能辭
網落藏蛛去陰疎宿鳥疑不材紛在眼俯仰忽深悲

不寐

不寐諸愁劇巡簷起夜行曉河雲外斷微月雨中明
寒澤宗姬駕南陽隱士耕所求人事異獨立久含情

贈吳丹木

未進一杯酒此生貧可傷忽驚攜手日相送上河梁
柬徑花初落蓮塘夢正長塵埃吾老矣看汝少年行

呈高淳明府張公

望出東川遠名標北闕高麒麟原渥水鸑鷟有芭毛
雲漢仙人舄氷霜刺史刀自然霖雨日霑洒遍神皐

其二

戴星榆次令卓異仰先賢世業家猷繼孤忠國史傳
至今湖濼地如見井參天百里才方展庖丁已砉然

其三

小邑謳歌滿喧聞事事眞始知天壤內別有太平春
害馬應全去烹鮮遂若神都將調鼎用暫取試經綸

其四

揆度周羲曆巖巖道履尊年耆安指使力健早飛騫
樂奏扶風帳賓歸元禮門侯生裁侍側未敢叩玄言

蝇

營營潛入夜一一抱枝輕候曉先舒翼騰空細作聲
趨炎羣自擾逐臭種頻生莫玷璠璵器腥膻稱汝情

夏日驟雷雨

執熱坐南牖片雲亭午垂迅霆翻不定暑雨落無時
百物皆膏澤低田有怨咨安能同尺水北洒旱苗萎

瓦窑鋪

綠樹起青烟陶家住水邊古塘晴走馬高廟午鳴蟬
伏莽曾茲地停橈憶往年（國初有于此舉義者事未成而散）干戈今
又定日過賈人船

淳湖新橋晚眺

可愛淳湖縣新橋郭外斜遠峰明落日近水接人家
綠蔭垂門柳香傳傍岸花紅粧休並倚吾老鬢將華

宿觀音門

關門開地險半壁鎖皇畿海潤龍何處江秋燕不飛
一燈孤客對幾片暮帆歸信宿悲殘夢南朝舊事非

王子雲生遺腹子

每懷易簣日雙淚到今垂泉下人知否房中妾產兒
面容應髣髴襁褓即孤遺汝父生平事他年說者誰

寒夜

房櫳向深夜寒月影暉暉漸覺悲風起滿階殘葉飛
五更初有夢四海歎無衣浩蕩孤城外哀鴻何處歸

十一月熱

是月常年冷今冬氣候殊草深飛白鳥花暖鬭玄駒
不信霜能殺翻疑暑未徂此中有天意災歲久無襦

除夕

殘生從物役又是此宵餘累重憎年逼衰來怯歲除
黃金祠竈少白髮背燈疏賤齒慚知命窮居頗晏如

元日

人間新節至四壁亦蕭蕭夢醒被衣倦天寒宿火消
年華看曆短物色與春遥棲跡衡門慣商巖孰見招

新歲

新歲柴門靜幽居暫遣懷薄雲行晚樹宿雪老閒階

此地巳魚鼈何人作虎豺每尋溝洫志長歎起荒齋

春晚登拱極臺

倚檻俯春洲蒼茫客自愁星偏知北拱水不再西流
萬里饑鴻去孤邨釣艇浮忽思烟海外棲跡有蓬丘

春雪

堅氷猶伏地洒雪更沾衣寒苦幾時盡暝茫一色飛
喧喧檐雀啅點點暮烏饑莫怨春光掩晴明自有輝

齒痛

春意茫茫動芳樽湛湛深酒多先病齒舌在不防吟
穉女看愁面貧妻料藥金萬方饒疾苦微恙老夫禁

徐槐江邀賞燈屏

主人張夜宴花卉滿屏風臘後未驚蟄燈前出草蟲
首回星髩白光動酒波紅老畏歡場少模糊醉眼中

朱丈房山唐山人若淵王表叔西齋家兄展頁

春夜集小齋

荒歲難謀酒衰年喜得朋杖頭今忽有泥飲老偏能
宿水孤城浪春堂細雨燈秋成問黃海壯思巳飛騰

若淵西齋有約南遊

春陰

一春陰未了朔氣晚蕭騷白日不知處繁雲空自高
困龍寒喜蟄饑雁聚仍號萬物何多故余生久二毛

雨中歎

天心眞可怪將雨注孤城災過九年水春無三日晴
要途求巳拙高蹈計難成不爲希鴻鵠東皐屢輟耕

春日過何家垛

童年逢世難避亂此邨居再過誰相識依稀舊草廬
水荒人事變春冷燕巢虛廢岸閒漁艇經時未荷鋤

花朝

酒醒扶醉起小女報花朝曉色寒如此春風凍未消
乳鴣啼宿雨去雁上青霄生意遲何恨垂芳在柳條

燈盡

燈盡夜難寐披帷立小庭月侵陰處白天入柳邊青
露架倒空影風檐搖亂星人生幾何日愁疾等閒經

泊水安鎮

烟色野冥冥扁舟泊水汀市樓高捧月渚柳弱依星
土銼春燈閃漁罾晚飯腥雁聲何處過孤客不堪聽

宿樊汊

二月柳絲長歸帆挂夕陽春風吹野水暝色近河梁
宿草霜根白殘雲雨脚黃玉樓高半掩繡被冷孤航

樊將軍廟　在樊汊

西漢樊侯廟如何在此鄉古今人旣遠書傳事難詳
屠狗功名盡攀龍爵土荒水濱存舊墓亦復近昭昜

泊楊庄

道路何頻數維舟復此庄客心春浩蕩烟樹野微茫

亂水開湖面羣星爭月光老年怕行役身世總堪傷

登金山

金輿南幸處四面起雕廊龍象趨人主莊嚴媲法王
劃波平戰壘鑿石護僧堂回首射蛟事他年漢武皇

飲松寥閣

到山先命酒登閣倚雲松巨海截奔象澄江隱卧龍
月明荒戍火人定晚堂鐘欲問華陽碣從容踏亂峰

雙峰閣覽眺

雙林開絶頂孤閣迥崚嶒走石横盤栢摩江起渴鷹
多生曾似到今日忽來登綠樹浮烟外依希是廣陵

夜飲臨江石上明日黄惠臣程載錫王樹人歸

力倦登山後深宵載酒行海潮風暗上江月霧偏明
寂寞一卷石淹留萬古情詰朝攜手處遥指片帆輕

山中送黄惠臣程載錫王樹人

無計留君住送行山已空昨宵攜酒地再過與誰同
鳥出高原上人歸曉霧中江豚真可怪不拜石尤風

焦山襍咏

陰幽藏石壁林木萬株齊洞蟒等常見巢鷹朝暮啼
磨崖無舊跡攀閣有荒蹊久立風濤上天昏日又低

其二

河東猶漢土何事遯江潯脱屣煙波叟浮雲富貴心
人間幾興廢故詔亦湮沉一片空山石春來滿綠陰

其三

山荒春不到寒氣自蕭蕭竹霧朝飛雨江風晚送潮
獨行思酒伴聞磬度僧寮結草焦徵士多年耐寂寥

其四

四面江聲合衝飆洞壑虚活沙滲古浪缺岸補僧鋤
世外開天地烟中隔井閭豈須求淨業吾已俗情疎

其五

寄竹能遮徑長松故折枝閒心從所往幽事頗相宜
不到此山住幾令達者悲自今三詣至高卧必無疑

其六

勝地行多有松寥閣最幽老僧談往事孤客起閒愁

北固江山色南都戰伐秋何時初飲馬遺跡在荒洲

其七

陟磴空扶杖憑軒愛捲簾野昏枯木拱雲過遠峰添
功業年將老詩書力可兼啼烏何太苦聽汝亦無嫌

其八

晚氣上崔嵬行吟就水隈鐘鳴甘露寺日隱妙高臺
亂拜江豚起孤飛海鶻迴蕩舟迷處所飄梗亦堪哀

其九

岍幘頻來往風輕卷客衣落花江沫似近樹雨聲非
噓嗒渾忘我漁樵未息機眼前蓬艾在飛鷃欲誰歸

其十

野麥油油短春沙的的平偶來真寓客終古此江聲
欲覓鑽丹訣空懸煑石鐺千年同瘞鶴弱喪笑浮生

其十一

混沌開鼇極玆山遂至今魚龍何日變風雨一江深
海濶扶桑影天垂倚蓋陰昏昏見人事不必指雲林

其十二

白首搔春暮遥天啓碧牕樹梢烟動寺山背日明江
久别家難問高飛鷺自雙空齋依佛火百折寸心降

其十三

獨出海雲堂周遭水一方籬開山杏見路折渚帆藏
性與巉巗便園從松菊荒撫髀行自躍頭掉與何長

其十四

老賤江濱客何年見典刑僧伽傳法物呵護有山靈
幻怪祥符夢模糊寶鼎銘伏看英廟勅如拜古朝廷

其十五

登覽不知倦散懷終日閒陡峰高見海幽徑曲盤山
柱史牛長去華陽鶴未還囂囂窺下土駝馬滿江關

其十六

沙瀨草微微陰崖客到稀莵絲青死柳鵶糞白空磯
風木聲難住山春葉亦飛年衰初學易只覺遯偏肥

其十七

細雨寒人面添衣索緼袍春遲山色淺潮退水痕高
枝策從吾好操舟見汝曹兩江千萬里東去日滔滔

其十八

陵谷多遷變人烟過眼抛洗波餘瓦甓廢地及蒲茭
所遇全非故回看只似泡鷦鷯無遠慮暫取一枝巢

其十九

不識傳公字草深丹井存飛仙迷世代卷石壽乾坤
雀噪爭風條蛇盤學樹根誰能六月息變化苦鵬鶤

其二十

婚嫁何時畢居山樂較多春濤看洗象夜雨聽鳴鼉
石戶將家隱榮期帶索歌長安諸貴客未解夢烟蘿

同古音上人坐華嚴閣

小閣逢僧話淹留日漸低樹高侵客坐鷹苦學兒啼
埤垷全當檻波濤半蝕堤此間無犬吠漁父恐長迷

漫興

窈窕青林抱參差碧嶂懸野花開自媚春鳥語相傳
江觸將崩石雲昏未暮天每因觀逝水便欲養殘年

小巷

小巷饒幽意牆頭垂紫花到江天忽濶登嶺日將斜
老屋高擎石清波細漾沙人生閒總好莫問鬢毛華

新綠

萬物含生意當春發故枝漸憐新綠好不恨艷陽遲
山僻人稀見林深鳥自知秋風吹女在搖落已前期

懷杜茶邨 茶邨時有足疾

氷霜幾十載此老在乾坤家住鍾陵畔人疑陋巷門
畏途行自廢殘日眼應昏鷄黍曾相就新詩許共論

春陰

久住知山性蕭然氣不同春寒人厭雨海近地多風
老眼昏書帙虛窗礙竹叢有時閒出望一任路西東

偶行

疊石牆偏穩編蘆巷半遮偶行聞艾葉昨雨落松花
山寂疑無鳥僧貧不看家六時猶粥飯只此累生涯

過寶墨亭

大始無塵滓高人臥白雲山靈應失笑多事辨鵝羣
石鑿今人字松盤古鼎文却看東壁外詩碣更紛紛

圓日

歷歷楚山橫雲光起太清亂波春浩蕩圓日曉分明
浴海終能出經天宵綏行照人頭盡白六轡不須輕

海雲堂牡丹

山青看不厭花好更空過寂寞維那室居然國色多
微風通鼻觀清露與天和鹿女如相倚應同寫翠蛾

山中遲王西齋

有使初傳信揚州酒伴來人從江上望花在病中開
雨燕頻頻舞風檣故故迴紅芳猶可把爛醉舉深杯

雨後

漣漪吐汀洲沙乾驟雨收野苔青上樹殘霧白依樓
香過不知處客來相對幽昨宵扶病起小立迥無愁

曉望

麥秀曉蔪蔪松梢拂寺檐紫烟含日氣白霧吐山尖
多欲爭烏鵲非才謝杞柟夜來風雨急江底有龍潛

看山

看山初病起天氣晚來清岩木參差出江雲次第行
魚龍水伯國獅象法王城烽戍何時靖猶連九姓營

登北固山

北固余前到重登立夕曛乾坤多事日吳魏此江分
戰地閒空濶荒洲漸耔耘不須談很石麋鹿且同羣

坐象山佛閣

舊列將軍障新開長者林毒龍聞法靜香象出波深
幻沫多生劫浮雲不住心隔江來午磬隱隱落焦岑

寺門石臺上夜飲

移席升臺穩傾壺藉草平一江殘月滿高樹數星明
石上風燈影天邊殿鐸聲不愁松露重深酌盡餘更

生生庵

林荒棲鴿院草滿放魚池聽法僧何處看山立片時
古苔連削壁深洞睨潛螭潮落歸船澁空灘正雨絲

雨中渡江

驟雨過江灣夕陽猶在山翠深林抱寺白遠霧連關

立幟漁人壯上用鯆魚船皆插小黃旗標識翻波浴鳥閒已聞排驛
馬供御使臣還

江曉

沙淨水淙淙廻波觸石矼蒼烟晴上樹白霧曉行江
深殿猶鳴磬高樓未破窗風濤貪利涉片影過吳艭

漫興

山高多磊砢樹古易欹傾疊石如人置盤根與地爭
百年人總老此物自長生洶洶江流去風吹不肯平

夜久

山深無刻漏夜久倦攤書殘月吠鄰犬清燈聞木魚
漸將野衲近已與故人疎何日篘新酒扁舟返敝廬

江風

亦知無夏月俗云長江無夏月衽褐怪頻加霧閣飄山葉風
江走浪花舞豚隨隊起翔燕畏人斜泛泛看行艓欹
帆向海涯

山中見紅葉憶王五

與爾曾攜手茲山錦樹深三春俱過眼一葉忽傷心
物化有終始人生判古今百年強半去川上自沾襟

觀潮

磯清石鎛偏潮過水涓涓路擁浮沙滑江流碎瓦圓
往來渾不定早暮竟常然應候隨明晚辛勤亦有年

登山作

遂古憑誰造翻空湧劫灰草深山路斷潮上海門開
王塢雲中隱金鼇天外來只疑仙客洞羽駕有時回

雨晴

一雨山光潤晴江白練澄貪花多過客種豆有閒僧
驛馬去將盡鯆魚纔下罾橫波看小艇故故往來能

閏四月松寥閣開梅花一枝

四月松寥閣梅花開一枝況逢餘閏歲未是小春時
座上客偏喜江頭鳥亦疑天行方失序草木應先知

贈尋上上人

業海何曾住深山久作家白雲行補衲丹井就烹茶
佛日叢叢樹天香處處花老夫近無事高座訪牛車

其二

四十菸然過觀空性自如水泡江閣見松影月庭虛
慧業三乘外清齋一鉢餘恒沙無盡劫惟有未生初

觴王西齋西齋時在郡城

勝地多長會空山鈌酒人衰年重入夏老樹不長新
今古雲霞變江山几案陳離家三月望歷歷數殘春

月下泛舟焦山四面

山晚霧沉沉浮舟轉碧陰兩峰高木合孤月大江深
擊楫空天地聞潮幻古今忽驚風浪惡猶有射蛟心

山雨

路草鮮相競巖泥濕自侵江流雲外濶山氣雨中深

變現天龍部希微罔象心晚來氛霧重鐘鼓不成音

乳燕

暫出離僧舍相將上釣磯巳驚天地濶尚覺羽毛稀
細學喃喃語低能欵欵飛金門有張放莫向此中歸

夜飲不波亭　時松寥闍老僧將入涅盤

白髮青山下江聲燭影中難爲今夜會不遣酒樽空
水黑龍藏雨岩鳴樹觸風諸神從隻履恍出梵天宮

蔦蘿樓

茲嶼今幾歲與客又躋攀流水世人夢夕陽江上山
城陰開郡郭帆色下荆蠻濯濯空階柳曾被鶴髦還

贈羅漢寺老僧

雙林開萩峅一水繞僧蘭香鉢藏龍靜雲天放鶴寬
塵中多歲月世外浩波瀾拄杖經行處將心老自安

瓜洲新壩

粉堞映[illegible][illegible]江船檥水傍兩崖青柳客一帶畫樓香
乳鴨浮花影高蟬響夕陽誰家垂舞袖故作倚門粧

銀杏

幾樹參天碧江干接客堂舊垂陰可愛新剝味兼長
屢謝闍黎供餘教稚子嘗須知有微毒口腹害宜防

哭闔姑丈分月

茲事人皆有于君我最悲徼名天地靳薄俗鬼神隨
枕伏三山月棺封兩髩絲旅魂招不得含淚寫哀詞

江鯽

躍躍銀鱗起厨人急數錢羹香過口滑肉美出江鮮
遂薄荒鄉味須將勝事傳老夫脾土惡且用助衰年

海雲堂櫞橙

歷歷看青子秋庭兩樹垂宿禽遮密葉鬭蟻落枯枝
白日陰相昔清風坐屢移水鄉少嘉蔭只覺住山宜

寺門晚眺

疎鐘猶未發栢徑巳濛濛獨寺藏山綠殘雲帶日紅
鳥盤秋氣上蟬噪晚林空京峴高憑險全城在眼中

寺門

一寺殘陽影蕭然野氣中山秋人善病江晚樹多風
黄葉催歸燕青蘇滿候蟲何時返鄉縣零露下梧桐

山秋

此山巳搖落客況倍難勝碩果高離樹巢烏健打鷹
晚烟[illegible][illegible]秋氣大江澄不返滄浪渡依希見廣陵

獨立

隱居吾所好獨立若爲心落日隨江濶空山抱寺深
屢看歸鳥過漸苦候蟲吟家遠衣難授寒風巳滿林

山中送程載錫歸

淹留纔信宿欲別意如何送客東風正隨裝落葉多
亂山秋帶雨孤艇曉乘波使酒偏堪念還期汝再過

雨後

宿雲飛漠漠殘雨落星星遠海晝常黑秋山洗不青
候蟲何寂歷歸雁已飄零偶作役夫夢勞生苦未醒

寺門

秋氣驚衰眼含悽倚寺門苔青緣樹杪沙白吐潮痕
逢掖幾時賤騰蘭今正尊天王宜最貴特護給孤園

山中獨夜懷王五虞大諸子

斜月上梧桐凄其落葉風一丘人境外孤寺夜潮中
寒聽[illegible]聲靜獨行林影空他時看錦樹猶得故交同

雨雹

杲杲光初閉丁丁響戛窗四山風落木萬點雹懸江
寒結高人洞昏揺古佛幢蛟龍困陰氣未蟄性先降

山中對月

香刹靜諸天寒松吐夜烟山中桂已落江上月重圓
[illegible]銀蟾濕風鳴玉杵懸姮娥棄夫婿何事只求仙

姮娥

玉輪垂露幕瑤殿㕑風扉不近牛郎渚時隣織女機
夜眠珠自照秋倚桂將稀應是羞夸羿雲鬟向此歸

曉起望東升

誰知蓬頂上已笑客遲來戴日一峰正横江孤艇開
光添普濟寺影直妙高臺從此經天去羲和首不回

王西齋落一齒

有生皆向盡何用齒恒堅小缺得無補微吟且自便
食應防決肺酒莫易流涎並遣霜髭白衰顏定已然

小年庵老梅將枯主人移植前庭

昔年庭樹下尊酒夕陽斜老髩俄添雪殘枝亦少花
撥根鋤朽腐移植擁泥沙生意寒椿在開春細吐芽

揚州客舍晨起之鑾江覓王西齋諸公

孤館客衣單清霜着尾寒薄醒疎髩側新霽宿雲殘
斷雁眞州驛長松開士蘭酒徒求數子行矣到河干

至日

[illegible][illegible]有微陽物未知可堪來復日即是盛陰時
天地氷霜正江湖雨雪隨一寒過半百老煖得無期

祀竈

髮白非今日重隹祀竈人丹沙貧未化青歲老頻新
世難輕民物天高聽鬼神窮鄉久無告須向帝閽陳

[illegible][illegible]四夜竈神 一年事

歲暮

獨愁兼歲暮風雪轉凄然寒起立春日家空嫁女年
一城忙自老百慮老仍牽割炙紅爐火誰人處細旃

逢野鶴子朱六

而翁眞可念不見十餘春何意揚州市重逢賣卜人
立談無數語萬事總傷神長歎青門子于今尚苦貧

嬴隱二集

七言律 共八十八首

送季二返延令
送黃明府還東陽
送別雙林凌子威
秋興八首
喜程載錫生子
九日偕諸公登拱極臺
文選樓
螢花
送毛廣文聖羽之官荔浦
懷王三表叔景州
懷王勿齋表叔
元日作
送方四無斁移家于湖
送吳孝廉喬庵返里
登燕子磯
送劉丈在中官和陽
送馬溪方廣文南歸
送方無斁
送章二蘊可北上
除夜
乙丑元日
呈雪大師
春日登拱極臺
春懷
春興八首
初夏有蚊
呈遲使崔公二首
長夏
報恩寺
蕪陰懷古
大水
登拱極臺懷張明府
九日宋廣文爲登高之會未赴二首
聞天寧寺建龍華道場
弔吳柘園
丙寅新歲漫興
元夕
春雪
雪後登拱極臺
懷河陽令劉丈
春陰
春夜
獨夜
曉發南浦
寄劉丈
古渡橋感舊
糧艘
邵埭阻風
江頭
登雙峰閣
湯中丞內遷詹事
風
晝雨
登山
華嚴閣晚眺
野望
垂老
獨嘯
觀海
窗前牡丹零落有感
行吟
江上晚眺揚州使適至
送吳虎臣歸度午節蔡皜若自城中欲還曲阿王西齋[redacted]尚滯揚州日望其來作此志思
五日坐松寥閣聞老僧病
送王西齋勿齋程載錫歸
上焦山望京口感懷
焦山九日
奉贈二十二曾叔祖
飲吳心如園
丙寅立春日雪
除夜

嬴隱二集

大邨李國宋纂

七言律

送季二返延陵

吳陵客舍曾相見契濶俄經四五春寒月纔逢兄弟到連宵深話友朋真燈前酒力全欺雪醉後歌聲欲動塵明日一帆江上去老年多别最傷神

送黄明府還東陽

三年旅食淹何處舊館重來挂蒯緱鴻雁荒鄉停客駕冰霜臘月送行舟太平事盛傳丹詔薄宦身閒感白頭海内吾徒合饑困且驅疲馬暫依劉

送别雙林淩子威

過江棄輿下滄洲小縣荒蕪不可留貧士尚慚爲地主炎天何事命歸舟如焚草木凋傷日多難乾坤札厲秋安得便將醫國手去甦蒼赤遍神州

秋興

金風蕭颯動林丘萇楚哀傷海國秋玄武臺高空北望滄浪水淺漸西流千年野塚魚龍宅百里荒鄉雁鶩洲誰爲蒼生重請命不教小邑斂誅求

其二

白露銀臺碧漢間長安諸貴侍清班金池錦幄觀魚出玉塞雕弧射虎還日月至今懸北闕塵沙終古蔽西山腐儒獨臥滄洲晚紅蓼青菰滿目斑

其三

寒雨孤城嘯野鴟黄昏東望起深悲風雲尚護田横島草木空餘翟義祠天半龍蛇交漢幟洞中雞犬阻秦師可憐尺土窮荒外封域依然舊海涯

其四

插羽頻飛漢水陰昔年豺虎闘滇黔空求半壁鴻溝地未識諸侯縞素心羣盗赤眉終散亂將軍白馬亦銷沉歸師雨雪酬功日從獵詞臣賦上林

其五

帝里人家朱雀桁烏啼楊柳鳳城霜中丞雅望新開府楚老長愁舊草堂（謂杜茶邨）白晝衡門稀牧馬青霄當路畏貪狼邊亭雪窖南朝地日日哀歌送夕陽（茶邨草堂題古邊雲亭）

其六

湘天風葉老蒹葭羇客南遊感歲華離亂音書來夏首艱難家宅寄長沙雨生漢傅荒祠薜霜落虞妃古墓花且喜未歸衡浦雁冥冥千里靜金笳

其七

蜀嶺西行踏綠蕪每看秋色錦模糊丹樓碧樹山光寺畫舫紅蓮保障湖舊曲陳隋傷往事幾年人物盛江都驚心礮火痕猶在城堞宵吹畫角孤

其八

霜華冉冉落芙蓉白髮垂顛肺病慵臺上置金求死馬隆中抱膝隱眞龍空齋自感窮秋詠破廡頻聽午夜舂貧郭無田給饘粥豈能躬稼學先農

喜程載錫生子

我生四十逢初索汝齒今猶先十年有使遠傳佳信至故人驚起宿愁捐豹奴似舅神應異虎子吞牛氣已全欲就揚州乞湯餅囊空實乏洗兒錢

九日偕諸公登拱極臺

重陽苦少登高地乘興同遊拱極臺老去又逢佳節至霜前何處菊花開孤城背日啼烏起遠塞爭秋候

雁來歲儉郵墟希爨火憑闌淸嘯晚風哀

文選樓

蕪城城裏旌忠寺中有巍然帝子樓蕭衍河山空浩劫維摩人物自風流殘陽遠送千家影蔓草春生六代愁向晚雨花如欲散異時文藻未全休

螢苑

螢苑烏啼夜寂寥漫將春恨憶前朝錦帆歌舞三千女明月樓臺廿四橋九曲池荒風黯黯玉勾原靜草蕭蕭可憐烟柳寒河夢猶聽清吹出鳳簫

送毛廣文聖羽之官荔浦

老謝人師爲茂宰離亭渺渺送征筵一官遠去四千里五嶺孤行七十翁雨洗瘴鄉耕鐵出春開蠻徼戰壘空浮雲南北家相望頻寄音書問海東時江南北兩地寄家

懷王三表叔景州

南樓驚雁斷行斜蒼鬢懷人感歲華臘夜不堪聞雪片閩鄉應已綻梅花閒尋酒伴今冬少欲問歸航此路賒地主一官前日罷浪遊何事尚天涯

懷王勿齋表叔

大都南面帶渾河千里奔車歲晚過遊子緇塵初識路故人朱紱舊鳴珂雲霄貂帳聞鐘遠冰雪龍沙入馬多此地逢迎偏利達毋將華髮感蹉跎

元日作

獻節朝正敞御屏萬方今日拜彤庭周疆盡入王家版禹貢兼傳海外經故事此鄉仍候歲腐儒衰鬢早成星燕鴻冀馬中州滿不遣南鵬起北溟

送方四無斁移家于湖

女桑垂葚滿官衙曲宴離情感鬢華鶴去舊棲猶入夢鶯遷新樹遠攜家已知能讓裴公宅定可同乘阮簿車八月秋風江上路相逢共醉秣陵花

送吳孝廉嗇庵返里

高齋欲見渺無因豈意將歸接後塵陸海桑田重說夢酒闌歌罷一沾巾章逢此去還過越鷄犬何年得避秦莫向泥塗傷蠖屈衰門曾是相韓人

登燕子磯

石燕荒磯鎮帝都千年王氣眼糢糊指揮北府雄風在寂寞南朝伯業無沙塞鐵驪銜草健鍾陵銀雁入秋孤驚濤萬里真天塹獨遺歸航滯老儒

送劉丈在中官和陽

軒車珂里暫逢迎又送天南紱綬行江路片帆隨去雁昆州早歲聽春鶯山川氣候通蠻徼人物風流似舊京莫厭此方游宦遠須知能吏有榮名

送馬溪方廣文南歸

高年地僻嫌官冷今日瀕行歲已闌洪㳂勿言求仕易淹遲猶覺退身難新遷合館妻孥在遠涉江湖道

路寒頭白門生心最苦籃輿相送勸加餐

送方無斁

殘秋官舍暫相依雨雪天涯又送歸江浦寒隨賓雁去秣陵晴挂片帆飛市朝冠蓋逢迎苦草野交遊會合稀惟有蘆中高隱地思君獨寤掩蓬扉

送韋二蕰可北上

金門上策肯蹉跎七貴長安貂錦多人面帶霜行曉日馬蹄踏雪過黃河才華自合登天府容表真堪曳佩珂底事共應隨計吏獨將星鬢老漁蓑

除夜

孤城短夜落殘鐘蠟炬寒輝送杪冬白首逢春年又

換玄冥專令雪猶封雲霄冀北征人馬沆漭淮南臥野龍遥想調元諸上相錦衣深殿舞從容

乙丑元日

桃符昨夕上蓬扉兒女家家換綵衣老至襟情真覺懶新來賀慶轉相違衝泥蹇衞方西笑避雪高鴻肯北飛曾就蒙莊商出處讓王讀罷早知幾

呈雪大師

廿年荒寂維摩院重見狻猊寶座開都講昔時如幻影大師今日主香臺天龍部擁威光入怖鴿身需法雨來已悟狂華非實相欲從七聖覓真財

春日登拱極臺

高城直上俯晴軒寒浪初消白日昏地好有時來過客臺空無力舉芳樽躍魚亂起桃花水浴鷺孤飛柳絮邨聞報西湖春汜濫老農沈竈失驚魂

春懷

昨宵寒雨過窗紗小閣紅燈細吐華殘夢半牀香被暖起看初日畫簷斜青春早發當堦草白晝晴飄繞砌花羣駿金臺誰遇主故人消息阻天涯

春興

哀雁春歸楚澤長詔移使節駐宜防風濤萬里連西極春插千羣到大荒且免饑民求蚌蛤莫愁下邑浸萑根多年力勦難沽酒種秫新添老興狂

其二

烽煙無警靖三陲頸繫名王作廟犧　天子遂開麟閣宴侍臣爭進栢梁詞鳳毛文采龍顏喜四海瘡痍百姓知他日斗邊占白氣懸霄星象亦多時

其三

九州羣彥聚金臺墨榜標題次第開豈有顧錢爭利市翻疑待詔必卿材南宮錫燕貂冠集東閤招賢錦勒回同學問誰堪補衮白頭高望倚蒿萊

其四

朱旗閃電下青霄錦纜龍舟未寂寥帳殿議仍臨石甌梧宮秋已駐楓橋多官望幸新栽柳萬弩何人敢射潮南渡繁華遺舊恨冬青原上草蕭蕭

其五

梯航萬國赴朝班壯士彀弓虎豹關烟火地原通勿吉和親使欲過賓顏昨傳北伐柔然動詔遣南征猛將還從古外寧憂未已崑丘車轍幾時閒

其六

樓船風便下彭湖鯨浪魂銷一旅孤天外陳稜通絕域漢家劉禪去成都蛟宮慘墮波臣淚海舶重來賈客珠聞說運籌皆廟略爛羊輿從滿街衢

其七

腰組銀黃多貴臣滿朝同姓譜偏真漫言四海皆兄弟遂使諸宗托婭姻碧落浮雲虛過眼青春鳴鳥轉傷神嗟余索處肩隨少冠蓋何由並隱淪

其八

紫殿啼烏深禁扉九重玉几坐宵衣龍沙侍子旃裘入虎帳將軍薏苡歸阮籍放歌心自苦稽康被舉事相違獨愁隨計瞻天闕拄頰西山送落暉

初夏有蚊

隙月斜光照薄幃早聞初夏一蟲飛水鄉濕氣能先化荒草閒庭出尚稀羣類幾時來壤壤老人高臥每揮揮全生天地知難久霜重冬寒念汝歸

呈運使崔公

重臣使節駐江鄉廉敉親推握算長不盡物情同馭馬能紓國賦戒烹羊十城蔀屋春猶暖萬竈熬波海不揚漫說顧金饒賈客鹹鹾清潔本如霜

其二

三山雲樹鬱陂陀夫子風流映佩珂冀野材空河北馬中朝望壓隴西駝丹宸帝座知名久白屋儒冠侍側多每報度支餘暇日即看高讌醉絃歌

長夏

長夏科頭白晝眠柴門無樹靜鳴蟬客來枸杞陰相借雨過蘼蕪色可憐奴僕總知軒冕貴綺園方許嘯歌賢秋風蛹壯香秔熟收拾東皋看薄田

報恩寺

劫火巍然坐世尊文皇遺搆給孤園千年慘淡君臣事一塔殷勤毋子恩金碧樓臺俱廢瓦雲霄宮闕已荒原孝陵寢殿餘抔土松栢塵沙白晝昏

燕陰懷古

細柳軍營將士稀天王南狩事全非倒戈不護真龍去銜璧空隨鐵騎歸黃葉青山行客棹滄江白石釣魚磯氷天洒淚悲今古滿目浮雲蔽落暉

大水

銀漢蒼茫下白波浮空巨鼇駕黿鼉星霜鬢髮逢秋短城市舟航到眼多鮫室亦揮泉客淚宣房虛發武

皇歌誰人巧作誅求計不報無民報有禾

登拱極臺懷張明府

崇臺飛構與雲平倚檻遥臨百感生幾處暮烟飄廢井四圍寒浪打孤城凶年涕淚懷慈毋遠道塵沙望上京猶有桐鄉遺愛在滄池魚鳥一含情

九日宋廣文爲登高之會未赴

年衰苦彼饑寒役閉戶偏愁好節來九日東籬誰見菊一城秋水懶登臺芙蓉岸斷魚頻上蘆荻洲空雁自哀尚喜先生高興在侵晨折簡吏人催

其二

啞啞啼烏上戍樓清霜昨夜海城秋遥窺埤堄無青草欲插茱萸恨白頭胠篋幾時偵卒靜隱囊終歲索居愁非關避酒辭嘉會抱悶應須臥即休

問天寧寺建龍華道場

龍象門庭喜自誇莊嚴爭向梵王家百年物力銷金狄三界天魔弄寶華勝會别開靈鷲宇真如何處白牛車寄言檀施諸方士一念菩提勝撮沙

弔吳相國

銅馬腥風逼薊燕黃麻親拜冠朝賢豈知四海攀髯日正是孤臣去國年九死精魂依紫極一生事業在青編只今俎豆陳祠宇無淚深山洒杜鵑

丙寅新歲漫興

際海車書萬國同雪消馳道九衢中優童龍袞先朝服奴客雕鞍內廐驄拜表一時趨帝闕抗章何事述民風請看魚鱉江淮地倒注銀潢日向東

元夕

寂無燈火倚闌干少日繁華久不看長夜月高星斗轉荒街人靜雪霜寒春心似聽朱樓笛老計終垂碧海竿獻寶河宗天下定野人何事淚汍瀾

春雪

臘盡逢春暖氣微春來雨雪又霏霏萬山積水防東注一雁迎寒厭北飛凍久恐僵饑客臥風高方合野虞圍閉門濁酒貧能酌宿火寒爐亦自輝

雪後登拱極臺

昨夜飛花撲鬢來早晴踏屐暫登臺蕭條今古寒相接渾沌乾坤氣未開蒼鶻遠穿空宇過白龍深抱暗氷廻不因否閉關人事肯負羊乎作賛才

懷河陽令劉丈

碧鷄關路阻天涯仙吏鳧飛萬里賒莫就蠻方求毦毲且循荒俗問桑麻春郊盟石堪停馬官舍彈琴已當家他日清風拂歸袖可能移種佛桑花

春陰

二月風光不借人連綿陰雨轉傷神龍蛇未闢乾坤戶蜃蛤偏寬江海春米盡又將何物典詩成方見老妻顰訛傳響卜今年好復恐傾盆自此辰

春夜

晴春烟樹遠霏微夕露孤城冷褐衣欲向青門馳馬埒豈能白首棄漁磯風喧野水蟠蛟卧月射空洲宿雁飛聞道會稽求禹穴侍臣車從已騑騑

獨夜

歷歷銀河窺白榆獨臨開砌捋霜鬚荒城鼓動亂烏起高漢雲消寒月孤三世不官能嘯咏百年多故在江湖非因從獵疏難奏自笑風塵老壯圖

晩發南浦

偃蹇頻傾舊瓦盆忽辭南浦一銷魂孤舟落日春行海野客尋烟晩傍邨獨樹亂鴉爭弱幹誰家饑犬在開門百年人物凋殘盡不但傷心見水痕

寄劉丈

瘴江南去路漫漫蒙詔天邊雁到難撫字經年稱衆毋崎嶇萬里作王官金沙寶井財非貴鐵鏃雕戈血未乾此日梯航皆率土休分徼外雜猺看

古渡橋感舊

夕陽尊酒坐吹簫憶在揚州古渡橋忽散晨星人易老再來今日興全消春寒未吐青堤柳水溢猶開畫舫橈惆悵路岐多古墓白雲遲作住山樵

糧艘

禹甸來王久息戈天倉儲積易京多轉輸只下蒼梧粟茀鬱仍悲瓠子河嶽瀆乾坤看一變風霜日月老空過諸旗騰飽方全盛鴻雁哀鳴奈爾何

邵埭阻風

北風吹浪野茫茫咫尺春湖未可航已是家貧難作客況因人老漸思鄉癡兒歲長衣恒短病婦愁多鬢總蒼便欲授經糊口去暮雲孤磬碧山房

江頭

山房獨卧懶披衣散帶臨汀自啓扉地僻漁樵稀在眼天清鷹燕喜高飛滄池浴日神光遠粉堞排空霸業微惟有烟霞堪送老孝然孤躅與同歸

登雙峰閣

嵯峨絕頂平林上指顧雙峰佛閣高羆虎未移京口戍黿鼉直踏廣陵濤山空梵放傳清響客久春衣笑縕袍拓落壯懷傷老大一從蒼隼颯風毛

湯中丞內遷詹事

中丞持節江南地遠拂清風到澗阿尺詔忽聞傳紫禁雙旌何日過黃河宮僚禮數桓侯似吳郡聲名賀傅多從此屬城誰解綬眼看萇楚一悲歌

風

白晝林風靜不號無端蘋末起飂飂蒙籠日馭迷孤鳥欹側雲帆走亂濤鮫鱷沉沉深窟冥烏鳶跕跕小巢高雖知噫氣緣天怒吹萬同聲聽亦豪

晝雨

高齋獨坐黯凄凄竹樹陰森白日迷風外不知魑魅舞雨中時聽鵁鶄啼三山夢杳東溟濶九帳塵昏北固低朋酒經旬太寥寂蜀岡難到數行題

登山

石路逶迤青蘚平寒風漠漠客愁生常昏海氣連山動不定江光借日明遠使北來迷水驛孤帆南上指神京丹泉玉洞空深隱覽古低徊物外情

華嚴閣晚眺

巍然古閣抱烟蘿踏石尋僧野興多殘日過江紅入寺亂雲歸海白沉波經春老壁添新蘚隔歲寒蓬轉舊科三徑就荒溪水長故園無夢近如何

野望

蜀水蒼茫下帝都朝宗大壑此山孤風喧鴉鶻爭高下浪擁沙磯乍有無百歲有身同泛梗中原在眼欲乘桴柳垂花放春將暮病飲應須舊酒徒

垂老

垂老心情與世違住山真覺遂初衣饑烏得食防人見乳燕離巢趁客飛入夏江光漆瀲灔小窗花氣漸芳菲不教水汜憂妻子手策紅藤肯便歸

獨嘯

修竹林亭高嘯清潮廻沙白渚煙生浮沉日月金輪界險阻江山鐵甕城不與世人爭笠渡每聞空際落鐘聲翻辜南國嘉賓薦懶性終宜食野苹

觀海

島嶼微茫接大荒多年飛艦海波揚別開小國扶餘主曾寄諸劉北地王萬里崖門空白水一時鮫窟靖朱方簫韶緩奏垂衣日又上西池阿毋觴

窗前牡丹零落有感

曉鐘殘夢客初回起見繁英散滿臺花事一春從此盡僧房數朵為誰開紅香寂寞蜂先避綠葉扶疎鳥尚來老至倍傷遲暮眼久依孤影坐莓苔

行吟

石動沙明蕩小洲衝泥踏屐雨初收山花細細名難問野鳥交交類自求萬古草荒高士宅數行帆下賈人舟中原無麥民饑困只有行吟不解愁

江上晚眺揚州使適至

壠畔薰風麥熟時江頭殘日故遲遲投波紫燕輕雙羽失樹青蟲仗一絲老綠漸深山色變暗潮初上水痕移昨宵夢返揚州棹使信眞來慰所思

送吳虎庚歸度午節

離家三月閉巖扉每出江頭送客歸蒲老經時催夏節雨寒昨夜索春衣關心殿角斑鳩喚亂眼山田乳雀飛綠酒紅榴僧舍在往來相見更愁稀

蔡谿若自城中欲還曲阿王西齋尚滯揚州日望其來作此志思

江南蔡七將先去江北王三尚未來兩地舟航書信至中流丘壑海天開竹西飄梗余同調練水停雲客自回蒲酒正堪相對飲巳教擇石掃莓苔

五日坐松寥閣聞老僧病

艾葉榴花羈旅地過江偶聚北來朋如雲亂度歸營馬帶雨頻號失肉鷹塵土空堂餘古佛凄凉病榻有孤僧千年鶴化華陽塚仙翮重還亦未能

送王西齋勿齋程載錫歸

連宵泥飲孤亭內不定空波燭影微山半樓臺獅象合寺門風雨鬼神歸清晨酒醒催行艓送客江寒尚布衣深洞長松休易別此生高會想應稀

上焦山望京口感懷

高懸絕壁海濤扶一鶻摩空盡處孤紛堞丹樓烟浩蕩蒼洲碧嶂眼糢糊頻窺很石傷炎漢敢忘雄師走僞吳水濶山重襟帶險潤州形勝似南都

焦山九日

繁霜催葉下林臯渺渺空江旅雁號他日水汀偏載酒異鄉山閣懶登高寒叢菊委秋田草破帽風羞秃鬢毛三詔漢廷焦處士久留丘壑待吾曹

奉贈二十二曾叔祖

巍然碩果典型存如向商顏拜綺園元相諸孫遺老貴本支六世一人尊滄桑遷變貧偏好容體温恭誼自敦先澤百年看漸替擬將何術振衰門

飲吳心如園

筍輿遥出西郊外邀我置身丘壑間徑曲側開池面水臺高遠見江南山疎籬野竹相迴合收豎樵童自往還偏是主人能愛客夕陽餘煖照衰顏

丙寅立春日雪

一冬煖律行春令春至寒翻入敝裘方怪李梅何事實誰知雨雪有人愁東郊吏似迎田虎南畝民如鞭

土牛氣候此時宜不正閉門高咏且無憂

除夜

爓炬消殘午夜烟眼看兒女畫堂前已聞樓上催三鼓又向人間少一年求志北山非作達買官西邸本無錢平生筋力難重健對酒衰顏轉自憐

嬴隱二集

五言排律　共十六首

東田漫興
赴算部
送汪檢討舟次奉使琉球十六韻
送侍御裴公罷官歸軍都
寄呈高淳明府張公
郡守崔公擢兩淮鹽運使奉贈十六韻
奉輓故給諫三伯父
過吳但小宅感懷
奉贈三十從叔壺公
丙寅丁祭崇德祠裏事
入春多雨感懷十二韻
傷松寥閣老僧半巖
山居雨中作
雨中坐華嚴閣
華嚴閣下對月
江干

嬴隱二集

大邮李國宋篹

五言排律

東田漫興

野潤天垂碧秋高柳帶黃旱田平宿莽枯架落殘陽
鶖鵚雲霄路雞豚版築鄉爨稀空舊聚舂急少餘糧
荏苒年華邁艱難世業荒力耕知計拙坐嘯得名狂
洒削非吾事饑寒亦自傷幸能工賦馬何用惑亡羊

赴算邮

曉岍開晴榜秋田悴晚花露濃珠綴網日淡水明沙
草際娟娟蝶雲邊細細鴉畦塍四五曲烟舍兩三家

得食鵰偏健無風燕故斜逍遥齊物態潦倒失春華
學圃資藜藿當杯引鏌釾埋名終白屋送老在蒼葭
久負王門瑟難逢海上查從今甘濩落吾豈作瓠瓜

送汪檢討舟次奉使琉球十六韻

海嶽傳烽靖梯航絶域同使查辭鳳掖王略過鮫宫
握節勤司馬嗽牲祀祝融一行開溟渤萬里泛鴻蒙
故國乾坤外荒陬島嶼中月將潮上下星指路西東
夜氣吹陰火朝雲報迅風蠔房高聚石鷺帆遠浮空
金鼓陽侯震旗旛甲士雄雨收魚沫黑日吐蚌光紅
虬水三山近琉球地分中山山南山北蠻音七姓通奉辭宣主德
利涉仗臣忠事異朱寬出裝羞陸賈豐羽冠恭伏謁

玉冊示優崇禮樂朝宗會文章專對功不波應有喜
歸奏達宸聰

送侍御裘公罷官歸軍都

鳳沼遷鶯日烏臺觸鷹年儒臣司獻納清禁擢才賢
積貯鹽官賦均輸少府錢拜恩天闕北持節海雲邊
鐵面羣胥畏霜操屬吏虔譴正諸法便宿弊一時捐
澹飲吳溝水澄窺蜀嶺泉中商三倍利貧竈萬家烟
握算資寬政揮刀易小鮮抗疏詞侃侃奉旨惕乾乾
豈繼弘羊武將差鄭衆肩百城來暮怨十部去思牽
數驛嘶行馬騰霄失逐鷂韋侯終相漢酈尉暫歸燕
論必輿人定忠宜聖主憐自蒙宣室名休老白邮田

寄呈高淳明府張公

南國遷儒珍西清遣近臣禮先延茂宰光欲覲王賓
蜀峽辭源舊潘花筆彩新掄材求杞梓相馬出騏驎
古調彈琴得天襄製錦陳取長兼録短辨玉早知珉
空柳江干客浮查海上人单衣慚自顧支石許誰親
水鏡虚能鑑鹽車困乃伸老悲垂鬢秃秋覺蹶蹄神
豈冀攀鱗貴甘從牧豕貧文章嘉遯事功業始衰身
問字津途隔傳經道誼真奉辭憑一介首路及三春
感激心常動翻飛氣忽振銜恩終有報未敢避風塵

郡守崔公擢兩淮鹽運使奉贈十六韻

雅望蒲吾邑奇勳太末城漢廷增一馬隋苑遂遷鶯

愷悌隨車澤謳歌屬縣聲北流河潤遠東挹海波平
不取人皆信無爲政已成薦章聞黼座褒詔降瑶京
當宁咨鹽筴司農藉謹正謂惟廉善吏能中轉輸程
劉寵錢遺愛胡威絹表淸鹵場諸灶喜利市舊商迎
幸駐江淮節猶寬父老情陶甄先下里延禮必時英
樗木偏蒙顧桃花咏早呈每懷國士遇輒仰上公旌
暫握牢盆算將調玉鼎羹蒼生羣引領中外倚提衡

奉輓故給諫三伯父

孤忠標異代耆德蔭衰宗國史尊文獻家蕒繼鼎鐘
淚淹三月晦恩憶七朝重故省梧垣隔荒園土室封
恨吞垂死雪寒挺後凋松侃侃辭新寵悽悽憶舊容

年華銷漢臘被服變吳傭忽地乘箕宿擎天折岱峰
剝窮災可惕遯尾厲難逢戚況關猶子時方迫杪冬
繐帷虛薦食蒿徑孰扶筇逸老今纔盡殘陽久下春
夜泉深寂寞春艸又丰茸去拜橋陵土胡髯五色龍

過吳但小宅感懷

閒居觀世變未敢信投膠泛愛求吾黨斯人亦可交
云亡如旦暮故宅遂蓬茅愴惻雍門淚低回苦海泡
靑編供蠹蛀錦瑟挂蠨蛸阿毋霜容悴妖姬粉澤抛
狂華悲過眼香夢想垂髫歲月驚流電功名歎繫匏
且甘伯龍釣勿取稚珪嘲欲問殘生事山風第六爻

奉贈三十從叔壺公

老矣墻東客河千舊草堂問年驚七十抱膝信行藏
被服從儒素鬢髯帶雪霜塵衢羣陸陸泌水自洋洋
性不求田舍才難給稻粱鳳棲安枳棘鸞嘯韻筠篁
假館江城暮傳經野寺荒鄭玄徒日進阮籍酒偏狂
世尚知璆璧人爲換鷫鸘說詩頤必解學易數兼長
分定雲霄隔時窮歲序忙蒼梧何處遠白屋此生當
小子親提誨諸宗奉典常竹林隨策杖花徑侍銜觴
結志神仙侶逃名汗漫鄉靑牛如度世蓬頂共彷徉

丙寅丁祭崇德祠襄事

肅矣時禋盛歸哉廟宇深鹽梅輿聖代霜露感春心
夜火繁星落天風斷漏沈雪猶寒小院鐘已動雙林

式序祠官入如神祝版臨鼓吹喧過雁人吏散棲禽
五世澤猶在三朝恩至今箕裘先德業堂構豈冠簪
率祖終難替承家亦有箴但求無斬艾喬木自成陰

入春多雨感懷十二韻

暢月冬仍暖新年春較寒五行更次序多雨浩波瀾
氣積風雲合光開日月難浴鷗相見喜凍雀幾時乾
舊典空衣裄恒饑廢食簞閉門酣午臥推枕坐宵闌
霧隱神魚起泥汙蝘蜓蟠衰遲應可惜變化豈無端
有地成飄梗爲園自伐檀淖深吾友隔陰重小人干
濁俗甘埋照餘生聽急湍却憐兒女長仰面再三歎

傷松寥閣老僧半巖

寒暑相推敘誰能迹不陳一生求覺乘半世老迷津
行脚貧檀施歸山息幻塵善談諸佛法慣識宰官身
四智非心見三途有漏因斷藤憑鼠齧失鉢笑蛇嗔
閣倚焦岩立庭將苦海隣往來潮汐急爭鬬鶻鴉頻
忽閉維摩室方當示疾辰傳衣空寂寞挈屐去逡巡
竹院長休夏花龕豈再春象峰仍咫尺葱嶺幾由旬
故物何堪戀今朝始是貧六根元自淨七業匪爲眞
暫寄雲堂住曾于支遁親寧容許都講蕭散忘悲辛

山居雨中作

江頭送客罷涼雨自霏霏野殿啼鳩苦空庭乳燕歸
綠陰參夏木五月戀春衣石潤苔常滑泥融草易肥
夕帆行漸漸殘照漏微微牧馬回耕壠魚鷹上釣磯
風高淸磬發霧重遠林稀喧動心難定沉冥道亦非
勞生多物役過眼盡禪機暫閉僧房坐繁雲一任飛

雨中坐華嚴閣

帶雨登僧閣臨窗俯石磯白波喧不定青嶂隱全稀
空濶長天去欹危小艇歸雲旗翻海若風佩舞江妃
泛泛烟墟動昏昏霧堞非萬家京口没一道柳溪微
冥入高人洞涼生客子衣濕沙潮漸蝕墜葉鳥爭飛
深夏玄蟬動晡時蒼鶻饑林幽山色古岩潤蘚痕肥
晚氣開葭渚殘陽映竹扉誰能久埋照無復望晴暉

華嚴閣下對月

霧歛林初出風微江自平碧天孤月上遥夜衆山明
影漸移雙樹涼將近二更興因高調發術爲鄰孟鼇
（坐中有術士）宿鳥螢邊見浮雲斗畔行烟添波有色人定
寺無聲對現金鼇嶺崇窺鐵甕城僧厨消宿火茗椀
續餘酲鶴立蟾難照鴉扶兔似迎盈虧數潮汐冉冉
過殘生

江干

野客閒行地江天欲雨時夏潮侵蟻穴山果掛蛛絲
雲逆鳥飛疾灘深帆上遲遠開峰點點密疊樹垂垂
微笑一僧過幽尋小豎隨梵王留紺殿高士倒荒祠
草色連空壁苔痕亂古墀吾生求石隱未忍漫題詩

瀛隱二集

五言絕句 共四十七首

焦山濯足圖
贈硯
題雙鴛圖
閒居
村女
鳧鴨曲
臥樹下
對金錢花
走馬
古意
問月
喜季端木至
題畫菊
採蓮曲三首
詠鷺
見古墓
送方廣文
採蓮曲三首
行方山下
元夕曲二首
走橋曲三首
江曉二首
華嚴閣望京口
雨至
獨行
樹下
江船二首
江干
登閣
過松寥閣有感
暑夜
曉樹
月夜
少年行
秋風
將歸雨至
別焦山
唐山人齋中題壁上芭蕉

瀛隱二集

大邨李國宋篹

五言絕句

焦山濯足圖

一水抱空山萬樹森秋景沙頭濯足人獨坐弄江影

贈硯

薛生家藏古硯將貽其友友死檢諸匣中貽其子有延陵挂劍之義同人皆爲賦詩

開我匣中硯淚滴如注水不見故人面持贈故人子

題雙鴛圖

貴主愁分鏡貧家嬾下機不知他底事雙宿又雙飛

閒居

經時門晝閉三徑有誰行堦下車前草春風已細生

邨女

兄嫂饁田去翁媼不在家家中遺小女自採路旁花

鳧鴨曲

南人作北客未諳北人情家鳧逐野鴨不敢一羣鳴

臥樹下

午臥不見日但見葉上影時有微風來影開卧初醒

對金錢花

荒堦草木長獨坐餘寂寞可憐金錢花紛紛自開落

走馬

揚州豪少年朱纓大如斗走馬吳公臺醉拗紅橋柳

古意

朗如天上星嵌儂七寶扇莫信菖蒲花花開不曾見

問月

歡指明月光問儂中何有儂非月裏人知是桂花否

喜季端木至

徑草經時合蓬門嬾未開檐前乾雀噪乃是季生來

題畫菊

霜落東籬枝寒芳已堪把不是山中人誰能采此者

採蓮曲

渡口採蓮女新粧勝若耶人憐紅菡萏儂愛白荷花

其二

過時莫採蓮蓮老中心苦過時莫採花花落成青子

其三

荷葉好顏色不如荷花鮮鴛鴦解愛好只向花底眠

咏鷺

白鷺草中藏驚飛上天去飛去亦不遠旋來舊棲處

見古墓

古陌萋萋草荒郊漠漠塵可憐墟墓骨猶見太平春

送方廣文

可堪長年老將風送客船垂楊不忍別牽挂去帆前

採蓮曲

妾本湖上女弄舟湖邊沙湖沙接蓮浦生小愛荷花

其二

水送蘭橈短風飄繡帶長荷花三十蕩蕩蕩錦鴛鴦

其三

蓮粉真如粉荷錢不是錢郎持荷葉笑妾在藕花邊

行方山下

路出青沙嘴舟廻白水灣人家看又別只是近方山

元夕曲

今夕是何夕燈火不知處寒月照空街行人自來去

其二

月白夜如霜戍樓鼓聲急誰家看燈女獨向街頭立

走橋曲

美人愛空男不畏春冰滑回頭喚小姑低頭整羅襪

其二

小姑年十五瓜期未曾破不知緣底事亦向三橋過

其三

婀娜明月中繡帶香風颺老婦同出門自言走百病

江曉

非坐松下月幽人永夜閒曉來江上望白霧隱圌山

其二

四面江霧白只餘山頂青誰能一揮手跨鶴起滄溟

華嚴閣望京口

綠樹城邊市白雲江上山不知僧閣外更有幾人閒

雨至

五月暑不到他偏人自幽雨聲江上至涼氣滿山秋

獨行

山鳥處處啼獨行人寂寞昨夜深徑中細雨桐花落

樹下

婆娑樹一株獨坐少閒事笑語入深巷山中有人至

江船

東風海上來水急不肯住帆拖順水船橫江向東去

其二

前拄白石柱後磕青石岍牽船不得上老嫗向江歎

江干

日出海門近雲橫京口平夜來山雨急江上暗潮生

登閣

籬開僧不遇樹暝鳥初還細雨登江閣烟中互父山

金山一名互父山

過松寥閣有感

再過江邊閣山僧跡已無相邀具茶果只有舊門徒

暑夜

臥聞江上風樹高隔窗牖展轉不成眠夜起見星斗

曉樹

曉日照高樹林間葉半黃却疑三伏日山木未經霜

月夜

暗露滴空壁微風吹白波半山孤月上只有鳥巢多

少年行

誰家貴公子翩翩裘馬裝揖罷試相問家有尚書郎

秋風

山中秋信至牛女未塡河已見僧房裏紛紛落葉多

將歸雨至

山雨欲留人烟波暗水濱已知焦處士不遣出松筠

別焦山

夜半理歸裝曉起帶殘月仰面焦公山如共美人別

唐山人齋中題壁上芭蕉

滿飲主人酒忽疑氣候別堂上芭蕉青窗外多雨雪

羸隱二集

七言絶句 共一百八十八首

從征詞三首
月桂
揚州書館午日聞杜茶村至將出阻雨
題蔣前民草堂
惜春
金陵十五夜步青溪上
悼華東園二首
鹿馬山人歌
玉勾斜
端陽曲
贈盧岳修
陳宮曲
聽弦索聲
花前憶夢王三表叔
岳陽樓圖
赤壁圖
桃花源圖
棧道圖

題木庵太史弟侍漏圖二首
黄荷花
感事二首
春雁
憶韋二
與王五訣
明宮紀事絶句一百二十首
題水藻畫卷
過東巷憶王五
楚宮
舟行石頭城下
過烏鵲橋
溧水道中有懷故鄉薄田
觀雜劇演安南事
七夕後一日立秋寓萬壽觀
別方廣文
過黄草峽
元夜
席上有言 大駕南巡觀湖南戰場者二首
懷承德令張公二首
春夢
別家

廣陵曲
午日至松寥閣
瓜洲城中別王西齋勿齋時勿齋將還家余仍歸焦山次日雨中憶勿齋
焦山偶談往事
睡起
焦山作
渡江二首
聞絡緯
夢承德張明府二首
瓜洲城下憶王五虞大
昭君曲
秋宮詞
覓杖
別古音上人二首
江干秋夜
海門泛舟見新月
題吳處士金孝章畫梅
將至真州
題朱端溪像

贏隱二集

七言絶句　　大邨李國宋篹

從征詞

笮簹重開萬里長昆明池暖不飛霜雕弧夜控三韓
士象陣朝馳六詔王

其二

苴蘭城抱五華山殺氣連空闘觸蠻邊馬亂嘶龍角
動將軍新出碧鷄關

其三

羽書飛奏入瑶京密詔傳聞出鳳城貂錦諸營年少

婦一時含淚罷彈箏

月桂

瑶天宮闕影參差中有丹柯似舊時何事嫦娥不解
惜故教仙斧砍高枝

揚州書館午日聞杜茶邨至將出訪阻雨

墻高已覺無多日陰雨又來蒲酒辰惟有此中堅坐
分草堂何處杜陵人

題蔣前民草堂

花徑竹籬棲隱處數枝葭葦在門前野人不愛青青
色直待秋風始可憐

惜春

年少何曾占得春百年滚滚眼中塵自從拈出霜髭
看始信今生老是真

金陵十五夜步青溪上

帝城烟淨月輪秋荒徑橫塘野水流遥憶太平歌舞
地畫簾燈影綠楊樓

悼華東園

灑筆空驚擊鉢才白頭貧病有誰哀人間久恨無知
已莫更題詩滿夜臺

其二

東園客散主人非春雨堂空燕自歸重訪彌陀街畔
宅如君好事已應稀

鹿馬山人歌

鹿馬山邊數尺土鹿馬山人淚如雨黃昏不聞松栢
聲獵獵秋風滿禾黍

玉勾斜

寒食春風吹碧蕪落花啼鳥舊江都土中寂寞遺香
骨曾傍君王玉輦無

端陽曲

楚兒靈符繫臂紗楚女綠艾鬢邊斜日午薰風人半
醉滿街拋散石榴花

贈盧岳修

貧士結交肝膽深俗士結交囊中金相逢問君久不

語見君之面知君心

陳宮曲

結綺臨春春可憐君王緩舞奏鵾絃直須唱破新亭壘始下胭脂井底眠

聽弦索聲

小部音聲逐塞塵開元天寶事難眞四條弦子中原響惱亂華淸劫後人

花前憶夢王三表叔

閩江千里客歸遲開盡殘梅雨後枝夢裏相逢無酒飲起來花下立多時

岳陽樓圖

戈船十萬洞庭秋血入巴陵江水流莫傍湘靈聽鼓瑟悲風猶在岳陽樓

赤壁圖

明月江頭赤壁磯水光山色夢依稀前身似是臨皐鶴曾掠遊人舟畔飛

桃花源圖

六合魂驚白帝威秦人此地掩山扉可憐深洞閒雞犬不見阿宮楚火飛

棧道圖

玉壘珠江抱錦城蜀王憑險豎雲旌關門不閉偏師入依舊騾綱曉鐸聲

題木庵太史弟待漏圖

五世冠簪侍玉墀北門西掖拜恩私只今貂錦朝元日又是春寒待漏時

其二

紫殿傳籤開禁扉朦朧烟樹曙星稀火城一道宮牆影驚起啼烏相背飛

黃荷花

紅藕參差滿碧池黃花忽發水邊枝若教玉輦親來過便是潘妃醉舞時

感事

春澤瑶池蔓草空新將七萃過江東重華已有南巡跡萬古蒼梧似夢中

其二

荒宮碧兎夜烏閒王氣銷沉虎豹關今日上陵煩玉輦野人含淚望鍾山

春雁

回雁峰頭昨夜歸江南何處稻粱肥銜蘆欲渡桑乾水合在黃沙磧外飛

憶章二

氷霜昨歲滿燕臺千里銜寒獻楚材同拜袞龍君不與夕陽驢背幾時來

與王五訣

自是天門少鬼神故教無祿到君身世間幾輩强豪者頭白猶能禍福人

明宮紀事絕句

積翠坊南圓殿開古松樓閣迴崔嵬金鼇玉蝀橋相望走出書堂女秀才宮女能讀書者充女秀才乃漸升女史女官正司六局印

其二

護城河下水浤浤太乙高玄殿矗雲宮眷過門俱下馬世皇尊事比神君

其三

雲臺高踞出三躔白玉欄干並接連內閣輔臣時召對從容議政太平年

其四

坤寧宮左畫檐低清暇新居榜額齊傳是毅宗登極後五年二月手親題

其五

禁籞深嚴象斗樞如何番佛此跏趺菩提兩樹英華殿結子纍纍作念珠

其六

堆秀山懸御景亭亭前山石疊來青小池浮動金魚影片片飛花落水萍

其七

玄武門東繞曲廊相連五十四門墻六時鐘磬如僧舍答應長隨奉佛堂

其八

柿葉成陰棗吐花都將賣酒作生涯十千不惜沽來飲爲愛香醪出內家

其九

聖母能書歷代無六行寶墨嵌丹朱文華後殿扁慈聖太后書只今一統山河改辜負文皇殿裏圖殿內圍屏畫輿地圖

其十

不輕遊畋出宮門狗馬何由近至尊惟有殿前猫管事得隨鬮賞拜皇恩

其十一

夜讀多披皇叏宬叏古史字宬音成宮中藏典籍處承塵畫板裂三

更何人御榻端然坐此事分明說也驚

其十二

崔鹿成羣老樹斑歷朝遊豫解天顏誰知蛾賊飛瑤闕四海傷心萬歲山萬歲山即煤山

其十三

十王府近玉河橋邦晉分藩出本朝祖制不教干國政誰將護衛守宗祧

其十四

紅鋪周遭紫禁城勳臣入直左門行皇家侍衛嚴如許試聽提鈴徹曉聲

其十五
廠路斜臨一水通水光西望曉烟籠花畦柳岸田家景亦在深深御苑中

其十六
黑瓦參差故殿虛夕陽殘照映階除英皇北狩回鑾日寂寞曾於此地居

其十七
飛虹橋上夜如霜巧琢魚龍白石梁此物遠來知不易鄭和辛苦下西洋

其十八
秀巖高磴草丰戎乾運雙亭聳半空山石藤蘿遮似

壁旁行又轉玉芝宮

其十九
回龍觀裏海棠花每到春深遍錦霞玉輦幾番臨幸過後宮分插鬢雲斜

其二十
臻福堂窺碧殿陰殿西一樹影森森何年枝上懸雲板鏽鐵銜來直至今鐵雲板銜樹幹內僅露十之三葢古物也

其二十一
秋色離離耙稏垂幽風亭外刈禾時中官奉詔尚書入此日民依聖主知

其二十二

金海縈紆西岸迴黑婆殿畔井生苔上遊一片烟波影日射龍宮水底開

其二十三
鉦鼓喧闐內教塲漁陽邊將盡戎裝南巡遠奏回軍樂龍馭賓天是豹房

其二十四
夾河船屋守官奴畫槳高懸絡網蛛五日再來看競渡宮人又帶辟邪符龍舟競渡畢藏船屋中

其二十五
十六州沉塞外天塵沙千里蔽幽燕廣寒故殿梳粧閣遺跡猶教異代傳

其二十六
雲垂西苑渚煙凝藻荇遊魚鏡面澄水腹冬寒堅又滑拖牀如箭過層冰拖牀以木作平板一人引繩於前上坐三四人其行如飛

其二十七
貞源舊跡慶斯烝金碧更題字不同只爲獻王新祔廟未央宮作啓祥宮

其二十八
雙旛高捲拂雲天玄殿嵯峨廠法筵詔遣三清諸像出先皇睿聖果無前崇禎五年事

其二十九
兩宮烈焰已成灰神迹猶傳殿外來若使玄天果靈

異肓教熒惑便爲災

其三十

仙綬靈飛下九霄武英前殿奏簫韶滿京命婦瞻金闕翟茀如雲候早朝 命婦朝皇后於武英殿

其三十一

九五齋藏萬卷書小門西北省愆居中原赤旱兵戈起六事桑林總是虛

其三十二

乾清門裏換辰牌殿監時時走玉階內局女官爭避路幾回泥汙鳳頭鞋 遇時辰牌必側避敬天時也

其三十三

御監乘黃錦轡鞦神姿不減九花虯何緣別飼郿田物無角雙頭大黑牛 萬曆時有進無角二黑牛者養之御馬監內

其三十四

宮嬪年高賜養閒蛾鸞啙鳳兩宮間堪憐朮巷長年閉送死終須出狗灣

其三十五

衙門廿四設官全司禮尊居衆監先故事只令供洒掃誰教秉筆弄朝權

其三十六

掌司員重六科廊分住東西列兩房履歷職名皆有記 主記內官履歷職名 精微章疏更教詳

其三十七

鐵券承家有幾人朝盟帶礪夕編民乾清管事諸牌子爵秩尊榮視戚臣

其三十八

寫字輪班內監中每從朝講出皇宮花藤小杖旁攔擋麟補當胸襯襪紅

其三十九

御試隨堂秉筆臣崇禎初政一時新致身題目丁寧苦中式偏標曹化淳 御試事君能致其身題欽取曹化淳第二名

其四十

內堂教授亦清幽蠟帕龍香作束修讀得神童詩數首出門魚貫逞風流

其四十一

四仲年年遝乳孃先居外府聽支糧若教移近文華殿宮內應鋪月子房

其四十二

錦緶方空樣不同四時糊飾上雕櫳不教外匠輕窺探手藝諸牌與監工 宮中四時糊飾多命學手藝牌子及監工

其四十三

官旗如虎復如豺東廠衙門啓厲階勑諭關防最隆重篆文兩字着欽差

其四十四

辦事分班十二時白靴番役布曹司街頭米豆低昂價預報垂衣天子知

其四十五

御用盤匜采漆成雕文螺甸直非輕天家器物原堪寶廠盒於今尚有名

其四十六

象房勇士列宮騶馴象常年備九頭此物何須養深禁鈌來仍奏外坊求

其四十七

九廟𥨊題出半空端門老監掌神宮嘮嘮花措人爭愛誰敢留渠禁地中神宮監禁畜犬

其四十八

總理僉書職内饔長隨撥子日擡供奉先殿上先虔享方見從容進九重

其四十九

漫說官家富貴偏萬方玉食儉爲先白駒錦雉聊充代仙鳳烹龍豈信然龍代以白馬鳳代以雉

其五十

寶璽除將拜醮壇尊親廣運用多般只容司監相傳請封掌周防是女官外尚寶司内尚寶監皆不得封掌只許揭帖傳請

其五十一

鴛行受譴舊官寮誥軸多追入内朝給事中書同會勘傍河橋下立焚燒此印綬監所掌

其五十二

中官日日近龍顔炙手薰天勢若山直殿老閹無職事御前供役最清閒

其五十三

手持骨朶帶平巾御駕前頭警蹕人雖說都知寒苦監鸚哥補子賽麒麟

其五十四

打掃宮街月數回即看玄武等門開易州供用紅籮炭土刷荆筐擔進來

其五十五

彩裝木炭像鍾馗福判仙童製竝奇歲暮殿門相對植宮娃笑弄等兒嬉

其五十六

鐘鼓司臣近御容多逢朝賀駕回宮輦前仙樂齊迎導青頂飄飄五色絨

其五十七

御駕秋登旋磨臺臺前嬉戲笑銜盃村夫田畯裔粧演詞訟催科隊隊來

其五十八

引旗一對聽鑼聲過錦當場態屢更拙婦騃男俱扮出貴知土俗與民情

其五十九

分編曲套畫樓臺，畫史圍屏次第開。更寫䕏花兼百貨，貨郎擔子錦盆堆。

其六十

上元香霧影騰騰，滿院埋坊遍地燈。都看壽皇前殿內，鰲山高至十三層。

其六十一

水嬉輕漾近丹除，金粉粧成二尺餘。力士蠻王能唱舞，一池萍藻活蝦魚。（方木池載萍藻蝦魚彩粧人物戲舞其上藏機於水底）

其六十二

撒科諧語有機關，粉靚王瘸善使姦。稱說上公功德盛，每令人主一開顏。（閹人王進朝綽號王瘸子）

其六十三

泡草池前灰草高，積成臥象長蓬蒿。旁多隙地開蔬圃，春月時時響桔槔。

其六十四

走盤金豆製圓勻，錦袱收藏備賞人。最是祖宗知節省，六成欽用票見銀。（票見銀專備賞賜）

其六十五

得勝門西開署扉，米鹽供給遠形闈。何人別住漿家宅，年老宮娥出浣衣。（宮人年老發浣衣局居住俗稱漿家房）

其六十六

紈扇初秋下玉墀，微風金井碧梧枝。鵲橋補服橫新月，正是穿鍼乞巧時。

其六十七

宮闈祠祭事紛紛，俎豆何曾問典文。黃瓦東街巾帽局，臨河亦拜梓童君。

其六十八

內臣璫佩壓朝珂，近幸諸閹賜蟒多。譴退出宮方具本，交還針局舊紗羅。

其六十九

供用庫前懸木魚，意取供糧常有餘。後庫檐頭瓦鴿子，不知此義又何如。

其七十

石座銅樓設路旁，金絲門壁護燈牀。爲防冥暗生閒事，日晚長街白晝光。

其七十一

司關設印付專員，兼典天財掌貨泉。何物此中偏可愛，多藏歷代古銅錢。

其七十二

錦繒犀玉出天家，內府珍藏歲百車。更進金花銀滿庫，怎教天子不奢華。（金花銀即浙江等處折帽銀）

其七十三

秘本鈔謄甘石經，靈臺中夜仰青冥。甲申三月龍髯

墮曾否徵垣見賊星

其七十四

御酒香濃竹葉清瓊漿一色注銀罌紅糟法製諸蔬品豆豉瓜茄最有名

其七十五

紫殿宵衣夜未央高皇垂法戒荒亡問誰宮內閒遊戲供應官家彈子房

其七十六

蓮漏丁丁落禁城夜中擯點至天明隆宗門外朦朧月早報雞人第一聲

其七十七 ·

謫司更鼓獨堪憐牌帽須挨最久年玄武門樓風雨夜淨軍輪宿苦寒天（罪人謫司更鼓年久方給牌帽）

其七十八

御供甜食造餳糖例用戧金盒子粧虎眼絲窩皆異品外人爭得等閒嘗

其七十九

天教二祖奮威神撻伐功高四海春承運庫中財物盛白黃生絹賞夺人

其八十

兜羅貢錦越關山內作機工織不閒番物自來珍秘久禁將私造出人間

其八十一

十庫標名甲乙連獨嫌巳字不全編聖人立國規模遠垂統原教億萬年（十庫編甲乙丙丁戊而止餘用別名）

其八十二

碧樹啼烏寶月亭雲窗日射水晶屏書長宮女渾無事金磬閒敲誦佛經

其八十三

纓絡垂身舞不休法螺吹動滿宮秋一人獨扮韋馱立侍者旁牽活犬牛

其八十四

國初諸刹首伽陵家法相承喜飯僧慈聖太皇天下

母九蓮菩薩上徽稱

其八十五

不須笙鶴海邊尋方丈瀛洲在禁林壇拜青詞祓羽服雲璈方響似仙音

其八十六

花老殘春雨露天堂名安樂虎城邊紀妃托疾生龍種孝廟承平十八年（內安樂堂宮人養病之所）

其八十七

贊禮中朝侍玉鑾外鴻臚寺內閹官金鑲束帶紅員領先選聲容壯聽觀

其八十八

宦寺難求柱石材殿頭奔走盡輿臺穿紅近侍偏親貴打卯隨朝捧劍來

其八十九

御醫宣召入宮垣蒼朮先燒炭火盆湯齊煎調尤愼密無人敢近藥房門

其九十

紗紵囊餘二寸寬皇孫留髮滿宮歡從前淨剃僧伽貌六瓣玄青抓拉冠皇子女十歲前皆剃髮如佛子

其九十一

皇女娉婷十許齡髻盤扒角髩垂青花容漸待春氷泮擇吉梳頭啓雀屏

其九十二

掖垣風雨近黃昏罪譴宮人亦主恩天下太平鈴四字聲聲搖過日精門

其九十三

寶和六店貨成丘提督何因握筭籌往事盡傳嘉靖末裕王藩邸命徵收

其九十四

花蟒隨時賜近臣編欄滿殿擁龍鱗端陽五毒重陽菊異樣紗羅觸景新宮中四時各穿應景補服

其九十五

巾後垂羅尺幅裁砂鍋片向耳邊開更多别帶剛叉帽青綯蒙糊竹作胎

其九十六

烏木雕文荷葉題關防出入有憑稽牙牌另給長隨者綠線三層寶蓋齊

其九十七

支體誰人肯自殘爲求榮貴進金鑾斗牛穿罷平常事又望天恩賜膝欄

其九十八

朱閣長年鎖苑城日斜宮樹聽啼鶯年高老監承新寵凳杌公然御道行

其九十九

七梁冠冕擬垂旒法服惟應異姓侯季夏乾淸宮陛外寺人夜戴祭中霤

其一百

栢黃抹布疊長綈執事司房煖殿西蟠結雙絛藏貼裏半條垂露與衣齊貼裏中官衣服名

其一百一

羢辮牙牌繐底垂滿魚皮鞘小刀兒近臣特賜矜殊寵未是中朝大禮儀

其一百二

月兎燈籠匼不常鐸鍼懸帽有輝光齊天字抱紅蝙蝠趨走宮庭更吉祥齊天字旁着紅蝙蝠義取洪福齊天

其一百三

寒雪深宮下暖簾披肩如紙北風尖 披肩套帽外禦寒之服
兩旁加製雙貂耳鈎帶斜連帽後簷

其一百四

日暖祥雲殿角飛風開黃幄覲天威君前白袖休教露近御常穿二色衣 二色衣不露白袖以敬君也

其一百五

入宿宮庭禁漏長夜深燈燭射回廊叩頭安置金鋪掩方許還歸內直房

其一百六

夜卧衣懸一把蓮籠頭攢竹倚床前宮中警急應先備硬口朝靴立地穿

其一百七

神廟常冠長者巾後分雙帶穩垂身西洋珠子如丸大盤戲金龍現爪鱗

其一百八

朱明撤扇碧雲函兩面飛金絹貼藍梧却一天煩暑氣涼風生殿日平南

其一百九

栗烈隆冬深院同許將皮氅禦嚴風更看樱鞦趨丹陛扁辮搊衣雨雪中 樱鞦走雪不滑扁辮搊衣不污也

其一百十

夜深熰歲漏沉沉床挂丁璫八寶音來日開門鳴炮竹競將欃楨跌千金 元旦早起取門欃或木楨抛擲三度謂之跌千金

其一百十一

年時拜祝禮相酬百果方盤雜脯修宮眷內臣爭嚼鬼家家傳送熟驢頭 俗稱驢爲鬼故𡗝驢頭肉爲嚼鬼

其一百十二

鬧粧新出鬬娥媌舞蝶飛蟲彩翅交最愛葫蘆豌豆大價高求得上香髾 小葫蘆名草裏金

其一百十三

二月河豚上市忙內厨烹治闔宮嘗銀砧細斫桃花鮓兼飲蘆芽解熱湯

其一百十四

鞦韆綵索颭紅巾寒食清明又一春暖窨漸開花樹出藥欄亭榭滿宮新

其一百十五

不落供筵藥砌高 不落夾用葦葉方包與粽同 嘗新始及薦樱桃筍鷄白肉包兒飯大腹宮官享受豪

其一百十六

御苑風光插柳時花前金埒綵鞭垂忽驚白練如霜雪走解飛仙馬上兒 五月幸萬歲山插柳兼看勇士跑馬走解

其一百十七

六月炎炎秋未交象奴洗象赴南郊宮中盡食銀苗

萊卽是人間嫩藕梢

其一百十八

新凉日日鬭秋蟲盆出宣窰製造工常向胡家邨裏覓醫調兼浸自然銅（秋蟲鬭損浸自然銅汁治之）

其一百十九

紫蟹霜螯秋可觀金盤𤏡進坐團圞巧披胷骨如蝴蝶衆裏誇能一笑看

其一百二十

長至衣冠賀帝都掖庭香燼撥金爐室中懸掛綿羊畫細數消寒九九圖

題水藻畫卷

家住萑蒲海上城滄浪流水向來清烟邨到處皆萍藻小艇垂綸過此生

過東巷憶王五

門庭寂寞繐帷塵每欲東行一愴神諸從同居滿深院可憐荒巷已無人

楚宮

九縣烟銷舊國空夷陵燒後火猶紅楚王多少細腰女盡在咸陽曉夢中

舟行石頭城下

一帆輕颺石城邊水郭漁村盡起烟恰是綠陰深夏日江南處處有鳴蟬

過烏鵲橋

月挂山邨柳拂樓別家幾日髩將秋經過烏鵲橋邊水萬里銀河見女牛

溧水道中有懷故鄉薄田

楓葉青青草滿陂車輪千轉客腸悲江南到處新秧綠正是荒鄉怕雨時

觀雜劇演安南事

盤江龍氣五雲閒浪泊相連到百蠻今日烟塵靖滇海外寧已過月狐山

七夕後一日立秋寓萬壽觀

碧天星駕綵雲收獨臥初凉羽客樓桐葉不知何處落昨宵牛女早驚秋

別方廣文

門生垂白先生老杖履相從更幾年曉起一帆江上去不勝惆悵小齋前

過草鞵峽

草鞵峽邊多草廬青山綠樹野人居小姑生在横江岸日日沙頭看打魚

元夜

碧落雲消霜暗飛天河迢遞月沉西更無人唱元宵曲惟有寒烏徹夜啼

席上有言　大駕南巡觀湖南戰塲者

瀾江象郡貢珠來海外無波島嶼開馳道直過洞庭
水翠華不上李陵臺

其二

七年龍鬬鄂衡間戰血飛成苦竹斑恐有精魂作風
雨莫教一怒赭湘山

懷承德令張公

夢繞遼河白草殘旃裘冷署漏應闌休將萬里龍沙
雪猶作滄浪曉月看

其二

炎天相送蠶湖潯幾樹甘棠滿綠陰今日北風吹楚
水春氷何處不寒心

春夢

玉壺瀉水金蟾吐別鳳離鸞隔烟浦美人春夢曉帳
寒綠雲幾點湘江雨

別家

鷄鳴起別欲南行飯罷輕裝早出城莫恨啼烏聲啞
啞但棲鄉樹也關情

廣陵曲

三月揚州別一天清明寒食草如烟汴河垂柳千絲
綠慣惹春風客子船

午日至松寥閣

蒲酒荒齋客思閒午時初過出柴關凉風吹雨松寥
閣坐近江南看汝山

瓜洲城中別王西齋勿齋時勿齋將還家余仍
歸焦山次日雨中憶勿齋

一棹江城手忽分遥知欲別廣陵雲綠洋湖外青青
樹細雨歸帆定是君

焦山偶談往事

海天吹角散雲旗正是琵琶出塞時惟有萬年青冢
恨龍沙誰贖蔡文姬

睡起

白沙翠藿水溶溶山徑遥傳古寺鐘睡起獨行人不
見雨餘江上兩三峰

焦山作

焦山五月海門開萬里江波似箭催如此急流行不
得暮帆歸去早帆來

渡江

五丈山頭煙霧橫譚家洲畔早潮生孤帆斜指焦公
渡只在黿鼉背上行

其二

四面白波高似山小舟搖蕩波中間焦峰不肯容人
住故作狂風吹客還

聞絡緯

夜夢還家烹乳鷄東皋稻熟穗新齊誰知絡緯偏多

事只向秋山月裏啼

夢承德張明府

宦遊何獨向天涯君滯遼陽我在家殘夜相逢眞是夢望中猶不見京華

其二

烽銷萬里靜天山鴨綠無波木自閒豈有邊風吹警角只思君向薊門還

瓜洲城下憶王五虞大

綠樹紅樓舊酒壚江城啞啞聽啼烏故人星散今何處霜鬢頻來獨老夫

昭君曲

雨雪龍沙鬢着霜懶開青鏡照容光須來漢殿鴛鴦錦起抱琵琶理舊裳

秋宮詞

玉階風起井梧黃天子垂衣坐建章莫怨繡羅衫子窄滿宮歌舞換霓裳

覓杖

蹉跎閒却白行縢五岳尋仙愧未能老至欲扶鳩杖去遣童山上伐霜藤

別古音上人

海雲堂在水雲間暫得塵心半載閒試問將歸何所戀古音開士孝然山

其二

半嶺西偏似畫圖每于茶罷踏青蕪孤雲片石閒相賞只有禪宗一字無

江干秋夜

秋星歷歷照漁磯月墮寒山露濕衣江女乍行雲去後夜深遺得佩珠歸

海門泛舟見新月

海門潮上夜遲遲定是鮫宮倦枕時拋却珊瑚鈎在水夢寒珠帳儘教垂

題吳處士金孝章畫梅

天邊何處寄相思只有閒心在折枝一白冰霜滿吳

苑江南春色至今遲

將至眞州

少日韶光逝水流廿年前記寓眞州重來再見新城柳短葉摧殘似白頭

題朱端溪像

不見端溪近十年藥囊今在影堂前凌烟畫閣荒秋草褒鄂鬚眉尚儼然

珠塵集自敘

大郁李國宋

原夫野鷹防鶡國風並誌乎貞淫渚杜皐蘭楚士兼傷其顑頷凡以義有所託遂乃情見乎詞嗣是東都寫恨於四愁南國興懷於六憶玉溪公子攄高咏於無題京兆王孫寄幽悰於倚醉誰能遣此自古皆然僕本狂人兼多怨緒長年習苦類蓼裏之辛蟲終夜合態似土中之謝豹茫然觸物因之意不自聊率爾鳴哀亦且音弗暇擇語嫚靡而近褻豈是登徒好色之心寃倘恍以善憑庶幾無忌飲醇之志覽是詩者勿謂毫端雜采足比吐綬飛絲或憐紙上殷紅盡屬啼鵑漬血爾

珠塵集

西崑體 共詩四十首

落花
柳絮
隋宮
燕
姮娥
四姓
敕書
河塞
星變
淚
薊門
無題
楚宮
南朝
鍾陵
促織
釣臺
地震

龍舟
感舊
老特
廣陵旅情
懷舊
感事
古墓
岡山
春怨
殘花
無題
廣陵春情
閨情
悼亡爲王景州表叔賦
再悼
哀故學憲夏陽解公
輓王姑祖母
歲暮
無題四首

珠塵集

大邨李國宋纂

西崐體

落花

珠簾不捲暗銷魂花落閒庭坐綱軒布穀雨多春料
峭老鵐風起月黃昏影隨飛絮渾無主香繞游絲豈
有根自是紅顏易凋歇壽陽深殿掩重門

柳絮

藏烏一帶柳陰陰飛絮横塘散曉林空裏纒綿情自
爾人前輕薄恨誰禁春風雪滿張郎鬢夜月花愁魏
后心只恐化萍隨水去香踪無定杳難尋

隋宮

大業宮人歛翠蛾楊花哀怨李花歌三千殿脚生憎
少十萬遼東浪死多白骨幾年埋素簣紅輝一炬變
青莎吳公臺下悲風起清夜遊魂是阿麼

燕

雲横畫棟月横鉤涎尾先通十二樓綵縷繫來曾作
件玉篚飛去轉多愁筵前尚憶張公子塞上虛稽定
遠侯誰念營巢獨憔悴曲房深戸早驚秋

姮娥

碧殿長年冷絳霄璿霜珠露拂雲翹蝦蟇仙窟空丸
藥烏鵲靈河別作橋天上白楡何日種鏡中青桂逐

時銷虛憐十五盈盈夜獨碾氷輪出海潮

四姓

天書親奉斧文圖四姓通侯恩幸殊少府金錢歸賜
第平津車馬避先驅新升小妓名房老別有家奴字
子都聞拜武功多貴爵仲舒帷下長青蘇

赦書

平明閶闔啓鯨鐘恩赦遥聞下九重不許青蠅窺瑣
禁却教丹鳳領瑤封風行絕地周王駿雨過垂天夏
后龍四海葵心同向日末光偏未照春農

河塞

丹水神泉浴日華板桐東注接流沙千年過洛沈周

璧萬里尋源阻漢槎竹揵何須憂瓠子斗泥無復泛
桃花馮夷震怒天吳恐不見朝宗到海涯

星變

夾道蒼龍守帝庭欃槍夜半掃青冥參旗欲捲蚩尤
霧仗馬先驚造父星碧落有天終夢夢瑤光無上白
熒熒紫宮莫便投壺笑鶉渚匏河半未寧

淚

萬點千行拂素綃盈盈雙筯尚闌干漢宮莖露傾金
掌海屋鮫珠迸玉盤石女山頭啼夜月銅仙闕下泣
秋寒華陽祓滌秦川錦抱被朝來應未乾

薊門

趙際燕陲古帝宮背環滄海倚崆峒百年如礪城猶
在一去衡冠士已空漫道黃金收冀北由來白豕貴
遼東山川不改市朝變虎旅三關氣轉雄

無題

雨絕雲飛事可疑九重泉路百年期少翁有術魂難
返妙子無蹤叩豈知錦水夢遙鴛泛泛青陵草暖蝶
遲遲粉香玉色成灰土問着檀奴自解悲

楚宮

白芷香蘋怨晚風君王沉醉細腰宮張儀舌劍胎爲
禍鄭褎心機巧似忠秦鹿西來關不閉楚麋南走澤
將空章華零落湘江冷弔客傷心泣棟筒

南朝

石頭煙雨枕寒流歌舞南朝過幾秋孔翠鎧邊偎子
從沈檀閣上麗華遊金蓮步細知難穩玉樹花殘漫
自愁芳樂望仙亡國後隔江依舊有迷樓

鍾陵

冶城宮闕散殘暉佳麗千春事已非朱雀桁空人獨
往烏衣巷冷燕無歸虛憑鐵鎖橫天塹誰請金艘衛
帝畿寂寞鍾陵一抔土新亭有淚漸應稀

促織

粉壁椒除夜夜通桂花深苑紫蘭叢武靈只合遙相
和邢尹難教共一宮青女曉集金井露素娥秋怨玉

階風昆靈池畔商歌起落葉哀蟬此調同

釣臺

長揖歸山老富春久從白水識真人椒房寵替糟糠
婦瘴海功疎薏苡臣履虎總緣攀日舸爲漁還自混
風塵東南無限羊裘客嚴瀨于今少釣綸

地震

鼎沸千門水夜澌夢魂疑是走支祁共工有力傾天
柱媧帝無功奠地維龍鬬野驚封豕突鼇翻波湧大
鵬垂何時四宇同磐石赤縣蒼生仰載師

龍舟

中流蜒蜿震鳴鼉羅綺香風入棹歌十二蘭橈翻錦

浪一行紅粉洼秋波靈旗不展懷沙恨綵縷虛疑解
佩過向夕煙空神女散陽侯水底奈愁何

感舊

芙蓉頰暈柳眉低翡翠香床憶並棲朝坐尚懷來夢
草夜眠常枕辟寒犀繁霜曲斷魂俱斷小雨雲迷路
亦迷容鬢漸衰人漸老暮烟無際柳垂隄

老牸

河鼓星精永夜哀臨風喘月卧蒿萊桃林有路歸何
處函谷無仙望不來幸未爲犧身尚在翻因舐犢老
相催土膏欲動春鳩喚隴上耕犁又幾回

廣陵旅情

黃鸝啼過鶴城煙客裏行歌思悄然暮雪柳絲張緒鬢春風榆莢沈充錢貧歸水國棲蓬户老向山光乞墓田但使此鄉多酒伴半生拚醉賣花天

懷舊

休將往事憶玄池春老殘花離舊枝年少幾回鸜鵒舞清宵多聽鷓鴣詞黃壚久在傷心地謝墅虛當捉鼻時信似白駒飛過隙鏡中星鬢漸成絲

感事

怕聽桓郎喚奈何壯齡心事已蹉跎氍毹自比羊公鶴蒼白難分洛下鵝世外幾人憂厝火年來陸地可揚波東南漸腐諸軍粟雨雪江湖正荷戈

古墓

西原野鬼嘯寒天敗塚青燐閱幾年遥夜雨淋三尺土冷秋雲護半陂煙馬銜枯草鳴空地烏下棠梨啄瘦田人世不逢殷長史荒碑無主待誰憐

國山

嶽麓銅峰面面分雨中遥望國山雲紫宮秘記金函策青嶂殘碑石鼓文孫皓封山碑形如石鼓虎踞幾年占王氣龍驤他日駐新軍九岑環繞荊溪水留得司徒半畝墳吳司徒董朝葬山麓一名董山

春怨

鼓聲南國羽書遥寂寂啼鶯坐柳條花外管絃拋綺席水邊車馬斷紅橋春風入苑吹飛絮落日沈江退晚潮屈戍重樓鎖妝匳野田零露粉痕消

殘花

香消茂苑美人稀粉黛飄零掩蕙幃樓上綠珠辭衛尉幕南青塚葬明妃鳩啼月額風先起燕舞池心影共飛二十四回愁欲絕一春休問沈郎圍

無題

桃花靧面點新妝林下風標坐曲房才子不逢荀奉倩神人知有杜蘭香天邊桂樹梯難到水底珊瑚網漫張欲寄冰心託毫素柳綿狂舞向橫塘

廣陵春情

十二重門叫曉烏傾城傾國散江都同車有女隨公子獨處無郎怨小姑鏡破紅樓春寂寞襪遺青隴錦模糊殘花斷絮飄香徑不數滕王蛺蝶圖

閨情

馬蹄踏踏佩吳鉤初出盧家便解愁天影亂橫芳草路柳綿深護夕陽樓三春錦字機中女萬里雕弧塞外侯鷹磧龍沙何處是素紈團扇易驚秋

悼亡爲王景州表叔賦

天荒地老不須哀撥盡人間總刧灰潘令鬢邊添白髮韓媛墉下長青苔花房蕊盡蜂成蜜月魄明還蚌少胎何必三生方隔世一重輕翳是泉臺

再悼

摩夷天外幾重天一隔塵寰遂杳然盧氏阿侯猶在抱左家嬌女竟誰憐燕釵不結長拋髮龍㒟難交旣斷弦若更聞烏風木夜直傾綃淚變桑田姑祖母繼亡

哀故學憲夏陽解公

華陽宅裏拜臯比初見先生曳杖時豈料掛冠求小隱遂令裹藥問三醫秦田種就收瑜瑾夏鼎文成鎮魍魎眞似峴山能墮淚頻宮記惡有盧碑

輓王姑祖母

一門宗籍孰情親古几端然拜禮頻上谷水多終未聖西陽艾好應難眞經臺月轉雙林影繐帳風飄六幻塵若爲丁蘭求故母可能重會問前因

歲暮

雪館牕扉向曉開玄洲歲晩滯樗材冷思小掾香篝火病乞貧姑艾炷灰秦地未容通鳳吹楚鄉何意有鴆媒世間雲雨多蕭索不似高唐觀裏來

無題

鵲渚星橋爛爛光傾城碧玉汝南王越人醉倚青翰榜荀令偷燒繡被香花憶欲來名士悅鏡臺新下老奴狂李波小妹褰裙起自許風流逐陸郎

其二

三山弱海限風波會面其如一笑何平子四思因路遠丁娘十索爲情多燈前却扇迴珠衱帳裏橫衾壓水渦莫是司空鷄麥酒能教今夜負香羅

其三

水晶簾幙護微霜燭釦凝膏丙夜長仙樹有聲聞蛤蚧錦波無力困鴛鴦柔絲不鎖顛當穴密絮牢黏夾纈房免向蘭沙乞靈藥阿環親授與神方

其四

舊掛秦簫對鳳臺掃眉纔罷綺牕開月歸滄海珠難覓雲在高唐雨又來趙國佳人調瑟手魏家公子飲醇材方知早嫁王昌是青雀殷勤信好媒

珠塵集

香匳體共詩二十首

惆悵　遙夜
嫋娜　有憶
多情　青春
午浴　晝寢
倚醉　長夏
長夜　憶昔
寫恨　潛蹤
幽思　偷傳
幽期　低頭
鸞見　新粧

珠塵集

香匳體　　大邨李國宋篹

惆悵

水邊樓閣樹邊村花比敷愉玉比溫彷彿青春凝別恨分明翠靨有啼痕苔錢細疊深深院柳帶低垂隱隱門滿地綠陰人靜悄不勝惆悵是黃昏

遙夜

牕外芭蕉牕裏燈烏皮小几夜深凭愁人怕雨聽偏急侍女添香喚不應冷近簾櫳風剪剪暗窺屏帳影騰騰重門鎖遍無消息此際知君睡未曾

嫋娜

眼底眉邊別樣嬌小闌干外立苗條朱櫻懶向人前破錦字偷將背後挑已分此生因恨死難禁瞥見便魂銷殘燈香灺怦怦坐捱過今宵又一宵

有憶

綠牕塵網鏡生煙枕畔鮫綃裏翠鈿杜宇啼多空有血女蠶絲老不成眠挑燈悶坐三更雨殢酒難過二月天夢裏忽來醒又去厭厭和淚到花前

多情

從來怕向情中死却爲多情死即休青鏡無言虛對面紅箋有恨只低頭人歸別浦雲歸海夢在橫塘月

在樓兩地相思愁各半憶渠常是抱箜篌

青春

桃花含笑柳含顰宋玉東家是好鄰夢裏採香空有路人前解珮恨無因曲房倚處心曾許小婢傳來話未眞半信半疑還半喜最難禁受此青春

午浴

文梓芳盆楚練沉日光紅透午牕深解衣玉瑩芙蓉影垂髫香分豆蔻心暖喚蘭湯聲細細倦拖雲帨汗淫淫嬌嫣殢雨渾無力斜綰雙頭白鳳簪

晝寢

星眸微纈體微蘇斗帳低垂日正晡琥珀枕邊紅暈淺琅玕簟上綠雲鋪衣鬆寶扣香生玉粉逗冰綃汗是珠貪取晝長酣午夢夜來小醉與狂奴

倚醉

醉眼乜斜心暗跳和衣假寐到深宵屏風乍觸生生怯屈戌徐開欵欵搖明月影中人窸窣露桃花上鳥啁噍熒熒牕內殘燈火偷得銀床半臂綃

長夏

日午桐陰小院幽悶來淸晝罷梳頭心香未了閒中許臂血潛消暗裏愁長夏獨眠嫌楚簟佳期同赴憶秦樓人生風月知能幾風月憐人定未休

長夜

靜數更籌裏繡衾微風颼颼冷森森鼠窺暗壁殘燈閃鶴唳空牕細雨深愁病厭煎春已瘦悶懷撩亂夜難禁當時若便分明道未必愆期遂至今

憶昔

憶向耶溪問浣紗春心悄與寄些些階前候我顏終覥簾下窺人影半遮一別露桃知有子三年苦李不成花今生未畢他生願惆悵人間度歲華

寫恨

捲簾春晝見啼鶯獨坐低徊百感生漸覺年華拋過隙不知人世有傾城蠹魚老去偎難遇精衛填來恨未平鴈柱鵾絃閒掛壁幾時親手對調箏

潛蹤

折梅庭畔手摻摻初試單衣杏子衫見客自驚行跟蹡穿花偏走路嶜喦心頭陡覺無端癢眼角偷看分外饞牕下潛蹤窗裏聽珮環隱隱語喃喃

幽思

博山香細裊寒窗幽思騰騰坐未降報喜預占巢樹鵲耽心客囑吠籬尨蠅頭小楷緘千疊龍角花釵裹一雙袖裏南金懷裏字兩眉深鎖向銀缸

偷傳

綠槐高傍粉垣垂繡戶重重未可窺閬苑佳人不到桃源問路犬先疑愁腸百結從教斷餐飯慵加自

覺癡兩字相思數行淚偷傳消息與紅兒

幽期

曾約幽期向洞房春風潛夜試輕狂雙雙影顫芙蓉帳側側聲低玳瑁床素帕尚餘猩血印羅襦猶帶麝囊香天台再入迷無路恨殺桃花悞阮郎

低頭

桂堂斜立弄青梅當面低頭背面擡心願不言終自肯眼波旁睨怕人猜江郎便欲輕輕喚神女虛教再再回想到曲房深處坐黛蛾雙斂未曾開

驚見

北郭南鄰別是村[illegible]見晴銷[illegible]月[illegible]深院重重

影水隔橫塘漸漸昏[illegible]有心花有蒂不思無子樹無根鴛鴦刺罷腰肢懶綉帶斜拈獨倚門

新粧

蟬翼雙盤小髩輕新粧多是爲卿卿早知日後緣渠死陡覺春來太瘦生倚檻欲言無次第隔簾相看不分明最憐別館閒行處花底回頭欬一聲

鵁隱三集

樂府 共四十首

蘆中謡
南府曲
麟歌
豺狗戒
黄雀行
梁氏盜
揚州旱
細雨來
揚州曲 三首
江草曲
壞屋謡 三首
雁豹牀
鼠登樂
萬歲謗
黄牛吟
水中行
二官行
官去行
刺邪詩
米芑歌
陌上曲
開門歎 四首
兜拾柴
獰犬謡
樹雨謡 三首
鳳凰神龍曲 三首
望郝謡 二首

瓠隱三集

大邨李國宋篹

樂府

蘆中謠

薄薄土蘆生芽春風吹蘆葉秋風吹蘆花江心一夜雨浪滚江頭沙蘆根落水底漂流向天涯勸君莫似蘆無依南北東西去不歸

南狩曲

歲始寅日再九蚩旗出白貫斗千萬來帝南狩駝負載馬馳蹂上泰山俯社首將周遊遍八藪　帝曰嘻水警余余弗治民則魚崇伯奏四岳都　帝念哉厥功膚波蕩蕩漂浮莖海之城茭葦蒲　皇寓目忽而去喻大江具區諸文梓舟鳳鸞舞持玉楫美人子泛明湖履葛塢帝何在在縣圃

麟歌

餘姚縣田家火夜起遠近奔救非火也則牛生物焉一角而鱗牛蹄龍尾鳴諸官官驗之曰麟也然無所得食死矣李子聞而作歌

一角者獸耶而光燭天孰生是而置諸田孰困餓是而不永其年孰反袂而涕零心悲萬物之皇然

豺狗戒

里民行田中得小犬毛狀稍殊取畜之庭有豕食石槽每夜輒移他處徐察其異乃犬以前足奉而行也適丐者弄猴於門猴見犬忽挈斷索躍上屋戰慄失溺俱下犬仰視少時亦躍上屋猴則匍匐跪犬乃噉其腦及心復躍下民大懼以為怪物伺間握巨斧撾其首殺之有識者曰是豺狗也能食虎豹可馴養惜哉獻之天子以畋獵必有用李子曰人之以才自殺者多矣豺狗亦然戒之哉

苟有才莫輕試人不知將殺爾

黃雀行

黃雀草間長翅短飛不高朝食田頭禾暮栖壠上蒿道逢鵪鴿言鳳皇乃在城西郊樸樸往從之路遠身苦勞上天賦命有厚薄微物不得加毫毛野宿三日鳳凰去伏地枕藉同鶬鶊白鷴壽千歲澤雉遭網羅仲由受烹醢原憲貧自歌黃雀細瑣不足數鷙鮑鵬鷹鸇陶河百鳥之冢堆峨峨

梁氏盜

烏啼埂子街月黑燈不明誰持如雪刀殺人揚州城揚州新太守巡更上埂子外聞更鼓聲內有殺人事　太守躊躇逡巡親到梁家門我是揚州守誰者橫殺人　太守去縣令來縣令坐堂上辭聽色聽心無疑猜賊既得揚州之人歡如雷　借問縣令誰縣令生長楚中已未進士身姓熊來作揚州令公

揚州旱

揚州旱禱雨忙太守斷屠閉殺豬羊三日無肉口燥腹鳴　今日雨明日雨雨絲颸颸不濡塵土太守仰天頭直竪　大瓮小壺插柳滿衢柳枝尚在柳葉焦

枯雨不下且斷層

細雨來

細雨來風吹絲旋旋乍陰乍陽雨不見枯死兩麥麥
却飯主人仰屋歎歡喜梁上燕

揚州曲

滿州帽欵樣時時新忽深又忽淺忙殺揚州人
滿州衣時時新欵樣忽長又忽短忙殺揚州匠
衣帽光鮮翩翩少年滿州式自好揚州人可憐

江草曲

江頭草顛倒風前泣本無向榮心春風吹太急

壞屋謠

龍隱三集 樂府 三

為屋莫使屋上穿雨從突雷下壞汝棟與椽
為屋莫使屋下洿雨從階阤上壞汝柱與礎
梁傾柱撥汝屋雖存懼汝覆壓汝不得活

雁豹

雁豹鶮也能食雁

嗸嗸鳴雁遇鶮斯散戢戢青鶮得雁斯飽誰鶮誰雁
待天未曉　彼衆有夫雁一而孤彼貪無厭雁飢餂
餂彼則不羞惟鴈之仇

鼠登牀

李子方熟寐有鼠登牀夜起舉火殺之乃作歌

吁嗟鼠汝穴之處汝類之與于梁于壁于土汝登于
牀吾則懼汝　汝利主夜或奔或嘯汝不知幾乃見
光矐執而殺汝啞啞其笑汝毋我怨汝宜自悼

萬歲樂

倉廩實府庫充公家玉帛來四同廐中有馬矯如龍
青措褥坐金芙蓉竹宮夜夜聞歌鐘美人顏色嬌花
紅萬歲為樂期無窮外縱內控大小從狸捕生雞雞
啄虫吮膏嚼血天下空

黃牛謗

黃牛銳角抵虎則觫怨蝗之斧可當車軸君子所爭
恥計禍福

水中吟

龍隱三集 樂府 四

昭易墓滄浪渡本是江南人移來江北住江北水多
地苦低魚鼈進城舟入戶儂家獨近縣橋前門內青
青烏桕樹

二官行

見怪莫怪二官爭一印文憑摩欲壞南問督撫督撫
不知北咨吏部吏部咨不來二官至今皆在一坐堂
上一臥江之涯　皇帝二十八年有此事百姓遠遠
所向誰

官去行

桃李花不飛至死猶抱樹康熙已已春興化縣令註
誤法當去自春徂夏自夏徂秋新令北來舊令赫怒

驅逐新令使不得住制府曰汝才許汝兼判州事爲汝達部部牒曰吁不然國有成命汝不得專冬至後舊令流涕解印縣中鼕鼕擊鼓迎新官

刺邪詩

古之良牧時惟豈弟不湛于欲不酷于理體和氣柔心焉如水毋作威福保我赤子匪虎而冠曰民父母　我里浩浩方割之餘鰌鼈來庭民失厥居帝洛東顧誰予撫綏羣雁嗸哀待哺待煦袪彼貪人得此殘夫　殘夫伊何好是恣睢刑人于堂彼莫知悖攫貨于市彼莫知愧謂彼而慈孰甚之厲謂彼而介孰甚之嚌　彼猶自初其後實難曾不及歲詿于吏彈匪

龍陽三集　樂府　三、

鱷無牙詭伏在淵匪貙無爪詭潛在山彼之行矣貼席斯安　民亦有口古不可卷民亦有心身不可遣　昔者之侯攀車以萬今者之侯優倡孰驩往來宵奔弗輓弗餞儀監趙張昌云其善趙龍遊張福清皆吾邑賢令　百爾君子慎汝永懷秉心不直好惡以乖彼即詒怒紳士是排柳又何恩于我羌俔天聽非遠爾室爾齋勿拂民性儕伍優俳

采芑歌

園有芑和之以醢老人之宜　園有芑糅之以芥老人之味　淪只芼只匪曰饕只念彼肉食我心驕只曾不以市亦邇於麓求之即得當我旨蓄

陌上曲

疇昔陌上見娘行路婀那單衫青帬細布　細布何好輕薄飄翩小立陌上任郎所看　郎知妾心與妾端綺制爲長裾無風自起　牛郎織女相隔一河不愁流水但畏風波

閒門歎

閒門歎所居一日十回出凝睇下風頭臭歎好氣息

其二

左亦驀見儂右亦驀見儂知郎爲儂苦轉頭含笑容

其三

長尖鐵蒺藜夜夜當門放偷營不怕死掀人營裏帳

龍陽三集　樂府　六

其四

送郎踏暗去展轉天橫參貪眠不肯起莫似箔上蠶

兒拾柴

兒拾柴風凄凄雪裂趾氷割肌兒父兒母船上坐豈不念兒寒願兒習勤不習惰可憐嬌養大家郎一生閒蕩忍飢餓

獰犬謠

得意莫喜失意莫歎俗士攀富翁獰犬咬窮漢

樹雨謠

揚州都府前四株青穀樹日中大作雨三日雨不住

其二

四株雨滴滴一株微有聲行人停步看日慘揚州城

其三

老父尚能説樹哭人可憐揚州昔如此歲在申酉前

鳳皇神龍曲

鳳皇文采多孤立萬仞岡鸌鶄無志氣獨隨鴇鳥翔

其二

神龍伏深池變化淩雲霄青鮎與赤鯶羣逐鯧魚遊

其三

鳥避棘木枝魚畏濁水泥水濁魚必死棘刺傷毛衣

望鄰謡

彼州高郵吾邑之鄰彼官率其父老何訴何奔彼民

僨矣言告阪田言毋誅彼鞭銀鳴乎彼亦官耶彼官

亦父母耶乃愛其子民

其二

彼縣鹽城寶應吾邑鄰守彼官飛章請命何事不遑

寧處彼民僨矣言告荒土言毋誅彼糧戶鳴乎彼亦

民耶彼民亦赤子耶乃遭此父母

飆隱三集

五言古 共一百五十七首

立春後正月雪

葬歌二首

輓陸處士縣圃二首

送王西齋北遊章武使入都四首

贈田詩

琭屏詩

桃河九首

諸公來集棗庭苦熱

哭徐四平音三首

別家

渡河

赴仰化集

過古墓

早發仰化集

宿張山卯

發紅花埠

過郯城

渡沂水

入山

蒙陰懷古

望嶧山

山行雪後作

望嶽

出泰安州赴張夏店

出開山廟

出馬寨赴平原鋪

二十四夜宿劉智卯

自劉智卯赴景州

宿新店早行

白溝河

過涿州

入都

出都

出都道中作

曉起

過德州故興化令覺菴陳僉憲留飲作

車中作

杜店

望嶽

渡汶河

憩汶陽
蒙山
夜出青駝寺
渡沂水
望洛馬湖
蘇武
自攝山回過古墓
佘節婦詩
春寒
吳淑姬詩
哭汪蛟門六首
詠古
結襪行
野田雀行
哭張草亭三首
贈蔣前民先輩三首
送閔在東北上二首
園居作
卯居
結客少年場行
擬古詩
園居
雜詩四十首
寄贈程韋華
答房子屬豫
喜雨
苦旱
傷無花果
徵糧吏
讀史
贈王力齋三首
吳廣文自太原歸再過敝邑贈詩三章
贈薛于
哭何忍冬
誡子九首
雪中作
冬夜
送魏子質令漳平四首

羸隱三集

大邨李國宋蓍

五言古

立春後正月雪

冬暖梅已殘，春寒柳未舒。素雪積彌厚，風飄滿階除。
澄暉曉方發，清氣晚始餘。珪合齊廊瓦，璣分綴庭鋪。
寡髮坐相映，獨酌聊自娛。野縞哀凍雀，木介悲飢烏。
臨長陰必退，泰來陽易扶。致堅豈能久，晛晛良可需。
苟懷噢咻澤，屢空猶晏如。

葬歌

可憐寶塔河，車馬走湧湧。鼓吹下真州，岡頭葬廷尉。
兒童拍手笑，窺看影亭內。濶袖華陽巾，廷尉古時人。

其二

借問年幾何，廷尉老而耋。一歸泉下土，平生自此畢。
葬者昔朱顏，送者皆白骨。白骨地上行，赫赫呵喝聲。

輓陸處士縣圃

歲暮冰雪盛，勞人返江鄉。抱疾小艇中，舁歸就眠牀。
容鬢日以衰，見子情慘傷。子有千秋文，不延晷刻光。
鬼伯驟相追，枯木忽已藏。俯仰百年身，于茲齊彭殤。

其二

貪夫殉榮利，膏火相烹煎。于乃西山人，戚戚胡為然。
五倫首君親，妻子累亦牽。跉跰兩男兒，長者病不言。

其次美玉姿礱琢器未全展轉懷憂腸反視趨下泉

送王西齋北遊章武便入都

垂老惡別離未別心已眩千里赴京華一朝去鄉縣
蹕跋征馬蹄塵埃遊子面揮策馳汶陽停驂仰日觀
遠覽廣固都近指聊城箭英雄跡盡埽帶索良亦善
傷哉頭白人長途何所羨

其二

帝都猛虎關金門遊士窟腥風帶塵土密意附膠漆
編須暴難弭鋏臂歡易失男兒七尺軀浮沉自有術
郭隗遺空宮鄒衍遲暖律同心不相許覿面俱胡越
羈栖日瑣瑣慎爾入與出

其三

昔年遊闕鄉秋風吹旅顏今茲適章武炎天行侁侁
兩地煩舟車實為愛女牽骨肉誼本重功名非所論
王城聚軒蓋炙手多要津朝攀青瑣客暮稱紫闥臣
被褐懷明珠低眉有時伸公方負文譽豈曰蓬蒿人

其四

清如清水波濁如濁水瀾古來善比周獨有共與驩
人生持大節所貴不踰閑伯夷羞塗炭高風表首山
柳下雖三公不易卑小官勿輕十年臭尚惜九畹蘭
惟彼孤松枝終焉保歲寒

贈田詩

前盱眙令黃公僑治所貧不自振游擊張將軍言之新令胡侯侯慨然贈田一莊田間屋數十椽將軍輸穀若干石而泗州守聞之亦助以牛也黃公感其義徵詩于余嗚乎今之世而有此是真可頌矣夫

民窮主所病官窮民所歎不見盱眙宰罷官憂飢寒
昔鼓堂上琴今生甑中塵乞食走四方奔車無停輪
聚族寄他室莫蔽風雨晨依依赤子愛切切父母親
親愛相周旋無救廉吏貧美哉賢州守仁哉新令君
直哉幕府言三善一時併取義不辭讓遂輸負郭田
有田復有廬牛種先在門腹飢從此飽體寒從此溫
雞犬散阡陌綠樹垂庭陰賓至遂如歸烹豚舉酒尊
行人出城望躊躇指林烟感激繼以泣兩侯德無倫
前侯去何早後侯來何神永藉後侯力報我前侯恩

瑑屏詩

即墨黃振侯為諸生時于海濱得綠石光瑩如玉瑑為屏置几案間顏其室曰瑑屏軒及成進士其族叔祖鄰廷卑而去振侯雖不言而心常怏怏鄰廷歿其子乃以返振侯振侯奇愛是石惜其去而喜其歸也遂屬萊陽宋澄嵐為之記而徵詩焉

天地孕靈寶委質泥沙濱智者善別識移作堂上觀
承以髹漆几藉以古錦韉璘瑞綠沉色賓友皆稱歎
兩美情必合孤賞勢不全遷徙在一朝懊惱成經年
高志寄奇玩瑑屏存空名鳳去戀其穴龍蟠恒于淵
故物忽然歸主乃開歡顏人亦有本始貞良性所安
末俗相漸靡取舍無定端廉恥道久喪迷復何時還

挑河

湯湯淮黃水滔滔東南趨衣袽久不戒堤齧成浮苴
帝曰誰試可毋使築塞疎竊壞力何勤襄陵患未紓
悲哉地上民化作川中魚

其二

上流不復治乃議疏海口東巡壓宸憂築室謀亦久
廷命親信臣稽首拜而受帑藏朕所發供億爾毋取
溝壑拯殘黎皇皇馳四牡

其三

使車臨淮甸小邑已紛沓督發閭左夫人稀夫不給
私財飽吏胥公費煩里甲東家賣牛犢西家買畚鍤

龍隱三集　五言古　四

鞭撻赴前途愴焉失故業

其四

昨聞解夫去船小人喧囂天風吹白波勢與蒼昊高
蓬飄篙櫓折水中聲嗷嗷死者不知誰屍骸拋遠郊
生苟逢殺運微命焉能逃

其五

赴壑水之性奔流歸射陽乃謀掘高坂興工始鹽場
鹽場百餘里沙沽蓬茅荒朝開暮還塞草結鍬鋤傷
聚徒八萬人東顧愁轉長

其六

閘門至宋郚挑濬無日夜腐肉臭路傍生骨勞不息
扣剋帑金少捶笞威令赫前屯毆官長後屯燒舖舍
哄然逃散多幾時畢工役

其七

嚴檄搜墟里逃夫解轅門椎鼓急升堂輿皂列若神
偷生情可哀受朴聲難聞狼藉血肉軀檄纆仍羈牽
未知隨刋日曾否皸羌民

其八

車馬何輝光分監與總理揚揚滿街巷盡是紈袴子
彼將榮其身肯使人不死取材論金幣作事良宜爾
慎勿櫌災疫大哉　朝廷旨

其九

龍隱三集　五言古　五

吾衰困飢凍報涸心更寒七邑積水之田吾鄉報涸微糧獨多但免低
田糧豈必思濬川乘橇懷夏德揵竹仰漢年復恐功
未奏催科苦生靈杞憂老方來莫測禍患端

諸公來集粟庭苦熱

士貧禮苦短鳥倦聲苦囂小邑聚軒蓋一一多賢豪
未具賓主儀轉側心煩勞黽勉力所及乃克舉濁醪
又值執熱時陰伏陽外驕傲廬賓湫隘坐密筵不高
屢勸始卒爵汗滴難揮毫憫雨厭卑隰畏日思林皋
人生少適意憂戚恒相遭不見挑河夫體黑焦髮毛
我猶仰清蔭命酒陳蕭敔載咏籛籛詩微風吹絺袍

哭徐四平音

造化互仇怨陰陽嗇精寶人如當春花一歲無常好
不恨委地多但恨開不早榮鮮未及競枝上已枯槁
雖有妙容顏獨苦見者少檢君篋笥中使我傷懷抱

其二

而祖善讀書著述追古人君能繼其志精詣遂入神
百苦未一酬臨殁含酸辛井蛙驕勺水夏虫酣炎長
賦命惟爾薄畢生甘賤貧旦暮空館生二豎來欺嗔

其三

嚴風仲冬月行車膏在輠失此同心朋情懷無一可
四序順相推霜霰當及我我猶赴京國妄意希青瑣
頭顱漸成雪作計毋乃左盛名天亦忌寡識物所禍
念爾能全歸未必真坎坷

別家

年衰逾五十我初赴京華展轉求資糧薄暮始別家
出城風颼颼南浦揚白波蒼烟帶行李野色寒蒹葭
無聊對短燭耿耿憂思多夜久不成寐僮僕聲猶譁
彼心冀榮達喜我腰佩珂試問何冠簪內省慚愈加
割置妻子愛獨往天一涯

渡河

大河風正號氷稜積如雪樸撥過小舸行旅帶殘日
落落蓬茅邨悄悄羸馬色囂囂爭宿人力力牽車卒
飯黑雜塵沙野昏歸匆牧抱被起羈愁孤燈耿不滅

赴仰化集

月黑星在天客子登行車黄塵繞車輪篝火照泥塗
僕夫始泥痹牽挽循溝渠躍馬彼何人雙鞬立躊躇
貪橐雖不豐無乃驚腐儒昨逢貴官過騶從赫前驅
位美資用富策高廊廟須我少諧世術亦向都門趨

過古墓

軋軋大道間昔是卿相墳歲久成平壤泥沙閉幽宮
翁仲餘兩肘殘碑仆草根淮黄日交鬬東顧憂至尊
使者善曲防晝夜勞紛紜遂令狐兎穴絡繹車轍痕
地脉屢遷改民力何時開仰首咎天吳播虐匪一端

早發仰化集

晨興復北邁嚴風割肌膚泥滑車不前鳴聲咿咿如
飢腹寒內生氣結氷在鬚長安早朝客錦韉貂鼠襦
火城照高闕列坐氊氍毹未知驕貴性頗覺栗烈無
襆被掩閨房栩然賤體舒

宿張山邨

廣野浩茫茫風沙蕩成海奔車走其間隱見一山在
蜿蜒接平岡突兀起高壘我轄再三脂我徒則已痗
牽率赴墟邨童豎早相待酒壚張明燭茅店倏光彩
且求即次安勿貽折軸悔後獲理無多先迷心已怠

發紅花埠

早出紅花埠羸車紛絡繹漸近鄒魯鄉仰止宣尼澤

人物無舊觀山川有遺跡中原黼壤地昔哲所畫擘
萬古斯文宗三代井田宅忽經虎狼纍一埽非故業
來往荒檝途奔走市朝客生民何稀少墟里日蕭索
沙淤川氷黄月帶野草白世變多憂傷勞身事行役

過郯城

車過郯子城緬邈懷古賢不忘典守職能紀少昊官
事往跡猶在國毀名空傳寒冬建丑月河涸沙漫漫
踏沙疾北走風射牙齒酸始離故鄉土何時達長安

渡沂水

壯夫飽經綸將為蒼生出時哉不我與倏忽過五十
又鈇奔競資黽勉赴京邑雷殷車轂轉矢激飈風疾
辛苦投誰門長途歷氷雪黜也志浴沂高韻邁儔匹
悵望流波間沙軟路難越

入山

沂州城北境逶迤抱青山上下越高坂客行一何艱
指凍不敢袖手攀車軏間汶川駕長橋齦齶石作班
費邑失故險齊魯同東藩直道馳京華輪蹄無時閒
我本海濱漁載驅殊可歎

蒙陰懷古

堂阜脫仲父蒙鄉隱莊周出處各有故懷古悵悠悠
救燕走東馬却楚喻犧牛能使大義伸匪為一身謀
伊我獨何心皇皇耿欲尤宣聖垂遺則麟經炳千秋

望嶅山

連岡迭相抱嶅山聳孤峯青開雲霧頂白吐鴻濛中
北猶宗岱岳南已壓東蒙其勢自兀傲不與羣巒同
行李日奔忙咫尺難遊從明將舍之去萬丈瞻秦松

山行雪後作

羣峰拱泰岱蒼翠摩青空繁雲起膚寸輪囷連封中
微茫洒霧土素霰飄迴風須臾漸開霽吞吐寥天虹
積雪在高嶺日射金芙蓉我聞蓬萊境迢峙弱海東
晶熒瓊瑤宇焜燿丹碧宮未知神仙居曾視茲景同
安得棄塵坱超舉翔飛龍

望嶽

我行齊魯境十日車塵間連嶺自合沓望不見泰山
此如昏濁世小人蔽高賢昨暮洒微霰旋見開烟巒
今晨越重岡芙蓉插我前磅礴一千里蘊生萬古人
崇觀指秦越孤盤俯幽燕羣神聚天門掌司鷇民
困窮盡九州何不達帝閽無乃故聾痴方顯三公尊
行將叩真宰直踏磨崖巔

出泰安州赴張夏店

天漏雲中日倒射山邨門羣峰幻紫翠金碧開乾坤
侵晨至卓午顛頓無停輪石走既磽确沙行尤邅屯
壁削龜坼色水洗嵯巘根客心彌惴慄車徒屢崩奔
恐難駕蒼輅何以壯東巡除道必及時古政殊有倫

出開山廟

寒月水歸螢人從河中行高岸壘土石撐結無崩傾
古壁色瘦硬老樹根怒爭始出開山廟山盡地稍平
風搏野沙白日照邨店明即次有常期飢渴慰遠征

出馬寨赴平原舖

半夜殘月上寒雞鳴喈喈客從茅店起霜風吹枯槐
班班行車聲早出柴門開迴野曠無人獨樹有時來
羈旅入畏途顧望生疑猜氏窮易爲盜防戍連墩臺
念我何資斧豈必憂椎埋馳驅赴前頓苟慰朝飢懷

二十四夜宿劉智邨

送神廿四夜俗云神上天家人致酒漿兒女羅竈前
再拜陳祝詞祝我途路安不知我何處浹落襟袖寒
我今宿劉邨秉燭宵向闌離鄉二千里能不心悲酸

自劉智邨赴景州

夜起劉智邨已入燕山道殘星行遠樹寒月照白草
野多平幘屋林稀栖巢鳥我車已轔轔居人猶悄悄
偃息在閭閻怪客一何早長安名利途塵土中易老

宿新店早行

道遠歲漸逼力盡與徒艱同侶筋骨痛夢寐聞哀歎
襆被氣始溫驚呼冒朝寒月漾野田白沙澁唇吻乾
向北俗彌惡索錢術萬端糕糜雜垢蔵腹飽胷膈酸
臨老鶩干求方識行路難

白溝河

燕雲昔陷沒茲河劃鴻溝至今潺湲水日夜東南流
天下幸一家星連十六州共主制宇內梯航朝羣侯
已徹中外防且慶兵甲休夔龍布殿庭迂儒空杞憂

過涿州

漢祚凋季葉內侍干天常禍延非一代柄國多貂璫
雖明炳四照靖難隳紀綱機兆自鄭馬釁孽滋劉王
訛言讖女鬼賣產涿鹿鄉厰閹制大獄正氣俄消亡
白馬躍西蜀赤眉閧咸陽盜據九重座統絕十八皇
遙瞻帝宮闕行道皆哀傷

入都

十五讀詩書立名翰墨場屢遭暗投恥倏忽踰壯強
五十叨鄉薦婾惰潛三霜今始入帝城塵土沾衣裳
都人插白柰行子牽車箱望望欲誰適惻焉心內傷
高足附田竇蹇步羞班揚吚呰古所鄙磬折身未嘗
且懷文中策濯纓還滄浪

出都

伯鸞哀漢業五噫出國門寧喬伯通廡不忍媚要津
我初遊帝都貿貿九市塵所見目噂遝觸事成酸辛
垂翼東南還千里行邅迍我志得無悶我途誰云艱
舌在信可用腰折胡由伸滄浪有釣叟永與斯人親

出都道中作

中丞詰暴容法不寬皇庄千里靖桴鼓高築捍馬墻
狐鼠盡竄伏或恐非豺狼豈無君側惡竊柄亂紀綱
植黨布私人名器賤可傷珠玉沉山淵朽木柱廟廊
羣小互牽率誰為國禎祥三嘆無斧柯束手歸故鄉

曉起

五更雞喔喔側耳聽贏綱曉色入土牖起見明月光
帶月趍徒旅贏背壓車箱車箱行逶迤血漬贏背瘡
負重賴此輩力盡黄沙岡嗟彼沓沓人尸祿無寸長
不逮犬馬報高駕何軒昂

過德州故興化令覺菴陳僉憲留飲作

陳侯飲我酒堂上列絲竹婉孌四童子清商奏北曲

龍陽三集　五言古　三三

中座忽不歡停觴敘昔宿故里隣鮫鯨銜波蕩邑屋
雨飜滄浪津浮庇互仰伏微侯請蠲租一縣盡溝瀆
多年勞築塞氷夷彌肆毒涸田日增報何由見平陸
仁主昨東巡轉面咨河伯肘掣績難就荷鍤困鳩鵠
上蒼忽震怒勉强退圯族堯廷更試可生命繫掌握
禹受玉策書我聞不敢告席罷再三嘆薄晚出城麓

車中作

北人仰麥菽南人仰秔稻麥秋常苦旱稻秋常苦潦
策馬黄河岸驅車禹城道開春靳甘澤入夏土脉燥
色頳陌上桑氣蹙林下草節短焦穟稀農夫何由飽
余家隰鹵鄉狂瀾日浩渺未知霖雨時東田報多少

歲歲寒與飢百計無一好偷生暫行役沈憂不得老

杜店

青籬黄柘枝絲棗垂陰陰行人棗下過車箱碍棗林
邨嫗急造飯邨老聽車音邀客門前道我家蒸飯好
勸客强加餐休嗟行路難

望嶽

昔覽泰山記已知泰山高馬首覷空翠未見超蒙峨
得毋所處卑目睫拘蓬蒿宣聖小天下必陟萬仞標
方使吳門練直掛心胷交遲迴白雲麓疲駕休塵囂
安得探金策振衣凌蒼霄梲困名利跡纏繫兒女曹
一岱尚如此況乃五嶽遨脫屣棄萬乘斯意良亦豪

龍陽三集　五言古　三三

渡汶河

昔我渡汶河水涸石埆埆今我渡汶河水深到馬腹
負載資人力百夫聚一族或以肩舁車或以首戴簏
或如蛇赴波或如鴬行陸男女雜背負陰陽相牴觸
前瞻東蒙路後顧泰山麓嶄無濟川用涉險同徽逐

憩汶陽

策馬赴平陸解驂汶陽田蜿蜒自岱來合沓包羣山
古稱得十二險阻蔽東藩割據事可就惜哉無英賢
奕鳩肇茲宇易代何紛紜國政視所脩非盡地利然
惟德能永世去去無多云

蒙山

山勢小而銳巍然聳青空安知無泰岱不遂禪東蒙
其陰俯沂嶺其陽傲嶧峯雲雨膚寸合氣通蒼帝宮
魯邦夙所瞻茲土扼要衝藩蔽苟自徹奚以守郊同
奄宅求舊境遂及顓臾封艱哉五伯世列國恒洶洶

夜出青駝寺

疲馬畏路長客子畏夜行路長馬力勤夜行辛苦人
霣星照馬首露滴馬背茵

渡沂水

嶷嶷麥穗秀娟娟豆苗新驅車過沂河節候逾暮春
仰希曾點志俯歎勞生人及時宜為樂多事成苦辛
奚必冠與童獨歌可怡神

望落馬湖

我經鍾吾境遙見落馬湖朐山一點青積愁與之俱
昏墊二十年荒鄉化為魚誰尸崇伯職尚稽弗績誅
國帑數百萬浪擲填溝渠至今桑麻田流蕩堆浮苴
昨聞沿河盜縱橫劫邨墟飢疲敢殺越盡是畚土夫
相戒勿早行茲地實畏途

蘇武

牧羊風雪中胡沙鬢毛改白雁上林來方知蘇武在
萬里漢臣歸生妻不相待抱節十九年淚滴滿青海

自攝山回過古墓

返轡棲霞寺策蹇行申申道傍遺古碣云是王者墳
漆燈不照日翁仲猶似人一入重壤居幽閉經千春
雖懸珠玉匣朽骨寧復存惜哉漢武皇求仙儆精竄
弱海難渡越蓬山空嶙峋有生誰不然等死休悲辛

余節婦詩

辛癸有忠臣唐虞無節士不立昏德朝焉識龍與比
可憐蕩子妻堅此靡慝矢靡慝矢為誰謂余義如此
十三學笄櫛十四知文史十六辭中閨煌煌備六禮
躬承敬戒箴婉婉肅容體明水本自潔嘉玉本自美
勿問夫賢愚二夫婦所恥

春寒

歲暮冰雪薄凝陰殊未壯出門二月初春意已溢盎

光風汜寒河枝枝柳新放微裘閒在笥纖纊體猶暢
昨夕微雨飄凉氣入屏幃夜臥布被單展轉孤榻上
牽牛旦方中反覺冬令王青旂駕鸞輅帝曜正南向
捐逋數百萬官吏赦無狀澤逮優俳人國恩良浩蕩
老夫身不暖況思一惆悵

吳淑姬詩

灼灼桃李枝夭夭二三月女子年十七花容豔如雪
待嫁潛中閨素體自束結梅標欲于歸問名既有日
良人殂青春矢志何太烈兩髦信所天二美未成匹
虛房掩幽魂故壁掛斷瑟麻衣往一弔淚下肝腸絕
是夜明星稀殘燈照暗室徐起理巾帶徘徊去牀第

傷哉蝤蠐領白練俄自殺霜淒瑤草萎露泫香蘭折
六親撫屍慟舉國街悲卹縣令忽聞之聞之大震悚
奔馬告府君府君立而拱叱吏具牲酒帛幣十餘種
鼓樂臨家門門前萬人擁嘖嘖竊歎息歎息此義重
醵錢不須臾營葬南山隴傍栽合歡樹樹大脩柯聳
年年蝴蝶飛飛上鴛鴦冢

哭汪蛟門

清夜忽不樂憶我平生友存者餘幾人死者骨速朽
文章與道誼勗勵非不久淹溘趨下泉于身竟何有
秋至凋朱華春還變青柳觀化良亦多俄焉傷白首

其二

瓢隱三集 五言古 十六

汪生昔同調兄弟相比肩阿季騁輕鑣奮身弱冠年
早讀中秘書凌厲無前賢一受世網攖遂隔丘林緣
京華車馬交萬丈塵蔽天我方守窮巷安得常周旋

其三

荏苒宦遊歸遺我匧中詩詩多不能記馳驟風騷詞
間逮宋與元同本非異支桼何違傳述乃失作者規
鴉音詆三唐豈子志所期珠玉混瓦礫黑白良易知

其四

子有千秋志思就震世功中道成齟齬拂袖追冥鴻
發憤陳詩書浩汗靡不窮尚友寄百代論議厭苟同
如使言不朽亦足箴瞶聾章句異腐儒寧云此雕蟲

其五

惜哉年不遐遽而晞朝露長謝百尺閭往即萬古墓
始衰氣方盛生人已成故子還逾三霜未敘疇昔素
又疎寢門節啥弔無一具流連伐木篇拊膺愧泉路

其六

殘春坐空館款門來哲兄執手橫流涕悲摧兩無聲
昆岡列高碣鬱鬱表佳城近隣文忠堂夙所嘗經營
賢者例得祀俎豆宜合并身歿譽彌光奚待人爵榮

詠古

戰國好食客田文列三廚上廚飫粱肉中廚烹嘉魚
下廚何所貯日給美茹蔬馮煖爾何人賤鄙難置詞

瓢隱三集 五言古 十七

其面帶飢色體無完布襦彈鋏據高座大聲求堅車
士固不可料君無惜區區

結襪行

强莫過使氣柔莫太無骨王生躬兩足廷尉跪結襪
眾賓蹴踖起誚讓靡不至廷尉傴僂立王生陳正說
賢哉此兩人高誼邁常節漢俗猶近古巧令非所屑
長揖大將軍汲公亦烈烈

野田雀行

家雀生野田性本好高舉養之樊籠內非其故所處
飲食雖豐腴只能澤毛羽開籠返喬木舊羣來欺侮
欲擇何枝栖東西無定宇同是野田雀相逼毋過苦

哭張草亭

客自吳陵來草亭先生死其月孟夏交其歲在己巳
哭君雖無聲腹悲不得止志與高蒼爭身隨枯葶萎
一生苦飄蓬葢棺事如此

其二

旅病寄僧藍展轉臥牀褥藥餌誰將扶舉眼惟童僕
人皆有親暱君獨無骨肉不忍說妻子寧死委溝瀆
尚餘朋友倫醵錢掩手足

其三

高墳何巍巍鼎峙錢塘門齊名三少保汝凡在其間
附葬于此地可以萬古存親族盡凋喪孰舉孤匛還
恐天仇汝骨不復歸青山

贈蔣前民先輩

日月逝不處先生年七十奔走廣陵城升斗需人給
酒罌何可空飯釜或無粒朱纓滿長衢先生破箬笠
錦裘塞委巷先生敝衣褶春風來草堂寒意轉蕭颯
高門屢招邀不辭啜鼎汁羙顏渥且丹相對氣彌熱
仰天方大笑反袂忽垂泣

其二

二月紅橋春花柳並相媚蘭舟檥輕橈寶馬馳飛轡
妖冶誰家兒酒食盛遊戲先生覽揆辰亦得謀一醉
薄設朋友觴瓦盆知己對豈無噉名客因之附高義
羣哄一堂暖善頌百福萃樂極盤筵飜悄如闃閉
獨有萊子妻辛苦在中饋

其三

高棟有必折華輈無恒堅達觀宇宙間萬族莫不然
何物壽金石不隨朝槿蔫懸揭日月光無乃在立言
苦志遊六藝五字鏤肺肝耳食逮下里衆口能稱傳
雕蟲故末伎未足云大賢惟君獨醒心可以永千年

送閔在東北上

薊丘表天闕幽陵作帝都馳道直千里闢此名利途
金幣日蔟湊貴賤同奔趨暑驅汗沾腋寒驚冰在須
踏踏盧溝橋輸蹄互相踰皇綱張八紘貫市列九衢
我昔覊茲土體跼志不舒綈袍側冠帶眇焉非大夫

其二

楊花如雪飛黃鳥鳴喈喈豈不愛遊娛之子抱壯懷
北望春漸凋衢風入塵埃棄繻關吏前就館燕昭臺
文辭爾誠麗聲譽寧用媒鄭莊驛久置公孫閤亦開
良玉先碔砆良馬先駑駘爭名必于朝衣繡休歸來

園居作

高松引遠覽密篁翳近眺延緣企塏爽沈冥得要妙
散帶滁市氛栖衡解塵校趾彼儇子心宜與靜者嘯
夕陰幻油雲晚芳變初蘿華膴道不存仁智性所樂
積毀非天啓興戎亦自悼獨居戒朋從無媒誰令巧

邨居

油油隴麥長野風扇平綠黄鳥懷好音求友出喬木
嚶鳴豈不勞萬物各有欲矧予同心戚曠焉隔川陸
良時截徂暑日月一何速仰彼桑榆暉顧見晏歸犢
童稚相招呼耦居欽親族樂生安用多田舍願易足

結客少年塲行

少年好結客遊戲杯酒間氣懾陵陽豪勇邁東郭生
兩都聞光譽四海馳雄名蹉跎三十載雙鬢如星懸
顧盼無所施乃起入長安長安帝王宅宮闕凌斗躔
三階直豹袪九陛列鼎鉉七族互姻婭五公相周旋
奔車響宵夜繹絡愁當闕日議廣庭爵暮收私邺錢

瓢隱三集　五言古　廿

一言中聲利傾耳聳百官我有便宜策局促何由宣
匪少曼胡纓不如彼所冠

擬古詩

西山何所有上有松柏桐荒墟闃無人莽莽生悲風
悲風四面來朽骨埋其中朽骨本無知重壤復相蒙
烏鳶晝夜啼養子高樹叢巢空子羣飛孳化無時窮
人生一世間展轉隨枯榮何爲染素髭以兹自豪雄

園居

杪春百卉齊濃陰變芳樹時禽本無心閒行自相遇
喈喈弄音聲回回整翰羽習習招和風遲遲久延佇
四顧無與處何以策我步白日忽西還流光不遑住

念我鬢髮衰猶未馳天路愚俗苟富貴達人希高慕
百年旦晚間誰能勞所騖悲彼練絲染守此紈與素

雜詩

升高步隴首野風吹枯桑衆木皆鮮華獨爾無榮芳
孤根懷腐節空幹晞殘陽傾側蔓草間衆鳥不復翔
棄捐易以朽斬伐亦以傷寧與物同化不爲人所戕

其二

勾芒謝殘令春服忽焉改甫見榮桐生又覩靡草萎
陽亢寧無災陰感亦以類四節相推移時哉不我待
衣褐諒非恥懷寶欲誰罪浮雲滿天衢徘徊陟崔嵬

其三

瓢隱三集　五言古　廿一

江珠棄腐芥磁石避曲鍼應求苟不同何用伐木心
蘭臭日以遠棘刺日以深疇昔敘懽愛寄思翰墨林
有琴共鼓歌有酒偕酌斟豈圖膠漆投中道成商參
讒至汙白璧毀積銷堅金久要一朝忘旦旦誰復尋
念彼泉下交愴然淚沾襟

其四

平皋新雨霽綠水揚微波玄鳥臨風翔庭蘼亦含華
仰窺天宇清俯瞰時物多行雲冉冉空日晞桑野和
農夫把其鋤鋤罷閒自歌勞擾征途間奔趨竟如何

其五

薪火遞傳代此世非我域迴盼幽壤居誰非不速客

出戶遠行遊行遊戀皋陸枯悴乃貞松蕃茂彼薄植
良晤方乖離永路懷悽惻莊生寄賞音惠子偃墓棘
郢人逝不存疇能斲蠅翼

其六

佳人行江皋凝睇拾芳草拾之遺所思化爲荼與蓼
此物本難投惜哉智不早信美且自怡紉佩以爲寶

其七

朝樹露未晞遙山正蒼蒼攝衣往從之瀼漭江水長
欲濟無方舟鼉鼉不爲梁雖有一壺力畏此風波狂
下羨游魚泳上觀飛鳥翔無爲久滯淫去去還故鄉

其八

客從遠方來遺我篋中纏開篋驗其色乃是貝錦文
閉門敬謝客何爲此紛紜好惡忽相乖覿面生仇怨
矧彼周廬居操戈非一羣同宮異嫱妍同器忌猶薰
筵篿辨予心焉用求靈氛

其九

飄風吹短燭長夜不待曉人壽能幾何忍使容鬢槁
仲尼憂天下不及荷篠老滔滔阻奔車避世良宜早

其十

赤精乘首夏忽聞螻蟈鳴是月日在畢陽極陰方生
天子坐明堂行慶賛時英謂皆夔龍姿交讓同其聲
胡爲私門實爍然玉帛呈以涇投渭水焉辨濁與清

諒非堅白操能不緇與磷

其十一

天性不嗜飲寄情惟翰墨飲者獨酣肆文史雜蘖麴
號呶無休時不良遂在足乃聞與客約閉關謝酒肉
酒爲腐腸物肉則老人祿何得亦戒之以自儉口腹
生命鮮定端得失恒倚伏微疾先四肢安知非爾福
苟能禁奔馳亦以免榮辱

其十二

我昔過東魯仰面見泰山其峯插雲表摩盪閶闔天
顧望不可登夢隔齊州烟翠華昨一至遺輦青帝宮
侍從爾何人遨遊日觀前

其十三

子與厭脅肩何至比夏畦昨見農家子乘時出耕犂
暴體烈日中辛苦無不爲同耦相睨語即事已笑嬉
豈如突梯人力倦神復疲彌縫及圍隸巧詐防伺窺
如此以没齒身世良堪悲

其十四

時平四海親世亂骨肉疏飄零異鄉縣各在萬里途
行者不得歸居者棄敝廬江湖阻且深渺若漂浮苴
中表誼非遠甥舅情切膚誦彼渭陽詩涕洟交衣裾

其十五

夏月農事忙隴上方力耕中有子母牛交呼應其聲

大聲高以悲小聲和以平惜我非葛盧莫知爾何鳴
萬物且猶然勿謂人無情

其十六

朱大樸草木明兩麗天宇開戶延清風閒居正當暑
雖珍狐白裘肯以易絺綌百物貴適時無用非所取
君子道方消小人自容與章甫之于越何如棄路左

其十七

悠悠萬古心役役百年物我豈真不材悼念惟老洫
往者逝如斯來者又已畢聖賢苟同盡生民禍何烈
但嗟桓子槨莫憂夏侯室安知三千歲不復見白日

其十八

雖竹雖亂生舉手折其枝枝去竹漸高四面風來吹
又恐不蔽日我心方猶疑達化信自然百全何能期
移榻就竹坐灑然胸懷開

其十九

天如倚蓋垂長江深無底大壑何時平日夜東流水
賈客唱銅鞮栽舸過江汜吳鹽白雪花煎作金錢使
前門多大馬後堂多小婦傴僂拜者誰夥頤字如此

其二十

郝居得老屋中寬外修聳巍巍梁柱高旁睨及栟栱
不知潛何物穿漏多穴孔崩壓在須臾能不懷畏恐
行人野田望但見飛虹蝀美蔭何扶疎華榱尚龍蓯
君子防未然毋為久跂踵

其二十一

燕巢空堂上養子作家室雌雄忽中分單棲不成匹
單棲無幾時其類紛而至兩燕來為媒一燕來求對
啾啾復喃喃說誘餘百術此鳥秉貞心掉頭堅不答
豈忘比翼歡自矢靡他節羣衆四散歸獨居轉蕭索
出入哺黃口辛勤日復日雛成一一飛孤燕事乃畢

其二十二

清晨臥檄榻坎坎聞伐桑啓戶走相訊將以為車箱
自我來此居高林鬱蒼蒼伐之爽光入何由招風凉
黃金殊易求大木難成章上天降雨露十年不得長

忍哉商賈人美蔭遭摧戕

其二十三

夕暉收暑氣天上瑤蟾生玄雲蔽高衢陰魄不得明
羣星逞其光歷亂垂太清宵曜奪陽運恐復旋西傾
浮查隔遠海桂樹枝縱橫回頭問玉兔搗藥何時成

其二十四

軋軋椓槔響活活溝水流豈能去機心但願豐田疇
田豐納官稅且免租吏求無食飢可忍無租鞭肯休
勿聽漢陰老為我膚體憂

其二十五

蛣蜣生糞壤眠食不相離勞苦抱一丸寶同蘇合貴

變化羽翼成奮飛雲霄際清陰曳遠樾日夕鳴嘒嘒
人皆羨其高豈知前此穢

其二十六

多欲易為累多交易為損暫借主人屋讀書避塵坌
主人時去來客自巡畦畛老翁看竹園老婦偷竹筍
小女年十一亦能摘野菌

其二十七

青青苦菜生畢畢王瓜吐交交布穀鳴歷歷催耕語
農夫荷鋤望老犢閒在圃悠悠江波遠泛泛遊雲聚
薰風吹微霖不能潤槁土三時旱如斯有秋樂焉取
低田自祝晴高田自祝雨仰歎倉浪天何以命田祖

其二十八

蔞荷何萋萋纏綿高樹端枝條日繁茂厥根深以蟠
持斧斸其枝持鍤掘其根削之比春藕粉之登盤筵
不取滋味美聊以清心神

其二十九

展轉夜不寐驚鳥起樹間倦羽爾宜息胡為忽飛飜
潛身寄一枝物患猶相干明月照窻牖憂來無定端

其三十

大魚遊江海小魚遊溝渠溝水涸為泥魚乃失所居
田婦攜筐籃拾取同薪蘇旋當見烹煎以充口腹需
口腹飽亦難澤竭禾已枯

其三十一

草木壽命長短者惟形骸平生熟識親一半歸蒿萊
徂春有返時人往不再來精神暗銷鑠齒髮能無灰
豈勞鬼伯促我身自相催漸謝三光明引領幽夜臺
惟念居世間空負夙昔懷

其三十二

竹枝裊以青竹粉白如雪青白各自媚不求他人悅
美人倚嬌嫣竟體皆芳潔寧知顏色衰棄置同槁箋
君子苟有行能勿畏其卒

其三十三

農夫刈麥歸農婦埽其場日中勤打麥麥穗隨風颺

穉子方嗷嗷安敢憚曦光磑之以為麵聊充饑腹腸
昨歲苦秋乾子粒未入倉田主催責租租缺何由償
今夏復無雨嘉禾成莠稂手牽打場牛黯然生悲傷

其三十四

燕師破全齊其主始荒淫臨淄饒寶玉輦載來駸駸
窈窕玄天姿甚悅昭王心廣延進善舞旋波揚妙音
蠱惑漸以多遊意在色禽所以樂將軍奔走不克終
非無招賢臺巍然壓城陰黃金為其名市駿須黃金
郭隗骨先朽望之涕盈襟

其三十五

風吹薔薇花片片落野田不成金瓶露乃作泥中英

佳人浣素體拭用紅羅巾含笑就寢幃憐愛合一身
雖聞迷迭香無如此芳芬

其三十六

林深衆鳥集相和如笙簧一鳥獨哀叫若訴心所傷
爾心有何苦其聲急以長聞者大惡之遂使羅網張
殺機既已動羽毛終摧藏肺石久不設民究鬱中腸
叩天渺無門法吏虎與狼全生學反舌勿似斯鳥鳴

其三十七

膚體人所愛我獨生疥癬于身雖無傷搔爬則難免
苟得良禁方修治寧待晚匪我偏好事無疾良亦善
如何在腠裏聞之尚游衍三見望齊君却走遂不返

瓻隱三集 五言古 三八

其三十八

青蘿滿崇岡綠杞生野岸采摘登春盤慚愧農家饌
春盡夏復來環畦見赤莧美祿天所予飽食非貪濫
故鄉水草多蒲葅味堪羨

其三十九

莫窺園外花莫踰園外月努力二三子歌聲出林樾
竹筍日以高竹籜自然脫

其四十

雨餘行南隴微香空中聞猗儺忍冬枝開花枯樹根
小庭亦有之徘徊思故園故園田久蕪蕭條墟邨烟
雖嚴挑河令未識歸壑門屢奏神禹功辜負唐堯恩
時雨正欲來憂心忽如燀安得慈父母保我飢寒民

寄贈程韋華

夭夭桃李花含露何鮮新蒼蒼孤松枝值此灼灼春
程郎年三十配得如花人不為悅蛾眉不為愛朱唇
家無主饋婦以慰尸饔親娶妻專代養此意良酸辛
角枕既以張錦衾既以陳素手理行裝展轉將出門
揚州繁華地頗多問字賓身負江北米眼望江南雲
由房亦在念宴爾情未申一事兩躊躇生世焉可貧
作詩擬相賀念茲黯傷神

答房子厲豫

弱冠遊廣陵志在翰墨蹟早與王華輩（華龍眉 王仔園）放歌

瓻隱三集 五言古 三九

稱詩客抗論鮑謝體高登孫杜庠（杜茶邨 孫溉堂）事往三十
年遺蹤漫追繹死者如浮烟存者但蕭索倡和日入
耳仰視向蒼碧疎秀與朴老喬寅並蔣易（喬東湖 蔣前民）荀
非二子在孰繼先民哲騷雅匪雕蟲性情所攄泄每
閱政治本足補風教缺鄙夫學餖飣曲士喜瑣屑淫
哇遍下里遂使正音奪作者何多門常恐斯道絕晚
得海邦彥潛脩厭囂聒投我金琅玕超詣覺特出推
我陶杜倫毋乃非等列好古實未逮或異近今轍人
生重知己豈為感交結淩厲橫千秋契合託毫末希
發嶰谷聲肯聽鳴蜻蛚

喜雨

陽亢風日爍百穀皆枯焦昨夕氣始動土潤如脂膏
中夜候傾瀉耳倦目暫交夢醒忽驚鳴淙淙滴簷坳
披衣啓庭戶雜卉翻波濤旱由乃得酥播種城東皋
遂知蝗子死不畏魃鬼驕傳聞雁門外師旅方繹騷
未卜勝負誰杞憂非我曹但願南畝熟苟免飢腹枵
牢愁一朝去飽飯眠蓬蒿

苦旱

三時旱既甚萬姓同烹煎縣令色仁慈禱祠呼上天
天知非誠求微示譴戒端沾灑不濡地膚寸徒空懸
禾苗枯隴頭奔走號無門乃稱甘澍足趾高氣軒然
送神埽壇宇方大羅盤筵優伶奏鼓樂邑小聲喧填

嬴隱三集　五言古　　三十

急責報雨狀將徵全涸田犀胥已如虎虓鬭牙爪堅
三復雲漢詩古人何其賢

傷無花果

十年樹一木秋實春無花纍纍盤中珍光色爛紫霞
老夫性所愛味好同甘瓜況于炎暑月又得美蔭遮
深綠近几榻護惜頗有加昨冬積尺雪寒酷厲塞沙
三朝降氷介枝梢帶鎮鋣百果半殺死根幹成枯槎
手昔種烏桕椒榿偕枇杷生意一朝盡驗視屢搯爬
此樹亦凋瘁春過葉不華腐朽出菌蕈偃蹇悲龍蛇
頓使庭宇空離披添青莎雨露潛灌濡稍稍滋萌芽
何時再長大突兀尋大斜我老恐難見仰面還咨嗟

徵糧吏

糧吏陳標翁桂元皆大蠹縣令陳君獨愛之
屢犯科作奸不治姑即一事見其概焉

國憲重錢穀考成最堪怖小邑雖荒飢笞撻不敢悞
官堂大排封封封手自注合敢較贏耗羡餘減常度
縣令視書吏書吏視壁柱傳令喚里甲細檢登記簿
印票空有名按籍非實數神奸信偷天令君赫然怒
少時怒已解欵欵話情愫薄懲許倩代用事仍如故
于民苛政多于吏何其恕書吏良可為執鞭猶欣慕

讀史

燕齊迂怪士徵引邃古前封禪七十君得道推軒轅

嬴隱三集　五言古　　三十一

采金運元氣鑄鼎升荊山脫屣去紫庭騎龍上青天
小臣抱遺弓號呼葬衣冠此事誰所見至今猶相傳
蓬萊隔弱海鯨波渺無邊雖多不死藥遇之良大難
我生亦有命修短皆自然順受守其正古老垂至言
安能傚心志攘攘求神仙

贈王勿齋

天地無終始萬物有老洫忽忽知非年衰暮遂來逼
憶爾強仕期髭髮不曽黑況今乃曰艾能免皤如色
子孫日以多班立室堂室爭馳長路鑣欲奮摩霄翼
譬彼四時序成功自退息惜哉功未就徘徊羲御昃

其二

我年十五六君始就外傅愛君髫未髡撫弄頭角露
哲兄長于我相遇輒相聚中更還變多奔走在道路
他鄉久僑寓梓里不遑顧壯歲初歸來下邨復一晤
自茲數昕夕罔或間風雨飲酒兼六博肝膈盡傾吐
天上橫商參人豈免猜忤親者無失親故者無失故

其三

李生善談義徐生通經書促膝槐庭宴連榻竹屋居
爾事兩尊人吾侍老祖姑二家各具慶綵服齊歡娛
風木既悲痛晨星光漸疏逝者無返期存者亦殊趨
追念感疇昔日月將何如尚辨薰與蕕歲寒盟勿渝

吳廣文自太原歸再過敝邑贈詩三章

瀛隱三集五言古　三十二

十年侍講幄周旋已云久之官千里遙塵沙沾馬首
在苒聞音徽契闊疏杯酒南津落風帆重來問親舊
先生齒髮衰弟子亦老醜俯仰時序遷萬物皆速朽
春華豈不芳夏陰蔓以茂其如白露零秋寒在蒲柳

其二

晉陽古雄鎮表裏壯山河縣倅乃民牧所寄百里多
為邦美政成豈弟輿人歌胡然解青組潔身還林阿
攬轡下雲衢太行高嵯峩耳聞羊腸險目擊真如何

其三

讀書可怡性翰墨能養年雖非膴仕歸已勝白屋寒
賢者不羞貧祿食貧更賢苟免磬折勞足已有餘歡

一經教子業十畝栽桑田渺然菰尊間樂志詠考盤
網鱸兼得鯉尺素煩相傳

贈薛子

李氏起式微負擔到江北我祖文定公實始親翰墨
客籍異土著受侮端叵測漂搖無根株孤寄誰扶植
艱難童子試進身遭阨塞是時西班重爾祖承世職
薛侯偕丁公提挈頗有力文定致政歸來往共鄉邑
心念疇昔恩分同骨肉密所生序雁行傳家見遺筆
乾坤莽澒洞鴻運俄改革門戶各衰替鷦鷯困枳棘
而我同奮發冀展九苞翼角勝摛藻場縱橫騰踏域
業與千秋期氣存三代直不知老將至髭鬢非故物

瀛隱三集五言古　三十三

吾年及指使汝齒早杖國伏櫪志猶在懸車景漸逼
回憶先人初愴然增悽惻

哭何忍冬

巨鱗委泥沙俛強遭困辱雖負成龍姿終作几上肉
我初交兩士森挺邁流俗韓魏及何鐵直諒心所服
寧知賢髮素衷腸非昔夙辟彼月經天隨時異朓朒
韓生多貴遊濡染物態熟壯氣銷鑠盡脂膏轉輪軸
以此贏財利妻兒住豐屋何生老愈剛不顧禍與福
醉後發狂痴醒猶瞪雙目嫚罵使人驚掩耳逃必速
途窮無復之乞食去家族千里大梁城訪古夷門曲
賓客散來久信陵墓草宿飄零剩一身餓死寄枯木

招魂有荊妻主祧少血屬同出造化爐智愚均戴覆
彼則良已厚此也何獨酷君子貴守道擇術分清濁
未聞東陵富光榮勝孤竹輕肥信可愛脩名能不勗
寄謝諸少年毋爲事軀逐

誡子

父子本天性勞愛在義方譬彼將雛鳥作意頻迴翔
古人入大學十五年力强汝齒逾二朞童心尚未忘
菽麥苟不知我老何所望

其二

俗士好進趨濡首靡止足我願殊不然守身自爲福
高墉多傾危坦道少顛覆三褫鞶帶賤衣褐懷玉璞

富貴浮雲如脩名早勵勗

其三

先祖有遺訓實維儉與勤勤以輸筋力儉可療飢貧
世祿習怙侈能免輿皂鄰我無豐腆貽婾惰行負薪
謹身節其用良言當書紳

其四

人生一世間所重惟綱常大德閑勿踰大義宜分明
豺獺知本始蜂蟻識序行負愧禽獸羣靦顏被冠裳
溫恭戒朝夕勉旃胡不臧

其五

子甚宜其妻父母不悅出昔儒守遺經斯言炳如日
愚俗尊伉儷禮意久淪失我少遭家難羣喙來詬誶
秉心苟未堅身名已敗裂

其六

生爲伋也妻死爲白也母匪曰薄于薄夫道固如此
爾父自有妃爾祖自有婦推論一本恩親疎判分理
歲臘奉蒸嘗愼爾所處事　夫音扶

其七

二儀異清濁尚者陰而柔一物必有主志士惡苟求
雞鳴平旦時孔跖岐厥趨起念萌不潔其名遂爲偷
保此皭然軀視彼涇渭流

其八

百許不如真養拙有厚益奸欺得小效終被鬼神責
寒暑序相推消息理不易勞費心力多利害等尋尺
留餘及子孫哲人勤作德

其九

極貴賤乃至多榮辱所加洪涊倡優徒頻出簪纓家
爲孽非一朝積漸由淫邪顧我宗族人樹膺長嘆嗟
爾尚念爾祖誦詩感白華

雪中作

栖栖遲暮心栗栗苦寒月高宇垂流氷明星爛積雪
在顯素姿滿處暗清光發陽微畏野戰陰沍啓地拔
行稀東郭履居靜子卿窟計年匪堯仁遊澤疑穆轍

溼突烟紛綸虛窻風戉掣賞隨幽境會愁並孤情谿
乘氣幻天倪街色欺老髮雖安袁公貧愧乏焦生節

冬夜

二曜如跳丸更迭騁飛轡如何孤陽没太陰光不繼
衆星繁有徒瑣瑣自輝媚高躔竊中天餘映俯幽砌
縱横三衢多潛遯萬象退宵漏聽未央翰音鳴已再
雨作何由睹氷堅良可畏負暄企晏温守黙謝時晦

送魏子質令漳平

浮沉各異分其道如弛張子乃揮先鞭遂宰百里疆
山川悵悠悠越鳥同翺翔候吏早在途麾蓋遥相望
撫此新人民冀展夙昔長

其二

疇昔學仕官大意在詩書康静東白天豈弟諒有餘
施設與時宜變化匪一隅執己苟勿遷浮雲翳中虛
從政有達財庶幾君子儒

其三

遠海鴃舌民語音多侏離同生日月區體性本不虧
至誠易爲感豈必通言詞信及豚與魚何況兹蒸黎
慎爾五聽方勿輕加鞭笞

其四

單父頌處子桐鄉祠朱生小邑工割雞並擅千古名
矧今急吏治天下方清平大人善虎變能者以時升

攬轡趨朝端聊慰戴笠情

瀛隱三集

七言古 共七十四首

孔國博漢尺歌
許節婦歌
魏公西園觀古松石歌
留官行
離家歎
蔣前民生日
送吳蘭次遊黃山
題喬東湖遊黃山詩卷
壽鄭母歌
揚州女
送黃克二北上
木虎歌
瘦筝行
掛壁行
夜起對月吟
酒面行贈王西齋兄弟
一瓢行
朱雲卿說人頭飲器歌

贈宋弟詞臣
踏車歌
東原草堂歌
程笏山齋中古柏歌
百舌
聞王西齋病足戲為短歌
林鴉行
大風行
求仙曲
巢鵲行
驅牛行
拜筍行
瑶宮行
贈先渭求
寄王正子
銅象水滴歌
素芝歌
野菌歌
哭楊歌
飛鶴歌
雛鷄行
黑風行

蛣蜣
赤脚行
輕薄行
雷
嗟吁行
蠅
雛烏行
燕歌行
老鶯歌
老牛歌
帝女行
瑶宮歌
耕瀛行
海仙曲
除草
死兔歎
杜老
孫老
哭徐平音
李武靖王遺像歌
墮瀛行
苦旱

迎神
雲中月
題宋廣文寫真松石圖
雞鳴歌
噫嗟行
飢雁行
贈黎于一
贈王竹史
賑饑行
西笑行
迎神曲
喜雨

羸隱三集

大邨李國宋箸

七言古

孔國博漢尺歌

古法失傳非一事東魯六藝缺其半騎射方盛執御稀還宮勾股皆訛亂嚴崇畫準未必真蘇夔緊泰尤難辨黄鍾動移根本非聚訟紛紜識者歎宣聖裔孫道術多能將九變宮商換篋藏建初青銅尺媥敷朱翠殊凡玩直配舜祠白玉琯豈數蜀地方磬片四宇底定海不揚天子獵罷開明堂傳詔宗伯與太常禮樂制作追軒皇孔侯擕此上丹陛佐絜律度齊衡量

二儀高下運元化和氣感召成禎祥水土受平刑政理唐虞君臣同壽康粉飾治具非所望

許節婦歌

繁霜皚以肅鷄鳴何喈喈寡婦聞雞帶霜起櫛縰出戶中心哀堂上事孀姑閨中撫兒女辛勤杵臼間用盡筋力苦兒今有室女有家寡婦七十猶績麻淮水湯湯江水綠其清見底無溷濁

魏公西園觀古松石歌

魏公亭子城之西六朝老松龐十圍馬鬣細搖風戛叉龍鱗倒捲霜霏霏傍羅怪石拱而立模糊鉤勒斯邈碑崇坡大林氣幽黑蒼鴟亂叫潛狐狸突起一峯望鍾阜山髮薙盡鬼嘯啼徘徊灑涕欲歸去燈火照路行人稀傳聞六駕再南幸恐摟故蹟荒岡莽

留官行

金侯將去位優人楊燦諸生單徽倡市人數十輩留之乃作留官行

來一官去一官但見官來又官去不知官政何者賢優俳惡少走滿道盡言堂上官人好嗚鑼呼嘯過市門不容開市留令君傴僂一士令之客入則耳語稱莫逆隨官上府主計畫

離家歎

臘月歸正月出門去年老怕離鄉心悲淚成注雖喫他家豬與羊不如自家薄粥湯秋場熟子粒黄

腹飽錦襠半斛香粳白酒漿親朋合坐滋味長忍能南面稱先生

蔣前民生日火

豪門炙手手可熱貧竈無烟冷似鐵怪哉回祿不趣炎摧燒慣作寒儒孽酒罌詩麓亦無幾留之有用否即缺燎原一發勢莫當豈辨賢愚置遺孑前年城東敝廬火所燬今年城南老屋又已矣滿堂賓客方舉觴先生生日禍如此

送吳蘭次遊黃山

昔有新安客向我言黄山黄山諸峯盡奇秀盤結厚地摩高天烟間杳冥星漢外日出震盪雲海間其中

閬寥少人蹟青兕吽月玄猿蹲軒皇藥竈貯元氣幽林古壑潛靈神不逢螭魅夔蜩蛃老松怪柏長千春我聞斯言色惆悵欲梯萬丈蒼岩上賤少地主給兜輿貧無飽飯攜藤杖紫芝瑤草徒紛輪白石丹泉付想像先生手把桃竹枝南行獨羨斯遊壯振衣直淩天子都題名必在仙人嶂陰陽變幻誠如何請歸為我寫作歌

題喬東湖遊黄山詩卷

新安有山名黄山黄帝燒丹竈猶在天都雲海呼吸中往往松石生奇怪利走名奔不得遊新安賈人鮮在外東湖昨自黄山來青巔布襪詩滿懷詩辭工妙

瀛隱三集 七言古　　三

難盡述但誇曾坐軒轅臺留君之詩置几案黄山面貌我亦見

壽鄭母歌

古人壽其母不聞求贈言今人有壽必有言壽詩壽文燒之可赤揚州天我聞來貼即掩耳走避欲就奠壤眠忽見程載錫手持乞言箋箋上我友程韋華洪秋士其人其言皆可信如許歷歷美事何容不使傳援筆作歌壽賢母我之壽詩從今止于此

揚州女

揚州生女最直錢長大必嫁豪賈與達官門楣依倚發光彩父母飽飯輿中肩名其女夫必曰壻齒高爵大無不然女家又不自鞠養別倩老媪梳裹始可憐尺趺纖小腰瘦減色藝體態事事妍吾鄉惡浪蕩田里不填溝渠即轉徙生男攜手乞道路生女抛棄活餓死早知如此赫奕在女身家家擎作掌上珍

送黄克二北上

我昨赴燕臺一住百餘日日日牛溲馬糞邊其時欲歸歸不得君今壯遊趨京輔滿路青青棗花吐督府宗孫作同伴天子外戚為地主武安魏其貴莫當舍人出入皆輝光手炙可使褐衣熱口開便令綬帶長知君棄繻函谷下還家駟馬門閭大我方高嘯綠葦中定置漁竿走相賀

瀛隱三集 七言古　　四

木虎歌

劉侯堂上伏一虎爪牙尾足事事備昂頭餂餘欲攫人猛風驟起空庭內麒麟鳳皇世不生此物無端滿天地白晝縱横都市中豈惟草蕨潛幽翳泰山之下哭者誰雖非真虎心亦畏

瘦笋行

窗前老竹忽可賀首夏怒生笋數箇其初迸地出泥涴幾日節長粉籜破街頭未足當擔荷盤中豈堪饜饞唾不為壯盛得高大龐因微小免摧挫山東赤旱焦蓬堁必膾人肝救飢餓行旅孤單誰敢過肥者遭屠瘦脱縛

掛壁行

和如春風甘如雨　皇帝南來物鼓舞口增江浙弟子員遂與十三供奉同寵顧歌工幸厠冠帶倫老儒伸項望眼昏集議良久疏不上得毋故紙官家言牀頭阿堵門前戟今時誰用章句業制府文書霹靂行天王之詒且掛壁

夜起對月吟

半輪月非是未殘時未殘之月光漸滿已殘之月光漸虧老人夜起對明月以手捋髭還捫髮盈盈頭上霜可憐照見殘月光

酒面行贈王西齋兄弟

焦山老僧名半岩謂君兄弟酒在面面含汁滓泌可出鼻抹朱沙頰染茜勿齊貪飲廢一臂西齋齒落身不健兩人皆為酒所困朋友往往戒酣讌嗚呼人生各有命在天便令不醉亦不仙不見大蚍酒量最細小顛毛種種甚可憐

一瓢行

李生素無升斗量兼因觸熱神不王解衣欹體當快風堅持茗椀未肯放主人中座出大瓢摩挲決賭興忽高兩手據之盡一吸如鯨吞海殊覺豪哀絲急竹聲在側酒徒旁睨亦動色遂以世外獨醒人壓倒紅橋茗艼客男皃襟抱頗若斯回斡六合自有時屈伸變化易反掌豈能無事常守雌

朱雲卿説人頭飲器歌

吾宗昔有巡邊官塞上割得人頭還泰為飲器當大斗相傳百年不腐垢髮際細露豬鬃文老黄斑帶殘血痕藏置飯篋雖未見朱生言之我色變安得把取熱酒澆淋漓酣醉勝一瓢

贈宗弟詞臣

余昔齒髮壯粗解作文字謂可早飛揚倏過五十四微名雖玷賢書中夙心已負澄清志英英同宗秀雁行並國器詞臣美如玉面方鬚未出癖嗜左氏書熟誦太史記只今年裁二十九文采風流邁常輩驊騮

識路少便能鷹隼摩霄氣初厲退相一經譜可邁太守五馬聲不墜浩歌白石短布衣老兄昂首望吾弟

踏車歌

江北踏車平水面一人二人車軸轉江南岸高水不上一車九人勢猶緩九人努力力欲齊款乃聲中流赤汗如此勞多肉食少麥飯飽魚充飽饌江南農夫常苦辛江南之民日漸貧詔減額稅承主恩部院諸臣聞不聞

東原草堂歌

昔聞東原艸堂名未到東原草堂地東原之中有人在東原草木皆姿媚朗吟抱膝陳一編臥起自覺神

獨全公卿致書頻問訊東原直北通長安

程笏山齋中古柏歌

嗚乎天地生人日澌促能保壽命惟草木程子齋頭
兩株柏高幹亭亭挺江麓形模雖無十圍大氣象定
非百年足其下長根走屈盤其上交枝垂老秃霜凋
雪壓色難改雨打風摧性肯曲孤排萬物自撐拄苦
仰二儀待亭毒夭桃穠李過眼空細草叢芽暫時綠
但免喧囂近市井那辭寂寞伴荒塾讀書清響苔噏
吟飲酒微香通蘖麯汝齋得此二樹真不俗宜乎屋
角鸞鳳宿洪秋士宿樓上

百舌

春江三月衆木榮有鳥早暮枝頭鳴能學百禽取人
愛轉盻夏至終無聲豈天惡汝喜弄舌罰使舌捲羞
流鶯澤雉一生最耿介心甘鬭死垂繡頸安肯如簧
事蠱惑却令天下被文明此物巧囀復何益決枋穿
竹飛嚶嚶不解人言善禽語焉得不為鸚鵡輕丹山
威鳳乃汝長音中律呂和且平汝偏多媚莫知耻割
汝之舌吾耳清免汝利口工逢迎

聞王西齋病足戲為短歌

左盲還腐相如渴丈士慣遭造物罰惟公受困自酒
食内熱所中毒乃發鄭生昔居大逕樓跛足論詩經
幾秋西齋病亦偏在足是天是人休怨尤根幹將枯
枝葉敗四體那能不先壞

林鴉行

岡頭野竹忽作聲中有羣鴉相鬭爭不知叫噪何自
起仰面林端墮腐鼠共鼠臭穢不可聞彼乃據之奇
且神墻間近繪圖一幅豈第烏鳶喜啄肉奔走叩門
覓交歡名士徽逐醜難看

大風行

江鄉沙石飛滿天風聲樹聲同放顛老春百花開欲
盡爾縱作惡知徒然南隣牡丹杳正吐獨恐摧敗心
尚懸青鷗白鷺羽翮短啁啾燕雀潛籬邊或云受命
自真宰噓吸大塊非無端倩誰掃除淨六合元規塵

汙堆我前耳厭聞之捕不得叫怒中夜愁難眠

求仙曲

瑶臺銀闕弱海東祖龍鞭石路不通駕歸三十六離
宮宮中玉顏如花紅花顏左右忽不樂又走之罘尋
大藥沙丘直道接咸陽載得鮑魚轉車脚古人朽骨
埋驪山今人白髮學神仙明知筋力老無用欲配金
虎戍還丹長生不在娟娟子蛾眉曼睩俱黄土寶鼎
若向姹女求萬夫泗水空辛苦

巢鵲行

南郵古樹百尺高枝懸如斗乾鵲巢兒童突然攀樹
上破巢取子氣甚壯老鵲亂叫聲哀悲主人出屋仰

面窺大吒兕童使之下殺胎毀卵非仁者並生並育同鴻鈞即此亦足全吾真鵲喜歸巢童慘淡乃知天地終有憾閉門還坐聊作歌萬端紛錯何其多

驅牛行

我昔東邨見牛鬬兩角如山相牴湊垣崩屋塌不得休萬人擁觀莫敢救此物力與虎爭強當其怒發真披猖如何小童操短策隴頭奔走馴于羊牽犂負軛就繩束聖人御之自有法鋸牙鉤爪控制難張機設阱惟一殺

拜筍行

春雨油油夏日曬竹根欲拆土脈解園丁插燭行官

瓻隱三集 七言古 九

拜拜天拜地非拜筍口祝不蠹復不損欄豬穴獾無蹂躪紙錢迴旋風吹起拜罷雍容真有禮祀表祀畷意如此男妥女樂神悅欣園中一夜筍盡生怒排如戟報主人

瑤宮行

瑤宮銀闕青天懸嫦娥手奉白玉杵借問杵中焉所有桂實和擣藥一丸此藥服之可長壽其人便是蓬萊仙而我去天幾萬丈丹梯無根不得上眼昏牙豁真堪醜竊恐嫦娥欺老狀雖然雙鬢如素絲胷藏變化蚪龍姿黃安所生是何物看渠亦有伸頭時

贈先渭求

長安老儒昔徒步軒車呵喝交道路掉頭急歸尋隱淪不知阿澗今何處我友新都程韋華為言賢者有先著其人落落寡儔伍家寄金陵城外住草色南朝花雨春鐘聲舊寺長干暮藏之中心未敢忘惜我無緣不得遇昨歲偶過秦淮水小樓窗對直瀆寓洪子秋士來訪我有客偕行衣敝布神采內蘊氣貌古盻睞頗疑孟從事忽驚姓字重下拜如月墮空開障霧握手數語旋走別出叩幽栖難再晤程洪二子時相見渭求先生指江樹今年假館真州邨寂寞荒園坐昏曙韋華之宗吾同譜笏山其豹隔一渡兼與洪子共書屋蜿蜒蚪龍兩株護遙聞渭求江北來又傳韋

瓻隱三集 七言古 十

華江南去使我惆悵眠不穩無由快覿談心素橋畔蒼頭馳折簡先候早宿桃花塢邊奔覿面各大笑莫逆不解因何故討搜經史說治亂鬢毛短禿輒欲豎先生前日剛四十古稱強仕此初度如何裋褐趨風塵賣文莫救飢寒累顏須似奴膝似婢否則希韝着跗注爾我腰不能僂脇不駢合是漁樵分所賦請看飲酒食肉作高官公才公望皆定數

寄王正子

困龍不受蝘蜓嘲飢鳳不爭雞鶩食李生長安道上歸筆耕江南到江北塾師本無皋比尊孤邨野墅圍荊棘日授麤糲由他人奔走還家逢歲逼禮數短缺

骨肉踈書牘懶慢友朋隔可憐窮士百冗集遂令周親少顏色鄞縣王郎意氣真與我結契為婚姻陶潛五男不得力我有一子長及門四方餬口失教誨燕僻廢學成荒榛聞君愛女嫺禮則繡牀硯匣前並陳碔砆豈堪匹瑜瑾或藉令淑興衰宗尚平遊嶽志未畢竊恐重累傷精魂君才十倍勝于我我之所為無一可既不能喔咿嚅唲求富貴又不能辛苦務農出作賈昨從湖外負土歸益覺憂悴加尾瑣君雖經營生理少暇時克供菽水心晏而堂上老母松柏姿膝下且有麒麟兒如斯苟完苟合願易足豈必細旃廣厦黄金羈我將舍此佔畢業別巧東山栖遯資青犁

黑犢給飦粥漁磯樵舍相追隨磻溪釣叟非高節谷口隱者同襟期世世姻好不可棄往來二姓無猜疑變化升沉後難料兒孫之事吾何知

銅象水滴歌

案頭銅象尾足俱形貌古朴質不麤我祖宗伯舊水滴子孫寶之儕蟾蠩四世相傳詩禮器百年已變丹綠膚豈無碧色紫窯片亦有橘皮宣鑄鑪凡物貴真不貴贗天然光澤非人摹專諸巷中畫偽造側眼南望羞吳趨

素芝歌

老楊枯根棄中野經雨小菌生萬顆旁出一本成素芝邨童手捧來獻我豈是金精結靈氣直如玉盤登案左窮儒索居荒塾內衰病無心望青瑣腐株朽木附異物得毋非福翻為禍漢殿九莖葉吐暉魏廷三幹枝交鎖國有禎祥不在此白麟銀甕俱幺麽速適深谷綺角人與我倡和情獨可復恐來之不療飢八口嗸嗸悲坎坷

野菌歌

夏雨初晴水滿堰小童提筐尋野菌菌味鮮滑宜羹湯數錢得之佐餐飯內有蛇虺氣所蒸悞食殺人俄頃中神丹仙草救不活故老傳戒懲愚儓我曾結友輸心曲杯酒之間藏腊毒美疢可悅非可耽勿輕性

命恣口腹

雙楊歌

野園雜樹森成章叅天樗櫟老幹長裊那臨風供愛玩于中獨有雙垂楊初拖黄縷拂到地旋掛綠絛蔭滿堂踈枝侵曉灑墜露密葉薄暮遮殘陽環溪禿枿少生意翦伐薪爨同枯樁汝乃多年得苟免託根幸近東西廂昨者天子南狩過龍舸鳳艒江頭翔小草亦被咳吐惠爛戳俱照粉藻光而汝胡為偏僻遠不迎錦纜沾御香隋家三千殿脚女汴河堤上陰相望寂寞空邨豈高隱漁歌牧唱烟茫茫吾將移汝歸故鄉水清月白蒹葭蒼

飛鶴歌

青天十數鳥羣飛，向江皋長身異白。髏素羽非黑鶡，邨童指言是海鶴，來自蓬島殊凡毛。行同雁序赴沙尾，起近鸞搶拂樹梢。雉羅兒網布滿地，何事低舉獨不高。神龍變化困魚服，仙禽折翮難遁逃。緇塵九市最偪側，目送泝雲意惏悷。

鵓雞行

春養雞雛忽入夏，捕蟲啄麥雞漸大。翅尾半出雌雄分，雄爭雌伏不肯暇。男女飲食匪獨人，微禽弱翮猶紛紜。昨自滇黔殺戮定，荊揚水旱荒千邨。南多飢男北多女，天下豈得無愁冤。嗚呼眼前已有擇肥者，汝雞且莫喧茅舍。

飆隱三集 七言古　廿三

黑風行

黑風吹沙暗京縣，咫尺不辨人馬面。來車去轂恢觸擊，腰珂珮玉班行亂。野人聞之心內寒，達官大笑曰：不然。帝堯之時十日出，偃禾拔木成周年。聖人在上萬物理，夔禼呂散能回天。方歌采薇事湯代，諸旗出甲正六月。

蛣蜣

荒園隙地多矢溺，其中窟穴皆蜣蜋。有時潛出抱糞壤，摶弄一丸歸穴藏。我行嘔噦不忍視，彼乃愛同蘇合香。富兒積金有似此，珠玉錦繡堆千箱。走馬叩闕天門啓，忽脱白衣登廟廊。回頭却看蜣蜣落在地，高枝嘒嘒鳴聲長。

赤脚行

城中高髻婦可愛，躡履前園自生媚。顧步欲踏芙蓉花，小立斜墮鴛鴦帶。窮邨風俗那有此，天然長成雙脚大。晝行南隴便奔趨，夜伸草榻無拘礙。小女免着了頭襪，中婦獨步淩波態。子孫養育豈異人，不受束縛閨梱內。樂哉臨流濯足來，夏天與我髡髮同一快。

輕薄行

嗚呼天下風俗已漸惡，揚州之人更輕薄。吳趨會吟美則無，淫佚百事皆堪愕。簫鼓日日竹西鶯亭榭，家家海東鶴。婦女妝裹必姑蘇，男子衣冠盡京洛。桑濮波靡及閭閻，浪擲黃金氣蕭索。寧使室內眠無牀，豈可門無白粉牆。寧使腹內飢無飯，豈可衣無錦繡段。有子不必知書詩，寨無良墨美硯人即嗤。有病不必方藥效，齊無遠葠川附人即笑。魚鹽沃土稱此鄉，積汰始自賈與商。嗚乎天物暴殄鬼神怪，有時澤葵依井歌堂壞。吞恨抽琴能不戒。

飆隱三集 七言古　廿四

雷

雷者天之威，道有伸與屈。秋令主殺聲漸收，春氣始生聲乃出。陰陽溫肅互相濟，豈容盛夏霹靂猶不發。恒雨五月漂江瀆，水中地底空殷殷。禾麻百草爛將

死幾時披谿青霄雲驚人震霆宜砰磕斜倚柴門望閭闔

嗟吁行

滄海豈少照乘珠魯國亦有真璠璵天下無人珍此物褐衣卻走空嗟吁怪哉魚目燕石積不售讎以千金之價求賈胡遂令僞贋塞宇宙紛紛帶寶皆其徒泉客墮淚下和泣幾多醉眼偏模糊鸞析芹藻色光耀茂草新開仲尼廟乘軒結駟群來遊原思低頭端木笑

蠅

瓢隱三集七言古　廿五

炎天圊廁氣不淨營營止棘多青蠅其類蒼黑各有種無非涸穢毒所蒸清晨盤舞起空潤正晝飛撲隨豆登性貪酒食最無賴賓客筵宴爾必登膳羞受汚揮箑亂暫去復來驅不能況爾玷璧工讒毀豈曾撓擾足取憎往告凌人具食鑑案上須堆六月氷

雛鳥行

小童猱升到樹杪探得鵓鴿窩雛歸哺以飯顆兼蟲蟻羽毛漸長雛能飛雛飛撲撲不肯去繞屋周旋傍童豎童頑弄雛懶成癖主怒擲雛遠上樹須臾主去童潛來大索園中安在哉啾啁口喚聲忽應擻下喬木還投懷野禽性本依林莽飼育恩多猶戀主指雛回頭問童奴爾之忠勤如此否

燕歌行

漁陽老將羆虎雄慣騎芳馬開硬弓叨逢際會身從龍帶刀直上蓬萊宮矗雲大第隣紫穹子弟賜頂寶石紅鼎食炙豕膞豹熊美人夜侍聞歌鐘尚方工作祁連峰林燒綉段兼青驄世世驕貴乘錦幪筋骨脃弱非昔容黃金逐手箱篋空貂鼠裘帔猶生風柔然屈彊忽不共戴策橫吹沙漠中詔出玄甲過崆峒人須五尺剪花駿器械駝負貧莫供膠泰贖淡行匆匆妻兒牽袂進乳湩昔何驍銳今則慵爾祖變化起沛豐麒麟畫閣標元功唬吼豈復憂西戎

老鶯歌

瓢隱三集七言古　十六

黃鶯作巢高樹邊夢醒喈喈來枕邊春初嬌囀到深夏氣候漸老聲不圓斗酒携甘誰肯聽寂寥晛睆殊芳年窮儒皓首棄丘壑佔畢雖工意色惡籬畔聞之淚雙落

老牛歌

夏麥枯黃堆隴頭農家打場驅老牛火龍赤日喘息急尾後鞭笞聲不休少盡其力衰乃至皮乾骨出鳴咿吻古人帷蓋及犬馬一物不棄真仁者牛乎莫死屠刀下

帝女行

帝女變精衛志在填滄海滄海之大安可填貴使此

志常不改一夫發難懷孤忠事雖無成猶英雄炎鼎熄䧟遺禿莽平陵松柏稱義公古今茫茫不相待逐日移山何所為夸娥二子東南奔鄧林嵯峨天地内蓬萊弱水秋復春精衛名字同海存五百壯士死荒島土中埋没賢豪人

瑶宫歌

羲車脱轡西榆林東海玉輪升太陰與日相望爭光彩中夜萬象常森森忽盈忽缺自虧蔽石隕星搖亂飛墜氷蟾銀兔紛相從桂宫傾側爾何位后羿張弓射九烏安得不死登天衢嫦娥竊藥計亦巧至今高鏡臨八虚

耕羸行

青羸四蹄如硬石飛行忽蹶腰脊折負軛止堪儕老牸追風不得齊奔驥毛尾焦禿皮生瘡枯草雜嚼汗出漿長材豈甘服短馭力雖衰罷猶跳踉居無廐舍食無皁喘定中夜自低首五都蹇驢聲價高健足却辱虯夫手

海仙曲

東風吹塵海水乾白鹿晝眠瑶草田仙人騎鹿上天看世人已换新少年滿地枯骸掩不見蠢蠢蠕動如浮烟三階卿相萬金賈一丘綠草半棺土鐘鼓綺饌不久長畫堂蘭榭貽孫子我為窮士工吟哦篇章成

羸隱三集　七言古

十七

帙老漸多陶潛阮籍今何在抗音只為他人歌辛苦啁噍頭百掉放筆自悲還自笑安得手持五舌簧洪崖羡門作同調

除草

庭前亂草藏蚊蚋痛癢搔爬日在膚呼童把鋤急薙草如窮巢穴一掃無天下之惡人所惡獨無能手使之去騷蟲避遯痛未已日暮長吁倚庭樹

死兔歎

隴頭耕田日將夕忽聞呼嘯人奔忙有兔躍出田中草韓盧得之死道傍牧童提携就我看猶睜雙眼四足僵爾雖小物性最狡走何撲朔不善藏世間禍福起微忽安能百全無一蹶排牆覆壓誰所為夷甫尚思營三窟

杜老

臺城宫殿散烟霧功臣廟側有人住屋北殘陽虎踞關道南沉綠雞籠樹終朝眼看鍾阜雲故陵抔土空高墦長綾席帽生塵漬短袖麻衣雜淚痕雪窖氷天連白草萬里梅花心悄悄（茶䣝題其屋曰氷天雪窖又曰梅花外）至今零落茶䣝詩使我傷心思杜老

孫老

赤眉西據函關土天下風靡作降虜草莽不惜生命捐身騎犢牛思報主我昔揚州訪酒狂仰頭已見鬚

羸隱集　七言古

十六

羃蒼黄石兵符置何處苦吟獨閑陌上桑（澱堂丁亥詩有陌上桑樂府）垂白奔走長安道勉强一官傷懷抱燈前細讀澱堂詩雪涕哀歌憶孫老

哭徐平音

世間朋友不易得平音與我誼如泰意氣肝膈許王五論文徐四最親密王生昔年怫鬱死老病傷心及徐子室中寡婦凍餒妻膝下兩兒飢寒士一棺尚寄他家屋半椽竟割他人手物態交情此時見中夜思之淚垂雨我有肺腑與誰云我有述作與誰看白晝魑魅地上走不如棄去歸下泉李九蹉跎尚未到喜爾早遇王子雲

李武靖王遺像歌（王三十生辰侍宴宮中高皇帝命畫史所圖）

將軍玉面雙頤方視專目緊神氣揚肥白不讓陳曲逆美好或似韓張良掖庭侍宴託肺腑内苑畫手開縑緗凌烟圖形出帝眷歷年三百家珍藏錦袍色剥暗蟒在紗帽塵蒙軟翅長昔時元勲載盟府今日遺像掛路旁雞籠鐘鳴寒日暮功臣廟塌基址荒老夫衛風向北走偶然瞻拜精魂傷中山故宅作官舍零落豈獨岐陽王

墮驘行

北走騎驘出邵埭漕艘射日旂影紅驘驚眼差鞭不得竄身十丈官塘東倒鞍墮地右肱斷扶擕還卧空倉中是時人家正元夕火龍蜿蜒嬉兒童長夜呻吟敵簫鼓鼓聲痛聲相混蒙五更稍静目難合霜天隙月窺孤蓬挾舵歸鄉氷水澁三宵逆浪吹大風入門妻子怪我至問訊倉卒來匆匆如痴口噤暗悽咽摩捋鬚鬢看儀容親朋雜沓叩庭户温語慰藉情不同好我者戚惡我喜察見眉睫知心胸汝曹且勿歎我老無用羊祜折臂為三公

苦旱

多年洪水暫時旱暫時之旱過水患魚蒲蚌蛤無一有藻荇焦枯死荒岸中家産廢事事空艱難糴米謀炊爨前夕頓快傾盆勢赤土沾濡裁寸半萬口號哭例不報恐來踏勘煩供辦未知米豆自何出責爵輸邊備征戰杲杲白日懸青天潸倚衡門獨嗟歎

迎神

令字絲旂颭細風妖童踏雲飛半空鬼兵前導伍伯從鼓樂殷震趨神宫迎神上市遊市中朱門綺閣垂簾櫳摩肩揮汗赤日烘三月望雨塵濛濛叩神不應神無功皮乾髓竭愁老農婦女粉面如花紅

雲中月

雲中月暫蔽還復明只恨明時照地少穿烟入霧經天行瑶宫傾側桂蠹滿仙人玉斧修難平嬋娟素娥鬭妖艷蝦蟆顧兔馳縱横陽烏東升衆星死一墮海

底空冥冥

題宋廣文寫真松石圖

九重宮殿明離開天子制詔求賢才蒲車徵聘挾緑
筆先生試罷歸去來林屋洞側泉石古長松一株颯
風雨枓頭閒坐似此圖胷藏素書口不語小城烟樹
滄浪津談經友教荒湖濱幾輩達官為弟子四方學
者多門人廣顙豐頤天所厚鬑鬑有髯神骨秀置身
豈必蓬瀛間白石青松偕老壽

雞鳴歌

雞鳴喔喔天欲曙殘月滿庭寒入戶主人不眠夜起
步三五縱橫星在樹草枯霜落東海田魚稀水涸民

龍隱三集 七言古　丰

可憐

噫嗟行

翁抱兒妻逐夫千里扶攜婦與姑自北之南頭戴土
終日號呌須糜餔北方麥不熟南方木亦枯鼠殘蟲
蝕百害俱民曰奇災官曰無民求流抵官求羨餘羨
餘不得官積怒審丁按戶鞭瘦膚噫嗟南方之民流
離死亡未知適何所勸爾北方之民歸田廬流抵乃昔年已輸鞭銀因水荒特恩存貯司庫以待流至下年扣抵正供者抵則藩吏不得侵盜縣中亦無耗羨矣

飢雁行

北風吹雁飛颯颯千里銜寒暮尤急天蒼野茫宿何
處草枯水鹹無稻粒窮陰十月氣慘悽朝陽未亂亦
苦飢烏鳶啄腐盡飽食側身遠望懷西歸

贈黎于一

童年中表嬉二雛踯弛頗似野馬駒吳痴袁吃八九
子往往挑達城南隅有時大醉解襟帶宵夜躶體相
噪呼漁陽摻撾作態勢俗士姍罵稱狂奴樂極悲來
雲雨散遭逢家難久索居我返𢿢廬爾復出寄食海
岸羈京都風霜歷盡始萍合面目衰改毛鬢疎里巷
過從跡雖密意興消減成朽株此生忽壯忽而老尋
思夢境俱模糊即今君齒已六十不登朝籍仍諸儒
長安公卿所慣見瑣尾賤器斗筲徒一錢不直何足
數只宜戢影潛菰蒲汝懷豁爽邁等輩盛德雅量寬

龍隱三集 七言古　丰六

江湖自初忠厚凡幾世積善莫報人嘆吁必有興者
在汝後天道邈遠難預圖寒氷堅冱大地裂顱頞非
獨爾與吾日月逝矣歲將晏幸能語笑同歡娛主辭
長跪客百拜上汝香醅滿百壺

贈王竹史

世人結交交不長密似膠漆旋參商誰能心義貫金
石急難朋友同弟兄汝善排解出肺腑物情輸服無
低昂一言不合頰如火紫髯森挺戟怒張賢宗子雲
故慷慨直已自信尤倔强中遭蹭蹬赴黄壤至今念
之心慘傷天下若無汝數輩人道盡化豺與狼前時
汝病吾甚恐經秋且幸身健康起居飲食須節慎老

作祭酒型邦鄉嗚呼鄉里長者汝為最勉加愛護休摧戕

賑糠行

官積穀吏易糠吏易糠官收倉飢民嗸嗸何所食雜糠雜稗食不得仰頭告官官怒嗔爾不食糠粃何以為飢民

西笑行

古時長安樂出門西向笑今時行樂非長安黃塵奔走燕山道忽聞丹詔發帝庭輪蹄轉面皆西征馬壓鞍敧人背痛橐中寶鏹光晶瑩　聖主勞心念隴右當爵賑荒恩澤厚東南膏血從此枯一遇凶飢倩誰救四海許大供賦全內府財貨堆如山但求太倉半粒米不須商賈買官錢商賈得官堂上坐利算錙銖愁殺我

迎神曲

藩司盜取流抵銀邑令含笑鞭飢民飛籤紙皂急如火官堂撞上城隍神災民半喜還半愁送神歸廟邑令留終朝笞撻尚如故逃亡已盡東海頭五月月半神生日鼓樂迎神神再出神恐神懼神驚疑重過縣門亦羞縮

喜雨

雷聲殷殷風逐電萬瓦齊鳴雨如箭三時亢旱甘澍來滿眼飢民開笑面屢舞還坐客噪呼老夫亦覺心神舒階前小草抱生意打翻不怕遭泥污